惠州统计年鉴

HUIZHOU STATISTICAL YEARBOOK

2017

(总第 24 期)

惠 州 市 统 计 局
国家统计局惠州调查队 编

中国统计出版社
China Statistics Press

图书在版编目（CIP）数据

惠州统计年鉴. 2017 / 惠州市统计局, 国家统计局惠州调查队编.
-- 北京 ： 中国统计出版社, 2017.9
ISBN 978-7-5037-8279-4

Ⅰ. ①惠…
Ⅱ. ①惠… ②国…
Ⅲ. ①统计资料－惠州－2017－年鉴
Ⅳ. ①C832.653-54

中国版本图书馆 CIP 数据核字(2017)第 200713 号

惠州统计年鉴-2017

作　　者/ 惠州市统计局　国家统计局惠州调查队
责任编辑/ 陈越月
出版发行/ 中国统计出版社
地　　址/ 北京市丰台区西三环南路甲 6 号　邮政编码/100073
电　　话/ 邮购（010）63376909　书店（010）68783171
网　　址/ http://csp.stats.gov.cn
印　　刷/ 广州市星河印刷有限公司
经　　销/ 新华书店
开　　本/ 889mm×1194mm　1/16
字　　数/ 600 千字
印　　张/ 39.5 印张
版　　别/ 2017 年 9 月第 1 版
版　　次/ 2017 年 9 月第 1 次印刷
定　　价/ 380 元

如有印装差错，由本社发行部调换。

编 者 说 明

《惠州统计年鉴－2017》（下称《年鉴》），以大篇幅的统计图表形式，汇集了惠州市2016年经济和社会发展的主要指标，而且较全面地反映了建国以来主要年份，特别是"十二五"以来惠州国民经济和社会各方面的巨大变化，全面展示惠州经济社会所取得的辉煌成就。该书资料翔实、图文并茂、实用性强，是社会各界人士认识和掌握惠州经济、社会发展规律的重要工具书，更是各行各业研究和制订惠州发展战略的客观依据。《年鉴》分成三部分。第一部分，概述。以统计公报的形式全面地介绍2016年惠州市国民经济和社会发展的基本情况。第二部分，统计图。直观形象地反映惠州2011-2016年经济和社会发展主要统计指标的变化情况。第三部分，统计表，包括历史主要经济指标、综合、基本单位、人口、劳动工资、固定资产投资与建筑业、能源、财政金融和保险、价格指数、人民生活、农业、工业、运输和邮电、国内贸易、对外经济及旅游、教育科学和文化、体育卫生社会福利环保及其他等主要统计数据；最后附有全国和全省各市主要经济指标情况及主要统计指标解释。

《年鉴》统计资料来源于各级政府统计部门以及有关业务主管部门。

统计表中的符号说明："空格"除上述情况外，表示无指标数据；"#"表示指标的其中项；部分数据因四舍五入的原因，存在分项合计不等的情况。

本《年鉴》在编辑出版过程中，得到各县（区）统计局以及其他有关单位的大力支持和协助，在此深表谢忱！

《惠州统计年鉴－2017》编委会及编纂人员

目　录

第一部分　概　述

第二部分　统计图

第三部分　统计表

一、历年主要经济指标

二、综合

三、基本单位

四、人　口

五、劳动工资

六、固定资产投资和建筑业

七、能　源

八、财政、银行和保险

九、价格指数

十、人民生活

十一、农业

十二、工业

十三、运输和邮电

十四、国内贸易

十五、对外经济及旅游

十六、教育、科技和文化

十七、体育、卫生、社会福利、环保和其他

附　录

第一部分

概　述

2016年惠州国民经济和社会发展统计公报

惠州市统计局　国家统计局惠州调查队

2016年，惠州市委、市政府认真贯彻落实党中央、国务院和省委、省政府的各项决策部署，紧紧围绕“三个定位、两个率先”目标，主动适应和引领经济新常态，坚持稳中求进、好中求快、改革创新、率先跨越，统筹做好稳增长、促改革、调结构、惠民生、防风险各项工作，促进全市经济社会平稳健康发展，实现了“十三五”良好开局。

一、综　合

2016年，惠州市委、市政府认真贯彻落实党中央、国务院和省委、省政府的各项决策部署，紧紧围绕“三个定位、两个率先”目标，主动适应和引领经济新常态，坚持稳中求进、好中求快、改革创新、率先跨越，统筹做好稳增长、促改革、调结构、惠民生、防风险各项工作，促进全市经济社会平稳健康发展，实现了“十三五”良好开局。

图1

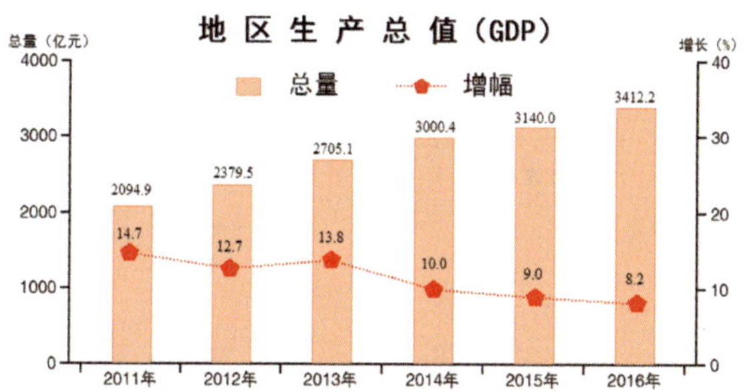

全市地方一般公共预算收入361.29亿元，增长10.0%；地方一般公共预算支出509.25亿元，增长4.8%。其中，教育支出101.89亿元，增长7.6%；社会保障和就业支出48.83亿元，增长21.8%；医疗卫生支出80.10亿元，增长38.5%；节能环保支出8.42亿元，下降43.8%；农林水事务支出37.15亿元，下降10.0%。税收总收入834.17亿元，增长19.7%。其中国税收入609.28亿元，增长17.8%；国税中的国内税收收入466.10亿元，增长19.0%；国税中的海关代征税收入143.18亿元，增长13.8%。地税收入224.89亿元，增长25.5%。

图2

全市居民消费价格总水平（CPI）同比上涨1.9%，商品零售价格上涨0.6%，工业生产者出厂价格（PPI）下降1.7%。分类别看，CPI八大类商品（及服务）价格“6涨2降”：衣着类上涨4.6%，食品烟酒类上涨4.5%，教育文化和娱乐类上涨2.5%，医疗保健类上涨1.5%，其他用品和服务类上涨0.8%，交通和通信类上涨0.2%；居住类下降1.0%，生活用品及服务类下降0.3%。

图3

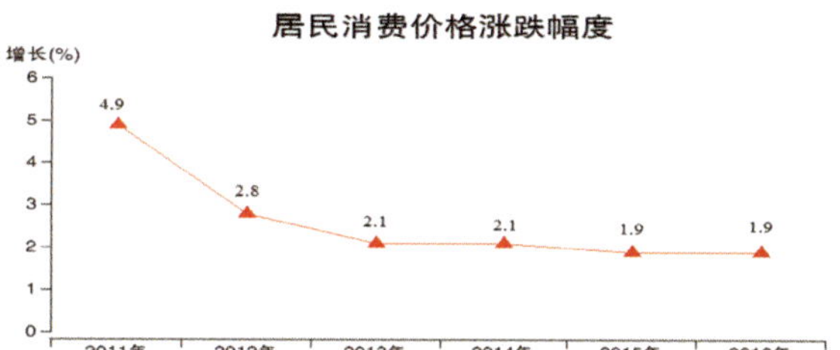

全年城镇新增就业人员71685人，下岗再就业人员18816人，转移农村劳动力8648人，就业困难人员再就业3486人。年末城镇登记失业率为2.38%。

二、农　业

全年粮食作物播种面积176.42万亩，增长0.9%；粮食总产量59.99万吨，增长0.4%；蔬菜总产量298.31万吨，增长7.5%；水果总产量77.37万吨，增长6.1%。

全年肉类总产量18.75万吨，下降2.0%。其中，猪肉产量13.94万吨，下降2.9%；禽肉产量4.43万吨，增长0.2%。全年水产品产量17.15万吨，增长2.7%。其中，海水产品产量8.44万吨，增长2.1%；淡水产品产量8.71万吨，增长3.3%。

表1 主要特色农业产品生产情况

指　标	产量（万吨）	增长（%）
蔬　菜	298.31	7.5
年　桔	9.96	-8.7
玉　米	11.56	2.2
荔　枝	8.77	-1.6
马铃薯	3.12	-15.2

三、工　业

全年规模以上工业企业1908家，实现增加值1762.18亿元，增长8.7%。分行业看，电子行业完成增加值678.75亿元，增长7.6%；石化行业完成增加值222.84亿元，增长4.4%；汽车行业完成增加值118.19亿元，增长20.5%。分企业类型看，外商及港澳台投资企业增加值 1004.12 亿元，增长 6.4%；国有企业增加值 176.55 亿元，与上年持平。民营企业增加值 553.20 亿元，增长 18.8%。规模以上工业企业实现销售产值 7580.89 亿元，增长 5.7%，其中内销产值 4945.17 亿元，增长 11.8%；出口交货值 2635.73 亿元，下降 4.2%。内外销比例为 65.2：34.8。先进制造业、高技术制造业增加值占规模以上工业增加值的比重分别为 59.3%、42.4%。

全年规模以上工业产品销售率 96.2%，实现利润总额 402.98 亿元，增长 27.5%。

表 2 规模以上工业增加值主要分类情况

指　　标	绝对数（亿元）	增长（%）
规模以上工业增加值	**1762.18**	**8.7**
# 轻工业	510.17	12.9
重工业	1252.01	7.8
# 外商及港澳台投资企业	1004.12	6.4
国有企业	176.55	0.0
集体企业	2.2	-33.6
# 民营企业	553.2	18.8
# 电子行业	678.75	7.6
石化行业	222.84	4.4
纺织服装、服饰业	39.07	14.7
皮革、毛皮、羽毛及其制品和制鞋业	73.5	13.6
非金属矿物制品业	51.49	5.5
汽车行业	118.19	20.5

表 3 规模以上工业主要电子产品产量情况

产 品 名 称	绝对数（万部）	增 长（%）
电话单机	2328.68	20.4
激光视盘机	9111.54	5.7
组合音响	900.78	-10.5
电视接收机顶盒	795.25	93.4
彩色电视机	1946.4	42.8
智能电视机	733.06	35.3
移动电话机	18836.9	-12.1
智能手机	12115.76	-19.2
微型电子计算机	294.14	-18.7

表 4 规模以上工业其他主要产品产量情况

产 品 名 称		绝对数	增 长（%）
锂离子电池	万只（自然只）	27739.55	-13.5
塑料树脂	万 吨	19.39	16.5
服装	万 件	14481.6	0.9
水泥	万 吨	2234.71	-6.8
塑料制品	万 吨	19.77	-10.2
灯具及照明装置	万 套	9938.6	-7.9

四、固定资产投资和房地产

全年固定资产投资 2039.71 亿元，增长 9.4%。分行业看，第一产业投资 18.19 亿元，下降 25.3%；第二产业投资 813.55 亿元，增长 13.5%；第三产业投资 1207.97 亿元，增长 7.6%。分投资主体看，国有经济投资 417.91 亿元，下降 6.4%；民间投资 1376.89 亿元，增长 16.9%；港澳台、外商经济投资 186.11 亿元，增长 24.2%。

全年工业固定资产投资 813.55 亿元，增长 13.5%。其中，石化行业投资 214.16 亿元，增长 13.1%；电子行业投资 137.34 亿元，下降 17.8%。

图 4

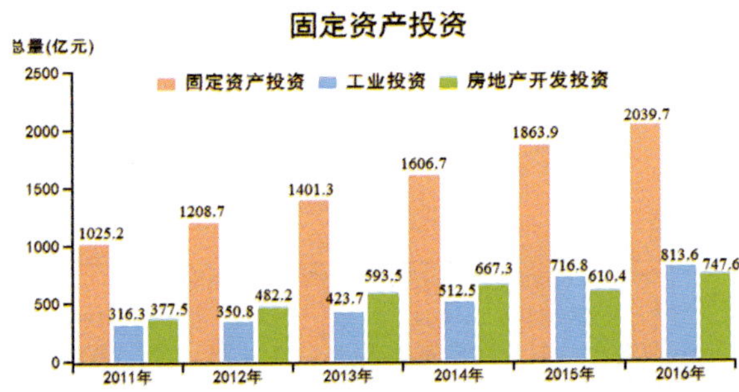

全年房地产开发投资 747.63 亿元，增长 22.5%；商品房施工面积 6839.15 万平方米，增长 16.2%；商品房竣工面积 555.50 万平方米，增长 23.6%；商品房销售面积 1771.91 万平方米，增长 36.3%；商品房销售金额 1415.00 亿元，增长 76.8%。

表 5 商品房销售面积分类情况

指　　标	绝对数（万平方米）	占 比（%）
商品房销售面积	1771.91	100
住宅	1700.22	96.0
90 平方米以下	596.41	33.7
90-144 平方米	801.20	45.2
144 平方米以上	302.62	17.1
别墅、高档公寓	90.33	5.1
办公楼	10.41	0.6
商业营业用房	46.44	2.6
其它	14.83	0.8

五、国内贸易

全年社会消费品零售总额1227.88亿元，增长12.3%。分地域看，城镇消费品零售额993.62亿元，增长12.3%；乡村消费品零售额234.26亿元，增长12.2%。分行业看，批发业零售额153.65亿元，增长13.2%；零售业零售额963.84亿元，增长12.2%；住宿业零售额21.72亿元，增长12.6%；餐饮业零售额88.67亿元，增长10.8%。

从限额以上批发和零售业商品零售额看，粮油、食品类增长7.5%，服装、鞋帽、针纺织品类增长17.9%，化妆品类增长25.6%，金银珠宝类增长8.4%，日用品类增长28.8%，体育、娱乐用品类增长10.3%，书报杂志类增长18.0%，家用电器和音像器材类增长2.3%，中西药品类增长27.1%，文化办公用品类下降14.4%，通讯器材类下降0.9%，石油及制品类下降0.1%，汽车类增长25.5%，建筑及装潢材料类增长4.9%。

图5

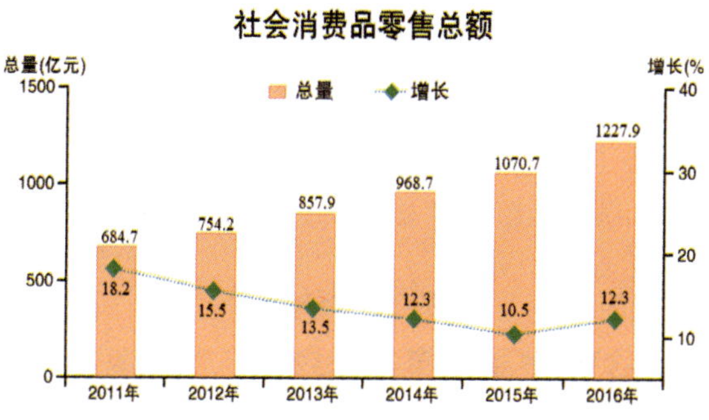

六、对外经济

全年外贸进出口总额3044.78亿元，下降9.8%。其中，出口1972.52亿元，下降8.7%；进口1072.26亿元，下降11.8%。进出口差额（出口减进口）900.26亿元。

表6 外贸进出口主要分类情况

指　标	绝对数（亿美元）	增长（%）
出口额	**1972.52**	**-8.7**
#“三资”企业	1478.18	-16.0
国有企业	43.26	-24.3
私营企业	196.41	27.6
#机电产品	1625.60	-11.3
高新技术产品	1156.09	-15.2
服装	60.86	2.5
鞋类	62.11	7.9
进口额	**1072.26**	**-11.8**
#“三资”企业	941.41	-12.5
国有企业	54.99	-1.4
私营企业	75.81	-8.9
#机电产品	881.09	-13.4
高新技术产品	725.97	-15.1
服装及衣着附件	0.72	48.2

从出口市场看，2016年主要出口市场的占比分别为：香港32.4%、韩国26.5%、美国15.9%、欧盟7.8%、东盟3.8%、拉丁美洲3.0%、日本2.9%，这七大市场占比合计92.3%。

全年共签订外商直接投资项目合同154宗，下降34.2%；外商直接投资合同金额21.34亿美元，增长4.4%；实际利用外商直接投资11.43亿美元，增长3.4%。年末全市工商登记外商企业实有7138家。其中，香港4574家；台湾、英属维尔京群岛、萨摩亚合计872家；韩国188家；美国97家；日本60家；欧洲40家。

表7 实际利用外商直接投资分行业情况

指　标	合同数（宗）	实际利用外资（万美元）	增长（%）
合计	**154**	**114252**	**3.4**
第一产业	8	754	1575.6
第二产业	82	93335	10.0
制造业	76	93164	13.8
第三产业	64	20163	-21.3
房地产业	3	10952	516.7
批发和零售业	41	2440	-40.7
住宿和餐饮业	2	40	-51.2

表8 实际利用外商直接投资分地区情况

指　标	合同数（宗）	实际利用外资（万美元）	增长（%）
合计	**154**	**114252**	**3.4**
香港	112	68153	-10.3
台湾	16	36	-88.8
韩国	6	1958	-38.3
维尔京群岛	3	3783	-39.6
美国	4	150	14900.0
日本	0	6664	-56.2
其它	13	33508	1208.4

七、交通、邮电和旅游

2016年末全市境内公路通车里程总长13541公里。其中等级公路13522公里，高速公路650公里。通车里程公路密度为119公里/百平方公里；等级公路密度为119公里/百平方公里。全年沿海港口完成货物吞吐量5413.9万吨，其中港口集装箱吞吐量16.2万标箱。

表 9 各种运输方式完成客货运输量情况

指　标		绝对数
公路旅客运输量	万人	6422
公路货物运输量	万吨	10935
水路货物运输量	万吨	12485
港口货物吞吐量	万吨	7658
沿海港口	万吨	5414

年末全市民用汽车保有量 87.62 万辆，增长 36.2%，其中私人汽车 82.01 万辆，增长 38.4%。民用轿车保有量 56.03 万辆，增长 35.1%，其中私人轿车 54.40 万辆，增长 35.8%；当年新注册上牌轿车 15.01 万辆，增长 31.9%。

全年邮政电信业务收入 64.04 亿元，增长 5.2%。其中，邮政业务收入 3.05 亿元，增长 4.9%；电信业务收入 60.99 亿元，增长 5.2%。年末固定电话用户 101.90 万户，移动电话 697.23 万户，其中 4 G 移动电话用户 415.47 万户。年末共有互联网宽带接入用户 149.32 万户。

全市共接待国内外游客 4713.47 万人次，增长 15.6%。接待住宿游客 2032.92 万人次，增长 8.9%，其中国内游客 1805.40 万人次，增长 9.8%。全年实现旅游总收入 364.13 亿元，增长 10.3%，其中旅游外汇收入 9.36 亿美元，增长 5.8%。

八、金融、保险

年末全市金融机构本外币存款余额 4974.48 亿元，增长 29.7%。其中人民币各项存款余额 4544.73 亿元，增长 25.8%。全市金融机构本外币贷款余额 3460.97 亿元，增长 28.1%。其中人民币贷款余额 3155.13 亿元，增长 28.0%。

图 6

注：2015 年起，各项存贷款统计口径有调整。

表 10 金融机构人民币存贷款情况

指　标	年末余额（亿元）	比上年末增长（%）
各项存款余额	**4544.73**	**25.8**
住户存款	1945.23	13.3
非金融企业存款	1407.57	40.1
广义政府存款	947.69	35.0
各项贷款余额	**3155.13**	**28.0**
短期贷款	461.77	0.3
住户短期消费贷款	36.22	6.2
中长期贷款	2562.46	36.3
住户中长期消费贷款	1614.41	62.4

全市共有各类保险公司 52 家（含分支机构），全年实现保费收入 116.00 亿元，增长 16.8%。其中，寿险保费收入 63.88 亿元，增长 14.5%；健康险和意外伤害险保费收入 15.66 亿元，增长 34.9%；财产险保费收入 36.46 亿元，增长 14.3%。支付各类保险赔款 32.15 亿元，增长 1.3%。

九、教育和科学技术

全全市参加当年高考被录取的学生人数 29290 人，考入中专人数 26078 人；本地普通高等院校招生 11489 人；高中毕业生升学率 92.3%；初中毕业生升学率 98.98%；小学毕业生升学率 100%；学龄儿童入学率 100%。全年新增规范化幼儿园 79 所，新建和改扩建公办中小学校 34 所。

表 11 各类教育发展情况

指　标	学校数（所）	招生数（人）	在校生数（人）
普通高等学校	4	11489	37322
普通高中	39	30966	90261
中等职业技术学校	35	30137	81697
普通初中	213	68713	184770
普通小学	456	100177	530498
幼儿园	637	106591	207214

年末全市共有高新技术企业 466 家，增长 82.7%。科技企业孵化器 22 家，其中国家级 5 家，孵化面积 70.2 万平方米。省级新型研发机构 7 家、在建 16 家。省部产学研创新联盟 9 个、院士工作站 3 个。众创空间 20 家，累计引进 374 个孵化团队。全市专利申请 26123 件，增长 22.0%；专利授权 9891 件，其中发明专利授权 1242 件，分别增长 1.0%、

43.1%。

十、文化、卫生和体育

年末全市共有博物馆6个，群众文化事业馆（站）79个，公共图书馆5个，广播节目7套，电视台节目6套。广播人口覆盖率为100%，电视人口覆盖率为99.73%。全市有线电视用户80.85万户，其中数字电视用户76.89万户。娱乐歌舞厅313家，网吧643家。

年末全市共有各类卫生机构（不含村卫生室）1245个，其中医院、卫生院144个（乡镇卫生院73个）；妇幼卫生保健机构7个；疾病预防控制中心6个；卫生监督所5个。全市拥有病床数22460张，增长2.7%；其中医院、卫生院床位19383张。各类卫生技术人员30124人，其中执业医师、执业助理医师11283人，注册护士12804人。疾病预防控制中心卫生技术人员400人，卫生监督所卫生技术人员156人。村卫生室1423间。

年末全市共有体育馆35个。全年体育健儿在省级以上比赛中共获奖牌68枚；人均体育场面积2.60平方米。

十一、人民生活和社会保障

年末全市常住人口477.50万人，人口密度421人/平方公里，人口出生率13.65‰，死亡率4.16‰，自然增长率9.49‰。户籍人口364.31万人。

图7

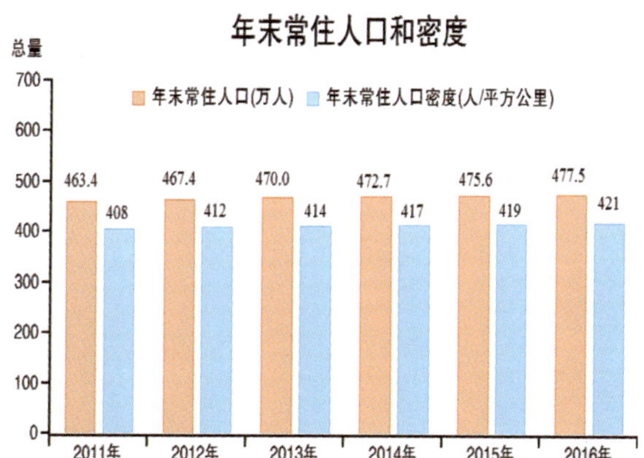

全年全体居民人均可支配收入28061元，增长11.3%，剔除价格因素，实际增长9.2%。全体居民恩格尔系数36.6%。其中，农村常住居民人均可支配收入17603元，增长11.2%，剔除价格因素，实际增长9.1%。农村常住居民恩格尔系数为38.9%。城镇常住居民人均可支配收入33213元，增长10.5%，剔除价格因素，实际增长8.4%。城镇常住居民恩格尔系数为35.9%。

年末全市参加城镇职工养老保险214.70万人，增长6.3%；领取养老金通过社会化发放人数11.01万人，增长7.0%。参加失业保险124.64万人，下降2.2%；年末领取失业救济金人数4321人，下降17.2%；城镇职工参加基本医疗保险156.20万人，下降3.5%。

各类收养性社会福利单位床位14455张，收养人员3989人。城镇各种社区服务设施6614个，其中综合性社区服务中心1122个。共发行销售福利彩票14.52亿元，筹集福利彩票公益金1.47亿元，直接接收社会捐赠0.96亿元。

十二、资源、环境和安全生产

全年全社会用电量323.41亿千瓦·时，增长11.3%。其中工业用电225.74亿千瓦·时，增长11.3%。年末全市拥有110千伏以上变电站136座，其中500千伏变电站5座。主变容量2752.80千伏安。

至年底，全市建成区面积342.74平方公里，建成区绿化覆盖面积13386.56公顷；实有铺装道路面积3335.84万平米，铺装道路长度1797.33公里；供水管道总长度3334.54公里，排水管道长度2826.04公里。供水综合生产能力164.00万立方米/日，城市供水总量36321.53万立方米，其中居民家庭用水量13868.07万立方米。

年末全市森林面积70.98万公顷，当年造林面积820公顷。全市共有自然保护区25个，保护区面积7.73万公顷（不含象头山自然保护区）。建成湿地公园6个、森林公园80个，城市人均公园绿地面积17.85平方米。全市森林覆盖率62.42%。

至年底，共有国家级生态镇6个、省级生态县区3个、省级生态镇53个。建成城镇污水处理厂74座，截污管网2000公里，城镇生活污水处理率96.2%。建设森林村庄533个，建成农村污水处理设施714个。

全年共发生各类生产经营性安全事故289宗，死亡217人。其中，生产经营性道路交通事故死亡188人，占各类生产经营性安全事故死亡人数的86.6%；工矿商贸企业事故死亡22人，占各类生产经营性安全事故死亡人数的10.1%；亿元地区生产总值生产安全事故死亡率为0.063。

注：1、本公报中2016年数据均为初步统计数，统计图中2011-2015年数据为年报数。

2、规模以上工业企业，统计标准是年主营业入收入2000万元及以上工业企业。固定资产投资项目统计起点为计划总投资500万元及以上，增速为可比口径。从2015年起，“地方公共财政预算收入”更名为“地方一般公共预算收入”，各项存款余额中，“单位存款”更名为“非金融企业存款”、“储蓄存款”更名为“住户存款”。

3、公报中地区生产总值、增加值绝对数按现价计算，增长速度按可比价计算；地方一般公共预算收入、国税收入、地税收入增长速度按可比口径计算。

4、先进制造业包括装备制造业、钢铁冶炼及加工业、石油及化学制造业。高技术制造业包括医药制造业，航空、航天器及设备制造业，电子及通信设备制造业，计算机及办公设备制造业，医疗仪器设备及仪器仪表制造业，信息化学品制造业。

5、部分数据因四舍五入的原因，存在分项合计不等的情况。

惠州统计年鉴－2017

HUIZHOU STATISTICAL YEARBOOK

第二部分

统 计 图

地区生产总值（GDP）

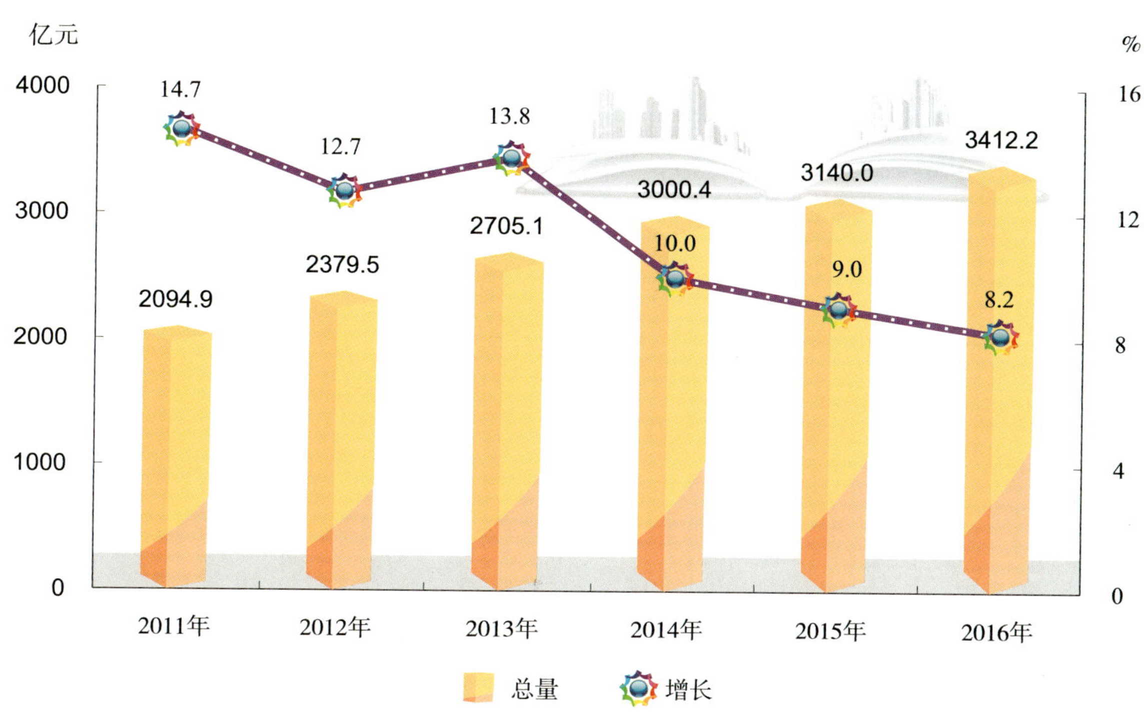

人均地区生产总值

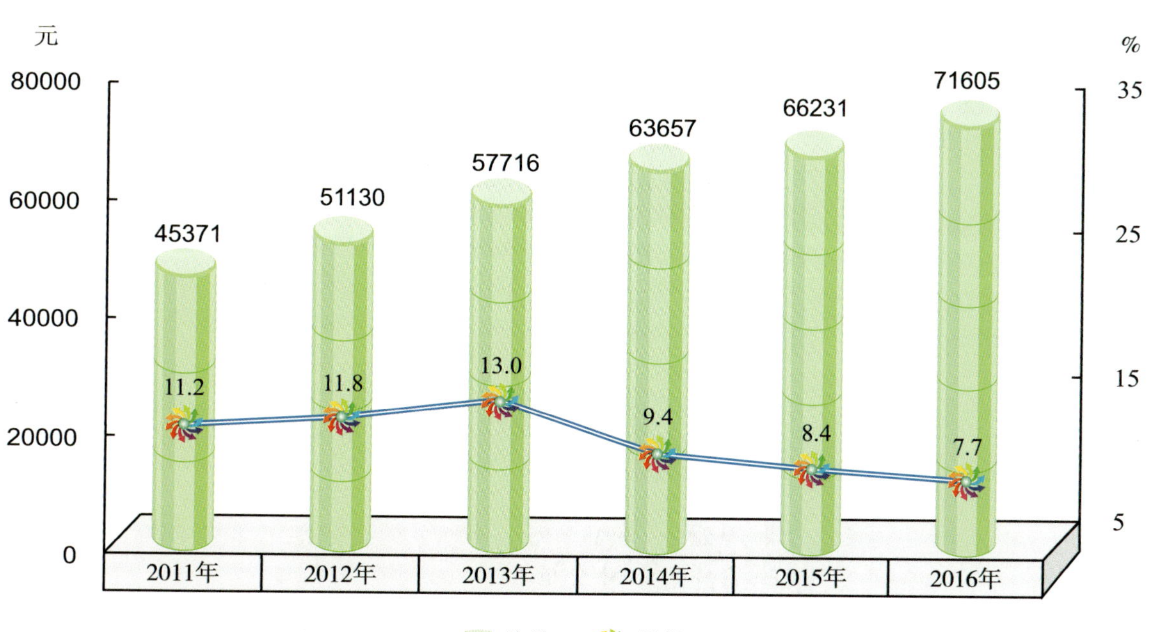

第三产业增加值

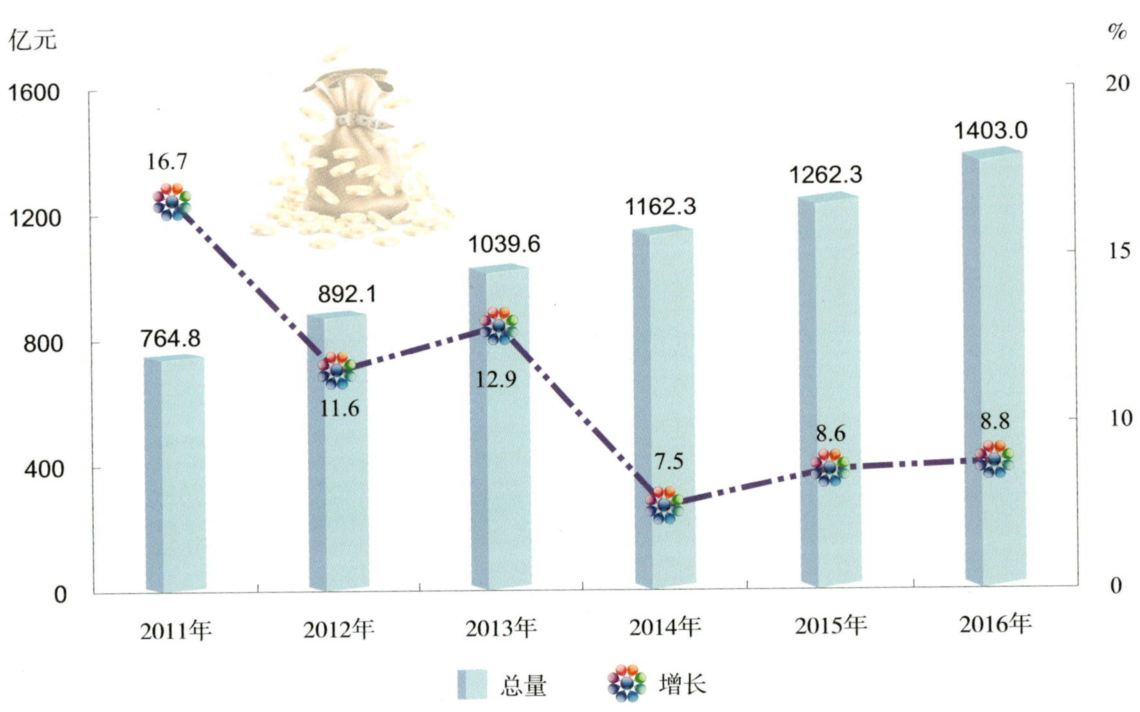

三次产业结构演变

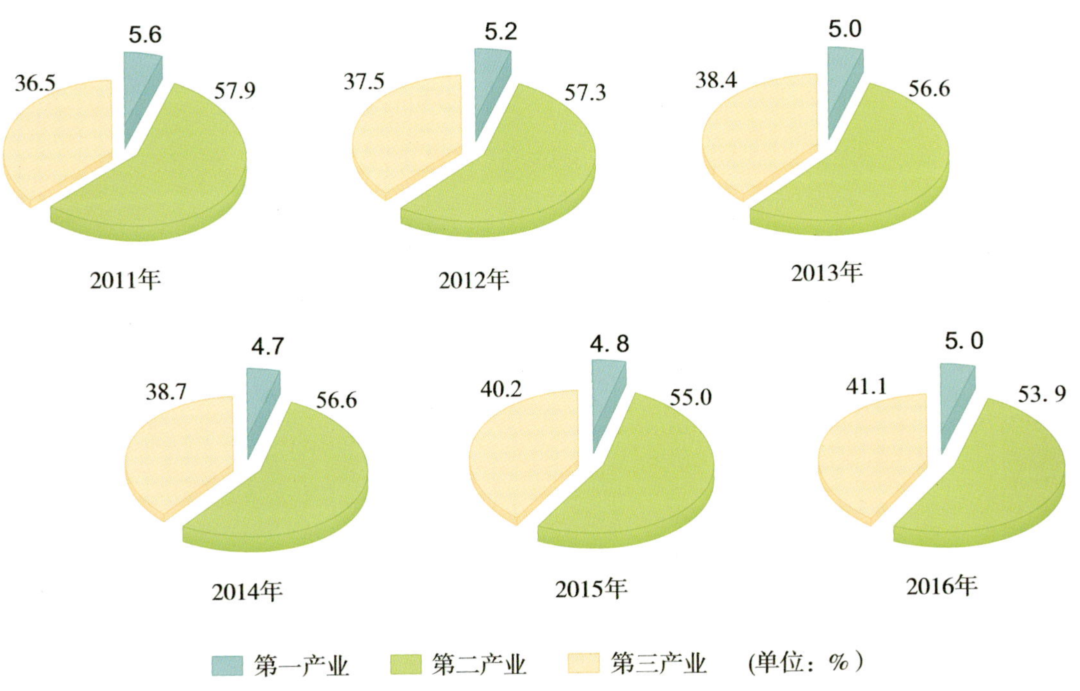

规模以上工业增加值

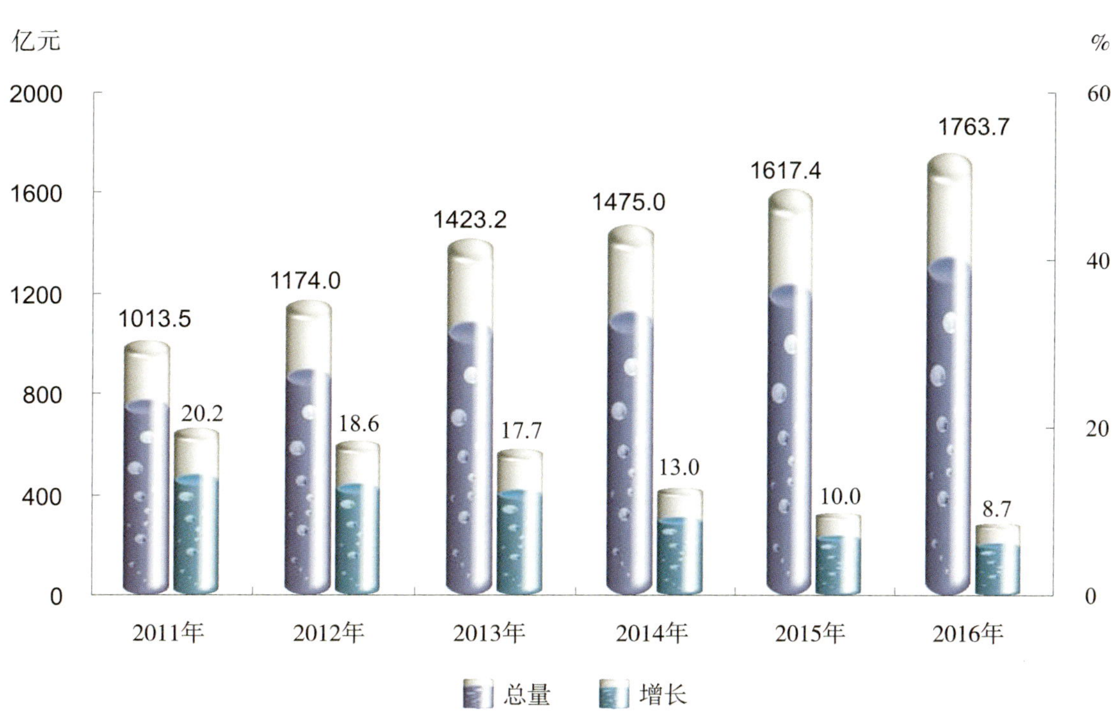

规模以上电子、石化工业增加值

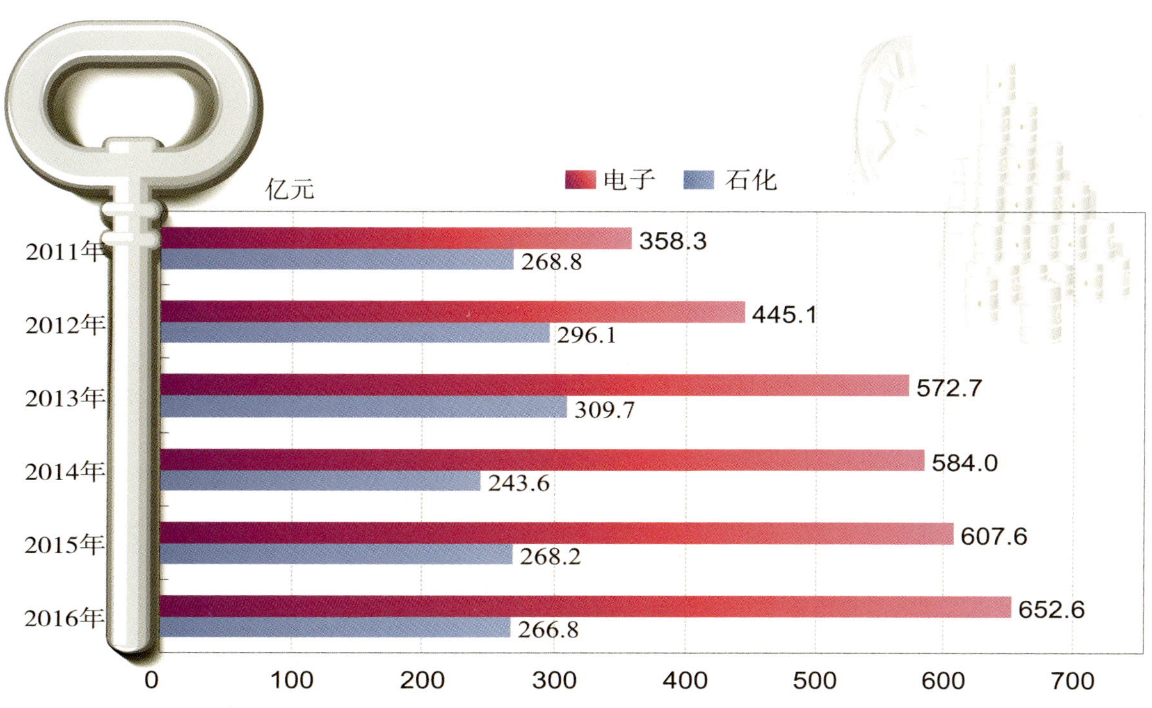

固定资产投资

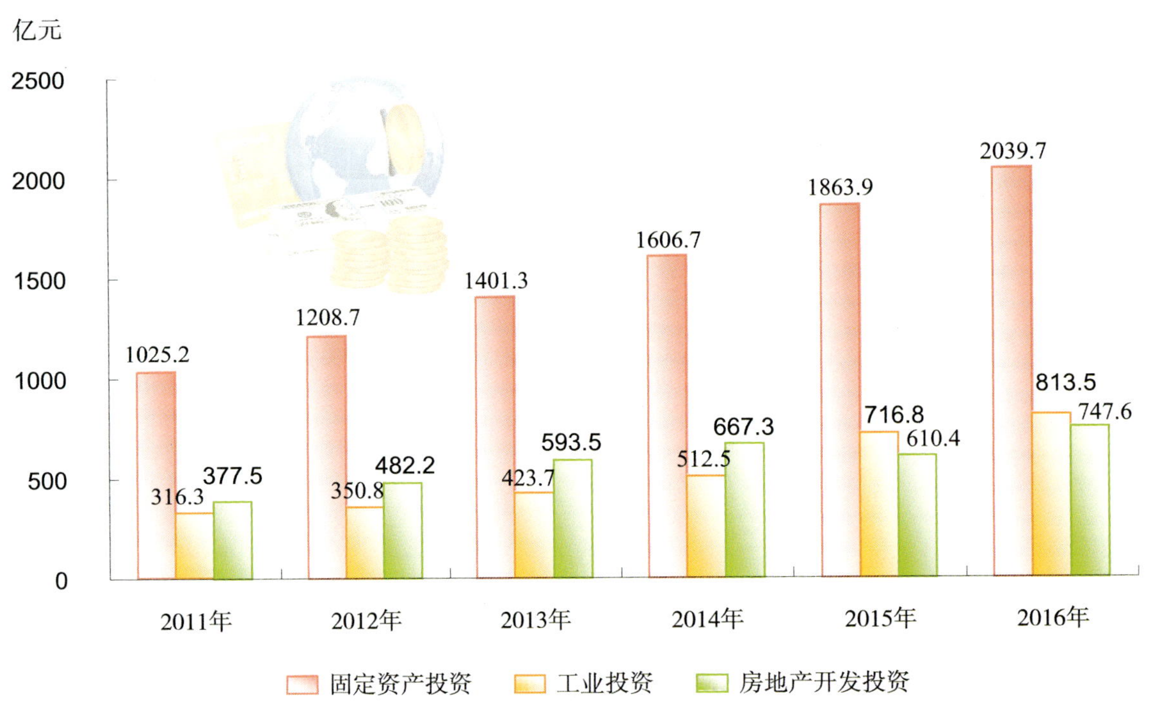

社会消费品零售总额

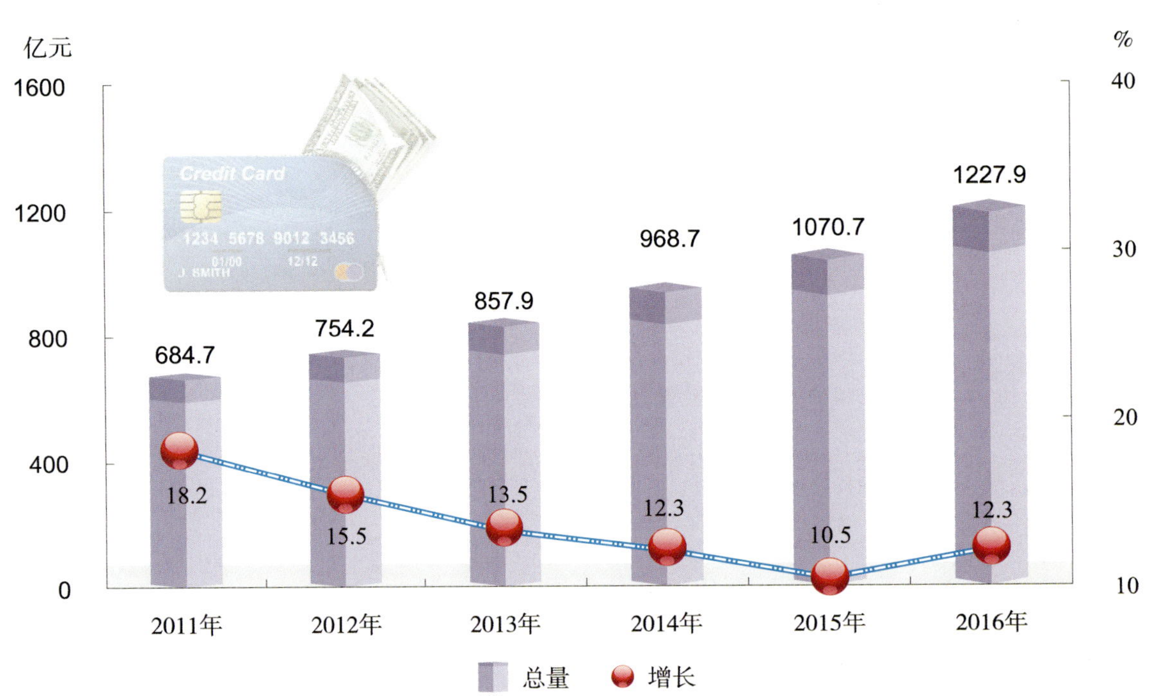

地方公共财政预算收入

国地税总额

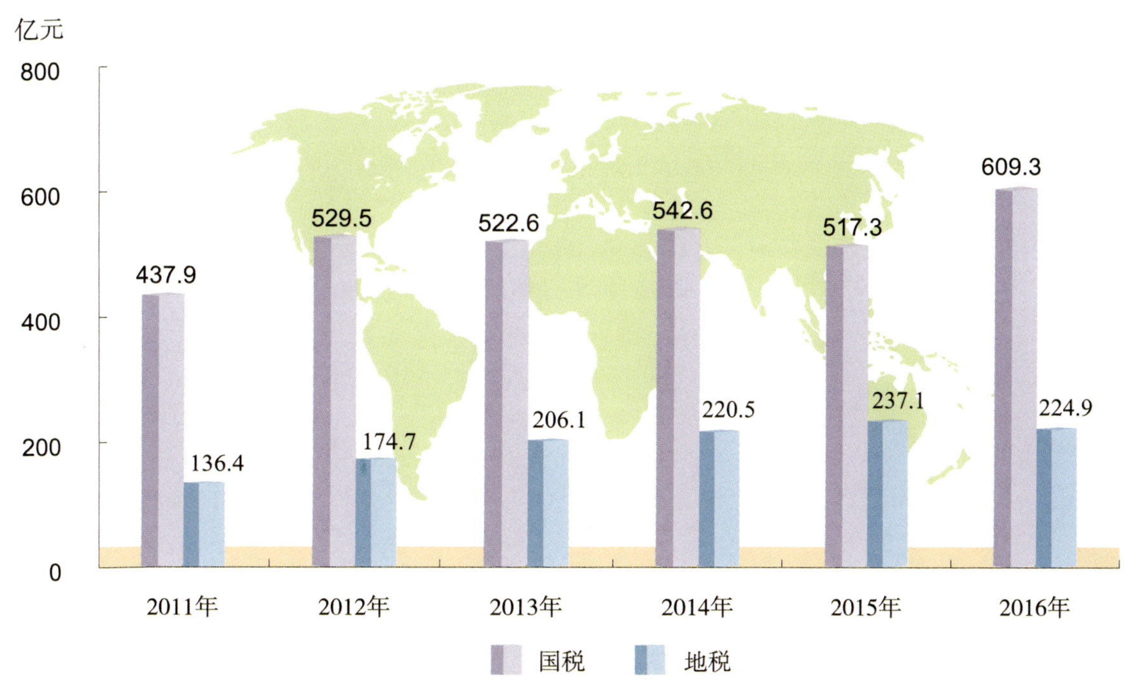

居民收入

元
40000
30000
20000
10000
0
16239
20108
10117
18385
22644
11483
20782
24293
12976
22902
27300
14364
25220
30057
15830
28061
33213
17603
2011年
2012年
2013年
2014年
2015年
2016年
全体居民收入
城镇常住居民可支配收入
农村常住居民可支配收入

居民收入增幅

%
21
18
15
12
9
20.5
14.7
12.9
13.2
13.5
12.6
13.0
13.0
10.1
10.7
10.2
9.5
10.2
10.1
10.1
11.3
11.2
10.5
2011年
2012年
2013年
2014年
2015年
2016年
居民可支配收入
城镇居民可支配收入
农村居民可支配收入

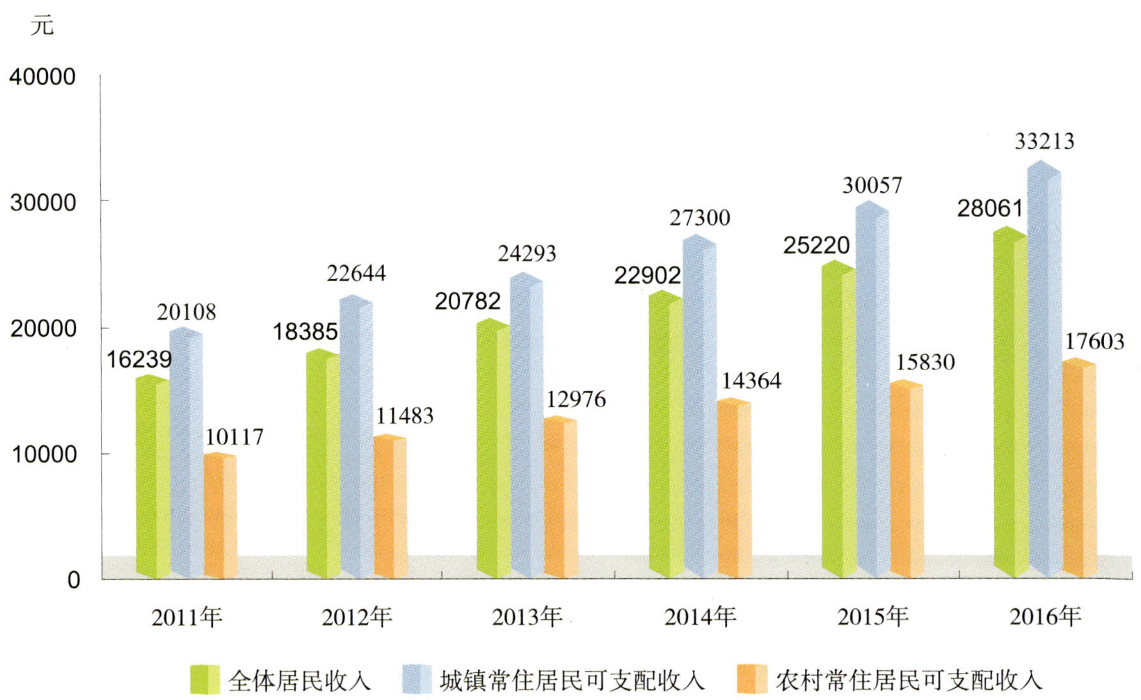

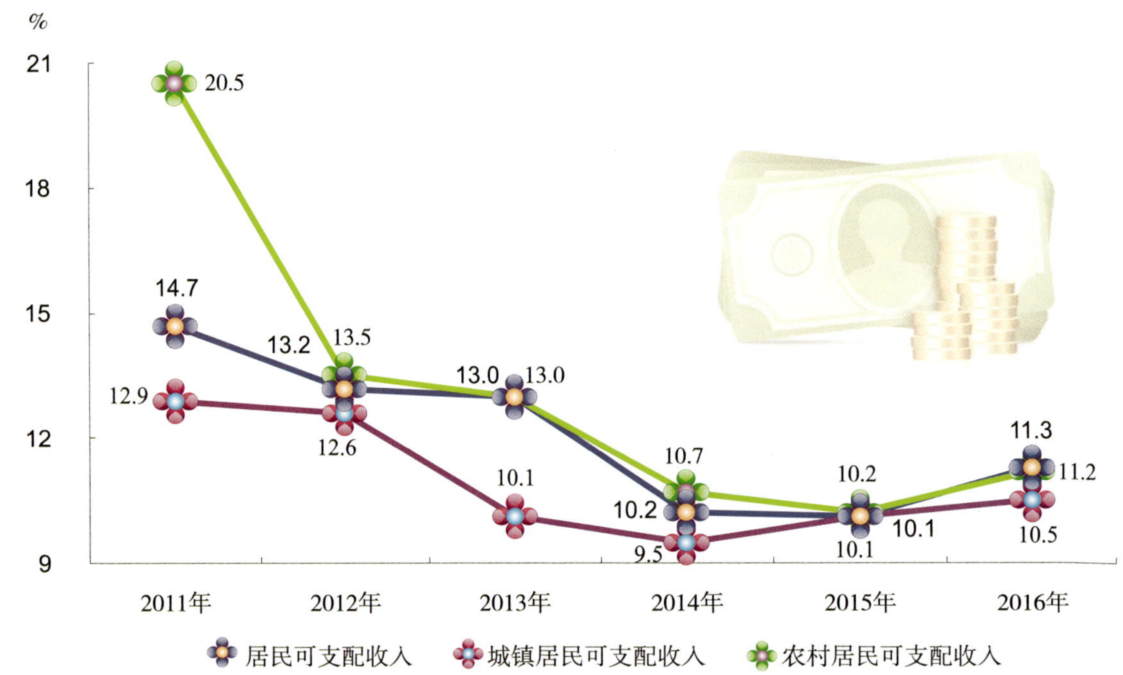

在岗职工年平均工资

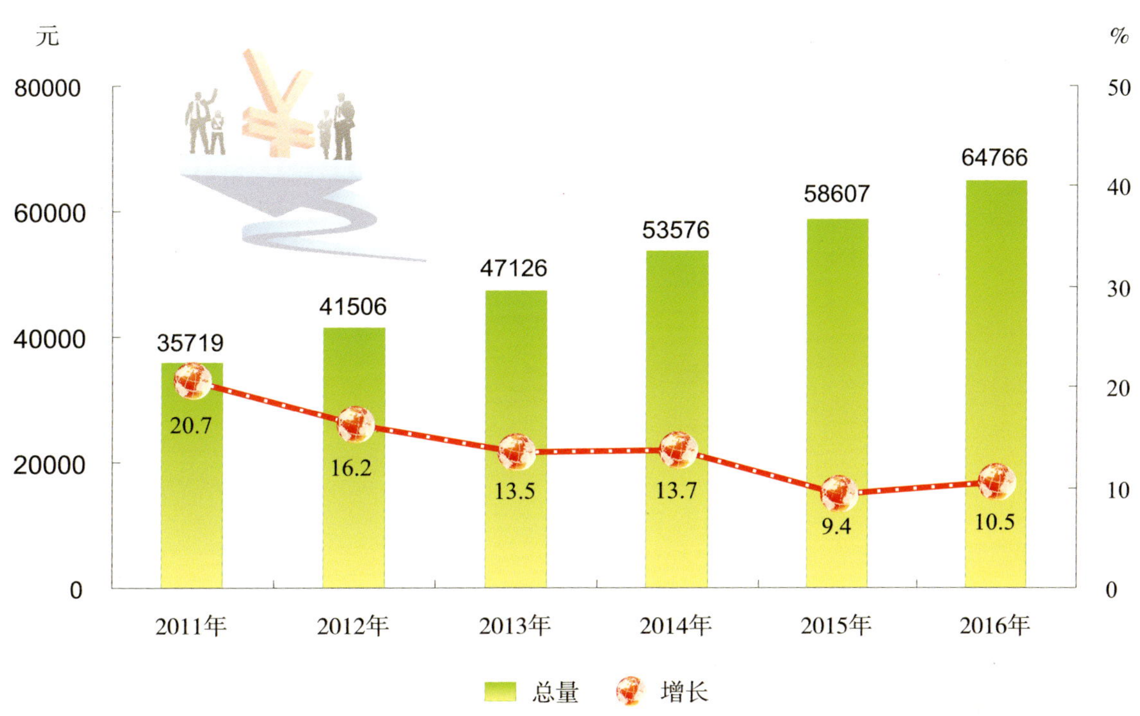

人口

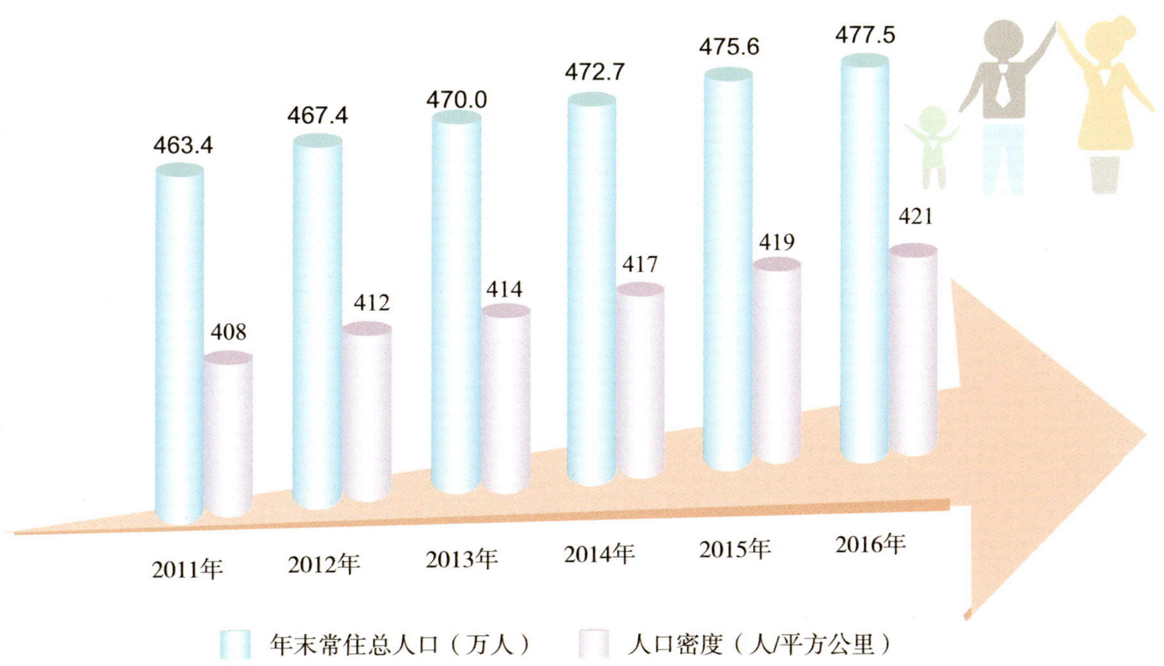

金融机构本外币存贷款余额

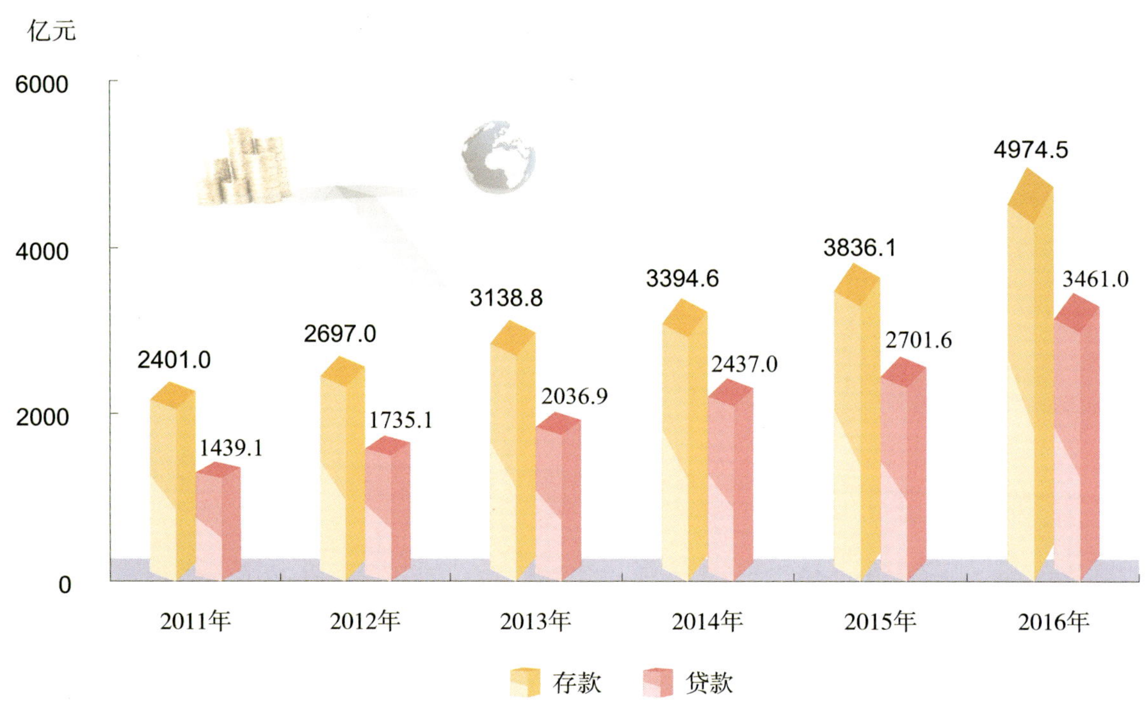

居民消费价格涨跌幅度

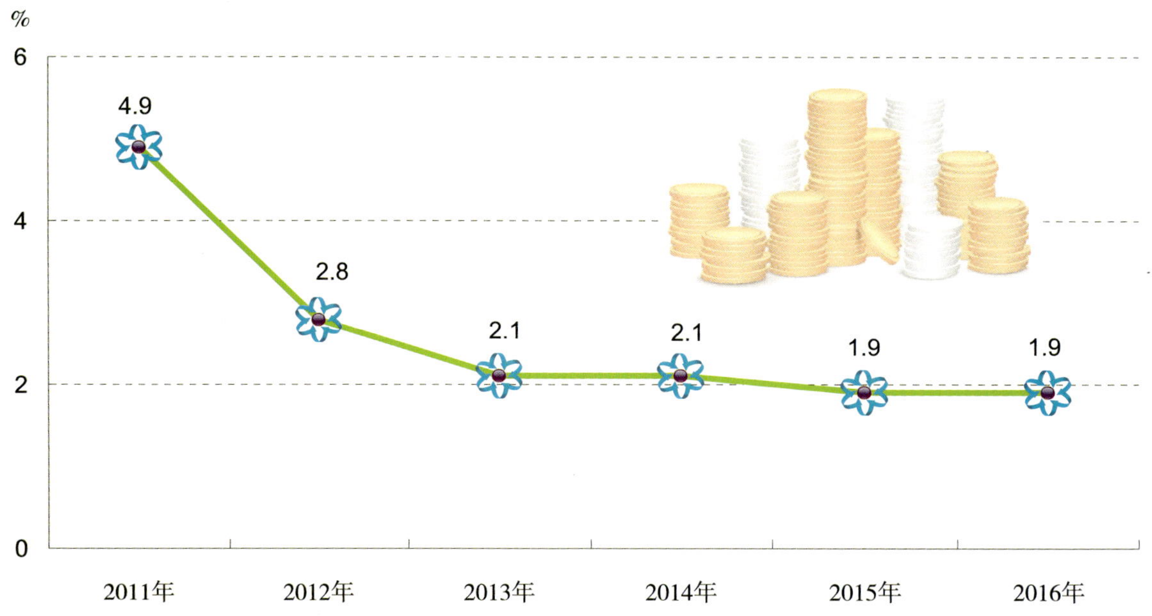

第三部分

统　计　表

一、历年主要经济指标

1–1 历年指标数据

年份	年末户籍人口（万人）	城镇人口	女性人口	年末常住总人口（万人）	出生率（‰）	死亡率（‰）	自然增长率（‰）
1949	103.30						
1952	107.53						
1957	118.23						
1962	127.91						
1965	138.99						
1970	160.65						
1975	180.13						
1978	187.74	30.30	92.85		21.83	5.90	15.93
1979	189.73	31.88	94.21		26.68	5.87	20.81
1980	192.47	33.24	95.74		23.70	5.49	18.21
1981	195.69	34.66	97.35		22.90	5.37	17.53
1982	199.20	35.68	98.81		22.83	5.21	17.62
1983	202.27	36.59	100.27		20.22	5.84	14.38
1984	205.30	38.79	101.53		20.09	5.30	14.79
1985	208.88	44.47	103.22		17.67	5.17	12.50
1986	211.71	42.58	104.70		16.77	4.77	12.00
1987	214.90	44.92	106.18		15.34	4.35	10.99
1988	218.06	47.51	107.77		14.17	4.61	9.56
1989	221.47	50.54	109.29		14.17	4.75	9.42
1990	226.16	53.39	111.55	231.25	17.71	5.04	12.67
1991	232.86	61.31	114.89	239.01	17.36	4.77	12.59
1992	239.33	65.36	117.96	247.02	17.07	4.98	12.09
1993	245.72	71.25	120.89	255.31	16.96	4.80	12.16
1994	251.16	75.35	123.51	263.87	16.57	4.50	12.07
1995	255.90	80.61	125.78	272.72	16.30	4.85	13.93
1996	260.08	85.23	127.86	281.87	18.37	4.58	13.79
1997	266.53	89.80	131.10	291.32	16.39	4.50	11.89
1998	270.00	92.81	132.66	301.09	14.26	5.08	9.18
1999	271.82	94.18	133.36	311.19	11.76	4.60	7.16
2000	277.81	98.40	136.20	321.80	10.62	4.69	5.93
2001	280.45	100.57	137.49	334.77	9.66	4.26	5.39
2002	283.02	109.02	138.73	343.41	9.16	4.27	4.88
2003	286.36	111.85	140.22	352.27	9.48	4.40	5.08
2004	293.22	114.27	143.34	363.18	10.43	4.55	5.88
2005	297.58	166.53	145.29	370.69	9.74	4.38	5.36
2006	306.41	170.86	149.86	387.51	10.08	4.54	5.55
2007	312.89	183.35	153.31	402.86	10.24	4.67	5.58
2008	318.84	186.17	156.34	418.65	10.80	4.75	6.04
2009	324.36	187.07	159.27	435.08	10.95	4.60	6.35
2010	337.28	199.02	165.93	460.11	11.78	4.78	6.99
2011	343.03	203.51	169.06	463.36	11.43	4.66	6.77
2012	341.91	203.92	168.50	467.40	12.31	5.48	6.83
2013	343.37	204.45	169.11	470.00	11.59	4.66	6.93
2014	348.52	207.62	171.75	472.66	11.59	4.88	6.71
2015	357.07	177.87	176.10	475.55	9.79	3.71	6.08
2016	364.31	196.73	180.03	477.50	13.65	4.16	9.49

注：1、2006–2009 年年末常住人口根据 2010 年第六次全国人口普查快速汇总数据进行平滑调整；
2、出生率、死亡率、自然增长率 ,2014 年前为户籍人口口径，2014 年（含）起为常住人口口径；
3、1978–2014 年，城镇人口数为非农业人口数，2015 年起口径修改为城镇人口。

1-1.1

年份	从业人员（万人）				年末在岗职工人数（万人）
		第一产业	第二产业	第三产业	
1949	38.28				
1952	40.55				
1957	48.56				2.31
1962	53.64				4.31
1965	55.58				5.55
1970	66.80				8.26
1975	75.61				11.43
1978	83.46				16.00
1979	82.49				16.11
1980	85.54				17.13
1981	87.75				17.99
1982	90.73				18.31
1983	93.31				18.27
1984	97.73				18.34
1985	99.63				19.85
1986	102.39				19.87
1987	106.94				21.20
1988	110.44				22.14
1989	113.37				23.37
1990	119.85	62.91	24.79	32.15	23.77
1991	125.85	63.65	27.26	34.94	28.03
1992	134.49	62.54	34.56	37.39	30.87
1993	145.83	62.26	40.60	42.97	34.45
1994	157.52	61.18	44.22	52.12	38.56
1995	172.85	64.54	48.80	59.51	43.44
1996	165.28	66.40	49.42	49.46	44.09
1997	180.98	67.45	50.86	62.67	44.93
1998	183.03	68.62	50.97	63.44	42.76
1999	185.05	69.33	50.79	64.93	42.15
2000	186.70	69.37	51.90	65.43	42.19
2001	196.84	69.82	53.44	73.58	42.71
2002	216.55	76.92	61.37	78.26	47.43
2003	206.67	69.56	88.38	48.73	50.24
2004	212.92	68.37	92.24	52.31	53.23
2005	222.62	69.35	99.22	54.05	64.92
2006	227.84	67.53	102.70	57.61	66.90
2007	236.47	64.79	109.13	62.55	75.70
2008	243.74	63.62	109.37	70.75	72.60
2009	252.16	62.21	115.75	69.21	76.59
2010	260.14	55.12	126.99	78.03	78.60
2011	267.97	52.56	133.12	82.27	83.35
2012	270.04	52.19	134.15	83.70	87.22
2013	277.27	51.87	137.61	87.79	83.91
2014	280.62	50.80	141.33	88.48	89.31
2015	281.51	50.14	139.82	91.55	88.33
2016	285.57	49.41	142.71	93.45	92.74

注：2006–2009 年根据第六次人口普查结果进行调整。

1-1.2

年份	本　　市 生产总值 （万元）	第一产业	第二产业	第三产业	人均 GDP （元）	本市生产 总值指数 (%)	第一产业	第二产业	第三产业
1949	11180	8821	556	1803	109	100	100	100	100
1960	29752	19353	4360	6039	242	107.3	111.0	101.8	101.2
1961	25026	17195	2987	4844	201	85.9	94.1	64.2	76.6
1962	39841	29994	3411	6436	316	110.1	106.9	92.3	130.0
1963	31631	21271	2789	7571	244	103.9	100.1	102.0	115.0
1964	38019	25807	4125	8087	287	117.0	116.5	147.6	108.5
1965	42131	29647	5447	7037	309	111.8	119.3	116.3	90.2
1966	39525	26132	4949	8444	280	103.8	99.5	93.6	124.6
1967	42729	29095	5094	8540	295	104.8	105.7	111.0	99.6
1968	41156	28319	5018	7819	275	95.1	97.6	91.5	90.4
1969	42615	28461	5294	8860	277	103.1	100.4	100.7	112.5
1970	47834	31820	6864	9150	302	110.4	109.4	133.7	103.1
1971	50678	33628	7283	9767	311	106.1	107.8	97.4	105.8
1972	54093	34947	8444	10702	325	103.6	99.1	120.4	108.5
1973	55092	34187	9186	11719	323	100.8	96.1	108.5	109.3
1974	58900	38144	9551	11205	337	104.9	109.5	102.0	95.3
1975	59794	36742	10468	12584	335	101.3	95.6	111.0	111.2
1976	63665	37891	11533	14241	351	106.6	104.2	106.9	112.4
1977	64885	37328	12294	15263	352	105.7	106.1	104.1	105.8
1978	67596	37720	14065	15811	360	103.7	101.1	120.8	99.8
1979	67917	35496	13368	19053	358	96.7	86.8	94.4	120.6
1980	75357	41077	13525	20755	391	106.2	106.7	105.6	105.8
1981	90879	48930	16105	25844	464	113.5	112.1	113.6	115.7
1982	103536	52806	19745	30985	523	115.4	113.5	120.5	115.7
1983	102144	52101	19417	30626	505	96.8	93.5	102.2	99.1
1984	117923	58549	21204	38170	576	107.0	110.3	98.7	106.9
1985	137464	65999	32070	39395	656	110.9	103.0	148.5	103.5
1986	166334	74453	39186	52695	783	117.3	109.9	113.7	131.1
1987	224107	93760	60156	70191	1042	123.2	99.2	162.9	128.1
1988	323416	130478	84675	108263	1482	117.6	107.1	116.3	129.1
1989	390768	152609	99999	138160	1769	112.5	111.1	115.8	111.1
1990	487913	175371	144398	168144	2110	123.1	120.5	130.6	119.6
1991	614253	189069	220258	204926	2569	123.9	109.8	148.2	115.2
1992	841348	225313	320550	295485	3462	132.9	117.2	144.4	132.8
1993	1324826	258176	595953	470697	5190	142.3	102.6	166.4	141.5
1994	1793884	338054	843706	612124	6799	127.8	111.4	140.5	118.7
1995	2295679	396992	1154242	744445	8557	125.4	107.7	136.7	115.3
1996	2713746	454228	1460372	799145	9627	117.9	109.8	125.9	106.1
1997	3189026	541678	1772237	875111	10947	117.2	110.3	122.3	108.5
1998	3574207	549949	2041812	982446	12067	114.8	103.1	117.3	113.6
1999	3942003	592605	2261163	1088235	12668	112.7	109.4	114.2	109.9
2000	4391944	622339	2552591	1217014	13877	111.3	106.1	113.1	108.6
2001	4789523	654378	2767390	1367754	14590	109.5	107.3	109.2	111.4
2002	5265704	673896	3065762	1526045	15529	110.7	104.7	112.1	110.8
2003	5864620	682657	3437058	1744905	16860	112.2	100.4	114.4	113.2
2004	6864489	775253	3921239	2167995	19189	115.1	104.2	114.4	121.2
2005	8039248	751011	4557365	2730872	21909	115.9	105.4	117.1	117.4
2006	9289210	687776	5389868	3211566	24503	116.8	102.4	120.6	114.5
2007	11179105	782076	6396201	4000828	28288	117.6	104.5	118.8	118.5
2008	13040471	906113	7412972	4721386	31748	111.6	104.3	111.9	113.5
2009	14148207	902923	7879015	5366269	33144	113.2	103.8	113.3	114.7
2010	17299673	1023813	10142216	6133644	38650	118.0	104.0	123.8	110.6
2011	20949392	1165098	12136759	7647535	45371	114.7	103.9	114.6	116.7
2012	23794930	1245642	13628289	8920999	51130	112.7	102.9	114.2	111.6
2013	27051327	1354635	15300838	10395854	57716	113.8	103.4	115.2	112.9
2014	30003674	1410904	16970078	11622691	63657	110.0	104.6	111.9	107.5
2015	31400306	1515395	17261439	12623472	66231	109.0	104.3	109.6	108.6
2016	34121671	1716618	18375284	14029768	71605	108.2	104.8	108.1	108.8

注：1998 年起第一产业按新口径统计；指数 1999 年前按 1990 年不变价计算，2001 年起按 2000 年不变价计算，2006 年起按 2005 年不变价计算；1998 年起生产总值、第一产业指数按同口径计算。根据属地统计原则，对 2001 年工业、核算有关数据作了调整，公布数据具有可比性（下同）。原“国内生产总值”指标改为“本市生产总值”。2004 年经济普查后，对 1993-2004 年的历史数据作了修正 ,2014 年经济普查后，对 2009-2013 年历史数据进行了修订，2014 年一二三产口径进行了调整。

年份	本市生产总值构成 (%)	第一产业	第二产业	第三产业
1978	100	55.8	20.8	23.4
1979	100	52.3	19.7	28.0
1980	100	54.5	18.0	27.5
1981	100	53.9	17.7	28.4
1982	100	51.0	19.1	29.9
1983	100	51.0	19.0	30.0
1984	100	49.6	18.0	32.4
1985	100	48.0	23.3	28.7
1986	100	44.7	23.6	31.7
1987	100	41.9	26.8	31.3
1988	100	40.3	26.2	33.5
1989	100	39.0	25.6	33.4
1990	100	35.9	29.6	34.5
1991	100	30.7	35.9	33.4
1992	100	26.8	38.1	35.1
1993	100	19.5	45.0	35.5
1994	100	18.9	47.0	34.1
1995	100	17.3	50.3	32.4
1996	100	16.7	53.8	29.5
1997	100	17.0	55.6	27.4
1998	100	15.4	57.1	27.5
1999	100	15.0	57.4	27.6
2000	100	14.2	58.1	27.7
2001	100	13.6	57.8	28.6
2002	100	12.8	58.2	29.0
2003	100	11.6	58.6	29.8
2004	100	11.3	57.1	31.6
2005	100	9.3	56.7	34.0
2006	100	7.4	58.0	34.6
2007	100	7.0	57.2	35.8
2008	100	6.9	56.8	36.3
2009	100	6.4	55.7	37.9
2010	100	5.9	58.6	35.5
2011	100	5.6	57.9	36.5
2012	100	5.2	57.3	37.5
2013	100	5.0	56.6	38.4
2014	100	4.7	56.6	38.7
2015	100	4.8	55.0	40.2
2016	100	5.0	53.9	41.1

1-1.3

年 份	固定资产投资（万元）	房地产开发	# 国有经济单位投资（万元）	新增固定资产投资（万元）	商品房销售面积（万平方米）	商品房销售额（亿元）
1952	65					
1957	1125					
1962	412					
1965	2444					
1970	1753					
1975	2857					
1978	5991		5412	2281		
1979	5604		5182	1984		
1980	8623		8272	3590		
1981	18535		10324	17445		
1982	27468		14118	22575		
1983	23703		13448	17664		
1984	25799		12930	34637		
1985	40932		17565	36700		
1986	42022		20775	35429		
1987	66330		29885	60744		
1988	94932		36195	79671		
1989	107324		52909	94568		
1990	165399	8900	99271	138344		
1991	223295	19699	135097	164072		
1992	423763	43293	250270	285596		
1993	917831	209362	634949	568072	79.54	11.33
1994	756761	96102	474351	193844		
1995	616145	90969	402492	337770		
1996	631257	48139	435564	417831	17.10	2.33
1997	588301	44477	396904	677075	9.96	2.35
1998	603754	55355	388213	578269	25.07	3.80
1999	665760	66655	446537	551361	26.00	4.29
2000	774104	92069	499766	717371	48.43	8.12
2001	844273	106472	536391	729930	45.48	7.88
2002	1047340	158773	717190	778366	56.36	13.24
2003	2284704	272724	1954087	1042687	86.13	16.70
2004	2976139	295532	2598702	1030306	101.13	22.88
2005	3523708	438917	501163	1513591	149.40	37.97
2006	3087813	690302	549679	5041074	254.71	75.80
2007	4869094	1377564	1428299	1965560	390.99	156.18
2008	5887368	1868314	1662243	2249185	295.90	121.94
2009	7589682	1753332	2247850	5826042	543.81	232.01
2010	8940191	2678611	2199034	5712027	627.30	311.17
2011	10252067	3775399	2163119	6666439	796.30	440.87
2012	12086803	4821683	2238291	6830591	826.72	478.42
2013	14013040	5934706	2588028	7522838	1149.46	672.11
2014	16067089	6672975	2921882	8863910	983.94	588.81
2015	18639306	6104497	4463464	11898908	1299.78	800.38
2016	20397056	7476324	4179074	11483597	1771.91	1415.00

1-1.4

年 份	地方公共财政预算收入（万元）	地方公共财政预算支出（万元）	金融机构存款余额（万元）	住户存款余　额（万元）	金融机构贷款余额（万元）
1963	2395	1938			
1964	4629	2299			
1965	4340	2222			
1966	4544	3044			
1967	3845	2746			
1968	4729	2234			
1969	5269	2906			
1970	5159	2920			
1971	6167	3044			
1972	5908	4739			
1973	5961	4179			
1974	5439	2625			
1975	4947	5024		1747	
1976	4392	4132			
1977	4745	4247			
1978	5500	5921	11320	3167	25533
1979	3086	5735	15097	4508	29052
1980	3760	6901	21978	6106	39095
1981	5278	8378	30350	8906	48069
1982	4488	8421	32897	11548	53872
1983	4888	9259	42115	15518	58545
1984	4937	10433	68598	25711	89880
1985	5433	13321	81580	37112	106910
1986	8917	18239	116242	54669	136221
1987	13261	23701	160861	80969	183514
1988	20821	29456	164170	107628	203942
1989	23802	35697	198416	154493	247536
1990	28098	43934	408425	243080	387858
1991	39449	53729	447167	378205	370297
1992	57606	77309	1153953	823452	538911
1993	93622	108904	1540834	1017762	1317543
1994	74409	112167	1600774	1118399	1416385
1995	76925	118321	1933487	1434177	1968310
1996	70669	116392	2459994	1704458	2620118
1997	76086	132446	2807971	2080232	2744975
1998	94281	149709	3109384	2314576	2846817
1999	107529	168174	3499731	2515692	2439765
2000	129356	197886	3590688	2493084	2133399
2001	182792	258858	4024608	2740804	2267685
2002	197153	330094	4790091	3191087	2653794
2003	241238	387786	5719088	3795484	3138211
2004	254208	459451	6651342	4472809	3478121
2005	347218	524097	7817848	5222112	3672270
2006	444473	660323	9467087	6072335	4407589
2007	620603	860589	11338239	6476106	5632461
2008	780657	1062985	13045899	7716561	6598939
2009	1015651	1347527	17344007	8674938	9249371
2010	1312270	1854379	20411875	10317915	10976616
2011	1628309	2272099	23374233	11444613	12897517
2012	2008762	2740831	25176322	13175734	14846221
2013	2501721	3282913	30044146	15207027	18278746
2014	3007453	3729722	31845160	16111201	21768038
2015	3400183	4860668	36125234	17175953	24643503
2016	3613044	5090750	45447300	19452277	31551265

注：表中金融指标均为人民币口径，2015 年起，城乡居民储蓄存款余额改为住户存款余额，1963–2014 年为城乡居民储蓄存款余额数据。

1-1.5

年份	在岗职工工资总额（万元）	国有经济	在岗职工年平均工资（元）	职工平均工资指数（%）	城镇居民家庭人均可支配收入（元）	城镇居民家庭人均消费性支出（元）	农村居民家庭人均纯收入（元）	农村居民家庭人均消费性支出（元）
1957	1232	1232	532	104.1				
1962	2198	2198	510	117.2				
1965	2875	2816	518	98.7				
1970	3281	3281	546	98.0				
1975	4938	4370	607	102.5				
1978	8950	6277	599	95.7			159	
1979	8984	7044	597	99.7			165	
1980	11529	8897	705	118.1			209	
1981	13247	10481	772	109.5			327	
1982	14653	12063	849	110.0			402	
1983	15567	12377	880	119.6			392	
1984	20107	15253	1052	109.3			468	399
1985	21232	15711	1150	109.3	747	720	505	446
1986	25111	18187	1314	113.8	1027	1011	520	471
1987	29168	20630	1462	111.4	1235	1148	639	512
1988	43385	29605	2057	140.7	1512	1462	785	678
1989	54397	36625	2365	115.0	2145	1929	943	1018
1990	63016	40874	2786	117.8	2602	2349	1131	1062
1991	88474	52800	3302	118.5	3142	2712	1217	1108
1992	114028	66677	3871	117.4	3969	3768	1393	1355
1993	169932	95900	5119	132.0	5953	5387	1700	1884
1994	230994	122813	6262	122.3	7566	6225	2230	2244
1995	275711	128326	6716	107.3	7857	7156	2641	2563
1996	287574	135335	6889	102.6	8141	7554	3112	2767
1997	305664	138970	6966	101.1	8563	7262	3305	2690
1998	329725	143869	7835	112.5	8982	7362	3422	2579
1999	367555	165464	8883	113.4	9436	8194	3531	2738
2000	399339	175953	9607	108.2	9824	8555	3630	2737
2001	446319	197786	10482	109.1	10014	8574	3750	2724
2002	522965	216224	11318	108.0	10691	8603	3903	2805
2003	644073	254571	13265	117.2	12673	10303	4054	3005
2004	737530	292541	14439	108.8	13822	11929	4370	3300
2005	995961	329339	16017	110.9	14884	12931	4698	3782
2006	1168338	380252	17760	110.9	15991	14035	5090	4022
2007	1458774	444552	19644	110.6	17310	15015	5695	4320
2008	1723298	531884	22727	115.7	19481	16581	6626	4863
2009	1928867	615777	25786	113.5	21278	17914	7583	5249
2010	2307432	687101	29599	114.8	23565	19741	9077	6029
2011	2983287	867915	35719	120.7	20108	20603	10117	7187
2012	3570487	1011661	41506	116.2	22644	22279	11483	8286
2013	4000986	1092897	47126	113.5	24293	–	12976	9465
2014	4677529	1227312	53576	113.7	27300	20065	14364	11008
2015	5246337	1353653	58607	109.4	30057	21581	15830	11975
2016	5990003	1563751	64766	110.5	33213	23779	17603	13726

注：从 2011 年起，城乡居民家庭人均可支配收入、农村居民家庭人均纯收入分别改为城镇常住居民人均可支配收入、农村常住居民人均可支配收入。

1-1.6

年份	从事农林牧渔业人员（万人）	农业机械总动力（万千瓦）	化肥施用折纯量（吨）	农村用电量（万千瓦时）	农作物播种面积（千公顷）	粮食	油料
1949	36.88						
1952	38.72						
1957	42.71						
1962	45.30						
1965	46.27						
1970	54.59						
1975	58.85						
1978	62.55	25.50	32288	3703	343.44	285.47	24.66
1979	58.58	27.89	34845	3606	330.79	269.00	26.62
1980	59.78	28.98	40177	3837	324.66	261.53	30.71
1981	62.17	31.04	44495	4127	318.54	244.53	35.55
1982	65.51	32.08	45047	5416	316.19	239.73	35.94
1983	66.81	33.76	47086	7226	313.79	241.47	28.81
1984	66.76	34.43	46926	8304	311.89	237.07	32.18
1985	62.59	38.07	50039	8386	308.36	226.27	31.36
1986	66.76	41.05	57752	10534	305.19	223.47	30.99
1987	64.71	48.07	58590	13375	303.65	222.93	28.96
1988	65.43	52.23	61691	12421	302.82	220.11	27.98
1989	63.05	57.01	70642	13618	307.69	224.40	27.83
1990	62.44	59.17	74800	17235	310.02	223.87	28.09
1991	61.70	65.83	75000	18896	301.19	211.74	27.33
1992	61.76	77.60	78000	35300	286.77	197.19	26.59
1993	60.71	92.11	66700	35851	271.05	181.28	27.42
1994	59.46	93.45	67979	31236	270.89	190.49	27.51
1995	62.78	91.71	74221	42406	284.75	195.59	27.12
1996	64.83	85.04	77487	46371	293.97	200.72	26.14
1997	67.45	85.15	70907	44149	293.54	199.79	26.81
1998	68.62	85.71	74708	42947	298.19	200.20	26.54
1999	69.34	84.24	73500	46206	300.94	200.45	26.57
2000	69.36	83.69	79107	55479	302.83	189.27	28.27
2001	69.82	85.86	82860	70351	307.30	177.30	30.95
2002	76.92	90.89	77832	76815	292.95	154.89	31.56
2003	68.17	91.30	79000	57869	266.07	133.87	27.87
2004	65.76	88.78	78419	61243	268.14	147.93	26.71
2005	67.30	95.14	81327	73104	237.54	151.26	24.03
2006	66.68	94.60	82424	245041	225.74	112.14	19.71
2007	66.05	94.06	83521	253985	225.85	114.38	19.75
2008	66.83	112.90	84101	263257	227.57	115.64	20.37
2009	67.05	115.97	86647	260545	233.08	121.20	21.27
2010	61.79	119.57	89347	307123	241.45	120.16	21.13
2011	52.11	123.09	90512	339519	247.35	120.04	21.70
2012	51.83	125.99	93962	347807	249.78	120.92	22.32
2013	51.62	135.32	94340	354425	256.47	116.66	22.65
2014	50.54	136.29	96369	292688	263.32	116.36	23.20
2015	49.76	–	98430	323554	264.16	116.59	23.48
2016	49.09	–	98341	331145	268.31	176.42	34.95

1–1.7

年 份	水果产量（万吨）	粮食产量（万吨）	油料产量（万吨）	猪牛羊肉产量（万吨）	水产品产量（万吨）
1949	0.12	26.00	0.76		1.06
1952	0.17	34.10	1.04		1.28
1957	0.26	40.00	1.04		2.23
1962	0.23	42.00	0.79		1.53
1965	0.47	56.70	1.62		1.51
1970	1.29	62.30	2.08		3.20
1975	1.62	66.50	2.00		2.31
1978	1.59	68.70	2.23	2.20	1.97
1979	1.21	62.30	2.80	2.13	1.16
1980	1.38	71.60	3.67	2.21	1.79
1981	1.46	69.20	4.74	2.55	1.59
1982	1.34	77.50	5.38	2.83	2.40
1983	1.78	79.10	3.56	3.49	2.89
1984	2.28	78.40	4.23	3.30	2.57
1985	3.47	76.60	4.09	3.86	2.52
1986	5.94	70.30	4.30	4.19	3.06
1987	7.85	79.70	3.91	4.36	3.42
1988	9.26	78.65	3.96	4.68	3.99
1989	11.19	86.01	4.10	4.92	4.16
1990	14.78	89.01	4.34	5.38	4.49
1991	17.55	82.27	3.82	5.84	5.19
1992	21.86	82.20	4.54	6.74	6.01
1993	20.34	76.11	4.89	7.55	6.49
1994	21.82	84.80	5.12	7.44	7.27
1995	20.21	89.33	5.37	7.59	8.17
1996	19.90	97.54	5.24	8.31	9.02
1997	18.32	105.95	5.41	9.58	11.26
1998	17.44	111.61	5.68	5.53	12.39
1999	20.33	112.66	5.92	7.23	13.09
2000	18.50	105.31	6.19	8.24	13.28
2001	19.83	92.87	6.91	8.85	13.98
2002	27.12	81.80	7.05	9.93	15.61
2003	28.85	68.02	6.59	10.39	15.69
2004	39.15	74.44	6.38	11.66	16.26
2005	48.76	74.21	6.13	13.21	16.36
2006	41.59	51.37	4.38	13.58	12.34
2007	46.78	55.15	4.74	12.81	13.71
2008	49.96	55.73	4.86	13.93	13.63
2009	51.82	58.64	5.28	14.40	14.06
2010	54.92	58.68	5.29	15.02	14.33
2011	58.88	60.98	5.46	14.09	14.67
2012	63.41	62.66	5.62	14.17	14.94
2013	66.93	55.70	5.92	14.45	15.67
2014	68.36	59.21	6.13	14.85	16.16
2015	72.91	59.72	6.30	14.58	16.70
2016	77.37	59.99	6.38	14.18	17.15

1–1.8

年份	规模以上工业企业单位数（个）	"三资"	规模以上工业企业增加值（万元）	"三资"	规模以上工业企业总产值（万元）	"三资"
1978	902				37436	
1979	922				35149	
1980	957				35659	
1981	978				37066	
1982	1005				37745	
1983	986				42961	
1984	1043				46658	
1985	1098				64202	
1986	1199				81074	
1987	1296				139596	
1988	1464				199325	
1989	1510				260814	
1990	1558				358215	
1991	1692				654909	
1992	1873		172423		941251	
1993	2106		314778		1426945	
1994	2506		502602		2212527	
1995	2616		680134		3139604	
1996	2926		880279		4125504	
1997	2909		1063139		5300732	
1998	913	502	905916		4885886	4092130
1999	710	449	1003314		5472134	4593630
2000	689	454	1321892	1070148	6578284	5618681
2001	702	483	1327701	1136088	7081192	6406301
2002	765	555	1909451	1731477	8623884	7990454
2003	808	593	2333741	1997000	10204438	9574466
2004	1257	880	2554325	2376731	11197762	10525823
2005	1244	880	3153193	2810031	14286640	12879247
2006	1279	916	4041627	3481645	18339670	16364607
2007	1387	955	5025237	4280594	22179612	19312868
2008	1875	1192	5455569	4501065	26002646	22117995
2009	1870	1139	5765886	3939289	30051367	22231185
2010	1926	1167	7863875	4916548	39051731	26214443
2011	1428	895	10135400	6456875	47650331	31552511
2012	1430	868	11739666	6853081	54772792	34537841
2013	1702	941	14232012	8571381	66052943	42093462
2014	1815	923	14750208	8881881	69013471	43867164
2015	1893	888	16173783	9401333	70447292	43271900
2016	2140	879	17636888	9959491	76173423	44334347

注：1、1998 年起统计口径为规模以上工业企业；2、2011 年起口径有调整。

1-1.9

年 份	规模以上工业企业销售产值（万元）	国有	“三资”企业	规模以上工业企业流动资产合计（万元）	国有
1992	749986	138624			
1993	1128714	189649		530716	116059
1994	2145278	235496		859804	150311
1995	3283594	243103		1370095	164277
1996	4182675	240619		1449137	166637
1997	5104970	239978		2045366	202930
1998	4707413	205542		1942185	164314
1999	5247831	332112		2433793	252633
2000	6450572	150210	5516780	2809707	151798
2001	6893799	147526	6240656	3065358	164834
2002	8294503	147738	7682119	3808908	196790
2003	9921699	614053	4367646	4253560	179959
2004	12368170	555138	10279696	5210232	192025
2005	14151961	654178	12756086	5907824	162052
2006	17995058	981479	16044847	7413445	221978
2007	21761400	1194947	18926330	8748903	227310
2008	25481498	1305136	21633186	9305182	258453
2009	29740355	4264708	22001614	12651624	1505216
2010	38927458	8030926	21620597	14748340	1394428
2011	47059493	9669775	31070966	17643300	1526481
2012	54494076	12037625	34259979	19280519	1527992
2013	64992232	9701967	41585861	21466743	1084203
2014	67846864	8403665	43014968	24209000	1232122
2015	68956982	6688242	42207434	24951738	1006482
2016	73743502	6152766	42642672	29218152	1439637

注：1、1998 年起统计口径为规模以上工业企业；2、2011 年起口径有调整；3、2013 年起，该表国有包含登记注册类型为国有、国有独资、国有联营三类合计。

1-1.10

年 份	规模以上工业利税总额（万元）	国 有	客运量（万人）	公 路 客运量	货运量（万吨）	公 路 货运量
1983	3434	2218	1988	1892	1441	1028
1984	3376	1692	2198	2120	1512	1121
1985	5901	2170	2797	2725	1617	1230
1986	7540	4307	2432	2381	1715	1350
1987	10969	5158	2662	2622	1876	1253
1988	17090	7742	5917	5895	2125	1785
1989	20830	6727	3531	3462	2218	1769
1990	24515	3046	3559	3509	2336	1882
1991	26154	10736	3693	3673	2269	1909
1992	49462	13591	3604	3576	2337	1900
1993	89528	28328	4482	4461	2513	2083
1994	192373	30310	4794	4616	2822	2286
1995	226361	10467	3728	3603	2610	1962
1996	239560	13442	2364	2218	2204	1624
1997	321533	21363	2276	2063	2616	1638
1998	235202	14548	3008	2808	2192	1276
1999	266826	19287	4123	3927	3837	2802
2000	294042	13683	4288	4058	4329	3099
2001	344494	24303	4772	4521	4498	3189
2002	455756	18243	4696	4486	4666	3221
2003	470188	-24067	4332	4136	4196	2785
2004	608754	47087	5217	4994	4970	2988
2005	575745	54066	5535	5149	5694	3080
2006	675321	134927	5721	5265	5615	3416
2007	1657834	162359	5889	5410	5936	3568
2008	1073509	152391	6113	5591	7487	4295
2009	2505802	876152	12162	11657	8645	4061
2010	3886371	1559771	13313	12753	11352	4307
2011	4916084	1701472	13600	12996	14477	6041
2012	5840135	2237777	16598	16013	17346	7862
2013	6415642	2022821	17301	16661	19314	9534
2014	6291061	1613021	7033	6411	21765	9595
2015	7134905	1449400	7380	6799	24839	11016
2016	7192106	1307623	7001	6422	24891	10935

注：1、2006 年起货运量的统计口径不含管道一块；2、2013 年起，该表国有包含登记注册类型为国有、国有独资、国有联营三类合计。3、客运量从 2014 年开始城市公交和出租车的客运量不纳入统计。

1-1.11

年 份	公路客运周转量（万人公里）	公路货运周转量（万吨公里）	年 份	公路客运周转量（万人公里）	公路货运周转量（万吨公里）
1949	724	47	1983	122980	49344
1950	902	68	1984	165360	56580
1951	1130	113	1985	196000	55000
1952	1401	193	1986	161700	64812
1953	1748	467	1987	145384	73211
1954	2196	1037	1988	295478	73242
1955	2776	1449	1989	186464	91776
1956	5450	5878	1990	190766	97712
1957	6480	6488	1991	202263	99005
1958	7771	6790	1992	198658	98936
1959	9485	8685	1993	236970	107872
1960	10092	9090	1994	262150	118374
1961	8744	8100	1995	288753	95314
1962	8376	8327	1996	263782	143619
1963	8427	8934	1997	147751	165964
1964	10713	10061	1998	161280	97732
1965	10718	10764	1999	186436	228598
1966	12106	13151	2000	216293	260121
1967	12692	10713	2001	236050	265687
1968	11184	9387	2002	234836	265799
1969	12171	12289	2003	196477	209944
1970	12208	14823	2004	297895	201279
1971	12900	14377	2005	359701	219710
1972	15470	15544	2006	519938	242443
1973	18099	16017	2007	563115	270819
1974	19331	15374	2008	666617	352190
1975	18787	18624	2009	387819	463098
1976	21791	19729	2010	493566	477654
1977	23287	19456	2011	728741	681623
1978	42750	19456	2012	1163294	886014
1979	46892	39150	2013	1244139	1151818
1980	49780	41421	2014	518973	1133354
1981	63945	43335	2015	574280	1420203
1982	77221	44505	2016	532620	1335360

1-1.12

年 份	公路线路长度（公里）	等级公路	高速公路	沿海港口货物吞吐量（万吨）
1978				154
1979				150
1980				139
1981				124
1982				117
1983				103
1984				91
1985				107
1986				106
1987				100
1988				105
1989				109
1990				83
1991				85
1992				88
1993				113
1994				128
1995	5963	5486	35	74
1996	5431	5198	35	83
1997	6608	6114	97	476
1998	6660	6327	97	533
1999	6862	6499	127	669
2000	6986	6632	128	787
2001	7045	6703	128	834
2002	7211	6870	128	956
2003	7372	6908	277	1098
2004	7382	6920	277	1543
2005	7538	7093	277	1512
2006	10436	8831	277	2082
2007	10436	8831	277	2324
2008	10468	9348	277	2583
2009	10682	9826	374	3613
2010	10826	10074	379.00	4534
2011	10893	10235	454	5014
2012	10933	10341	492	5118
2013	11234	10703	492	4784
2014	12594	12376	492	4788
2015	13476	13443	588	5250
2016	13541	13522	650	5414

1-1.13

年 份	邮电业务总量（不变价，万元）	年 份	邮电业务总量（不变价，万元）	年末城乡固定电 话 机（部）	移动电话用户（户）
1953	84	1985	886	5749	
1954	115	1986	1060	7073	
1955	119	1987	1554	11318	
1956	155	1988	2171	17038	
1957	160	1989	4039	23825	
1958	197	1990	7434	32796	
1959	192	1991	12836	45168	
1960	258	1992	22666	58681	
1961	270	1993	46330	87666	
1962	249	1994	65021	148922	
1963	231	1995	91630	213763	
1964	276	1996	112681	264062	
1965	300	1997	131066	297732	65648
1966	328	1998	151230	338777	100844
1967	309	1999	193704	398334	150440
1968	284	2000	259727	457077	229329
1969	316	2001	286167	575195	378800
1970	334	2002	325371	667115	864516
1971	367	2003	326947	919517	1180548
1972	419	2004	664935	1056984	1705459
1973	427	2005	810066	1331231	2129440
1974	435	2006	961446	1605902	2602300
1975	454	2007	1291743	1854048	3323111
1976	490	2008	1329872	2026020	4101005
1977	501	2009	1612479	1674649	4103817
1978	501	2010	548745	1397692	3781674
1979	530	2011	659200	1351635	4198619
1980	573	2012	800493	1300558	5011597
1981	522	2013	864441	1314749	5977949
1982	627	2014	1184013	1201800	6979704
1983	666	2015	1464977	1085906	6690903
1984	605	2016	2454283	1019032	6972273

注：邮电业务总量从 2004 年起为省里反馈数。

1-1.14

年份	社会消费品零售总额（万元）	年份	社会消费品零售总额（万元）		
				批发零售贸易业	住宿和餐饮业
1949	4414	1983	49733		
1950	5324	1984	62827		
1951	6406	1985	78746		
1952	6276	1986	92649		
1953	6924	1987	118345		
1954	7189	1988	163952		
1955	7655	1989	187659		
1956	8394	1990	208830		
1957	8743	1991	252178		
1958	8989	1992	343562		
1959	10216	1993	607660		
1960	9069	1994	746147		
1961	8586	1995	866407	571457	141333
1962	12219	1996	917230	610921	132536
1963	13063	1997	1005493	673561	142236
1964	13902	1998	1100550	747444	158208
1965	12555	1999	1209519	840998	172922
1966	14622	2000	1264834	1099716	165118
1967	15417	2001	1413915	1229259	184656
1968	13918	2002	1618494	1403052	215443
1969	15843	2003	1816724	1598762	247739
1970	16601	2004	2131547	1820044	311503
1971	16518	2005	2520091	2168504	346572
1972	17544	2006	2984133	2570068	402200
1973	18347	2007	3560595	3061310	478070
1974	20867	2008	4267505	3676248	557389
1975	21680	2009	4910993	4270143	640850
1976	23082	2010	5825274	5300129	525145
1977	25433	2011	6847206	6194235	652971
1978	28124	2012	7541529	6833198	708331
1979	31135	2013	8579079	7818759	760319
1980	36482	2014	9687020	8816476	870544
1981	43170	2015	10707243	9707746	999496
1982	54482	2016	12278805	111748982	11039071

1-1.15

年份	外贸进口总额（万美元）	外贸出口总额（万美元）	利用外资签订协议合同数（个）	外商直接投资签订协议合同数（个）	实际利用外资（万美元）		接待旅游总人数（万人次）
						外商直接投资额	
1978		1278	3				
1979		1171	53		13		
1980		1663	173		60		
1981		1511	151		138	3	
1982		1672	173		198	80	
1983		1356	232		344	29	
1984		1759	382		1258	253	
1985		2931	425		1600	1070	
1986		5791	470		1802	1254	33
1987		11314	744	63	1503	1084	51
1988		19751	805	96	8178	4577	73
1989		21971	669	78	9205	7703	71
1990		28703	747	127	19136	15662	76
1991		42497	841	211	20754	15207	78
1992		55552	1077	556	35376	29831	96
1993		78992	1271	916	61774	58576	100
1994		172693	1002	531	78877	72789	190
1995		233211	984	431	88834	79802	212
1996		277364	589	221	90990	83672	240
1997	228703	346591	613	195	96855	85273	248
1998	243798	335269	475	247	97026	83643	329
1999	327468	367612	484	182	98383	78526	443
2000	371384	449746	477	238	105016	83319	446
2001	391989	490928	446	262	118015	96015	458
2002	533589	588957	578	405	132648	108208	605
2003	598521	714614	581	388	169035	140703	522
2004	789613	873927	721	549	93134	63228	750
2005	836630	1065535	659	539	128390	104187	1000
2006	895372	1227718	602	489	129541	104518	1217
2007	950722	1460586	506	444	148801	122815	1567
2008	1175594	1798881	362	293	155848	135249	1805
2009	1209154	1714867	323	279	150528	139484	2115
2010	1400157	2023305	368	362	145887	143761	2501
2011	1569148	2312180	434	425	157307	156803	2821
2012	2029557	2920456	337	327	173267	172782	3153
2013	2407220	3332146	298	284	183895	183417	3552
2014	2308101	3633124	314	314	196582	196582	3968
2015	1957879	3477648	234	234	110499	110499	4077
2016	1072.26	1972.52	154	154	114252	114252	4713

注：本表外贸进、出口总额从 1998 年起改用海关统计口径，2016 年起单位为亿元。

1-1.16

年 份	小学在校学生数（人）	普通中学在校学生数（人）	普通高等学校在校学生数（人）	学龄儿童入学率（%）	小学毕业生数（人）	普通中学毕业生数（人）
1963	172265	17359				
1964	204350	17767				
1965	228402	25494				
1966	224695	30632				
1967	220641	31458				
1968	215060	46897				
1969	214791	65707				
1970	196860	90131				
1971	207710	93926				
1972	244396	73596				
1973	268367	63640				
1974	288983	64202				
1975	298499	76527				
1976	295658	103051				
1977	280052	129119				
1978	282536	132051	370	96	47872	
1979	279458	97897	574	96	43240	
1980	276676	81940	758	96	36507	
1981	272207	51648	729	96	35059	
1982	273689	58350	591	96	39910	
1983	268576	62567	638	98	40104	
1984	280129	69623	754	98	38019	
1985	279666	76827	1258	98	39360	
1986	286976	82039	1344	99	33290	
1987	296037	81668	1413	99	33834	
1988	300094	82197	1498	99	40860	
1989	305312	91617	2351	99	41572	
1990	317220	93739	1961	100	36595	
1991	329000	95816	1216	99	38746	
1992	337062	99400	1417	100	41480	26243
1993	344397	105233	1598	100	45642	25304
1994	348451	120195	2036	100	48607	27274
1995	346242	131499	2419	100	50328	31405
1996	342661	146165	2804	100	52044	34739
1997	341166	158529	3165	100	53757	40923
1998	335053	163476	3629	100	52341	47322
1999	337362	168464	4562	100	52439	49527
2000	335551	174526	6915	100	55889	52931
2001	345222	182123	5841	100	54926	53199
2002	360649	188425	5449	100	54227	59579
2003	391082	198004	6586	100	57435	58996
2004	418989	212095	8046	100	59661	60248
2005	442407	232301	8106	100	64271	62343
2006	451551	257051	8423	100	72225	68243
2007	445221	277215	8079	99	79066	73144
2008	426443	295346	9286	100	80890	79839
2009	401270	305888	12038	100	80973	87064
2010	397983	308667	20041	100	76715	91248
2011	403950	307746	22007	100	70940	95870
2012	421074	296561	24300	100	64366	99934
2013	445608	287317	27012	100	62148	98685
2014	472152	276309	30183	100	61088	95585
2015	504066	270727	34174	100	63240	91389
2016	530498	275031	37322	100	70260	88864

1-1.17

年 份	医 院（卫生院）数 （个）	医 院（卫生院）床位数（张）	卫 生 技术人员（人）	医生数（人）	护士数（人）	个体医务人员（人）
1969	74	2330	2924	1256		
1970	73	2781	2921	1247		
1971	77	3117	3169	1218		
1972	77	2550	3359	1476		
1973	81	2807	3532	1419		
1974	79	2887	3668	1456		
1975	82	3053	3879	1457		
1976	82	3147	3996	1518		
1977	87	3203	4260	1605		
1978	95	3460	4533	1698		
1979	96	3406	4815	1831		
1980	96	3511	5203	1944		
1981	101	3618	5347	1938		15
1982	101	3565	5535	2050		34
1983	103	3834	5699	2069		81
1984	106	3787	5812	2099		95
1985	103	3697	5768	1967		103
1986	103	3971	5863	1875		144
1987	107	3911	5955	1944		148
1988	107	4079	6139	2157		185
1989	104	4018	6214	2194		193
1990	105	4098	6398	2284		230
1991	106	4394	6873	2530		251
1992	106	4529	7262	2607		272
1993	106	4763	7559	3003		457
1994	106	4845	8236	3388		570
1995	112	5261	8923	3744		780
1996	113	5498	9460	3990	2464	807
1997	113	5495	9336	3590	2684	392
1998	114	5682	9893	4030	2846	592
1999	115	5702	10335	4246	2923	604
2000	116	5869	10552	4371	3214	625
2001	116	5931	10586	4472	3335	618
2002	116	6472	10310	3566	3445	184
2003	121	7279	10561	3999	3498	257
2004	123	7513	11289	4392	3620	271
2005	123	7960	12043	4622	3872	537
2006	125	8532	12703	5000	4245	380
2007	123	9538	14964	5854	5109	722
2008	119	10207	14765	5431	4962	698
2009	124	10199	16728	6246	5795	748
2010	126	10877	18218	6778	6391	776
2011	131	11662	19978	7386	7283	912
2012	137	14485	23787	9009	9445	1171
2013	139	16258	26911	9735	10266	1319
2014	138	17098	27068	10163	10950	1293
2015	145	18937	28115	10458	11700	–
2016	144	19383	30124	11283	12804	–

1-1.17 续表 1

年份	小学教师（人）	普通中学教师（人）	中等职业技术学校教师（人）	高等学校教师（人）	初中升学率(%)	高中升学率(%)	考入大学人数（人）
1988					42.1	32.5	1622
1989					41.9	25.4	1314
1990					39.0	25.6	1095
1991					40.4	27.1	971
1992					44.4	27.5	1135
1993	14028	5679	361	206	46.9	42.2	1785
1994	14694	6394	463	230	47.5	67.9	2144
1995	15193	7096	428	159	56.8	67.1	2511
1996	15863	7550	500	182	60.3	72.9	2518
1997	16023	7716	518	270	53.6	64.2	2150
1998	16477	8016	585	305	53.6	43.6	2291
1999	16371	8227	604	375	53.5	55.1	3280
2000	16675	8635	492	281	51.0	71.1	4025
2001	17319	8856	582	296	55.0	71.3	5894
2002	17777	9633	471	364	63.5	69.7	6494
2003	18861	10242	560	460	63.4	83.7	8818
2004	18986	10943	1128	496	64.3	86.0	10470
2005	19217	11969	1278	506	71.1	87.2	11534
2006	19749	13315	1600	511	77.2	81.4	11571
2007	20188	14330	1944	503	84.9	82.0	14061
2008	20240	15232	2220	522	90.6	83.3	16823
2009	20137	16735	3160	629	93.1	84.5	19074
2010	20652	17211	3429	990	97.7	86.7	19065
2011	20947	17759	3355	1290	98.3	87.6	21846
2012	21243	18444	3366	1329	98.5	89.7	25674
2013	22497	19076	3209	1497	98.7	92.9	27845
2014	23755	19154	3042	1929	99.0	93.0	29540
2015	24970	19532	3143	1893	98.9	93.8	29401
2016	26253	20076	3342	1926	99.0	92.3	29290

1-1.17 续表 2

年份	科技专利申请量（件）	科技专利授权量（件）	废水排放总量（万吨）			城镇恩格系数(%)	农村恩格系数(%)
				工业废水	生活废水		
1988							
1989							
1990							
1991							
1992							
1993	20					38.6	
1994	1					42.7	
1995	5	3	1647	1505	142	42.9	
1996	106	38	8612	1112	7500	43.4	50.9
1997	146	100	9737	1981	7756	46.0	51.8
1998	118	126	9253	1678	7575	42.5	52.1
1999	206	148	10690	1689	9001	38.1	48.7
2000	378	207	10046	1833	8213	37.3	49.5
2001	331	283	10958	1979	8979	38.6	50.5
2002	708	443	12983	2794	10189	39.2	49.5
2003	854	532	12642	3432	9210	36.4	49.1
2004	1109	680	13585	4039	9546	34.3	49.9
2005	1041	651	13774	4359	9415	32.1	49.8
2006	877	641	21616	6204	15412	31.6	47.9
2007	1235	726	26974	8727	18247	32.5	47.9
2008	1160	1011	28074	7189	20884	34.1	49.5
2009	1761	985	28188	5782	22406	34.1	48.2
2010	2889	1628	31126	6029	25097	33.9	45.0
2011	6029	2917	30400	7462	22937	34.5	44.6
2012	9893	4093	33789	8300	25489	35.7	44.3
2013	15168	5976	39562	8320	31242	35.7	44.1
2014	18359	7396	41891	8465	33394	36.5	39.2
2015	21408	9797	43180	8595	34558	36.4	39.1
2016	26123	9891	44348	6137	38179	35.9	38.9

1-1.18

年份	旅游总收入（亿元）	接待过夜旅游者（万人次）	文化馆、艺术馆（个）	公共图书馆（个）	博物馆（个）	广播电台（套）	电视台（座）
1988	1.2	73				2	3
1989	2.5	71				2	3
1990	3.3	76				3	3
1991	3.4	78				4	3
1992	4.0	96				4	3
1993	5.3	100				4	3
1994	3.9	74				5	3
1995	4.3	81	7	5	5	5	3
1996	4.0	82	6	5	5	5	7
1997	18.1	85	6	5	5	5	7
1998	18.4	154	6	5	5	5	5
1999	22.9	199	6	5	5	5	5
2000	24.1	214	6	5	5	5	5
2001	27.0	247	6	5	5	5	5
2002	31.0	301	6	5	5	5	5
2003	26.2	272	6	5	5	5	6
2004	38.9	352	6	5	5	5	4
2005	49.9	460	6	5	5	5	6
2006	61.2	562	6	5	5	6	7
2007	84.3	707	6	5	5	6	7
2008	96.6	808	6	5	5	6	7
2009	115.1	943	6	5	5	5	5
2010	140.8	1074	6	5	5	6	6
2011	161.2	1189	6	5	6	6	6
2012	184.2	1313	6	5	6	6	6
2013	212.65	1502	6	5	6	7	6
2014	273.20	1656	6	5	6	7	6
2015	330.23	2077	6	5	6	5	5
2016	364.13	2033	6	5	6	5	5

1-2 惠州历年各站点平均气温、相对湿度

年份	平均气温（℃）				相对湿度（%）			
	惠阳站	惠东站	博罗站	龙门站	惠阳站	惠东站	博罗站	龙门站
1997	22.0	21.8	22.4	20.9	79	81	81	85
1998	22.9	22.7	23.1	21.7	78	80	80	84
1999	22.6	22.3	22.8	21.2	75	76	77	81
2000	22.5	22.1	22.7	21.2	76	78	78	82
2001	22.7	22.2	22.8	21.3	76	78	79	83
2002	23.0	22.5	23.1	21.6	76	79	78	83
2003	22.7	22.1	22.9	21.3	75	78	77	82
2004	22.6	21.9	22.7	20.8	52	53	79	53
2005	22.4	22.0	22.7	20.9	71	78	76	83
2006	22.9	22.3	22.9	21.3	75	81	78	83
2007	23.0	22.3	22.9	21.2	73	72	72	79
2008	22.3	21.6	22.2	20.5	72	75	72	78
2009	23.0	22.1	23.0	21.2	71	75	70	78
2010	22.6	21.9	22.6	20.8	74	78	73	82
2011	22.3	21.5	22.3	20.4	70	75	69	78
2012	22.0	22.0	23.0	21.0	78	81	75	84
2013	22.0	22.0	23.0	21.0	77	78	75	82
2014	22.3	22.2	22.8	21.2	76	77	74	83
2015	22.8	22.7	23.6	21.7	78	76	78	84
2016	22.3	22.6	22.3	21.5	79.8	80.3	81.9	84.9

1-3 惠州历年各站点降雨量、日照时数

年份	降雨量（MM）				日照时数（小时）			
	惠阳站	惠东站	博罗站	龙门站	惠阳站	惠东站	博罗站	龙门站
1997	2049.1	2474.6	2136.1	2779.7	1653.4	1945.3	1466.1	1450.2
1998	1951.4	2081.0	2141.3	2102.3	1753.8	2054.4	1764.8	1500.3
1999	1539.5	1646.4	1685.9	1787.7	1780.7	1981.2	1798.7	1683.7
2000	2315.6	2281.0	2743.1	2095.0	1880.3	1999.4	1948.4	1639.5
2001	2320.5	2248.2	2104.1	2321.5	1776.9	1999.0	1855.8	1672.5
2002	1325.3	1443.1	1280.0	1620.2	1783.6	2127.2	1825.5	1600.3
2003	1609.4	1694.8	1489.9	1522.7	2020.6	2482.8	2024.4	1808.4
2004	1174.2	1403.8	1141.2	1468.5	2076.1	2350.7	2082.4	1910.5
2005	1789.5	1720.1	2057.4	2715.1	1552.0	1888.3	1637.6	1448.7
2006	2570.9	2316.8	3111.7	2998.4	1618.5	1784.2	1618.2	1560.0
2007	1920.8	2123.8	2432.4	1705.1	1716.9	2040.5	1700.8	1723.5
2008	1942.9	2406.7	2111.9	2543.0	1595.7	1865.9	1545.7	1628.1
2009	1621.9	1714.2	1766.3	1438.3	1698.2	1958.1	1731.3	1778.9
2010	1565.7	1818.2	1883.8	2462.4	1464.0	1667.1	1638.5	1546.5
2011	1460.9	1425.5	1450.5	1451.3	1799.5	2065.7	1885.7	1910.0
2012	1273.0	1660.0	1772.0	2004.3	1521.0	1615.0	1576.0	1487.7
2013	2194.0	2129.0	2402.0	2356.0	1562.0	1611.0	1561.0	1628.0
2014	1809.5	1723.4	1929.1	2128.2	1764.4	1716.0	1634.1	1707.6
2015	1746.0	1773.0	1987.0	2742.0	1601.0	1687.0	1548.0	1474.0
2016	2451.0	2611.0	2610.0	3336.0	1415.0	1475.0	1367.0	1281.0

1-4 惠州历年各水文站最高水位

单位：（m）

年份	观音阁站		岭下站		惠州站		博罗站		平山站		淡水站	
	实测值	出现日期	实测值	出现日期	实测值	出现日期	实测值	出现日期	实测值	出现日期	实测值	出现日期
2004	21.08	9.1	15.07	9.1	6.51	8.3	4.74	8.3	14.13	8.31	21.62	7.3
2005	26.69	5.23	20.67	6.23	12.85	6.23	9.85	6.23	16.57	6.22	19.73	8.2
2006	25.19	7.28	19.26	6.1	11.51	6.1	9.03	7.17	20.04	8.4	18.17	7.16
2007	53.87	6.1	18.18	6.1	10.64	6.12	7.34	6.1	16.35	6.1	18.34	6.1
2008	25.50	7.31	18.95	7.31	11.56	6.14	9.06	6.14	21.39	6.14	21.79	6.14
2009	20.73	6.27	14.97	6.28	10.83	6.4	2.78	6.28	14.83	6.4	17.75	5.24
2010	24.33	6.27	18.13	6.17	10.90	7.9	6.17	6.28	16.36	10.2	18.37	9.21
2011	22.76	10.14	16.66	10.14	10.98	7.17	3.21	7.16	16.55	8.1	18.87	6.17
2012	22.43	4.28	16.49	4.28	10.85	6.27	3.40	4.28	16.54	6.22	18.51	7.25
2013	24.39	5.22	17.91	8.18	11.24	8.18	8.06	8.18	20.75	8.18	19.34	8.17
2014	23.22	5.23	17.05	5.23	11.14	5.23	5.74	5.24	17.05	5.09	20.80	5.12
2015	22.36	5.2	15.77	5.21	11.03	5.2	3.21	5.21	16.75	7.1	18.83	5.23
2016	23.99	1.29	17.14	1.3	11.11	1.29	5.68	10.22	18.14	10.22	19.44	10.22

1-5 惠州历年各水文站最低水位

单位：（m）

年份	观音阁站		岭下站		惠州站		博罗站		平山站		淡水站	
	实测值	出现日期	实测值	出现日期	实测值	出现日期	实测值	出现日期	实测值	出现日期	实测值	出现日期
1998	19.66	12.3	13.51	12.3	5.76	12.31	4.40	10.2	12.63	3.27	11.97	11.24
1999	19.18	7.21	13.01	7.27	5.07	8.1	4.00	8.1	12.61	7.24	11.90	2.7
2000	19.44	3.13	13.30	3.14	5.30	3.14	4.05	10.19	11.03	12.8	12.01	1.17
2001	19.46	1.23	13.29	1.24	5.03	12.3	3.69	11.2	10.85	12.29	12.02	3.21
2002	19.27	7.13	13.07	7.14	4.23	7.15	2.97	7.15	10.29	7.5	12.01	5.5
2003	19.25	11.28	13.04	12.9	3.84	12.1	2.53	12.1	10.35	5.2	11.96	12.2
2004	18.98	10.24	12.87	10.25	3.12	12.12	1.79	12.12	10.06	6.15	11.92	1.29
2005	18.89	1.31	12.69	1.31	2.73	12.16	1.68	2.1	10.70	12.31	11.91	2.12
2006	19.46	3.16	13.30	3.17	2.90	1.3	0.68	11.2	10.58	1.4	12.06	12.1
2007	19.17	11.26	12.97	1.31	6.67	5.22	–0.14	12.7	10.60	11.14	11.99	3.1
2008	18.86	12.1	13.01	3.19	9.70	6.17	–0.40	12.22	10.47	4.5	12.02	2.16
2009	18.60	9.22	12.66	9.21	10.06	7.9	–0.43	12.25	10.62	12.8	12.12	12.28
2010	18.8	2.3	13	2.3	10	9.3	–0.41	12.3	10.59	4.1	12.1	2.13
2011	18.36	4.24	12.74	4.26	10.28	11.8	–0.60	3.16	15.79	1.2	11.95	2.11
2012	18.43	10.21	12.76	10.21	10.44	6.3	–0.53	12.22	15.66	4.15	12.08	1.23
2013	18.4	1.7	13	11.18	9.78	8.2	–0.5	3.21	15.09	9.22	12.81	2.15
2014	17.99	12.14	11.81	12.16	10.30	3.3	–0.71	12.16	15.81	9.16	12.85	2.04
2015	17.62	2.16	11.51	2.17	10.27	7.21	–0.60	4.07	15.33	7.09	13.00	2.22
2016	17.91	9.22	11.57	9.26	10.12	8.02	–0.55	1.04	15.59	8.03	13.03	1.02

1-6 惠州历年各水文站最大流量

单位：（m3/s)

年 份	岭下站		博罗站	
	实测值	出现日期	实测值	出现日期
1988	3280	7.2	3960	7.21
1989	3950	5.22	4940	5.23
1990	2200	4.21	2600	9.12
1991	2690	9.8	3730	9.8
1992	3010	4.12	3460	3.28
1993	3830	6.6	4540	9.28
1994	1700	6.22	3200	8.8
1995	4890	8.14	6660	8.14
1996	3010	8.18	3730	6.26
1997	3530	8.13	4800	8.13
1998	2880	4.27	3820	6.25
1999	2680	8.25	4810	8.25
2000	2670	9.2	4920	9.3
2001	3070	7.8	4340	7.8
2002	1640	8.9	1970	8.1
2003	2640	6.15	3150	6.16
2004	1001	9.1	1430	8.3
2005	6990	6.23	7840	6.23
2006	5030	6.1	7710	7.17
2007	3780	6.1	5570	6.1
2008	4860	7.31	7070	6.14
2009	966	6.28	2440	6.28
2010	4000	6.17	5430	6.27
2011	2370	10.14	2830	10.14
2012	2320	4.28	3030	4.28
2013	3930	8.18	7900	8.18
2014	3740	5.23	5790	5.23
2015	2510	5.21	3370	5.21
2016	4280	1.3	6160	10.22

1-7 惠州历年各水文站最小流量

单位：（m3/s）

年 份	岭下站		博罗站	
	实测值	出现日期	实测值	出现日期
1988	108.00	2.22	111.00	2.22
1989	143.00	4.3	181.00	11.13
1990	153.00	2.2	184.00	2.3
1991	84.00	7.18	106.00	11.25
1992	240.00	10.2	245.00	2.4
1993	196.00	4.12	246.00	4.13
1994	154.00	11.3	207.00	11.3
1995	300.00	12.12	283.00	12.12
1996	270.00	11.28	315.00	11.12
1997	265.00	3.1	338.00	3.11
1998	204.00	12.3	280.00	10.2
1999	104.00	7.27	207.00	8.1
2000	212.00	3.14	270.00	3.15
2001	228.00	1.24	227.00	1.25
2002	143.00	7.14	202.00	7.15
2003	121.00	12.9	152.00	12.1
2004	120.00	10.25	137.00	12.12
2005	81.60	1.31	114.00	2.1
2006	244.00	3.17	199.00	11.2
2007	277.00	1.31	126.00	3.5
2008	258.00	3.19	316.00	3.28
2009	169.00	9.21	27.00	9.2
2010	214.00	2.3	37.40	11.3
2011	200.00	4.26	59.50	10.27
2012	246.00	10.21	3.99	9.3
2013	254.00	11.18	1.93	3.17
2014	240.00	1.02	60.20	9.12
2015	189.00	2.17	1.49	4.07
2016	342.00	9.26	159.00	9.27

二、综　合

2-1 行政区划

（2016年）

县区	合计	乡镇		街道办事处		村委会	社区居委会
		个数	名称	个数	名称		
全市	71	53		18		1043	220
惠城区	13	5	马安镇、横沥镇、芦洲镇、汝湖镇、三栋镇	8	桥东、桥西、江南、江北、龙丰、水口、河南岸、小金口	142	70
惠阳区	9	6	沙田镇、新圩镇、镇隆镇、永湖镇、良井镇、平潭镇	3	淡水、秋长、三和	102	27
惠东县	14	13	大岭镇、白花镇、梁化镇、稔山镇、铁涌镇、平海镇、吉隆镇、多祝镇、安墩镇、高潭镇、宝口镇、黄埠镇、白盆珠镇	1	平山	245	40
博罗县	17	17	罗阳镇、石坝镇、麻陂镇、公庄镇、杨村镇、泰美镇、柏塘镇、湖镇镇、龙溪镇、龙华镇、长宁镇、福田镇、园洲镇、石湾镇、杨桥镇、观音阁镇、横河镇			331	35
龙门县	10	9	龙田镇、平陵镇、龙江镇、龙华镇、永汉镇、麻榨镇、龙潭镇、地派镇、蓝田乡	1	龙城	156	23
大亚湾区	3			3	霞涌、澳头、西区	29	10
仲恺区	5	3	潼湖镇、潼侨镇、沥林镇	2	惠环、陈江	38	15

2-2 自然资源

（2016年）

项 目		全市	惠城区	惠阳区	惠东县	博罗县	龙门县	大亚湾区	仲恺区
一、土地面积和海洋									
土地面积	（平方公里）	11346	1157	916	3527	2855	2267	293	331
海域面积	（平方公里）	4519			3200			1319	
海洋滩涂面积	（公顷）	3537			2586			951	
大陆海岸线长度	（公里）	281.4			218.3			63.1	
岛屿岸线长度	（公里）	148							
岛屿个数	（个）	162			66			96	
二、气候									
年降雨量	（毫米）	2752		2451	2611	2610	3336		
年平均气温	（摄氏度）	22.2		22.3	22.6	22.3	21.5		
年日照时数	（小时）	1385		1415	1475	1367	1281		
三、森林									
森林面积	（万公顷）	70.98	4.95	4.35	25.67	15.95	17.1	1.17	1.19
活立木蓄积量（森林蓄积量）	（万立方米）	3595.29	203.46	145.84	1222.35	976.27	990.95	18.28	38.13
当年造林面积	（公顷）	820	33		148		59	580	
森林覆盖率	（%）	62.42	42.57	48.23	72.84	55.56	76.95	44.29	34.19
自然保护区数	（个）	25	4	5	8	3	5		
自然保护区面积	（公顷）	77318	4815	13889	33246	11736	13632		
四、水资源									
水资源总量	（亿立方米）	181.13	16.64	15.27	56.12	45.08	39.99	3.49	4.54

注：1、气候数据为所在县（区）站点的数据；2、“自然保护区”不包括广东象头山国家自然保护区。

2-3 惠州市、县（区）国民经济主要指标

（2016 年）

项 目		全 市	惠城区	惠阳区	惠东县	博罗县	龙门县	大亚湾区	仲恺区
地区生产总值（GDP）	（亿元）	3412.17	649.48	416.52	608.11	613.62	180.00	437.84	580.36
第一产业	（亿元）	171.66	22.15	15.68	49.91	51.89	24.16	1.56	6.30
第二产业	（亿元）	1837.53	185.69	216.70	283.53	334.49	81.73	345.25	441.90
工业	（亿元）	1733.70	138.05	209.25	268.68	323.10	74.51	334.75	437.33
第三产业	（亿元）	1402.98	441.64	184.14	274.66	227.24	74.11	91.03	132.16
GDP 增长速度	(%)	8.2	7.5	8.7	12.5	11.9	12.0	5.8	5.0
三次产业结构	（%）	100.0	100.0	100.0	100.0	100.0	100.0	100.0	100.0
第一产业	（%）	5.0	3.4	3.8	8.2	8.5	13.4	0.4	1.1
第二产业	（%）	53.9	28.6	52.0	46.6	54.5	45.4	78.9	76.1
工业	（%）	50.8	21.3	50.2	44.2	52.7	41.4	76.5	75.4
第三产业	（%）	41.1	68.0	44.2	45.2	37.0	41.2	20.8	22.8
年末常住人口	（万人）	477.50	120.05	59.86	93.58	107.19	31.79	20.85	44.19
年末户籍总人口	（万人）	364.31	90.46	38.02	87.98	89.92	35.95	9.12	12.87
乡村人口	（万人）	167.58	20.26	16.39	55.46	48.27	22.31	0.59	4.31
全社会从业人员	（万人）	285.57	58.82	36.80	57.27	63.54	17.27	16.94	34.93
第一产业	（万人）	49.41	6.19	3.32	13.08	15.06	9.29	0.60	1.87
第二产业	（万人）	142.71	19.98	21.24	25.90	32.85	2.97	13.12	26.67
第三产业	（万人）	93.45	32.65	12.25	18.29	15.63	5.02	3.22	6.39
城镇单位在岗职工平均人数	（万人）	92.49	17.75	16.28	6.38	15.81	2.45	12.82	20.99
城镇单位在岗职工工资总额	（亿元）	599.00	135.26	98.12	36.75	96.35	13.37	90.59	128.57
城镇单位在岗职工平均工资	（元）	64766	76206	60274	57611	60931	54476	70653	61245
住户存款余额	（亿元）	1945.23	869.91	316.84	254.05	337.14	74.68	92.60	–
全体居民人均可支配收入	（元）	28061	36377	31020	20851	22206	16971	33203	30853
城镇常住居民人均可支配收入	（元）	33213	41442	35426	23559	27858	19192	34382	33350
农村常住居民人均可支配收入	（元）	17603	18324	18931	17707	17355	15685	18595	19057
地方财政一般预算收入	（亿元）	361.30	154.67	44.84	36.78	40.63	8.09	47.04	29.25
地方财政一般预算支出	（亿元）	509.08	192.23	57.59	70.49	76.98	29.19	52.51	30.09
税收总收入	（亿元）	834.17	181.80	78.19	50.62	61.74	10.05	286.94	147.91
国税	（亿元）	609.28	118.43	42.85	26.02	37.92	5.80	237.11	124.22
地税	（亿元）	224.89	63.37	35.34	24.60	23.81	4.25	49.83	23.69

注：“—”仲恺区数含在惠城区内，下同。

2-3 续表 1 （2016 年）

项 目		全 市	惠城区	惠阳区	惠东县	博罗县	龙门县	大亚湾区	仲恺区
粮食产量	（万吨）	59.99	8.28	4.15	19.37	16.09	9.73	0.15	2.20
禽肉产量	（万吨）	4.43	0.58	0.47	0.74	2.11	0.34	0.02	0.16
猪肉产量	（万吨）	13.94	3.08	0.38	3.19	6.36	0.68	0.21	0.04
水果产量	（万吨）	77.37	3.38	3.36	9.49	17.52	42.85	0.12	0.66
蔬菜产量	（万吨）	298.31	38.66	42.79	87.95	85.13	28.70	0.64	14.45
水产品产量	（万吨）	17.15	2.21	0.50	6.62	3.00	0.69	2.86	1.28
农业主要特色农产品									
玉米	（万吨）	11.56	2.27	1.06	1.85	4.50	0.27	–	1.59
柑桔	（万吨）	34.50	0.48	0.13	1.56	2.66	29.66	–	–
荔枝	（万吨）	8.77	0.76	1.23	3.12	2.99	0.40	0.10	0.18
马铃薯	（万吨）	15.61	0.46	0.27	12.51	1.39	0.77	0.19	0.02
规模以上工业	（个）	2140	189	405	423	482	118	122	401
“三资”企业	（个）	650	68	163	56	191	15	40	117
规模以上工业总产值	（亿元）	7617.34	441.93	885.09	816.55	1458.47	230.81	1313.71	2470.78
规模以上工业增加值（收入法）	（亿元）	1763.69	106.32	216.10	206.53	338.28	71.44	390.68	434.33
规模以上工业销售产值	（亿元）	7374.35	432.28	788.75	810.45	1449.60	221.23	1258.97	2413.08
出口交货值	（亿元）	2578.39	154.50	348.94	145.05	511.19	4.51	114.19	1300.00
全社会用电量	（亿千瓦时）	323.41	53.53	64.14	30.07	57.50	17.95	58.18	37.06
工业用电量	（亿千瓦时）	225.74	22.68	50.31	13.94	41.64	14.18	49.91	28.91
万元 GDP 能耗	（吨标煤/万元）	0.575	0.325	0.430	0.250	0.407	0.932	1.979	0.189
社会消费品零售总额	（亿元）	1227.88	516.29	143.77	247.48	168.86	58.70	33.47	59.32
限额以上住宿餐饮、批零单位数	（个）	852	278	69	326	58	57	24	40
进出口总额	（亿元）	3044.78	267.50	364.60	90.27	211.85	8.18	170.91	1931.47
出口	（亿元）	1972.52	186.95	262.97	67.96	154.49	6.28	107.81	1186.07
进口	（亿元）	1072.26	80.55	101.63	22.30	57.36	1.90	63.10	745.40
实际外商直接投资额	（亿美元）	11.43	1.68	4.94	0.27	0.81	0.28	2.00	1.44

2-3　续表 2　（2016 年）

项　目		全 市	惠城区	惠阳区	惠东县	博罗县	龙门县	大亚湾区	仲恺区
固定资产投资	（亿元）	2039.71	266.49	248.28	382.54	342.66	201.89	396.12	201.73
工业	（亿元）	813.55	24.20	115.04	95.93	174.79	65.53	206.09	131.97
房地产开发	（亿元）	747.63	168.88	106.25	142.31	61.71	65.77	156.57	46.14
住宅	（亿元）	597.34	127.01	85.93	126.51	52.02	51.38	125.58	28.92
商品房施工面积	（万平方米）	8286.52	1914.05	1319.27	1275.09	1351.77	279.66	1652.11	494.57
商品房竣工面积	（万平方米）	1172.23	239.56	68.67	288.05	390.91	51.26	106.28	27.49
商品房屋销售面积	（万平方米）	1771.91	430.72	218.52	273.47	268.03	34.71	429.06	117.39
商品房屋销售额	（亿元）	1415.00	363.31	206.10	208.76	133.76	23.14	401.06	78.87
公路线路长度	（公里）	13540.7	1735.2	1674.4	3258.5	3975.9	2187.6	233.5	475.6
等级公路	（公里）	13521.6	1721.7	1668.8	3258.5	3975.9	2187.6	233.5	475.6
高速公路	（公里）	650.0	126.8	127.1	154.9	145.2	59.9	36.1	—
等级公路密度	（公里/百平方公里）	119.3	150.0	182.8	92.4	139.3	96.5	79.7	143.7
金融机构本外币存款余额	（亿元）	4974.48	2993.55	575.87	385.03	513.88	121.23	384.92	—
人民币	（亿元）	4544.73	2630.15	563.82	381.99	505.09	121.11	342.58	—
金融机构本外币贷款余额	（亿元）	3460.97	2089.23	383.56	227.31	300.36	52.56	407.95	—
人民币	（亿元）	3155.13	1822.91	382.77	227.23	299.82	52.56	369.84	—
小学学校数	（所）	456	98	93	96	98	23	13	35
小学在校学生数	（万人）	53.05	13.04	8.93	10.30	11.63	2.79	1.96	4.39
普通中学学校数	（所）	252	57	40	56	53	20	8	18
普通中学在校学生数	（万人）	27.50	7.18	5.70	5.45	5.62	1.42	0.65	1.48
大学录取人数	（人）	29290	8754	6185	6007	5231	1582	668	863
卫生机构数	（个）	2668	609	354	574	579	254	99	199
医院	（个）	70	24	17	13	9	3	1	3
卫生院	（个）	74	7	6	20	22	15	1	3
医生（执业医师+执业助理医师）	（人）	11283	4208	1929	1649	1614	588	435	860
注册护师、护士	（人）	12804	5211	1942	1914	1745	664	424	904
卫生机构床位数	（张）	22460	9900	2542	3161	4028	1030	834	965
医院	（张）	15737	7579	2050	2079	2259	508	534	728
卫生院	（张）	3646	205	302	871	1588	433	100	147
社会养老保险参保人数	（万人）	214.70							

2-4　主要经济指标占全省比重

（2016 年）

指　标		惠州市	广东省	惠州市占全省比重（%）
人口				
年末常住人口数	（万人）	477.50	10999.00	4.3
土地面积	（万平方公里）	1.13	17.98	6.3
地区生产总值	（亿元）	3412.17	79512.05	4.3
第一产业	（亿元）	171.66	3693.58	4.6
第二产业	（亿元）	1837.53	34372.46	5.3
第三产业	（亿元）	1402.98	41446.01	3.4
人均地区生产总值	（元）	71605	72787	98.4
工业增加值				
规模以上工业增加值	（亿元）	1763.69	31917.39	5.5
# 轻工业	（亿元）	475.65	11697.97	4.1
重工业	（亿元）	1288.04	20219.42	6.4
# 电子行业	（亿元）	652.62	7420.02	8.8
石化行业	（亿元）	266.81		
# 国有企业	（亿元）	183.60	4966.62	3.7
集体企业	（亿元）	2.09	112.51	1.9
“三资”企业	（亿元）	995.95	12961.17	7.7
民营企业	（亿元）	552.27	15787.69	3.5
主要工农业产品产量				
粮食	（万吨）	59.99	1360.22	4.4
蔬菜	（万吨）	298.31	3579.77	8.3
水果	（万吨）	77.37	1579.60	4.9
水产品	（万吨）	17.15	875.36	2.0
肉类	（万吨）	18.75	415.49	4.5
水泥	（万吨）	2234.71	15078.64	14.8
彩电电视机	（万台）	1946.40	8106.36	24.0
微型计算机	（万台）	294.14	3344.93	8.8
移动电话机	（万部）	18836.90	96395.55	19.5
固定资产投资				
固定资产投资额	（亿元）	2039.71	33008.86	6.2
第一产业	（亿元）	18.19	455.11	4.0
第二产业	（亿元）	813.55	11088.49	7.3
工业	（亿元）	813.55	11051.68	7.4
第三产业	（亿元）	1208.97	21475.26	5.6
房地产	（亿元）	747.63	11759.76	6.4

注：1、广东省数据为快报数；2、该表国有包含登记注册类型为国有、国有独资、国有联营三类合计。

2-4　续表　　（2016年）

指　　标		惠州市	广东省	惠州市占全省比重（%）
商品房				
商品房销售面积	（万平方米）	1771.91	14611.60	12.1
商品房销售额	（亿元）	1415.00	16214.61	8.7
房屋施工面积	（万平方米）	6839.15	64233.80	10.6
房屋新开工面积	（万平方米）	1818.50	14847.51	12.2
房屋竣工面积	（万平方米）	555.50	6593.75	8.4
商品房待售面积	（万平方米）	426.30	5502.46	7.7
国内贸易和物价				
社会消费品零售总额	（亿元）	1227.88	34739.00	3.5
城镇	（亿元）	993.62	30418.16	3.3
农村	（亿元）	234.26	4320.84	5.4
工业生产者出厂价格指数	（%）	98.3	99.4	98.9
居民消费价格指数	（%）	101.9	102.3	99.6
财政税收金融				
# 地方财政一般预算收入	（亿元）	361.30	10390.33	3.5
地方财政一般预算支出	（亿元）	509.08	13777.42	3.8
# 国税收入	（亿元）	609.28	12855.58	4.7
地税收入	（亿元）	224.89	6574.80	3.4
# 金融本外币存款余额	（亿元）	4974.48	179829.19	2.8
住户存款余额	（亿元）	1945.23	58618.89	3.3
金融本外币贷款余额	（亿元）	3460.97	110928.41	3.1
外经旅游				
# 进出口总额	（亿元）	461.39	63029.47	4.8
出口总额	（亿元）	298.79	39455.07	5.0
进口总额	（亿元）	1072.26	23574.40	4.5
# 实际利用外商直接投资	（亿美元）	11.43	233.49	4.9
# 旅游总收入	（亿元）	364.13	10433.76	3.5
旅游外汇收入	（亿美元）	9.36	185.77	5.0
人民生活				
城镇常住居民人均可支配收入	（元）	33213	37684	88.1
农村常住居民人均可支配收入	（元）	17603	14512	121.3

注：广东省数据为快报数。

2-5 国民经济主要经济指标

指　标		2002年	2003年	2004年	2005年	2006年	2007年	2008年	2009年
综合									
建成区面积	（平方公里）	93.70	96.20	110.80	136.30	136.60	155.01	180.49	210.77
本地生产总值（GDP）	（亿元）	526.57	586.46	686.45	803.92	928.92	1117.91	1304.05	1414.82
第一产业	（亿元）	67.39	68.27	77.53	75.10	68.78	78.21	90.61	90.29
第二产业	（亿元）	306.58	343.71	392.12	455.74	538.99	639.62	741.30	787.90
第三产业	（亿元）	152.60	174.49	216.80	273.09	321.16	400.08	472.14	536.63
人均GDP（按常住人口计算）	（元）	15529	16860	19189	21909	24503	28288	31748	33145
人均GDP（按常住人口计算）	（美元）	1876	2108	2399	2739	3074	3720	4571	4852
地区生产总值结构	(%)	100.0	100.0	100.0	100.0	100.0	100.0	100.0	100.0
第一产业	(%)	12.8	11.6	11.3	9.3	7.4	7.0	6.9	6.4
第二产业	(%)	58.2	58.6	57.1	56.7	58.0	57.2	56.8	55.7
第三产业	(%)	29.0	29.8	31.6	34.0	34.6	35.8	36.3	37.9
民营经济增加值	（亿元）			215.10	285.72	338.22	398.00	461.35	508.23
农业									
农业增加值	（亿元）	67.39	68.27	77.53	75.11	68.80	78.24	96.7	91.9
粮 食	（万吨）	81.80	68.02	74.44	74.21	51.36	55.15	55.73	58.64
蔬 菜	（万吨）	185.21	184.91	186.68	192.93	173.92	174.89	181.40	190.19
水 果	（万吨）	27.12	28.85	39.15	48.76	41.59	46.78	50.00	51.82
玉 米	（万吨）	6.50	6.40	9.50	12.50	8.80	9.50	10.20	11.10
年 桔	（万吨）	3.80	8.50	9.20	13.20	10.80	15.60	19.60	20.30
荔 枝	（万吨）	6.33	4.10	7.44	6.99	6.67	6.75	6.70	7.37
梅 菜	（万吨）		3	4	7	8	8	8	9
马铃薯	（万吨）	2.20	2.20	2.80	3.30	1.20	1.40	2.00	3.30
农业龙头企业单位数	（个）	24	92	109	123	131	144	162	181
销售收入	（亿元）	5	17	26	29	35	34	49	63
带动农户数	万户	4	11	15	14	16	16	20	22
肉类总产量	（万吨）	14.97	14.92	15.25	17.77	17.99	17.89	18.60	19.31
猪肉	（万吨）	9.72	10.19	11.43	12.91	13.40	12.61	13.70	14.19
牛羊肉	（万吨）	0.21	0.21	0.23	0.30	0.18	0.20	0.20	0.20
禽肉	（万吨）	5.02	4.30	3.33	4.38	4.25	4.92	4.60	4.78
禽蛋	（万吨）	1.49	1.19	1.09	1.23	1.02	1.05	1.1	1.12
奶类产量	（万吨）	0.27	0.13	0.23	0.35	0.39	0.43	0.40	0.58
水产品产量	（万吨）	15.61	15.69	16.26	16.36	12.34	13.71	13.63	14.06
淡水	（万吨）	7.17	6.96	7.50	7.86	5.61	6.16	6.40	6.73
海水	（万吨）	8.45	8.73	8.76	8.50	6.73	7.55	7.20	7.33

2–5 续表 1

指　标		2010 年	2011 年	2012 年	2013 年	2014 年	2015 年	2016 年	2016 年比 2015 年增长（%）
综合									
建成区面积	（平方公里）	266.34	280.39	292.21	302.80	309.60	279.12	342.74	—
本地生产总值（GDP）	（亿元）	1729.97	2094.94	2379.49	2705.13	3000.37	3140.03	3412.17	8.2
第一产业	（亿元）	102.38	116.51	124.56	135.46	141.09	151.54	171.66	4.8
第二产业	（亿元）	1014.22	1213.68	1362.83	1530.08	1697.01	1726.14	1837.53	8.1
第三产业	（亿元）	613.36	764.75	892.10	1039.59	1162.27	1262.35	1402.98	8.8
人均 GDP（按常住人口计算）	（元）	38650	45371	51130	57716	63657	66231	71605	7.7
人均 GDP（按常住人口计算）	（美元）	5709	7025	8110	9319	10363	10634	10780	—
地区生产总值结构	(%)	100.0	100.0	100.0	100.0	100.0	100.0	100.0	—
第一产业	(%)	5.9	5.6	5.2	5.0	4.7	4.8	5.0	0.2
第二产业	(%)	58.6	57.9	57.3	56.6	56.6	55.0	53.9	–1.1
第三产业	(%)	35.5	36.5	37.5	38.4	38.7	40.2	41.1	0.9
民营经济增加值	（亿元）	614.23	778.45	887.15	1018.90	1170.79	1341.17	1489.35	10.6
农业									
农业增加值	（亿元）	102.38	116.50	124.56	136.70	142.91	153.39	173.77	4.9
粮 食	（万吨）	58.68	60.98	62.66	55.70	59.21	59.72	59.99	0.4
蔬 菜	（万吨）	201.68	214.55	223.63	243.10	261.27	277.38	298.31	7.5
水 果	（万吨）	54.92	58.88	63.41	66.93	68.36	72.91	77.37	6.1
玉 米	（万吨）	10.96	11.11	11.60	11.90	11.27	11.31	11.56	2.2
年 桔	（万吨）	22.40	24.21	17.20	15.00	12.95	10.92	9.96	–8.7
荔 枝	（万吨）	7.36	8.00	7.40	7.66	7.94	8.91	8.77	179.2
梅 菜	（万吨）	9.60	4.80	10.10	9.80	10.76	10.85	7.54	–30.5
马铃薯	（万吨）	3.50	3.52	3.70	3.40	3.44	3.68	15.61	324.1
农业龙头企业单位数	（个）	198	210	220	236	257	268	282	5.2
销售收入	（亿元）	65.50	71.50	75.00	80.50	117.18	125.82	129.48	2.9
带动农户数	万户	25.20	23.70	23.50	24.20	37.32	38.01	31.31	–17.6
肉类总产量	（万吨）	19.95	18.94	19.16	19.12	19.29	19.15	18.75	–2.0
猪肉	（万吨）	14.80	13.86	13.94	14.22	14.62	14.35	13.94	–2.9
牛羊肉	（万吨）	0.20	0.23	0.23	0.23	0.23	0.23	0.22	–3.9
禽肉	（万吨）	4.80	4.75	4.90	4.56	4.30	4.42	4.43	0.2
禽蛋	（万吨）	1.1	0.9634	0.88	0.89	0.9301	0.9727	0.9551	–1.8
奶类产量	（万吨）	0.60	0.67	0.68	0.80	0.86	1.15	1.21	5.2
水产品产量	（万吨）	14.33	14.67	14.94	15.67	16.16	16.70	17.15	2.7
淡水	（万吨）	6.96	7.22	7.43	7.73	8.06	8.43	8.71	3.3
海水	（万吨）	7.37	7.45	7.51	7.95	8.10	8.27	8.44	2.1

2-5 续表 2

指 标		2002 年	2003 年	2004 年	2005 年	2006 年	2007 年	2008 年	2009 年
工业									
规模以上工业单位数	(个)	765	808	1257	1244	1279	1387	1875	1870
三资企业	(个)	555	593	880	880	916	955	1192	1139
规模以上工业增加值	(亿元)	190.95	233.37	255.43	315.32	404.16	502.52	545.56	576.59
# 轻工业	(亿元)	92.97	123.85	126.53	159.51	158.71	186.93	165.59	163.64
重工业	(亿元)	97.98	109.53	128.91	155.81	245.45	315.59	379.96	412.95
# 电子工业	(亿元)	134.50	170.70	183.60	212.60	209.00	231.90	243.83	227.23
石化工业	(亿元)	10.00	11.00	18.00	20.60	80.20	122.60	126.40	173.77
纺织业	(亿元)	3.00	4.80	8.20	7.90	9.70	9.50	11.15	10.50
纺织服装、服饰业	(亿元)	4.5	4.8	4.8	5.5	6.4	7.3	8.4	7.7
非金属矿物制品业	(亿元)	3.4	2.9	4.3	3.7	5.6	10.1	12.8	12.1
制鞋业	(亿元)	3.4	4.7	5.2	9.4	6.9	10.0	12.4	14.5
汽车制造业	(亿元)	1.5	3.3	5.5	8.1	11.3	19.4	19.5	19.6
# 国有企业	(亿元)	7.5	7.8	6.1	14.3	29.5	31.9	34.4	114.9
集体企业	(亿元)	1.9	1.8	3.2	3.1	2.4	1.7	3.4	3.7
三资企业	(亿元)	173.10	199.70	252.14	280.50	348.20	427.10	503.60	482.90
电话机	(万部)	3074	2988	3668	3419	3160	3064	2844	2744
彩色电视机	(万台)	438	727	941	1360	1448	981	940	941
激光视盘机	(万台)	323	363	1412	1764	1921	2590	2321	2702
微型计算机	(万台)	66	55	62	70	70	45	19	95
移动电话机	(万部)	522	804	742	755	1172	1651	5670	8471
组合音响	(万台	1398	1309	1318	1164	773	839	1363	624
塑料制品	(万吨)	12	13	15	14	24	26	15	15
皮革鞋靴	(万双)	1023	1491	2593	2762	7876	8699	9720	10645
水泥	(万吨)	226	305	393	393	595	1033	1121	1342
服装	(万件)	15323	16319	15228	13811	15975	14800	15072	15298
灯饰	(万套)				1974	3788	6005	9117	8188
家具	(万件)	11.95	70.34	91.57	204.00	210.00	176.00	290.00	319.50
工业综合经济效益指数	(%)	145.8	124.3	123.1	124.1	138.4	166.3	145.6	163.6
实现利润总额	(亿元)	33.90	30.00	38.00	36.70	39.90	99.20	37.68	115.30
投资和房地产									
固定资产投资额	(亿元)	104.73	228.47	297.61	352.37	308.78	486.91	588.74	758.97
第一产业	(亿元)	2.60	2.00	2.50	3.23	0.80	1.56	2.00	3.34
第二产业	(亿元)	47.30	148.70	198.60	230.10	154.59	236.83	263.10	265.61
工业	(亿元)	44.80	139.00	197.80	229.90	154.31	234.10	260.80	265.20
石化工业	(亿元)	8.50	95.50	125.50	118.60	38.70	108.90	107.80	45.20
电子工业	(亿元)	10.80	13.40	13.10	21.80	24.60	38.50	66.20	66.20

2-5 续表 3

指　标		2010 年	2011 年	2012 年	2013 年	2014 年	2015 年	2016 年	2016 年比 2015 年增长（%）
工业									
规模以上工业单位数	（个）	1926	1428	1430	1702	1684	1893	2140	13.0
三资企业	（个）	1167	650	868	941	921	888	650	–26.8
规模以上工业增加值	（亿元）	786.39	1013.54	1173.97	1423.20	1475.02	1617.38	1763.69	8.7
# 轻工业	（亿元）	196.34	242.02	261.49	323.64	364.06	420.72	475.65	12.9
重工业	（亿元）	590.04	771.52	912.48	1099.56	1110.96	1196.66	1288.04	7.8
# 电子工业	（亿元）	239.61	358.33	445.07	572.73	584.03	607.60	652.62	7.6
石化工业	（亿元）	238.58	268.77	296.07	309.72	243.65	268.25	266.81	4.4
纺织业	（亿元）	13.32	11.63	10.04	10.62	15.09	15.97	18.43	8.4
纺织服装、服饰业	（亿元）	9.52	13.76	16.84	25.67	29.39	33.63	35.93	14.7
非金属矿物制品业	（亿元）	18.94	23.63	27.68	40.20	48.34	50.35	54.5	5.5
制鞋业	（亿元）	24.00	19.10	25.57	38.30	35.83	45.37	62.40	11.8
汽车制造业	（亿元）	23.22	23.06	35.07	38.60	87.94	96.56	61.58	20.5
# 国有企业	（亿元）	190.57	243.39	280.45	255.10	219.80	209.43	183.60	0.0
集体企业	（亿元）	2.96	3.25	3.17	3.20	2.95	3.26	2.09	–33.6
三资企业	（亿元）	491.65	645.69	685.31	857.13	942.00	940.13	995.95	6.4
电话机	（万部）	2295	2493	2173	2229	1635	1738	2329	20.4
彩色电视机	（万台）	938	1140	1068	1404	1285	1363	1946	42.8
激光视盘机	（万台）	2955	2803	15652	13464	11444	8623	9111.54	5.7
微型计算机	（万台）	109	198	93	85	63	362	294.14	–18.7
移动电话机	（万部）	12078	15074	18397	28727	26301	20706	18837	–12.1
组合音响	（万台	603	736	866	906	960	942	900.78	–10.5
塑料制品	（万吨）	18	11	8	15	22	21	19.77	–10.2
皮革鞋靴	（万双）	14283	11555	12065	12096	14088	14631	17483	5.4
水泥	（万吨）	1468	1578	1518	1788	2035	2223	2235	–6.8
服装	（万件）	14637	10853	11170	11534	14690	14375	14482	0.9
灯饰	（万套）	10565	7247	5662	5324	13579	9068	9939	–7.9
家具	（万件）	471.10	544.27	444.13	526.70	1041.26	704.16	952.15	3.6
工业综合经济效益指数	(%)	193.60	219.10	221.50	236.34	237.30	235.02	248.36	14.3
实现利润总额	（亿元）	196.32	220.16	219.32	279.90	263.73	313.37	483.72	27.5
投资和房地产									
固定资产投资额	（亿元）	894.02	1025.21	1208.68	1401.30	1606.71	1863.93	2039.71	9.4
第一产业	（亿元）	1.30	2.86	8.21	9.66	15.68	24.33	18.19	–25.3
第二产业	（亿元）	301.22	316.41	351.09	423.70	512.47	716.79	813.55	13.5
工业	（亿元）	301.22	316.33	350.80	423.70	512.47	716.79	813.55	13.5
石化工业	（亿元）	30.24	38.76	54.30	55.90	82.60	189.31	214.16	13.1
电子工业	（亿元）	58.90	78.72	89.10	117.60	129.77	183.48	186.35	1.6

注：2013 年起，该表国有包含登记注册类型为国有、国有独资、国有联营三类合计。

2-5　续表 4

指　标		2002 年	2003 年	2004 年	2005 年	2006 年	2007 年	2008 年	2009 年
第三产业	（亿元）	54.8	77.8	96.5	119.0	153.4	248.5	323.6	490.0
房地产开发	（亿元）	15.9	27.3	29.6	43.9	69.0	137.8	186.8	175.3
住宅	（亿元）	10.0	17.2	20.8	28.7	47.2	94.3	131.8	133.2
商品房施工面积	（万平方米）	211.0	335.8	385.0	485.0	731.3	1347.8	2059.3	2248.3
商品房竣工面积	（万平方米）	87.3	104.0	86.7	133.8	173.0	213.1	242.8	553.9
商品房销售面积	（万平方米）	56.4	86.1	101.1	149.4	254.7	391.0	295.9	543.8
住宅	（万平方米）	53.0	81.9	91.3	132.1	242.4	363.6	270.8	516.4
商品房待售面积	（万平方米）	47.5	69.8	77.0	87.5	61.1	60.0	69.2	170.5
商品房销售额	（亿元）	13.24	16.70	22.88	37.97	75.80	156.18	121.94	232.01
住宅	（亿元）	10.55	15.04	18.94	29.42	68.82	137.02	106.43	212.28
交通、邮电、电力									
公路路线长度	（公里）	7211	7372	7382	7538	10436	10436	10468	10682
等级公路	（公里）	6870	6908	6920	7093	8831	8831	9348	9826
高速公路	（公里）	128	277	277	277	277	277	277	374
公路密度	（公里 / 百平方公里）	65	66	66	68	94	94	94	96
年末民用汽车保用量	（万辆）	7.74	7.28	8.85	11.31	13.19	15.51	17.91	21.09
私人汽车保有量	（万辆）	4.24	4.38	5.69	7.52	9.12	11.18	13.42	16.57
沿海港口吞吐量	（万吨）	910	1050	1371	1271	1069	2192	2459	3613
邮电业务收入	（亿元）	27.10	30.40	32.80	36.60	37.60	40.40	44.30	48.30
移动电话用户（含卡）	（万户）	108.80	161.50	202.40	260.20	314.20	410.10	410.40	466.10
固定电话用户数（含小灵通）	（万户）	92.00	105.70	133.10	160.60	185.40	202.60	221.50	189.70
互联网用户数	（万户）	31.80	35.50	60.30	73.20	77.40	92.10	46.10	56.30
全年用电量	（亿千瓦时）	60.80	74.70	89.60	105.20	123.20	145.60	153.60	165.80
工业用电	（亿千瓦时）	38.70	49.20	58.50	68.10	80.90	99.60	104.40	113.20
城乡居民生活用电	（亿千瓦时）	8.10	9.00	10.10	11.90	14.00	15.50	17.80	20.50
220 千伏以上变电站	（座）	1	1	1	2	2	2	2	2
220 千伏以下变电站（含 220 千伏）	（座）	71	71	72	72	73	76	81	96
国内贸易、旅游									
社会消费品零售总额	（亿元）	161.85	181.67	213.15	252.01	298.41	356.06	426.75	491.10
批发零售贸易业	（亿元）	140.31	159.88	182.00	216.85	257.01	306.13	367.62	438.95
限上批发零售贸易业	（亿元）	22.20	24.30	33.50	41.70	56.50	73.50	100.57	117.27
住宿餐饮业	（亿元）	21.54	24.77	31.15	34.66	40.22	47.81	55.74	52.15
限上住宿和餐饮业	（亿元）	3.70	4.20	5.10	5.90	6.30	8.40	10.78	12.60
限上商贸企业数	（个）	112	105	155	185	212	262	262	337
批发业	（个）	36	33	53	50	44	50	50	62
零售业	（个）	32	24	29	51	63	82	82	122
住宿业	（个）			36	38	46	63	63	67
餐饮业	（个）	44	48	37	46	59	67	67	86

2–5 续表 5

指　标		2010 年	2011 年	2012 年	2013 年	2014 年	2015 年	2016 年	2016 年比 2015 年增长（%）
第三产业	（亿元）	591.5	705.9	849.4	967.9	1078.6	1122.8	1208.0	7.6
房地产开发	（亿元）	267.9	377.5	482.2	593.5	667.3	610.4	747.6	22.5
住宅	（亿元）	198.5	291.5	364.0	469.8	512.8	482.9	597.3	23.7
商品房施工面积	（万平方米）	3073.0	3905.1	4579.9	5810.7	6100.0	5883.4	6839.2	16.2
商品房竣工面积	（万平方米）	564.6	502.7	509.0	634.8	757.0	449.5	555.5	23.6
商品房销售面积	（万平方米）	627.3	796.3	826.7	1149.5	983.9	1299.8	1771.9	36.3
住宅	（万平方米）	593.7	752.4	787.3	1092.8	918.4	1246.4	1700.2	36.4
商品房待售面积	（万平方米）	227.5	221.0	229.0	324.7	474.6	505.3	426.3	–15.6
商品房销售额	（亿元）	311.17	440.87	478.42	672.11	588.81	800.38	1415.00	76.8
住宅	（亿元）	285.97	414.66	445.80	613.90	535.30	758.34	1337.17	76.3
交通、邮电、电力									
公路路线长度	（公里）	10826	10893	10933	11234	12594	13476	13541	0.5
等级公路	（公里）	10074	10235	10341	10703	12376	13443	13522	0.6
高速公路	（公里）	379	454	492	492	492	588	650	10.5
公路密度	（公里/百平方公里）	95	96	96.4	99	111	119	119	0.5
年末民用汽车保用量	（万辆）	25.64	30.64	35.77	41.40	47.09	64.34	87.62	36.2
私人汽车保有量	（万辆）	20.84	25.59	30.51	36.09	41.98	59.24	82.0	38.4
沿海港口吞吐量	（万吨）	4534	5014	5118	4784	4788	5250	5414	3.1
邮电业务收入	（亿元）	54.87	57.98	62.39	64.04	62.25	60.87	64.04	5.2
移动电话用户（含卡）	（万户）	378.17	419.86	501.20	597.79	697.97	669.09	697.23	4.2
固定电话用户数（含小灵通）	（万户）	139.77	135.17	130.06	131.47	118.96	108.59	101.90	–6.2
互联网用户数	（万户）	68.29	81.80	104.18	110.04	122.55	133.36	149.32	12.0
全年用电量	（亿千瓦时）	192.50	209.66	227.36	248.44	276.41	290.62	323.41	11.3
工业用电	（亿千瓦时）	132.00	145.36	160.18	176.93	190.60	202.81	225.74	11.3
城乡居民生活用电	（亿千瓦时）	23.87	27.42	31.48	32.57	40.20	42.83	48.53	13.4
220 千伏以上变电站	（座）	2	4	4	4	4	4	5	25.0
220 千伏以下变电站（含 220 千伏）	（座）	122	115	116	125	128	134	136	4.6
国内贸易、旅游									
社会消费品零售总额	（亿元）	582.53	684.72	754.15	857.91	968.70	1070.72	1227.88	12.3
批发零售贸易业	（亿元）	530.02	619.42	683.32	781.88	881.65	970.77	1117.49	12.4
限上批发零售贸易业	（亿元）	178.38	207.34	246.85	298.26	366.55	410.41	470.46	12.9
住宿餐饮业	（亿元）	52.51	65.30	70.83	76.03	87.05	99.95	110.39	11.1
限上住宿和餐饮业	（亿元）	15.49	19.29	23.63	24.34	26.98	30.39	31.11	9.0
限上商贸企业数	（个）	404	423	482	626	689	723	852	17.8
批发业	（个）	74	106	135	220	245	246	294	19.5
零售业	（个）	144	167	181	223	246	278	336	20.9
住宿业	（个）	75	86	81	93	105	110	125	13.6
餐饮业	（个）	111	71	85	93	93	89	97	9.0

2-5　续表 6

指　　标	2002 年	2003 年	2004 年	2005 年	2006 年	2007 年	2008 年	2009 年
旅游总人数（万人次）	605	522	750	1000	1217	1567	1805	2115
接待过夜旅游者（万人次）	301	272	352	460	562	707	808	943
国际旅游者（万人次）	30	22	31	80	101	121	133	144
港澳台同胞（万人次）	24	16	21	57	78	91	100	110
旅游总收入（亿元）	31.00	26.20	38.90	49.90	61.20	84.30	96.60	115.10
旅游外汇收入（万美元）	6404	5757	8586	16549	21315	28665	33091	40107
星级宾馆营业额（亿元）			4.39	4.17	6.40	8.50	8.98	11.56
对外经济								
外贸进出口总额（海关数）（亿美元）	112.30	131.30	166.40	190.20	212.31	241.13	297.44	292.40
出口总额（亿美元）	58.90	71.46	87.39	106.55	122.77	146.06	179.89	171.49
香港（亿美元）	18.17	20.87	27.23	30.06	43.63	54.51	53.46	47.73
日本（亿美元）	4.79	6.11	4.24	6.97	5.61	7.32	8.49	6.68
美国（亿美元）	11.79	14.61	15.01	20.64	23.33	25.26	25.83	27.67
欧盟（亿美元）	12.85	12.15	9.47	14.64	16.59	20.38	24.59	21.46
台湾（亿美元）	0.66	0.99	1.95	2.47	3.02	3.50	3.98	2.72
东盟（亿美元）	2.52	2.11	2.63	3.53	4.04	4.68	5.84	5.91
韩国（亿美元）	2.53	8.52	19.71	18.40	12.70	10.94	32.77	36.09
俄罗斯（亿美元）	0.23	0.34	0.53	0.69	1.04	1.63		1.08
进口总额（亿美元）	53.36	59.85	78.96	83.66	89.54	95.07	117.56	120.92
外商直接投资合同宗数（宗）	405	388	549	539	489	444	293	279
外商直接投资合同金额（亿美元）	14.70	15.40	13.00	19.50	15.10	15.71	15.85	14.04
实际利用外商直接投资（亿美元）	10.82	14.07	6..23	10.42	10.45	12.28	13.52	13.94
香港（亿美元）	5.44	6.47	2.34	3.77	4.15	6.53	8.09	9.38
日本（亿美元）	0.72	0.47	0.31	1.55	1.51	1.00	0.84	0.14
台湾（亿美元）	0.92	0.82	0.22	0.19	0.35	0.45	0.28	0.21
美国（亿美元）	0.18	0.09	0.88	0.11	0.23	0.22	0.61	0.09
欧盟（亿美元）	0.40	3.85	2.26	3.20	0.79	0.35	0.06	0.04
荷兰（亿美元）	0.38	3.57	2.25	3.14	0.64	0.10		
英属维尔京群岛（亿美元）	1.71	1.34	0.62	0.97	2.22	2.44	3.19	2.92
大洋洲（亿美元）	0.67	0.37	0.20	0.21	0.42	0.44	0.01	0.33
财税、金融和保险业								
来源于惠州的财政总收入（亿元）	77.33	96.06	111.17	140.40	170.33	307.00	324.00	391.90
地方一般公共预算收入（亿元）	19.71	24.12	25.42	34.72	44.45	62.06	78.07	101.57
国内增值税（亿元）	5.55	6.30	3.42	7.80	9.92	14.60	16.03	24.95
营业税（亿元）	4.56	6.02	7.45	9.35	11.26	14.96	17.50	19.50
企业所得税（亿元）	1.44	1.71	1.96	2.58	3.20	4.01	5.95	6.62

2–5 续表 7

指　标		2010 年	2011 年	2012 年	2013 年	2014 年	2015 年	2016 年	2016 年比 2015 年增长（%）
旅游总人数	（万人次）	2501	2821	3153	3552	3968	4077	4713	15.6
接待过夜旅游者	（万人次）	1074	1189	1313	1502	1656	2077	2033	–2.1
国际旅游者	（万人次）	160	175	191	207	215	223	228	2.2
港澳台同胞	（万人次）	122	134	146	162	169	176	180	2.2
旅游总收入	（亿元）	140.82	161.19	184.16	212.70	273.20	330.23	364.13	10.3
旅游外汇收入	（万美元）	50168	57652	67785	77039	85652	88494	93637	5.8
星级宾馆营业额	（亿元）	14.75	19.51	20.01	21.23	23.00	25.51	27.14	8.3
对外经济									
外贸进出口总额（海关数）	（亿美元）	342.35	388.13	495.00	573.94	594.12	543.55	3044.78	–9.8
出口总额	（亿美元）	202.33	231.22	292.05	333.21	363.31	347.76	1972.52	–8.7
香港	（亿美元）	61.36	69.54	78.29	87.00	98.75	107.56	639.87	–4.4
日本	（亿美元）	8.12	8.03	8.00	8.43	8.76	8.70	56.80	5.1
美国	（亿美元）	32.42	34.83	39.11	39.13	46.79	46.94	313.70	7.7
欧盟	（亿美元）	23.07	25.95	24.59	23.77	27.10	25.83	153.13	–4.5
台湾	（亿美元）	3.26	3.87	3.53	4.78	4.16	6.08	33.64	–11.0
东盟	（亿美元）	6.39	8.69	8.89	10.04	12.18	11.19	75.45	8.7
韩国	（亿美元）	36.39	42.31	95.41	128.97	133.30	112.91	521.94	–25.6
俄罗斯	（亿美元）	1.40	1.92	2.65	2.05	2.09	–	–	–
进口总额	（亿美元）	140.02	156.91	202.96	240.72	230.81	195.79	1072.26	–11.8
外商直接投资合同宗数	（宗）	362	425	327	284	314	234	154	–34.2
外商直接投资合同金额	（亿美元）	14.80	21.68	26.55	28.92	30.55	20.45	21.34	4.4
实际利用外商直接投资	（亿美元）	14.38	15.68	17.28	18.34	19.66	11.05	11.43	3.4
香港	（亿美元）	9.62	11.61	10.87	9.74	11.07	7.60	6.82	–10.3
日本	（亿美元）	0.65	0.02	0.07	1.03	0.68	1.52	0.67	–56.2
台湾	（亿美元）	0.12	0.22	0.08	0.05	0.12	0.03	0.00	–88.0
美国	（亿美元）	0.32	0.08	0.14	0.05	0.07	0.00	0.02	14900.0
欧盟	（亿美元）	0.07	0.15	2.07	3.12	3.11	0.01	1.17	1213.4
荷兰	（亿美元）	–	–	2.05	3.06	3.00	–	1.17	–
英属维尔京群岛	（亿美元）	1.67	1.73	2.35	1.97	1.82	0.63	0.38	–39.6
大洋洲	（亿美元）	0.28	0.43	0.32	0.18	0.31	0.42	–	–
财税、金融和保险业									
来源于惠州的财政总收入	（亿元）	573.10	672.70	771.02	805.37	793.24	724.74	821.89	13.4
地方一般公共预算收入	（亿元）	131.23	162.83	200.88	250.17	300.75	340.02	361.30	10.0
国内增值税	（亿元）	29.22	36.04	40.85	47.03	54.58	56.24	67.83	22.4
营业税	（亿元）	24.10	25.51	29.29	34.48	35.41	39.71	23.04	–14.4
企业所得税	（亿元）	9.71	11.70	11.37	16.34	19.09	17.86	25.97	45.5

2-5 续表 8

指 标		2002 年	2003 年	2004 年	2005 年	2006 年	2007 年	2008 年	2009 年
个人所得税	(亿元)	1.14	1.46	1.99	2.41	2.41	2.87	3.26	3.32
房产税	(亿元)	1.34	1.50	1.55	1.89	2.11	2.45	2.65	3.14
契税	(亿元)	0.76	1.09	1.62	1.95	2.88	5.22	6.23	7.76
行政性收费收入	(亿元)	1.15	1.77	2.24	2.56	2.91	3.87	5.21	6.87
罚没收入	(亿元)	0.93	0.92	1.00	1.28	2.91	4.59	3.73	3.66
地方公共财政预算支出	(亿元)	33.01	38.78	45.95	52.41	66.03	86.06	106.20	134.75
公共安全	(亿元)								12.67
农林水事务	(亿元)								13.26
教育支出	(亿元)	5.82	7.07	8.56	9.97	11.23	15.63	19.76	25.89
科学支出	(亿元)	0.13	0.18	0.17	0.18	0.26	1.03	1.63	2.38
医疗卫生支出	(亿元)	1.64	1.95	2.47	2.93	4.03	5.06	7.11	8.18
社会保障和就业	(亿元)								13.73
节能环保	(亿元)								3.30
税收总收入	(亿元)	76.00	95.61	114.71	142.05	174.92	231.77	290.24	348.42
国税	(亿元)	59.31	73.44	86.66	107.35	133.98	176.94	221.22	266.43
地税	(亿元)	16.69	22.17	28.05	34.70	40.94	54.83	69.02	81.98
本外币存款余额	(亿元)	524.18	615.61	710.72	823.96	986.42	1169.48	1336.93	1778.95
人民币存款余额	(亿元)	479.01	571.91	665.13	781.78	946.71	1133.82	1304.59	1734.40
住户存款	(亿元)	319.11	379.55	447.28	522.21	607.23	647.61	771.66	867.49
本外币贷款余额	(亿元)	275.85	347.05	378.23	409.44	481.85	679.74	752.10	1134.26
人民币贷款余额	(亿元)	265.38	313.82	347.81	367.23	440.76	563.25	659.89	924.94
短期贷款	(亿元)	136.00	136.00	130.80	115.80	119.50	156.60	201.00	233.20
中长期贷款	(亿元)	107.20	157.60	197.70	246.50	309.60	396.40	444.50	675.00
个人贷款及透支	(亿元)						166.73	189.12	292.91
农、林、牧、渔业	(亿元)						22.66	25.40	21.53
房地产业	(亿元)						67.09	80.99	110.13
教育	(亿元)						2.18	1.86	4.34
卫生和社会工作	(亿元)						3.65	4.47	5.98
文化、体育和娱乐业	(亿元)						2.01	2.30	3.79
个人消费贷款	(亿元)	39.31	57.79	69.24	81.00	82.88	126.62	145.97	238.95
住房贷款	(亿元)	32.76	45.97	59.58	72.52	76.97	121.20	141.69	224.40
汽车贷款	(亿元)	4.71	4.63	3.45	2.66	2.66	2.58	2.16	2.44
各类保险保费收入	(亿元)	5.80	7.40	8.40	10.90	15.30	22.88	35.32	36.39
保险支付各类赔款	(亿元)	2.00	2.40	2.60	3.40	6.30	3.97	5.67	5.67

2-5 续表 9

指　标		2010 年	2011 年	2012 年	2013 年	2014 年	2015 年	2016 年	2016 年比 2015 年增长（%）
个人所得税	（亿元）	4.20	4.35	3.13	3.70	4.44	5.81	6.63	14.2
房产税	（亿元）	3.85	4.93	5.20	7.80	9.03	9.69	9.44	-2.5
契税	（亿元）	10.50	14.03	26.62	23.30	23.54	22.78	23.77	4.3
行政性收费收入	（亿元）	11.00	13.19	15.97	23.20	28.30	26.76	15.06	-43.7
罚没收入	（亿元）	4.88	4.94	6.14	7.30	7.10	8.69	12.07	38.9
地方公共财政预算支出	（亿元）	185.40	227.21	274.08	328.30	373.00	486.07	509.08	4.7
公共安全	（亿元）	16.37	19.27	21.05	25.60	27.29	34.64	39.40	13.7
农林水事务	（亿元）	14.61	19.18	26.06	26.50	27.70	41.28	37.19	-9.9
教育支出	（亿元）	32.39	45.03	62.60	72.80	85.00	94.94	101.91	7.3
科学支出	（亿元）	3.57	5.29	5.10	5.60	19.76	19.79	21.82	10.2
医疗卫生支出	（亿元）	10.73	18.09	21.82	26.30	32.62	57.81	80.21	38.7
社会保障和就业	（亿元）	18.48	18.94	21.96	26.80	34.00	40.10	48.83	21.8
节能环保	（亿元）	6.50	6.77	7.50	28.60	6.69	14.78	8.40	-43.2
税收总收入	（亿元）	466.79	574.31	704.26	728.69	763.15	754.43	834.17	19.7
国税	（亿元）	362.77	437.92	529.52	522.63	542.64	517.33	609.28	17.8
地税	（亿元）	104.02	136.40	174.75	206.06	220.51	237.10	224.89	25.5
本外币存款余额	（亿元）	2090.14	2401.05	2696.97	3138.79	3394.60	3836.10	4974.48	29.7
人民币存款余额	（亿元）	2041.19	2337.42	2517.63	3004.41	3184.55	3612.52	4544.73	20.4
住户存款	（亿元）	1031.79	1174.34	1351.44	1533.96	1640.17	1717.60	1945.23	13.3
本外币贷款余额	（亿元）	1225.71	1439.09	1735.12	2036.92	2436.97	2701.60	3460.97	28.1
人民币贷款余额	（亿元）	1097.66	1289.75	1484.62	1827.87	2176.80	2464.35	3155.13	28.0
短期贷款	（亿元）	146.50	194.32	248.00	335.40	418.99	460.50	461.77	0.3
中长期贷款	（亿元）	944.90	1070.07	1200.10	1441.50	1682.27	1880.01	2562.46	36.3
个人贷款及透支	（亿元）	435.58	515.18	620.80	786.90	966.41	1199.31	1814.81	51.3
农、林、牧、渔业	（亿元）	6.45	7.77	9.50	10.70	14.17	14.08	12.71	-9.9
房地产业	（亿元）	132.09	154.25	147.50	172.00	193.65	157.42	134.46	-14.6
教育	（亿元）	6.85	7.32	8.80	10.40	12.08	10.26	10.69	3.8
卫生和社会工作	（亿元）	7.87	9.38	12.70	14.40	14.24	15.38	14.96	-2.9
文化、体育和娱乐业	（亿元）	2.97	4.04	6.30	6.70	5.34	5.41	5.55	2.7
个人消费贷款	（亿元）	343.74	415.73	500.68	618.02	768.76	1001.65	1623.52	62.1
住房贷款	（亿元）	315.16	372.93	457.07	566.74	712.80	940.04	1555.22	65.4
汽车贷款	（亿元）	2.66	1.92	0.68	0.39	1.10	0.96	1.25	30.0
各类保险保费收入	（亿元）	48.71	50.54	56.54	64.56	78.78	99.30	116.00	16.8
保险支付各类赔款	（亿元）	15.90	6.85	8.33	8.99	10.33	31.74	32.15	1.4

2-5 续表 10

指 标		2002 年	2003 年	2004 年	2005 年	2006 年	2007 年	2008 年	2009 年
人口、就业、人民生活									
年末常住人口	(万人)	343.41	352.27	363.18	370.69	387.51	402.86	418.65	435.08
年末户籍人口	(万人)	283.02	286.36	293.22	297.58	306.41	312.89	318.84	324.36
人口自然增长率	(‰)	4.88	5.08	5.24	5.36	5.55	5.58	6.04	6.35
全社会从业人员	(万人)	216.55	206.67	212.92	222.62	227.84	236.47	243.74	252.16
在岗职工年末人数	(万人)	47.43	50.24	53.23	64.92	66.90	75.70	72.60	76.59
企业	(万人)	37.43	40.22	42.97	54.23	55.40	63.75	60.31	63.91
事业	(万人)	6.62	6.68	6.86	7.17	7.59	7.90	8.09	8.15
机关	(万人)	3.38	3.34	3.40	3.52	3.91	4.05	4.20	4.51
在岗职工年平均工资	(元)	11318	13265	14439	16017	17760	19644	22727	25786
企业	(元)	10534	12295	13098	14762	16232	17935	20517	23143
事业	(元)	13983	16036	18231	19725	22755	26489	32255	37201
机关	(元)	14486	18912	22866	26807	29516	32874	38300	42114
年末城镇登记失业人数	(人)	14222	13581	12870	14001	14835	14140	16528	15737
年末城镇登记失业率	(%)	2.8	2.7	2.5	2.6	2.6	2.2	2.6	2.5
城镇居民人均可支配收入	(元)	10691	12673	13822	14884	15991	17310	19481	21278
名义增长	(%)	6.8	18.5	9.1	7.7	7.4	8.2	12.5	9.2
实际增长	(%)	8.7	18.0	6.8	5.6	5.7	4.1	7.9	10.9
城镇居民人均消费性支出	(元)	8603	10303	11929	12931	14035	15015	16581	17914
食品烟酒	(元)	3369	3755	4090	4152	4435	4873	5654	6101
衣着	(元)	541	657	714	755	808	817	928	993
生活用品及服务	(元)	544	709	713	909	719	650	1026	1018
医疗保健	(元)	741	721	736	539	693	884	851	973
交通和通讯	(元)	1062	1682	2614	2353	2908	2795	3177	3425
教育文化娱乐	(元)	1082	1472	1594	1567	1581	1766	1728	1866
居住	(元)	976	1004	1124	1951	2478	2809	2631	2897
农村常住居民人均可支配收入	(元)	3903	4054	4370	4698	5090	5695	6626	7583
名义增长	(%)	4.0	3.9	7.8	7.5	8.3	11.9	16.3	14.4
实际增长	(%)	5.8	3.5	5.6	5.4	6.6	7.7	11.5	16.1
农村居民人均生活费支出	(元)	2805	3005	3300	3782	4022	4320	4863	5249
城镇恩格尔系数	(%)	39.2	36.4	34.3	32.1	31.6	32.5	34.1	34.1
农村恩格尔系数	(%)	49.5	49.1	49.9	49.8	47.9	47.9	49.5	48.2
城镇居民人均住房面积	(平方米)	25.00	25.30	25.80	26.20	26.30	23.28	31.37	32.78
农村居民人均住房面积	(平方米)	23.12	22.56	23.58	26.01	26.41	27.45	28.17	29.98
居民消费价格指数	(%)	98.2	100.5	102.1	102	101.6	103.9	104.3	98.5

2-5 续表 11

指　　标		2010 年	2011 年	2012 年	2013 年	2014 年	2015 年	2016 年	2016 年比 2015 年增长（%）
人口、就业、人民生活									
年末常住人口	（万人）	460.11	463.36	467.40	470.00	472.66	475.55	477.50	0.4
年末户籍人口	（万人）	337.28	343.03	341.91	343.37	348.52	357.07	364.31	2.0
人口自然增长率	(‰)	6.99	6.77	6.83	6.94	6.71	6.08	9.49	2.5
全社会从业人员	（万人）	260.14	267.97	270.04	277.27	280.62	281.51	285.57	1.4
在岗职工年末人数	（万人）	78.60	83.35	87.22	83.91	89.31	88.33	92.74	5.0
企业	（万人）	65.77	69.44	72.85	69.45	74.76	74.90	77.26	3.1
事业	（万人）	8.16	8.67	9.14	9.05	9.07	8.93	9.40	5.2
机关	（万人）	4.62	5.06	5.07	5.16	5.16	5.24	5.62	7.2
在岗职工年平均工资	（元）	29599	35719	41506	47126	53576	58607	64766	10.5
企业	（元）	26934	32885	38770	43928	50396	54161	59765	10.3
事业	（元）	42406	50748	55452	63296	70825	83486	94005	12.6
机关	（元）	44675	49400	55256	63726	68878	81011	86533	6.8
年末城镇登记失业人数	（人）	14996	15467	16869	17317	18772	19705	21468	8.9
年末城镇登记失业率	(%)	2.3	2.32	2.35	2.25	2.35	2.37	2.38	0.4
城镇居民人均可支配收入	（元）	17808	20108	22644	24293	27300	30057	33213	10.5
名义增长	(%)	10.7	12.9	12.6	10.1	9.5	10.1	10.50	—
实际增长	(%)	7.3	7.6	9.5	7.8	7.2	8.0	8.40	—
城镇居民人均消费性支出	（元）	19741	20603	22279	–	20065	21581	23779	10.2
食品烟酒	（元）	6695	7114	7943	–	7324	7858	8539	8.7
衣着	（元）	1104	1284	1503	–	1043	1128	1267	12.3
生活用品及服务	（元）	1163	1225	1304	–	1124	1195	1344	12.5
医疗保健	（元）	1011	1005	1098	–	823	887	992	11.8
交通和通讯	（元）	4041	4049	4540	–	2754	3053	3504	14.8
教育文化娱乐	（元）	2015	2357	2787	–	2092	2275	2605	14.5
居住	（元）	3061	2882	2347	–	4505	4743	5001	5.4
农村常住居民人均可支配收入	（元）	8396	10117	11483	12976	14364	15830	17603	11.2
名义增长	(%)	19.7	20.5	13.5	13.0	10.7	10.2	11.20	—
实际增长	(%)	16.0	14.9	10.4	10.7	8.4	8.1	9.10	—
农村居民人均生活费支出	（元）	6029	7187	8286	9465	11008	11975	13726	14.6
城镇恩格尔系数	(%)	33.9	34.5	35.7	–	36.5	36.4	35.9	—
农村恩格尔系数	(%)	45.0	44.6	44.3	44.1	39.2	39.1	38.9	—
城镇居民人均住房面积	（平方米）	33.93	32.70	35.34	–	35.40	35.50	38.50	8.5
农村居民人均住房面积	（平方米）	28.59	31.24	32.80	35.57	34.73		38.20	—
居民消费价格指数	(%)	103.2	104.9	102.8	102.1	102.1	101.9	101.9	0.0

2-5　续表 12

指　标		2002 年	2003 年	2004 年	2005 年	2006 年	2007 年	2008 年	2009 年
科学、教育									
专利申请量	（项）	708	854	1109	1041	877	1235	1160	1761
专利授权量	（项）	443	532	680	651	641	726	1011	985
认定高新技术企业	（家）	71	88	111	141	158	192	44	73
高新技术产品产值	（亿元）	287	472	562	661	909	1147	1246	1318
考入大学人数	（人）	6494	8818	10470	11534	11571	14061	16823	19074
高等学校									
学校数	（所）	1	1	1	1	1	1	1	1
毕业生数	（人）	1646	1460	1460	1421	1622	2706	2244	1479
招生数	（人）	1452	2419	2924	1513	1972	2386	3467	4265
在校学生数	（人）	5449	6586	8046	8106	8423	8079	9286	12038
教职工数	（人）	647	777	797	807	755	753	773	881
专任教师	（人）	364	460	496	506	511	503	522	629
中等职业技术学校									
学校数	（所）	8	9	27	34	34	40	45	40
毕业生数	（人）	3420	4126	5829	8325	11864	13006	14380	16745
招生数	（人）	5442	7212	12463	15108	21348	23176	27818	31308
在校学生数	（人）	13622	17466	32037	35694	50665	57180	65460	76596
教职工数	（人）	856	987	2007	2046	2432	2869	3230	3886
专任教师	（人）	471	560	1128	1278	1600	1944	2220	3160
普通中学									
学校数	（所）	163	167	171	174	194	203	209	210
毕业生数	（人）	59579	58996	60248	62343	68243	73144	79839	87064
招生数	（人）	65603	72202	78501	85872	97533	102373	108741	109635
在校学生数	（人）	188425	198004	212095	232301	257051	277215	295346	305888
专任教师	（人）	9633	10242	10943	11969	13315	14330	15232	16735
小学									
学校数	（所）	1167	1154	1170	1118	1031	982	945	785
毕业生数	（人）	57208	57435	59661	64271	72225	79066	80890	80973
招生数	（人）	64396	67095	67728	66305	64111	63353	61952	62344
在校学生数	（人）	360649	391082	418989	442407	451551	445221	426443	401270
专任教师	（人）	17777	18861	18986	19217	19749	20188	20240	20137

2-5　续表 13

指　标		2010 年	2011 年	2012 年	2013 年	2014 年	2015 年	2016 年	2016 年比 2015 年增长（%）
科学、教育									
专利申请量	（项）	2889	6029	9894	15168	18356	21408	26123	22.0
专利授权量	（项）	1628	2917	4093	5976	7396	9797	9891	1.0
认定高新技术企业	（家）	73	122	132	163	183	255	466	82.7
高新技术产品产值	（亿元）	1798	2219	2927	3200	3521	3885	4568	—
考入大学人数	（人）	19065	21846	25674	27845	29540	30132	29290	–2.8
高等学校									
学校数	（所）	2	2	3	3	3	4	4	—
毕业生数	（人）	4005	4358	5631	6070	5859	8128	10645	31.0
招生数	（人）	6199	6373	8032	8942	9196	11683	11489	–1.7
在校学生数	（人）	20041	22007	24300	27012	30183	34174	37322	9.2
教职工数	（人）	1490	1545	1907	2095	2174	3169	3169	0.0
专任教师	（人）	990	1049	1329	1497	1518	1893	1926	1.7
中等职业技术学校									
学校数	（所）	43	39	39	33	33	35	35	—
毕业生数	（人）	19503	22032	24441	27156	25879	24987	26322	5.3
招生数	（人）	37893	37203	34167	31607	30708	29823	30137	1.1
在校学生数	（人）	89908	97131	97852	95812	82943	83870	81697	–2.6
教职工数	（人）	4160	4295	4473	4268	4043	4261	4513	5.9
专任教师	（人）	3429	3355	3366	3209	3042	3143	3342	6.3
普通中学									
学校数	（所）	209	211	214	221	234	241	252	4.6
毕业生数	（人）	91248	95870	99934	98685	95585	91389	88864	–2.8
招生数	（人）	107112	102649	98045	95644	90971	91585	99679	8.8
在校学生数	（人）	308667	307746	296561	287317	276309	270727	275031	1.6
专任教师	（人）	17211	17759	18444	19076	19154	19532	20076	2.8
小学									
学校数	（所）	689	518	472	460	453	454	456	0.4
毕业生数	（人）	76715	70940	64366	62148	61088	63240	70260	11.1
招生数	（人）	72570	78119	87160	89068	87966	96841	100177	3.4
在校学生数	（人）	397983	403950	421074	445608	472152	504066	530498	5.2
专任教师	（人）	20652	20947	21243	22497	23755	24970	26253	5.1

2-5 续表 14

指　标		2002 年	2003 年	2004 年	2005 年	2006 年	2007 年	2008 年	2009 年
学龄儿童									
学龄儿童总数	（人）	351340	383748	409497	435971	448694	442082	423240	397204
学龄儿童入学率	（%）	99.8	100.48	99.97	99.94	99.96	100	100	100
小学毕业生升学率	（%）	97.41	100	100	100	100	100	100	100
幼儿园									
幼儿园数	（所）	221	227	243	253	273	278	300	326
在园幼儿数	（人）	69078	69699	69867	70685	51667	79722	87378	100617
教职工数	（人）	4040	4300	4615	5284	5957	6467	7442	8398
专任教师	（人）	2354	2509	2697	3073	3499	3907	4453	5043
文化、卫生、体育									
文化馆、艺术馆	（个）	6	6	6	6	6	6	6	6
公共图书馆	（个）	5	5	5	5	5	5	5	5
博物馆	（个）	5	5	5	5	5	5	5	5
广播电台	（套）	5	5	5	5	6	6	6	6
广播人口覆盖率	(%)	98.7	98.8	98.8	98.2	98.35	99.5	99.67	99.95
电视台	（套）	5	6	4	6	7	6	6	6
电视发射台和转播台	（座）	22	6	4	15	13	7	7	5
电视人口覆盖率	(%)	96.90	97.30	97.60	96.70	97.30	97.80	98.50	98.95
有线电视用户	（万户）	26.70	27.10	27.30	26.30	34.30	34.40	39.90	47.20
影剧院（含电影院）	（个）	9	9	4	4	4	6	5	15
歌舞厅	（个）		257	257	145	157	297	133	200
网吧	（个）		204	205	245	435	569	587	577
卫生机构数	（个）	419	484	576	614	235	270	285	2214
医院、卫生院	（个）	122	121	123	123	125	123	119	124
卫生防疫防治机构	（个）	15	14	14	14	14	16	17	17
妇幼卫生机构	（个）	5	5	5	5	5	5	5	5
卫生技术人员	（人）	10310	10561	11289	12043	12703	14964	14818	16728
医生、助理医生	（人）	3804	3932	4214	4622	5000	5854	5431	6246
护师、护士	（人）	3445	3498	3620	3872	4245	5109	4962	5795
卫生机构床位数	（张）	6979	7279	7513	7960	8532	9538	10207	11122
医院、卫生院	（张）	6472	6577	7067	7529	8048	9015	9477	10199
村级卫生机构数	（个）			1124	1283	1532	1512	1539	1534
村级执业（助理）医师	（人）			178	225	384	435	513	394

注：2009 年起卫生机构数为全市各类机构数。

2-5　续表 15

指　标		2010 年	2011 年	2012 年	2013 年	2014 年	2015 年	2016 年	2016 年比 2015 年增长（%）
学龄儿童									
学龄儿童总数	（人）	392431	399720	409732	441726	469995	502921	528535	5.1
学龄儿童入学率	（%）	100	100	100	100	100	100	100	—
小学毕业生升学率	（%）	100	100	100	100	100	100	100	—
幼儿园									
幼儿园数	（所）	351	384	436	480	513	578	637	10.2
在园幼儿数	（人）	114440	128324	144664	163139	175808	193674	207214	7.0
教职工数	（人）	10448	12061	14593	17341	18899	21207	23242	9.6
#专任教师	（人）	6044	6819	8216	9507	10153	11357	12382	9.0
文化、卫生、体育									
文化馆、艺术馆	（个）	6	6	6	6	6	6	6	—
公共图书馆	（个）	5	5	5	5	5	5	5	—
博物馆	（个）	6	6	6	6	6	6	6	—
广播电台	（套）	6	6	6	7	7	5	5	—
广播人口覆盖率	(%)	99.95	99.99	100	100	100	100	99.73	—
电视台	（套）	6	6	6	6	6	5	5	—
电视发射台和转播台	（座）	6	6	6	6	5	6	7	—
电视人口覆盖率	(%)	99.56	99.98	100.00	100.00	100.00	100.00	100.00	—
有线电视用户	（万户）	48.00	69.60	74.20	74.20	83.69	83.78	80.85	-3.2
影剧院（含电影院）	（个）	12	18	18	14	12	12	42	—
歌舞厅	（个）	168	168	226	299	309	297	313	5.4
网吧	（个）	584	584	584	589	581	619	643	3.9
卫生机构数	（个）	2258	2366	2558	2604	2658	2655	2668	0.5
医院、卫生院	（个）	128	131	137	139	138	145	144	-0.7
卫生防疫防治机构	（个）	17	17	18	18	18	18	19	5.6
妇幼卫生机构	（个）	5	6	6	6	6	6	7	16.7
卫生技术人员	（人）	18218	19978	23787	26991	27068	28115	30124	7.1
医生、助理医生	（人）	6778	7386	9009	9735	10163	10458	11283	7.9
护师、护士	（人）	6391	7283	9445	10266	10973	11700	12804	9.4
卫生机构床位数	（张）	12206	13092	17231	19155	20135	21879	22460	2.7
医院、卫生院	（张）	10877	11662	14485	16258	17098	18937	19383	2.4
村级卫生机构数	（个）	1539	1557	1574	1508	1490	1455	1423	-2.2
村级执业（助理）医师	（人）	555	562	604	581	557	540	587	8.7

2-5 续表 16

指　标		2002 年	2003 年	2004 年	2005 年	2006 年	2007 年	2008 年	2009 年
乡村医生和卫生员	（人）			1228	1208	1632	1437	1444	1539
乡村医生数	（人）			1122	1139	1488	1364	1366	1417
卫生员	（人）			106	69	144	73	78	122
村卫生室诊疗人次	（万人次）			375.00	397.58	505.88	485.21	520.29	493.83
社保、环保、公用事业									
养老保险参保人数	（万人）	41.31	44.20	47.44	52.67	60.05	88.64	105.17	120.03
失业保险参保人数	（万人）	36.83	37.40	40.72	45.13	51.62	50.44	44.93	32.77
城镇职工基本医疗保险参保人数	（万人）	29.40	30.58	35.04	46.73	59.11	61.32	71.73	77.12
社会保险基金收入	（亿元）	7.00	7.84	10.04	12.06	18.17	21.48	28.50	32.72
年末城镇最低生活保障人数	（人）	6043	7248	7894	8101	7842	8693	9465	10433
年末乡村最低生活保障人数	（人）	19856	25203	29083	33307	43453	55149	58943	66248
自然保护区	（个）				26	26	26	26	26
自然保护区面积	（公顷）				88016	88016	88016	88285	88285
森林覆盖率	(%)	59.3	59.8	59.9	59.8	58.2	58.6	59.2	59.4
建成烟尘控制区	（个）	5	8	8	8	8	8	8	8
烟尘控制区面积	（平方公里）	60.1	144.5	144.5	147.8	147.8	147.8	147.8	147.8
噪声达标面积	（平方公里）	40.7	55.7	55.7	71.3	71.5	71.5	71.5	71.5
废水排放总量	（万吨）	12983	12642	13585	13774	21616	26974	28074	28188
生活污水	（万吨）	10189	9210	9546	9415	15412	18247	20884	22406
工业废水	（万吨）	2794	3432	4039	4359	6204	8727	7189	5782
工业废水中 COD 排放量	（万吨）	1.99	1.69	1.78	1.70	2.29	4.50	0.56	0.49
污水处理厂	（座）						7	15	15
生活污水集中处理率	（%）					23.68	47.20	47.20	63.20
工业废气量	（亿标立米）	192.32	186.79	302.47	271.36	400.91	1024.41	965.36	1319.13
二氧化硫排放总量	（万吨）	0.91	0.79	1.04	1.07	1.22	1.65	3.27	3.57
工业二氧化硫	（万吨）	0.81	0.79	0.75	0.74	1.22	1.64	3.26	3.56
工业烟尘排放量	（万吨）	0.07	0.07	0.10	0.09	0.19	0.32	0.26	0.32
工业固体废物产生量	（万吨）	12.91	15.77	15.53	17.13	19.26	33.97	29.94	27.27

2-5 续表 17

指 标		2010年	2011年	2012年	2013年	2014年	2015年	2016年	2016年比2015年增长(%)
乡村医生和卫生员	(人)	1545	1629	1528	1391	1313	1088	979	-10.0
乡村医生数	(人)	1413	1504	1385	1287	1175	1077	968	-10.1
卫生员	(人)	132	125	143	104	138	11	11	—
村卫生室诊疗人次	(万人次)	506.99	547.42	767.64	958.27	958.59	946.91	889.65	-6.0
社保、环保、公用事业									
养老保险参保人数	(万人)	148.90	189.98	202.20	197.61	203.26	201.89	214.70	6.4
失业保险参保人数	(万人)	30.00	91.01	92.50	127.38	130.74	127.39	124.64	-2.2
城镇职工基本医疗保险参保人数	(万人)	81.80	134.89	139.50	159.30	166.68	161.83	156.20	-3.5
社会保险基金收入	(亿元)	38.87	46.40	56.10	73.10	96.36	129.20	128.03	-0.9
年末城镇最低生活保障人数	(人)	9875	9799	9327	9028	11577	10721	9681	-9.7
年末乡村最低生活保障人数	(人)	69694	71386	80019	79153	72314	66124	60811	-8.0
自然保护区	(个)	26	26	26	26	25	25	25	—
自然保护区面积	(公顷)	88285	88285	88285	88015	77318	77318	77318	—
森林覆盖率	(%)	59.6	60.4	60.9	61.3	61.6	62.3	62.4	0.1
建成烟尘控制区	(个)	8	8	8	8	8	8	8	—
烟尘控制区面积	(平方公里)	147.8	147.8	147.8	147.8	147.8	147.8	147.8	—
噪声达标面积	(平方公里)	71.5	209.7	209.7	209.7	209.7	209.7	209.7	—
废水排放总量	(万吨)	31126	30400	33789	39562	41891	44348	2.7	2.7
生活污水	(万吨)	25097	22937	25489	31207.01	33393.56	38179	10.5	10.5
工业废水	(万吨)	6029	7462	8300	8320	8465	6137	-28.6	-28.6
工业废水中COD排放量	(万吨)	0.61	0.85	0.90	0.88	0.90	0.49	-46.7	-46.7
污水处理厂	(座)	26	19	27	37	37	74	64.4	64.4
生活污水集中处理率	(%)	71.49	91.54	91.01	95.50	95.62	96.20	0.2	0.2
工业废气量	(亿标立米)	1163.31	1197.11	1487.80	1509.51	1606.39	1792.71	11.2	11.2
二氧化硫排放总量	(万吨)	3.31	3.90	3.61	3.03	2.92	1.77	-39.1	-39.1
工业二氧化硫	(万吨)	3.31	3.89	3.55	3.00	2.89	1.73	-39.7	-39.7
工业烟尘排放量	(万吨)	0.32	2.19	2.13	2.30	2.45	1.46	-7.3	-7.3
工业固体废物产生量	(万吨)	40.60	76.40	123.23	119.62	94.13	94.19	26.92	26.9

注：2014年起“自然保护区”不包括广东象头山国家自然保护区。

2-5 续表 18

指　标		2002 年	2003 年	2004 年	2005 年	2006 年	2007 年	2008 年	2009 年
全市水资源总量	（亿立方米）	108.40	85.10	70.00	126.90	183.60	119.79	159.40	96.45
全市总用水量	（亿立方米）	19.80	20.10	20.50	21.10	21.40	21.67	21.99	21.68
生活用水比重	(%)	14.9	17.4	17.0	11.3	11.3	11.4	11.4	11.7
工业用水比重	(%)	12.6	12.5	13.0	17.0	19.1	20.8	24.4	24.6
农业用水比重	(%)	72.5	70.1	70.0	66.6	64.5	62.4	57.9	59.3
城市维护建设资金支出	（万元）	28914	78454	54111	57936	69349	142528	212451	188545
年末实有铺装道路面积	（万平方米）	572	1092	1041	1076	1151	1558	1798	1891
排水管道长度	公里）	653	752	827	863	915	765	1168	1567
供水综合生产能力	（万立方米 / 日）	76.7	76.7	84.5	99.5	107.0	97.2	129.2	133.5
供水总量	（万吨）	14378	17581	19684	20468	21401	22485	23506	25309
居民家庭用水量	（万吨）	6211	7092	7121	7463	7158	7119	8193	9522
液化石油气供气总量	吨）	88553	91295	99858	113905	172574	196507	178073	117430
年末实有营运公共汽车	（辆）	447	778	707	707	738	917	1056	1062
年末实有出租小汽车数	（辆）	312	879	911	975	950	983	1149	1229
建成区绿化覆盖面积	（公顷）		3780	3070	4028	5102	5130	5555	7586
园林绿地面积	（公顷）		3947	3384	3704	4419	4675	5107	6961
公园绿地面积	（公顷）		890	721	763	1190	1190	1634	2040
工商登记情况									
个体户期末实有户数	（万户）	6.54	7.44	8.29	9.38	11.00	16.26	17.78	15.78
个体户期末注册资本	（亿元）	12.96	17.18	21.81	25.44	48.41	53.17	55.56	51.31
个体户本期新增户数	（万户）	0.99	1.85	2.01	2.17	2.76	6.50	3.36	2.92
个体户本期新增注册资本	（亿元）	2.81	5.02	6.57	6.58	6.87	9.33	8.67	9.80
私营企业期末实有户数	（万户）	0.62	0.82	1.06	1.35	1.69	2.13	2.67	3.06
私营企业期末注册资本	（亿元）	92.26	124.12	154.91	198.60	292.56	401.28	487.88	566.00
私营企业本期新增户数	（万户）	0.17	0.25	0.28	0.31	0.42	0.45	0.41	0.48
私营企业本期新增注册资本	（亿元）	14.75	27.31	33.93	36.14	62.62	71.01	52.48	52.10

2-5 续表 19

指 标		2010年	2011年	2012年	2013年	2014年	2015年	2016年	2016年比2015年增长(%)
全市水资源总量	(亿立方米)	115.60	84.76	115.38	148.67	123.36	125.68	181.13	44.1
全市总用水量	(亿立方米)	21.82	21.81	21.75	21.51	21.04	20.82	20.57	-1.2
生活用水比重	(%)	16.3	11.8	17.7	16.7	17.7	12.4	17.8	5.4
工业用水比重	(%)	26.4	25.8	26.5	24.0	22.8	23.7	23.7	0.1
农业用水比重	(%)	56.5	57.0	55.8	58.9	59.2	58.6	58.1	-0.5
城市维护建设资金支出	(万元)	250586	368439	607377	618136	661931	588272	1306989	122.2
年末实有铺装道路面积	(万平方米)	2320	2408	2510	2623	3341	3538	3336	-5.7
排水管道长度	(公里)	1816	2332	2527	2663	2928	2885.55	2826.04	-2.1
供水综合生产能力	(万立方米/日)	134.0	136.5	138.0	146.0	166.0	164.0	164.0	—
供水总量	(万吨)	28889	28977	30522	32531	31231	34693	36322	4.7
居民家庭用水量	(万吨)	9223	10536	11509	12486	13280	13310	13868	4.2
液化石油气供气总量	(吨)	90496	103506	99148	104647	81752	93419	89820	-3.9
年末实有营运公共汽车	(辆)	1178	1498	1558	1916	2119	2372	2955	24.7
年末实有出租小汽车数	(辆)	1650	1651	1663	1732	2017	1970	2026	2.84
建成区绿化覆盖面积	(公顷)	8049	8908	9748	10384	10897	11285	13387	18.6
园林绿地面积	(公顷)	7411	8313	9076	9685	10091	10326	12300	19.1
公园绿地面积	(公顷)	2047	2477	3021	3333	3327	3546	4116	16.1
工商登记情况									
个体户期末实有户数	(万户)	16.25	17.44	19.19	21.33	23.85	26.79	29.25	9.2
个体户期末注册资本	(亿元)	49.59	55.26	64.18	76.69	91.82	107.85	127.09	17.8
个体户本期新增户数	(万户)	3.24	2.94	3.16	3.33	3.62	4.33	4.52	4.5
个体户本期新增注册资本	(亿元)	10.96	11.60	13.69	17.50	20.92	26.41	29.83	12.9
私营企业期末实有户数	(万户)	3.67	4.05	4.66	5.53	6.85	8.29	10.26	—
私营企业期末注册资本	(亿元)	705.64	879.78	1009.05	1247.47	1726.61	2241.61	3187.83	—
私营企业本期新增户数	(万户)	0.66	0.72	0.69	0.98	1.45	1.66	2.26	—
私营企业本期新增注册资本	(亿元)	110.98	125.47	93.12	162.67	397.28	433.31	786.46	—

2-6 各行业增加值构成项目

单位：亿元

行 业	2008年	2009年	2010年	2011年	2012年	2013年	2014年	2015年	2016年
地区生产总值	1304.05	1414.82	1729.97	2094.94	2379.49	2705.13	3000.37	3140.03	3412.17
第一产业	90.61	90.29	102.38	116.51	124.56	135.46	141.09	151.54	171.66
第二产业	741.30	787.90	1014.22	1213.68	1362.83	1530.08	1697.01	1726.14	1837.53
工业	696.86	737.25	955.47	1138.21	1282.00	1442.56	1602.30	1624.48	1733.70
建筑业	44.43	50.65	58.75	75.46	80.83	87.52	94.93	102.43	104.65
第三产业	472.14	536.63	613.36	764.75	892.10	1039.59	1162.27	1262.35	1402.98
交通运输、仓储和邮政业	58.30	50.87	50.97	61.50	70.03	72.36	79.23	80.71	82.32
批发和零售业	93.28	125.98	155.50	211.66	262.50	318.23	349.05	331.24	350.88
住宿和餐饮业	49.91	49.23	53.61	60.33	71.99	71.24	75.82	80.17	88.58
金融业	36.35	42.11	53.45	63.74	71.93	89.67	102.93	121.04	152.92
房地产业	65.02	81.59	99.01	122.26	136.97	178.48	198.85	213.79	250.45
其他服务业	169.29	186.85	200.81	245.26	278.68	309.60	356.40	435.41	477.82

注：2014年起第一、二、三产数据采用新口径。

2-6 续表

单位：%

行 业	2008年	2009年	2010年	2011年	2012年	2013年	2014年	2015年	2016年
地区生产总值	111.6	113.2	118.0	114.7	112.7	113.8	110.0	109.0	108.2
第一产业	104.3	103.8	104.0	103.9	102.9	103.4	104.6	104.3	104.8
第二产业	111.4	113.3	123.8	114.6	114.2	115.2	111.9	109.6	108.1
工业	111.9	113.0	124.5	114.3	114.8	115.9	112.2	109.6	108.5
建筑业	102.5	118.6	111.1	119.4	105.1	103.9	106.6	109.2	102.2
第三产业	113.5	114.7	110.6	116.7	111.6	112.9	107.5	108.6	108.8
交通运输、仓储和邮政业	116.4	99.5	102.1	111.0	112.5	110.5	108.9	115.5	96.4
批发和零售业	110.0	132.1	115.4	132.2	111.4	119.7	105.2	95.6	105.3
住宿和餐饮业	120.7	97.3	108.5	109.8	114.6	96.5	102.7	105.4	109.0
金融业	98.7	120.4	120.4	112.9	109.8	123.0	114.0	119.7	125.2
房地产业	96.9	124.8	118.3	109.1	111.3	124.4	108.9	105.1	111.1
其他服务业	123.3	109.8	105.5	112.8	111.3	103.5	107.9	119.2	107.9

注：2014年起第一、二、三产数据采用新口径。

2–7 民营经济主要统计指标

项 目		2006 年	2007 年	2008 年	2009 年	2010 年	2011 年
单位个数	（万个）	13.04	18.79	20.86	19.29	20.42	22.25
私营	（万个）	1.69	2.13	2.67	3.06	3.67	4.05
个体	（万个）	11.00	16.26	17.78	15.78	16.25	17.44
从业人数	（万人）	76.22	80.96	91.63	92.09	104.30	121.18
私营	（万人）	28.46	28.06	28.87	31.01	33.89	41.88
个体	（万人）	44.65	49.99	60.29	58.54	65.40	73.70
民营经济增加值	（亿元）	338.22	398.00	461.35	508.23	614.23	778.45
第一产业	（亿元）	34.13	37.18	43.12	43.60	49.54	78.02
第二产业	（亿元）	142.74	171.35	199.95	212.65	267.67	320.97
工业	（亿元）	130.73	157.63	183.82	196.42	248.81	298.27
第三产业	（亿元）	161.36	189.48	218.28	251.98	297.02	379.46
私营企业出口	（亿美元）	4.55	6.36	10.74	11.29	17.00	24.15
税收收入	（亿元）	39.69	61.68	77.09	153.66	137.86	237.85
国税	（亿元）	15.92	26.57	31.90	95.89	67.73	149.19
地税	（亿元）	23.77	35.10	45.19	57.77	70.13	88.66

注：单位个数数据来源工商局，2011 年起统计口径有调整。

2–7 续表

项 目		2012 年	2013 年	2014 年	2015 年	2016 年	2016 年比 2015 年增长（%）
单位个数	（万个）	24.68	26.86	31.39	35.88	39.80	10.1
私营	（万个）	4.66	5.53	6.85	8.29	10.26	13.1
个体	（万个）	19.19	21.33	23.85	26.79	29.25	9.2
从业人数	（万人）	122.62	124.04	129.13	134.46	138.16	2.8
私营	（万人）	42.39	42.94	42.72	43.73	44.40	1.5
个体	（万人）	74.13	74.65	73.21	74.92	76.30	1.8
民营经济增加值	（亿元）	887.15	1018.93	1170.79	1341.17	1489.35	10.6
第一产业	（亿元）	95.67	95.67	100.04	103.08	108.00	4.2
第二产业	（亿元）	343.83	343.99	434.18	537.09	606.57	14.8
工业	（亿元）	320.09	320.09	109.77	511.60	579.29	15.2
第三产业	（亿元）	447.65	579.27	636.57	701.00	774.78	8.3
私营企业出口	（亿美元）	24.39	21.98	24.50	24.78	196.41	27.6
税收收入	（亿元）	292.34	292.49	337.32	384.52	447.68	10.3
国税	（亿元）	173.81	173.81	187.41	221.21	292.58	20.7
地税	（亿元）	118.53	118.68	149.92	163.31	155.10	–5.0

注：2016 年私营企业出口数据单位为亿元。

2-8　城市社会经济基本情况表

项　　目		2016年全市	市辖区	2015年全市	市辖区
一、人口、劳动力及土地面积					
年末户籍总人口	(万人)	364.31	150.46	357.07	145.43
城镇人口	(万人)	196.73	108.91	177.87	99.32
户籍平均人口	(万人)	360.69	147.94	352.80	143.56
暂住人口(一个月以上)	(万人)	157.06	111.13	89.95	62.73
年出生人口	(人)	72224	33434	52885	27150
年死亡人口	(人)	18661	4305	20265	7938
年末总户数	(万户)	100.78	46.62	98.82	45.33
人口自然增长率	(‰)	9.49		6.08	
年末单位从业人员数(城镇)	(人)	960917	712247	918574	671312
第一产业(农、林、牧、渔业)	(人)	869	190	883	207
第二产业	(人)	674848	521288	644674	489679
采矿业	(人)	416	101	528	168
制造业	(人)	648893	505560	620079	474385
电力、燃气及水的生产和供应业	(人)	9612	5638	9694	5587
建筑业	(人)	15927	9989	14373	9539
第三产业	(人)	285200	190769	273017	181426
交通运输、仓储及邮政业	(人)	19669	15519	21672	18045
信息传输、计算机服务和软件业	(人)	7166	6252	8165	7262
批发和零售业	(人)	26192	18381	25785	19098
住宿、餐饮业	(人)	8545	4812	8497	4795
金融业	(人)	35308	31139	30706	26660
房地产业	(人)	17620	13234	15977	11900
租赁和商业服务业	(人)	8066	6152	7830	5627
科学研究、技术服务和地质勘查业	(人)	5382	3678	5064	3465
水利、环境和公共设施管理业	(人)	7936	4651	7993	4754
居民服务和其他服务业	(人)	920	659	685	323
教育	(人)	53951	28652	50343	25125
卫生、社会保障和社会福利业	(人)	28366	17945	27169	17131
文化、体育和娱乐业	(人)	3902	2748	4162	3017
公共管理和社会组织	(人)	62177	36947	58969	34224

2-8 续表 1

项　　目		2016 年全市	市辖区	2015 年全市	市辖区
城镇私营和个体从业人员	（人）	1215795	592556	1205669	584678
年末城镇登记失业人员数	（人）	21468	14627	19705	12721
行政区域土地面积	（平方公里）	11346	2697	11346	2697
建成区面积	（平方公里）	342.74	262.67	279.12	216.64
城市建设用地面积	（平方公里）	324.91	253.92	270.50	214.44
居住用地面积	（平方公里）	110.05	79.18	92.99	69.80
公用设施用地面积	（平方公里）	9.92	8.46	10.71	7.40
工业用地面积	（平方公里）	83.62	65.15	51.40	39.23
二、综合经济					
（一）地区生产总值（当年价格）	（万元）	34121671	20842055	31400306	19627380
第一产业增加值	（万元）	1716618	456907	1515395	407920
第二产业增加值	（万元）	18375284	11895422	17261439	11481307
第三产业增加值	（万元）	14029768	8489726	12623472	7738153
地区生产总值 (2015 年价格）	（万元）	33983161	20937217	31400306	19627380
人均地区生产总值	（元）	71605	85251	66231	80779
地区生产总值增长率	（%）	8.2	6.7	9.0	6.5
单位 GDP 能耗	（吨标煤 / 万元）	0.575		0.601	
单位 GDP 能耗下降率	（%）	1.52		7.10	
（二）财政、金融、保险					
地方公共财政预算收入	（万元）	3613044	2758062	3400183	2569674
各项税收	（万元）	2197136	1725125	2115746	1620014
企业所得税	（万元）	259720	226124	178589	143823
个人所得税	（万元）	66283	54055	58061	47810
地方公共财政预算支出	（万元）	5090750	3324151	4860668	3163004
科学支出	（万元）	218192	197766	197946	178244
教育支出	（万元）	1019079	625063	949383	531590
医疗卫生支出	（万元）	802069	487047	578129	303589
人民币金融机构存款余额	（万元）	45447300	35365487	36125234	27619876
住户存款年末余额	（万元）	19452277	12793580	17175953	9262139
人民币年末金融机构贷款余额	（万元）	31551265	25755166	24643503	20213598

2-8 续表 2

项目		2016年全市	市辖区	2015年全市	市辖区
保费收入	(万元)	1160000		993039	
财产险	(万元)	364590		318839	
人身险	(万元)	795410		674200	
各类赔款	(万元)	321495		317445	
财产险	(万元)	159453		149480	
人身险	(万元)	162042		167965	
三、农业					
蔬菜产量	(万吨)	298.31	96.53	277.38	91.27
水果产量	(万吨)	77.37	7.52	72.91	7.54
肉类总产量	(万吨)	18.75	5.02	19.15	5.16
奶类产量	(吨)	12050	184	11458	210
水产品产量	(万吨)	17.15	6.85	16.70	6.74
四、工业					
工业企业数	(个)	2140	1117	1893	1064
内资企业	(个)	1261	556	1005	495
国有企业	(个)	10	1	11	1
私营企业	(个)	691	319	521	285
港、澳、台商投资企业	(个)	650	388	649	388
外商投资企业	(个)	229	173	239	181
工业总产值(当年价)	(万元)	76173423	51115189	70447292	50001210
内资企业	(万元)	31839076	17189756	27175392	15650958
国有企业	(万元)	218134	17038	203052	19591
私营企业	(万元)	11141915	4648988	7920033	3137203
港、澳、台商投资企业	(万元)	21601869	12912844	20688325	13338395
外商投资企业	(万元)	22732478	21012590	22583575	21011857
从业人员年平均人数	(万人)	86.73	62.43	82.34	60.26
流动资产合计	(万元)	29218152	24388213	24951738	20684932
固定资产合计	(万元)	17168494	12902730	15962761	12418147
主营业务收入	(万元)	73981502	49234137	69385432	49197949
主营业务税金及附加	(万元)	697444	621984	963461	899851

2-8 续表 3

项目		2016 年全市	市辖区	2015 年全市	市辖区
本年应交增值税	（万元）	1652110	1332372	2425103	1829637
利润总额	（万元）	4837202	2754139	3731316	2061078
民用汽车拥有量	（辆）	876193		643392	
私人汽车拥有量	（辆）	820089		592389	
公路客运量	（万人）	6422.13		6798.93	
公路货运量	（万吨）	10934.77		11016.50	
境内等级公路里程	（公里）	13522		13443	
境内高速公路里程	（公里）	650		588	
沿海港口货物吞吐量	（万吨）	5414		5250	
内河港口货物吞吐量	（万吨）	2243.57		1763.32	
水运货运量	（万吨）	12520.05		12419.41	
年末邮政局所数	（处）	164	97	164	97
邮政业务收入	（万元）	30522		29108	
电信业务收入	（万元）	609900		579562	
年末固定电话用户数	（万户）	101.9		108.59	
年末移动电话用户数	（万户）	697.23		669.09	
国际互联网用户数	（万户）	149.32		133.36	
全年用电量	（万千瓦时）	3234086	2129195	2906184	1861589
工业用电	（万千瓦时）	2257417	1517942	2028104	1321171
居民生活用电	（万千瓦时）	485305	295786	428346	252564
五、内外贸易、外经、旅游					
社会消费品零售总额	（万元）	12278804	7528510	10707243	6560979
限额以上批发和零售企业数（法人数）	（个）	630	322	524	297
零售业	（个）	336	195	278	180
货物进口额（海关数）	（万美元）	1072.26		1957879	
货物出口额（海关数）	（万美元）	1972.52		3477648	
外商直接投资					
外商直接投资项目（企业）个数	（个）	154	100	234	146
实际利用外商直接投资金额	（万美元）	114252	100631	110499	82967
国际旅游者	（万人）	227.52		220.55	

注：2016 年货物进、出口额单位为亿元。

2-8 续表 4

项　　目		2016 年全市	市辖区	2015 年全市	市辖区
外国人	（万人）	47.83		46.79	
港、澳、台同胞	（万人）	179.70		175.79	
旅游（外汇）收入	（万美元）	93637		88494	
六、固定资产投资					
固定资产投资总额	（万元）	20397056	11126176	18639306	11169986
房地产开发投资额	（万元）	7476324	4778439	6104497	4131850
住宅	（万元）	5973431	3674360	4829063	3175754
全年新增固定资产	（万元）	11483597	4216748	11898908	6355558
商品房屋销售面积	（万平方米）	1771.91	1195.70	1299.78	952.79
住宅	（万平方米）	1700.22	1139.34	1246.44	911.81
别墅、高档公寓	（万平方米）	90.33	38.01	58.30	22.83
商品房屋销售额	（万元）	14149978	10493377	8003806	5984417
住宅	（万元）	13371739	9843454	7583422	5638661
别墅、高档公寓	（万元）	924724	450911	490111	205386
商品房屋待售面积	（万平方米）	426.30	317.05	505.34	366.64
七、教育、科技、文化、卫生					
学校数					
普通高等学校	（所）	4		4	
中等职业教育学校	（所）	35		35	
普通中学	（所）	252	123	241	114
小 学	（所）	456	239	454	237
专任教师数					
普通高等学校	（人）	1926		1893	
中等职业教育学校	（人）	3342		3143	
普通中学	（人）	20076	10215	19532	9901
小 学	（人）	26253	13363	24970	12298
在校学生数					
普通高等学校	（人）	37322		34174	
高中阶段在校学生数	（人）	90261	52241	91082	51440
中等职业教育学校	（人）	81697		83870	

2-8 续表5

项　目		2016年全市	市辖区	2015年全市	市辖区
普通中学	（万人）	27.50	15.02	27.07	14.61
小学	（万人）	53.05	28.33	50.41	26.67
小学毕业生升学率	(%)	100.00	100.00	100.00	100.00
初中毕业生升学率	(%)	98.98		98.93	
专利申请量	（项）	26123	19892	21408	16018
专利授权量	（项）	9891	8452	9797	6991
剧场、影剧院数	（个）	42	29	5	2
公共图书馆图书总藏量	（千册、件）	1679	887	1767	1163
医院、卫生院数	（个）	144	62	145	63
医院、卫生院床位数	（张）	19383	11645	18937	11659
医生数（执业医师＋执业助理医师）	（人）	11283	7432	10458	6760
注册护士	（人）	12804	8481	11700	7727
八、人民生活、社会保障					
在岗职工平均人数	（万人）	92.49	67.84	89.52	65.26
在岗职工工资总额	（万元）	5990003	4525395	5246337	3961598
城镇居民可支配收入	（元）	33213		30057	
居民消费价格指数（上年为100)	(%)	101.9		101.9	
年末离休、退休、退职人员数	（万人）	11.01		10.29	
基本养老保险参保人数	（人）	2147049		2018933	
城镇职工基本医疗保险参保人数	（人）	1562028		1618333	
失业保险参保人数	（人）	1246426		1273875	
城乡居民最低生活保障人数	（人）	70491	18550	76845	21635
城镇		9681	3546	10721	4186
城镇新增就业人员	人	71685		75066	
九、社会治安					
交通事故死亡人数	（人）	289	164	107	64
交通事故损失额	（万元）	280.91	255.67	112.82	86.53
火灾事故死亡人数	（人）	3	1		
火灾事故损失额	（万元）	630.08	361.60	442.32	187.91
刑事案件立案数	（件）	38106	24165	47965	28219

2-8 续表6

项　　目		2016年全市	市辖区	2015年全市	市辖区
犯罪人数	(人)	10093	5663	15892	7984
青少年人数(年龄25周岁及以下)	(人)	3766	2419	6277	3467
十、市政公用事业					
城市维护建设资金支出	(万元)	1306989	508621	588272	489806
年末实有城市道路面积	(万平方米)	3335.84	2731.79	3538.25	2976.64
排水管道长度	(公里)	2826.04	2393.88	2885.55	2320.67
供水综合生产能力(包括自备水源)	(万立方米/日)	164.00	137.00	164.00	137.00
供水总量	(万吨)	36322	31349	34693	29341
居民家庭用水量	(万吨)	13868	11214	13310	10579
天然气供气总量	(万立方米)	15999	13963	11659	11659
液化石油气供气总量	(吨)	89820	59963	93419	68840
年末实有公共汽(电)车营运车辆数	(辆)	2955		2372	
全年公共汽(电)车客运总量	(万人次)	26582		25632	
年末实有出租汽车数	(辆)	2026		1970	
建成区绿化覆盖面积	(公顷)	13387	11294	11285	9299
建成区绿化覆盖率	(%)	39.06		40.43	
城市人均公园绿地面积	(平方米)	16.63		16.10	
森林覆盖率	(%)	62.42		62.34	
十一、环境保护					
工业废水排放量	(万吨)	6136.95		8594.65	
工业二氧化硫排放量	(吨)	17297		28683	
工业烟尘排放量	(吨)	14572		15715	
烟尘控制区总面积	(平方公里)	147.8		147.80	
自然保护区数	(个)	28		28	
自然保护区面积	(万公顷)	18.83		18.83	
城镇污水处理厂日处理能力	(万吨/日)	135.20		131.51	
可吸入颗粒物平均值	(mg/m^3)	0.045		0.050	
二氧化氮平均值	(mg/m^3)	0.024		0.021	
城市污水处理率	(%)	96.2		96.02	
生活垃圾无害化处理率	(%)	100	100	100	100

2-9 总户数（户籍）

单位：万户

项 目	2002年	2003年	2004年	2005年	2006年	2007年	2008年	2009年
全 市	71.80	73.83	76.86	79.04	81.44	84.36	87.06	90.19
惠城区	18.15	18.96	19.81	20.98	21.96	23.41	24.47	21.97
惠阳区	10.39	10.87	11.11	11.43	11.63	12.22	12.70	13.35
惠东县	14.96	15.27	16.63	17.12	17.96	18.38	18.85	19.33
博罗县	17.61	17.82	18.03	18.26	18.42	18.75	19.15	19.92
龙门县	8.65	8.84	8.98	8.94	9.11	9.21	9.43	9.59
大亚湾区	2.04	2.07	2.31	2.31	2.36	2.39	2.46	2.54
仲恺区	—	—	—	—	—	—	—	3.48

注：2011年惠城区、仲恺区区域人口进行调整，不可比；表中“—”表示仲恺区数据包含在惠城区内，下同。

2-9 续表

单位：万户

项 目	2010年	2011年	2012年	2013年	2014年	2015年	2016年	2016年比2015年增长（%）
全 市	94.57	95.60	97.86	96.56	98.51	98.82	100.78	2.0
惠城区	22.66	22.39	24.40	24.84	25.72	26.36	27.26	3.4
惠阳区	15.10	14.92	14.49	12.94	12.82	12.60	12.70	0.8
惠东县	19.75	20.02	19.86	19.71	19.77	19.53	19.70	0.9
博罗县	20.73	21.73	21.84	22.49	23.20	23.48	23.93	1.9
龙门县	10.01	10.37	11.15	10.50	10.74	10.47	10.53	0.6
大亚湾区	2.73	2.84	2.64	2.65	2.67	2.72	2.84	4.4
仲恺区	3.59	3.32	3.47	3.45	3.59	3.65	3.82	4.8

2-10 年末户籍总人口

单位：万人

项 目	2002年	2003年	2004年	2005年	2006年	2007年	2008年	2009年
全 市	283.02	286.36	293.23	297.58	306.41	312.89	318.84	324.36
惠城区	67.11	68.63	70.63	72.90	76.26	79.68	82.91	73.66
惠阳区	32.28	33.16	33.92	34.50	34.84	35.33	35.72	36.19
惠东县	69.70	69.84	73.10	73.70	77.57	78.35	79.41	80.42
博罗县	75.20	75.81	76.45	77.20	77.98	79.31	80.35	81.37
龙门县	31.77	31.97	32.10	32.20	32.59	32.95	33.13	33.55
大亚湾区	6.88	6.95	7.03	7.10	7.17	7.27	7.32	7.41
仲恺区	—	—	—	—	—	—	—	11.76

2-10 续表

单位：万人

项 目	2010年	2011年	2012年	2013年	2014年	2015年	2016年	2016年比2015年增长（%）
全 市	337.28	343.03	341.91	343.37	348.52	357.07	364.31	2.0
惠城区	76.25	79.98	80.78	82.19	84.41	86.99	90.46	4.0
惠阳区	37.46	37.85	37.17	36.61	36.81	37.26	38.02	2.0
惠东县	83.91	85.18	84.48	83.91	85.16	87.05	87.98	1.1
博罗县	84.77	85.18	84.33	85.36	86.10	88.38	89.92	1.7
龙门县	34.72	35.15	35.03	35.29	35.58	36.21	35.95	–0.7
大亚湾区	8.07	8.31	8.12	8.26	8.37	8.69	9.12	4.9
仲恺区	12.10	11.38	12.01	11.76	12.08	12.49	12.87	3.0

2-11 年末常住人口

单位：万人

项 目	2002年	2003年	2004年	2005年	2006年	2007年	2008年	2009年
全 市	343.41	352.27	363.18	370.69	387.51	402.86	418.65	435.08
惠城区	61.18	99.06	101.09	76.49	82.48	89.47	97.22	105.79
惠阳区	86.55	51.30	52.79	53.77	54.67	55.55	56.09	56.35
惠东县	74.98	76.64	78.47	79.51	83.81	84.97	86.28	87.31
博罗县	83.29	85.08	88.16	90.42	92.50	95.10	97.36	99.45
龙门县	28.15	29.66	30.66	31.38	31.70	31.90	31.71	31.38
大亚湾区	9.26	10.53	12.01	13.56	14.56	15.63	16.65	17.64
仲恺区	—	—	—	25.56	27.79	30.23	33.35	37.16

注：本表2005年全市、惠城区、惠阳区和大亚湾的统计口径有变，与往年不可比。

2-11 续表

单位：万人

项 目	2010年	2011年	2012年	2013年	2014年	2015年	2016年	2016年比2015年增长（%）
全 市	460.11	463.36	467.40	470.00	472.66	475.55	477.50	4.1
惠城区	116.58	117.45	118.49	118.75	119.08	120.01	120.05	0.3
惠阳区	57.28	57.68	58.50	58.75	59.06	59.56	59.86	5.0
惠东县	90.78	91.31	92.03	92.50	92.82	93.14	93.58	4.7
博罗县	103.91	104.65	105.33	105.75	106.28	106.75	107.19	4.1
龙门县	30.73	30.93	31.21	31.50	31.62	31.65	31.79	4.5
大亚湾区	19.27	19.44	19.56	19.90	20.35	20.58	20.85	13.0
仲恺区	41.56	41.90	42.28	42.85	43.45	43.86	44.19	7.5

2-12 人口自然增长率

单位：‰

项 目	2001年	2002年	2003年	2004年	2005年	2006年	2007年	2008年
全 市	5.39	4.88	5.08	5.24	5.36	5.55	5.58	6.04
惠城区	7.60	6.24	5.30	5.64	6.08	5.98	6.48	6.62
惠阳区	3.77	3.46	4.69	4.58	4.97	5.56	5.15	5.86
惠东县	5.68	4.92	4.66	4.59	4.43	4.40	4.57	4.97
博罗县	5.70	5.46	5.71	6.03	6.17	6.29	6.05	6.65
龙门县	4.13	4.19	4.39	4.57	4.38	5.29	5.02	5.82
大亚湾区	5.76	4.98	5.14	5.51	4.94	6.05	6.07	6.37
仲恺区	—	—	—	—	—	—	—	—

注：2014年之前为户籍人口自然增长，2014年（含）起，为常住人口自然增长。

2-12 续表

单位：‰

项 目	2009年	2010年	2011年	2012年	2013年	2014年	2015年	2016年
全 市	6.35	6.99	6.77	6.83	6.94	6.71	6.08	9.49
惠城区	6.84	7.56	7.44	7.67	7.13	7.73	7.05	10.03
惠阳区	6.51	7.35	6.88	6.63	6.88	7.18	6.28	10.75
惠东县	5.34	5.84	5.58	5.66	6.04	5.84	5.06	8.53
博罗县	6.77	7.41	7.12	7.63	7.89	6.03	5.60	8.63
龙门县	6.31	6.82	6.41	5.36	5.69	5.02	3.54	7.56
大亚湾区	6.44	7.62	7.85	8.01	8.47	6.95	7.70	12.31
仲恺区	—	7.24	8.02	8.12	8.07	8.28	7.81	10.84

2-13 地区生产总值

单位：亿元

项目	2001 年	2002 年	2003 年	2004 年	2005 年	2006 年	2007 年	2008 年
全市	478.95	526.57	586.46	686.45	803.92	928.92	1117.91	1304.05
惠城区	194.02	225.65	264.60	297.70	349.88	393.47	452.02	293.31
惠阳区	46.80	51.64	58.80	68.09	79.68	96.08	116.82	139.19
惠东县	93.63	100.30	106.96	122.90	135.23	152.11	178.58	201.17
博罗县	90.48	98.02	109.04	127.62	144.95	165.08	198.34	229.23
龙门县	18.58	20.63	23.72	27.35	32.37	36.79	44.42	52.67
大亚湾区	17.69	21.66	36.29	42.85	52.43	102.50	156.33	168.89
仲恺区	—	—	—	—	—	—	—	221.34

注：本表 2005 年全市、惠城区、惠阳区和大亚湾的统计口径有变，与往年不可比。

2-13　续表

单位：亿元

项目	2009 年	2010 年	2011 年	2012 年	2013 年	2014 年	2015 年	2016 年
全市	1414.82	1729.97	2094.94	2379.49	2705.13	3000.37	3140.03	3412.17
惠城区	295.88	337.26	396.47	433.23	502.54	560.08	601.35	649.48
惠阳区	154.27	184.16	220.88	255.27	290.44	335.12	380.43	416.52
惠东县	216.32	250.09	300.23	330.86	384.61	440.23	520.29	608.11
博罗县	250.68	291.18	343.20	396.03	444.44	501.05	547.12	613.62
龙门县	57.19	68.35	84.94	100.90	115.71	140.74	158.63	180.00
大亚湾区	212.78	344.55	406.41	445.11	468.03	468.46	414.79	437.84
仲恺区	232.48	254.75	337.38	431.01	530.88	550.14	566.17	580.36

2-14 地区生产总值增速

单位：%

项 目	2001 年	2002 年	2003 年	2004 年	2005 年	2006 年	2007 年	2008 年
全 市	9.5	10.7	12.2	15.1	15.9	16.8	17.6	11.6
惠城区	12.2	10.9	18.1	15.5	15.9	16.4	16.3	12.0
惠阳区	12.5	12.3	14.5	14.6	16.6	18.0	17.5	12.3
惠东县	7.5	9.7	7.2	12.5	10.3	14.2	15.3	12.5
博罗县	13.9	11.1	9.5	14.5	15.3	15.7	16.3	13.5
龙门县	5.6	6.1	10.7	12.5	17.6	14.8	17.0	15.3
大亚湾区	26.1	20.5	69.0	14.1	21.0	98.1	44.7	10.2
仲恺区	—	—	—	—	—	—	—	—

2-14 续表

单位：%

项 目	2009 年	2010 年	2011 年	2012 年	2013 年	2014 年	2015 年	2016 年
全 市	13.2	18.0	14.7	12.7	13.8	10.0	9.0	8.2
惠城区	13.4	14.4	13.9	12.5	12.6	10.5	9.0	7.5
惠阳区	13.5	15.4	16.5	14.1	14.5	14.0	13.5	8.7
惠东县	12.8	15.2	18.8	14.1	14.3	14.2	14.5	12.5
博罗县	14.7	15.3	16.1	13.6	12.5	14.1	14.1	11.9
龙门县	13.1	15.1	16.9	16.1	14.3	15.0	15.0	12.0
大亚湾区	23.0	29.7	11.1	10.6	11.1	1.0	2.7	5.8
仲恺区	9.7	14.7	19.6	17.9	21.7	6.4	2.7	5.0

2-15　第一产业增速

单位：%

项　目	2001 年	2002 年	2003 年	2004 年	2005 年	2006 年	2007 年	2008 年
全　市	7.3	4.7	0.4	4.2	5.4	2.4	4.5	4.3
惠城区	20.0	15.9	−6.8	5.2	4.4	6.8	−0.7	5.1
惠阳区	6.6	10.4	5.3	5.6	14.8	5.6	−0.2	3.8
惠东县	7.5	6.1	3.5	1.9	3.2	3.3	1.1	2.8
博罗县	6.8	6.1	10.1	0.2	1.6	6.7	5.5	5.6
龙门县	7.3	6.4	10.4	3.1	9.6	1.7	7.4	4.5
大亚湾区	34.0	9.5	3.4	−11.3	−3.9	−9.0	−4.4	−8.0
仲恺区	—	—	—	—	—	—	—	—

2-15　续表

单位：%

项　目	2009 年	2010 年	2011 年	2012 年	2013 年	2014 年	2015 年	2016 年
全　市	3.8	4.0	3.9	2.9	3.4	4.6	4.3	4.8
惠城区	5.4	4.3	4.3	2.6	3.1	4.5	3.9	3.7
惠阳区	3.5	1.9	2.7	3.6	4.7	4.1	6.0	3.0
惠东县	3.9	6.4	4.9	3.1	4.8	5.7	5.5	6.1
博罗县	3.8	4.8	5.9	3.3	2.9	4.5	3.1	3.4
龙门县	5.0	6.1	7.0	6.7	4.8	5.0	5.0	5.8
大亚湾区	2.3	−6.0	−12.3	0.0	0.3	−4.6	−5.7	0.4
仲恺区	4.8	6.4	−1.4	−2.8	−6.6	2.3	−4.2	2.0

注：2014 年起第一产业数据采用新口径

2-16 第二产业增速

单位：%

项 目	2001 年	2002 年	2003 年	2004 年	2005 年	2006 年	2007 年	2008 年
全 市	9.2	12.1	14.4	14.4	17.1	20.5	18.8	11.4
惠城区	14.7	18.9	19.4	14.8	15.2	16.2	14.8	11.1
惠阳区	18.0	16.0	17.0	11.1	12.8	19.0	17.4	12.4
惠东县	11.6	11.2	10.8	14.3	10.1	15.4	17.2	13.3
博罗县	12.5	13.2	9.7	10.1	14.6	17.9	16.6	12.8
龙门县	-0.1	7.8	12.1	14.4	20.3	22.6	27.0	18.1
大亚湾区	74.0	50.4	145.3	15.4	32.0	165.3	53.2	10.2
仲恺区	—	—	—	—	—	—	—	—

2-16 续表

单位：%

项 目	2009 年	2010 年	2011 年	2012 年	2013 年	2014 年	2015 年	2016 年
全 市	13.3	23.8	14.6	14.2	15.2	11.9	9.6	8.1
惠城区	3.9	19.1	12.1	12.3	12.7	13.4	9.7	6.9
惠阳区	14.8	16.2	18.5	17.5	17.7	15.7	15.7	10.5
惠东县	11.8	16.4	21.7	15.7	16.8	15.4	18.6	15.9
博罗县	17.3	25.2	16.5	17.3	12.5	21.6	20.7	16.0
龙门县	17.1	15.5	19.3	21.1	21.6	20.8	23.0	15.8
大亚湾区	29.1	34.7	11.4	11.3	10.5	0.2	1.2	5.0
仲恺区	9.5	15.3	20.6	22.1	27.8	3.5	1.3	3.5

注：2014 年起第二产业数据采用新口径。

2-17 第三产业增速

单位：%

项 目	2001 年	2002 年	2003 年	2004 年	2005 年	2006 年	2007 年	2008 年
全 市	11.4	10.8	13.2	21.2	17.4	14.5	18.5	13.5
惠城区	24.2	15.0	19.9	19.0	19.1	18.3	20.5	14.4
惠阳区	6.5	7.4	12.3	21.7	22.3	18.4	19.7	13.0
惠东县	5.5	10.0	3.7	16.4	16.1	19.1	19.9	15.7
博罗县	11.9	10.3	19.7	33.1	23.9	16.6	20.2	17.2
龙门县	9.7	4.2	9.6	21.0	22.4	18.5	14.8	19.3
大亚湾区	6.5	6.6	29.0	19.4	9.8	13.2	20.4	11.4
仲恺区	—	—	—	—	—	—	—	—

2-17 续表

单位：%

项 目	2009 年	2010 年	2011 年	2012 年	2013 年	2014 年	2015 年	2016 年
全 市	14.7	10.6	16.7	11.6	12.9	7.5	8.6	8.8
惠城区	20.1	12.5	15.5	13.2	13.0	9.2	8.9	8.0
惠阳区	12.8	15.7	15.8	11.0	11.3	12.6	11.0	7.2
惠东县	18.1	16.5	19.2	14.8	13.3	14.2	10.7	10.1
博罗县	14.8	5.8	18.6	11.1	14.9	5.5	5.7	7.8
龙门县	13.6	19.2	18.9	15.1	10.6	11.9	8.7	9.6
大亚湾区	-1.6	3.6	9.8	5.5	16.4	7.6	13.4	9.2
仲恺区	10.9	13.2	18.3	5.5	0.2	21.0	8.8	10.7

注：2014 年起第三产业数据采用新口径。

2-18 第二产业增加值比重

单位：%

项 目	2001年	2002年	2003年	2004年	2005年	2006年	2007年	2008年
全 市	57.8	58.2	58.6	57.1	56.7	58.0	57.2	56.8
惠城区	67.6	67.9	67.4	66.1	65.5	61.4	60.0	33.7
惠阳区	54.4	55.6	56.3	54.3	52.8	53.0	52.3	51.2
惠东县	49.7	49.9	50.8	50.6	51.1	52.7	53.2	54.1
博罗县	53.5	53.7	51.4	47.8	47.8	49.3	49.1	48.4
龙门县	29.2	30.7	31.1	31.6	32.0	33.0	33.7	36.8
大亚湾区	30.8	37.4	53.4	53.8	56.4	75.9	79.1	77.9
仲恺区	—	—	—	—	—	—	—	74.8

2-18 续表

单位：%

项 目	2009年	2010年	2011年	2012年	2013年	2014年	2015年	2016年
全 市	55.7	58.6	57.9	57.3	56.6	56.6	55.0	53.9
惠城区	33.2	34.2	33.8	31.4	31.1	31.4	29.3	28.6
惠阳区	50.5	51.3	51.9	52.0	51.3	52.1	52.3	52.0
惠东县	51.8	50.2	49.9	46.8	44.4	45.4	46.8	46.6
博罗县	48.4	52.0	51.6	51.7	50.2	52.9	54.1	54.5
龙门县	37.5	39.7	40.2	42.7	42.3	44.2	47.0	45.4
大亚湾区	81.6	87.9	87.7	87.5	85.7	84.8	80.5	78.9
仲恺区	74.1	74.8	75.6	76.8	80.6	79.1	77.6	76.1

注：2014年起第二产业数据采用新口径。

2-19　第三产业增加值比重

单位：%

项　目	2001年	2002年	2003年	2004年	2005年	2006年	2007年	2008年
全　市	28.6	29.0	29.8	31.6	34.0	34.6	35.8	36.3
惠城区	27.0	26.8	28.0	29.6	30.9	35.3	36.8	62.3
惠阳区	38.7	37.5	37.3	39.4	41.5	41.7	42.7	43.0
惠东县	27.3	27.7	27.1	28.1	30.0	30.7	32.1	34.1
博罗县	26.5	27.1	29.4	34.5	36.7	36.7	37.8	39.3
龙门县	34.2	34.8	35.5	36.1	38.5	40.6	39.7	41.1
大亚湾区	54.6	49.3	38.2	40.8	39.3	22.3	19.6	21.1
仲恺区	—	—	—	—	—	—	—	22.8

2-19　续表

单位：%

项　目	2009年	2010年	2011年	2012年	2013年	2014年	2015年	2016年
全　市	37.9	35.5	36.5	37.5	38.4	38.7	40.2	41.1
惠城区	62.7	61.8	62.3	64.9	65.5	65.4	67.5	68.0
惠阳区	44.2	43.8	43.7	43.7	44.6	44.1	44.1	44.2
惠东县	37.0	38.4	39.4	42.8	45.7	45.6	45.0	45.2
博罗县	40.5	37.3	37.8	38.5	40.3	38.5	37.5	37.0
龙门县	43.0	42.0	41.4	41.0	42.1	41.9	40.5	41.2
大亚湾区	17.6	11.6	11.9	12.1	13.9	14.8	19.1	20.8
仲恺区	23.5	22.8	22.6	21.7	18.3	19.8	21.3	22.8

注：2014年第三产业数据采用新口径。

2-20 人均GDP

单位：元

项 目	2001年	2002年	2003年	2004年	2005年	2006年	2007年	2008年
全 市	14590	15529	16860	19189	21909	24503	28288	31748
惠城区	23779	30097	26486	29748	34447	37064	39311	31422
惠阳区	14255	14865	10939	13083	14954	17720	21198	24936
惠东县	12913	13491	14109	15847	17120	18627	21161	23494
博罗县	11330	11885	12952	14733	16234	18049	21145	23821
龙门县	6783	7348	8208	9067	10436	11664	13968	16560
大亚湾区	23188	24851	36677	38017	41011	72902	103564	104642
仲恺区	—	—	—	—	—	—	—	69624

2-20 续表

单位：元

项 目	2009年	2010年	2011年	2012年	2013年	2014年	2015年	2016年
全 市	33144	38650	45371	51130	57716	63657	66231	71605
惠城区	29149	30333	33882	36724	42366	47099	50303	54110
惠阳区	27440	32414	38428	43945	49542	56892	64143	69757
惠东县	24923	28085	32976	36092	41685	47510	55957	65136
博罗县	25474	28637	32912	37720	42111	47262	51365	57364
龙门县	18129	22009	27551	32474	36902	44594	50144	56748
大亚湾区	124106	186698	209979	228261	237215	232777	202681	211366
仲恺区	65944	64722	80849	102402	124722	127495	129692	131825

2-21 人均GDP增速

单位：%

项 目	2001年	2002年	2003年	2004年	2005年	2006年	2007年	2008年
全 市	5.6	7.2	9.4	12.0	13.0	13.1	12.8	7.4
惠城区	6.7	9.2	16.9	14.3	14.2	11.3	7.4	2.9
惠阳区	7.7	7.5	12.9	13.0	13.9	16.0	15.6	10.9
惠东县	4.9	6.9	5.1	10.0	8.3	10.5	11.6	10.9
博罗县	10.5	7.5	10.0	11.3	11.9	12.9	13.4	10.7
龙门县	3.7	3.6	7.3	7.8	14.3	13.0	16.1	15.3
大亚湾区	13.2	5.5	48.8	0.2	6.6	80.1	34.8	3.1
仲恺区	—	—	—	—	—	—	—	—

2-21 续表

单位：%

项 目	2009年	2010年	2011年	2012年	2013年	2014年	2015年	2016年
全 市	8.9	12.5	11.2	11.8	13.0	9.4	8.4	7.7
惠城区	4.3	4.5	8.2	11.6	11.9	10.2	8.4	7.6
惠阳区	12.7	14.2	15.2	12.9	13.4	13.4	12.7	8.8
惠东县	11.3	12.3	16.2	13.3	13.6	13.7	14.1	16.4
博罗县	12.1	11.6	13.2	12.8	12.0	13.5	13.5	11.7
龙门县	14.0	22.4	17.7	15.2	13.3	14.2	14.7	11.5
大亚湾区	15.8	20.5	5.9	9.7	9.8	−1.0	1.1	4.5
仲恺区	−1.1	2.8	12.8	16.9	20.3	5.0	1.5	4.1

2-22 规模以上工业增加值

单位：亿元

项 目	2002年	2003年	2004年	2005年	2006年	2007年	2008年	2009年
全 市	190.95	233.37	255.43	315.32	404.16	502.52	545.56	576.59
惠城区	136.54	161.24	182.13	214.64	223.35	246.50	267.73	65.08
惠阳区	23.54	29.16	21.88	29.83	38.06	43.61	41.51	54.62
惠东县	4.00	6.92	6.98	11.41	12.35	17.39	19.43	23.62
博罗县	19.71	25.39	30.49	39.69	49.47	62.39	72.04	82.73
龙门县	1.22	1.67	1.78	2.64	3.65	6.83	10.66	11.19
大亚湾区	5.92	9.00	12.03	17.11	77.28	125.80	134.19	192.97
仲恺区	—	—	—	—	—	—	—	146.37

注：2003年以前数据为区划调整口径。

2-22 续表

单位：亿元

项 目	2010年	2011年	2012年	2013年	2014年	2015年	2016年	2016年比2015年增长（%）
全 市	786.38	1013.54	1173.97	1423.20	1475.02	1617.38	1763.69	8.7
惠城区	85.28	99.02	77.36	97.67	100.36	98.15	106.32	6.1
惠阳区	64.76	86.52	103.69	132.59	156.37	182.29	216.10	11.4
惠东县	32.67	57.87	89.75	112.19	135.20	175.47	206.53	19.1
博罗县	113.32	148.55	163.41	196.65	243.30	292.98	338.28	18.5
龙门县	15.43	21.60	29.35	39.43	54.55	65.59	71.44	18.8
大亚湾区	302.23	343.09	373.78	399.14	360.02	375.56	390.68	5.3
仲恺区	172.71	256.89	336.61	445.53	425.22	427.34	434.33	2.1

2-23 固定资产投资

单位：亿元

项 目	2002 年	2003 年	2004 年	2005 年	2006 年	2007 年	2008 年	2009 年
全 市	104.73	228.47	297.61	352.37	308.78	486.91	588.74	758.97
惠城区	40.35	62.43	82.50	104.31	126.60	170.49	219.73	307.94
惠阳区	14.49	17.57	19.48	24.69	38.83	62.09	83.41	100.90
惠东县	14.30	18.30	21.59	25.96	31.05	40.54	54.87	80.69
博罗县	15.76	17.66	22.54	28.60	38.96	55.23	70.07	91.35
龙门县	3.22	4.22	6.24	13.61	12.13	13.05	13.84	21.97
大亚湾区	16.61	108.29	145.26	155.21	61.21	145.49	146.83	156.11
仲恺区	—	—	—	—	—	—	—	—

2-23 续表

单位：亿元

项 目	2010 年	2011 年	2012 年	2013 年	2014 年	2015 年	2016 年	2016 年比 2015 年增长（%）
全 市	894.02	1025.21	1208.68	1401.30	1606.71	1863.93	2039.71	9.4
惠城区	324.53	363.46	403.63	404.52	398.06	355.35	266.49	-20.1
惠阳区	126.91	141.28	167.16	210.07	253.76	208.28	248.28	19.2
惠东县	116.04	143.42	163.69	193.23	222.05	292.38	382.54	23.5
博罗县	118.37	131.43	154.94	194.18	230.40	285.29	342.66	20.1
龙门县	30.97	52.13	75.33	95.17	130.76	169.27	201.89	19.3
大亚湾区	120.10	120.47	146.49	179.28	212.68	361.38	396.12	9.6
仲恺区	57.11	73.00	97.44	124.85	159.00	191.98	201.73	5.1

2-24 社会消费品零售总额

单位：亿元

项 目	2002年	2003年	2004年	2005年	2006年	2007年	2008年	2009年
全 市	161.85	184.65	213.15	251.51	298.41	356.06	426.76	491.10
惠城区	69.95	82.26	97.16	116.82	138.71	166.71	199.71	203.06
惠阳区	20.42	22.69	26.31	31.59	37.89	45.09	54.70	62.94
惠东县	37.52	41.35	45.48	51.09	59.28	69.67	83.46	95.76
博罗县	23.75	26.95	31.04	37.01	44.02	52.55	62.94	72.89
龙门县	7.06	7.74	8.66	10.25	12.23	14.41	17.20	19.68
大亚湾区	3.15	3.66	4.50	5.25	6.29	7.61	8.74	8.82
仲恺区	—	—	—	—	—	—	—	27.95

注：2003年以前数据为区划调整口径。

2-24 续表

单位：亿元

项 目	2010年	2011年	2012年	2013年	2014年	2015年	2016年	2016年比2015年增长（%）
全 市	582.53	684.72	754.15	857.91	968.70	1070.72	1227.88	12.3
惠城区	237.61	273.28	311.88	360.38	410.31	446.97	516.29	12.8
惠阳区	73.63	87.18	92.27	103.71	114.47	125.68	143.77	12.0
惠东县	113.64	134.64	146.91	165.79	188.58	214.33	247.48	12.8
博罗县	90.99	106.78	112.04	124.28	136.97	149.31	168.86	10.7
龙门县	22.10	30.36	34.61	39.69	45.59	51.39	58.70	11.8
大亚湾区	13.07	14.99	16.81	18.86	23.14	30.97	33.47	5.8
仲恺区	31.49	37.50	39.63	45.20	49.63	52.48	59.32	10.6

2-25 外贸出口额

单位：亿美元

项 目	2002年	2003年	2004年	2005年	2006年	2007年	2008年	2009年
全　市	58.90	71.46	87.39	106.55	122.77	146.06	179.89	171.49
惠城区	38.60	45.74	59.83	77.51	86.12	96.72	125.28	117.91
惠阳区	8.32	9.92	9.54	11.44	13.69	17.22	17.62	16.78
惠东县	3.50	5.66	7.02	5.81	6.74	9.23	11.19	9.83
博罗县	5.46	6.33	7.49	7.48	9.20	10.44	11.86	13.02
龙门县	0.33	0.38	0.44	0.37	0.34	0.38	0.39	0.42
大亚湾区	2.69	3.43	3.07	3.95	6.68	12.07	13.54	13.53
仲恺区	—	—	—	—	—	—	—	—

注：2003年以前数据为区划调整口径；2003年起统计口径有调整，与往年不可比；2010-2015年数据不含市直部分，2016年为人民币口径，单位为亿元。

2-25　续表

单位：亿美元

项 目	2010年	2011年	2012年	2013年	2014年	2015年	2016年	2016年比2015年增长（%）
全　市	202.33	231.22	292.05	333.21	363.31	347.76	1972.52	-8.7
惠城区	11.56	13.22	15.42	18.28	20.84	21.89	186.95	0.2
惠阳区	20.68	24.85	28.94	32.55	36.71	43.95	262.97	-7.8
惠东县	7.91	8.80	10.25	11.69	13.15	13.41	67.96	5.3
博罗县	16.40	21.71	27.00	29.73	22.42	23.89	154.49	0.3
龙门县	0.48	0.57	0.71	0.85	1.07	1.24	6.28	18.3
大亚湾区	18.42	20.28	22.10	24.36	25.59	25.84	107.81	-6.5
仲恺区	57.15	63.13	68.82	71.63	221.99	209.96	1186.07	-11.8

2-26 外贸进口额

单位：亿美元

项 目	2002年	2003年	2004年	2005年	2006年	2007年	2008年	2009年
全 市	58.90	71.46	87.39	83.66	89.54	95.07	117.56	120.92
惠城区	38.55	45.74	59.83	60.40	59.81	63.94	82.22	90.12
惠阳区	8.32	9.92	9.54	8.03	8.49	9.61	8.67	7.22
惠东县	3.55	5.66	7.02	3.52	2.85	3.91	5.26	4.00
博罗县	5.46	6.33	7.49	6.83	7.67	8.24	8.13	8.18
龙门县	0.33	0.38	0.44	0.25	0.29	0.22	0.23	0.29
大亚湾区	2.69	3.43	3.07	4.63	10.43	9.15	13.04	11.10
仲恺区	–	–	–	–	–	–	–	–

注：2003年以前数据为区划调整口径；2003年起统计口径有调整，与往年不可比；2010–2015年数据不含市直部分，2016年为人民币口径，单位为亿元。

2-26 续表

单位：亿美元

项 目	2010年	2011年	2012年	2013年	2014年	2015年	2016年	2016年比2015年增长（%）
全 市	140.02	156.91	202.96	240.72	230.81	195.79	1072.26	–11.8
惠城区	8.31	9.03	10.57	11.49	12.03	12.09	80.55	3.6
惠阳区	9.77	11.93	14.37	18.73	22.35	21.52	101.63	–23.4
惠东县	2.56	2.92	3.39	4.00	4.11	3.86	22.30	118.5
博罗县	11.02	11.96	13.22	13.83	8.98	9.07	57.36	3.1
龙门县	0.22	0.26	0.29	0.31	0.41	0.41	1.90	33.4
大亚湾区	13.12	14.24	15.70	16.64	17.07	12.77	63.10	–15.0
仲恺区	38.34	43.24	48.00	44.12	148.15	133.76	745.40	–13.5

2-27 实际利用外商直接投资

单位：亿美元

项 目	2002年	2003年	2004年	2005年	2006年	2007年	2008年	2009年
全 市	13.26	16.90	9.31	10.42	10.45	12.28	13.52	13.95
惠城区	5.75	5.24	2.77	3.78	5.15	5.61	5.93	5.95
惠阳区	1.66	1.90	1.29	0.95	1.33	1.63	1.99	2.10
惠东县	1.80	2.20	1.25	0.96	0.61	0.79	0.98	1.09
博罗县	2.42	2.76	1.10	0.96	1.19	1.59	1.74	1.81
龙门县	0.06	0.08	0.09	0.27	0.17	0.23	0.32	0.33
大亚湾区	1.57	4.72	2.81	3.50	2.00	2.43	2.57	2.66
仲恺区	—	—	—	—	—	—	—	—

注：2003年以前数据为区划调整口径；2003年起统计口径有调整，与往年不可比；2010年起县（区）数据不含市直部分。

2-27 续表

单位：亿美元

项 目	2010年	2011年	2012年	2013年	2014年	2015年	2016年	2016年比2015年增长（%）
全 市	14.38	15.68	17.28	18.34	19.66	11.05	11.43	3.4
惠城区	1.74	1.92	2.24	2.43	2.59	1.48	1.68	13.2
惠阳区	2.48	2.80	3.30	3.69	4.22	4.38	4.94	12.8
惠东县	1.17	1.31	1.52	1.67	1.77	0.78	0.27	-65.5
博罗县	2.26	2.50	2.92	3.16	3.33	1.20	0.81	-32.3
龙门县	0.34	0.39	0.43	0.46	0.49	0.22	0.28	24.6
大亚湾区	2.74	2.99	3.29	3.50	3.68	1.00	2.00	99.6
仲恺区	2.17	2.38	2.62	2.78	2.96	1.43	1.44	0.9

2-28　金融机构本外币存款余额

单位：亿元

项　目	2002年	2003年	2004年	2005年	2006年	2007年	2008年	2009年
全　市	524.18	615.61	710.72	823.96	986.42	1169.48	1336.93	1778.95
惠城区	289.20	339.80	384.48	427.53	520.04	624.98	704.09	921.29
惠阳区	77.31	80.64	96.02	114.21	134.96	158.34	182.35	218.96
惠东县	56.93	67.30	78.01	96.39	112.90	122.65	130.76	152.89
博罗县	68.96	83.98	101.89	125.53	142.32	167.31	188.81	218.60
龙门县	14.84	17.37	21.06	26.23	30.39	34.94	42.27	51.05
大亚湾区	16.94	26.52	29.27	34.07	45.80	61.25	88.66	216.15

注：2003年以前数据为区划调整口径。

2-28　续表

单位：亿元

项　目	2010年	2011年	2012年	2013年	2014年	2015年	2016年	2016年比2015年增长（%）
全　市	2090.14	2401.05	2696.97	3138.79	3394.60	3836.10	4974.48	29.7
惠城区	1107.03	1297.01	1455.45	1739.04	1982.69	2331.05	2993.55	28.4
惠阳区	275.94	303.70	320.78	372.50	375.82	426.56	575.87	35.0
惠东县	189.35	223.54	240.12	271.63	293.04	318.55	385.03	20.9
博罗县	254.15	294.58	342.30	393.32	443.62	430.97	513.88	19.2
龙门县	55.05	62.31	71.14	81.18	93.59	109.64	121.23	10.6
大亚湾区	208.63	219.91	267.18	281.13	205.85	219.33	384.92	75.5

2–29　金融机构本外币贷款余额

单位：亿元

项 目	2002 年	2003 年	2004 年	2005 年	2006 年	2007 年	2008 年	2009 年
全　市	275.85	347.05	378.23	409.44	481.85	679.74	752.10	1134.26
惠城区	184.06	250.26	281.99	265.64	300.10	456.48	489.69	694.55
惠阳区	32.48	33.75	23.83	25.57	28.51	42.51	52.68	86.39
惠东县	18.10	19.56	17.24	20.69	26.40	44.45	55.58	76.15
博罗县	25.38	25.76	26.19	30.49	37.52	50.57	59.54	75.66
龙门县	5.84	5.98	5.63	6.49	7.19	7.94	10.24	16.06
大亚湾区	9.99	11.74	23.35	60.57	82.12	77.79	84.38	185.46

注：2003 年以前数据为区划调整口径。

2–29　续表

单位：亿元

项 目	2010 年	2011 年	2012 年	2013 年	2014 年	2015 年	2016 年	2016 年比 2015 年增长（%）
全　市	1225.71	1439.09	1735.12	2036.92	2436.97	2701.60	3460.97	28.1
惠城区	769.60	949.93	1104.63	1308.54	1587.70	1724.21	2089.23	21.2
惠阳区	113.36	127.12	144.73	176.87	213.84	266.65	383.56	43.8
惠东县	89.72	107.64	121.90	144.78	166.98	172.72	227.31	31.6
博罗县	86.29	102.52	130.32	163.43	205.61	228.64	300.36	31.4
龙门县	18.40	19.28	23.31	29.56	38.63	43.26	52.56	21.5
大亚湾区	148.34	132.61	210.23	213.74	224.20	266.12	407.95	53.3

2-30 金融机构人民币存款余额

单位：亿元

项 目	2002年	2003年	2004年	2005年	2006年	2007年	2008年	2009年
全 市	479.01	571.91	665.13	781.78	946.71	1133.82	1304.59	1734.72
惠城区	244.03	296.10	338.89	401.80	495.22	601.84	684.12	891.17
惠阳区	77.31	80.64	96.02	106.62	128.24	153.14	177.27	213.32
惠东县	56.93	67.30	78.01	93.01	109.97	120.48	128.81	151.03
博罗县	68.96	83.98	101.89	122.48	139.45	164.65	185.96	215.64
龙门县	14.84	17.37	21.06	26.11	30.30	34.88	42.17	50.96
大亚湾区	16.94	26.52	29.27	31.75	43.52	58.83	86.26	212.60

注：2003年以前数据为区划调整口径，2015年起为住户存款余额，与2014年不可比。

2-30 续表

单位：亿元

项 目	2010年	2011年	2012年	2013年	2014年	2015年	2016年	2016年比2015年增长（%）
全 市	2041.19	2326.05	2507.55	2984.94	3149.55	3612.52	4544.73	25.8
惠城区	1072.49	1254.08	1347.21	1648.19	1804.06	2132.39	2630.15	23.3
惠阳区	270.67	297.63	314.91	365.18	369.10	419.27	563.82	34.5
惠东县	187.03	221.76	238.09	269.70	291.37	316.72	381.99	20.6
博罗县	250.98	291.97	336.25	386.05	405.74	424.43	505.09	19.0
龙门县	54.86	62.18	70.84	80.95	93.49	109.39	121.11	10.7
大亚湾区	205.16	198.42	200.25	234.87	185.78	210.33	342.58	62.9

2-31　城乡居民储蓄存款余额（人民币）

单位：亿元

项 目	2002 年	2003 年	2004 年	2005 年	2006 年	2007 年	2008 年	2009 年
全　市	319.11	379.55	447.28	522.21	607.23	647.61	771.66	867.49
惠城区	136.10	173.80	202.38	243.00	280.75	292.48	358.06	403.67
惠阳区	60.10	59.70	71.71	76.30	89.36	99.81	119.02	134.22
惠东县	48.40	56.80	65.49	76.60	88.68	91.47	105.27	118.98
博罗县	54.30	64.30	77.38	90.80	105.68	117.96	135.61	148.69
龙门县	12.00	13.90	16.78	20.20	23.34	24.61	29.06	33.90
大亚湾区	8.20	11.00	13.53	15.30	19.43	21.29	24.64	28.03

注：2003 年以前数据为区划调整口径，2015 年起为住户存款余额，与 2014 年不可比。

2-31　续表

单位：亿元

项 目	2010 年	2011 年	2012 年	2013 年	2014 年	2015 年	2016 年	2016 年比 2015 年增长（%）
全　市	1031.79	1174.34	1351.44	1533.96	1640.17	1717.60	1945.23	13.3
惠城区	471.23	531.29	610.12	692.05	743.70	783.33	869.91	11.1
惠阳区	164.78	188.02	208.34	236.32	252.63	263.24	316.84	20.4
惠东县	143.71	163.52	183.17	206.93	216.74	228.27	254.05	11.3
博罗县	177.50	206.40	237.31	271.18	290.33	299.87	337.14	12.4
龙门县	39.06	43.54	50.10	58.32	63.91	67.19	74.68	11.1
大亚湾区	35.51	41.57	62.42	69.15	72.86	75.69	92.60	22.3

2-32 金融机构人民币贷款余额

单位：亿元

项 目	2002年	2003年	2004年	2005年	2006年	2007年	2008年	2009年
全 市	265.38	313.82	347.81	372.42	440.76	563.25	659.89	924.94
惠城区	173.58	217.03	251.57	247.89	279.25	370.38	423.42	587.33
惠阳区	32.48	33.75	23.83	25.01	28.47	40.88	51.13	84.36
惠东县	18.10	19.56	17.24	20.68	26.40	44.45	55.58	75.89
博罗县	25.38	25.76	26.19	30.49	37.43	49.92	59.08	74.26
龙门县	5.84	5.98	5.63	6.49	7.19	7.94	10.24	16.06
大亚湾区	9.99	11.74	23.35	41.86	62.02	49.67	60.45	87.05

注：2003年以前数据为区划调整口径

2-32 续表

单位：亿元

项 目	2010年	2011年	2012年	2013年	2014年	2015年	2016年	2016年比2015年增长（%）
全 市	1097.66	1295.48	1501.02	1826.62	2176.80	2464.35	3155.13	28.0
惠城区	688.11	831.19	960.18	1151.44	1363.87	1520.61	1822.91	19.9
惠阳区	110.31	125.05	143.26	175.56	212.37	265.92	382.77	43.9
惠东县	89.26	107.31	121.76	144.64	166.75	172.63	227.23	31.6
博罗县	85.73	102.15	123.73	162.99	203.91	227.10	299.82	32.0
龙门县	18.40	19.28	23.31	29.56	38.63	43.26	52.56	21.5
大亚湾区	105.84	110.49	128.79	162.44	191.28	234.82	369.84	57.5

2-33　地方一般公共财政预算收入

单位：亿元

项 目	2002 年	2003 年	2004 年	2005 年	2006 年	2007 年	2008 年	2009 年
全　市	19.72	24.12	25.42	34.72	44.44	62.06	78.06	101.56
惠城区	11.55	13.54	13.51	20.01	24.64	33.95	41.12	56.08
惠阳区	2.24	2.67	2.76	3.61	5.14	7.66	9.49	11.71
惠东县	1.48	1.73	2.00	2.66	3.39	4.61	6.11	7.60
博罗县	2.50	2.91	3.06	4.23	5.60	7.53	10.01	12.37
龙门县	0.50	0.60	0.75	1.03	1.30	1.71	2.37	2.93
大亚湾区	1.45	2.67	3.34	3.18	4.34	6.57	8.93	10.83
仲恺区	—	—	—	—	—	—	—	—

注：2003 年以前数据为区划调整口径。

2-33　续表

单位：亿元

项 目	2010 年	2011 年	2012 年	2013 年	2014 年	2015 年	2016 年	2016 年比 2015 年增长（%）
全　市	131.22	162.83	200.88	250.17	300.75	340.02	361.29	10.0
惠城区	67.93	83.77	102.21	121.09	137.72	153.85	154.65	5.8
惠阳区	14.79	18.10	21.75	27.91	34.92	40.07	44.84	18.0
惠东县	10.26	13.43	17.20	23.26	30.23	34.72	36.78	11.7
博罗县	15.01	18.36	22.03	27.33	33.92	37.36	40.63	13.6
龙门县	4.12	5.14	6.06	7.72	10.01	10.98	8.09	–23.7
大亚湾区	14.09	17.45	22.40	29.81	36.97	42.57	47.04	21.1
仲恺区	4.97	6.59	9.23	13.06	16.98	20.47	29.25	12.0

2-34 地方一般公共财政预算支出

单位：亿元

项 目	2002年	2003年	2004年	2005年	2006年	2007年	2008年	2009年
全 市	33.00	38.78	45.94	52.40	66.03	86.05	106.29	134.75
惠城区	15.49	18.66	21.41	24.35	31.26	39.12	48.29	62.65
惠阳区	5.02	4.65	5.26	5.80	7.83	10.82	12.86	15.01
惠东县	3.60	4.45	5.30	6.89	8.23	11.47	14.72	17.87
博罗县	4.85	5.70	7.32	8.28	10.14	12.16	15.35	20.65
龙门县	2.24	2.40	2.80	3.41	4.20	5.59	6.63	7.64
大亚湾区	1.78	2.89	3.82	3.64	4.34	6.87	8.45	10.89
仲恺区	—	—	—	—	—	—	—	—

注：2003年以前数据为区划调整口径。

2-34 续表

单位：亿元

项 目	2010年	2011年	2012年	2013年	2014年	2015年	2016年	2016年比2015年增长（%）
全 市	185.43	227.21	274.08	328.29	372.97	486.07	509.25	4.8
惠城区	89.33	97.69	113.31	140.53	146.60	182.60	192.44	5.3
惠阳区	19.37	23.89	27.28	34.58	39.52	51.60	57.59	11.6
惠东县	21.93	28.07	34.33	41.40	52.82	65.44	70.49	7.9
博罗县	24.38	30.05	35.83	42.35	51.64	73.98	76.98	4.1
龙门县	10.21	16.83	16.33	18.07	21.34	30.35	29.19	-3.7
大亚湾区	16.88	23.79	36.81	37.36	41.85	49.86	52.51	5.4
仲恺区	3.30	6.88	10.20	14.00	19.21	32.25	30.06	-6.7

2-35　税收总收入

单位：亿元

项目	2002 年	2003 年	2004 年	2005 年	2006 年	2007 年	2008 年	2009 年
全　市	76.00	95.61	114.71	142.05	174.92	231.77	290.24	348.42
惠城区	34.20	42.53	49.81	56.60	64.41	79.60	96.58	113.69
惠阳区	5.00	5.58	5.94	7.30	9.86	14.72	17.54	19.39
惠东县	3.30	5.48	5.38	7.10	7.90	10.50	13.21	13.06
博罗县	11.00	7.70	9.41	11.50	13.97	16.85	19.98	20.42
龙门县	1.00	1.08	1.30	1.60	2.07	3.28	4.37	4.73
大亚湾区	21.50	33.23	42.87	57.90	76.71	106.80	138.53	173.97
仲恺区	—	—	—	—	—	—	—	—

2-35　续表

单位：亿元

项目	2010 年	2011 年	2012 年	2013 年	2014 年	2015 年	2016 年	2016 年比 2015 年增长（%）
全　市	466.79	574.31	704.26	728.69	763.15	754.43	834.17	19.7
惠城区	138.85	169.43	213.91	162.64	159.65	161.34	181.80	25.5
惠阳区	24.12	30.71	37.15	45.38	51.19	60.72	78.19	50.0
惠东县	18.09	26.68	34.33	38.48	47.81	48.77	50.62	21.7
博罗县	24.85	30.92	37.29	45.60	50.45	54.30	61.74	29.8
龙门县	6.71	8.33	7.75	9.36	14.74	12.59	10.05	-10.2
大亚湾区	249.00	301.51	366.78	326.31	320.20	274.91	286.94	10.0
仲恺区	—	—	70.02	92.29	109.89	126.37	147.91	20.3

2-36 国税收入

单位：亿元

项 目	2002年	2003年	2004年	2005年	2006年	2007年	2008年	2009年
全 市	59.31	73.44	86.66	107.35	133.98	176.94	221.22	266.43
惠城区	23.29	31.17	35.50	38.86	42.09	50.49	60.33	72.66
惠阳区	4.30	2.90	2.85	3.48	4.68	6.33	7.78	8.82
惠东县	2.07	3.97	3.52	4.81	5.01	6.76	8.44	7.48
博罗县	9.28	5.55	6.78	8.06	9.56	11.02	12.50	11.81
龙门县	0.60	0.64	0.79	0.90	1.12	1.86	2.52	2.41
大亚湾区	19.78	29.20	37.22	51.24	71.52	100.45	129.63	160.09
仲恺区	–	–	–	–	–	–	–	–

注：2003年以前数据为区划调整口径

2-36 续表

单位：亿元

项 目	2010年	2011年	2012年	2013年	2014年	2015年	2016年	2016年比2015年增长（%）
全 市	362.77	437.92	529.52	522.63	542.64	517.33	609.28	17.8
惠城区	88.13	103.29	129.27	88.98	89.65	91.76	118.43	28.9
惠阳区	10.94	13.85	16.05	20.32	25.27	31.53	42.85	35.9
惠东县	10.67	15.94	18.52	16.71	22.04	21.24	26.02	22.5
博罗县	13.96	16.83	19.42	22.95	25.59	28.89	37.92	31.2
龙门县	3.77	4.56	3.88	4.22	7.83	6.16	5.80	–5.9
大亚湾区	230.13	276.72	335.32	288.29	275.10	219.47	237.11	8.0
仲恺区	–	–	55.03	72.52	87.94	102.83	124.22	20.8

2-37 地方税收

单位：亿元

项 目	2002年	2003年	2004年	2005年	2006年	2007年	2008年	2009年
全 市	16.69	22.17	28.05	34.70	40.94	54.83	69.02	81.98
惠城区	8.50	11.36	14.31	17.90	22.31	29.10	36.25	41.02
惠阳区	3.16	2.68	3.09	3.77	5.18	8.38	9.76	10.57
惠东县	1.20	1.51	1.86	2.29	2.89	3.73	4.77	5.58
博罗县	1.76	2.15	2.63	3.45	4.41	5.82	7.47	8.60
龙门县	0.40	0.44	0.51	0.66	0.95	1.42	1.85	2.32
大亚湾区	1.67	4.03	5.65	6.63	5.19	6.35	8.89	13.87
仲恺区	—	—	—	—	—	—	—	—

2-37 续表

单位：亿元

项 目	2010年	2011年	2012年	2013年	2014年	2015年	2016年	2016年比2015年增长（%）
全 市	104.02	136.40	174.75	206.06	220.51	237.10	224.89	25.5
惠城区	43.82	54.77	69.64	73.66	69.99	69.58	63.37	19.5
惠阳区	13.17	16.86	21.10	25.06	25.92	29.19	35.34	71.6
惠东县	7.41	10.75	15.81	21.76	25.78	27.52	24.60	20.9
博罗县	10.89	14.09	17.87	22.65	24.86	25.40	23.81	27.6
龙门县	2.94	3.77	3.87	5.14	6.91	6.42	4.25	-15.5
大亚湾区	18.87	24.78	31.46	38.02	45.10	55.44	49.83	20.3
仲恺区	6.89	11.37	15.01	19.77	21.95	23.53	23.69	17.9

2-38 在岗职工年平均工资收入

单位：元

项 目	2002 年	2003 年	2004 年	2005 年	2006 年	2007 年	2008 年	2009 年
全 市	11318	13265	14439	16017	17760	19644	22727	25786
惠城区	13315	15246	16512	18317	19612	21580	24623	30756
惠阳区	10383	10904	11691	12904	15446	16825	20404	23837
惠东县	10320	11238	12394	13982	15235	17433	19858	22678
博罗县	9422	11074	12064	13857	15557	17893	20615	23538
龙门县	8943	9980	10747	11312	13569	17163	19518	21601
大亚湾区	14569	17864	19345	21490	22553	23894	25863	29231
仲恺区	—	—	—	—	—	—	—	23700

注：2003 年以前数据为区划调整口径

2-38 续表

单位：元

项 目	2010 年	2011 年	2012 年	2013 年	2014 年	2015 年	2016 年	2016 年比 2015 年增长（%）
全 市	29599	35719	41506	47126	53576	58607	64766	10.5
惠城区	34563	40766	47545	53966	60553	70409	76206	8.2
惠阳区	26946	33038	39810	43718	50064	52848	60274	14.1
惠东县	26238	30591	35201	40946	46483	52103	57611	10.6
博罗县	26902	31162	35723	41978	48002	54259	60931	12.3
龙门县	24508	28581	31850	36001	40982	46931	54476	16.1
大亚湾区	32972	41629	48822	50972	58225	62414	70653	13.2
仲恺区	28477	35524	40208	47474	54554	57562	61245	6.4

2-39 农民人均纯收入

单位：元

项 目	2002年	2003年	2004年	2005年	2006年	2007年	2008年	2009年
全 市	3903	4054	4370	4698	5090	5695	6626	7583
惠城区	4792	4282	4559	4978	5389	6307	7425	8541
惠阳区	3866	4371	4653	5120	5636	6365	7250	8323
惠东县	3975	4107	4327	4621	4933	5383	6332	7231
博罗县	3948	4067	4279	4610	5041	5755	6721	7682
龙门县	3282	3300	3453	3763	4120	4381	5118	5805
大亚湾区	3748	4113	4360	4720	5319	6255	6816	7791
仲恺区	—	—	—	—	—	—	—	—

2-39 续表

单位：元

项 目	2010年	2011年	2012年	2013年	2014年	2015年	2016年	2016年比2015年增长（%）
全 市	9077	10938	12415	14029	14364	15830	17603	11.2
惠城区	9976	12056	13636	15464	14890	16379	18324	11.9
惠阳区	10914	13001	14886	16747	15302	16863	18931	12.3
惠东县	9005	10907	12151	13791	14527	15994	17707	10.7
博罗县	8929	10671	12269	13864	14284	15741	17355	10.3
龙门县	7034	8596	9911	11220	12380	13853	15685	13.2
大亚湾区	9319	11257	13035	14635	15013	16515	18595	12.6
仲恺区	10961	13208	14980	16793	15581	17201	19057	10.8

注：2014年（含）起，统计口径调整为农村常住居民人均可支配收入。

2-40 居民可支配收入

单位：元

项 目	全体居民			
	2014 年	2015 年	2016 年	2016 年比 2015 年增长（%）
全 市	22902	25220	28061	11.3
惠城区	29611	32530	36377	11.8
惠阳区	25240	27757	31020	11.8
惠东县	17042	18817	20851	10.8
博罗县	18113	20021	22206	10.9
龙门县	13113	14901	16971	13.9
大亚湾区	26653	29383	33203	13.0
仲恺区	25401	27991	30853	10.2

2-40 续表

单位：元

项 目	城镇常住居民			
	2014 年	2015 年	2016 年	2016 年比 2015 年增长（%）
全 市	27300	30057	33213	10.5
惠城区	34329	37679	41442	10.0
惠阳区	29243	32108	35426	10.3
惠东县	19368	21402	23559	10.1
博罗县	22802	25241	27858	10.4
龙门县	14880	17037	19192	12.6
大亚湾区	28035	30895	34382	11.3
仲恺区	27571	30356	33350	9.9

惠州统计年鉴－2017

HUIZHOU STATISTICAL YEARBOOK

三、基本单位

3-1　法人和产业活动单位数（2012-2016）

单位：个

名　称	2012年		2013年		2014年	
	法人单位数	产业单位数	法人单位数	产业单位数	法人单位数	产业单位数
总　计	42934	52261	46845	56428	54337	64892
一、按地区分						
惠城区	15490	17734	15727	18354	16934	19499
惠阳区	6701	8088	6992	8057	9315	10631
惠东县	6696	8941	8955	10977	9653	11558
博罗县	6694	8412	7695	9756	9358	11854
龙门县	1718	2745	1715	2701	2346	3516
大亚湾区	2436	2841	2310	2605	2642	3122
仲恺区	3199	3500	3451	3978	4089	4712
二、按注册类型分						
内资企业	38864	47766	43947	53188	50967	61147
国有企业	3520	6710	3247	6312	3423	6870
集体企业	1468	2380	1343	2528	1468	2800
股份合作企业	216	354	138	260	165	307
联营企业	106	172	169	249	188	283
有限责任公司	4277	5213	6797	7724	7682	8645
股份有限公司	558	1322	518	1217	610	1370
私营企业	24752	26905	19930	22095	24981	27413
其他企业	3967	4710	11805	12803	12450	13459
港、澳、台商投资企业	3215	3437	2327	2483	2707	2868
合资经营企业（港或澳、台资）	332	408	257	287	292	318
合作经营企业（港或澳、台资）	233	243	86	91	107	114
港、澳、台商独资经营企业	2551	2670	1886	1998	2185	2302
港、澳、台商投资股份有限公司	74	91	69	76	86	94
其他港、澳、台商投资	25	25	29	31	37	40
外商投资企业	855	1058	571	757	663	877
中外合资经营企业	183	230	115	161	132	187

3-1 续表 1 单位：个

名　　称	2012 年		2013 年		2014 年	
	法人单位数	产业单位数	法人单位数	产业单位数	法人单位数	产业单位数
中外合作经营企业	60	60	35	39	39	44
外资企业	587	736	370	478	437	563
外商投资股份有限公司	24	30	30	47	33	50
其他外商投资	1	2	21	32	22	33
三、按行业分						
第一产业	1166	1268	726	794	1116	1186
第二产业	14494	15230	12794	13688	15448	16368
采矿业	199	206	138	148	179	185
制造业	11205	11348	9842	10022	11694	11863
电力、燃气及水的生产和供应业	362	451	312	466	362	518
建筑业	2728	3225	2502	3052	3213	3802
第三产业	27273	35763	33325	41946	37773	47338
批发和零售业	8326	11072	8252	10857	9892	12752
交通运输、仓储和邮政业	755	1093	766	1146	873	1293
住宿和餐饮业	703	834	586	771	738	934
信息传输、软件和信息技术服务业	1034	1442	602	966	714	1118
金融业	352	1301	147	1059	207	1183
房地产业	4646	4988	3675	4022	4706	5086
租赁和商务服务业	3834	4268	11579	11951	12179	12774
科学研究和技术服务业	1075	1350	1128	1457	1152	1513
水利、环境和公共设施管理业	425	585	383	514	436	585
居民服务、修理和其他服务业	636	744	452	514	607	681
教育	1444	1954	1610	1946	1735	2119
卫生和社会工作	359	1218	395	1506	415	1616
文化、体育和娱乐业	347	473	649	783	758	906
公共管理、社会保障和社会组织	3338	4441	3101	4454	3361	4778

名　称	2015 年		2016 年	
	法人单位数	产业单位数	法人单位数	产业单位数
总　计	56520	67172	71900	83105
一、按地区分				
惠城区	17670	20285	20942	23598
惠阳区	9723	11040	12156	13607
惠东县	10130	12054	13205	15333
博罗县	9509	12009	12892	15464
龙门县	2609	3807	2950	4226
大亚湾区	2682	3161	3469	3970
仲恺区	4197	4816	6286	6907
二、按注册类型分				
内资企业	53089	63364	68162	78981
国有企业	3426	6874	3440	6891
集体企业	1466	2805	1461	2808
股份合作企业	171	314	186	328
联营企业	187	282	190	284
有限责任公司	8209	9209	15961	17070
股份有限公司	664	1423	794	1562
私营企业	26347	28827	32477	35343
其他企业	12619	13630	13653	14695
港、澳、台商投资企业	2756	2923	2947	3118
合资经营企业(港或澳、台资)	295	324	300	330
合作经营企业(港或澳、台资)	107	116	109	118
港、澳、台商独资经营企业	2228	2347	2412	2534
港、澳、台商投资股份有限公司	89	97	87	95
其他港、澳、台商投资	37	39	39	41
外商投资企业	675	885	791	1006
中外合资经营企业	138	193	138	196

3-1 续表 3 单位：个

名　　称	2015 年		2016 年	
	法人单位数	产业单位数	法人单位数	产业单位数
中外合作经营企业	35	38	35	38
外资企业	445	571	480	609
外商投资股份有限公司	34	51	107	123
其他外商投资	23	32	31	40
三、按行业分				
第一产业	1298	1369	1934	2006
第二产业	16130	17063	21604	22593
采矿业	182	186	199	206
制造业	12216	12397	16575	16784
电力、燃气及水的生产和供应业	375	531	421	582
建筑业	3357	3949	4409	5021
第三产业	39092	48740	48362	58506
批发和零售业	10407	13297	15649	18711
交通运输、仓储和邮政业	915	1353	1155	1602
住宿和餐饮业	806	1012	1126	1345
信息传输、软件和信息技术服务业	787	1192	1216	1637
金融业	226	1202	308	1318
房地产业	4857	5243	5742	6215
租赁和商务服务业	12433	13039	13600	14338
科学研究和技术服务业	1197	1563	1440	1815
水利、环境和公共设施管理业	451	603	517	675
居民服务、修理和其他服务业	660	732	884	961
教育	1763	2149	1890	2278
卫生和社会工作	426	1628	447	1652
文化、体育和娱乐业	793	940	920	1066
公共管理、社会保障和社会组织	3371	4787	3468	4893

3-2　全市法人单位及从业人数（2012-2016）

单位：个、人

名　称	2012年		2013年		2014年	
	单位数	从业人员	单位数	从业人员	单位数	从业人员
总　计	42934	1574431	46845	1640425	54337	1821302
一、按地区分						
惠城区	15490	397169	15727	425965	16934	421294
惠阳区	6701	267496	6992	258902	9315	318167
惠东县	6696	205267	8955	198869	9653	208134
博罗县	6694	284657	7695	324927	9358	366473
龙门县	1718	38938	1715	42053	2346	49198
大亚湾区	2436	138793	2310	134934	2642	156226
仲恺区	3199	242111	3451	254775	4089	301810
二、按行业分						
第一产业	1166	17366	726	13137	1116	16951
第二产业	14494	1088775	12794	1069161	15448	1214682
采矿业	199	3878	138	3806	179	4547
制造业	11205	1017472	9842	998547	11694	1136590
电力、燃气及水的生产和供应业	362	14388	312	10782	362	13096
建筑业	2728	53037	2502	56026	3213	60449
第三产业	27274	468290	33325	558127	37773	589669
批发和零售业	8326	82033	8252	106822	9892	113732
交通运输、仓储和邮政业	755	26360	766	33595	873	34399
住宿和餐饮业	703	35224	586	29921	738	31240
信息传输、软件和信息技术服务业	1034	11818	602	10431	714	12074
金融业	352	17747	147	17606	207	18374
房地产业	4646	50132	3675	62133	4706	66366
租赁和商务服务业	3834	33720	11579	69854	12179	75338
科学研究和技术服务业	1075	11744	1128	15238	1152	16004
水利、环境和公共设施管理业	425	7803	383	10575	436	8902
居民服务、修理和其他服务业	636	9549	452	6567	607	8684
教育	1444	70359	1610	72064	1735	74923
卫生和社会工作	359	22994	395	28217	415	28756
文化、体育和娱乐业	347	9503	649	10037	758	11481
公共管理、社会保障和社会组织	3338	79304	3101	85067	3361	89396

名　称	2015年		2016年	
	单位数	从业人员	单位数	从业人员
总　计	56520	1846717	71900	2061863
一、按地区分				
惠城区	17670	403118	20942	431618
惠阳区	9723	317794	12156	363569
惠东县	10130	223234	13205	255106
博罗县	9509	385402	12892	424727
龙门县	2609	51204	2950	55624
大亚湾区	2682	165771	3469	178623
仲恺区	4197	300194	6286	352596
二、按行业分				
第一产业	1298	18247	1934	23043
第二产业	16130	1225553	21604	1375005
采矿业	182	4570	199	4982
制造业	12216	1159340	16575	1298825
电力、燃气及水的生产和供应业	375	13198	421	14579
建筑业	3357	48445	4409	56619
第三产业	39092	602917	48362	663815
批发和零售业	10407	118381	15649	147969
交通运输、仓储和邮政业	915	34366	1155	34485
住宿和餐饮业	806	31733	1126	36763
信息传输、软件和信息技术服务业	787	12905	1216	15182
金融业	226	18480	308	19738
房地产业	4857	67906	5742	77016
租赁和商务服务业	12433	76998	13600	85630
科学研究和技术服务业	1197	16376	1440	18593
水利、环境和公共设施管理业	451	9537	517	9055
居民服务、修理和其他服务业	660	8981	884	11074
教育	1763	75832	1890	77994
卫生和社会工作	426	29158	447	28337
文化、体育和娱乐业	793	12315	920	13156
公共管理、社会保障和社会组织	3371	89949	3468	88823

3-3 全市企业法人单位及从业人数（2012-2016）

单位：个、人

名 称	2012年		2013年		2014年	
	单位数	从业人员	单位数	从业人员	单位数	从业人员
总 计	35932	1375709	32968	1402906	39945	1572002
一、按地区分						
惠城区	12954	331426	12056	347490	13203	338844
惠阳区	5999	243407	5119	227375	7332	284189
惠东县	5655	161273	5394	158809	6054	166705
博罗县	5382	249399	4880	272622	6388	313191
龙门县	1146	26049	1044	26683	1602	33296
大亚湾区	2200	131040	1811	126202	2119	147032
仲恺区	2596	233115	2664	243725	3247	288745
二、按行业分						
第一产业	918	14059	535	10762	841	13377
第二产业	14484	1088153	12791	1069061	15442	1214457
采矿业	199	3878	138	3806	179	4547
制造业	11205	1017472	9842	998547	11694	1136590
电力、燃气及水的生产和供应业	352	13766	309	10682	356	12871
建筑业	2728	53037	2502	56026	3213	60449
第三产业	20530	273497	19642	323083	23662	344168
批发和零售业	8323	81949	8251	106816	9892	113732
交通运输、仓储和邮政业	714	24497	727	31207	828	32313
住宿和餐饮业	682	34569	582	29548	729	30700
信息传输、软件和信息技术服务业	982	11495	589	9744	702	11270
金融业	332	17321	143	17221	199	18013
房地产业	4593	49668	3608	60839	4621	65344
租赁和商务服务业	2909	25363	3497	35818	4073	36210
科学研究和技术服务业	824	7853	831	9982	874	10772
水利、环境和公共设施管理业	280	3502	269	3599	318	3951
居民服务、修理和其他服务业	528	8221	428	6149	573	7936
教育	138	1763	125	2966	155	3242
卫生和社会工作	45	1339	48	1697	61	1975
文化、体育和娱乐业	180	5957	544	7497	637	8710

单位：个、人

名　　称	2015年		2016年	
	单位数	从业人员	单位数	从业人员
总　计	42262	1598176	57276	1813194
一、按地区分				
惠城区	14008	320972	17257	351431
惠阳区	7755	284369	10166	331005
惠东县	6506	180573	9455	210756
博罗县	6595	332744	9839	371246
龙门县	1869	35376	2171	39521
大亚湾区	2163	156635	2945	169406
仲恺区	3366	287507	5443	339829
二、按行业分				
第一产业	999	14452	1397	17596
第二产业	16125	1225345	21596	1374768
采矿业	182	4570	199	4982
制造业	12216	1159340	16573	1298813
电力、燃气及水的生产和供应业	370	12990	415	14354
建筑业	3357	48445	4409	56619
第三产业	25138	358379	34283	420830
批发和零售业	10407	118381	15635	147906
交通运输、仓储和邮政业	880	32418	1121	32680
住宿和餐饮业	799	31219	1117	36238
信息传输、软件和信息技术服务业	777	12271	1206	14548
金融业	222	18143	305	19407
房地产业	4819	67161	5706	76312
租赁和商务服务业	4393	38227	5603	46740
科学研究和技术服务业	943	11630	1180	13751
水利、环境和公共设施管理业	334	4543	400	5229
居民服务、修理和其他服务业	635	8272	857	10369
教育	176	3248	272	3840
卫生和社会工作	73	3417	83	3560
文化、体育和娱乐业	680	9449	798	10250

3-4 全市机关和事业单位及从业人数（2012-2016）

单位：个、人

名 称	2012年		2013年		2014年	
	单位数	从业人员	单位数	从业人员	单位数	从业人员
总 计	2603	143347	2798	151958	2889	152736
一、按地区分						
惠城区	885	41385	840	52287	839	51129
惠阳区	302	16570	273	20468	276	20947
惠东县	412	36486	675	25939	670	26085
博罗县	492	26698	374	28266	418	28074
龙门县	258	10996	311	12089	327	12250
大亚湾区	115	6032	198	6880	209	7093
仲恺区	139	5180	127	6029	150	7158
二、按行业分						
第一产业	113	1594	53	807	67	1026
第二产业	6	564	1	84	2	162
电力、燃气及水的生产和供应业	6	564	1	84	2	162
第三产业	2484	141189	2744	151067	2820	151548
交通运输、仓储和邮政业	20	1712	36	1981	37	2003
住宿和餐饮业	1	40	1	289	2	299
信息传输、软件和信息技术服务业	3	53	11	678	10	789
金融业	1	305	1	298	1	263
房地产业	6	174	36	1050	33	705
租赁和商务服务业	103	2896	89	2945	95	2955
科学研究和技术服务业	202	3351	221	4108	225	4395
水利、环境和公共设施管理业	135	4155	107	6803	112	4896
居民服务、修理和其他服务业	15	504	12	333	11	327
教育	675	46360	745	42096	774	42989
卫生和社会工作	227	19852	205	23825	208	24013
文化、体育和娱乐业	81	2395	74	2087	78	2086
公共管理、社会保障和社会组织	1015	59392	1206	64574	1234	65828

3-4 续表 单位：个、人

<table>
<tr><td rowspan="2">名　　称</td><td colspan="2">2015 年</td><td colspan="2">2016 年</td></tr>
<tr><td>单位数</td><td>从业人员</td><td>单位数</td><td>从业人员</td></tr>
<tr><td>**总 计**</td><td>2868</td><td>152845</td><td>2874</td><td>149294</td></tr>
<tr><td>**一、按地区分**</td><td></td><td></td><td></td><td></td></tr>
<tr><td>惠城区</td><td>836</td><td>51267</td><td>833</td><td>48884</td></tr>
<tr><td>惠阳区</td><td>272</td><td>20203</td><td>271</td><td>18997</td></tr>
<tr><td>惠东县</td><td>669</td><td>26728</td><td>672</td><td>27047</td></tr>
<tr><td>博罗县</td><td>413</td><td>28011</td><td>417</td><td>27679</td></tr>
<tr><td>龙门县</td><td>321</td><td>12151</td><td>322</td><td>12140</td></tr>
<tr><td>大亚湾区</td><td>209</td><td>7093</td><td>211</td><td>7160</td></tr>
<tr><td>仲恺区</td><td>148</td><td>7392</td><td>148</td><td>7387</td></tr>
<tr><td>**二、按行业分**</td><td></td><td></td><td></td><td></td></tr>
<tr><td>第一产业</td><td>66</td><td>1011</td><td>45</td><td>778</td></tr>
<tr><td>第二产业</td><td>2</td><td>162</td><td>2</td><td>162</td></tr>
<tr><td>电力、燃气及水的生产和供应业</td><td>2</td><td>162</td><td>2</td><td>162</td></tr>
<tr><td>第三产业</td><td>2800</td><td>151672</td><td>2827</td><td>148354</td></tr>
<tr><td>交通运输、仓储和邮政业</td><td>34</td><td>1941</td><td>33</td><td>1798</td></tr>
<tr><td>住宿和餐饮业</td><td>2</td><td>299</td><td>2</td><td>299</td></tr>
<tr><td>信息传输、软件和信息技术服务业</td><td>9</td><td>624</td><td>9</td><td>624</td></tr>
<tr><td>金融业</td><td>3</td><td>331</td><td>1</td><td>263</td></tr>
<tr><td>房地产业</td><td>32</td><td>690</td><td>30</td><td>649</td></tr>
<tr><td>租赁和商务服务业</td><td>79</td><td>2827</td><td>81</td><td>2873</td></tr>
<tr><td>科学研究和技术服务业</td><td>223</td><td>4356</td><td>220</td><td>4340</td></tr>
<tr><td>水利、环境和公共设施管理业</td><td>113</td><td>4946</td><td>113</td><td>3778</td></tr>
<tr><td>居民服务、修理和其他服务业</td><td>10</td><td>322</td><td>11</td><td>324</td></tr>
<tr><td>教育</td><td>773</td><td>43295</td><td>776</td><td>43623</td></tr>
<tr><td>卫生和社会工作</td><td>211</td><td>23619</td><td>217</td><td>22561</td></tr>
<tr><td>文化、体育和娱乐业</td><td>76</td><td>2084</td><td>76</td><td>2112</td></tr>
<tr><td>公共管理、社会保障和社会组织</td><td>1235</td><td>66338</td><td>1258</td><td>65110</td></tr>
</table>

3-5 各县区法人单位综合情况

（2016年）　　单位：个

指标名称	全市	惠城区	惠阳区	惠东县	博罗县	龙门县	大亚湾区	仲恺区
总　计	71900	20942	12156	13205	12892	2950	3469	6286
一、按注册类型分								
内资企业	68160	20278	11221	12898	12035	2800	3290	5640
国有企业	3440	959	366	742	529	438	262	144
集体企业	1461	257	96	156	734	99	59	60
股份合作企业	186	81	11	21	43	12	4	14
联营企业	190	36	29	15	59	19	5	27
有限责任公司	15959	5192	1583	1923	3783	723	516	2241
股份有限公司	794	338	49	119	160	36	10	82
私营企业	32477	10215	7331	5846	3903	849	2066	2267
其他企业	13653	3200	1756	4076	2824	624	368	805
港、澳、台商投资企业	2947	456	789	280	695	144	114	469
合资经营企业（港或澳、台资）	300	52	49	31	59	17	26	66
合作经营企业（港或澳、台资）	109	21	12	20	29	11	3	13
港、澳、台商独资经营企业	2412	367	716	196	587	84	83	379
港、澳、台商投资股份有限公司	87	9	10	21	13	22	2	10
其他港、澳、台商投资	39	7	2	12	7	10		1
外商投资企业	791	208	146	27	162	6	65	177
中外合资经营企业	138	36	23	5	24	1	17	32
中外合作经营企业	35	16	2	3	5	1	2	6
外资企业	480	94	97	16	112	3	35	123
外商投资股份有限公司	107	52	22	0	12	1	10	10
其他外商投资	31	10	2	3	9		1	6
二、按机构类型分								
企业	57276	17257	10166	9455	9839	2171	2945	5443
事业单位	2290	673	200	565	326	247	157	122
机关	584	160	71	107	91	75	54	26

（2016 年） 单位：个

指标名称	全市	惠城区	惠阳区	惠东县	博罗县	龙门县	大亚湾区	仲恺区
社会团体	788	326	66	147	113	105	18	13
民办非企业单位	1003	393	184	107	194	29	21	75
基金会	5	5						
居委会	220	65	23	38	37	30	13	14
村委会	1082	142	45	244	331	173	37	110
农民专业合作社	291	17	22	115	67	33	3	34
其他组织机构	8361	1904	1379	2427	1894	87	221	449
三、按行业分								
第一产业	1934	275	214	629	375	346	33	62
第二产业	21604	4312	4860	2498	5098	668	960	3208
采矿业	199	18	15	40	39	83	2	2
制造业	16575	2500	3735	1949	4609	358	446	2978
电力、燃气及水的生产和供应业	421	37	18	162	71	91	22	20
建筑业	4409	1757	1092	347	379	136	490	208
第三产业	48362	16355	7082	10078	7419	1936	2476	3016
批发和零售业	15649	5923	2136	3453	2014	452	571	1100
交通运输、仓储和邮政业	1155	372	141	112	173	75	144	138
住宿和餐饮业	1126	298	152	319	144	133	37	43
信息传输、软件和信息技术服务业	1216	674	106	182	93	12	31	118
金融业	308	188	23	33	30	5	10	19
房地产业	5742	1499	1453	889	837	181	616	267
租赁和商务服务业	13600	4478	1941	3123	2428	283	612	735
科学研究和技术服务业	1440	565	124	306	222	67	51	105
水利、环境和公共设施管理业	517	117	81	103	122	43	17	34
居民服务、修理和其他服务业	884	328	136	169	142	34	52	23
教育	1890	582	343	350	323	104	63	125
卫生和社会工作	447	176	46	67	88	34	14	22
文化、体育和娱乐业	920	237	149	193	138	59	48	96
公共管理、社会保障和社会组织	3468	918	251	779	665	454	210	191

四、人　口

4-1 人口主要指标

（2016年）

指标名称		惠州市	惠城区	惠阳区	惠东县	博罗县	龙门县	大亚湾区	仲恺区
常住人口	（万人）	477.50	120.05	59.86	93.58	107.19	31.79	20.85	44.19
城镇人口比例	（%）	69.05	82.80	75.59	57.16	56.75	43.00	94.59	84.52
人口密度	（人/平方公里）	421	1038	653	265	375	140	712	1335
户籍人口情况									
年末总户数	（万户）	100.78	27.26	12.70	19.70	23.93	10.53	2.84	3.82
年末总人口	（万人）	364.31	90.46	38.02	87.98	89.92	35.95	9.12	12.87
男	（万人）	184.28	45.23	19.16	45.12	45.56	18.14	4.55	6.51
女	（万人）	180.03	45.22	18.86	42.86	44.36	17.81	4.56	6.35
城镇人口	（万人）	196.73	70.20	21.63	32.52	41.65	13.64	8.53	8.55
乡村人口	（万人）	167.58	20.26	16.39	55.46	48.27	22.31	0.59	4.31
人口变动情况									
年内出生人数	（万人）	7.22	2.07	0.83	1.42	1.77	0.69	0.19	0.25
年内死亡人数	（万人）	1.87	0.21	0.14	0.29	0.39	0.75	0.03	0.05
年内迁入人数	（万人）	6.34	3.36	0.53	0.40	0.91	0.34	0.42	0.38
年内迁出人数	（万人）	4.25	1.75	0.34	0.57	0.75	0.48	0.14	0.21
2016年平均人口	（万人）	360.69	88.72	37.64	87.52	89.15	36.08	8.90	12.68
出生率	（‰）	13.65	13.90	15.04	12.97	13.66	12.88	14.44	12.85
死亡率	（‰）	4.16	3.88	4.29	4.44	5.03	5.32	2.14	2.01
自然增长率	（‰）	9.49	10.03	10.75	8.53	8.63	7.56	12.31	10.84

注：本表数据由公安、卫计等部门协助提供。

4-2 历年户籍总人口

单位：万人

年 份	总人口	按性别分		按农业、非农业分		人口密度（人／平方公里）
		男	女	非农业人口	农业人口	
1994	251.16	127.65	123.51	75.35	175.81	229
1995	255.90	130.12	125.78	80.61	175.29	237
1996	260.08	132.22	127.86	85.23	174.85	244
1997	266.53	135.43	131.10	89.80	176.73	253
1998	270.00	137.34	132.66	92.81	177.19	261
1999	271.82	138.47	133.35	94.18	177.64	270
2000	277.80	141.60	136.20	98.40	179.40	279
2001	280.45	142.96	137.49	100.57	179.88	289
2002	283.02	144.29	138.73	109.02	174.00	299
2003	286.36	146.14	140.22	111.86	174.50	307
2004	293.22	149.88	143.34	114.27	178.95	315
2005	297.58	152.29	145.29	166.53	131.05	323
2006	306.41	156.54	149.87	170.86	135.55	334
2007	312.89	195.98	153.31	183.35	129.54	348
2008	318.83	162.49	156.34	186.17	132.67	362
2009	324.36	165.09	159.27	187.07	137.29	376
2010	337.28	171.36	165.92	199.02	138.26	395
2011	343.03	173.98	169.05	203.50	139.53	408
2012	341.91	173.41	168.50	203.91	138.00	412
2013	343.37	174.26	169.11	204.45	138.92	414
2014	348.52	176.77	171.75	207.62	140.90	417
2015	357.07	180.97	176.10	177.87	179.21	419
2016	364.31	184.28	180.03	196.73	167.58	421

注：1、本表数据按公安年报整理，人口密度为常住人口密度；
　　2、2015 年（含）起，“按农业、非农业分”改为“按城镇、乡村分”。

4-3 暂住人口及分类情况

（2016 年） 单位：人

指标名称	惠州市	惠城区	惠阳区	惠东县	博罗县	龙门县	大亚湾区	仲恺区
暂住人口	1570582	379617	300314	173092	281025	5207	253777	177550
#男	937964	222430	176017	89372	189467	3851	165558	91269
女	632618	157187	124297	83720	91558	1356	88219	86281
#省内	549325	157571	108557	60859	85869	2712	76833	56924
#乡村	291257	84303	62846	25182	53200	1366	31805	32555
城镇	258068	73268	45711	35677	32669	1346	45028	24369
#省外	1021257	222046	191757	112233	195156	2495	176944	120626
#乡村	603665	128313	118432	56292	132637	1486	88671	77834
城镇	417592	93733	73325	55941	62519	1009	88273	42792
#务　工	1065762	291252	168559	135357	221600	3751	151752	93491
录（聘）用	71131	1099	9494	946		8	57886	1698
投资经商	113390	31238	25218	8689	25000	152	8210	14883
务　农	69737	1658	12598	2471	12000	493	12085	28432
服　务	91612	6134	25276	10046	19000	41	7054	24061
就　读	58550	2913	30178	7220	2000	73	7510	8656
随迁学龄前子女	52050	31452	6711	5263	1425	36	975	6188
治病疗养	3895	920	178	2347			450	
投靠亲属	20616	11052	6795	426		36	2241	66
探亲访友	9731	1666	5161	327		233	2344	
其　他	14108	233	10146			384	3270	75

注：本表数据按公安年报整理。

4-4　分县区户籍人口迁移状况

（2016 年）　　单位：人、‰

县、区别	迁　入		迁　出		总 迁 移		净 迁 移	
	迁入人数	迁入率	迁出人数	迁出率	总迁移人数	总迁移率	净迁移人数	净迁移率
惠州市	63426	17.58	42466	11.78	105892	29.36	20960	5.80
惠城区	33628	37.87	17547	19.72	51175	57.59	16081	18.15
惠阳区	5303	14.08	3417	9.03	8720	23.11	1886	5.05
惠东县	3975	4.57	5666	6.51	9641	11.08	−1691	−1.94
博罗县	9092	10.21	7501	8.41	16593	18.62	1591	1.80
龙门县	3413	9.42	4827	13.30	8240	22.72	−1414	−3.88
大亚湾区	4208	47.14	1449	15.71	5657	62.85	2759	31.43
仲恺区	3807	29.97	2059	16.56	5866	46.53	1748	13.41

注：本表数据按公安年报整理。

4-5 历年户籍人口迁移状况

单位：人、‰

年份	迁入		迁出		总迁移		净迁移	
	迁入人数	迁入率	迁出人数	迁出率	总迁移人数	总迁移率	净迁移人数	净迁移率
1990	52821	23.60	37432	16.72	90253	40.32	15389	6.88
1991	85740	37.36	50778	22.12	136518	59.48	34962	15.24
1992	45349	19.20	25564	10.83	70913	30.03	19785	8.37
1993	70576	29.10	37589	15.50	108165	44.60	32987	13.60
1994	77142	31.05	52754	21.23	129896	52.28	24388	9.82
1995	63156	24.91	44926	17.72	108082	42.63	18230	7.19
1996	50509	19.58	39017	15.12	89526	34.70	11492	4.46
1997	74632	28.34	40192	15.26	114824	43.60	34440	13.08
1998	54263	20.23	43523	16.22	97786	36.45	10740	4.00
1999	38644	14.26	38877	14.35	77521	28.61	-233	-0.09
2000	73196	26.60	46168	16.80	119364	43.40	27028	9.80
2001	47139	16.90	37468	13.40	84787	30.20	9851	3.50
2002	45066	16.00	33480	11.88	78546	27.88	1390	0.49
2003	59182	20.97	41189	14.60	100371	35.57	17993	6.38
2004	61825	21.33	35503	12.25	97328	33.59	26322	9.08
2005	82839	28.04	56816	19.23	2033	47.28	1977	8.81
2006	136490	45.20	74329	24.61	210819	69.81	62161	20.58
2007	91349	29.50	45573	14.72	136922	44.22	45776	14.78
2008	86255	27.30	47227	14.95	133482	42.26	39028	12.35
2009	74641	23.21	45844	14.26	120485	37.46	28797	8.95
2010	70238	21.23	34799	10.52	105037	31.75	35439	10.71
2011	78544	23.09	47037	13.83	125581	36.92	31507	9.26
2012	57072	16.66	63809	18.63	120881	35.30	-6737	-1.97
2013	59128	17.26	80501	23.49	139629	40.75	-21373	-6.24
2014	61612	17.81	38854	11.23	100466	29.04	22758	6.58
2015	44176	12.52	36654	10.39	80830	22.91	7522	2.13
2016	63426	17.58	42466	11.78	105892	29.36	20960	5.80

注：本表数据按公安年报整理。

4-6 历年常住人口

单位：万人

年 份	惠州市	惠城区	惠阳区	惠东县	博罗县	龙门县	大亚湾区	仲恺区
1990	231.25	27.74	50.55	59.04	65.82	28.10		
1991	239.01	30.01	53.48	60.34	67.14	28.04		
1992	247.02	32.44	56.53	61.61	68.35	28.09		
1993	255.31	35.05	55.43	62.83	69.74	27.70	4.56	
1994	263.87	37.85	58.45	64.16	71.00	27.78	4.63	
1995	272.72	40.84	61.58	65.41	72.45	27.47	4.97	
1996	281.87	44.04	64.84	66.64	73.48	27.53	5.34	
1997	291.32	47.46	68.23	67.84	74.67	27.37	5.75	
1998	301.09	51.12	71.76	69.03	75.83	27.19	6.16	
1999	311.19	55.01	75.41	70.19	76.96	27.01	6.61	
2000	321.80	59.31	79.24	71.31	78.05	26.80	7.09	
2001	334.77	60.95	82.28	73.71	81.66	28.00	8.17	
2002	343.41	61.18	86.55	74.98	83.29	28.15	9.26	
2003	352.27	99.06	51.30	76.64	85.08	29.66	10.53	
2004	363.18	101.09	52.79	78.47	88.16	30.66	12.01	
2005	370.69	76.49	53.77	79.51	90.42	31.38	13.56	25.56
2006	387.51	82.48	54.67	83.81	92.50	31.70	14.56	27.79
2007	402.86	89.47	55.55	84.97	95.10	31.90	15.63	30.23
2008	418.65	97.22	56.09	86.28	97.36	31.71	16.65	33.35
2009	435.08	105.79	56.35	87.31	99.45	31.38	17.64	37.16
2010	460.11	116.58	57.28	90.78	103.91	30.73	19.27	41.56
2011	463.36	117.45	57.68	91.31	104.65	30.93	19.44	41.90
2012	467.40	118.49	58.50	92.03	105.33	31.21	19.56	42.28
2013	470.00	118.75	58.75	92.50	105.75	31.50	19.90	42.85
2014	472.66	119.08	59.06	92.82	106.28	31.62	20.35	43.45
2015	475.55	120.01	59.56	93.14	106.75	31.65	20.58	43.86
2016	477.50	120.05	59.86	93.58	107.19	31.79	20.85	44.19

注：本表常住人口数为统计部门推算数，2006-2009 年数据根据第六次全国人口普查结果进行平滑调整。

4-7 历年暂住人口

单位：万人

年 份	惠州市	惠城区	惠阳区	惠东县	博罗县	龙门县	大亚湾区	仲恺区
1997	33.63	10.58	12.52	4.17	5.12	0.40	0.84	–
1998	41.73	13.53	17.14	5.53	4.21	0.55	0.77	–
1999	37.24	12.28	14.60	4.75	3.89	0.32	1.39	–
2000	46.72	13.10	19.85	5.53	6.20	0.47	1.57	–
2001	53.28	14.69	22.01	7.21	7.10	0.58	1.68	–
2002	50.71	12.26	22.75	7.03	7.22	0.49	0.97	–
2003	54.47	12.61	23.34	6.22	8.97	0.57	2.77	–
2004	68.35	28.18	15.85	7.39	10.74	0.62	5.57	–
2005	71.76	25.24	17.74	7.35	17.08	0.61	3.75	–
2006	72.61	22.90	17.45	15.11	11.73	0.51	4.91	–
2007	79.62	23.06	19.07	16.44	14.62	0.34	6.10	–
2008	76.03	24.24	12.12	17.02	14.18	0.39	8.07	–
2009	53.87	16.09	10.66	12.21	8.49	0.24	6.18	–
2010	49.22	16.49	9.56	10.07	6.52	0.39	6.19	–
2011	48.74	13.72	16.26	6.74	5.19	0.37	6.46	–
2012	82.92	30.38	11.60	13.34	12.03	0.39	6.53	8.66
2013	94.77	37.96	11.80	11.34	13.27	0.33	11.41	8.66
2014	89.92	33.85	12.07	9.30	13.59	0.38	11.71	9.03
2015	89.95	30.01	11.89	12.84	14.02	0.37	13.45	7.37
2016	157.06	37.96	30.03	17.31	28.10	0.52	25.38	17.76

注：本表数据按公安年报整理。

4-8 历年总户数（户籍）

单位：万户

年　份	惠州市	惠城区	惠阳区	惠东县	博罗县	龙门县	大亚湾区	仲恺区
1995	59.56	9.46	12.05	12.76	16.14	7.60	1.55	–
2000	69.32	17.14	9.95	14.51	17.15	8.58	1.99	–
2001	70.58	11.32	15.76	14.89	17.93	8.67	2.00	–
2002	71.80	11.81	16.22	14.96	18.13	8.66	2.04	–
2003	73.83	18.96	10.87	15.27	17.82	8.84	2.07	–
2004	76.86	19.81	11.78	16.63	18.03	8.98	1.64	–
2005	79.04	20.98	11.43	17.12	18.26	8.94	2.31	–
2006	81.44	21.96	11.63	17.96	18.42	9.11	2.36	–
2007	84.36	23.41	12.22	18.38	18.75	9.21	2.39	–
2008	87.06	24.47	12.70	18.85	19.15	9.43	2.46	–
2009	90.19	21.97	13.35	19.33	19.92	9.59	2.54	3.48
2010	94.57	22.66	15.10	19.75	20.73	10.01	2.73	3.59
2011	95.60	22.40	14.90	20.00	21.70	10.40	2.80	3.30
2012	97.80	24.50	14.49	19.86	21.84	11.15	2.60	3.37
2013	96.56	24.84	12.94	19.70	22.49	10.50	2.65	3.44
2014	98.51	25.72	12.82	19.77	23.20	10.74	2.67	3.59
2015	98.82	26.36	12.60	19.53	23.48	10.47	2.72	3.65
2016	100.78	27.26	12.70	19.70	23.93	10.53	2.84	3.82

注：2011 年惠城区、仲恺区区域人口进行调整，不可比；表中“－”表示仲恺区数据包含在惠城区内，下同。

4-9 历年人口自然增长

单位：‰

年　份	惠州市	惠城区	惠阳区	惠东县	博罗县	龙门县	大亚湾区	仲恺区
1995	13.93	13.03	14.35	14.15	13.98	13.33	14.94	–
2000	5.93	7.65	4.86	5.87	6.34	4.52	5.27	–
2001	5.39	7.60	3.77	5.68	5.70	4.13	5.76	–
2002	4.89	6.24	3.46	4.92	5.46	4.19	4.98	–
2003	5.08	5.30	4.69	4.66	5.71	4.39	5.14	–
2004	5.88	5.33	3.96	6.92	6.89	4.65	4.81	–
2005	5.36	6.08	4.97	4.43	6.17	4.38	4.94	–
2006	5.55	5.98	5.56	4.40	6.29	5.29	6.05	–
2007	5.58	6.48	5.15	4.57	6.05	5.02	6.07	–
2008	6.04	6.62	5.86	4.97	6.65	5.82	6.37	–
2009	6.35	6.84	6.51	5.34	6.77	6.31	6.44	–
2010	6.99	7.56	7.35	5.84	7.41	6.82	7.62	7.24
2011	6.77	7.44	6.88	5.58	7.12	6.41	7.85	8.02
2012	6.83	7.67	6.63	5.66	7.63	5.36	8.01	8.12
2013	6.93	7.13	6.88	6.04	7.89	5.69	8.47	8.08
2014	6.71	7.73	7.18	5.84	6.03	5.02	6.95	8.28
2015	6.08	7.05	6.28	5.06	5.60	3.54	7.70	7.81
2016	9.49	10.03	10.75	8.53	8.63	7.56	12.31	10.84

注：1、本表数据按卫计年报整理；
　　2、2014 年之前，本表数据为“户籍人口自然增长”；2014 年（含）起，为“常住人口自然增长”。

4-10 分县区城镇人口占常住人口的比例

单位：%

年 份	惠州市	惠城区	惠阳区	惠东县	博罗县	龙门县	大亚湾区	仲恺区
2010	61.84	77.08	71.38	52.09	45.45	29.57	89.39	79.36
2011	62.19	77.20	71.40	52.19	46.30	30.76	89.50	79.45
2012	63.90	78.20	72.40	53.19	50.07	33.88	89.71	80.05
2013	66.00	81.01	74.69	54.42	52.12	36.06	92.46	81.45
2014	67.00	82.15	75.47	55.09	53.04	38.24	92.51	82.53
2015	68.15	82.50	75.54	56.15	55.67	40.32	92.71	82.95
2016	69.05	82.80	75.59	57.16	56.75	43.00	94.59	84.52

惠州统计年鉴－2017

HUIZHOU STATISTICAL YEARBOOK

五、劳动工资

5-1　分县区单位从业人员及劳动报酬

（2016 年）　　单位：人、万元、元

项　目	总计	惠城区	惠阳区	惠东县	博罗县	龙门县	大亚湾区	仲恺区
单位从业人员（人）	960917	201552	166400	65455	157673	25542	129283	215012
# 女性	411271	96174	69711	28657	71323	11040	44806	89560
# 在岗职工	927396	175660	165516	64071	155386	24886	128691	213186
其他从业人员	33521	25892	884	1384	2287	656	592	1826
单位从业人员平均人数（人）	957875	202740	164007	65012	160463	25094	128920	211639
# 在岗职工平均人数	924873	177488	162798	63785	158123	24537	128214	209928
其他从业人员平均人数	33002	25252	1209	1227	2340	557	706	1711
单位从业人员工资总额（万元）	6148118	1460922	989723	371925	974617	135534	917968	1297429
# 在岗职工工资总额	5990003	1352571	981242	367474	963466	133668	905873	1285709
其他从业人员工资总额	158115	108351	8481	4452	11150	1866	12095	11721
单位从业人员平均工资（元）	64185	72059	60346	57209	60738	54011	71204	61304
# 在岗职工平均工资	64766	76206	60274	57611	60931	54476	70653	61245
其他从业人员平均工资	47911	42908	70151	36280	47650	33504	171310	68501

5-2 分县区单位从业人员及劳动报酬复合分组

（2016年） 单位：人

项 目	总计	惠城区	惠阳区	惠东县	博罗县	龙门县	大亚湾区	仲恺区
单位从业人员人数	960917	201552	166400	65455	157673	25542	129283	215012
按经济类型分组								
#国有经济	181477	63299	24683	31861	30632	14869	8340	7793
城镇集体经济	11374	2383	2491	1448	2904	1601	19	528
其他经济	768066	135870	139226	32146	124137	9072	120924	206691
按企业、事业、机关分组								
#企 业	802340	148181	142259	37600	129819	13933	122285	208263
事 业	97137	36238	12470	18123	18005	7157	2445	2699
机 关	56854	15227	9805	9066	9804	4452	4553	3947
民间非盈利组织	1171	563	599	9				
其他	3415	1343	1267	657	45			103
在岗职工人数	927396	175660	165516	64071	155386	24886	128691	213186
按经济类型分组								
#国有经济	176603	60722	24604	31552	29657	14235	8249	7584
城镇集体经济	10980	2327	2491	1386	2628	1601	19	528
其他经济	739813	112611	138421	31133	123101	9050	120423	205074
按企业、事业、机关分组								
#企 业	772615	124808	141421	36468	128338	13353	121779	206448
事 业	94020	34032	12427	17971	17395	7125	2382	2688
机 关	56179	14915	9805	8966	9608	4408	4530	3947
民间非盈利组织	1168	563	596	9				
其他	3414	1342	1267	657	45			103
其他从业人员人数	33521	25892	884	1384	2287	656	592	1826
按经济类型分组								
#国有经济	4874	2577	79	309	975	634	91	209
城镇集体经济	394	56		62	276			
其他经济	28253	23259	805	1013	1036	22	501	1617
按企业、事业、机关分组								
#企 业	29725	23373	838	1132	1481	580	506	1815
事 业	3117	2206	43	152	610	32	63	11
机 关	675	312		100	196	44	23	
民间非盈利组织	3		3					
其他	1	1						

（2016年）

单位：人

项　目	总计	惠城区	惠阳区	惠东县	博罗县	龙门县	大亚湾区	仲恺区
单位从业人员平均人数	957875	202740	164007	65012	160463	25094	128920	211639
按经济类型分组								
#国有经济	179406	62349	24508	31455	30543	14669	8208	7674
城镇集体经济	11142	2317	2453	1372	2884	1585	19	512
其他经济	767327	138074	137046	32185	127036	8840	120693	203453
按企业、事业、机关分组								
#企 业	800903	150231	140036	37322	132692	13577	122051	204994
事 业	96095	35526	12490	18027	17938	7121	2376	2617
机 关	56430	15184	9648	8996	9788	4396	4493	3925
民间非盈利组织	1159	566	584	9				
其他	3288	1233	1249	658	45			103
在岗职工平均人数	924873	177488	162798	63785	158123	24537	128214	209928
按经济类型分组								
#国有经济	174716	59860	24431	31157	29537	14143	8122	7466
城镇集体经济	10744	2261	2453	1309	2605	1585	19	512
其他经济	739413	115367	135914	31319	125981	8809	120073	201950
按企业、事业、机关分组								
#企 业	771585	127411	138872	36344	131164	13074	121426	203294
事 业	93079	33409	12447	17876	17334	7090	2317	2606
机 关	55772	14870	9648	8905	9580	4373	4471	3925
民间非盈利组织	1157	566	582	9				
其他	3280	1232	1249	651	45			103
其他从业人员平均人数	33002	25252	1209	1227	2340	557	706	1711
按经济类型分组								
#国有经济	4690	2489	77	298	1006	526	86	208
城镇集体经济	398	56		63	279			
其他经济	27914	22707	1132	866	1055	31	620	1503
按企业、事业、机关分组								
#企 业	29318	22820	1164	978	1528	503	625	1700
事 业	3016	2117	43	151	604	31	59	11
机 关	658	314		91	208	23	22	
民间非盈利组织	2		2					
其他	8	1		7				

项　目	总计	惠城区	惠阳区	惠东县	博罗县	龙门县	大亚湾区	仲恺区
单位从业人员工资总额（万元）	6148118	1460922	989723	371925	974616	135534	917968	1297429
按经济类型分组								
#国有经济	1582171	663725	218019	223163	238090	94086	77894	67193
城镇集体经济	49359	8122	12333	7327	12478	6878	200	2022
其他经济	4516588	789075	759371	141436	724048	34571	839874	1228214
按企业、事业、机关分组								
#企 业	4754734	891414	781700	173634	758474	59425	851401	1238686
事 业	887285	384644	119581	133883	148787	48039	25274	27077
机 关	485027	175597	80316	61633	67050	28071	41293	31068
民间非盈利组织	5242	1902	3261	80				
其他	15830	7365	4866	2696	305			599
在岗职工工资总额（万元）	5990003	1352571	981242	367474	963466	133668	905873	1285709
按经济类型分组								
#国有经济	1563751	653671	217746	222007	234579	92594	77302	65852
城镇集体经济	47544	7986	12333	7155	10971	6878	200	2022
其他经济	4378708	690914	751163	138312	717916	34197	828371	1217834
按企业、事业、机关分组								
#企 业	4611359	793053	773427	170091	750171	57734	839879	1227005
事 业	874987	375849	119379	133315	146631	47953	24823	27037
机 关	482610	174404	80316	61310	66359	27981	41172	31068
民间非盈利组织	5236	1901	3254	80				
其他	15812	7364	4866	2678	305			599
其他从业人员工资总额（万元）	158115	108351	8481	4452	11150	1866	12095	11721
按经济类型分组								
#国有经济	18420	10054	274	1157	3511	1492	592	1341
城镇集体经济	1815	136		171	1507			
其他经济	137880	98161	8208	3123	6132	374	11502	10380
按企业、事业、机关分组								
#企 业	143376	98362	8273	3544	8303	1692	11522	11681
事 业	12297	8795	202	567	2156	85	452	40
机 关	2417	1193		323	691	89	121	
民间非盈利组织	7		7					
其他	18	1		18				

5－2 续3 （2016年） 单位：元

项目	总计	惠城区	惠阳区	惠东县	博罗县	龙门县	大亚湾区	仲恺区
单位从业人员平均工资（元）	64185	72059	60346	57209	60738	54011	71204	61304
按经济类型分组								
# 国有经济	88189	106453	88958	70947	77952	64139	94901	87559
城镇集体经济	44300	35054	50276	53401	43267	43392	105105	39496
其他经济	58861	57149	55410	43945	56996	39107	69588	60368
按企业、事业、机关分组								
# 企 业	59367	59336	55821	46523	57160	43769	69758	60425
事 业	92334	108271	95741	74268	82945	67941	106373	103466
机 关	85952	115646	83246	68511	68502	66112	91905	79154
民间非盈利组织	45232	33597	55832	89111				
其他	48145	59729	38959	40965	67844			58126
在岗职工平均工资（元）	64766	76206	60274	57611	60931	54476	70653	61245
按经济类型分组								
# 国有经济	89502	109200	89127	71254	79419	65470	95176	88203
城镇集体经济	44251	35319	50276	54662	42114	43392	105105	39496
其他经济	59219	59888	55268	44162	56986	38820	68989	60304
按企业、事业、机关分组								
# 企 业	59765	62244	55694	46800	57193	44159	69168	60356
事 业	94005	112499	95910	74578	84592	67635	107132	103750
机 关	86533	117286	83246	68849	69268	63987	92087	79154
民间非盈利组织	45253	33597	55911	89111				
其 他	48207	59774	38959	41135	67844			58126
其他从业人员平均工资（元）	47911	42908	70151	36280	47650	33504	171310	68501
按经济类型分组								
# 国有经济	39274	40392	35532	38819	34900	2836	68884	64452
城镇集体经济	45611	24357		27206	54032			
其他经济	49394	46229	72505	36067	58120	120742	185518	69062
按企业、事业、机关分组								
# 企 业	48904	43103	71071	36233	54341	33632	184354	68711
事 业	40773	41545	46953	37563	35700	27484	76542	36182
机 关	36736	38006		35516	33197	38826	54909	
民间非盈利组织	33000		33000					
其 他	22625	5000		25143				

5-3 分县区分行业单位从业人员年末人数

（2016年） 单位：人

项目	总计	惠城区	惠阳区	惠东县	博罗县	龙门县	大亚湾区	仲恺区
合计	960917	201552	166400	65455	157673	25542	129283	215012
农林牧渔业	869	174	16	71	377	231		
采矿业	416	101		19		296		
制造业	648893	57776	130502	20096	116570	6667	115156	202126
电力、热力、燃气及水的生产和供应业	9612	2796	1548	1070	1789	1115	1066	228
建筑业	15927	4412	3990	2848	2115	975	981	606
批发和零售业	26192	14983	1462	5250	1765	796	159	1777
交通运输、仓储和邮政业	19669	12138	266	1078	1755	1317	2390	725
住宿和餐饮业	8545	3869	450	2299	691	743	262	231
信息传输、软件和信息技术服务业	7166	5294	337	455	330	129	176	445
金融业	35308	29719	1050	1251	1862	1056	370	
房地产业	17620	9223	2003	1864	2079	443	950	1058
租赁和商务服务业	8066	4326	1027	486	777	651	330	469
科学研究、技术服务业	5382	2967	442	407	1124	173	198	71
水利、环境和公共设施管理业	7936	2914	1328	1192	1392	701	307	102
居民服务、修理和其他服务业	920	505	138	136	118	7	16	
教育	53951	18372	7036	11866	9908	3525	1335	1909
卫生和社会工作	28366	12532	3393	4062	4516	1843	808	1212
文化、体育和娱乐业	3902	2027	721	376	527	251		
公共管理、社会保障和社会组织	62177	17424	10691	10629	9978	4623	4779	4053

5-4　分县区分行业在岗职工年末人数

（2016年）　　单位：人

项　目	总 计	惠城区	惠阳区	惠东县	博罗县	龙门县	大亚湾区	仲恺区
合　计	927396	175660	165516	64071	155386	24886	128691	213186
农林牧渔业	867	174	16	71	375	231		
采矿业	400	101		19		280		
制造业	643852	56764	130267	19204	115638	6653	114744	200582
电力、热力、燃气及水的生产和供应业	9555	2796	1548	1066	1784	1115	1061	185
建筑业	14941	3930	3956	2847	1844	975	981	408
批发和零售业	25227	14375	1410	5173	1543	795	154	1777
交通运输、仓储和邮政业	19413	11978	262	1014	1735	1317	2382	725
住宿和餐饮业	8050	3395	450	2284	685	743	262	231
信息传输、软件和信息技术服务业	7156	5287	337	452	330	129	176	445
金融业	14206	9666	550	1251	1852	517	370	
房地产业	17453	9159	1990	1844	2047	440	940	1033
租赁和商务服务业	7954	4244	1027	486	765	644	324	464
科学研究、技术服务业	5218	2909	435	407	1089	169	138	71
水利、环境和公共设施管理业	6707	2000	1328	1161	1111	698	307	102
居民服务、修理和其他服务业	600	196	138	136	107	7	16	
教育	52807	17402	7019	11803	9867	3525	1282	1909
卫生和社会工作	27931	12329	3387	4023	4358	1835	798	1201
文化、体育和娱乐业	3720	1910	721	348	490	251		
公共管理、社会保障和社会组织	61339	17045	10675	10482	9766	4562	4756	4053

5-5 分县区分行业其他从业人员年末人数

（2016 年） 单位：人

项 目	总 计	惠城区	惠阳区	惠东县	博罗县	龙门县	大亚湾区	仲恺区
合 计	33521	25892	884	1384	2287	656	592	1826
农林牧渔业	2				2			
采矿业	16					16		
制造业	5041	1012	235	892	932	14	412	1544
电力、热力、燃气及水的生产和供应业	57			4	5		5	43
建筑业	986	482	34	1	271			198
批发和零售业	965	608	52	77	222	1	5	
交通运输、仓储和邮政业	256	160	4	64	20		8	
住宿和餐饮业	495	474		15	6			
信息传输、软件和信息技术服务业	10	7		3				
金融业	21102	20053	500		10	539		
房地产业	167	64	13	20	32	3	10	25
租赁和商务服务业	112	82			12	7	6	5
科学研究、技术服务业	164	58	7		35	4	60	
水利、环境和公共设施管理业	1229	914		31	281	3		
居民服务、修理和其他服务业	320	309			11			
教育	1144	970	17	63	41		53	
卫生和社会工作	435	203	6	39	158	8	10	11
文化、体育和娱乐业	182	117		28	37			
公共管理、社会保障和社会组织	838	379	16	147	212	61	23	

5-6 分县区分行业单位从业人员工资总额

（2016 年） 单位：万元

项　目	总 计	惠城区	惠阳区	惠东县	博罗县	龙门县	大亚湾区	仲恺区
合　计	6148118	1460922	989723	371925	974617	135534	917968	1297429
农林牧渔业	3401	669	75	255	1371	1031		
采矿业	2207	832		53		1321		
制造业	3737934	291716	704523	78358	662886	23055	785089	1192307
电力、热力、燃气及水的生产和供应业	78916	23808	13788	6969	15331	7382	10325	1314
建筑业	79149	24219	20167	11996	9023	4160	6342	3241
批发和零售业	145042	90085	8907	20745	8887	3025	1455	11938
交通运输、仓储和邮政业	116531	62171	853	6670	10959	7380	22779	5720
住宿和餐饮业	34684	13553	1590	11551	2438	3046	1492	1015
信息传输、软件和信息技术服务业	71414	57400	1763	2027	2813	927	1363	5120
金融业	279041	220067	10697	11547	28498	4864	3369	
房地产业	131001	64717	13063	18902	12206	3986	11774	6353
租赁和商务服务业	52372	22561	8745	4177	4274	2379	3564	6672
科学研究、技术服务业	46777	28373	2560	2576	10309	1023	1429	507
水利、环境和公共设施管理业	51526	25341	7079	5589	7310	3303	2192	712
居民服务、修理和其他服务业	5255	2225	565	972	1284	25	183	
教育	503949	193043	72034	85261	91137	26922	14572	20980
卫生和社会工作	245825	127062	26149	28609	34676	11210	8248	9871
文化、体育和娱乐业	29028	15227	6859	2635	2845	1462		
公共管理、社会保障和社会组织	534068	197853	90307	73035	68370	29032	43791	31680

5-7 分县区分行业在岗职工工资总额

（2016 年） 单位：万元

项目	总计	惠城区	惠阳区	惠东县	博罗县	龙门县	大亚湾区	仲恺区
合计	5990003	1352571	981242	367474	963467	133668	905873	1285709
农林牧渔业	3388	669	75	255	1358	1031		
采矿业	2168	832		53		1283		
制造业	3698643	284903	700358	75698	658052	23000	774355	1182278
电力、热力、燃气及水的生产和供应业	78595	23808	13788	6948	15322	7382	10193	1154
建筑业	74296	22751	20102	11993	7007	4160	6342	1941
批发和零售业	141060	87315	8819	20506	8027	3020	1435	11938
交通运输、仓储和邮政业	115230	61554	790	6343	10692	7380	22750	5720
住宿和餐饮业	34293	13323	1590	11447	2420	3006	1492	1015
信息传输、软件和信息技术服务业	71399	57391	1763	2021	2813	927	1363	5120
金融业	190037	135981	7086	11547	28470	3585	3369	
房地产业	129245	64299	12782	18862	11897	3735	11473	6196
租赁和商务服务业	52006	22295	8745	4177	4239	2356	3557	6638
科学研究、技术服务业	46081	28149	2502	2576	10209	1009	1129	507
水利、环境和公共设施管理业	47043	21726	7079	5523	6514	3297	2192	712
居民服务、修理和其他服务业	4054	1062	565	972	1246	25	183	
教育	499605	189407	71983	85079	91056	26922	14178	20980
卫生和社会工作	243534	125936	26118	28376	33897	11186	8190	9832
文化、体育和娱乐业	28211	14720	6859	2542	2627	1462		
公共管理、社会保障和社会组织	531116	196450	90239	72554	67621	28902	43671	31680

5-8 分县区分行业其他从业人员工资总额

（2016 年）　　　　单位：万元

项　　目	总 计	惠城区	惠阳区	惠东县	博罗县	龙门县	大亚湾区	仲恺区
合 计	158115	108351	8481	4452	11150	1866	12095	11721
农林牧渔业	13				13			
采矿业	39					39		
制造业	39290	6813	4164	2660	4835	56	10734	10029
电力、热力、燃气及水的生产和供应业	322			21	9		132	160
建筑业	4853	1468	65	3	2016			1301
批发和零售业	3982	2770	88	239	859	5	20	
交通运输、仓储和邮政业	1301	616	63	327	267		29	
住宿和餐饮业	392	231		103	18	40		
信息传输、软件和信息技术服务业	15	9		7				
金融业	89004	84086	3612		28	1279		
房地产业	1755	418	281	40	308	251	301	157
租赁和商务服务业	366	266			36	23	7	34
科学研究、技术服务业	697	224	58		100	14	300	
水利、环境和公共设施管理业	4482	3615		66	796	5		
居民服务、修理和其他服务业	1201	1164			38			
教育	4344	3636	51	182	81		393	
卫生和社会工作	2291	1126	31	233	779	24	58	40
文化、体育和娱乐业	816	506		92	218			
公共管理、社会保障和社会组织	2952	1403	68	481	749	131	121	

5-9 分县区分行业在岗职工年平均工资

（2016 年）　　单位：元

项　目	总 计	惠城区	惠阳区	惠东县	博罗县	龙门县	大亚湾区	仲恺区
合 计	64766	76206	60274	57611	60931	54476	70653	61245
农林牧渔业	39207	38671	57769	36386	36109	44440		
采矿业	53397	74295		29556		46471		
制造业	57522	48415	54760	39173	55470	35619	67657	59898
电力、热力、燃气及水的生产和供应业	82879	84486	89129	65737	89498	65906	97631	62357
建筑业	52237	62641	51556	47292	37753	43338	65452	52307
批发和零售业	53709	56949	61325	39802	53947	37239	93201	63199
交通运输、仓储和邮政业	60686	52986	29811	62867	62750	57033	95269	80444
住宿和餐饮业	41769	38661	35730	46819	34323	43066	62167	43939
信息传输、软件和信息技术服务业	94443	100722	51841	46670	83469	71891	77903	114290
金融业	134407	141470	128366	92520	154812	69208	91059	
房地产业	75213	70557	70387	103583	59547	83187	118279	60924
租赁和商务服务业	66115	53299	82809	85415	55121	38066	126128	141829
科学研究、技术服务业	89617	98631	58051	65712	93746	59698	83022	71380
水利、环境和公共设施管理业	70329	107608	53143	47491	60819	47307	71882	69804
居民服务、修理和其他服务业	62652	59989	42194	68472	72871	36000	114250	
教育	95655	111534	102104	72525	92311	76571	114158	113712
卫生和社会工作	89004	105651	77916	71387	77798	61764	106223	83602
文化、体育和娱乐业	75230	75373	96467	72227	54173	58727		
公共管理、社会保障和社会组织	87250	115552	85778	69576	69936	63871	92936	78591

5-10 分县区国有经济单位分行业在岗职工年平均工资

（2016 年）　　　　单位：元

项　目	总 计	惠城区	惠阳区	惠东县	博罗县	龙门县	大亚湾区	仲恺区
合 计	89502	109200	89127	71254	79419	65470	95176	88203
农林牧渔业	39171	31395	74670	36386	36926	45890		24630
采矿业	44250			29556		53067		
制造业	47580			27429	28904	33320	79875	
电力、热力、燃气及水的生产和供应业	87045	81860		71308	102739	69366	95368	
建筑业	51617	57033		49630			39547	41698
批发和零售业	69771	59754	120285	119909	54195	50778	125281	30050
交通运输、仓储和邮政业	67681	67914	50667	67865	70710	59189	59944	105591
住宿和餐饮业	55395	39714				28000		
信息传输、软件和信息技术服务业	68038	117350		49490		71891	77903	115935
金融业	127782	133927		113242	122086	86851	95321	
房地产业	45885	56566				39100	49547	
租赁和商务服务业	68463	62116	93400	99278	46073	45356	78954	109391
科学研究、技术服务业	88853	105201		86439	71589	59698	79786	80568
水利、环境和公共设施管理业	72030	112535	51200	46069	67611	49666	71882	68080
居民服务、修理和其他服务业	75110	94894	59505	69442	65056			
教育	100807	119424	53388	77953	93190	76571	114158	113712
卫生和社会工作	90654	109404	94615	71387	78041	61764	106223	83602
文化、体育和娱乐业	81085	86096		79750	72486	62467		
公共管理、社会保障和社会组织	87246	115560	81981	69559	69936	63871	92936	78591

5-11 分县区集体经济单位分行业在岗职工年平均工资

（2016 年）　　　　单位：元

项　目	总 计	惠城区	惠阳区	惠东县	博罗县	龙门县	大亚湾区	仲恺区
合 计	44251	35319	50276	54662	42114	43392	105105	39496
农林牧渔业								
采矿业								
制造业	31308	24126	32473	23490	38398	22100	56333	36800
电力、热力、燃气及水的生产和供应业	40460		31600		46719	21111		33412
建筑业	39559	36851	42941	30566	38086	45239		
批发和零售业	49818	34324	74931	41384	35403	26655		
交通运输、仓储和邮政业	46719	53213			33333	26273		
住宿和餐饮业	44647			45306		30000		
信息传输、软件和信息技术服务业								
金融业	66935			70703		59158		
房地产业	49701	54797	55000		42048			
租赁和商务服务业	41570	26308	72178	83370		98000		
科学研究、技术服务业	48000	46396	52250					
水利、环境和公共设施管理业	84457		50077					104773
居民服务、修理和其他服务业	58033	40286	37333			36000	114250	
教育	95992	111403	100060	44286				
卫生和社会工作	55585	67765	47918		72082			
文化、体育和娱乐业	15900					15900		
公共管理、社会保障和社会组织	26000		26000					

5-12　分县区其他经济单位分行业在岗职工年平均工资

（2016 年）　　　　单位：元

项　　目	总 计	惠城区	惠阳区	惠东县	博罗县	龙门县	大亚湾区	仲恺区
合 计	59219	59888	55268	44162	56986	54202	68989	60304
农林牧渔业	39372	44371	56789		28842	20000		
采矿业	54623	74295	55351			45667		
制造业	57611	48624		39223	55562	35842	67656	59961
电力、热力、燃气及水的生产和供应业	81743	87104	39114	52906	35020	35584	97962	68874
建筑业	60725	72890	43972		33366	31200	67625	53698
批发和零售业	52802	56937		37814	55108	30964	70389	63553
交通运输、仓储和邮政业	56635	44921	94508	56708	50344	46277	96367	73201
住宿和餐饮业	41590	38659	50519	46891	34323	43270	62167	43939
信息传输、软件和信息技术服务业	97286	100604		35614	83469			114102
金融业	148606	147967		127116	161243		42767	
房地产业	76959	70911	30562	103583	60117	84191	125742	60924
租赁和商务服务业	72730	59027	32286	54563	62959	29762	147174	143506
科学研究、技术服务业	93243	88932	132133	33333	162642		85288	56407
水利、环境和公共设施管理业	59529	83101	83852	58695	44295	31989		56600
居民服务、修理和其他服务业	55560	48224	72487	64690	76479			
教育	42924	49220	42000	31622	49394			
卫生和社会工作	64863	65112			65000			
文化、体育和娱乐业	72156	73080	36371	40809	35479			
公共管理、社会保障和社会组织	107821	105308	51019	89111				

5-13 分县区分行业社会从业人员年末人数

（2016 年）　　单位：人

项　目	总 计	惠城区	惠阳区	惠东县	博罗县	龙门县	大亚湾区	仲恺区
合 计	2855698	588242	367971	572654	635442	172701	169391	349297
农林牧渔业	494041	61917	33159	130805	150624	92862	6003	18671
采矿业	5694	414	81	943	1286	2057	38	875
制造业	1316524	170127	201634	238215	302851	22511	122515	258671
电力、热力、燃气及水的生产和供应业	19139	4953	1602	3309	3958	3521	1109	687
建筑业	85770	24282	9036	16512	20401	1583	7510	6446
批发和零售业	367362	118236	44028	90365	58466	17674	8457	30136
交通运输、仓储和邮政业	69471	25446	8692	13165	10246	1315	3847	6760
住宿和餐饮业	115412	29524	17326	24838	22856	10466	3245	7157
信息传输、软件和信息技术服务业	18419	10070	2515	1906	1592	500	426	1410
金融业	36033	30169	1050	1251	2305	888	370	
房地产业	38964	17035	6079	5137	3415	903	4087	2308
租赁和商务服务业	21815	12295	2011	2249	2266	760	910	1324
科学研究、技术服务业	7210	4473	542	407	1154	305	258	71
水利、环境和公共设施管理业	10002	3909	1346	1380	1565	796	395	611
居民服务、修理和其他服务业	63032	16295	10418	8839	16405	4755	2084	4236
教育	70426	22712	9367	13367	14751	4706	1715	3808
卫生和社会工作	32783	12955	5116	4062	5888	2050	1144	1568
文化、体育和娱乐业	12876	5439	2362	1620	2367	220	363	505
公共管理、社会保障和社会组织	70725	17991	11607	14284	13046	4829	4915	4053

5-14 分县区按三次产业分社会从业人员年末人数

单位：万人

县区	2015年				2016年			
	合计	第一产业	第二产业	第三产业	合计	第一产业	第二产业	第三产业
全　市	281.51	50.14	139.82	91.55	285.57	49.41	142.71	93.45
惠城区	57.81	6.31	19.73	31.78	58.82	6.19	19.98	32.65
惠阳区	35.96	3.34	20.52	12.10	36.80	3.32	21.24	12.25
惠东县	57.18	13.11	25.96	18.12	57.27	13.08	25.90	18.29
博罗县	63.63	15.42	32.70	15.50	63.54	15.06	32.85	15.63
龙门县	16.92	9.36	3.00	4.56	17.27	9.29	2.97	5.02
大亚湾区	16.76	0.63	12.91	3.22	16.94	0.60	13.12	3.22
仲恺区	33.24	1.97	25.00	6.27	34.93	1.87	26.67	6.39

5-15 历年主要指标数据

年份	社会从业人员（万人）				年末在岗职工人数（万人）	在岗职工年平均工资（元）	职工平均工资指数(%)
		第一产业	第二产业	第三产业			
1949	38.28						
1952	40.55						
1957	48.56				2.31	532	104.1
1962	53.64				4.31	510	117.2
1965	55.58				5.55	518	98.7
1970	66.80				8.26	546	98.0
1975	75.61				11.43	607	102.5
1978	83.46				16.00	599	95.7
1979	82.49				16.11	597	99.7
1980	85.54				17.13	705	118.1
1981	87.75				17.99	772	109.5
1982	90.73				18.31	849	110.0
1983	93.31				18.27	880	119.6
1984	97.73				18.34	1052	109.3
1985	99.63				19.85	1150	109.3
1986	102.39				19.87	1314	113.8
1987	106.94				21.20	1462	111.4
1988	110.44				22.14	2057	140.7
1989	113.37				23.37	2365	115.0
1990	119.85	62.91	24.79	32.15	23.77	2786	117.8
1991	125.85	63.65	27.26	34.94	28.03	3302	118.5
1992	134.49	62.54	34.56	37.39	30.87	3871	117.4
1993	145.83	62.26	40.60	42.97	34.45	5119	132.0
1994	157.52	61.18	44.22	52.12	38.56	6262	122.3
1995	172.85	64.54	48.80	59.51	43.44	6716	107.3
1996	165.28	66.40	49.42	49.46	44.09	6889	102.6
1997	180.98	67.45	50.86	62.67	44.93	6966	101.1
1998	183.03	68.62	50.97	63.44	42.76	7835	112.5
1999	185.05	69.33	50.79	64.93	42.15	8883	113.4
2000	186.70	69.37	51.90	65.43	42.19	9607	108.2
2001	196.84	69.82	53.44	73.58	42.71	10482	109.1
2002	216.55	76.92	61.37	78.26	47.43	11318	108.0
2003	206.67	69.56	88.38	48.73	50.24	13265	117.2
2004	212.92	68.37	92.24	52.31	53.23	14439	108.8
2005	222.62	69.35	99.22	54.05	64.92	16017	110.9
2006	227.84	67.53	102.70	57.61	66.90	17760	110.9
2007	236.47	64.79	109.13	62.55	75.70	19644	110.6
2008	243.74	63.62	109.37	70.75	72.60	22727	115.7
2009	252.16	62.21	115.75	69.21	76.59	25786	113.5
2010	260.14	55.12	126.99	78.03	78.60	29599	114.8
2011	267.97	52.56	133.12	82.27	83.35	35719	120.7
2012	270.04	52.19	134.15	83.70	87.22	41506	116.2
2013	277.27	51.87	137.61	87.79	83.91	47126	113.5
2014	280.61	50.80	141.33	88.48	89.31	53576	113.7
2015	281.51	50.14	139.82	91.55	88.33	58607	109.4
2016	285.57	49.40	142.71	93.45	92.74	64766	110.5

六、固定资产投资和建筑业

6-1 历年固定资产投资及商品房销售

年 份	固定资产投资（万元）	房地产开发	#国有经济单位投资（万元）	新增固定资产投资（万元）	商品房销售面积（万平方米）	商品房销售额（亿元）
1949						
1952	65					
1957	1125					
1962	412					
1965	2444					
1970	1753					
1975	2857					
1978	5991		5412	2281		
1979	5604		5182	1984		
1980	8623		8272	3590		
1981	18535		10324	17445		
1982	27468		14118	22575		
1983	23703		13448	17664		
1984	25799		12930	34637		
1985	40932		17565	36700		
1986	42022		20775	35429		
1987	66330		29885	60744		
1988	94932		36195	79671		
1989	107324		52909	94568		
1990	165399	8900	99271	138344		
1991	223295	19699	135097	164072		
1992	423763	43293	250270	285596		
1993	917831	209362	634949	568072	79.54	11.33
1994	756761	96102	474351	193844		
1995	616145	90969	402492	337770		
1996	631257	48139	435564	417831	17.10	2.33
1997	588301	44477	396904	677075	9.96	2.35
1998	603754	55355	388213	578269	25.07	3.80
1999	665760	66655	446537	551361	26.00	4.29
2000	774104	92069	499766	717371	48.00	8.12
2001	844273	106472	536391	729930	45.48	7.88
2002	1047340	158773	717190	778366	56.36	13.24
2003	2284704	272724	1954087	1042687	86.13	16.70
2004	2976139	295532	2598702	1030306	101.13	22.88
2005	3523708	438917	501163	1513591	149.40	37.97
2006	3087813	690302	549679	5041074	254.71	75.80
2007	4869094	1377564	1428299	1965560	383.18	153.33
2008	5887368	1868314	1662243	2249185	295.90	121.94
2009	7589682	1753332	2247850	5826042	543.81	232.01
2010	8940191	2678611	2199034	5712027	627.30	311.17
2011	10252067	3775399	2163119	6666439	798.23	441.77
2012	12086803	4821683	2102892	4229766	826.72	478.42
2013	14013040	5934706	2588028	7522838	1149.46	672.11
2014	16067089	6672975	2921882	8863910	983.94	588.81
2015	18639306	6104497	4463464	11898908	1299.78	800.38
2016	20397056	7476324	4179074	11483597	1771.91	1415.00

6-2 固定资产投资主要指标

（2016年） 单位：万元、万平方米

指标名称	本年完成投资	房地产
投资总额	20397056	7476324
建筑工程	12749280	5335572
安装工程	1761094	1069907
设备工器具购置	3889301	160562
其他费用	1997381	910283
本年新增固定资产	11483597	2906205
本年资金来源合计	28127738	15536917
上年末结余资金	3841709	3303369
本年资金来源小计	24286029	12233548
(1) 国家预算内资金	664082	
(2) 国内贷款	2773502	720899
(3) 债券		
(4) 利用外资	302868	66661
其中：外商直接投资	281138	66451
(5) 自筹资金	11546416	3263783
其中：企、事业单位自有资金	2107247	1332469
(6) 其他资金来源	8999161	8182205
各项应付款合计	4203648	3156682
其中：工程款		1758430
本年施工房屋面积（万平方米）	8286.52	6839.15
其中：住宅（万平方米）	5318.95	5193.75
本年竣工房屋面积（万平方米）	1172.23	555.50
其中：住宅（万平方米）	509.97	449.48

注：数据尾数不等是四舍五入造成。

6-3 固定资产投资分行业情况表

（2016 年）　　单位：万元

指标名称	本年完成投资	房地产
合计	20397056	
（一）农、林、牧、渔业	181852	
（二）采矿业	45874	
（三）制造业	7527155	
（四）电力、燃气及水的生产和供应业	562441	
（五）建筑业		
（六）交通运输、仓储和邮政业	1047357	
（七）信息传输、计算机服务和软件业	138829	
（八）批发和零售业	253358	
（九）住宿和餐饮业	415681	
（十）金融业		
（十一）房地产业	8191656	7476324
（十二）租赁和商务服务业	41864	
（十三）科学研究、技术服务业	31153	
（十四）水利、环境和公共设施管理业	1525942	
（十五）居民服务、修理和其他服务业	38941	
（十六）教育	180605	
（十七）卫生和社会工作	115489	
（十八）文化、体育和娱乐业	75169	
（十九）公共管理、社会保障和社会组织	23690	
（二十）国际组织		

注：数据尾数不等是四舍五入造成。

6-4 分县区全社会固定资产主要指标

（2016年） 单位：万元、万平方米

指标名称	惠州市	惠城区	惠阳区	惠东县	博罗县	龙门县	大亚湾区	仲恺区
本年完成投资	20397056	2664879	2482783	3825399	3426605	2018876	3961204	2017310
房地产开发投资	7476324	1688798	1062475	1423089	617119	657677	1565733	461433
其中：住宅	5973431	1270050	859330	1265065	520244	513762	1255808	289172
本年新增固定资产	11483597	1305831	1319231	2783287	2866562	1617000	650777	940909
内资企业								
国有企业	2194646	528940	184107	578638	199915	375177	140961	186908
集体企业	486878		10747	126404	333333	12477		3917
股份合作企业	30082	18080		3610	5492	2900		
国有联营企业								
集体联营企业								
国有与集体联营企业								
其他联营企业	4800	4800						
国有独资公司	1984428	114798	13996	25760	23659	10800	1774709	20706
其他有限责任公司	5416277	971765	274409	1391965	774381	1144208	377712	481837
股份有限公司	521744	22611		133485	26294	26280	1134	311940
私营企业	3676285	644792	824135	173577	271552	132762	1279788	349679
个体经营企业	150972			1650	143522	1500		4300
其他企业	1197756	4836	28672	759293	390690	7960	5	6300
港澳台商投资	317371	146239	97982		43831		26786	2533
外商投资	123650	98852	24798					
建筑工程	12749280	1936352	1612234	2753773	2026780	1403046	1980456	1036639
安装工程	1761094	242465	226741	383866	250514	237993	256332	163183
设备工器具购置	3889301	171455	411230	295990	857028	289199	1168516	695883
其他费用	1997381	314607	232578	391770	292283	88638	555900	121605
第一产业	181852	6964	1287	90634	20285	61672		1010
第二产业	8135470	241973	1150424	959293	1747938	655272	2060912	1319658
第三产业	12079734	2415942	1331072	2775472	1658382	1301932	1900292	696642
本年施工房屋面积	8286.52	1914.05	1319.27	1275.09	1351.77	279.66	1652.11	494.57
其中：住宅	5318.95	1325.63	730.47	861.86	774.85	175.47	1206.62	244.06
本年竣工房屋面积	1172.23	239.56	68.67	288.05	390.91	51.26	106.28	27.49
其中：住宅	509.97	171.24	49.25	122.30	68.83	17.00	69.08	12.27

注：数据尾数不等是四舍五入造成。

6-5　分县区新增生产能力表

（2016 年）

指标名称		惠州市	惠城区	惠阳区	惠东县	博罗县	龙门县	大亚湾区	仲恺区
铝加工	吨 / 年	2559		2559					
水力发电	万千瓦	0.2					0.2		
太阳能发电	万千瓦	190		90	100				
其他发电	万千瓦	1.5			1.5				
输电线路长度 (110KV 及以上）	公里	393.87	100.97	10	99	117.7		66.2	
水泥	万吨 / 年	40			40				
塑料树脂及共聚物	吨 / 年	92800		92800					
合成橡胶	吨 / 年	3500		3500					
新建公路	公里	28.74	1.94		2.86	3.94	20		
一级公路	公里	3.94				3.94			
二级公路	公里	20					20		
改建公路	公里	46.73	26.5		3.75	7	9.48		
一级公路	公里	16.48				7	9.48		
新建独立公路桥梁	座	2			1		1		
新建独立公路桥梁	延长米	400			300		100		
新（扩）建公路客、货运站	个	2			1		1		
新（扩）建公路客、货运站	平方米	3800			3300		500		

注：数据尾数不等是四舍五入造成。

6-6 房地产开发主要指标

项　目	2010年	2011年	2012年	2013年	2014年	2015年	2016年
土地开发及购置(平方米)							
本年土地购置面积	5756941	4391342	2370372	2222765	1134584	595884	1395921
本年完成投资额　(万元)	2678611	3765382	4821683	5934706	6672975	6104497	7476324
#住宅	1984720	2908315	3640151	4697816	5128362	4882416	5973431
资金来源小计　(万元)	5627146	4954232	6488226	7913529	8223804	9102328	12233548
#国内贷款	1246799	761245	952497	1401819	1361967	1098235	720899
利用外资	360	360		27508			66661
自筹资金	1878305	1734298	2237537	2345431	2929302	2512774	3263783
房屋建筑面积　(平方米)							
施工面积	30730377	39051186	45798658	58106715	61000016	58834102	68391537
#住宅	24025322	30591124	35153731	44123712	46401032	44901426	51937544
竣工面积	5645880	5026639	5090084	6347747	7570090	4494822	5555010
#住宅	4533723	4056166	4037488	5061002	5948940	3462677	4494836
商品房屋销售额　(万元)	3111736	4408734	4784238	6721088	5888121	8003806	14149978
#住宅	2859694	4146618	4457970	6138971	5352985	7583422	13371739
商品房屋销售面积(平方米)	6272990	7963007	8267214	11494568	9839357	12997809	17719061
#住宅	5937165	7524356	7872877	10927626	9183615	12464390	17002218

注：2010年国家取消本年土地开发面积指标，2011年取消经济适用房相关指标。

6-7　房地产开发投资情况

（2016 年）　　　　　　　　　　　　　　　　　　　　　　　　单位：万元

按登记注册类型分组	完成投资额	按登记注册类型分组	完成投资额
全市总计	7476324	私营合伙企业	
国有控股	244401	私营有限责任公司	3562853
内资企业	7035303	私营股份有限公司	71957
国有企业	9281	其他企业	
集体企业		港、澳、台商投资企业	317371
股份合作企业	17000	与港澳台商合资经营企业	96935
联营企业		与港澳台商合作经营企业	1764
国有联营企业		港澳台商独资经营企业	218672
集体联营企业		港澳台商投资股份有限公司	
国有与集体联营企业		其他港澳台投资企业	
其他联营企业		外商投资企业	123650
有限责任公司	3237618	中外合资经营企业	66584
国有独资公司	26846	中外合作经营企业	
其他有限责任公司	3210772	外资企业	57066
股份有限公司	95119	外商投资股份有限公司	
私营企业	3676285	其他外商投资企业	
私营独资企业	41475		

6-8　商品房施工与销售

（2016 年）

指标名称		合计	住　宅	户型结构：90 平米以下住房	户型结构：144 平米以上住房	别墅、高档公寓	办公楼	商业营业用房	其他房屋
房屋施工面积	（平方米）	68391537	51937544	16987667	10730639	4507518	1009072	5713633	9731288
其中：新开工面积	（平方米）	18184996	13739983	4648702	2315000	588167	92574	1369847	2982592
房屋竣工面积	（平方米）	5555010	4494836	1592125	1214676	355562	24883	402961	632330
竣工房屋价值	（万元）	1867834	1534264	529861	479891	135937	8550	155782	169238
出租房屋面积	（平方米）	3311						3311	
商品房销售面积	（平方米）	17719061	17002218	5964089	3026179	903276	104082	464420	148341
其中：现房销售面积	（平方米）	3255876	2973206	1137714	909553	442308	28481	182577	71612
期房销售面积	（平方米）	14463185	14029012	4826375	2116626	460968	75601	281843	76729
商品房销售额	（万元）	14149978	13371739	4642146	2670986	924724	133780	582415	62044
其中：现房销售额	（万元）	2435262	2182482	862627	747020	430276	37138	191624	24018
期房销售额	（万元）	11714716	11189257	3779519	1923966	494448	96642	390791	38026
待售面积	（平方米）	4263009	2302720	663114	798850	441906	175540	735330	1049419
其中：待售 1-3 年面积（含 1 年）	（平方米）	2627791	1339744	386971	354972	149260	114768	438650	734629
待售 3 年以上面积（含 3 年）	（平方米）	307631	148547	25781	88167	69337		87540	71544

6-9　分县区商品房销售与待售

（2016年）

指标名称		惠州市	惠城区	惠阳区	惠东县	博罗县	龙门县	大亚湾区	仲恺区
房屋施工与竣工									
施工房屋面积	（平方米）	68391537	18344837	10639764	9811751	9275484	1849540	15113908	3356253
其中：住宅	（平方米）	51937544	13254203	7275370	8174130	7615745	1552537	11624984	2440575
本年新开工面积	（平方米）	18184996	3609682	2791092	2507454	1808765	385034	5766075	1316894
其中：住宅	（平方米）	13739983	2643072	2248060	2209702	1482692	282909	4035492	838056
竣工房屋面积	（平方米）	5555010	2299487	568116	813462	717549	198631	818114	139651
其中：住宅	（平方米）	4494836	1712352	472264	790846	555591	150356	690762	122665
竣工房屋价值	（万元）	1867834	778003	267166	357023	224108	46978	157398	37158
其中：住宅	（万元）	1534264	595742	200453	346917	183140	39181	135091	33740
房屋销售与待售									
商品房销售面积	（平方米）	17719061	4307207	2185244	2734713	2680287	347096	4290614	1173900
其中：住宅	（平方米）	17002218	4056073	2070824	2684787	2581875	342190	4141275	1125194
商品房销售额	（万元）	14149978	3633111	2060968	2087601	1337649	231351	4010577	788721
其中：住宅	（万元）	13371739	3375842	1918198	2031020	1269844	227421	3800044	749370
商品房待售面积	（平方米）	4263009	1902406	633720	208547	777426	106501	438197	196212
其中：住宅	（平方米）	2302720	811412	318726	198961	546430	64339	239099	123753

6-10　按行业分建筑业企业生产情况

（2016 年）　　单位：千元

指　标	单位个数	签订合同额	上年结转合同额	本年新签合同额	直接从建设单位承揽工程完成的产值	自行完成施工产值
总计	117	35915258	15323584	20591674	16059318	15924596
行业代码 (201-1)	–	–	–	–	–	–
建筑业	117	35915258	15323584	20591674	16059318	15924596
房屋建筑业	44	28553526	12051034	16502492	12135609	12100006
土木工程建筑业	22	5235270	2608555	2626715	2419302	2394514
铁路、道路、隧道和桥梁工程建筑	7	2581550	1701869	879681	709334	697932
水利和内河港口工程建筑	5	1652074	645012	1007062	1079195	1070109
工矿工程建筑	1	10540	0	10540	10540	10540
架线和管道工程建筑	7	393348	79710	313638	301149	296849
其他土木工程建筑	2	597758	181964	415794	319084	319084
建筑安装业	34	1458325	427819	1030506	1070558	996227
电气安装	13	1071469	343514	727955	726291	673593
管道和设备安装	16	356156	71900	284256	328206	306573
其他建筑安装业	5	30700	12405	18295	16061	16061
建筑装饰和其他建筑业	17	668137	236176	431961	433849	433849
建筑装饰业	12	444184	65731	378453	367341	367341
工程准备活动	2	64658	13000	51658	64658	64658
其他未列明建筑业	3	159295	157445	1850	1850	1850
登记注册类型 (201-1)	–	–	–	–	–	–
内资企业	116	35830242	15320510	20509732	15974302	15861213
国有企业	19	15977291	8162537	7814754	5951465	5898767
集体企业	15	2245391	967776	1277615	1288376	1288376
联营企业	1	213900	0	213900	214880	214880
集体联营企业	1	213900	0	213900	214880	214880
有限责任公司	26	4596260	1544281	3051979	2955703	2933076
国有独资公司	2	1541107	589000	952107	1037807	1037807
其他有限责任公司	24	3055153	955281	2099872	1917896	1895269

指 标	单位个数	签订合同额	上年结转合同额	本年新签合同额	直接从建设单位承揽工程完成的产值	自行完成施工产值
股份有限公司	3	3287288	797748	2489540	622249	622249
私营企业	52	9510112	3848168	5661944	4941629	4903865
私营独资企业	1	1393	0	1393	1393	1393
私营有限责任公司	49	9382520	3766944	5615576	4851894	4814130
私营股份有限公司	2	126199	81224	44975	88342	88342
外商投资企业	1	85016	3074	81942	85016	63383
中外合资经营企业	1	85016	3074	81942	85016	63383
营业状态 (201-1)	–	–	–	–	–	–
营业	116	35915258	15323584	20591674	16059318	15924596
建筑业企业资质等级 (201-1)	–	–	–	–	–	–
施工总承包序列	62	34094536	14809597	19284939	14664759	14558160
施工总承包序列一级工程	7	20090559	9106315	10984244	7467703	7467703
施工总承包序列二级工程	9	8730781	3773063	4957718	4004642	4004642
施工总承包序列三级工程	46	5273196	1930219	3342977	3192414	3085815
专业承包序列	55	1820722	513987	1306735	1394559	1366436
专业承包序列一级工程	3	414838	65621	349217	365674	365674
专业承包序列二级工程	23	306226	55499	250727	275880	251418
专业承包序列三级工程	28	1094761	391900	702861	748390	744729
专业承包序列不分等级工程	1	4897	967	3930	4615	4615
管理机构	–	–	–	–	–	–
惠州市统计局直管	0	0	0	0	0	0
惠城区统计局	82	31805969	13712780	18093189	13565264	13454314
惠阳区统计局	7	438418	289575	148843	244852	244852
惠东县统计局	5	1064549	392250	672299	825499	825499
博罗县统计局	11	1375557	600592	774965	583179	581679
龙门县统计局	2	374469	117969	256500	322300	322300
大亚湾统计局	6	722543	201098	521445	433304	411671
仲恺高新区科技创新局	4	133753	9320	124433	84920	84281

6-10 续表 2　　（2016 年）　　单位：千元

指 标	分包出去工程的产值	从建设单位以外承揽工程完成的产值	建筑业总产值	装饰装修产值	在外省完成的产值	建筑工程产值
总计	134722	84835	16009431	540567	78968	14462457
行业代码 (201-1)	–	–	–	–	–	–
建筑业	134722	84835	16009431	540567	78968	14462457
房屋建筑业	35603	11790	12111796	162127	0	11893234
土木工程建筑业	24788	9287	2403801	9320	1062	2077985
铁路、道路、隧道和桥梁工程建筑	11402	0	697932	7820	0	696280
水利和内河港口工程建筑	9086	0	1070109	0	0	1034009
工矿工程建筑	0	0	10540	0	0	8500
架线和管道工程建筑	4300	9287	306136	1500	1062	20112
其他土木工程建筑	0	0	319084	0	0	319084
建筑安装业	74331	61979	1058206	0	77906	166440
电气安装	52698	61929	735522	0	54314	0
管道和设备安装	21633	50	306623	0	19697	166440
其他建筑安装业	0	0	16061	0	3895	0
建筑装饰和其他建筑业	0	1779	435628	369120	0	324798
建筑装饰业	0	1779	369120	369120	0	282707
工程准备活动	0	0	64658	0	0	40241
其他未列明建筑业	0	0	1850	0	0	1850
登记注册类型 (201-1)	–	–	–	–	–	–
内资企业	113089	84835	15946048	540567	61881	14399074
国有企业	52698	52698	5951465	52904	0	5772194
集体企业	0	0	1288376	8394	0	1196273
联营企业	0	0	214880	0	0	214880
集体联营企业	0	0	214880	0	0	214880
有限责任公司	22627	20137	2953213	106205	25892	2275705
国有独资公司	0	0	1037807	0	0	1037807
其他有限责任公司	22627	20137	1915406	106205	25892	1237898

6-10 续表 3　　（2016 年）　　单位：千元

指 标	分包出去工程的产值	从建设单位以外承揽工程完成的产值	建筑业总产值	装饰装修产值	在外省完成的产值	建筑工程产值
股份有限公司	0	0	622249	14460	0	601970
私营企业	37764	12000	4915865	358604	35989	4338052
私营独资企业	0	0	1393	1393	0	0
私营有限责任公司	37764	12000	4826130	357211	6505	4338052
私营股份有限公司	0	0	88342	0	29484	0
外商投资企业	21633	0	63383	0	17087	63383
中外合资经营企业	21633	0	63383	0	17087	63383
营业状态 (201-1)	–	–	–	–	–	–
营业	134722	84835	16009431	540567	78968	14462457
建筑业企业资质等级 (201-1)	–	–	–	–	–	–
施工总承包序列	106599	73559	14631719	169947	0	14063085
施工总承包序列一级工程	0	0	7467703	42910	0	7370645
施工总承包序列二级工程	0	0	4004642	103723	0	3768247
施工总承包序列三级工程	106599	73559	3159374	23314	0	2924193
专业承包序列	28123	11276	1377712	370620	78968	399372
专业承包序列一级工程	0	0	365674	346945	0	274301
专业承包序列二级工程	24462	1829	253247	19011	20759	99639
专业承包序列三级工程	3661	9447	754176	4664	58209	25432
专业承包序列不分等级工程	0	0	4615	0	0	0
管理机构	–	–	–	–	–	–
惠州市统计局直管	0	0	0	0	0	0
惠城区统计局	110950	75548	13529862	523983	58819	12155961
惠阳区统计局	0	0	244852	0	0	209620
惠东县统计局	0	0	825499	0	0	825499
博罗县统计局	1500	9287	590966	1500	0	516770
龙门县统计局	0	0	322300	0	0	317300
大亚湾统计局	21633	0	411671	8480	19087	400191
仲恺高新区科技创新局	639	0	84281	6604	1062	37116

6-10续表4　　（2016年）　　单位：千元、平方米

指 标	安装工程产值	其他建筑业产值	竣工产值	房屋施工面积	房屋新开工面积	实行投标承包面积
总计	1214883	332091	10176237	13676410	4208776	3704797
行业代码（201-1）	–	–	–	–	–	–
建筑业	1214883	332091	10176237	13676410	4208776	3704797
房屋建筑业	15500	203062	8286650	13389830	4208776	3418217
土木工程建筑业	262035	63781	1007852	286580	0	286580
铁路、道路、隧道和桥梁工程建筑	0	1652	339884	0	0	0
水利和内河港口工程建筑	0	36100	210369	286580	0	286580
工矿工程建筑	2040	0	10540	0	0	0
架线和管道工程建筑	259995	26029	127975	0	0	0
其他土木工程建筑	0	0	319084	0	0	0
建筑安装业	869024	22742	480340	0	0	0
电气安装	735522	0	200827	0	0	0
管道和设备安装	119441	20742	274253	0	0	0
其他建筑安装业	14061	2000	5260	0	0	0
建筑装饰和其他建筑业	68324	42506	401395	0	0	0
建筑装饰业	68324	18089	359304	0	0	0
工程准备活动	0	24417	40241	0	0	0
其他未列明建筑业	0	0	1850	0	0	0
登记注册类型（201-1）	–	–	–	–	–	–
内资企业	1214883	332091	10112854	13676410	4208776	3704797
国有企业	69201	110070	4197890	7259341	1794211	2323196
集体企业	60183	31920	1159731	1743020	725267	98612
联营企业	0	0	210000	53000	0	0
集体联营企业	0	0	210000	53000	0	0
有限责任公司	651479	26029	1481272	1184178	547410	286580
国有独资公司	0	0	178067	286580	0	286580
其他有限责任公司	651479	26029	1303205	897598	547410	0

6-10 续表 5　　（2016 年）　　单位：千元、平方米

指 标	安装工程产值	其他建筑业产值	竣工产值	房屋施工面积	房屋新开工面积	实行投标承包面积
股份有限公司	0	20279	350274	670593	203034	670593
私营企业	434020	143793	2713687	2766278	938854	325816
私营独资企业	1393	0	983	0	0	0
私营有限责任公司	344285	143793	2624362	2766278	938854	325816
私营股份有限公司	88342	0	88342	0	0	0
外商投资企业	0	0	63383	0	0	0
中外合资经营企业	0	0	63383	0	0	0
营业状态 (201-1)	–	–	–	–	–	–
营业	1214883	332091	10176237	13676410	4208776	3704797
建筑业企业资质等级 (201-1)	–	–	–	–	–	–
施工总承包序列	327820	240814	9299148	13676410	4208776	3704797
施工总承包序列一级工程	0	97058	3800078	7714604	1413078	3240729
施工总承包序列二级工程	234743	1652	2847738	2908907	1408818	172827
施工总承包序列三级工程	93077	142104	2651332	3052899	1386880	291241
专业承包序列	887063	91277	877089	0	0	0
专业承包序列一级工程	60126	31247	346945	0	0	0
专业承包序列二级工程	140150	13458	195483	0	0	0
专业承包序列三级工程	682172	46572	334661	0	0	0
专业承包序列不分等级工程	4615	0	0	0	0	0
管理机构	–	–	–	–	–	–
惠州市统计局直管	0	0	0	0	0	0
惠城区统计局	1111765	262136	7933642	11394271	3087762	3566545
惠阳区统计局	16503	18729	276153	305368	92795	3612
惠东县统计局	0	0	623830	692351	466738	0
博罗县统计局	42204	31992	534387	1014619	381354	0
龙门县统计局	5000	0	298950	167099	138500	95000
大亚湾统计局	1000	10480	445878	22906	2471	0
仲恺高新区科技创新局	38411	8754	63397	79796	39156	39640

6-10 续表 6　（2016 年）　单位：吨、立方米、重量箱、平方米

指 标	主要建筑材料消耗量_钢材	主要建筑材料消耗量_木材	主要建筑材料消耗量_水泥	主要建筑材料消耗量_平板玻璃	主要建筑材料消耗量_平板玻璃	主要建筑材料消耗量_铝材
总计	564069	688402	2390590	293507	2140695	89045
行业代码 (201-1)	–	–	–	–	–	–
建筑业	564069	688402	2390590	293507	2140695	89045
房屋建筑业	451670	685166	2206964	293268	2139723	88629
土木工程建筑业	111737	2486	182210	227	960	401
铁路、道路、隧道和桥梁工程建筑	101889	475	112639	25	250	10
水利和内河港口工程建筑	9636	1451	66259	202	710	136
工矿工程建筑	180	560	450	0	0	255
架线和管道工程建筑	32	0	2862	0	0	0
其他土木工程建筑	0	0	0	0	0	0
建筑安装业	647	0	83	0	0	0
电气安装	0	0	0	0	0	0
管道和设备安装	392	0	10	0	0	0
其他建筑安装业	255	0	73	0	0	0
建筑装饰和其他建筑业	15	750	1333	12	12	15
建筑装饰业	15	750	1333	12	12	15
工程准备活动	0	0	0	0	0	0
其他未列明建筑业	0	0	0	0	0	0
登记注册类型 (201-1)	–	–	–	–	–	–
内资企业	564069	688402	2390590	293507	2140695	89045
国有企业	269495	577456	1204569	197043	1083433	7560
集体企业	58566	27924	178919	13211	86097	1976
联营企业	1100	5000	900	18000	110000	4000
集体联营企业	1100	5000	900	18000	110000	4000
有限责任公司	54162	27280	158939	8395	390272	3957
国有独资公司	9516	1450	52510	202	710	135
其他有限责任公司	44646	25830	106429	8193	389562	3822

6-10 续表 7 （2016 年） 单位：吨、立方米、重量箱、平方米

指 标	主要建筑材料消耗量_钢材	主要建筑材料消耗量_木材	主要建筑材料消耗量_水泥	主要建筑材料消耗量_平板玻璃	主要建筑材料消耗量_平板玻璃	主要建筑材料消耗量_铝材
股份有限公司	33529	13412	127413	20118	80471	67059
私营企业	147217	37330	719850	36740	390422	4493
私营独资企业	0	0	0	0	0	0
私营有限责任公司	147217	37330	719850	36740	390422	4493
私营股份有限公司	0	0	0	0	0	0
外商投资企业	0	0	0	0	0	0
中外合资经营企业	0	0	0	0	0	0
营业状态 (201-1)	–	–	–	–	–	–
营业	564069	688402	2390590	293507	2140695	89045
建筑业企业资质等级 (201-1)	–	–	–	–	–	–
施工总承包序列	563531	687092	2385862	293495	2140683	88775
施工总承包序列一级工程	179004	550678	1171749	98774	951530	73243
施工总承包序列二级工程	275613	56856	907583	153542	616545	4441
施工总承包序列三级工程	108914	79558	306530	41179	572608	11091
专业承包序列	538	1310	4728	12	12	270
专业承包序列一级工程	0	0	0	0	0	0
专业承包序列二级工程	326	750	1416	12	12	15
专业承包序列三级工程	212	560	3312	0	0	255
专业承包序列不分等级工程	0	0	0	0	0	0
管理机构	–	–	–	–	–	–
惠州市统计局直管	0	0	0	0	0	0
惠城区统计局	457240	611670	2081964	161446	1764050	85861
惠阳区统计局	7340	11024	22539	6195	31358	98
惠东县统计局	55404	49244	174718	115376	266682	617
博罗县统计局	32899	13971	56066	2711	29054	679
龙门县统计局	7658	1395	40929	7122	36850	432
大亚湾统计局	13	58	9	4	40	1
仲恺高新区科技创新局	3515	1040	14365	653	12661	1357

6-10 续表 8 （2016 年） 单位：人

指 标	直接从事生产经营活动的平均人数	从业人员期末人数	工程技术人员	一级建造师	现场施工人员
总计	37047	39604	5557	445	12027
行业代码 (201-1)	–	–	–	–	–
建筑业	37047	39604	5557	445	12027
房屋建筑业	25693	27795	3312	204	9286
土木工程建筑业	4509	4350	956	145	1775
铁路、道路、隧道和桥梁工程建筑	1201	1224	342	27	457
水利和内河港口工程建筑	1734	1706	365	53	875
工矿工程建筑	135	56	15	0	0
架线和管道工程建筑	659	651	114	15	247
其他土木工程建筑	780	713	120	50	196
建筑安装业	5844	6469	1091	50	620
电气安装	1850	2502	260	17	250
管道和设备安装	3786	3741	802	30	338
其他建筑安装业	208	226	29	3	32
建筑装饰和其他建筑业	1001	990	198	46	346
建筑装饰业	603	603	130	20	96
工程准备活动	348	337	65	25	210
其他未列明建筑业	50	50	3	1	40
登记注册类型 (201-1)	–	–	–	–	–
内资企业	36697	39260	5508	442	12027
国有企业	11928	12497	1454	74	4945
集体企业	4568	4824	843	31	2221
联营企业	100	102	20	1	90
集体联营企业	100	102	20	1	90
有限责任公司	6916	8523	828	124	2555
国有独资公司	1665	1650	272	47	1003
其他有限责任公司	5251	6873	556	77	1552

指 标	直接从事生产经营活动的平均人数	从业人员期末人数	工程技术人员	一级建造师	现场施工人员
股份有限公司	4512	4302	857	33	0
私营企业	8673	9012	1506	179	2216
私营独资企业	10	10	5	0	3
私营有限责任公司	8554	8893	1491	175	2178
私营股份有限公司	109	109	10	4	35
外商投资企业	350	344	49	3	0
中外合资经营企业	350	344	49	3	0
营业状态 (201-1)	–	–	–	–	–
营业	37047	39604	5557	445	12027
建筑业企业资质等级 (201-1)	–	–	–	–	–
施工总承包序列	30901	33552	4299	343	11407
施工总承包序列一级工程	12721	13057	1156	154	4379
施工总承包序列二级工程	8350	9309	1251	92	3216
施工总承包序列三级工程	9830	11186	1892	97	3812
专业承包序列	6146	6052	1258	102	620
专业承包序列一级工程	2801	2789	737	35	62
专业承包序列二级工程	1417	1424	213	17	304
专业承包序列三级工程	1873	1784	276	50	228
专业承包序列不分等级工程	55	55	32	0	26
管理机构	–	–	–	–	–
惠州市统计局直管	0	0	0	0	0
惠城区统计局	26074	28338	3389	326	8306
惠阳区统计局	3212	3351	820	16	599
惠东县统计局	2516	2725	494	6	1488
博罗县统计局	2448	2377	476	8	843
龙门县统计局	780	855	80	30	364
大亚湾统计局	1403	1336	250	51	261
仲恺高新区科技创新局	614	622	48	8	166

指 标	持证上岗人员	年末自有施工机械设备净值	年末自有施工机械设备总台数本期	年末自有施工机械设备总功率本期	建筑业企业总产值
总计	8460	270076	7772	223745	16411826
行业代码 (201-1)	–	–	–	–	–
建筑业	8460	270076	7772	223745	16411826
房屋建筑业	6739	170109	5287	153292	12441511
土木工程建筑业	1067	58820	1808	40561	2469833
铁路、道路、隧道和桥梁工程建筑	359	11566	221	9917	697932
水利和内河港口工程建筑	260	26157	1055	26215	1079195
工矿工程建筑	0	303	86	60	10540
架线和管道工程建筑	229	15924	345	4018	363082
其他土木工程建筑	219	4870	101	351	319084
建筑安装业	348	14580	450	29442	1064854
电气安装	211	8506	148	27122	735565
管道和设备安装	107	5831	197	1122	310623
其他建筑安装业	30	243	105	1198	18666
建筑装饰和其他建筑业	306	26567	227	450	435628
建筑装饰业	90	1016	174	397	369120
工程准备活动	210	25551	53	53	64658
其他未列明建筑业	6	0	0	0	1850
登记注册类型 (201-1)	–	–	–	–	–
内资企业	8460	270076	7772	223745	16348443
国有企业	4451	103103	2353	85881	6252555
集体企业	718	21812	1116	15870	1288376
联营企业	0	1395	75	190	214880
集体联营企业	0	1395	75	190	214880
有限责任公司	1191	87290	2264	45255	3016311
国有独资公司	300	26010	991	25152	1037807
其他有限责任公司	891	61280	1273	20103	1978504

指 标	持证上岗人员	年末自有施工机械设备净值	年末自有施工机械设备总台数本期	年末自有施工机械设备总功率本期	建筑业企业总产值
股份有限公司	0	774	504	18325	622249
私营企业	2100	55702	1460	58224	4954072
私营独资企业	5	0	0	0	1393
私营有限责任公司	2000	52048	1385	31974	4864337
私营股份有限公司	95	3654	75	26250	88342
外商投资企业	0	0	0	0	63383
中外合资经营企业	0	0	0	0	63383
营业状态 (201-1)	–	–	–	–	–
营业	8460	270076	7772	223745	16411826
建筑业企业资质等级 (201-1)	–	–	–	–	–
施工总承包序列	7936	241091	6804	191930	14970520
施工总承包序列一级工程	3462	123252	3268	117398	7767703
施工总承包序列二级工程	2533	41402	807	19280	4004642
施工总承包序列三级工程	1941	76437	2729	55252	3198175
专业承包序列	524	28985	968	31815	1441306
专业承包序列一级工程	62	676	147	316	365674
专业承包序列二级工程	155	2610	226	1650	309759
专业承包序列三级工程	259	22174	584	29646	761215
专业承包序列不分等级工程	48	3525	11	203	4658
管理机构	–	–	–	–	–
惠州市统计局直管	0	0	0	0	0
惠城区统计局	6200	219030	5750	193854	13877155
惠阳区统计局	50	6529	395	4894	244852
惠东县统计局	1391	7190	455	5312	825499
博罗县统计局	408	26333	795	10342	592466
龙门县统计局	26	5530	165	3377	322300
大亚湾统计局	287	5036	162	1666	411671
仲恺高新区科技创新局	98	428	50	4300	137883

6-11 建筑业企业财务状况主要指标

（2016 年） 单位：千元

指 标	单位个数	年初存货	流动资产合计	其中：应收工程款	存货	固定资产合计
总计	117	1977194	14709011	2670054	1500887	1819246
行业代码 (101-1)	-	-	-	-	-	-
建筑业	117	1977194	14709011	2670054	1500887	1819246
房屋建筑业	44	354766	4884974	1559635	431404	1354219
土木工程建筑业	22	1342333	8076245	607924	718211	186337
铁路、道路、隧道和桥梁工程建筑	7	531199	4241858	26920	478716	86165
水利和内河港口工程建筑	5	399849	3308180	402310	201184	51011
工矿工程建筑	1	781	88684	69336	1241	905
架线和管道工程建筑	7	394117	313524	106298	31902	22839
其他土木工程建筑	2	16387	123999	3060	5168	25417
建筑安装业	34	268738	1396365	404562	326729	230041
电气安装	13	244573	1024921	275115	303411	97859
管道和设备安装	16	20478	300371	106189	16841	129339
其他建筑安装业	5	3687	71073	23258	6477	2843
建筑装饰和其他建筑业	17	11357	351427	97933	24543	48649
建筑装饰业	12	4753	227035	46657	12753	21397
工程准备活动	2	5275	102599	31192	10461	17420
其他未列明建筑业	3	1329	21793	20084	1329	9832
登记注册类型 (101-1)	-	-	-	-	-	-
内资企业	116	1973095	14634662	2610528	1497048	1780894
国有企业	19	794158	5605189	742644	533376	178545
集体企业	15	76260	549991	198956	74360	150244
联营企业	1	0	17590	0	0	7
集体联营企业	1	0	17590	0	0	7
有限责任公司	27	1035853	5251552	992525	506125	213361
国有独资公司	2	392427	3277469	395282	197262	35558
其他有限责任公司	25	643426	1974083	597243	308863	177803
股份有限公司	3	6920	789364	109450	0	18439
私营企业	51	59904	2420976	566953	383187	1220298
私营有限责任公司	49	35507	2304005	548242	321705	1216024
私营股份有限公司	2	24397	116971	18711	61482	4274
外商投资企业	1	4099	74349	59526	3839	38352
中外合资经营企业	1	4099	74349	59526	3839	38352

6-11 续表1　　（2016年）　　单位：千元

指　标	单位个数	年初存货	流动资产合计	其中：应收工程款	存货	固定资产合计
企业控股情况(101-1)	–	–	–	–	–	–
国有控股	23	1193505	8961026	1137926	730638	256004
集体控股	23	294775	2012260	431568	333594	240016
私人控股	65	483804	3550464	1003697	431897	1273802
外商控股	1	4099	74349	59526	3839	38352
其他	5	1011	110912	37337	919	11072
营业状态(101-1)	–	–	–	–	–	–
营业	116	1976648	14689480	2662872	1500341	1818143
停业（歇业）	1	546	19531	7182	546	1103
隶属关系(101-1)	–	–	–	–	–	–
中央	1	6920	78368	0	0	17901
省（自治区、直辖市）	1	0	15838	3060	0	3294
地（区、市、州、盟）	31	1299699	11017600	1711379	884969	253894
县（区、市、旗）	20	580116	665636	121746	204103	141869
街道	2	3500	77669	68138	250	92887
镇	1	0	59698	55880	3818	10643
其他	61	86959	2794202	709851	407747	1298758
建筑业企业资质等级(101-1)	–	–	–	–	–	–
施工总承包序列	62	1445807	13081178	2123866	1272454	1588476
施工总承包序列一级工程	7	1056751	9152283	1212146	602738	1059516
施工总承包序列二级工程	9	180164	1690023	383018	189555	161068
施工总承包序列三级工程	46	208892	2238872	528702	480161	367892
专业承包序列	55	531387	1627833	546188	228433	230770
专业承包序列一级工程	3	8869	245963	20088	8439	38958
专业承包序列二级工程	23	15599	360230	125046	18831	68389
专业承包序列三级工程	28	506892	1009166	399153	201136	119959
专业承包序列不分等级工程	1	27	12474	1901	27	3464
管理机构	–	–	–	–	–	–
惠州市统计局直管	0	0	0	0	0	0
惠城区统计局	82	1339351	13517334	2389834	1266950	1429748
惠阳区统计局	7	6920	230279	20249	7565	47721
博罗县统计局	11	466397	309678	121946	86707	91916
惠东县统计局	5	25763	89643	25913	21271	20331
龙门县统计局	2	4112	10610	7586	907	94342
大亚湾统计局	6	114211	417717	80894	102868	121371
仲恺高新区科技创新局	4	20440	133750	23632	14619	13817

指　标	固定资产减值准备	固定资产原价	累计折旧	其中：本年折旧	在建工程	资产总计
总计	5932	1173072	565979	56750	1099367	17152523
行业代码 (101-1)	–	–	–	–	–	–
建筑业	5932	1173072	565979	56750	1099367	17152523
房屋建筑业	5800	548813	246015	20043	1021748	6438156
土木工程建筑业	0	302915	146068	14928	17909	8407675
铁路、道路、隧道和桥梁工程建筑	0	154633	68468	3849	0	4361924
水利和内河港口工程建筑	0	53321	27567	5252	14709	3380984
工矿工程建筑	0	3030	2125	370	0	92589
架线和管道工程建筑	0	48304	28665	2525	3200	392752
其他土木工程建筑	0	43627	19243	2932	0	179426
建筑安装业	132	233804	132650	17917	57356	1890164
电气安装	0	116184	77551	11151	8650	1337687
管道和设备安装	0	110938	51019	6258	48597	478561
其他建筑安装业	132	6682	4080	508	109	73916
建筑装饰和其他建筑业	0	87540	41246	3862	2354	416528
建筑装饰业	0	31817	10420	1420	0	252828
工程准备活动	0	29543	12124	2093	0	122075
其他未列明建筑业	0	26180	18702	349	2354	41625
登记注册类型 (101-1)	–	–	–	–	–	–
内资企业	5932	1109806	539997	52475	1098299	17034623
国有企业	0	309411	152492	6815	4795	5850913
集体企业	800	123964	61955	5804	86535	716778
联营企业	0	53	46	0	0	23427
集体联营企业	0	53	46	0	0	23427
有限责任公司	5000	276296	169211	18959	24692	5820113
国有独资公司	0	43163	22195	1691	14590	3327200
其他有限责任公司	5000	233133	147016	17268	10102	2492913
股份有限公司	0	19073	10968	707	0	842267
私营企业	132	381009	145325	20190	982277	3781125
私营有限责任公司	132	370221	138811	18997	982277	3655979
私营股份有限公司	0	10788	6514	1193	0	125146
外商投资企业	0	63266	25982	4275	1068	117900
中外合资经营企业	0	63266	25982	4275	1068	117900

6-11 续表 3　　（2016 年）　　单位：千元

指　标	固定资产减值准备	固定资产原价	累计折旧	其中：本年折旧	在建工程	资产总计
企业控股情况 (101-1)	–	–	–	–	–	–
国有控股	5000	388475	200021	12141	19385	9327168
集体控股	800	236564	135056	15967	86737	2496023
私人控股	132	455548	184419	24022	989823	5078947
外商控股	0	63266	25982	4275	1068	117900
其他	0	29219	20501	345	2354	132485
营业状态 (101-1)	–	–	–	–	–	–
营业	5932	1173072	565979	56750	1099367	17130929
停业（歇业）	0	0	0	0	0	21594
隶属关系 (101-1)	–	–	–	–	–	–
中央	0	17901	10334	635	0	123055
省（自治区、直辖市）	0	3294	1033	599	0	27613
地（区、市、州、盟）	5000	416440	265248	20250	18327	11559836
县（区、市、旗）	800	187201	69104	6982	9765	924299
街道	0	11345	1778	216	82620	174166
镇	0	7962	166	0	2847	70341
其他	132	528929	218316	28068	985808	4273213
建筑业企业资质等级 (101-1)	–	–	–	–	–	–
施工总承包序列	5800	884578	413144	38189	1036584	15152839
施工总承包序列一级工程	0	246927	135954	7514	948543	10287266
施工总承包序列二级工程	0	241723	121882	8781	1387	2094815
施工总承包序列三级工程	5800	395928	155308	21894	86654	2770758
专业承包序列	132	288494	152835	18561	62783	1999684
专业承包序列一级工程	0	47818	19194	1855	0	311957
专业承包序列二级工程	0	93764	41169	5663	5305	438145
专业承包序列三级工程	132	137736	86760	10317	57478	1232478
专业承包序列不分等级工程	0	9176	5712	726	0	17104
管理机构	–	–	–	–	–	–
惠州市统计局直管	0	0	0	0	0	0
惠城区统计局	5132	782391	396733	41006	958380	15375070
惠阳区统计局	0	59540	35055	1400	2354	314786
博罗县统计局	800	105860	64283	5345	49339	506153
惠东县统计局	0	22691	5119	432	1260	125005
龙门县统计局	0	11760	738	190	82620	108562
大亚湾统计局	0	176935	56741	8020	1177	574769
仲恺高新区科技创新局	0	13895	7310	357	4237	148178

指　标	流动负债合计	其中：应付账款	非流动负债合计	负债合计	所有者权益合计	其中：实收资本
总计	11273159	2632093	78502	11525434	5627089	4386163
行业代码 (101-1)	–	–	–	–	–	–
建筑业	11273159	2632093	78502	11525434	5627089	4386163
房屋建筑业	4540863	1541335	28193	4664899	1773257	1497624
土木工程建筑业	5544488	628950	49444	5661333	2746342	2252490
铁路、道路、隧道和桥梁工程建筑	4062099	62474	31410	4113410	248514	349269
水利和内河港口工程建筑	1175254	410999	0	1222754	2158230	1602193
工矿工程建筑	62589	34677	0	62589	30000	30000
架线和管道工程建筑	220074	111815	4034	224108	168644	152028
其他土木工程建筑	24472	8985	14000	38472	140954	119000
建筑安装业	985056	360538	–1815	988073	902091	452759
电气安装	737103	303901	0	737103	600584	275975
管道和设备安装	212542	42618	0	217374	261187	135556
其他建筑安装业	35411	14019	–1815	33596	40320	41228
建筑装饰和其他建筑业	202752	101270	2680	211129	205399	183290
建筑装饰业	113611	51970	0	115323	137505	127240
工程准备活动	61577	24160	0	61577	60498	43050
其他未列明建筑业	27564	25140	2680	34229	7396	13000
登记注册类型 (101-1)	–	–	–	–	–	–
内资企业	11250333	2615551	78502	11502608	5532015	4371163
国有企业	5296540	839750	30082	5356059	494854	599006
集体企业	375931	73597	3795	418385	298393	120453
联营企业	23277	0	0	23277	150	150
集体联营企业	23277	0	0	23277	150	150
有限责任公司	2565296	1089700	45540	2663168	3156945	2261913
国有独资公司	1164684	403448	0	1212184	2115016	1543661
其他有限责任公司	1400612	686252	45540	1450984	1041929	718252
股份有限公司	638959	163931	0	638959	203308	200489
私营企业	2350330	448573	–915	2402760	1378365	1189152
私营有限责任公司	2331759	439704	–915	2384189	1271790	1116132
私营股份有限公司	18571	8869	0	18571	106575	73020
外商投资企业	22826	16542	0	22826	95074	15000
中外合资经营企业	22826	16542	0	22826	95074	15000

6-11 续表 5　　(2016 年)　　单位：千元

指　标	流动负债合计	其中：应付账款	非流动负债合计	负债合计	所有者权益合计	其中：实收资本
企业控股情况 (101-1)	–	–	–	–	–	–
国有控股	6516168	1245214	30082	6623187	2703981	2228667
集体控股	1601586	430065	4521	1644766	851257	378392
私人控股	3091139	906482	41219	3190535	1888412	1672104
外商控股	22826	16542	0	22826	95074	15000
其他	41440	33790	2680	44120	88365	92000
营业状态 (101-1)	–	–	–	–	–	–
营业	11213371	2628338	78390	11465533	5665396	4378555
停业（歇业）	59788	3755	112	59901	-38307	7608
隶属关系 (101-1)	–	–	–	–	–	–
中央	54944	2016	0	54944	68111	60000
省（自治区、直辖市）	11430	3374	0	11430	16183	0
地（区、市、州、盟）	8096584	1966223	20161	8164930	3394906	2669561
县（区、市、旗）	528893	111208	41850	607461	316838	218201
街道	85496	7787	0	85496	88670	18300
镇	0	0	0	35525	34816	6560
其他	2495812	541485	16491	2565648	1707565	1413541
建筑业企业资质等级 (101-1)	–	–	–	–	–	–
施工总承包序列	10235210	2199385	73603	10472057	4680782	3644898
施工总承包序列一级工程	7579428	1294529	33731	7660660	2626606	2174013
施工总承包序列二级工程	1125591	546963	10121	1135712	959103	574679
施工总承包序列三级工程	1530191	357893	29751	1675685	1095073	896206
专业承包序列	1037949	432708	4899	1053377	946307	741265
专业承包序列一级工程	147102	39509	0	147102	164855	140090
专业承包序列二级工程	120154	48981	2219	127205	310940	213970
专业承包序列三级工程	766023	339548	2680	774400	458078	374771
专业承包序列不分等级工程	4670	4670	0	4670	12434	12434
管理机构	–	–	–	–	–	–
惠州市统计局直管	0	0	0	0	0	0
惠城区统计局	10463060	2476231	19028	10583618	4791452	3849492
惠阳区统计局	195137	33575	3530	198667	116119	103300
博罗县统计局	191585	42313	27671	254781	251372	162471
惠东县统计局	71302	43965	10021	83773	41232	26339
龙门县统计局	16605	3068	0	16605	91957	18350
大亚湾统计局	293216	32594	14000	336652	238117	147281
仲恺高新区科技创新局	42254	347	4252	51338	96840	78930

6-11 续表6 （2016年） 单位：千元

指 标	国家资本	集体资本	法人资本	个人资本	港澳台资本	外商资本
总计	2212817	368932	597414	1198000	0	9000
行业代码 (101-1)	–	–	–	–	–	–
建筑业	2212817	368932	597414	1198000	0	9000
房屋建筑业	330157	254242	240234	672991	0	0
土木工程建筑业	1821499	36690	84055	310246	0	0
铁路、道路、隧道和桥梁工程建筑	271838	0	16431	61000	0	0
水利和内河港口工程建筑	1544661	6690	30762	20080	0	0
工矿工程建筑	0	30000	0	0	0	0
架线和管道工程建筑	5000	0	36862	110166	0	0
其他土木工程建筑	0	0	0	119000	0	0
建筑安装业	61011	78000	176328	128420	0	9000
电气安装	1011	78000	140759	56205	0	0
管道和设备安装	60000	0	16280	50276	0	9000
其他建筑安装业	0	0	19289	21939	0	0
建筑装饰和其他建筑业	150	0	96797	86343	0	0
建筑装饰业	150	0	81597	45493	0	0
工程准备活动	0	0	10200	32850	0	0
其他未列明建筑业	0	0	5000	8000	0	0
登记注册类型 (101-1)	–	–	–	–	–	–
内资企业	2212817	368932	591414	1198000	0	0
国有企业	588006	0	11000	0	0	0
集体企业	150	120303	0	0	0	0
联营企业	0	150	0	0	0	0
集体联营企业	0	150	0	0	0	0
有限责任公司	1564661	66300	171163	459789	0	0
国有独资公司	1538661	0	5000	0	0	0
其他有限责任公司	26000	66300	166163	459789	0	0
股份有限公司	60000	130489	10000	0	0	0
私营企业	0	51690	399251	738211	0	0
私营有限责任公司	0	51690	343531	720911	0	0
私营股份有限公司	0	0	55720	17300	0	0
外商投资企业	0	0	6000	0	0	9000
中外合资经营企业	0	0	6000	0	0	9000

6-11 续表 7　　（2016 年）　　单位：千元

指　标	国家资本	集体资本	法人资本	个人资本	港澳台资本	外商资本
企业控股情况 (101-1)	-	-	-	-	-	-
国有控股	2212667	0	16000	0	0	0
集体控股	150	317242	51200	9800	0	0
私人控股	0	51690	498664	1121750	0	0
外商控股	0	0	6000	0	0	9000
其他	0	0	25550	66450	0	0
营业状态 (101-1)	-	-	-	-	-	-
营业	2205209	368932	597414	1198000	0	9000
停业（歇业）	7608	0	0	0	0	0
隶属关系 (101-1)	-	-	-	-	-	-
中央	60000	0	0	0	0	0
省（自治区、直辖市）	0	0	0	0	0	0
地（区、市、州、盟）	2146687	208612	99692	214570	0	0
县（区、市、旗）	6130	77470	43785	90816	0	0
街道	0	18300	0	0	0	0
镇	0	6560	0	0	0	0
其他	0	57990	453937	892614	0	9000
建筑业企业资质等级 (101-1)	-	-	-	-	-	-
施工总承包序列	2144630	320932	320275	859061	0	0
施工总承包序列一级工程	1737831	130489	186693	119000	0	0
施工总承包序列二级工程	373179	60000	2730	138770	0	0
施工总承包序列三级工程	33620	130443	130852	601291	0	0
专业承包序列	68187	48000	277139	338939	0	9000
专业承包序列一级工程	60000	0	60090	20000	0	0
专业承包序列二级工程	0	0	45454	159516	0	9000
专业承包序列三级工程	8187	48000	162956	155628	0	0
专业承包序列不分等级工程	0	0	8639	3795	0	0
管理机构	-	-	-	-	-	-
惠州市统计局直管	0	0	0	0	0	0
惠城区统计局	2140637	260832	513340	934683	0	0
惠阳区统计局	71000	12300	5000	15000	0	0
博罗县统计局	0	71450	26431	64590	0	0
惠东县统计局	14339	6000	6000	0	0	0
龙门县统计局	0	18350	0	0	0	0
大亚湾统计局	-19209	0	30289	127201	0	9000
仲恺高新区科技创新局	6050	0	16354	56526	0	0

指　标	营业收入	其中：主营业务收入	营业成本	其中：主营业务成本	营业税金及附加	其中：主营业务税金及附加
总计	20130164	20031502	19006599	18900246	320408	316153
行业代码 (101-1)	–	–	–	–	–	–
建筑业	20130164	20031502	19006599	18900246	320408	316153
房屋建筑业	15327640	15324414	14770385	14758727	211832	211364
土木工程建筑业	3260072	3250511	3007458	2984908	84406	82505
铁路、道路、隧道和桥梁工程建筑	1291939	1289106	1193744	1193459	44032	43798
水利和内河港口工程建筑	1255347	1248619	1196244	1196018	29357	28577
工矿工程建筑	10640	10640	7584	7584	119	119
架线和管道工程建筑	382301	382301	319115	297076	5146	4259
其他土木工程建筑	319845	319845	290771	290771	5752	5752
建筑安装业	1197018	1139983	957557	911908	18602	16717
电气安装	889144	863955	723972	713837	12507	11997
管道和设备安装	280394	248548	213754	178240	5118	3743
其他建筑安装业	27480	27480	19831	19831	977	977
建筑装饰和其他建筑业	345434	316594	271199	244703	5568	5567
建筑装饰业	197486	169002	165542	139046	4496	4495
工程准备活动	144961	144605	101166	101166	921	921
其他未列明建筑业	2987	2987	4491	4491	151	151
登记注册类型 (101-1)	–	–	–	–	–	–
内资企业	20045148	19946486	18940414	18834061	319513	315258
国有企业	8894163	8888808	8644724	8633001	97804	97102
集体企业	1413506	1406726	1210478	1206415	55931	55421
联营企业	275	0	0	0	0	0
集体联营企业	275	0	0	0	0	0
有限责任公司	3399309	3346811	3119321	3064272	50522	48854
国有独资公司	1149023	1142295	1090251	1090025	26322	26322
其他有限责任公司	2250286	2204516	2029070	1974247	24200	22532
股份有限公司	625677	625192	597836	584474	7229	6443
私营企业	5712218	5678949	5368055	5345899	108027	107438
私营有限责任公司	5614103	5580834	5311298	5289142	107031	106442
私营股份有限公司	98115	98115	56757	56757	996	996
外商投资企业	85016	85016	66185	66185	895	895
中外合资经营企业	85016	85016	66185	66185	895	895

6-11 续表 9　　（2016 年）　　单位：千元

指　标	营业收入	其中：主营业务收入	营业成本	其中：主营业务成本	营业税金及附加	其中：主营业务税金及附加
企业控股情况 (101-1)	–	–	–	–	–	–
国有控股	10106915	10094347	9788337	9763026	127812	126324
集体控股	2744945	2719149	2391171	2380820	70214	69492
私人控股	7149736	7089438	6720361	6649670	120916	118872
外商控股	85016	85016	66185	66185	895	895
其他	43552	43552	40545	40545	571	570
营业状态 (101-1)	–	–	–	–	–	–
营业	19943949	19845287	18823722	18717369	318624	314369
停业（歇业）	186215	186215	182877	182877	1784	1784
隶属关系 (101-1)	–	–	–	–	–	–
中央	18729	18244	13362	0	786	0
省（自治区、直辖市）	5136	5136	4626	4626	20	20
地（区、市、州、盟）	11618367	11580413	11199643	11177563	102852	100648
县（区、市、旗）	1617821	1617821	1413672	1391413	83163	82488
街道	331438	331438	295479	295479	8568	8568
镇	186268	186268	152820	152820	6240	6240
其他	6352405	6292182	5926997	5878345	118779	118189
建筑业企业资质等级 (101-1)	–	–	–	–	–	–
施工总承包序列	18743300	18715651	17913159	17897242	297535	296053
施工总承包序列一级工程	9682590	9673471	9456564	9456338	74476	74124
施工总承包序列二级工程	5641764	5624033	5407237	5403204	126486	126252
施工总承包序列三级工程	3418946	3418147	3049358	3037700	96573	95677
专业承包序列	1386864	1315851	1093440	1003004	22873	20100
专业承包序列一级工程	187635	158666	154282	114424	4589	3803
专业承包序列二级工程	321558	321483	261470	261326	5134	5133
专业承包序列三级工程	872770	830862	675821	625387	12938	10952
专业承包序列不分等级工程	4901	4840	1867	1867	212	212
管理机构	–	–	–	–	–	–
惠州市统计局直管	0	0	0	0	0	0
惠城区统计局	17538239	17471479	16773494	16736208	210658	208569
惠阳区统计局	243086	242601	217210	203848	8028	7242
博罗县统计局	633341	602055	516296	472029	27608	26344
惠东县统计局	802069	802069	715085	715085	51575	51575
龙门县统计局	322300	322300	272159	272159	12535	12535
大亚湾统计局	453194	453194	394308	394308	7361	7361
仲恺高新区科技创新局	137935	137804	118047	106609	2643	2527

6-11 续表 10　　（2016 年）　　单位：千元

指　标	其他业务利润	销售费用	管理费用	其中：税金	财务费用	其中：利息收入
总计	26751	34506	473914	14859	22654	1587
行业代码 (101–1)	–	–	–	–	–	–
建筑业	26751	34506	473914	14859	22654	1587
房屋建筑业	1798	22219	170962	5634	18094	684
土木工程建筑业	8815	61	118351	4343	4572	1124
铁路、道路、隧道和桥梁工程建筑	2314	60	32631	650	109	402
水利和内河港口工程建筑	6501	0	21717	420	2145	620
工矿工程建筑	0	0	3169	3	558	0
架线和管道工程建筑	0	0	40852	2713	823	81
其他土木工程建筑	0	1	19982	557	937	21
建筑安装业	13794	10670	135970	3258	657	–196
电气安装	13719	4464	97657	2411	–224	–198
管道和设备安装	75	6109	31569	790	875	2
其他建筑安装业	0	97	6744	57	6	0
建筑装饰和其他建筑业	2344	1556	48631	1624	–669	–25
建筑装饰业	1988	0	24481	1273	–659	10
工程准备活动	356	1556	22461	254	–11	–36
其他未列明建筑业	0	0	1689	97	1	1
登记注册类型 (101–1)	–	–	–	–	–	–
内资企业	26751	34506	467105	14576	22647	1587
国有企业	4353	2769	86026	2555	2938	1107
集体企业	2937	18904	43301	1704	1802	13
联营企业	275	0	572	2	0	0
集体联营企业	275	0	572	2	0	0
有限责任公司	18148	2275	161612	6408	4899	499
国有独资公司	6501	0	17731	342	2122	622
其他有限责任公司	11647	2275	143881	6066	2777	–123
股份有限公司	0	4500	22842	509	–57	–98
私营企业	1038	6058	152752	3398	13065	66
私营有限责任公司	1038	1605	138594	3258	13094	13
私营股份有限公司	0	4453	14158	140	–29	53
外商投资企业	0	0	6809	283	7	0
中外合资经营企业	0	0	6809	283	7	0

6-11 续表 11　　（2016 年）　　单位：千元

指 标	其他业务利润	销售费用	管理费用	其中：税金	财务费用	其中：利息收入
企业控股情况 (101-1)	–	–	–	–	–	–
国有控股	10854	7269	109836	3339	5156	1782
集体控股	14326	20113	136463	2927	2353	-328
私人控股	1571	7124	215352	7971	15129	132
外商控股	0	0	6809	283	7	0
其他	0	0	5454	339	9	1
营业状态 (101-1)	–	–	–	–	–	–
营业	26751	34506	473040	14834	22659	1587
停业（歇业）	0	0	874	25	-5	0
隶属关系 (101-1)	–	–	–	–	–	–
中央	0	4500	5949	400	-84	0
省（自治区、直辖市）	0	0	31	1	0	0
地（区、市、州、盟）	25255	610	203460	4058	1989	1217
县（区、市、旗）	0	22271	51986	3853	5268	271
街道	0	320	4245	733	616	0
镇	0	38	38	13	37	0
其他	1496	6767	208205	5801	14828	99
建筑业企业资质等级 (101-1)	–	–	–	–	–	–
施工总承包序列	21727	22900	296625	9062	21196	1483
施工总承包序列一级工程	8540	1	107391	2344	3229	1213
施工总承包序列二级工程	12699	876	69904	2514	2109	-30
施工总承包序列三级工程	488	22023	119330	4204	15858	300
专业承包序列	5024	11606	177289	5797	1458	104
专业承包序列一级工程	1988	4500	25876	1109	-832	0
专业承包序列二级工程	75	1609	36697	934	1118	22
专业承包序列三级工程	2900	5497	111703	3718	1168	78
专业承包序列不分等级工程	61	0	3013	36	4	4
管理机构	–	–	–	–	–	–
惠州市统计局直管	0	0	0	0	0	0
惠城区统计局	26751	7349	364621	8857	13571	1259
惠阳区统计局	0	6305	17920	516	732	6
博罗县统计局	0	16141	25521	2423	1944	1
惠东县统计局	0	2559	14271	922	2917	1
龙门县统计局	0	823	4829	766	648	6
大亚湾统计局	0	373	35642	937	2511	261
仲恺高新区科技创新局	0	956	11110	438	331	53

指 标	利息支出	资产减值损失	投资收益（损失以"–"号记）	营业利润	营业外收入	其中：政府补助
总计	16034	3796	45560	313973	2090	745
行业代码 (101–1)	–	–	–	–	–	–
建筑业	16034	3796	45560	313973	2090	745
房屋建筑业	12182	4794	0	129352	181	1
土木工程建筑业	3712	29	0	45244	1096	219
铁路、道路、隧道和桥梁工程建筑	0	0	0	21363	483	0
水利和内河港口工程建筑	2217	0	0	5904	41	0
工矿工程建筑	0	29	0	–790	0	0
架线和管道工程建筑	703	0	0	16365	415	219
其他土木工程建筑	792	0	0	2402	157	0
建筑安装业	137	–1027	45560	120148	750	525
电气安装	5	80	39009	89696	636	517
管道和设备安装	132	–1107	6533	30609	100	8
其他建筑安装业	0	0	18	–157	14	0
建筑装饰和其他建筑业	3	0	0	19229	63	0
建筑装饰业	–20	0	0	3706	13	0
工程准备活动	21	0	0	18868	50	0
其他未列明建筑业	2	0	0	–3345	0	0
登记注册类型 (101–1)	–	–	–	–	–	–
内资企业	16034	3796	45068	302361	2012	745
国有企业	496	4794	0	55108	560	0
集体企业	136	0	0	83088	26	0
联营企业	0	0	0	–297	0	0
集体联营企业	0	0	0	–297	0	0
有限责任公司	3883	0	38069	98748	625	219
国有独资公司	2217	0	0	12597	43	0
其他有限责任公司	1666	0	38069	86151	582	219
股份有限公司	0	–1107	6041	475	0	0
私营企业	11519	109	958	65239	801	526
私营有限责任公司	11519	29	18	42599	284	9
私营股份有限公司	0	80	940	22640	517	517
外商投资企业	0	0	492	11612	78	0
中外合资经营企业	0	0	492	11612	78	0

6-11 续表13 （2016年） 单位：千元

指 标	利息支出	资产减值损失	投资收益（损失以“-”号记）	营业利润	营业外收入	其中：政府补助
企业控股情况（101-1）	-	-	-	-	-	-
国有控股	2713	3687	6041	70859	603	0
集体控股	157	0	38069	162697	144	0
私人控股	13160	109	958	71832	1265	745
外商控股	0	0	492	11612	78	0
其他	4	0	0	-3027	0	0
营业状态（101-1）	-	-	-	-	-	-
营业	16034	3796	45560	313288	2090	745
停业（歇业）	0	0	0	685	0	0
隶属关系（101-1）	-	-	-	-	-	-
中央	0	-1107	6041	1364	0	0
省（自治区、直辖市）	0	0	0	459	0	0
地（区、市、州、盟）	2835	4794	38069	143085	728	0
县（区、市、旗）	906	0	0	41461	289	219
街道	0	0	0	22210	0	0
镇	0	0	0	27095	0	0
其他	12293	109	1450	78299	1073	526
建筑业企业资质等级（101-1）	-	-	-	-	-	-
施工总承包序列	15214	4794	38028	225137	835	0
施工总承包序列一级工程	3430	4461	0	36468	627	0
施工总承包序列二级工程	1741	0	38028	73180	132	0
施工总承包序列三级工程	10043	333	0	115489	76	0
专业承包序列	820	-998	7532	88836	1255	745
专业承包序列一级工程	-52	-1107	6041	6368	13	0
专业承包序列二级工程	833	0	492	16102	317	228
专业承包序列三级工程	39	109	999	66561	925	517
专业承包序列不分等级工程	0	0	0	-195	0	0
管理机构	-	-	-	-	-	-
惠州市统计局直管	0	0	0	0	0	0
惠城区统计局	14328	4570	39027	203029	1543	526
惠阳区统计局	0	-1107	6041	119	28	0
博罗县统计局	89	0	0	45851	42	0
惠东县统计局	100	0	0	15662	0	0
龙门县统计局	22	0	0	31306	0	0
大亚湾统计局	792	0	492	13491	249	0
仲恺高新区科技创新局	703	333	0	4515	228	219

指　标	营业外支出	利润总额	应交所得税	应付职工薪酬（本年贷方累计发生额）	应交增值税	建筑业企业在境外完成的营业收入本期
总计	9705	306279	59582	1899432	91845	2610
行业代码 (101-1)	–	–	–	–	–	–
建筑业	9705	306279	59582	1899432	91845	2610
房屋建筑业	8053	121480	15399	1382830	53702	0
土木工程建筑业	583	45757	21641	253914	15610	0
铁路、道路、隧道和桥梁工程建筑	6	21840	16723	54420	301	0
水利和内河港口工程建筑	113	5832	352	106955	0	0
工矿工程建筑	0	–790	0	4091	90	0
架线和管道工程建筑	129	16651	4099	56419	3310	0
其他土木工程建筑	335	2224	467	32029	11909	0
建筑安装业	761	120138	19055	213608	12829	2610
电气安装	622	89711	12973	129927	7645	0
管道和设备安装	86	30623	6074	77848	5167	2610
其他建筑安装业	53	–196	8	5833	17	0
建筑装饰和其他建筑业	308	18904	3487	49080	9704	0
建筑装饰业	70	3569	1861	24999	8043	0
工程准备活动	238	18680	1617	23208	1603	0
其他未列明建筑业	0	–3345	9	873	58	0
登记注册类型 (101-1)	–	–	–	–	–	–
内资企业	9691	294603	56677	1867384	87799	2610
国有企业	6528	49140	23742	716924	15588	0
集体企业	376	82738	5389	184874	1757	0
联营企业	72	–369	10	3536	8	0
集体联营企业	72	–369	10	3536	8	0
有限责任公司	1545	97829	14628	367554	22970	0
国有独资公司	105	12535	2375	103819	817	0
其他有限责任公司	1440	85294	12253	263735	22153	0
股份有限公司	0	475	391	93885	36422	0
私营企业	1170	64790	12517	500611	11054	2610
私营有限责任公司	1062	41741	6668	486293	11006	2610
私营股份有限公司	108	23049	5849	14318	48	0
外商投资企业	14	11676	2905	32048	4046	0
中外合资经营企业	14	11676	2905	32048	4046	0

6-11 续表 15　　　　　　　　　　（2016 年）　　　　　　　　　　单位：千元

指　标	营业外支出	利润总额	应交所得税	应付职工薪酬（本年贷方累计发生额）	应交增值税	建筑业企业在境外完成的营业收入本期
企业控股情况 (101-1)	–	–	–	–	–	–
国有控股	6633	64829	26906	823729	16405	0
集体控股	1185	161657	15115	403985	46505	0
私人控股	1873	71144	14614	636065	24657	2610
外商控股	14	11676	2905	32048	4046	0
其他	0	–3027	42	3605	232	0
营业状态 (101-1)	–	–	–	–	–	–
营业	9697	305602	59582	1898662	91845	2610
停业（歇业）	8	677	0	770	0	0
隶属关系 (101-1)	–	–	–	–	–	–
中央	0	1364	341	536	0	0
省（自治区、直辖市）	0	459	1	3601	0	0
地（区、市、州、盟）	8061	135753	33913	992263	59407	0
县（区、市、旗）	54	41696	8388	259868	4849	0
街道	0	22210	119	28264	0	0
镇	0	27095	13	29484	0	0
其他	1590	77702	16807	585416	27589	2610
建筑业企业资质等级 (101-1)	–	–	–	–	–	–
施工总承包序列	8863	217109	38932	1659954	76539	0
施工总承包序列一级工程	6937	30158	19975	794800	60820	0
施工总承包序列二级工程	984	72328	9163	483163	8872	0
施工总承包序列三级工程	942	114623	9794	381991	6847	0
专业承包序列	842	89170	20650	239478	15306	2610
专业承包序列一级工程	70	6311	2178	20407	7921	0
专业承包序列二级工程	106	16233	3653	78846	5892	2610
专业承包序列三级工程	666	66821	14819	137902	1474	0
专业承包序列不分等级工程	0	–195	0	2323	19	0
管理机构	–	–	–	–	–	–
惠州市统计局直管	0	0	0	0	0	0
惠城区统计局	9301	195272	47287	1503869	71136	2610
惠阳区统计局	40	27	452	41905	3	0
博罗县统计局	0	45893	3408	103943	484	0
惠东县统计局	0	15662	3978	124493	1869	0
龙门县统计局	0	31306	518	37548	803	0
大亚湾统计局	350	13390	3478	67676	15972	0
仲恺高新区科技创新局	14	4729	461	19998	1578	0

6-12 劳务分包建筑业企业主要指标

（2016 年）　　单位：千元

指标	单位个数	固定资产原价	本年折旧	资产总计	负债合计	实收资本	营业收入
总计	2	10704	1487	7891	0	1000	78468
行业代码 (101-1)	–	–	–	–	–	–	–
建筑业	2	10704	1487	7891	0	1000	78468
建筑安装业	1	5621	235	0	0	0	76340
电气安装	1	5621	235	0	0	0	76340
建筑装饰和其他建筑业	1	5083	1252	7891	0	1000	2128
其他未列明建筑业	1	5083	1252	7891	0	1000	2128
登记注册类型 (101-1)	–	–	–	–	–	–	–
内资企业	2	10704	1487	7891	0	1000	78468
私营企业	2	10704	1487	7891	0	1000	78468
私营有限责任公司	2	10704	1487	7891	0	1000	78468
企业控股情况 (101-1)	–	–	–	–	–	–	–
私人控股	2	10704	1487	7891	0	1000	78468
营业状态 (101-1)	–	–	–	–	–	–	–
营业	2	10704	1487	7891	0	1000	78468
隶属关系 (101-1)	–	–	–	–	–	–	–
其他	2	10704	1487	7891	0	1000	78468
建筑业企业资质等级 (101-1)	–	–	–	–	–	–	–
劳务分包序列	2	10704	1487	7891	0	1000	78468
劳务分包序列二级工程	2	10704	1487	7891	0	1000	78468
管理机构	–	–	–	–	–	–	–
惠州市统计局直管	0	0	0	0	0	0	0
惠城区统计局	1	5621	235	0	0	0	76340
大亚湾统计局	1	5083	1252	7891	0	1000	2128

6-12 续表 1　　　　（2016 年）　　　　单位：千元、人

指 标	其中：主营业务收入	营业成本	其中：主营业务成本	营业税金及附加	其中：主营业务税金及附加	销售费用
总计	78468	62664	62664	911	911	9204
行业代码 (101-1)	–	–	–	–	–	–
建筑业	78468	62664	62664	911	911	9204
建筑安装业	76340	60095	60095	889	889	9204
电气安装	76340	60095	60095	889	889	9204
建筑装饰和其他建筑业	2128	2569	2569	22	22	0
其他未列明建筑业	2128	2569	2569	22	22	0
登记注册类型 (101-1)	–	–	–	–	–	–
内资企业	78468	62664	62664	911	911	9204
私营企业	78468	62664	62664	911	911	9204
私营有限责任公司	78468	62664	62664	911	911	9204
企业控股情况 (101-1)	–	–	–	–	–	–
私人控股	78468	62664	62664	911	911	9204
营业状态 (101-1)	–	–	–	–	–	–
营业	78468	62664	62664	911	911	9204
隶属关系 (101-1)	–	–	–	–	–	–
其他	78468	62664	62664	911	911	9204
建筑业企业资质等级 (101-1)	–	–	–	–	–	–
劳务分包序列	78468	62664	62664	911	911	9204
劳务分包序列二级工程	78468	62664	62664	911	911	9204
管理机构	–	–	–	–	–	–
惠州市统计局直管	0	0	0	0	0	0
惠城区统计局	76340	60095	60095	889	889	9204
大亚湾统计局	2128	2569	2569	22	22	0

6-12 续表 2　　　　（2016 年）　　　　单位：千元、人

指 标	管理费用	其中：税金	财务费用	营业利润	利润总额	从事建筑业活动的平均人数
总计	4961	18	948	-217	-206	152
行业代码 (101-1)	-	-	-	-	-	-
建筑业	4961	18	948	-217	-206	152
建筑安装业	4587	12	947	618	629	124
电气安装	4587	12	947	618	629	124
建筑装饰和其他建筑业	374	6	1	-835	-835	28
其他未列明建筑业	374	6	1	-835	-835	28
登记注册类型 (101-1)	-	-	-	-	-	-
内资企业	4961	18	948	-217	-206	152
私营企业	4961	18	948	-217	-206	152
私营有限责任公司	4961	18	948	-217	-206	152
企业控股情况 (101-1)	-	-	-	-	-	-
私人控股	4961	18	948	-217	-206	152
营业状态 (101-1)	-	-	-	-	-	-
营业	4961	18	948	-217	-206	152
隶属关系 (101-1)	-	-	-	-	-	-
其他	4961	18	948	-217	-206	152
建筑业企业资质等级 (101-1)	-	-	-	-	-	-
劳务分包序列	4961	18	948	-217	-206	152
劳务分包序列二级工程	4961	18	948	-217	-206	152
管理机构	-	-	-	-	-	-
惠州市统计局直管	0	0	0	0	0	0
惠城区统计局	4587	12	947	618	629	124
大亚湾统计局	374	6	1	-835	-835	28

6-12 续表 3　　（2016 年）　　单位：千元、人

指 标	建筑业企业期末人数	其中：工程技术人员	其中：现场施工人员	应付职工薪酬（本年贷方累计发生额）	应交增值税	建筑业总产值	其中：装饰装修产值
总计	158	4	105	8437	1555	78468	2128
行业代码 (101-1)	–	–	–	–	–	–	–
建筑业	158	4	105	8437	1555	78468	2128
建筑安装业	128	0	79	6225	1491	76340	0
电气安装	128	0	79	6225	1491	76340	0
建筑装饰和其他建筑业	30	4	26	2212	64	2128	2128
其他未列明建筑业	30	4	26	2212	64	2128	2128
登记注册类型 (101-1)	–	–	–	–	–	–	–
内资企业	158	4	105	8437	1555	78468	2128
私营企业	158	4	105	8437	1555	78468	2128
私营有限责任公司	158	4	105	8437	1555	78468	2128
企业控股情况 (101-1)	–	–	–	–	–	–	–
私人控股	158	4	105	8437	1555	78468	2128
营业状态 (101-1)	–	–	–	–	–	–	–
营业	158	4	105	8437	1555	78468	2128
隶属关系 (101-1)	–	–	–	–	–	–	–
其他	158	4	105	8437	1555	78468	2128
建筑业企业资质等级 (101-1)	–	–	–	–	–	–	–
劳务分包序列	158	4	105	8437	1555	78468	2128
劳务分包序列二级工程	158	4	105	8437	1555	78468	2128
管理机构	–	–	–	–	–	–	–
惠州市统计局直管	0	0	0	0	0	0	0
惠城区统计局	128	0	79	6225	1491	76340	0
大亚湾统计局	30	4	26	2212	64	2128	2128

6-13 分县区建筑业企业总产值

单位：万元

年份	总计	市直	惠城区	惠阳区	惠东县	博罗县	龙门县	大亚湾区	仲恺区
1994	167950	65902	29804	21450	15371	17829	8692	8902	
1995	123588	57735	10926	14110	12621	16644	8162	3390	
1996	131278	68933	10776	14678	8681	19856	5045	3309	
1997	145740	71010	18202	19775	3331	15278	12908	5236	
1998	148230	69784	17201	20846	9243	19484	8671	3001	
1999	191716	93992	21344	33175	10418	18002	11481	3304	
2000	203459	89363	24366	46706	9747	24929	6629	1719	
2001	267712	116755	29900	56135	17444	31880	7362	8236	
2002	354818	163574	50238	79902	8948	32726	6993	12437	
2003	372950		272215	30657	17126	34137	7718	11097	
2004	313107		221653	32468	13723	35160	3415	6688	
2005	469374		347993	46479	24002	31595	9758	9547	
2006	497006		377509	59787	15135	27136	7737	9702	
2007	542325		414419	61037	18544	27849	7129	13347	
2008	523519		400274	42921	30444	27299	6586	15995	
2009	528602		410626	29689	31724	34857	6173	15533	
2010	698302		542363	43273	37014	39430	8356	18355	9511
2011	869329		709550	31969	32922	51573	9527	21240	12548
2012	937412		768692	29636	30615	50859	16482	30169	10959
2013	1029353		846659	32938	41372	55003	17109	25311	10961
2014	1213379		997159	38032	53739	55937	20531	35476	12505
2015	1406081		1171633	37042	65191	57385	25830	43582	5418
2016	1600943		1352986	24485	82549	59097	32230	41167	8428

注：1：2003 年和 2010 年区域调整。2：2008 年为快报数。

6-14　历年建筑业企业主要指标

年份	建筑业企业总产值（亿元）	建筑业企业增加值（亿元）
1952	0.04	
1957	0.25	
1962	0.21	
1965	0.37	
1970	0.50	
1975	0.84	
1978	1.03	
1979	1.08	
1980	1.29	
1981	1.62	
1982	2.30	
1983	1.99	
1984	2.08	
1985	2.89	
1986	2.81	
1987	4.95	1.38
1988	8.15	2.30
1989	8.24	2.23
1990	13.19	4.88
1991	19.13	6.86
1992	30.84	10.0
1993	21.98	16.68
1994	16.80	12.63
1995	12.36	11.97
1996	13.13	13.42
1997	14.57	11.52
1998	14.82	11.06
1999	19.17	11.83
2000	20.35	12.64
2001	26.77	14.03
2002	35.48	15.57
2003	37.30	26.07
2004	31.31	30.64
2005	46.94	35.52
2006	49.70	35.67
2007	54.23	39.78
2008	52.35	44.43
2009	52.86	50.65
2010	69.83	58.75
2011	86.93	75.46
2012	93.74	80.83
2013	102.94	87.52
2014	121.33	94.93
2015	140.61	102.43
2016	160.09	104.65

注：1. 建筑业企业总产值数据，1992 年数据为全民和集体所有制数据；1993 年至 1995 年数据为各种经济成分的建制镇以上建筑业企业数据；1996 年至 2001 年数据为资质等级（旧资质）四级及四级以上建筑业企业数据；2002 年及以后为具有资质等级的施工总承包、专业承包建筑业企业（不含劳务分包建筑业企业）数据。

2. 建筑业增加值由省统计局反馈，与建筑业总产值数据不可比。自 2002 年起，建筑业增加值核算口径有所调整，从 2004 年开始，按新核算方法核算。

3.2008 年建筑业企业总产值数据为快报数。

七、能　源

7-1 能源消费情况

指标	全市能源消费总量（万吨标准煤）	其中：全社会用电量（亿千瓦时）	单位GDP能耗		单位GDP电耗（千瓦时/万元）	规上工业综合能源消费量（万吨标准煤）	规上工业增加值能耗（吨标准煤/万元）
			指标值（吨标准煤/万元）	增长（%）			
2005年	688.48	105.22	0.856	-	1308.9	193.07	0.610
2006年	915.89	123.17	0.976	13.94	1312.2	495.8	1.200
2007年	1121.12	145.59	1.016	4.13	1319.5	650.13	1.360
2008年	1177.33	153.57	0.956	-5.89	1247.3	648.23	1.209
2009年	1319.51	165.83	0.947	-0.95	1189.9	767.64	1.217
2010年	1396.53	192.46	0.761	-5.82	1170.9	914.74	1.012
2011年	1527.83	209.66	0.731	-3.97	1057.6	1098.5	1.207
2012年	1616.33	227.36	0.702	-3.91	1018.7	1279.25	1.073
2013年	1719.38	248.44	0.672	-4.35	979.8	1236.65	0.878
2014年	1810.11	276.41	0.647	-3.69	991.1	1204.97	0.754
2015年	1833.28	290.62	0.601	-7.10	952.4	1165.31	0.661
2016年	1953.79	323.41	0.575	-1.52	979.47	1244.12	0.634

注：1、能源消费总量为等价值，规上工业综合能源消费量为当量值。
2、自2010起，全市能源消费总量有调整。
3、规上工业综合能源消费量根据当年度规上工业企业汇总。
4、能耗下降率按指数法计算。

7-2　分县区单位 GDP 能耗

单位：吨标准煤 / 万元

县（区）	2007 年	2008 年	2009 年	2010 年	2011 年	2012 年	2013 年	2014 年	2015 年	2016 年
惠州市	1.016	0.956	0.947	0.761	0.731	0.702	0.672	0.647	0.601	0.575
惠城区	0.602	0.581	0.564	0.427	0.412	0.398	0.384	0.371	0.345	0.325
惠阳区	1.114	1.078	1.021	0.569	0.548	0.528	0.507	0.488	0.461	0.430
惠东县	0.664	0.645	0.602	0.347	0.356	0.334	0.319	0.301	0.272	0.250
博罗县	1.129	1.129	1.035	0.552	0.532	0.512	0.492	0.473	0.427	0.407
龙门县	2.120	2.039	1.930	1.436	1.380	1.324	1.272	1.223	1.134	0.932
大亚湾区	3.442	3.102	3.041	2.109	2.022	1.931	1.843	1.768	1.706	1.979
仲恺区	–	–	–	0.282	0.271	0.261	0.251	0.244	0.229	0.189

注：2010 年惠城区、仲恺高新区区域调整，表中“—”表示仲恺高新区数据包含在惠城区内，下同。

7-3　分县区单位 GDP 能耗增长

单位：%

县（区）	2007 年	2008 年	2009 年	2010 年	2011 年	2012 年	2013 年	2014 年	2015 年	2016 年
惠州市	4.13	–5.89	–0.95	–5.82	–3.97	–3.91	–4.35	–3.69	–7.10	–1.52
惠城区	–2.90	–3.51	–2.96	–2.76	–3.43	–3.48	–3.50	–3.52	–6.98	–3.28
惠阳区	–3.14	–3.30	–5.31	–3.21	–3.67	–3.68	–4.00	–3.68	–5.59	–2.10
惠东县	–3.66	–2.80	–6.73	–2.78	2.56	–5.94	–4.69	–4.61	–9.69	–5.63
博罗县	–3.14	–3.10	–5.29	–3.15	–3.67	–3.72	–3.99	–3.68	–9.82	–4.71
龙门县	54.90	–3.80	–5.71	–6.82	–3.91	–4.09	–3.90	–3.81	–7.31	–6.95
大亚湾区	–7.89	–9.90	–1.95	–6.19	–4.11	–4.52	–4.52	–4.07	–3.57	0.39
仲恺区	–	–	–	–2.77	–4.11	–3.43	–3.76	–3.01	–6.11	–1.20

7-4 分县区规模以上工业单位增加值能耗

单位：吨标准煤 / 万元

县（区）	2007 年	2008 年	2009 年	2010 年	2011 年	2012 年	2013 年	2014 年	2015 年	2016 年
惠州市	1.360	1.209	1.217	1.220	1.222	1.100	0.931	0.815	0.734	0.634
惠城区	0.178	0.151	0.132	0.132	0.139	0.125	0.113	0.100	0.090	0.077
惠阳区	0.409	0.344	0.201	0.185	0.181	0.167	0.161	0.156	0.161	0.170
惠东县	0.625	0.553	0.383	0.320	3.625	2.647	1.843	1.322	0.821	0.567
博罗县	0.753	0.703	0.533	0.411	0.332	0.275	0.234	0.190	0.142	0.118
龙门县	10.146	8.685	7.786	6.677	3.871	2.994	2.488	2.296	1.489	1.620
大亚湾区	4.414	3.923	3.981	3.049	2.252	2.173	1.866	1.730	1.663	1.689
仲恺区	–	–	–	0.150	0.124	0.104	0.081	0.083	0.071	0.070

注：规模以上工业综合能源消费量为当量值。

7-5 分县区单位 GDP 电耗

单位：千瓦时 / 万元

县（区）	2007 年	2008 年	2009 年	2010 年	2011 年	2012 年	2013 年	2014 年	2015 年	2016 年
惠州市	1319.5	1247.3	1189.9	1170.9	1057.6	1018.7	979.8	991.1	952.4	979.5
惠城区	1105.3	1016.7	828.0	953.8	950.4	911.0	854.9	891.3	823.3	827.5
惠阳区	2152.3	1989.6	1617.9	1590.2	1476.6	1512.2	1462.6	1552.5	1606.4	1540.8
惠东县	956.3	845.8	777.9	782.8	736.3	707.4	647.4	642.3	566.5	513.8
博罗县	1769.7	1628.1	1375.6	1399.1	1282.1	1174.1	1086.3	1056.4	947.0	939.3
龙门县	2137.3	2160.1	1927.6	1658.3	1424.9	1339.4	1577.1	1487.0	1267.9	1010.7
大亚湾区	870.5	1004.6	1177.4	1151.4	832.4	819.3	813.2	840.3	917.7	1325.8
仲恺区	–	–	–	–	962.7	854.9	756.2	779.6	792.4	623.5

7-6 规模以上工业企业能源购进、消费与库存情况

（2016 年）

能源名称		企业单位数（个）	年初库存量	购进实物量	消费量				合计中：运输工具消费	年末库存量
					合计	工业生产消费	用于原材料	非工业生产消费		
原煤	（吨）	87	447495	5653624	5649403	5627662		21741		451920
煤制品	（吨）	3	15	3479	3486	3486				
其它焦化产品	（吨）	1			1	1				
天然气（气态）	（万立方米）	39		19583	19583	19340		243	14	
液化天然气（液态）	（吨）	20	18	1072998	1073001	1072791	402	210		15
原油	（吨）	3	671421	12437428	12433650	12433650				675199
汽油	（吨）	592	39	14502	14515	2887	22	11628	8642	51
煤油	（吨）	11	46	629	629	511		119	103	46
柴油	（吨）	575	2960	35479	35948	21745	253	14203	10548	2431
燃料油	（吨）	25	6478	6081	1045751	1045602		149	63	3821
液化石油气	（吨）	141	20	49123	49122	47467	238	1655	185	21
石脑油	（吨）	1	166394	3060658	2105452	2105452	2105452			133947
润滑油	（吨）	3		33	33	33				
溶剂油	（吨）	1		114	114	114				
石油焦	（吨）	1			97741	97741				
石油沥青	（吨）	1	1	1333	1220	1220				112
其它石油制品	（吨）	5	13606	2190517	2170000	2170000	179			20250
热力	（百万千焦）	22		8408461	38225346	38225346				
电力	（万千瓦时）	1869		1408958	1576565	1485942		90613	32988	
煤矸石（用于燃料）	（吨）	2	155		2920	2920				
生物燃料	（吨标准煤）	33	181	50049	49999	49735		264		21
其他燃料	（吨标准煤）	7		170	1892	1772		119		
能源合计	（吨标准煤）	1869			35280235	35107192		173043		

7-7 规模以上工业企业能源加工转换情况

（2016 年）

能源名称		工业生产消费量	加工转换投入合计				能源加工转换产出
				火力发电	供热	炼油及煤制油	
原煤	（吨）	3985516	3985516	3662944	322572		
天然气（气态）	（万立方米）	15398	15398	15398			
液化天然气（液态）	（吨）	1071225	688990	601850	87140		
原油	（吨）	12433097	12433097			12433097	
汽油	（吨）						528589
煤油	（吨）						2184454
柴油	（吨）	602	602	65	538		3591141
燃料油	（吨）	1041929	1041929	134447	907482		34333
液化石油气	（吨）	38558					593559
石脑油	（吨）	2105452					1461920
石油焦	（吨）	97741	97741		97741		709935
其他石油制品	（吨）	2137455	2137455			2137455	4444711
热力	（百万千焦）	34445045					38378561
电力	（万千瓦时）	319085					1489503
能源合计	（吨标准煤）	32113356	26650684	4109925	1786399	20754359	23005337

7-8 规模以上工业能源消费合计

（2016 年）　　单位：个、吨标准煤

指标	企业单位数	消费量合计	工业生产消费	非工业生产消费
全部工业企业	**1907**	**35280235.2**	**35107192.2**	**173042.9**
一、按工业行业门类分				
（一）轻工业	942	500705.1	449325.0	51380.2
（二）重工业	965	34779530.0	34657867.3	121662.8
（三）采矿业	28	9919.3	9643.6	275.7
黑色金属矿采选业	3	514.7	500.6	14.1
有色金属矿采选业	2	1194.3	1081.0	113.4
非金属矿采选业	23	8210.3	8062.1	148.2
（四）制造业	1852	31139348.8	30986928.7	152420.1
农副食品加工业	32	27278.7	25583.6	1695.1
食品制造业	10	13502.3	13044.8	457.5
酒、饮料和精制茶制造业	8	13863.9	13333.4	530.5
纺织业	42	47926.9	46269.9	1657.0
纺织服装、服饰业	76	40177.2	35245.4	4931.7
皮革、毛皮、羽毛及其制品和制鞋业	177	37736.2	34013.5	3722.7
木材加工和木、竹、藤、棕、草制品业	38	27183.8	25915.4	1268.5
家具制造业	90	26586.2	21902.7	4683.5
造纸和纸制品业	31	21573.1	20593.7	979.4
印刷和记录媒介复制业	34	14065.6	12207.2	1858.4
文教、工美、体育和娱乐用品制造业	71	34946.7	31998.8	2947.9
石油加工、炼焦和核燃料加工业	3	19049543.0	19049538.7	4.4
化学原料和化学制品制造业	124	9286080.7	9275330.4	10750.3
医药制造业	12	15847.3	15173.4	673.8
化学纤维制造业	1	2861.3	2770.8	90.5
橡胶和塑料制品业	179	159014.3	145447.7	13566.6
非金属矿物制品业	89	1272438.8	1265236.4	7202.4
黑色金属冶炼和压延加工业	10	22363.0	21324.3	1038.7
有色金属冶炼和压延加工业	16	12890.3	12287.0	603.3

7-8 续表 （2016 年） 单位：个、吨标准煤

指标	企业单位数	消费量合计	工业生产消费	非工业生产消费
金属制品业	90	67835.7	62934.8	4900.8
通用设备制造业	46	17668.6	15734.7	1933.9
专用设备制造业	39	14881.6	13264.2	1617.4
汽车制造业	29	62924.6	61032.1	1892.5
铁路、船舶、航空航天和其他运输设备制造业	19	5160.1	4665.3	494.8
电气机械和器材制造业	153	96329.3	84508.3	11821.0
计算机、通信和其他电子设备制造业	388	729338.3	660454.0	68884.3
仪器仪表制造业	20	7012.0	6035.5	976.6
其他制造业	12	3217.3	2645.6	571.8
废弃资源综合利用业	13	9102.2	8437.6	664.7
（五）电力、热力、燃气及水生产和供应业	27	4130967.1	4110619.9	20347.2
电力、热力生产和供应业	12	4110391.9	4091464.9	18926.9
燃气生产和供应业	2	322.0	25.8	296.2
水的生产和供应业	13	20253.3	19129.2	1124.1
二、分地区				
惠城区	190	147377.8	128636.4	18741.4
惠阳区	383	412952.9	362807.1	50145.8
惠东县	289	2009210.7	1979986.7	29224.0
博罗县	435	527912.6	503919.3	23993.2
龙门县	113	1109904.7	1108295.4	1609.3
大亚湾区	125	30548903.9	30538117.8	10786.2
仲恺区	372	523972.7	485429.7	38543.1
三、按企业登记注册类型分				
国有企业	11	8780.1	8618.1	161.9
集体企业	8	3962.8	3587.4	375.4
股份制企业	923	27570143.1	27504644.5	65498.6
外商及港澳台商投资企业	889	7675320.9	7570814.1	104506.9
其他经济类型企业	76	22028.3	19528.1	2500.1

7-9 规模以上工业企业分品种能源消费量

（2016年）

指　标	原煤（吨）	煤制品（吨）	天然气（气态）（万立方米）	液化天然气（液态）（吨）	原油（吨）	汽油（吨）
全部工业企业	**5649403.0**	**3486.0**	**19582.6**	**1073001.3**	**12433650.0**	**14514.8**
一、按工业行业门类分						
（一）轻工业	89904.5	3486.0	1532.8	872.0		5730.2
（二）重工业	5559498.5		18049.8	1072129.4	12433650.0	8784.6
（三）采矿业						27.4
黑色金属矿采选业						
有色金属矿采选业						
非金属矿采选业						27.4
（四）制造业	1725901.0	3486.0	4184.5	517588.1	12433650.0	14203.4
农副食品加工业	2867.6	462.0	35.0			153.0
食品制造业	1074.3		458.0	18.5		55.4
酒、饮料和精制茶制造业						
纺织业	33954.1					243.7
纺织服装、服饰业	24274.2					558.6
皮革、毛皮、羽毛及其制品和制鞋业	1865.0					477.1
木材加工和木、竹、藤、棕、草制品业						67.8
家具制造业	742.0					554.9
造纸和纸制品业	10518.3	3024.0	0.9			64.3
印刷和记录媒介复制业	5822.0					230.0
文教、工美、体育和娱乐用品制造业	176.2		112.0	630.0		156.1
石油加工、炼焦和核燃料加工业				456120.0	12433097.0	
化学原料和化学制品制造业	133839.7		381.9	59740.3		1321.8
医药制造业	7313.1		41.5			69.3
化学纤维制造业						
橡胶和塑料制品业	45459.5		379.0	14.0		1259.7
非金属矿物制品业	1447574.5		279.0	0.4		294.8
黑色金属冶炼和压延加工业	1579.0					50.8
有色金属冶炼和压延加工业			152.4			92.3

7-9 续表1 （2016年）

指　　标	原煤（吨）	煤制品（吨）	天然气（气态）（万立方米）	液化天然气（液态）（吨）	原油（吨）	汽油（吨）
金属制品业	1738.5		316.7	423.4		716.1
通用设备制造业			109.0			623.6
专用设备制造业				13.7		144.4
汽车制造业			95.4			285.4
铁路、船舶、航空航天和其他运输设备制造业						31.8
电气机械和器材制造业			529.0	164.2	550.0	2320.8
计算机、通信和其他电子设备制造业	7103.0		1281.8	463.7	3.0	4266.9
仪器仪表制造业			13.1			86.6
其他制造业						45.7
废弃资源综合利用业						32.8
（五）电力、热力、燃气及水生产和供应业	3923502.0		15398.1	555413.3		284.1
电力、热力生产和供应业	3923502.0		15398.1	555413.3		76.9
燃气生产和供应业						87.6
水的生产和供应业						119.6
二、分地区						
惠城区	17474.2		167.7	18.5		2286.0
惠阳区	13931.5	3024.0	89.0	615.3		2314.8
惠东县	2485124.4		529.0	630.0		1164.9
博罗县	261149.3		978.0	324.0		3650.4
龙门县	1312736.5			1.0		133.6
大亚湾区	1552684.0		958.0	1071234.6	12433097.0	814.6
仲恺区	6303.3	462.0	16861.0	178.1	553.0	4150.5
三、按企业登记注册类型分						
国有企业						89.5
集体企业						62.0
股份制企业	5227054.3	462.0	1079.8	1071307.9	12433650.0	5522.7
外商及港澳台商投资企业	422348.7	3024.0	18502.9	1693.4		8608.5
其他经济类型企业						232.1

7-9 续表2 （2016年）

指 标	煤油（吨）	柴油（吨）	燃料油（吨）	液化石油气（吨）	石脑油（吨）	润滑油（吨）	石油沥青（吨）
全部工业企业	**629.5**	**35948.4**	**1045751.2**	**49122.3**	**2105451.7**	32.6	**1220.3**
一、按工业行业门类分							
（一）轻工业	124.0	10745.1	2029.5	3866.8			
（二）重工业	505.5	25203.3	1043721.8	45255.5	2105451.7	32.6	1220.3
（三）采矿业		3831.1					
黑色金属矿采选业		75.7					
有色金属矿采选业		139.0					
非金属矿采选业		3616.4					
（四）制造业	629.5	31894.6	1045454.5	49119.2	2105451.7	32.6	1220.3
农副食品加工业		763.2		69.0			
食品制造业		101.4		175.1			
酒、饮料和精制茶制造业		26.7		6.3			
纺织业		194.2	39.0	10.0			
纺织服装、服饰业		876.3		21.6			
皮革、毛皮、羽毛及其制品和制鞋业		813.2	107.0	10.0			
木材加工和木、竹、藤、棕、草制品业		571.9		1.0			
家具制造业		598.2	1.5	104.7			
造纸和纸制品业		413.8	8.7	10.5			
印刷和记录媒介复制业		295.3		367.1			
文教、工美、体育和娱乐用品制造业		645.4		291.3			
石油加工、炼焦和核燃料加工业		3.0		38558.0			
化学原料和化学制品制造业	416.0	6622.0	1042495.2	327.1	2105451.7		
医药制造业		267.7					
化学纤维制造业		59.0					
橡胶和塑料制品业	102.0	3287.4	533.5	749.6		13.5	
非金属矿物制品业		5164.6		6.7			1220.3
黑色金属冶炼和压延加工业		74.3		76.3			
有色金属冶炼和压延加工业		57.2		15.8			

7-9　续表 3

（2016 年）

指　　标	煤油（吨）	柴油（吨）	燃料油（吨）	液化石油气（吨）	石脑油（吨）	润滑油（吨）	石油沥青（吨）
金属制品业	5.0	2015.6	33.7	3041.1			
通用设备制造业	69.8	279.3		829.8		19.0	
专用设备制造业	0.1	179.5					
汽车制造业		147.3		1492.2			
铁路、船舶、航空航天和其他运输设备制造业		161.6		138.3			
电气机械和器材制造业	6.8	2012.3	689.3	2085.1			
计算机、通信和其他电子设备制造业	14.0	5858.4	1524.0	732.7		0.1	
仪器仪表制造业		114.5					
其他制造业	15.8	18.8					
废弃资源综合利用业		272.7	22.5				
（五）电力、热力、燃气及水生产和供应业		222.7	296.8	3.1			
电力、热力生产和供应业		178.6	296.8				
燃气生产和供应业		10.0					
水的生产和供应业		34.1		3.1			
二、分地区							
惠城区	13.8	3292.2	84.7	2381.4			
惠阳区	15.8	6192.0	537.8	4129.0			
惠东县		2831.7	9.7	334.8		13.5	
博罗县	312.0	8321.9	1519.0	361.1			
龙门县		4658.0	684.0	10.0			
大亚湾区	220.0	5866.0	1042168.5	38931.3	2105451.7		
仲恺区	67.9	4786.6	747.6	2974.7		19.1	1220.3
三、按企业登记注册类型分							
国有企业		221.2		1.2			
集体企业		143.3		73.3			
股份制企业		15690.0	574.3	39772.8		0.1	1220.3
外商及港澳台商投资企业	527.5	19587.6	1045177.0	9275.0	2105451.7	32.5	
其他经济类型企业	102.0	306.3					

（2016 年）

指　　标	其它石油制品（吨）	热　　力（百万千焦）	电　　力（万千瓦时）	生物质废料用于燃料（吨）	其他工业废料用于燃料（吨）	其他燃料（吨标准煤）
全部工业企业	**2170000.0**	38225345.6	**1576564.8**	**49999.0**		**1891.6**
一、按工业行业门类分						
（一）轻工业		291422.5	273897.3	33303.8		1394.1
（二）重工业	2170000.0	37933923.1	1302667.5	16695.2		497.5
（三）采矿业			3496.2			
黑色金属矿采选业			329.1			
有色金属矿采选业			807.0			
非金属矿采选业			2360.1			
（四）制造业	2170000.0	38225345.6	1485238.1	49999.0		1891.6
农副食品加工业		3.2	9999.3	12002.0		
食品制造业			4507.1	532.0		
酒、饮料和精制茶制造业		113711.5	8085.2			
纺织业			14294.2	4830.0		
纺织服装、服饰业			15143.9	1921.7		169.8
皮革、毛皮、羽毛及其制品和制鞋业			27799.6			
木材加工和木、竹、藤、棕、草制品业			10755.1	13032.0		
家具制造业			18417.3	157.8		1224.3
造纸和纸制品业			7169.3	2912.8		
印刷和记录媒介复制业			8276.9			
文教、工美、体育和娱乐用品制造业		147729.2	17848.2	3542.0		
石油加工、炼焦和核燃料加工业	95241.0	1806788.0	96305.7			
化学原料和化学制品制造业	2074689.0	36007172.7	231090.5	3907.9		
医药制造业			5030.5	3451.5		
化学纤维制造业			735.0	1872.0		
橡胶和塑料制品业	70.0	149941.0	87250.8	576.0		110.5
非金属矿物制品业			145107.9			
黑色金属冶炼和压延加工业			17023.0			
有色金属冶炼和压延加工业			8639.2			

7-9 续表5 （2016年）

指 标	其它石油制品（吨）	热 力（百万千焦）	电 力（万千瓦时）	生物质废料用于燃料（吨）	其他工业废料用于燃料（吨）	其他燃料（吨标准煤）
金属制品业			42710.8			5.5
通用设备制造业			11043.9			
专用设备制造业			11703.7			
汽车制造业			47569.6			
铁路、船舶、航空航天和其他运输设备制造业			2868.0	1116.0		
电气机械和器材制造业			62786.6	139.3		
计算机、通信和其他电子设备制造业			558193.2			381.5
仪器仪表制造业			5343.9	6.0		
其他制造业			2521.8			
废弃资源综合利用业			7017.8			
（五）电力、热力、燃气及水生产和供应业			87830.6			
电力、热力生产和供应业			71393.7			
燃气生产和供应业			145.3			
水的生产和供应业			16291.6			
二、分地区						
惠城区	179.0	77475.6	91867.8	4450.4		
惠阳区	70.0	46022.0	305627.7	3151.8		24.5
惠东县			102032.3	3586.7		1394.1
博罗县			222832.7	32116.8		382.0
龙门县			98190.5	921.0		
大亚湾区	2169751.0	37915671.1	539271.7	2572.0		
仲恺区		186176.9	216742.2	3200.3		91.0
三、按企业登记注册类型分						
国有企业			6773.0			
集体企业			2878.0			
股份制企业	2137704.0	4686869.0	567372.3	29277.3		1805.6
外商及港澳台商投资企业	32296.0	33538476.6	982381.0	20721.7		86.0
其他经济类型企业			17160.6			

7-10 规模以上工业企业分品种工业能源消费量

（2016年）

指　　标	原煤（吨）	煤制品（吨）	天然气（气态）（万立方米）	液化天然气（液态）（吨）	原油（吨）
全部工业企业	**5627661.6**	**3486.0**	**19340.1**	**1072791.4**	**12433650.0**
一、按工业行业门类分					
（一）轻工业	87217.1	3486.0	1471.6	835.0	
（二）重工业	5540444.5		17868.5	1071956.4	12433650.0
（三）采矿业					
黑色金属矿采选业					
有色金属矿采选业					
非金属矿采选业					
（四）制造业	1722499.6	3486.0	3942.0	517378.1	12433650.0
农副食品加工业	2867.6	462.0	35.0		
食品制造业	1074.3		454.5	18.5	
酒、饮料和精制茶制造业					
纺织业	33933.1				
纺织服装、服饰业	21657.8				
皮革、毛皮、羽毛及其制品和制鞋业	1865.0				
木材加工和木、竹、藤、棕、草制品业					
家具制造业	742.0				
造纸和纸制品业	10468.3	3024.0			
印刷和记录媒介复制业	5822.0				
文教、工美、体育和娱乐用品制造业	176.2		112.0	630.0	
石油加工、炼焦和核燃料加工业				456120.0	12433097.0
化学原料和化学制品制造业	133839.7		381.9	59735.2	
医药制造业	7313.1		41.5		
化学纤维制造业					
橡胶和塑料制品业	44850.5		355.0		
非金属矿物制品业	1447469.5		279.0		
黑色金属冶炼和压延加工业	1579.0				
有色金属冶炼和压延加工业			152.4		

7-10 续表 1 （2016 年）

指　　标	原煤（吨）	煤制品（吨）	天然气（气态）（万立方米）	液化天然气（液态）（吨）	原油（吨）
金属制品业	1738.5		314.3	402.4	
通用设备制造业			104.6		
专用设备制造业				8.5	
汽车制造业			95.4		
铁路、船舶、航空航天和其他运输设备制造业					
电气机械和器材制造业			529.0	143.3	550.0
计算机、通信和其他电子设备制造业	7103.0		1087.4	320.3	3.0
仪器仪表制造业					
其他制造业					
废弃资源综合利用业					
（五）电力、热力、燃气及水生产和供应业	3905162.0		15398.1	555413.3	
电力、热力生产和供应业	3905162.0		15398.1	555413.3	
燃气生产和供应业					
水的生产和供应业					
二、分地区					
惠城区	14857.8		165.4	18.5	
惠阳区	13931.5	3024.0	89.0	588.8	
惠东县	2466679.4		529.0	630.0	
博罗县	260519.3		976.1	313.0	
龙门县	1312686.5				
大亚湾区	1552684.0		944.9	1071232.6	12433097.0
仲恺区	6303.3	462.0	16635.8	8.5	553.0
三、按企业登记注册类型分					
国有企业					
集体企业					
股份制企业	5208664.3	462.0	1046.5	1071284.3	12433650.0
外商及港澳台商投资企业	418997.3	3024.0	18293.6	1507.1	
其他经济类型企业					

7-10 续表2 （2016年）

指　　标	汽油（吨）	煤油（吨）	柴油（吨）	燃料油（吨）	液化石油气（吨）
全部工业企业	**2887.2**	**510.6**	**21745.2**	**1045602.1**	**47466.8**
一、按工业行业门类分					
（一）轻工业	941.7	5.2	6084.9	1923.8	3099.4
（二）重工业	1945.5	505.4	15660.3	1043678.4	44367.5
（三）采矿业	26.1		3819.1		
黑色金属矿采选业			75.7		
有色金属矿采选业			127.0		
非金属矿采选业	26.1		3616.4		
（四）制造业	2778.5	510.6	17801.1	1045305.4	47466.8
农副食品加工业	78.0		334.0		69.0
食品制造业			57.2		137.4
酒、饮料和精制茶制造业			23.1		6.3
纺织业	32.3		59.7	18.0	
纺织服装、服饰业	193.8		656.1		15.5
皮革、毛皮、羽毛及其制品和制鞋业	44.5		562.0	107.0	
木材加工和木、竹、藤、棕、草制品业			429.4		
家具制造业	67.5		309.1	1.5	101.0
造纸和纸制品业	18.0		345.5	8.7	
印刷和记录媒介复制业	44.2		99.8		247.6
文教、工美、体育和娱乐用品制造业	8.9		514.6		187.9
石油加工、炼焦和核燃料加工业			0.0		38558.0
化学原料和化学制品制造业	157.8	416.0	1758.2	1042410.5	210.0
医药制造业	1.0		184.1		
化学纤维制造业					
橡胶和塑料制品业	120.7		2102.5	523.8	566.9
非金属矿物制品业	36.9		2799.5		0.0
黑色金属冶炼和压延加工业	8.5		70.5		65.1
有色金属冶炼和压延加工业	3.8		57.2		9.9

7-10 续表3 （2016年）

指　　标	汽油（吨）	煤油（吨）	柴油（吨）	燃料油（吨）	液化石油气（吨）
金属制品业	48.5	4.0	1500.2	33.7	2947.6
通用设备制造业	72.6	69.8	155.5		812.1
专用设备制造业	39.8		94.1		
汽车制造业	35.0		109.6		1385.8
铁路、船舶、航空航天和其他运输设备制造业			122.7		132.5
电气机械和器材制造业	1237.0	6.8	1078.9	678.2	1936.0
计算机、通信和其他电子设备制造业	529.8	14.0	4178.8	1524.0	78.3
仪器仪表制造业			54.2		
其他制造业			6.1		
废弃资源综合利用业			138.8		
（五）电力、热力、燃气及水生产和供应业	82.6		125.0	296.8	
电力、热力生产和供应业	64.6		99.1	296.8	
燃气生产和供应业					
水的生产和供应业	18.0		25.9		
二、分地区					
惠城区	394.8	13.8	2361.6		2142.3
惠阳区	292.4		2794.5	528.0	3763.8
惠东县	158.5		1370.6	9.7	240.2
博罗县	458.8	210.0	4851.3	1519.0	152.8
龙门县	81.6		4525.0	684.0	
大亚湾区	292.5	220.0	3214.2	1042147.5	38829.4
仲恺区	1208.6	66.8	2628.0	714.0	2338.4
三、按企业登记注册类型分					
国有企业	58.6		213.6		
集体企业			33.0		68.9
股份制企业	1331.8		9238.6	530.8	39420.2
外商及港澳台商投资企业	1483.6	510.6	12005.6	1045071.3	7977.8
其他经济类型企业	13.2		254.4		

7-10 续表 4 （2016 年）

指标	石脑油（吨）	润滑油（吨）	石油沥青（吨）	其它石油制品（吨）	热力（百万千焦）
全部工业企业	**2105451.7**	**32.6**	**1220.3**	**2170000.0**	38225345.6
一、按工业行业门类分					
（一）轻工业					291422.5
（二）重工业	2105451.7	32.6	1220.3	2170000.0	37933923.1
（三）采矿业					
黑色金属矿采选业					
有色金属矿采选业					
非金属矿采选业					
（四）制造业	2105451.7	32.6	1220.3	2170000.0	38225345.6
农副食品加工业					3.2
食品制造业					
酒、饮料和精制茶制造业					113711.5
纺织业					
纺织服装、服饰业					
皮革、毛皮、羽毛及其制品和制鞋业					
木材加工和木、竹、藤、棕、草制品业					
家具制造业					
造纸和纸制品业					
印刷和记录媒介复制业					
文教、工美、体育和娱乐用品制造业					147729.2
石油加工、炼焦和核燃料加工业				95241.0	1806788.0
化学原料和化学制品制造业	2105451.7			2074689.0	36007172.7
医药制造业					
化学纤维制造业					
橡胶和塑料制品业		13.5		70.0	149941.0
非金属矿物制品业			1220.3		
黑色金属冶炼和压延加工业					
有色金属冶炼和压延加工业					

7-10 续表 5 （2016 年）

指　　标	石脑油（吨）	润滑油（吨）	石油沥青（吨）	其它石油制品（吨）	热　力（百万千焦）
金属制品业					
通用设备制造业		19.0			
专用设备制造业					
汽车制造业					
铁路、船舶、航空航天和其他运输设备制造业					
电气机械和器材制造业					
计算机、通信和其他电子设备制造业		0.1			
仪器仪表制造业					
其他制造业					
废弃资源综合利用业					
（五）电力、热力、燃气及水生产和供应业					
电力、热力生产和供应业					
燃气生产和供应业					
水的生产和供应业					
二、分地区					
惠城区				179.0	77475.6
惠阳区				70.0	46022.0
惠东县		13.5			
博罗县					
龙门县					
大亚湾区	2105451.7			2169751.0	37915671.1
仲恺区		19.1	1220.3		186176.9
三、按企业登记注册类型分					
国有企业					
集体企业					
股份制企业		0.1	1220.3	2137704.0	4686869.0
外商及港澳台商投资企业	2105451.7	32.5		32296.0	33538476.6
其他经济类型企业					

7-10 续表 6 （2016 年）

指　　标	电力（万千瓦时）	生物质废料用于燃料（吨）	其它工业废料用于燃料（吨）	其他燃料（吨标准煤）
全部工业企业	**1485942.0**	**49734.8**		**1772.4**
一、按工业行业门类分				
（一）轻工业	247204.0	33039.6		1280.7
（二）重工业	1238738.0	16695.2		491.7
（三）采矿业	3287.6			
黑色金属矿采选业	317.6			
有色金属矿采选业	729.0			
非金属矿采选业	2241.0			
（四）制造业	1399840.6	49734.8		1772.4
农副食品加工业	9276.2	11931.0		
食品制造业	4343.7	532.0		
酒、饮料和精制茶制造业	7657.8			
纺织业	13466.6	4760.0		
纺织服装、服饰业	13366.2	1910.7		169.8
皮革、毛皮、羽毛及其制品和制鞋业	25598.0			
木材加工和木、竹、藤、棕、草制品业	9974.1	13032.0		
家具制造业	15630.1	157.8		1110.9
造纸和纸制品业	6567.6	2903.8		
印刷和记录媒介复制业	7385.7			
文教、工美、体育和娱乐用品制造业	15924.6	3542.0		
石油加工、炼焦和核燃料加工业	96305.7			
化学原料和化学制品制造业	229854.2	3810.8		
医药制造业	4663.1	3451.5		
化学纤维制造业	731.3	1872.0		
橡胶和塑料制品业	79958.9	576.0		110.5
非金属矿物制品业	142450.7			
黑色金属冶炼和压延加工业	16248.7			
有色金属冶炼和压延加工业	8262.4			

7-10 续表7 （2016年）

指　　标	电力（万千瓦时）	生物质废料用于燃料（吨）	其它工业废料用于燃料（吨）	其他燃料（吨标准煤）
金属制品业	40320.5			5.5
通用设备制造业	10342.5			
专用设备制造业	10621.8			
汽车制造业	46522.7			
铁路、船舶、航空航天和其他运输设备制造业	2557.7	1116.0		
电气机械和器材制造业	55822.5	139.3		
计算机、通信和其他电子设备制造业	512294.6			
仪器仪表制造业	4846.6			
其他制造业	2145.4			
废弃资源综合利用业	6700.9			
（五）电力、热力、燃气及水生产和供应业	82813.8			
电力、热力生产和供应业	67280.2			
燃气生产和供应业	21.0			
水的生产和供应业	15512.6			
二、分地区				
惠城区	81971.3	4441.4		0.0
惠阳区	271990.4	2984.7		24.5
惠东县	92681.6	3575.7		1280.7
博罗县	212127.5	32039.8		376.2
龙门县	97145.3	921.0		
大亚湾区	534550.9	2572.0		
仲恺区	195475.1	3200.3		91.0
三、按企业登记注册类型分				
国有企业	6688.9			
集体企业	2783.8			
股份制企业	539045.2	29191.2		1686.4
外商及港澳台商投资企业	921852.2	20543.6		86.0
其他经济类型企业	15572.0			

7-11　规模以上工业企业水消费情况

（2016 年）

指标名称	取水量（万立方米）	地表淡水	地下淡水	自来水	海水	矿井水	雨水	再生水（中水）	其他水
全部工业企业	**72252**	**56796**	**351**	**14368**	**592**	**28**	**5**	**47**	**65**
一、按工业行业门类分									
（一）轻工业	59693	54365	274	5020		26	3	3	3
（二）重工业	12559	2432	78	9349		1	2	45	62
（三）采矿业	42	39	1	1		1	1		
有色金属矿采选业	11	10							
非金属矿采选业	23	23							
（四）制造业	9	6	1	1		1			
农副食品加工业	15611	2279	350	12840		26	4	47	64
食品制造业	126	7	4	115					
酒、饮料和精制茶制造业	147	1	1	145					
纺织业	295		61	234					
纺织服装、服饰业	537	189	56	290				1	
皮革、毛皮、羽毛及其制品和制鞋业	611	106	15	488				1	
木材加工和木、竹、藤、棕、草制品业	406	31	31	341			3		
家具制造业	62	1	11	50					
造纸和纸制品业	297		26	270					
印刷和记录媒介复制业	86	17	1	68					
文教、工美、体育和娱乐用品制造业	145			145					
石油加工、炼焦和核燃料加工业	257	1	18	238					
化学原料和化学制品制造业	751	79		671					
医药制造业	2330	1680	15	615					20
化学纤维制造业	98	3		95					
橡胶和塑料制品业	1			1					
非金属矿物制品业	597	1	30	566					1
黑色金属冶炼和压延加工业	519	146	20	320			1		33
有色金属冶炼和压延加工业	13		5	8					

7-11 续表1　　　　　　　　　　（2016年）

指标名称	取水量（万立方米）	地表淡水	地下淡水	自来水	海水	雨水	矿井水	再生水（中水）	其他水
金属制品业	54			54					
通用设备制造业	380		7	366				2	6
专用设备制造业	85		4	81					
汽车制造业	116	1	1	112					3
铁路、船舶、航空航天和其他运输设备制造业	404			403					
电气机械和器材制造业	43	6		34					2
计算机、通信和其他电子设备制造业	760	7	21	705		26			
仪器仪表制造业	6360	1	6	6311				43	
其他制造业	60		1	59					
废弃资源综合利用业	32		5	26					
金属制品、机械和设备修理业	36		8	28					
（五）电力、热力、燃气及水生产和供应业	56600	54479		1528	592				
电力、热力生产和供应业	1271	480		199	592				
燃气生产和供应业	5			5					
水的生产和供应业	55323	53999		1324					
二、分地区									
惠城区	18519	17273	5	1237			4		
惠阳区	12735	9216	106	3386		26			
惠东县	5508	4280	81	552	592				2
博罗县	11835	9165	114	2549				2	6
龙门县	1620	1494	23	68		1			33
大亚湾区	19333	15250		4049				12	22
仲恺区	2702	118	22	2529				33	
三、按企业登记注册类型分									
国有企业	12048	11990		58					
集体企业	7366	7348		18					
股份制企业	206		1	172					33
外商及港澳台商投资企业	14759	7847	168	6741			1	1	
其他经济类型企业	36			36					

7-11　续表 2　　（2016 年）

指标名称	外供水量（万立方米）	外排水量（万立方米）	重复用水量（万立方米）	海水直流冷却水（万立方米）	污水处理企业污水处理量（万立方米）
全部工业企业	**52838**	10231	**43652**	**139899**	**9140**
一、按工业行业门类分					
（一）轻工业	52802	4129	186		106
（二）重工业	36	6103	43467	139899	9034
（三）采矿业		22	4		
有色金属矿采选业			4		
非金属矿采选业		16			
（四）制造业		6			
农副食品加工业	157	8659	38398	6	634
食品制造业		98	1		4
酒、饮料和精制茶制造业		88			
纺织业	151	87	7		21
纺织服装、服饰业		381	48		44
皮革、毛皮、羽毛及其制品和制鞋业		413	17		3
木材加工和木、竹、藤、棕、草制品业		265	39		1
家具制造业		43	1		9
造纸和纸制品业		192	12		1
印刷和记录媒介复制业		56	11		
文教、工美、体育和娱乐用品制造业		98			
石油加工、炼焦和核燃料加工业		177	5		1
化学原料和化学制品制造业		200	34820		249
医药制造业		804	2555	6	3
化学纤维制造业		51	2		1
橡胶和塑料制品业		1			
非金属矿物制品业		389	9		1
黑色金属冶炼和压延加工业		313	119		51
有色金属冶炼和压延加工业		10	1		

7-11　续表 3　　（2016 年）

指标名称	外供水量（万立方米）	外排水量（万立方米）	重复用水量（万立方米）	海水直流冷却水(万立方米)	污水处理企业污水处理量（万立方米）
金属制品业		39			
通用设备制造业		256	19		2
专用设备制造业		67			
汽车制造业		85			
铁路、船舶、航空航天和其他运输设备制造业		202	16		
电气机械和器材制造业		33	1		5
计算机、通信和其他电子设备制造业		552	10		11
仪器仪表制造业	6	3675	706		223
其他制造业		46			
废弃资源综合利用业		23			
金属制品、机械和设备修理业		19			4
（五）电力、热力、燃气及水生产和供应业	52682	1551	5250	139893	8506
电力、热力生产和供应业	30	127	5250	139893	
燃气生产和供应业		5			
水的生产和供应业	52651	1419			8506
二、分地区					
惠城区	16838	818	13		8373
惠阳区	8771	2002	611		
惠东县	4083	597	55	74893	20
博罗县	8204	2478	213		65
龙门县	986	484	101		
大亚湾区	13951	2016	37399	65006	449
仲恺区	6	1837	5261		233
三、按企业登记注册类型分					
国有企业	11317	563			
集体企业	6493	602			
股份制企业		125	33		
外商及港澳台商投资企业	7411	3971	821	6	34
其他经济类型企业		19			

7-12 产值能耗分组表

指标	企业数	2016年			2015年		
		综合能源消费量（吨标准煤）	工业总产值（万元）	产值单耗（吨标准煤/万元）	综合能源消费量（吨标准煤）	工业总产值（万元）	产值单耗（吨标准煤/万元）
全部工业企业	1907	12101855	76552255	0.16	11669477	71388345	0.16
一、按工业行业门类分							
（一）轻工业	942	449325	22706421	0.02	464907	19666914	0.02
（二）重工业	965	11652530	53845834	0.22	11204570	51721430	0.22
（三）采矿业	28	9644	398736	0.02	16791	384400	0.04
黑色金属矿采选业	3	501	35466	0.01	3896	43993	0.09
有色金属矿采选业	2	1081	7043	0.15	903	5397	0.17
非金属矿采选业	23	8062	356227	0.02	11993	335010	0.04
（四）制造业	1852	9833866	75129738	0.13	9257498	70028768	0.13
农副食品加工业	32	25584	957019	0.03	25115	816491	0.03
食品制造业	10	13045	274521	0.05	13477	255102	0.05
酒、饮料和精制茶制造业	8	13333	422010	0.03	15428	393223	0.04
纺织业	42	46270	783419	0.06	58137	688017	0.08
纺织服装、服饰业	76	35245	1501394	0.02	42848	1328803	0.03
皮革、毛皮、羽毛及其制品和制鞋业	177	34013	2438887	0.01	35027	2096253	0.02
木材加工和木、竹、藤、棕、草制品业	38	25915	626024	0.04	19636	571514	0.03
家具制造业	90	21903	2130920	0.01	19837	1894845	0.01
造纸和纸制品业	31	20594	408408	0.05	28329	387229	0.07
印刷和记录媒介复制业	34	12207	511975	0.02	11516	464469	0.02
文教、工美、体育和娱乐用品制造业	71	31999	881949	0.04	29706	816983	0.04
石油加工、炼焦和核燃料加工业	3	1652094	3477224	0.48	1778065	4178873	0.43
化学原料和化学制品制造业	124	5519712	5616407	0.98	4867536	4988210	0.98
医药制造业	12	15173	228372	0.07	16307	228186	0.07
化学纤维制造业	1	2771	32468	0.09	2754	25764	0.11
橡胶和塑料制品业	179	145448	3142595	0.05	154717	2672216	0.06
非金属矿物制品业	89	1265236	1935788	0.65	1239675	1851693	0.67
黑色金属冶炼和压延加工业	10	21324	1173132	0.02	30127	1114443	0.03
有色金属冶炼和压延加工业	16	12287	286725	0.04	9708	215655	0.05

7-12 续表1

指 标	企业数	2016年			2015年		
		综合能源消费量（吨标准煤）	工业总产值（万元）	产值单耗（吨标准煤/万元）	综合能源消费量（吨标准煤）	工业总产值（万元）	产值单耗（吨标准煤/万元）
金属制品业	90	62935	2238368	0.03	61038	2110545	0.03
通用设备制造业	46	15735	1405986	0.01	15014	1029668	0.01
专用设备制造业	39	13264	912421	0.01	11072	605844	0.02
汽车制造业	29	61032	2109299	0.03	66802	1811268	0.04
铁路、船舶、航空航天和其他运输设备制造业	19	4665	175434	0.03	6136	180373	0.03
电气机械和器材制造业	153	84508	5528474	0.02	78730	4931611	0.02
计算机、通信和其他电子设备制造业	388	660454	35327104	0.02	604021	33863041	0.02
仪器仪表制造业	20	6035	279577	0.02	6650	222132	0.03
其他制造业	12	2646	127014	0.02	2720	102875	0.03
废弃资源综合利用业	13	8438	196824	0.04	7370	183442	0.04
（五）电力、热力、燃气及水生产和供应业	27	2258346	1023780	2.21	2395188	975177	2.46
电力、热力生产和供应业	12	2239191	845018	2.65	2377998	813055	2.92
燃气生产和供应业	2	26	52442	0.00	116	47915	0.00
水的生产和供应业	13	19129	126320	0.15	17074	114207	0.15
二、分地区							
惠城区	190	128636	4523815	0.03	141557	4299289	0.03
惠阳区	383	362807	8389789	0.04	337326	7735919	0.04
惠东县	289	1176766	7618143	0.15	1448087	6201477	0.23
博罗县	435	503919	14189608	0.04	510455	11945796	0.04
龙门县	113	1108295	2301596	0.48	1052468	1935936	0.54
大亚湾区	125	8429064	12719096	0.66	7880551	12623280	0.62
仲恺区	372	392367	26810208	0.01	299032	26646648	0.01
三、按企业登记注册类型分							
国有企业	11	8618	244990	0.04	5869	196282	0.03
集体企业	8	3587	92114	0.04	4177	147436	0.03
股份制企业	923	5689913	26195044	0.22	6017468	23231604	0.26
外商及港澳台商投资企业	889	6380208	47607322	0.13	5615986	45613654	0.12
其他经济类型企业	76	19528	2412785	0.01	25977	2199369	0.01

7-13　综合能源消费量1万吨标准煤以上工业企业

（2016年）

序号	单位名称	所属县（区）	所属行业	注册类型
1	中海壳牌石油化工有限公司	大亚湾区	有机化学原料制造	中外合资经营
2	中海石油炼化有限责任公司惠州炼化分公司	大亚湾区	原油加工及石油制品制造	国有独资公司
3	广东惠州平海发电厂有限公司	惠东县	火力发电	其他有限责任公司
4	惠州市光大水泥企业有限公司	龙门县	水泥制造	其他有限责任公司
5	中国神华能源股份有限公司国华惠州热电分公司	大亚湾区	火力发电	国有独资公司
6	天然气发电有限公司	大亚湾区	火力发电	国有独资公司
7	中海石油开氏石化有限责任公司	大亚湾区	有机化学原料制造	其他有限责任公司
8	惠州塔牌水泥有限公司	龙门县	水泥制造	股份有限公司
9	伯恩光学（惠州）有限公司	大亚湾区	光电子器件及其他电子器件制造	港澳台商独资
10	华润水泥（惠州）有限公司	龙门县	水泥制造	港澳台商独资
11	惠州深能源丰达电力有限公司	惠城区	火力发电	中外合资经营
12	惠州李长荣橡胶有限公司	大亚湾区	合成橡胶制造	外资企业
13	惠州忠信化工有限公司	大亚湾区	有机化学原料制造	港澳台商独资
14	博罗县固力建材有限公司	博罗县	水泥制造	私营有限责任公司
15	惠州比亚迪电子有限公司	大亚湾区	通信终端设备制造	中外合资经营
16	惠州宇新化工有限责任公司	大亚湾区	专项化学用品制造	私营有限责任公司
17	惠州比亚迪实业有限公司	大亚湾区	通信终端设备制造	与港澳台商合资经营
18	华通电脑（惠州）有限公司	博罗县	印制电路板制造	港澳台商独资
19	普莱克斯（惠州）工业气体有限公司	大亚湾区	其他基础化学原料制造	外资企业
20	惠州惠菱化成有限公司	大亚湾区	有机化学原料制造	外资企业
21	惠州比亚迪电池有限公司	大亚湾区	汽车零部件及配件制造	与港澳台商合资经营
22	惠州市瑞能热力有限公司	博罗县	热力生产和供应	其他有限责任公司
23	泰山石膏（广东）有限公司	博罗县	轻质建筑材料制造	其他有限责任公司
24	南亚电子材料（惠州）有限公司	博罗县	印制电路板制造	港澳台商独资
25	东风本田汽车零部件有限公司	大亚湾区	汽车零部件及配件制造	中外合资经营
26	伯恩高新科技（惠州）有限公司	大亚湾区	光电子器件及其他电子器件制造	港澳台商独资
27	南亚塑胶工业（惠州）有限公司	博罗县	塑料人造革、合成革制造	港澳台商独资
28	惠州市盛易木业有限公司	博罗县	刨花板制造	其他有限责任公司
29	胜宏科技（惠州）股份有限公司	大亚湾区	印制电路板制造	港澳台商独资
30	大统营（惠州）科技有限公司	惠东县	家用厨房电器具制造	港澳台商独资
31	中海油乐金化工有限公司	大亚湾区	初级形态塑料及合成树脂制造	中外合资经营
32	杰森石膏板（惠州）有限公司	惠东县	轻质建筑材料制造	港澳台商独资
33	广东伊利乳业有限责任公司	惠城区	乳制品制造	其他有限责任公司
34	来百利（惠州）手套有限公司	博罗县	日用及医用橡胶制品制造	港澳台商独资
35	基准精密工业（惠州）有限公司	博罗县	生产专用搪瓷制品制造	中外合资经营
36	普利司通（惠州）合成橡胶有限公司	大亚湾区	合成橡胶制造	外资企业

7-14 主要耗能工业企业单位产品能源消耗情况

指标		2016年			2015年		
		产品单耗	能耗	产量	产品单耗	能耗	产量
原油加工单位耗电	千瓦时/吨	52.5	65312.0	12433097.0	51.0	67905.0	13326475.0
原油加工单位综合能耗	千克标准油/吨	72.4	900343.0	12433097.0	62.6	833790.0	13326475.0
单位乙烯生产综合能耗	千克标准煤/吨	854.6	911661.0	1066747.0	856.6	766840.6	895168.9
单位乙烯生产耗电	千瓦时/吨	147.5	15737.0	1066747.0	155.0	13877.8	895168.9
吨水泥熟料综合能耗	千克标准煤/吨	108.7	1088403.6	10016622.0	108.5	1011010.5	9315053.0
吨水泥熟料综合电耗	千瓦时/吨	53.2	53302.4	10016622.0	52.6	49030.5	9315053.0
吨水泥综合能耗	千克标准煤/吨	80.4	1054388.0	13122102.0	80.7	1205499.1	14937445.0
吨水泥综合电耗	千瓦时/吨	74.2	97387.1	13122102.0	70.6	105419.8	14937445.0
电厂火力发电标准煤耗	克标准煤/千瓦时	274.8	3827753.9	1392892.2	278.0	4069825.3	1464219.9
电厂火力供电标准煤耗	克标准煤/千瓦时	288.0	3827753.9	1329271.4	292.4	4069825.3	1392013.2
发电厂用电率	%	4.6	63803.2	1392892.2	4.9	72330.7	1464219.9

惠州统计年鉴－2017

HUIZHOU STATISTICAL YEARBOOK

八、财政、银行和保险

8-1 地方一般公共财政预算收支和增长指数

单位：万元

年 份	地方一般公共预算收入	地方一般公共预算支出	增长指数（%）		财政收入占地区生产总值的比重（%）
			地方一般公共预算收入	地方一般公共预算支出	
1978	5500	5921	115.9	139.4	8.1
1979	3086	5735	56.1	96.9	4.5
1980	3760	6901	121.8	120.3	5.0
1981	5278	8378	140.4	121.4	5.8
1982	4488	8421	85.0	100.5	4.3
1983	4888	9259	108.9	110.0	4.8
1984	4937	10433	101.0	112.7	4.2
1985	5433	13321	110.0	127.7	4.0
1986	8917	18239	164.1	136.9	5.4
1987	13261	23701	148.7	129.9	5.9
1988	20821	29456	157.0	124.3	6.4
1989	23802	35697	114.3	121.2	6.1
1990	28098	43934	118.0	123.1	5.8
1991	39449	53729	140.4	122.3	6.4
1992	57606	77309	146.0	143.9	6.8
1993	93622	108904	162.5	140.9	7.1
1994	74409	112167	79.5	103.0	4.1
1995	76925	118321	103.4	105.5	3.4
1996	70669	116392	91.9	98.4	2.6
1997	76086	132446	107.7	113.8	2.4
1998	94281	149709	123.9	113.0	2.6
1999	107529	168174	114.1	112.3	2.7
2000	129356	197886	120.3	117.7	2.9
2001	182792	258858	141.3	130.8	3.8
2002	197153	330094	107.9	127.5	3.7
2003	241238	387786	122.4	117.5	4.1
2004	254208	459451	105.4	118.5	3.7
2005	347218	524097	136.6	114.1	4.3
2006	444473	660323	128.0	126.0	4.8
2007	620603	860589	139.6	130.3	5.6
2008	780657	1062985	125.7	123.5	6.0
2009	1015651	1347527	130.1	126.7	7.2
2010	1312270	1854379	129.2	137.6	7.6
2011	1628309	2272099	131.2	122.5	7.8
2012	2008762	2740831	123.4	120.6	8.5
2013	2501721	3282913	124.5	119.8	9.3
2014	3007453	3729722	120.2	113.6	10.0
2015	3400183	4860668	113.1	130.3	10.8
2016	3613044	5090750	110.0	104.8	10.6

8-2 地方一般公共财政预算收支基本情况

单位：万元

项 目	2009 年	2010 年	2011 年	2012 年	2013 年	2014 年	2015 年	2016 年
一、财政收入	**1015651**	**1312270**	**1628309**	**2008762**	**2501721**	**3007453**	**3400183**	**3613044**
税收收入	841425	1050478	1302860	1542002	1860753	2041539	2115746	2197136
# 增值税	249463	292202	360443	408479	470287	545805	562412	678266
企业所得税	66220	97051	116954	113695	163431	190857	178589	259720
个人所得税	195241	42105	43496	31308	36900	44414	58061	66283
资源税	6848	8491	9627	11293	13097	7662	7044	4978
城市维护建设税	51691	70008	120910	155565	205850	210800	221123	221745
房产税	31406	38490	49793	51697	78118	90297	96873	94421
印花税	14998	22024	24290	28543	43469	45792	42381	46871
城镇土地使用税	67276	68857	101001	73234	134349	152535	129902	127838
土地增值税	31049	48749	61777	88970	104982	108057	131733	168671
车船税	7606	9188	10462	11989	19169	20087	25499	27010
耕地占用税	8904	6010	8756	8119	12905	35735	37224	33327
契税	77562	105314	140264	266226	233361	235448	227790	237655
非税收入	174226	261792	325449	466760	640968	965914	1284437	1415908
# 国有资源（资产）有偿使用收入	8566	28436	42631	37691	84473	223658	171489	206317
行政事业性收费收入	68734	110644	131908	159721	231936	283037	267632	150613
罚没收入	36574	48805	49437	61373	73137	71040	86947	120738
专项收入	33975	43904	66558	78520	111707	114136	178873	177517
其他收入	22696	28164	34234	115536	116259	274043	459061	733720
二、财政支出	**1347527**	**1854379**	**2272099**	**2740831**	**3282913**	**3729722**	**4860668**	**5090750**
一般公共服务	256219	287259	359289	389550	469619	533973	545097	598508
国防	1988	2094	4020	2675	4464	5269	5355	4751
公共安全	126698	163718	192735	210476	255884	272944	346409	394029
教育	258872	323894	450302	626047	727857	850388	949383	1019079
科学技术	23766	35738	52944	51031	55635	197644	197946	218192
文化体育和传媒	17309	41162	35549	38158	42886	59072	84203	98150
社会保障和就业	137330	184779	189355	219605	267709	339997	400974	488266
医疗卫生	81785	107259	180939	218197	262848	326325	578129	802069
节能环保	32962	64952	67676	75020	285870	66898	147839	84035
城乡社区事务	66035	80658	101684	214986	238355	408887	536021	466733
农林水事务	132642	146094	191792	260628	264823	276954	412833	371896
交通运输	43867	98181	71232	116742	118821	170852	206597	178408
资源勘探电力信息等事务		73650	30271	31024	44092	29739	83550	37999
商业服务业等事务		31076	31698	29525	21886	21718	62718	30340
国土资源气象等事务		17396	21986	26906	28135	35166	40982	40063
粮油物资储备管理等事务	28059	10125	7379	9419	9277	10415	19911	24785
其他支出	101300	173022	252768	181360	147868	123481	242721	233447

8-3　分县区地方一般公共财政预算收支基本情况

（2016年）　　单位：万元

项　目	合 计	市 直	惠城区	惠阳区	惠东县	博罗县	龙门县	大亚湾区	仲恺区
地方一般公共财政预算收入	3613044	1157530	389151	448427	367751	406323	80908	470418	292536
增值税	678266	228077	54926	78950	45167	75303	12180	98743	84920
营业税	230351	41797	24761	37990	25763	27081	4972	59076	8911
企业所得税	259720	89959	15871	23613	15124	16353	2119	49003	47678
个人所得税	66283	20788	10103	8287	5688	5472	1068	9545	5332
资源税	4978	141	100	154	217	290	4010	58	8
城市维护建设税	221745	72645	21327	30471	11489	19669	2953	42433	20758
房产税	94421	23697	10568	15832	6913	14581	1997	12072	8761
印花税	46871	13871	4340	7406	2571	5011	840	6899	5933
城镇土地使用税	127838	25001	9235	19621	10350	26493	2585	28375	6178
土地增值税	168671	29564	19862	27895	39134	16668	2352	29961	3235
车船税	27010	10062	7421	3354	2510	2427	556	455	225
耕地占用税	33327	7791	2763	2089	13342	2076	1138		4128
契税	237655	50905	33006	49442	20409	21280	3860	51586	7167
非税收入	1415908	543232	174868	143323	169074	173619	40278	82212	89302
地方一般公共财政预算支出	5090750	1359287	563026	575852	704916	769806	291877	525073	300913
一般公共服务	598508	119687	80884	86162	73842	89561	45169	52347	50856
国防	4751	78	581	1692	694	606	1000		100
公共安全	394029	160321	12332	48501	52137	34355	33073	42791	10519
教育	1019079	211804	170548	129212	160251	174752	59013	69900	43599
科学技术	218192	93587	6337	4291	9202	10263	961	22716	70835
文化体育和传媒	98150	22714	9453	12753	14527	23928	4759	4597	5419
社会保障和就业	488266	112422	58580	44293	94827	75500	25479	44376	32789
医疗卫生	802069	204883	154593	69836	126820	131949	56253	26023	31712
节能环保	84035	24877	6866	5944	8799	16419	3811	6444	10875
城乡社区事务	466733	101654	19384	70924	30251	41473	10606	179598	12843
农林水事务	371896	72824	24820	41638	74442	95001	29690	24454	9027
交通运输	178408	101909	3030	18260	11660	17677	5837	19042	993
住房保障支出	57330	17166		19263	448	2701	2572	11394	3786
粮油物资储备事务	24785	9532	2758	3471	2826	2248	1472	1686	792

8-4 金融机构人民币存贷款余额

单位：万元

指标名称	2009年	2010年	2011年	2012年	2013年	2014年	2015年	2016年
各项存款余额	17344007	20411875	23374233	25176322	30044146	31845460	36125234	45447300
（一）境内存款			22905771	24685021	29475105	31124108	35467394	44734161
1. 住户存款			11444613	13175734	15207027	16111201	17175953	19452277
（1）活期存款			6804961	7797393	8835457	8858130	9705719	11705839
（2）定期及其他存款			4639652	5378341	6371570	7253071	7470233	7746438
2. 非金融企业存款			7282013	6818883	8710587	8202457	10044541	14075678
（1）活期存款			3957964	3690636	3911304	3595028	4210772	7443138
（2）定期及其他存款			3324049	3128248	4799283	4607429	5833769	6632541
3. 广义政府存款			3924413	4337720	5214614	6189704	7018938	9476910
（1）财政性存款			667731	687112	875545	1054192	852761	1057808
（2）机关团体存款			3256682	3650607	4339069	5135512	6166177	8419102
4. 非银行业金融机构存款			254732	352685	342877	620746	1227962	1729295
（二）境外存款			468462	491301	569041	721352	657840	713139
各项贷款余额	9249371	10976616	12897517	14846221	18278746	21768038	24643503	31551265
（一）境内贷款			12814670	14750487	18159462	21636963	24498934	31080417
1. 住户贷款			5151786	6197216	7868999	9664081	11993131	18148066
（1）短期贷款			300601	339278	610476	716934	722493	659208
消费贷款			112808	139075	374313	352163	341046	362203
经营贷款			187793	200203	236162	364772	381447	297005
（2）中长期贷款			4851185	5857938	7258524	8947147	11270638	17488858
消费贷款			4039019	4952522	6112651	7613777	9940971	16144058
经营贷款			812166	905416	1145872	1333370	1329667	1344800
2. 非金融企业及机关团体贷款			7662384	8544271	10277963	11972882	12505803	12932351
（1）短期贷款			1625589	2086958	2744013	3473003	3882496	3958520
（2）中长期贷款			5828678	6060255	7156604	7875519	7529503	8135776
（3）票据融资			208116	396994	370565	619567	1053311	817482
（4）各项垫款				63	6781	4794	40494	20573
3. 非银行业金融机构贷款			500	9000	12500			
（二）境外贷款			82847	95734	119283	131075	144569	470848

注：2015年起金融机构存贷款统计口径使用新的分类，为便于分析，对2011年起的数据进行了可比口径处理。

8-5 金融机构人民币贷款分行业情况

单位：万元

项 目	2009 年	2010 年	2011 年	2012 年	2013 年	2014 年	2015 年	2016 年
各项贷款余额	9249371	10976616	12897517	14846221	18266246	21768038	24643503	31551265
各行业贷款								
农、林、牧、渔业	215292	64524	77651	95099	107349	141663	140782	127087
采矿业	6792	17922	20957	16742	30700	34185	46254	20950
制造业	1643452	1634732	1779756	1862404	1833771	2096674	2405032	3166020
电力、燃气及水的生产和供应业	397593	449492	530725	625485	573837	590190	532401	472655
建筑业	244936	291466	438254	608889	956651	1182342	1241379	1055427
交通运输、仓储和邮政业	670842	771972	771772	1011213	1409654	1542634	1567202	2007692
信息传输、软件和信息技术服务业	3902	15610	18887	16432	17207	56175	39238	31719
批发和零售业	275337	399426	650610	871088	1329696	1536093	1574736	1520751
住宿和餐饮业	258018	232792	233977	335267	411898	448621	458018	413441
金融业	12	6320	3280	3519	55787	192283	305742	581632
房地产业	1101306	1320862	1542535	1474641	1719693	1936518	1574249	1344611
租赁和商务服务业	671037	690464	724374	682920	772068	752577	702649	581760
科学研究和技术服务业	503	2100	4500	2131	1835	1526	4500	1695
水利、环境和公共设施管理业	411159	363904	316067	234019	237896	300012	337805	339881
居民服务、修理和其他服务业	47983	55786	65902	72774	53614	71686	133737	115788
教育	43417	68518	73231	88220	103673	120762	102644	106944
卫生和社会工作	59816	78744	93819	126581	144061	142381	153833	149562
文化、体育和娱乐业	37890	29686	40396	63255	66567	53421	54087	55470
公共管理、社会保障和社会组织	64187	48849	67577	81813	81441	153573	78202	21785
个人贷款								
个人贷款及透支	2929127	4355839	5151786	6208244	7868999	9664081	11993131	18148066

8-6 金融机构个人消费贷款

单位：万元

项 目	2001 年	2002 年	2003 年	2004 年	2005 年	2006 年	2007 年	2008 年
个人消费贷款	252237	393081	577929	692350	809997	828759	1266236	1459673
住房贷款	208422	327617	459673	595788	725208	769701	1211978	1416930
汽车贷款	23076	47085	46310	34538	26603	26591	25803	21562
助学贷款	61	329	385	880	1395	1551	965	503
其他贷款	20506	18005	71535	58467	54793	30689	27435	20587

8-6 续表

单位：万元

项 目	2009 年	2010 年	2011 年	2012 年	2013 年	2014 年	2015 年	2016 年
个人消费贷款	2389486	3437410	4157346	5006768	6180159	7687598	10016481	16235206
住房贷款	2244027	3151631	3729321	4570709	5667369	7128035	9400430	15552239
汽车贷款	24390	26601	19178	6840	3888	11008	9622	12505
助学贷款	313	197	182	132	129	214	267	201
其他贷款	120169	258981	408665	429087	508773	548342	606161	670261

8-7 分县区金融机构各项存贷款

（2016 年）

单位：万元

项 目	合 计	惠城区	惠阳区	惠东县	博罗县	龙门县	大亚湾区
一、金融机构人民币存款余额	**45447300**	**26301499**	**5638236**	**3819852**	**5050910**	**1211051**	**3425751**
（一）境内存款年末余额	44734161	26002716	5459157	3737045	4955467	1207363	3372413
1. 住户存款年末余额	19452277	8699124	3168441	2540547	3371360	746790	926016
2. 非金融企业存款年末余额	14075678	8639298	1602070	718241	1014085	262791	1839193
3. 广义政府存款年末余额	9476910	6935166	688506	478243	570010	197782	607203
4. 非银行业金融机构存款年末余额	1729295	1729128	141	14	12		
（二）境外存款年末余额	713139	298783	179079	82807	95443	3688	53339
二、金融机构人民币贷款余额	**31551265**	**18229071**	**3827720**	**2272307**	**2998206**	**525586**	**3698375**
（一）境内贷款年末余额	31080417	17868461	3782757	2265444	2985618	524501	3653636
1. 住户贷款年末余额	18148066	9171207	3041091	1258459	1710633	189977	2776700
2. 非金融企业及机关团体贷款年末余额	12932351	8697254	741666	1006986	1274985	334524	876936
3. 非银行业金融机构贷款年末余额							
（二）境外贷款年末余额	470848	360610	44964	6863	12588	1085	44739

注：2011 年起银行资金来源项目使用新的分类。

8-8 保险公司主要指标

单位：个、万元

项 目	2009 年	2010 年	2011 年	2012 年	2013 年	2014 年	2015 年	2016 年
保险公司数（含分支机构）	33	34	36	43	50	51	51	52
保险中介机构数	8	13	15	17	20	22	23	33
全年保险保费年收入	363892	487064	505434	565382	645570	787791	993039	1160000
寿险	261138	363720	344637	372400	404253	500501	558159	638840
健康险和意外伤害险	6704	7363	10228	11179	12231	20286	116041	156570
财产险	96050	115981	150569	181803	229086	267004	318839	364590
支付各类赔款	56701	158987	68531	83270	89913	103327	317445	321495
寿险	513	108460	24602	22013	35124	41509	135695	123323
健康险和意外伤害险	3967	1056	15586	25168	15371	19403	32270	38719
财产险	5221	49471	28343	36089	39418	42415	149480	159453

九、价格指数

9-1 历年价格指数

（2016 年） 单位：%

年份	居民消费价格指数（上年 =100 ）	商品零售价格指数（上年 =100 ）	居民消费价格指数（以不同年为 100)	商品零售价格指数（以不同年份为 100)
1985	115.3	115.0		
1986	102.3	102.0		
1987	113.2	113.3		
1988	125.8	126.9		
1989	127.6	127.3		
1990	97.7	96.2		
1991	102.6	101.5		
1992	109.5	108.6		
1993	122.8	122.8		
1994	117.3	114.6		
1995	109.9	108.8		
1996	105.3	103.6		
1997	100.8	99.2		
1998	97.4	96.9		
1999	99.4	98.5		
2000	102.5	100.2		
2001	100.3	99.6	98.8	
2002	98.2	96.8	97.3	
2003	100.5	101.7	100.1	102.6
2004	102.1	101.8	101.1	102.7
2005	102.0	101.6	103.0	104.9
2006	101.6	101.7	105.1	107.4
2007	103.9	104.1	109.3	111.2
2008	104.3	104.6	111.7	114.0
2009	98.5	98.5	112.3	115.1
2010	103.2	103.7	117.1	120.1
2011	104.9	104.4	120.9	122.9
2012	102.8	101.9	123.3	124.2
2013	102.1	101.0	129.1	129.3
2014	102.1	102.1	129.6	128.4
2015	101.9	100.9	132.3	130.3
2016	101.9	100.6	102.6	100.8

注：居民消费价格指数（以不同年份为 100）及商品零售价格指数（以不同年份为 100），2001-2015 年数据是以 2000 为 100；2016 年数据是以 2015 年为 100。

9-2 居民消费价格指数（2016 年）

上年 =100　　单位：%

类 别	全省	惠州	类 别	全省	惠州
居民消费价格总指数	102.3	101.9	服装材料	102.5	100.6
服务价格指数	102.0	101.0	其他衣着及配件	101.3	102.2
工业品价格指数	100.1	100.2	衣着加工服务费	101.7	102.9
消费品价格指数	102.5	102.4	鞋类	102.8	109.4
非食品价格指数	101.3	100.8	居住	101.7	99.0
扣除食品和能源价格指数	101.8	101.3	租赁房房租	103.4	99.4
扣除鲜菜鲜果价格指数	102.0	101.6	住房保养维修及管理	101.7	100.2
食品烟酒	104.8	104.5	水电燃料	98.9	98.9
食品	105.9	106.0	自有住房	103.0	98.7
粮食	100.8	99.9	生活用品及服务	100.2	99.7
薯类	110.4	97.7	家具及室内装饰品	101.6	101.0
豆类	102.9	100.5	家用器具	97.1	97.0
食用油	100.9	97.2	家用纺织品	100.5	98.8
菜	115.3	112.4	家庭日用杂品	99.9	100.7
畜肉类	111.3	113.1	个人护理用品	100.1	100.5
禽肉类	103.5	106.7	家庭服务	104.6	100.5
水产品	104.3	105.3	交通和通信	98.5	100.2
蛋类	97.6	99.9	交通	98.5	100.8
奶类	99.4	97.0	通信	98.4	99.1
干鲜瓜果类	99.3	98.7	教育文化和娱乐	101.4	102.5
糖果糕点类	101.0	100.3	教育	102.5	101.9
调味品	100.7	99.4	文化娱乐	99.6	103.5
其他食品类	101.5	103.3	医疗保健	102.8	101.5
茶及饮料	100.4	97.9	药品及医疗器具	105.8	102.1
烟酒	101.1	102.2	医疗服务	100.7	101.1
在外餐饮	103.2	101.8	其他用品和服务	102.8	100.8
衣着	102.7	104.6	其他用品类	104.0	101.0
服装	102.8	103.4	其他服务类	101.7	100.6

9-3 商品零售价格指数（2016年）

上年=100　　单位：%

类别	全省	惠州	类别	全省	惠州
商品零售价格指数	100.8	100.6	专业音像器材	99.6	100.8
食品	104.8	104.8	文化办公用品	97.8	97.4
粮食	100.7	100.4	日用品	100.0	100.1
薯类	110.5	97.7	日用百货	99.9	99.9
豆类	103.1	100.4	厨具餐具茶具	99.7	99.5
食用油	101.2	97.8	清洗用品	100.1	101.5
菜	115.0	112.2	其他日用品	100.2	99.9
畜肉类	110.3	112.4	体育娱乐用品	100.3	99.1
禽肉类	103.4	106.8	体育户外用品	99.9	98.5
水产品	104.3	105.1	娱乐用品	100.5	99.4
蛋类	97.5	99.9	交通、通信用品	97.7	99.6
奶类	99.3	97.0	交通运输机械	98.1	100.9
干鲜瓜果类	99.4	98.9	通信器材	96.8	96.8
糖果糕点类	100.8	100.9	家具	101.7	101.2
调味品	100.9	99.7	化妆品	100.1	101.3
其他食品类	101.5	103.0	金银饰品	107.7	102.2
在外餐饮	102.8	101.9	中西药品及医疗保健用品	106.3	102.4
饮料、烟酒	100.9	101.0	医疗卫生器具	101.6	103.5
茶及饮料	100.4	98.2	中药	105.7	103.1
烟草	101.6	102.9	西药	107.9	102.3
酒类	100.6	101.2	保健器具及用品	106.4	100.9
服装、鞋帽	102.8	104.3	书报杂志及电子出版物	99.9	100.1
服装	103.0	103.1	教材及参考书	100.1	100.3
鞋帽袜	102.4	109.0	书报杂志	101.5	100.0
其他衣着配件	101.3	102.8	计算机办公软件	96.7	100.0
纺织品	101.7	98.9	燃料	95.7	92.9
服装材料	102.5	100.6	煤炭及制品	102.9	100.0
床上用品	101.4	98.3	石油及制品	95.5	92.7
家用电器及音像器材	96.2	97.1	建筑材料及五金电料	100.7	100.1
家庭设备	96.5	97.3	建筑装璜材料	100.8	99.8
文娱用耐用消费品	94.6	95.4	五金水暖	100.4	101.5

9-4 居民消费价格分类指数

上年 =100 单位：%

类 别	2009 年	2010 年	2011 年	2012 年	2013 年	2014 年	2015 年	2016 年
居民消费价格总指数	98.5	103.2	104.9	102.8	102.1	102.1	101.9	101.9
服务价格指数	99.1	101.0	103.1	102.8	101.6	100.1	101.3	101.0
工业品价格指数	99.7	102.2	100.8	101.5	100.0	101.5	99.4	100.2
消费品价格指数	98.3	104.0	105.7	102.9	102.2	102.9	102.2	102.4
非食品价格指数	99.5	101.7	101.8	102.0	100.7	100.9	100.2	100.8
扣除食品和能源价格指数	100.8	100.7	101.2	101.9	100.9	101.2	101.1	101.3
扣除鲜菜鲜果价格指数	98.7	102.5	104.8	102.4	101.3	101.7	101.6	101.6
食品烟酒								104.5
食品	96.7	106.5	111.7	104.4	104.6	104.4	105.1	106.0
粮食	103.7	105.8	112.2	101.4	100.7	101.1	99.7	99.9
豆类	103.4	118.4	102.8	97.9	99.5	102.4	100.4	100.5
食用油	90.1	105.2	114.8	108.1	101.0	95.6	101.2	97.2
菜	96.0	118.2	103.9	116.4	114.5	104.6	109.9	112.4
水产品	97.9	111.6	118.0	103.2	107.4	113.2	106.0	105.3
蛋类	99.4	107.6	116.4	95.3	107.5	108.9	103.5	99.9
奶类	102.9	102.3	99.4	104.9	104.0	102.2	98.6	97.0
干鲜瓜果类	97.5	116.7	112.3	98.2	109.0	116.4	102.5	98.7
调味品	102.3	101.4	101.6	98.5	100.8	105.8	101.1	99.4
其他食品类	106.6	96.6	101.0	100.4	97.5	96.7	97.2	103.3
茶及饮料	101.5	101.0	99.4	97.8	98.9	98.9	101.0	97.9
烟酒	101.5	100.2	101.9	101.1	101.1	98.5	104.8	102.2
在外餐饮	102.2	102.3	105.1	105.8	105.4	104.6	105.8	101.8

类 别	2009年	2010年	2011年	2012年	2013年	2014年	2015年	2016年
衣着	103.5	99.9	97.9	112.6	101.9	107.1	102.2	104.6
服装	103.0	99.8	98.9	110.6	101.5	107.6	102.4	103.4
服装材料	100.4	100.0	102.1	107.2	113.1	100.4	102.8	100.6
衣着加工服务费	101.7	100.2	100.0	100.0	100.0	100.0	100.8	102.9
居住	96.2	105.4	103.6	104.0	102.3	99.9	100.8	99.0
租赁房房租	100.0	100.0	105.5	106.6	105.2	101.1	102.6	99.4
住房保养维修及管理	102.7	102.3	100.1	100.0	102.3	102.1	101.3	100.2
水电燃料	92.7	108.3	105.7	102.6	99.8	98.7	95.2	98.9
自有住房	96.3	102.3	102.8	106.0	103.8	99.8	104.6	98.7
生活用品及服务	102.5	100.2	100.6	99.6	101.4	101.3	99.9	99.7
家庭日用杂品	104.0	99.5	100.4	103.1	101.1	98.4	99.7	100.7
家庭服务	101.1	101.5	109.9	107.4	118.7	105.6	100.5	100.5
交通和通信	99.6	101.4	101.0	99.7	99.9	100.6	98.3	100.2
交通	99.4	102.6	103.2	100.5	100.4	100.6	97.6	100.8
通信	99.9	99.9	97.7	98.5	99.1	100.5	99.5	99.1
教育文化和娱乐	97.9	101.1	102.2	99.0	97.5	99.6	99.2	102.5
教育	100.2	99.8	100.6	100.6	101.7	101.0	101.2	101.9
文化娱乐	101.7	100.1	100.3	100.5	100.1	100.2	104.0	103.5
医疗保健	101.5	100.5	101.5	100.1	100.5	101.0	100.6	101.5
其他用品和服务								100.8
其他用品类								101.0
其他服务类								100.6

9-5 商品零售价格分类指数

上年 =100　　单位：%

类别	2009 年	2010 年	2011 年	2012 年	2013 年	2014 年	2015 年	2016 年
商品零售价格指数	98.5	103.7	104.4	101.9	101.0	102.1	100.9	100.6
食品	96.7	106.8	112.2	104.4	104.8	104.6	105.0	104.8
粮食	103.7	105.8	112.6	101.4	100.7	101.0	99.7	100.4
豆类	103.4	118.4	102.8	97.9	99.5	102.4	100.4	100.4
食用油	90.1	105.2	114.8	108.1	101.0	95.6	101.2	97.8
菜	96.0	118.2	103.9	116.4	114.5	104.6	109.9	112.2
水产品	97.9	111.6	118.5	102.9	107.9	113.5	106.1	105.1
蛋类	99.4	107.6	116.4	95.3	107.5	108.9	103.5	99.9
奶类	102.9	102.3	99.3	104.8	104.0	102.3	98.6	97.0
干鲜瓜果类	97.5	116.7	112.6	98.5	109.5	116.9	102.3	98.9
调味品	102.2	101.4	101.6	98.5	100.8	105.8	101.1	99.7
其他食品类	106.6	96.6	101.0	100.4	97.5	96.7	97.2	103.0
在外餐饮	102.2	102.3	105.1	105.8	105.4	104.6	105.8	101.9
饮料、烟酒	101.5	100.4	100.8	99.9	100.1	98.8	103.9	101.0
茶及饮料	101.5	101.0	99.4	97.9	98.9	99.0	101.1	98.2
烟草	100.7	100.0	99.7	98.6	99.3	100.0	107.1	102.9
酒类	103.4	100.1	105.9	106.1	103.9	96.1	101.4	101.2
服装、鞋帽	103.9	99.9	97.5	112.5	101.7	106.9	102.1	104.3
服装	103.0	99.8	99.2	110.5	101.3	107.4	102.3	103.1
鞋帽袜	105.4	100.1	94.2	120.5	103.0	106.3	101.6	109.0
其他衣着配件	108.5	99.6	90.8	100.0	100.5	102.5	101.9	102.8
纺织品	104.6	99.9	98.6	97.4	102.7	100.0	99.4	98.9
服装材料	100.4	100.0	102.1	107.2	113.1	100.4	102.8	100.6
床上用品	105.4	99.9	97.8	95.2	100.0	99.9	98.4	98.3
家用电器及音像器材	100.5	99.8	96.3	94.5	97.4	100.7	99.7	97.1
家庭设备	101.8	100.5	98.0	93.7	97.9	101.1	99.7	97.3
文娱用耐用消费品	97.8	98.5	92.1	94.1	95.2	99.8	99.6	95.4
专业音像器材	100.0	100.0	100.0	100.0	101.0	101.4	100.0	100.8

上年=100 单位：%

类 别	2009年	2010年	2011年	2012年	2013年	2014年	2015年	2016年
文化办公用品	96.9	98.2	95.6	94.2	97.4	100.5	99.7	97.4
日用品	102.3	99.7	99.9	101.0	100.4	98.9	100.9	100.1
日用百货	101.3	100.8	102.1	102.6	100.2	99.8	100.9	99.9
厨具餐具茶具	102.2	99.5	100.5	102.9	100.6	98.2	98.8	99.5
清洗用品	104.8	98.5	97.1	99.5	99.6	95.7	104.8	101.5
其他日用品	101.8	99.4	99.1	98.8	101.0	100.6	99.9	99.9
体育娱乐用品	100.7	100.6	100.5	100.2	97.5	99.2	100.2	99.1
体育户外用品	100.2	98.7	101.1	100.3	95.3	100.2	99.4	98.5
娱乐用品	101.2	102.3	99.9	100.1	99.7	98.2	100.9	99.4
交通、通信用品	101.6	101.1	98.1	98.0	98.0	101.0	99.2	99.6
交通运输机械	101.6	101.8	100.9	100.2	100.2	100.1	100.0	100.9
通信器材	101.5	100.0	94.5	94.9	94.7	102.4	97.8	96.8
家具	100.6	99.8	100.0	98.2	90.4	102.8	100.0	101.2
化妆品	102.4	99.7	101.8	100.3	101.3	100.4	100.6	101.3
金银饰品	94.1	116.8	118.6	102.8	97.0	94.1	95.8	102.2
中西药品及医疗保健用品	101.3	101.4	101.1	100.2	99.7	102.5	100.9	102.4
医疗卫生器具	99.2	102.5	100.6	98.6	101.1	101.0	100.1	103.5
中药	102.6	105.3	107.5	105.9	98.9	102.8	100.9	103.1
西药	100.2	99.6	98.7	97.7	100.2	102.8	100.8	102.3
保健器具及用品	101.4	97.9	93.7	93.3	100.4	101.5	101.0	100.9
书报杂志及电子出版物	104.0	99.7	99.8	99.8	100.5	100.7	105.6	100.1
教材及参考书	102.5	98.2	100.0	100.0	100.8	100.0	100.0	100.3
书报杂志	107.3	100.0	100.9	100.0	100.6	101.9	116.6	100.0
燃料	83.1	117.5	110.5	103.3	98.3	97.4	85.3	92.9
煤炭及制品	103.4	105.8	103.9	100.0	100.0	100.0	100.0	100.0
石油及制品	82.0	118.3	110.8	103.5	98.2	97.3	84.6	92.7
建筑材料及五金电料	102.0	102.1	102.6	99.9	100.9	100.9	100.1	100.1
建筑装璜材料	102.1	102.7	102.1	99.5	100.8	100.7	100.1	99.8
五金水暖	101.8	99.3	104.2	101.6	101.0	101.4	100.1	101.5

十、人民生活

10-1　惠州市居民人均收支情况

单位：元、%

项　　目	2014 年		2015 年		2016 年	
	全体居民	占比	全体居民	占比	全体居民	占比
人均可支配收入	**22901.6**	**100.0**	**25219.6**	**100.0**	**28061.4**	**100.0**
一、工资性收入	15366.1	67.1	17042.4	67.6	18987.0	67.7
二、经营净收入	4418.2	19.3	4871.6	19.3	5351.4	19.1
三、财产净收入	2041.6	8.9	2179.7	8.6	2493.9	8.9
四、转移净收入	1075.7	4.7	1125.9	4.5	1229.1	4.4
消费支出	**16985.8**	**100.0**	**18314.9**	**100.0**	**20461.3**	**100.0**
（一）食品烟酒	6301.4	37.1	6778.6	37.0	7482.5	36.6
（二）衣着	830.6	4.9	903.5	4.9	1031.7	5.0
（三）居住	3829.8	22.5	4051.2	22.1	4354.7	21.3
（四）生活用品及服务	966.9	5.7	1030.7	5.6	1177.6	5.8
（五）交通通信	2215.8	13.0	2454.3	13.4	2855.2	14.0
（六）教育文化娱乐	1768.6	10.4	1929.9	10.5	2224.5	10.9
（七）医疗保健	728.0	4.3	791.3	4.3	897.6	4.4
（八）其他用品和服务	344.8	2.0	375.5	2.1	437.5	2.1

10-1 续表 1　　　　单位：元、%

项　　目	2014 年		2015 年		2016 年	
	城镇居民	占比	城镇居民	占比	城镇居民	占比
人均可支配收入	**27299.6**	**100.0**	**30056.9**	**100.0**	**33212.8**	**100.0**
一、工资性收入	18996.7	69.6	21060.2	70.1	23271.5	70.1
二、经营净收入	4523.8	16.6	5007.3	16.7	5473.1	16.5
三、财产净收入	2727.7	10.0	2898.1	9.6	3282.4	9.9
四、转移净收入	1051.3	3.9	1091.3	3.6	1185.9	3.6
消费支出	**20065.2**	**100.0**	**21580.8**	**100.0**	**23778.5**	**100.0**
（一）食品烟酒	7323.8	36.5	7858.1	36.4	8538.5	35.9
（二）衣着	1043.4	5.2	1128.2	5.2	1266.7	5.3
（三）居住	4505.3	22.5	4743.2	22.0	5001.2	21.0
（四）生活用品及服务	1123.7	5.6	1195.3	5.5	1344.3	5.7
（五）交通通信	2753.6	13.7	3053.4	14.1	3504.0	14.7
（六）教育文化娱乐	2091.5	10.4	2274.7	10.5	2605.1	11.0
（七）医疗保健	822.7	4.1	887.1	4.1	992.0	4.2
（八）其他用品和服务	401.3	2.0	440.5	2.0	526.7	2.6

10-1 续表 2

单位：元、%

项　　目	2014 年		2015 年		2016 年	
	农村居民	占比	农村居民	占比	农村居民	占比
人均可支配收入	**14364.4**	**100.0**	**15829.6**	**100.0**	**17602.5**	**100.0**
一、工资性收入	8318.4	57.9	9243.1	58.4	10288.3	58.4
二、经营净收入	4213.1	29.3	4608.2	29.1	5104.3	29.0
三、财产净收入	709.9	4.9	785.2	5.0	893.1	5.1
四、转移净收入	1123.0	7.8	1193.1	7.5	1316.7	7.5
消费支出	**11008.1**	**100.0**	**11975.2**	**100.0**	**13726.4**	**100.0**
（一）食品烟酒	4316.8	39.2	4683.1	39.1	5338.5	38.9
（二）衣着	417.6	3.8	467.4	3.9	554.7	4.0
（三）居住	2518.4	22.9	2707.2	22.6	3041.9	22.2
（四）生活用品及服务	662.5	6.0	711.2	5.9	839.1	6.1
（五）交通通信	1171.7	10.6	1291.3	10.8	1537.9	11.2
（六）教育文化娱乐	1142.0	10.4	1260.5	10.5	1451.7	10.6
（七）医疗保健	544.1	4.9	605.2	5.1	706.0	5.1
（八）其他用品和服务	235.1	2.1	249.3	2.1	256.6	1.9

10-2 惠州市分县区居民人均可支配收入

单位：元、%

项 目	2014年		2015年		2016年	
	全体居民	增速	全体居民	增速	全体居民	增速
全市	22901.6	10.2	25219.6	10.1	28061.4	11.3
惠城区	29611.1	9.8	32530.0	9.9	36376.7	11.8
惠阳区	25239.5	9.5	27757.0	10.0	31019.7	11.8
惠东县	17041.5	10.3	18817.0	10.4	20850.9	10.8
博罗县	18112.8	10.1	20021.0	10.5	22205.6	10.9
龙门县	13113.3	10.4	14901.0	13.6	16970.8	13.9
大亚湾区	26652.6	9.3	29383.0	10.2	33202.5	13.0
仲恺区	25400.8	9.4	27991.0	10.2	30853.0	10.2

10-2 续表1

单位：元、%

项 目	2014年		2015年		2016年	
	城镇常住居民	增速	城镇常住居民	增速	城镇常住居民	增速
全市	27299.6	9.5	30056.9	10.1	33212.8	10.5
惠城区	34328.6	9.5	37679.1	9.8	41442.3	10.0
惠阳区	29242.5	9.3	32108.3	9.8	35425.9	10.3
惠东县	19368.4	9.6	21402.1	10.5	23559.1	10.1
博罗县	22801.5	9.7	25241.3	10.7	27857.7	10.4
龙门县	14879.7	9.8	17037.3	14.5	19191.6	12.6
大亚湾区	28035.3	9.2	30894.9	10.2	34381.8	11.3
仲恺区	27571.3	9.4	30356.0	10.1	33350.5	9.9

10-2 续表2

单位：元、%

项 目	2014年		2015年		2016年	
	农村常住居民	增速	农村常住居民	增速	农村常住居民	增速
全市	14364.4	10.7	15829.6	10.2	17602.5	11.2
惠城区	14889.9	10.9	16378.9	10.0	18323.7	11.9
惠阳区	15301.7	10.1	16862.5	10.2	18931.1	12.3
惠东县	14526.9	11.1	15994.1	10.1	17707.0	10.7
博罗县	14283.8	10.5	15740.7	10.2	17354.9	10.3
龙门县	12379.7	10.7	13852.9	11.9	15685.3	13.2
大亚湾区	15013.4	9.8	16514.7	10.0	18594.8	12.6
仲恺区	15581.0	9.6	17201.4	10.4	19057.3	10.8

10-3 惠州市城乡居民消费品拥有量情况

项　　目		2014年			2015年			2016年		
		全体居民	城镇居民	农村居民	全体居民	城镇居民	农村居民	全体居民	城镇居民	农村居民
家用汽车	（辆）	29.1	37.2	15.4	33.9	40.9	22.2	42.9	51.2	29.0
摩托车	（辆）	78.5	58.0	113.0	80.9	60.8	114.9	88.4	64.3	129.3
洗衣机	（台）	76.4	84.9	62.0	75.8	83.4	63.0	87.2	91.6	79.7
电冰箱	（台）	91.7	91.7	91.7	93.6	95.4	90.8	99.2	99.5	98.8
彩色电视机	（台）	127.7	130.0	123.9	126.1	127.9	123.0	129.1	127.7	131.4
空调	（台）	147.4	174.8	101.2	162.1	192.1	111.5	201.0	227.8	155.9
固定电话	（部）	77.2	75.5	80.3	73.9	72.5	76.3	69.8	71.2	67.4
移动电话	（部）	252.2	249.8	256.3	266.3	261.1	275.2	276.7	269.3	289.4
计算机	（台）	69.4	78.7	53.7	67.3	78.3	48.7	79.2	89.3	62.2
照相机	（台）	28.6	39.7	9.8	26.6	37.1	8.8	24.3	33.3	9.0

惠州统计年鉴－2017

HUIZHOU STATISTICAL YEARBOOK

十一、农　业

11-1 乡村人口及农村基础设施

（2016 年）

项　　目		惠州市	惠城区	惠阳区	惠东县	博罗县	龙门县	大亚湾区	仲恺区
乡村人口									
乡村人口数	万人	167.58	20.26	16.39	55.46	48.27	22.31	0.59	4.31
农村基础设施									
自来水受益村数	个	910	123	93	228	267	132	29	38
通有线电视村数	个	994	130	96	245	321	135	29	38
通宽带村数	个	1041	142	102	245	329	156	29	38

11-2 乡村劳动力资源及构成

(2016 年）

项　　目		惠州市	惠城区	惠阳区	惠东县	博罗县	龙门县	大亚湾区	仲恺区
乡村劳动力资源数	人	2224250	334497	252706	457201	604305	189836	165510	220195
其中：男	人	1168837	169833	123124	248607	322948	98651	95757	109917
女	人	1055413	164664	129582	208594	281357	91185	69753	110278
乡村从业人员合计	人	2023312	311345	242093	399016	573761	163038	136198	197861
1. 男	人	1071370	156417	124307	215728	306379	84989	83960	99590
其中：从事农林牧渔业人员	人	255766	32015	16921	67653	79043	47401	3782	8951
2. 女		951942	154928	117786	183288	267382	78049	52238	98271
其中：从事农林牧渔业人员	人	235123	28859	16042	62355	71581	45461	1990	8835

11-3 1949-2016 年粮食亩产

（按高低顺序排列）　　单位：公斤

年份	亩产	年份	亩产	年份	亩产
1999	375	1993	280	1979	154
1998	372	1992	278	1967	151
2000	371	1990	265	1968	148
1997	354	1991	259	1970	148
2002	352	1989	256	1965	136
2001	349	1987	238	1966	129
2012	345	1988	238	1964	104
2015	341	1985	226	1963	102
2016	340	1984	220	1958	99
2014	339	1983	218	1962	98
2011	339	1982	216	1956	93
2003	339	1986	210	1959	93
2004	335	1981	189	1954	89
2005	327	1980	183	1955	89
2010	326	1977	170	1960	89
2009	324	1974	168	1961	86
1996	324	1971	166	1953	84
2008	321	1969	163	1952	79
2007	321	1976	162	1951	74
2013	318	1972	161	1950	71
2006	305	1975	161	1957	70
1995	304	1978	160	1949	67
1994	297	1973	157		

11-4 1949-2016年水稻亩产

（按高低顺序排列）

单位：公斤

年份	亩产	年份	亩产	年份	亩产
1999	390	1992	293	1979	173
1998	389	1993	292	1967	170
2000	387	1990	282	1968	162
1997	370	1991	275	1970	161
2002	364	1989	272	1965	154
2001	359	1987	253	1966	143
2004	354	1988	252	1963	118
2012	351	1985	242	1964	117
2015	349	1983	237	1958	112
2016	347	1984	237	1962	111
2014	346	1982	233	1959	107
2011	345	1986	223	1956	106
2005	345	1980	205	1960	104
1996	339	1981	204	1955	101
2003	339	1977	195	1961	101
2010	325	1974	189	1954	96
2007	324	1971	184	1957	94
2009	323	1978	184	1953	89
2008	321	1972	181	1952	81
1995	318	1976	181	1951	78
2013	310	1969	180	1950	74
1994	310	1975	180	1949	69
2006	302	1973	175		

11-5 1949-2016 年花生亩产

（按高低顺序排列） 单位：公斤

年份	亩产	年份	亩产	年份	亩产
2016	183	1993	117	1974	63
2015	179	1992	114	1970	62
2014	176	1990	103	1972	60
2013	175	1982	100	1978	60
2012	168	1989	98	1976	59
2011	168	1988	94	1977	53
2003	168	1986	93	1962	53
2010	167	1991	93	1971	52
2009	166	1987	90	1958	52
2007	160	1981	89	1975	52
2008	159	1984	88	1965	49
2004	159	1985	87	1966	49
2005	149	1983	82	1956	48
2002	149	1980	80	1968	46
2001	149	1969	78	1957	46
1999	149	1967	74	1973	44
2006	148	1951	70	1961	40
2000	146	1979	70	1959	33
1998	143	1954	69	1964	31
1997	136	1952	68	1955	30
1996	134	1950	66	1960	29
1995	131	1953	66	1963	14
1994	123	1949	65		

11-6 1949-2016 年大豆亩产

（按高低顺序排列） 单位：公斤

年份	亩产	年份	亩产	年份	亩产
2016	142	1993	81	1972	39
2006	142	1990	70	1976	38
2015	139	1992	70	1973	37
2007	138	1989	65	1977	36
2014	136	1982	61	1965	35
2010	133	1987	61	1950	31
2013	132	1986	60	1953	31
2012	128	1988	60	1955	31
2011	127	1985	57	1952	30
2008	127	1991	56	1966	30
2009	124	1984	54	1951	28
2004	124	1980	54	1954	28
2003	118	1981	52	1962	28
2005	116	1983	48	1958	27
2000	116	1979	48	1956	27
2002	113	1975	47	1949	25
2001	112	1974	46	1957	21
1999	109	1969	45	1961	21
1998	103	1970	44	1959	20
1997	98	1968	43	1960	19
1996	91	1967	42	1964	18
1994	85	1978	41	1963	11
1995	85	1971	40		

11-7 1949-2016年糖蔗亩产

（按高低顺序排列） 单位：公斤

年份	亩产	年份	亩产	年份	亩产
2003	5066	1994	4274	1964	1963
2015	5062	1992	4232	1953	1949
2008	5058	1993	4052	1969	1945
2014	5056	1989	3911	1974	1924
2007	5019	1988	3805	1955	1914
2006	5009	1982	3581	1954	1890
2013	4992	1985	3569	1973	1879
2009	4957	1987	3451	1958	1720
2010	4950	1981	3326	1968	1691
1998	4946	1986	3270	1949	1636
2012	4933	2016	3212	1956	1592
2011	4927	1984	3187	1951	1565
2001	4923	1980	2934	1976	1551
1999	4911	1983	2854	1975	1542
1997	4867	1967	2598	1977	1537
2002	4861	1965	2382	1950	1531
2005	4843	1970	2227	1966	1459
1996	4730	1978	2174	1960	1402
2000	4713	1979	2122	1962	1302
1995	4711	1972	2117	1957	1277
1991	4706	1952	2093	1961	1057
2004	4637	1963	2065	1959	1024
1990	4545	1971	1978		

11-8 重点年份主要农产品人均占有量

（按总人口计）　　单位：公斤

年份	粮食	稻谷	花生	大豆	糖蔗	水果	肉类	水产品
1949	251.69	215.87	7.37	1.30	52.27	1.71		10.30
1952	317.11	284.57	9.64	2.35	83.70	1.55		11.89
1957	338.33	300.27	8.82	1.73	109.11	1.56		18.90
1962	328.35	299.42	6.19	1.62	53.94	1.83		11.95
1965	407.94	375.57	11.67	1.20	282.75	3.41		10.88
1970	387.81	360.42	12.95	1.88	323.07	8.04		19.89
1975	369.18	344.75	11.12	3.84	194.31	8.99		12.80
1980	372.00	350.70	19.09	5.99	186.00	7.16		9.29
1985	366.70	347.07	19.60	5.63	321.22	16.61		12.04
1987	370.88	346.68	22.85	5.58	163.80	36.51		15.92
1988	360.68	334.77	18.16	5.42	206.09	42.45		18.29
1989	388.34	358.50	18.51	5.84	238.40	50.54		18.76
1990	393.58	363.46	19.19	6.15	274.15	65.31	3.21	19.85
1991	353.30	324.66	16.36	4.51	309.84	75.36	34.98	22.28
1992	343.46	314.34	19.01	5.24	237.12	91.35	38.10	25.10
1993	309.70	278.65	19.66	5.62	104.22	82.79	40.08	26.44
1994	337.60	301.09	20.22	5.59	92.57	86.87	45.39	28.95
1995	349.08	307.86	20.88	4.97	110.28	78.99	46.46	31.94
1996	375.04	324.63	20.15	5.12	131.84	76.52	49.97	34.69
1997	397.51	343.71	20.22	5.03	142.01	68.72	54.53	42.24
1998	416.05	358.12	21.08	5.16	147.91	64.97	32.27	46.19
1999	414.46	352.06	21.73	5.22	126.06	74.79	41.44	48.16
2000	379.00	318.00	22.23	5.80	73.77	66.58	47.39	47.81
2001	331.16	271.82	24.57	5.66	65.67	70.72	47.96	49.85
2002	289.02	226.31	24.88	5.31	65.65	95.84	52.90	55.17
2003	237.50	190.23	20.30	4.66	55.40	100.76	52.10	54.80
2004	254.00	179.00	22.00	5.00	39.00	134.00	52.00	56.00
2005	249.37	170.13	20.58	4.35	36.26	163.86	59.70	54.96
2006	167.65	122.51	14.27	2.03	22.37	135.75	58.70	40.27
2007	176.27	130.44	15.14	1.67	21.92	149.51	57.19	43.82
2008	174.79	127.79	15.24	1.54	23.09	156.71	58.44	42.75
2009	180.78	127.55	16.27	1.53	18.52	159.76	59.54	43.34
2010	173.98	123.47	15.67	1.36	20.50	162.83	59.16	42.49
2011	177.77	127.45	15.92	1.31	19.56	171.65	55.21	42.77
2012	183.23	131.09	16.42	1.29	21.43	185.43	56.04	43.67
2013	162.21	110.46	17.24	1.32	19.51	194.93	55.69	45.64
2014	169.89	120.11	17.59	1.34	19.94	196.14	55.35	46.37
2015	167.25	117.65	17.64	1.35	17.87	204.20	53.62	46.76
2016	164.67	115.64	17.50	1.32	16.85	212.38	51.48	47.08

11-9 重点年份主要农产品人均占有量

（按农业人口计） 单位：公斤

年份	粮食	稻谷	花生	大豆	糖蔗	水果	肉类	水产品
1949	302.41	259.37	8.85	1.56	62.81	2.05		12.38
1952	375.46	336.93	11.41	2.78	99.10	1.84		14.08
1957	405.24	359.65	10.56	2.07	130.69	1.86		22.64
1962	651.10	593.74	12.28	3.22	106.97	3.62		23.70
1965	491.86	452.82	14.07	1.45	340.92	4.12		13.12
1970	456.60	424.35	15.25	2.21	380.38	9.46		23.42
1975	436.61	407.72	13.15	4.54	229.79	10.63		15.14
1980	449.65	423.90	23.07	7.24	224.83	8.66		11.23
1985	465.88	440.94	24.89	7.15	408.10	21.10		15.30
1987	468.90	438.30	28.90	7.05	207.09	46.16		20.12
1988	461.15	428.02	23.22	6.93	263.50	54.28		23.39
1989	503.17	464.50	23.99	7.57	308.89	65.48		24.31
1990	515.20	475.78	25.12	8.05	358.86	85.50	4.20	25.99
1991	479.57	440.69	22.21	6.13	420.57	102.30	47.49	30.24
1992	472.52	432.45	26.16	7.22	326.22	125.68	52.41	34.53
1993	436.19	392.45	27.68	7.91	146.79	116.60	56.45	37.24
1994	482.30	430.14	28.88	7.99	132.25	124.11	64.84	41.37
1995	509.62	449.43	30.48	7.25	160.99	115.32	67.82	46.62
1996	557.83	482.86	29.97	7.62	196.11	113.81	74.33	51.60
1997	603.09	521.46	30.67	7.64	215.45	104.26	82.73	64.08
1998	630.86	543.01	31.98	7.83	224.30	98.52	48.93	70.04
1999	640.00	543.70	33.56	8.06	194.67	115.50	63.99	74.37
2000	597.35	501.79	35.03	9.15	116.24	104.91	74.67	75.33
2001	521.80	428.30	38.72	8.92	103.48	111.43	75.57	78.55
2002	457.27	358.06	39.36	8.39	103.85	151.62	83.70	87.28
2003	389.80	312.20	33.34	7.65	90.90	165.35	85.50	89.90
2004	412.00	290.00	36.00	8.00	63.00	217.00	85.00	90.00
2005	566.23	386.31	46.73	9.88	82.33	372.08	135.56	124.81
2006	378.98	276.93	32.26	4.59	50.56	306.86	132.69	91.04
2007	425.77	315.06	36.57	4.03	52.95	361.14	138.14	105.86
2008	420.07	307.11	36.62	3.70	55.50	376.61	140.44	102.74
2009	427.12	301.35	38.45	3.62	43.75	377.46	140.67	102.39
2010	424.40	301.19	38.23	3.32	50.02	397.22	144.31	103.64
2011	437.07	313.36	39.13	3.23	48.09	422.02	135.75	105.15
2012	454.07	324.86	40.68	3.18	53.12	459.52	138.87	108.23
2013	400.94	273.03	42.61	3.27	48.23	481.81	137.65	112.82
2014	420.23	297.09	43.50	3.32	49.33	485.17	136.90	114.69
2015	333.25	234.42	35.15	2.70	35.60	406.88	106.84	93.18
2016	357.97	251.40	38.04	2.86	36.64	461.70	111.91	102.34

11-10　重点年份主要农产品产量

年份	粮食产量（万吨）	稻谷产量	花生总产量（吨）	大豆总产量（吨）	糖蔗总产量（万吨）
1949	26.00	22.30	7611	1342	5.40
1952	34.10	30.60	10362	2529	9.00
1957	40.00	35.50	10424	2047	12.90
1962	42.00	38.30	7921	2078	6.90
1965	56.70	52.20	16216	1672	39.30
1970	62.30	57.90	20809	3020	51.90
1975	66.50	62.10	20034	6910	35.00
1980	71.60	67.50	36735	11534	35.80
1985	76.60	72.50	40932	11760	67.10
1987	79.70	74.50	49114	11984	35.20
1988	78.65	73.00	39600	11819	44.94
1989	86.01	79.40	41000	12944	52.80
1990	89.01	82.20	43400	13906	62.00
1991	82.27	75.60	38100	10508	72.15
1992	82.20	75.23	45500	12552	56.75
1993	76.10	68.47	48300	13800	25.61
1994	84.79	75.62	50779	14045	23.25
1995	89.33	78.78	53427	12717	28.22
1996	97.54	84.43	52403	13322	34.29
1997	105.95	91.61	53889	13419	37.85
1998	111.61	96.07	56572	13850	39.68
1999	112.66	95.70	59063	14194	34.27
2000	105.31	88.47	61758	16133	20.49
2001	92.87	76.23	68910	15881	18.42
2002	81.80	64.05	70421	15017	18.58
2003	68.02	54.48	58189	13348	15.86
2004	74.44	52.30	63695	14182	11.29
2005	74.21	50.63	61241	12953	10.79
2006	51.37	37.54	43727	6225	6.85
2007	55.15	40.81	47376	5223	6.86
2008	55.73	40.74	48581	4909	7.36
2009	58.64	41.37	53866	4966	6.01
2010	58.68	41.64	52861	4597	6.92
2011	60.98	43.72	54573	4461	6.71
2012	62.66	44.83	56140	4395	7.33
2013	55.7	37.93	59194	4536	6.7
2014	59.21	41.86	61291	4682	6.95
2015	59.72	42.01	62995	4835	6.38
2016	59.99	42.13	63745	4800	6.14

11-10 续表

年份	水果总产量（吨）	肉类总产量（吨）	水产品总产量（吨）	总人口（人）	
					农业人口
1949	1764		10640	1033033	859773
1952	1668		12790	1075324	908209
1957	1840		22344	1182267	987070
1962	2338		15290	1279139	645063
1965	4745		15123	1389900	1152773
1970	12908		31958	1606457	1364440
1975	16188		23061	1801290	1523098
1980	13788		17884	1924731	1592341
1985	34688		25159	2088900	1644204
1987	78454		34206	2148954	1699732
1988	92572		39888	2180595	1705532
1989	111926		41560	2214794	1709347
1990	147712	7263	44899	2261569	1727689
1991	175489	81463	51876	2328602	1715510
1992	218628	91175	60073	2393261	1739625
1993	203435	98490	64964	2457206	1744664
1994	218183	114000	72722	2511581	1758047
1995	202139	118880	81725	2558978	1752868
1996	199003	129972	90225	2600813	1748549
1997	183165	145342	112575	2665306	1756782
1998	174304	86565	123917	2699972	1769135
1999	203307	112641	130905	2718248	1760170
2000	184960	131649	132811	2778100	1763033
2001	198335	134502	139813	2804500	1779885
2002	271240	149729	156131	2830209	1788925
2003	288523	149244	156911	2863568	1744885
2004	391525	152542	162643	2932200	1808928
2005	487574	177660	163565	2975807	1310545
2006	415935	179850	123396	3064052	1355463
2007	467803	178939	137122	3128886	1295368
2008	499637	186320	136295	3188362	1326664
2009	518205	193123	140573	3243580	1372857
2010	549206	199519	143294	3372810	1382617
2011	588760	189378	146659	3430337	1395281
2012	634127	191631	149357	3419797	1379963
2013	669343	191228	156728	3433721	1389220
2014	683598	192897	161595	3485197	1408995
2015	729147	191463	166977	3570738	1792062
2016	773732	187548	171511	3643096	1675836

注：2015 年起改为乡村人员。

11-11　农业主要物质消耗情况

（2016年）

项　　目		惠州市	惠城区	惠阳区	惠东县	博罗县	龙门县	大亚湾区	仲恺区
农用化肥施用量（折纯）	吨	98341	12837	8729	22353	33763	13971	128	6560
氮肥	吨	39311	5044	3327	10134	13283	4194	45	3284
磷肥	吨	11711	1359	762	3747	3916	1452	12	463
钾肥	吨	23755	2572	2159	5939	7976	3661	42	1406
复合肥	吨	23564	3862	2481	2533	8588	4664	29	1407
农用塑料薄膜使用量	吨	2808	192	387	319	1054	124		732
地膜使用量	吨	2528	164	387	246	923	79		729
地膜覆盖面积	亩	173962	13300	27287	74265	34842	5013		19255
农用柴油使用量	吨	23410	2255	303	5925	10470	1340	1357	1760
农药使用量	吨	5392	357	278	486	2872	1093	13	293
农村用电量	万千瓦时	331145	23598	89364	81626	70915	11887	2854	50901

11-12　蔬菜及特种作物生产情况

（2016年）

项　　目		惠州市	惠城区	惠阳区	惠东县	博罗县	龙门县	大亚湾区	仲恺区
蔬菜合计	吨	2983137	386580	427888	879454	851335	287021	6401	144458
叶菜类	吨	1291499	222135	127840	327270	372000	193612	2086	46556
白菜类	吨	730191	59260	95913	256959	237706	32898	1841	45614
甘蓝类	吨	27840	457	5025	11856	4283	2984	150	3085
根茎类	吨	139004	23656	28073	48482	24647	8688	527	4931
瓜菜类	吨	232334	17646	47652	47426	96569	14578	525	7938
豆类（菜用）	吨	134384	8413	19086	39705	47484	9020	459	10217
茄果类	吨	211460	43891	62622	58123	27749	9851	389	8835
葱蒜类	吨	163682	9852	41153	50730	40083	4528	329	17007
水生菜类	吨	8715		19	4842	433	3123	23	275
其它蔬菜	吨	37963		277	31802		5812	72	
食用菌（干鲜混合）	吨	6065	1270	228	2259	381	1927		
干品	吨	32				32			
鲜品	吨	6033	1270	228	2259	349	1927		
特种作物									
花卉种植面积	亩	4194		695		3283	216		
鲜切花	万枝	314	139	36	8	85			46
盆栽观赏植物（包括盆景）	盆	2859461	1413642	2959	75993	421167	120000		825700
设施农业生产情况									
蔬菜	吨	45472	2650	3424	26508		12890		

11-13 分县区主要农作物播种面积和产量

（2016 年）

项　目		惠州市	惠城区	惠阳区	惠东县	博罗县	龙门县	大亚湾区	仲恺区
粮食播种面积	亩	1764187	234259	111352	586492	474933	295519	4482	57150
亩产	公斤	340	354	373	330	339	329	337	385
总产量	吨	599880	82849	41547	193730	160936	97280	1509	22029
水稻播种面积	亩	1213097	149248	74981	398820	312774	257127	2135	18012
亩产	公斤	347	360	373	351	341	336	389	318
总产量	吨	421300	53775	28004	140011	106510	86439	831	5730
薯类播种面积	亩	184670	11902	7866	113156	27091	21065	2347	1243
亩产	公斤	1501	1825	1452	1480	1404	1585	1444	1421
总产量	吨	277150	21721	11419	167422	38038	33394	3390	1766
# 马铃薯播种面积	亩	106190	2691	1811	84745	11567	4124	1132	120
亩产	公斤	1470	1708	1479	1476	1204	1866	1638	1875
总产量	吨	156070	4595	2678	125093	13931	7694	1854	225
大豆播种面积	亩	33700	8081	1118	5885	11333	7163		120
亩产	公斤	142	131	155	183	109	172		200
总产量	吨	4800	1058	173	1079	1235	1231		24
甘蔗播种面积	亩	25845	440	7250	2254	14956	920		25
亩产	公斤	4073	4423	176	6230	5592	4522		8000
总产量	吨	105262	1946	1279	14043	83634	4160		200
油料播种面积	亩	349457	68947	24205	104601	102156	44929	3089	1530
亩产	公斤	183	187	176	193	169	183	200	312
总产量	吨	63832	12873	4260	20168	17225	8210	618	478
# 花生播种面积	亩	348751	68947	23974	104601	101831	44779	3089	1530
亩产	公斤	183	187	177	193	169	182	200	312
总产量	吨	63745	12873	4248	20168	17200	8160	618	478
蔬菜播种面积	亩	1811203	215602	257639	559592	516894	176654	5574	79248
亩产	公斤	1647	1793	1661	1572	1647	1625	1148	1823
总产量	吨	2983137	386580	427888	879454	851335	287021	6401	144458

11-14 分县区水果茶叶生产情况

（2016年）

项　目	惠州市	惠城区	惠阳区	惠东县	博罗县	龙门县	大亚湾区	仲恺区
年末水果面积（亩）	883718	48204	102851	151126	177350	360307	10418	33462
(1) 柑	39783	550	1385	5537	5505	26806		
(2) 桔	273248	2400	1398	11658	21139	236653		
(3) 橙	44579	125	299	4128	2609	37418		
(4) 香（大）蕉	93831	4004	5275	14052	34892	29837	15	5756
(5) 菠萝	5653	197	469	4283	265	39		400
(6) 荔枝	248830	18263	67972	68127	57084	8415	7169	21800
(7) 龙眼	107499	13818	18876	19956	35410	12231	3226	3982
(8) 梨	179	17				162		
(9) 柿子	3144	205	67	2203	159	505		5
(10) 李子	10439	477	1786	4396	2465	1025		290
(11) 番石榴	7418	1219	623	1025	4217	208		126
(12) 芒果	20207	2997	1679	7455	7130	141		805
(13) 柚子	1386	570	9	241	77	489		
(14) 杨桃	5754	140	42	411	745	4398		18
(15) 其他杂果	21768	3222	2971	7654	5653	1980	8	280
全年水果产量（吨）	773732	33771	33611	94857	175156	428484	1240	6613
(1) 柑	51984	851	515	5210	6799	38609		
(2) 桔	292974	3948	799	10434	19763	258030		
(3) 橙	43757	192	140	1825	2465	39135		
(4) 香（大）蕉	176685	6245	7762	12450	78318	68562	7	3341
(5) 菠萝	5106	136	252	4326	245	24		123
(6) 荔枝	87658	7587	12252	31205	29912	3989	961	1752
(7) 龙眼	58510	6635	5992	17320	18546	8741	270	1006
(8) 梨	287	4				283		
(9) 柿子	2226	109	18	1706	74	315		4
(10) 李子	6065	373	1384	1600	2105	515		88
(11) 番石榴	8885	2531	464	600	5139	141		10
(12) 芒果	18208	2549	1339	5621	8324	141		234
(13) 柚子	1166	463	3	314	31	355		
(14) 杨桃	9466	221	30	401	768	8037		9
(15) 其他杂果	10755	1927	2661	1845	2667	1607	2	46
茶叶面积（亩）	8134		1320	1458	4465	591		300
茶叶产量（吨）	344		3	77	229	15		20

11-15　分县区林业生产情况

（2016 年）

项　　目		惠州市	惠城区	惠阳区	惠东县	博罗县	龙门县	大亚湾区	仲恺区
营林情况									
荒山荒（沙）地造林面积	亩	64538	33		63430		495	580	
人工造林	亩	64538	33		63430		495	580	
无林地和疏林地新封	亩								
有林地造林面积	亩	103979		19163	62316	22500			
林冠下造林	亩	11239		10163	1076				
有林地和灌木林地新封	亩	92740		9000	61240	22500			
更新造林	亩	39639		4500	19029	15465	645		
四旁（零星）植树	株	6401338	1000000		2171338	2030000	800000	150000	250000
年末实有封山（沙）育林	亩	709703		9000	673448	22500	4755		
低产低效林改造面积	亩	13453	821		1092	7145	4395		
未成林抚育作业面积	亩次	251321	821	60745	12302	177453			
未成林抚育实际面积	亩	333152		72000	1457	177453	81885	357	
成林抚育面积	亩	146508		11255	10245	125000	8		
育苗面积	亩	7532	350	187	5600	405	90		900
其中 本年新增育苗面积	亩	140	50	15			75		
主要林产品产量									
天然松脂	吨	155	70		5	80			
竹笋干	吨	482	66		326	35	55		
板栗	吨	80				80			
竹木采伐量									
木材	立方	337093	35911	14168	45149	169844	66227		5794
竹材									
毛竹	根	4073687	163656		548191	3081720	280120		
小毛竹	根	2038422	174362		220370	1643690			
篙竹	根	1734099	675878		200348	857873			
厘竹	把	691038	605109		26987	58942			
竹笏	筒	186047			132305	53742			
杂竹	吨	107956	29033		73967	4956			
其他	吨	6214			1196	5018			

11-16 分县区畜牧业生产情况

（2016年）

项　　目		惠州市	惠城区	惠阳区	惠东县	博罗县	龙门县	大亚湾区	仲恺区
牲畜年末存栏情况									
大牲畜年末存栏	头	112805	17381	6482	47880	35103	4365	638	956
牛	头	112805	17381	6482	47880	35103	4365	638	956
肉用牛	头	44091	6126	2539	18098	14479	2254	147	448
山羊年末存栏	只	7467	482	1496	2961	1643	484	76	325
生猪年末存栏	头	1062737	212198	18093	307242	448680	70732	3889	1903
活家禽年末存栏	只	12200726	2066529	1118311	2055787	4693251	781341	54002	1431505
其中：鸡	只	8266022	1292946	872042	1649324	3635924	598296	29502	187988
鸭	只	2762932	700312	182506	379647	569227	166211	5565	759464
鹅	只	737570	73271	63763	26561	375751	16834		181390
牲畜当年出栏情况									
出栏肉猪	头	1838842	402643	50269	426730	837215	89736	27483	4766
出售和自宰的肉用牛	头	21343	2690	1401	4387	10670	1868	96	231
出售和自宰的肉用羊	只	9054	313	689	2413	5055	256	142	186
出售和自宰的肉用狗	只	77316	10648	2321	18185	39101	4116		2945
出售和自宰的活家禽	只	33177947	4229499	3651617	5394269	16024104	2469023	152422	1257013
鸡	只	23870531	2427931	3032724	4088584	11976493	1734232	110700	499867
鸭	只	6478817	1633035	420844	1186201	2071206	692933	41558	433040
鹅	只	1944872	168533	198049	100458	1284625	41533	164	151510
鸽	只	836567			19026	644620	325		172596
其他家禽	只	47160				47160			
畜牧业主要产品产量									
肉类总产量	吨	187548	37137	8740	40294	86457	10548	2262	2110
猪肉产量	吨	139359	30808	3815	31910	63593	6803	2057	373
牛肉产量	吨	2232	314	158	475	1019	231	11	24
羊肉产量	吨	164	7	15	36	95	5	2	4
家禽肉产量	吨	44284	5755	4707	7446	21129	3418	192	1637
鸡肉产量	吨	27830	2642	3534	4925	14245	1881	132	471
鸭肉产量	吨	11435	2752	696	2164	3701	1401	60	661
鹅肉产量	吨	4803	361	477	351	3029	136		449
鸽肉产量	吨	215			6	153			56
其他家禽肉产量	吨	1				1			
其他肉产量	吨	1509	253	45	427	621	91		72
奶类产量	吨	12050	184			11112	754		
天然蜂蜜产量	吨	1363	381	16	228	643	86		9
禽蛋产量	吨	9551	3059	287	1629	2557	415	3	1601

11-17 分县区渔业生产情况

（2016年）

项 目		惠州市	惠城区	惠阳区	惠东县	博罗县	龙门县	大亚湾区	仲恺区
水产品总产量	吨	171511	22063	5009	66168	30012	6857	28603	12799
海水产品	吨	84380			56307			28073	
鱼类	吨	28711			20128			8583	
大黄鱼	吨	1127			1102			25	
小黄鱼	吨	1719			1661			58	
马鲛	吨	891			891				
鲳鱼	吨	1621			1451			170	
海鳗	吨	1263			853			410	
石斑鱼	吨	2639			1964			675	
梭鱼	吨								
带鱼	吨	615			550			65	
鰳鱼	吨								
鲷鱼	吨	1763			1203			560	
鲐鱼	吨	564			209			355	
蓝园参	吨	1604			1194			410	
鲳鱼	吨	1013			453			560	
金线鱼	吨	306			278			28	
马面屯	吨	473			447			26	
沙丁鱼	吨	1184			434			750	
其他	吨	11929			7438			4491	
虾蟹类	吨	15609			14531			1078	
对虾	吨	12356			12139			217	
毛虾	吨	479			431			48	
鹰爪虾	吨	96			81			15	
梭子蟹	吨	1220			738			482	
青蟹	吨	635			582			53	
其他	吨	823			560			263	
贝类	吨	36447			20360			16087	
鲍鱼	吨								
珍珠	公斤								
其它贝类	吨	36447			20360			16087	
藻类	吨	373			363			10	
其他类（包括鱿鱼）	吨	3240			925			2315	

11-17 续表 （2016年）

项　目		惠州市	惠城区	惠阳区	惠东县	博罗县	龙门县	大亚湾区	仲恺区
淡水产品	吨	87131	22063	5009	9861	30012	6857	530	12799
鱼类	吨	83582	21126	4864	9678	27771	6814	530	12799
生鱼	吨	465	42	36	387				
桂花鱼	吨	1897	36		241	1620			
加州鲈鱼	吨	770	25		255	480		10	
淡水白鲳	吨	2029	22	31	444	880	652		
鳗鱼	吨	1586	701		185	250	450		
青鱼	吨	784	126	14	140	360	5		139
罗非鱼	吨	21007	6495	1648	2301	4870	1985	250	3458
鲮鱼	吨	1617	340		463	814			
鲫鱼	吨	5262	1567	328	581	1520	364	20	882
鲂鱼	吨	23			23				
鲩鱼	吨	21037	5310	1108	1017	7607	1170	75	4750
鳙鱼	吨	10414	2578	624	666	4010	852	70	1614
鲢鱼	吨	7967	1906	540	160	3600	745	55	961
鲤鱼	吨	4944	1433	242	252	1760	556	50	651
其他	吨	3780	545	293	2563		35		344
虾蟹类	吨	134	21	40	22	36	15		
优质虾	吨	76		40	21		15		
其他虾	吨	58	21		1	36			
优质蟹	吨								
其他蟹	吨								
贝类	吨	292	34			230	28		
藻类	吨								
其他类	吨	3123	882	105	161	1975			

11-18 分县区农业总产值中间消耗及增加值

（2016 年）　　单位：万元

项　目	惠州市	惠城区	惠阳区	惠东县	博罗县	龙门县	大亚湾区	仲恺区
农林牧渔业总产值合计	2775150	362990	240581	812864	856356	371587	30230	100543
农业	1933287	231597	209527	540099	543900	325937	5014	77212
林业	55388	5993	1939	16857	24037	5758	95	708
牧业	519643	101195	23873	108334	244296	28862	5922	7162
渔业	215632	21657	4519	120777	34211	7340	15519	11609
农林牧渔服务业	51200	2548	722	26797	9912	3690	3680	3851
农林牧渔业生产中间消耗	1037411	140452	83494	302665	333351	128415	13066	35969
农业	627738	75200	68033	175370	176604	105832	1628	25071
林业	24210	2620	848	7368	10507	2517	41	309
牧业	269799	52540	12395	56247	126839	14985	3075	3718
渔业	85584	8596	1794	47936	13578	2913	6159	4608
农林牧渔服务业	30080	1497	424	15743	5823	2168	2162	2262
农业增加值	1737738	222538	157087	510199	523005	243172	17164	64574
农业	1305548	156398	141494	364729	367295	220105	3386	52142
林业	31178	3373	1092	9489	13531	3241	53	398
牧业	249845	48654	11478	52087	117458	13877	2847	3443
渔业	130048	13061	2726	72840	20632	4427	9360	7002
农林牧渔服务业	21120	1051	298	11054	4089	1522	1518	1589

11-19 分县区农业总产值

（2016 年，按生产价格计算） 单位：万元

项　目	惠州市	惠城区	惠阳区	惠东县	博罗县	龙门县	大亚湾区	仲恺区
农林牧渔业总产值合计	2775150	362990	240581	812864	856356	371587	30230	100543
农业产值小计	1933287	231597	209527	540099	543900	325937	5014	77212
谷物及其他作物	313680	45129	21718	103835	86087	45636	1370	9904
谷物	179303	26290	13203	51094	52066	27841	256	8554
薯类	43779	3548	1823	26108	6149	5334	534	283
豆类	5522	1479	326	1367	1276	1056		18
油料	53513	10795	3572	16913	14446	6868	518	401
甘蔗	7310	119	56	1432	5372	311		20
其他农作物	4077	115	1413	235	1244	1070		
农作物副产品	20175.91	2784.55	1324.1	6685.85	5534.14	3157.77	62.2	627.3
蔬菜及食用菌、花卉及盆景	1274051.17	167670.22	166480.49	375029.53	368952.34	129802.71	2619.77	63496.11
蔬菜	1245770.95	161010.2	165807.64	367940.84	362532.97	124147.43	2619.77	61712.1
食用菌（干鲜混合）	17309.62	3559.64	639.05	6641.92	1067.89	5401.12		
花卉（鲜切花）	240.12	106.29	27.53	6.12	65			35.18
盆景及园艺产品	10730.49	2994.09	6.27	440.66	5286.48	254.16		1748.83
水果、坚果、茶和香料	345330.63	18749.62	21328.76	61234.94	88683.4	150497.96	1024.08	3811.87
水果	343957.26	18749.62	21319.26	60827.98	87846.63	150450.44	1024.08	3739.25
食用坚果	111.27				111.27			
茶及其他饮料	1262.1		9.5	406.95	725.51	47.52		72.62
中草药材	224.9	48			176.9			
林业产值小计	55387.57	5993.03	1939.45	16856.84	24037.39	5758.1	94.88	707.88
林木的培育和种植	13581.47	618.34	946.91	6496.77	4472.44	650.15	94.88	301.98
育苗面积	1582.08	70.91	37.89	1190.12	82.05	18.77		182.34
荒山荒（沙）地造林造林面积	2190.03	1.07		2154.15		16.03	18.78	
抚育和管理	9809.35	546.36	909.02	3152.47	4390.39	615.36	76.1	119.65
木材竹材采运（全社会）	32420.03	4297.14	992.54	6173.97	15677.61	4872.87		405.9
木材采运	23615.05	2515.75	992.54	3162.91	11898.42	4639.53		405.9
竹材采运	8804.98	1781.39		3011.06	3779.19	233.34		

（2016年，按生产价格计算）

单位：万元

项　目	惠州市	惠城区	惠阳区	惠东县	博罗县	龙门县	大亚湾区	仲恺区
林产品	9386.06	1077.56		4186.09	3887.34	235.07		
天然松脂	100.82	45.46		3.41	51.95			
竹笋干	2128.38	282.09		1461.63	149.59	235.07		
野生植物的采集	7156.86	750.01		2721.05	3685.8			
牧业产值小计	519643.43	101194.73	23872.85	108334.18	244296.06	28862.04	5921.64	7161.93
牲畜的饲养	19890.91	1315.33	629.04	1947.91	14273.6	1571.91	48.2	104.92
牛的饲养（出栏 毛重）	8037.64	1113.3	559.84	1770.65	3614.5	855.88	38.32	85.15
羊的饲养（出栏 毛重）	780.34	32.95	69.2	177.25	448.16	23.12	9.89	19.77
奶产品	11072.93	169.08			10210.93	692.92		
猪的饲养（出栏 毛重）	364193.05	80511.13	9969.91	83391.03	166190.14	17779.37	5376.43	975.04
家禽的饲养	126832.4	17646.06	13087.28	20972.82	59813.85	8991.49	497	5823.9
禽肉（毛重）	116113.74	14038.21	12759.27	19270.24	56912.06	8512.2	493.36	4128.4
禽蛋	10718.66	3607.85	328	1702.59	2901.79	479.3	3.64	1695.49
其他动物饲养（出栏 毛重）	4820.62	796.39	141.19	1412.22	1956.79	286.8		227.23
其他动物产品	3905.72	925.83	45.43	610.21	2060.94	232.46		30.85
捕猎野禽、野畜	0.74				0.74			
渔业产值小计	215632.21	21657.02	4519.35	120776.8	34210.68	7340	15518.99	11609.37
海水产品	125715.47			110620.89			15094.58	
鱼类	54751.58			44811.23			9940.35	
虾蟹类	65268.57			62793.28			2475.29	
贝类	4473.21			2551.42			1921.79	
藻类	153.15			149.23			3.92	
其他类（包括鱿鱼）	1068.96			315.72			753.24	
淡水产品	89916.74	21657.02	4519.35	10155.91	34210.68	7340	424.41	11609.37
鱼类	87471.84	21018.21	4365.12	9990.87	32746.27	7317.59	424.41	11609.37
虾蟹类	199.15	20.07	81.73	48.45	34.56	14.34		
贝类	84.17	9.8			66.3	8.07		
其他类	2161.58	608.94	72.49	116.6	1363.55			
农林牧渔服务业产值	51199.87	2548	722	26796.87	9912	3690	3680	3851

11-20 建国以来农村经济主要指标

年份	农林牧渔业总产值（现价，万元）					
		种植业	林业	牧业	渔业	农林牧渔服务业
1949	12705	6968	693	2486	826	
1950	13432	7367	733	2629	873	
1951	14199	7810	766	2778	916	
1952	15364	8437	824	3007	1004	
1953	15942	8743	853	3119	1051	
1954	22899	12530	1245	4462	1520	
1955	25142	13759	1355	4924	1664	
1956	26352	14359	1431	5136	1789	
1957	26177	14392	1400	5110	1708	
1958	25866	14123	1398	5058	1734	
1959	22840	12436	1292	4392	1546	
1960	26573	14482	1462	5155	1800	
1961	25034	13821	1326	4859	1624	
1962	43669	24119	2290	8525	2817	
1963	31129	17412	1583	6095	1899	
1964	37872	21320	1902	7404	2247	
1965	43499	24218	2227	8514	2712	
1966	38315	21418	1962	7514	2326	
1967	42563	23634	2199	8370	2657	
1968	41459	23041	2110	8192	2580	
1969	46045	25484	2395	9074	2905	
1970	49463	27150	2601	9714	3261	
1971	52312	28755	2799	10212	3416	
1972	53530	29456	2804	10472	3512	
1973	51640	28401	2683	10111	3412	
1974	58208	32184	3009	11369	3761	
1975	57178	31816	2959	11155	3569	
1976	58193	32216	3015	11380	3723	
1977	57546	31959	3005	11204	3622	
1978	55841	31106	2899	10797	3506	
1979	52915	29691	2732	10207	3209	
1980	60279	33546	3127	11704	3782	
1981	72952	40730	3635	14369	4509	

11-20 续表

年份	农林牧渔业总产值（现价，万元）					
		种植业	林业	牧业	渔业	农林牧渔服务业
1982	77835	43094	4035	15411	4875	
1983	76150	41934	4006	15025	4896	
1984	82904	45806	4219	16625	5209	
1985	95278	52793	4795	19101	5933	
1986	107372	59022	5472	21398	7003	
1987	135703	74294	6984	27037	8998	
1988	196082	95186	15150	47794	20690	
1989	230843	110403	15657	55105	27764	
1990	268284	134302	15274	58856	33409	
1991	287542	139153	14231	63366	36836	
1992	331212	160860	18607	77703	41874	
1993	391338	167386	20371	98870	59602	
1994	525417	254602	21628	120224	80735	
1995	643321	316017	25894	150382	93909	
1996	759760	366205	30339	181365	120842	
1997	906714	417226	34755	211401	184878	
1998	925217	463751	38755	148648	209021	
1999	980799	469682	42111	179641	217202	
2000	1046334	504524	42387	200616	218164	
2001	1111067	533386	46308	215692	229664	
2002	1090562	619036	43993	230270	189237	
2003	1147530	637159	46944	254940	198619	
2004	1233420	676134	44608	285223	217930	
2005	1207354	625596	44895	301468	205330	30065
2006	1122642	691333	16290	280704	116426	17888
2007	1285506	765302	22309	350490	128026	19378
2008	1493311	883971	22567	428472	136156	22145
2009	1479131	900622	21389	393669	140629	22822
2010	1663043	1053896	34254	397941	149594	27358
2011	1898693	1185396	43630	472631	165385	31652
2012	2017964	1295721	46718	461438	179294	34793
2013	2177724	1460079	46531	449236	183284	38594
2014	2286087	1559539	49683	438218	197456	41190
2015	2452981	1690488	48466	466108	202987	44931
2016	2775150	1933287	55388	519643	215632	51200

注：1、从2005年起使用现价，不使用不变价，产值指数使用缩减指数；2、2005年起增加农林牧渔服务业产值指数。

11-21 建国以来农村经济主要指标

年份	农林牧渔业总产值（不变价，万元）					
		种植业	林业	牧业	渔业	农林牧渔服务业
1949	31934	17772	1763	6115	1967	
1950	41539	22783	2267	8129	2699	
1951	44769	24624	2414	8759	2889	
1952	49709	27298	2664	9728	3247	
1953	52610	28854	2813	10294	3467	
1954	58674	32107	3189	11434	3896	
1955	61204	33495	3299	11986	4052	
1956	66222	36083	3596	12906	4496	
1957	63606	34971	3401	12417	4151	
1958	63189	34505	3414	12357	4237	
1959	54072	29440	3057	10397	3660	
1960	59304	32322	3264	11504	4018	
1961	55211	30480	2924	10715	3581	
1962	59561	32897	3123	11627	3842	
1963	59293	33164	3016	11609	3616	
1964	69144	38923	3472	13516	4101	
1965	83655	46575	4283	16375	5216	
1966	83299	46565	4265	16336	5056	
1967	88753	49283	4584	17454	5540	
1968	86565	48109	4406	17105	5387	
1969	93188	51576	4847	18363	5878	
1970	99269	54489	5221	19495	6544	
1971	106881	58750	5718	20864	6978	
1972	104433	57465	5470	20430	6852	
1973	99139	54523	5151	19411	6549	
1974	109119	60333	5640	21313	7051	
1975	105291	58587	5449	20542	6573	
1976	108904	60289	5642	21296	6967	
1977	115509	64151	6032	22489	7270	
1978	113175	62766	5958	22104	7108	
1979	107381	59985	5650	20863	6522	
1980	122226	67708	6445	23912	7694	
1981	130983	72445	6942	25557	8329	

11-21 续表

年份	农林牧渔业总产值（不变价，万元）					
		种植业	林业	牧业	渔业	农林牧渔服务业
1982	145606	80657	7731	28522	9108	
1983	141289	78081	7541	27706	8905	
1984	147819	81695	7749	29164	9339	
1985	156561	86455	8065	31051	9966	
1986	157284	86509	8161	31183	10194	
1987	170514	93879	8803	33888	10986	
1988	179391	98809	9262	35572	11571	
1989	199928	110005	10415	39438	12999	
1990	218205	126655	11095	43772	20021	
1991	231364	127553	11323	47590	23720	
1992	262393	141471	13055	56793	27463	
1993	282118	132078	13899	65786	37024	
1994	318113	155838	13795	71773	43449	
1995	350197	172237	14664	77515	49540	
1996	382992	190142	16038	77623	60333	
1997	430828	207320	18192	84529	81198	
1998	442564	224382	19881	60272	95744	
1999	479519	245274	19950	70983	102781	
2000	513774	259350	21312	78021	108229	
2001	547606	277528	23373	84209	113573	
2002	597257	374303	21243	90047	111663	
2003	575110	327597	22000	95929	109178	
2004	605830	359138	21381	109148	116163	
2005						
2006						
2007						
2008						
2009						
2010						
2011						
2012						

注：1、从2005年起使用现价，不使用不变价，产值指数使用缩减指数；2、2005年起增加农林牧渔服务业产值指数。

11-22 建国以来农村经济主要指标

年份	农林牧渔业总产值指数（%）	种植业	林业	牧业	渔业	农林牧渔服务业
1949	100.00	100.00	100.00	100.00	100.00	
1950	130.08	128.20	128.66	132.96	137.21	
1951	107.78	108.08	106.48	107.75	107.04	
1952	111.03	110.86	110.36	111.06	112.39	
1953	105.84	105.70	105.63	105.81	106.77	
1954	111.53	111.27	113.37	111.07	112.37	
1955	104.31	104.32	103.45	104.83	103.98	
1956	108.19	107.73	109.00	107.68	110.98	
1957	96.05	96.92	94.58	96.21	92.33	
1958	99.34	98.67	100.38	99.52	102.05	
1959	85.57	85.32	89.54	84.14	86.38	
1960	109.68	109.79	106.77	110.65	109.81	
1961	93.09	94.30	89.58	93.13	89.12	
1962	107.88	107.93	106.81	108.52	107.26	
1963	99.55	100.81	96.57	99.84	94.14	
1964	116.61	117.37	115.16	116.44	113.41	
1965	120.98	119.66	123.36	121.15	127.16	
1966	99.58	99.98	99.58	99.77	96.95	
1967	106.55	105.83	107.48	106.84	109.57	
1968	97.53	97.62	96.12	98.00	97.24	
1969	107.65	107.21	109.98	107.35	109.11	
1970	106.53	105.65	107.72	106.16	111.31	
1971	107.67	107.82	109.52	107.02	106.65	
1972	97.71	97.81	95.65	97.92	98.18	
1973	94.93	94.88	94.19	95.02	95.58	
1974	110.07	110.65	109.49	109.79	107.67	
1975	96.49	97.11	96.61	96.38	93.21	
1976	103.43	102.91	103.54	103.67	106.01	
1977	106.06	106.40	106.91	105.60	104.35	
1978	97.98	97.84	96.47	98.29	96.82	
1979	94.88	95.56	94.83	94.39	91.77	
1980	113.82	112.87	114.07	114.62	117.96	
1981	107.16	107.00	107.70	106.88	108.26	

11-22 续表

年份	农林牧渔业总产值指数（%）	种植业	林业	牧业	渔业	农林牧渔服务业
1982	111.16	111.34	111.37	111.60	109.34	
1983	97.04	96.81	97.54	97.12	97.77	
1984	104.62	104.63	102.75	105.26	104.87	
1985	105.91	105.83	104.08	106.47	106.71	
1986	100.46	100.06	101.19	100.42	102.29	
1987	108.41	108.52	107.87	108.67	107.77	
1988	105.21	105.25	105.21	104.97	105.32	
1989	111.45	111.33	112.45	110.87	112.34	
1990	109.14	115.14	106.53	110.99	154.02	
1991	106.03	100.71	102.05	108.72	118.48	
1992	113.41	110.91	115.30	119.34	115.78	
1993	107.52	93.40	106.46	115.83	134.81	
1994	112.76	117.99	99.25	109.10	117.35	
1995	110.09	110.52	106.30	108.00	114.02	
1996	109.36	110.40	109.36	100.14	121.79	
1997	112.49	109.03	113.43	108.90	134.58	
1998	111.58	108.23	109.39	119.78	117.91	
1999	108.35	109.31	100.35	117.77	107.35	
2000	107.14	105.74	106.83	109.92	105.30	
2001	106.60	107.0	109.7	107.9	104.9	
2002	109.07	114.7	90.89	106.9	98.32	
2003	102.5	95.1	109.7	109.3	107.5	
2004	106.7	105.4	100	112.9	106.5	
2005	108.7	106.2	99.6	114.7	101.4	303.4
2006	103.2	102.3	99.3	105.0	104.6	103.3
2007	104.0	104.6	132.6	100.7	104.8	104.9
2008	103.5	104.7	98.8	103.6	96.2	107.0
2009	104.0	104.5	96.1	103.7	103.1	105.7
2010	104.0	104.5	106.7	102.7	101.6	116.4
2011	103.6	106.0	119.1	95.1	104.7	109.8
2012	102.9	103.4	103.7	101.1	103.2	106.9
2013	103.0	104.5	96.3	99.8	101.1	108.3
2014	104.4	105.6	104.7	100.8	103.7	104.2
2015	104.2	105.4	97.1	100.3	103.9	107.5
2016	104.5	105.8	113.9	98.4	103.8	111.4

注：1、从2005年起使用现价，不使用不变价，产值指数使用缩减指数；2、2005年起增加农林牧渔服务业产值指数。

11-23 各乡镇基本情况

（2016年）

乡镇名称	土地面积（平方公里）	居委会个数	村委会个数	乡镇生产总值（万元）
惠城区				
桥东办事处	13.6	9	2	355516
龙丰办事处	53	7	1	500304
江南办事处	28	6	2	292477
江北办事处	19.2	9	2	983827
河南岸办事处	35	8	6	752303
小金口办事处	66.7	3	7	584861
水口办事处	114	4	17	598413
三栋镇	67.8	1	10	229448
汝湖镇	153	4	23	225124
马安镇	76	2	13	182916
横沥镇	343	3	40	133132
芦洲镇	204.9	2	19	43394
仲恺区				
惠环办事处	28	4	3	1995977
陈江办事处	83	3	11	2926560
沥林镇	49	1	10	136949
潼湖镇	113	1	11	61128
潼侨镇	31	5	3	150480
惠阳区				
淡水街道办	78	19	8	1485191
秋长街道办	110	1	10	1078113
三和街道办	64	1	5	239207
沙田镇	74	1	8	143480
新圩镇	154	1	11	471892
镇隆镇	149	1	13	285514
永湖镇	115	1	13	139909
良井镇	72	1	17	71263
平潭镇	100	1	18	134568
大亚湾区				
霞涌街道办	79	2	6	
澳头街道办	97	3	13	
西区街道办	90	2	10	
惠东县				
平山街道办	163	13	11	1432281
大岭镇	160	2	12	1016154
白花镇	204	2	26	473873
梁化镇	263	1	21	153737
稔山镇	192	2	17	507212
铁涌镇	117	1	19	134397
平海镇	139	1	10	332295

11-23 续表 1　　(2016 年)

乡镇名称	土地面积（平方公里）	居委会个数	村委会个数	乡镇生产总值（万元）
港口管委会	23	1	8	138324
巽寮经济开发区	76	0	4	207048
吉隆镇	128	3	7	519306
黄埠镇	84	7	11	608913
多祝镇	575	2	40	343948
安墩镇	479	1	22	71524
高潭镇	196	1	13	51872
宝口镇	329	2	12	53612
白盆珠镇	398	1	12	72569
博罗县				
石坝镇	178	2	22	140312
麻陂镇	57	1	12	94705
观音阁镇	104	1	14	74522
公庄镇	206	2	20	197671
杨村镇	125	2	20	125237
柏塘镇	238	2	33	183758
泰美镇	162	1	20	269631
罗阳镇	252	8	29	1421434
湖镇镇	236	2	35	448378
横河镇	234	1	18	120178
长宁镇	62	1	11	247176
福田镇	94	1	17	350367
龙华镇	60	1	10	179626
龙溪镇	116	3	20	475469
园洲镇	111	2	27	647332
石湾镇	81	2	12	1012785
杨侨镇	89	2		112303
龙门县				
麻榨镇	240	1	18	76390
永汉镇	393	7	22	261214
龙华镇	375	2	20	180926
龙江镇	172	2	16	155495
平陵镇	137	1	14	302575
龙田镇	174		15	121269
龙城街道办	133	5	19	419934
蓝田乡	132	1	7	49592
龙潭镇	276	2	14	48283
地派镇	235	2	11	68585

11-23 续表 2　　　　　　　　　　　　（2016 年）

乡镇名称	规上工业总产值（万元）	农业总产值（万元）	税收收入（万元）	公共财政收入（万元）	公共财政支出（万元）
惠城区					
桥东办事处	76767	398	92189	2358	2361
龙丰办事处	240864	1112	68496	1578	1578
江南办事处	406544	2183	21138	1466	1466
江北办事处	48846	112	233075	2661	2527
河南岸办事处	123786	1836	132467	4212	4180
小金口办事处	1336719	26760	99374	8037	8124
水口办事处	1320337	42806	92826	8666	8666
三栋镇	433217	19210	29071	9356	9356
汝湖镇	441665	76001	26557	10678	10678
马安镇	334439	36437	20071	7798	7798
横沥镇	40003	112538	7657	14845	14845
芦洲镇		43597	1730	7965	7925
仲恺区					
惠环办事处	8494434	6906	79419	9656	10068
陈江办事处	15065667	38559	326200	30800	27400
沥林镇	389151	16895	28162	6893	6893
潼湖镇	80599	23662	7402	12000	12000
潼侨镇	522297	14521	26143	17656	19209
惠阳区					
淡水街道办	887055	5434	83210		
秋长街道办	3423840	15245	89427		
三和街道办	1274412	3951	48038		
沙田镇	361662	14024	24733		
新圩镇	1293034	13507	85162		
镇隆镇	1006627	32169	41587		
永湖镇	324637	31748	17652		
良井镇	73961	44891	3481		
平潭镇	195981	76246	8815		
大亚湾区					
霞涌街道办	22579	9924			
澳头街道办	194144	14594			
西区街道办	87605	5712			
惠东县					
平山街道办	255915	59185	107608	44945	44945
大岭镇	3811263	51522	16393	3804	3712
白花镇	948920	82542	11341	2319	2319
梁化镇	30317	85867	4072	2648	2486
稔山镇	94309	62202	126265	4874	4862
铁涌镇	86567	51252	9470	3132	2844
平海镇	267228	39250	68063	4905	5791

11-23 续表 3 （2016 年）

乡镇名称	工业总产值（万元）	农业总产值（万元）	税收收入（万元）	财政总收入（万元）	财政支出（万元）
港口管委会		34488	18406	12872	11896
巽寮经济开发区		13203	30608	3641	3502
吉隆镇	380178	24506	9121	3015	3015
黄埠镇	564542	35724	10383	3969	3969
多祝镇	1085151	105172	7157	4895	4461
安墩镇		51426	1379	2290	2290
高潭镇		36680	666	2814	3273
宝口镇		38319	593	2717	2524
白盆珠镇		41526	2054	3384	3271
博罗县					
石坝镇	6581	71283	1539	5709	5709
麻陂镇	98657	30412	2854	3434	3434
观音阁镇	47505	20807	954	3535	3535
公庄镇	338564	56785	3827	8254	8138
杨村镇	81451	42126	5552	3705	3705
柏塘镇	285954	61724	3944	5656	5723
泰美镇	1055941	41197	10121	4723	4723
罗阳镇	2096643	67647	208061	31700	31703
湖镇镇	1456359	79385	26635	14801	14801
横河镇	231893	35795	24091	6670	6670
长宁镇	559029	37838	16143	3949	3949
福田镇	968236	44659	12140	4598	4401
龙华镇	553906	23074	5659	4547	4425
龙溪镇	1344509	66322	42414	12416	12416
园洲镇	1730728	60802	74789	21177	21852
石湾镇	3103137	76756	85036	13196	12791
杨侨镇	153338	29345	3037	15664	15664
龙门县					
麻榨镇	121801	43140	464	2546	2394
永汉镇	168731	55238	9055	11237	9930
龙华镇	261049	61386	2326	3419	3032
龙江镇	312902	43203	3608	3372	2991
平陵镇	389861	32526	6497	12590	12500
龙田镇	52808	44034	3549	3425	3072
龙城街道办	589187	22553	12170	12170	3244
蓝田乡	68939	21355	373	373	1985
龙潭镇	47210	26241	363	3288	2299
地派镇	149513	20441	1005	2578	1995
其他		1470	1199	290	476

11-24 各乡镇农作物播种面积及粮食、花生生产情况

（2016年）

单位：亩、吨

乡镇名称	农作物播种面积	粮食		稻谷		花生	
		播种面积	总产量	播种面积	总产量	播种面积	总产量
惠城区							
桥东办事处	820	420	151	420	151		
龙丰办事处	750						
江南办事处	2070	65	23	60	21	10	2
江北办事处							
河南岸办事处	1374						
小金口办事处	29273	5013	1779	3120	1141	2013	594
水口办事处	81697	35166	12600	20800	7522	7680	1184
三栋镇	22283	8458	3112	2812	1033	3074	599
汝湖镇	99800	58350	20282	29050	10393	10420	1903
马安镇	46167	20099	7376	11889	4308	5405	961
横沥镇	160199	70839	24818	60300	21776	21930	4386
芦洲镇	80884	35849	12708	20797	7430	18415	3244
仲恺区							
惠环办事处	3630						
陈江办事处	56870	22570	8894	6200	1812	400	88
沥林镇	23499	7571	2968	1768	636	170	43
潼湖镇	42699	23664	9622	8849	2768	610	214
潼侨镇	11275	3345	1958	1195	514	350	133
惠阳区							
淡水街道办	4652	439	134	23	9	173	49
秋长街道办	13560	2000	894	160	64	670	101
三和街道办	8008	1614	523	757	276	729	120
沙田镇	23682	7348	2650	5893	2092	1935	311
新圩镇	19940	2718	881			587	96
镇隆镇	43537	13784	5577	8990	3762	1804	365
永湖镇	58313	17242	6436	14383	5244	5796	955
良井镇	93331	29785	10611	23914	8749	12280	2251
平潭镇	148182	36422	13841	20861	7808		
大亚湾区							
霞涌街道办	8322	4482	1509	2135	831	3089	618
澳头街道办	854						
西区街道办	3704						
惠东县							
平山街道办	73890	27632	9039	17150	5943	15480	2864
大岭镇	112175	32978	11184	23117	8112	10460	1956
白花镇	120954	47798	15218	42870	14003	10251	1956
梁化镇	209770	55637	17975	33985	12548	10879	2319
稔山镇	95753	62617	20464	37593	12591	6276	1109
铁涌镇	103204	62916	20919	37692	13653	5335	1069
平海镇	98933	43800	14701	24915	8889	7008	1271
港口办	2816	1137	380	798	280		

11-24 续表 （2016年） 单位：亩、吨

乡镇名称	农作物播种面积	粮食		稻谷		花生	
		播种面积	总产量	播种面积	总产量	播种面积	总产量
巽寮经济开发区	13244	8142	2651	5171	1608	1569	363
吉隆镇	26530	13628	4323	8838	2952	1151	222
黄埠镇	18173	11645	4522	9767	3990	314	61
多祝镇	203067	105989	35051	71989	25840	14121	2763
安墩镇	77460	51117	15998	45815	14689	8996	1674
高潭镇	36317	19719	6598	12349	4476	3033	605
宝口镇	47089	21720	7553	13154	5245	3661	625
白盆珠镇	36806	20017	7155	13617	5192	6067	1311
博罗县							
石坝镇	82380	34510	11629	30004	10487	10537	2000
麻陂镇	41070	18530	6517	13551	5043	6556	1258
观音阁镇	48997	25531	8377	19001	6209	7871	1246
公庄镇	84579	31988	10490	27476	9334	8310	1474
杨村镇	82088	33795	11436	24014	8415	15278	2483
柏塘镇	92924	41314	14105	28972	9938	6375	1201
泰美镇	67955	31100	10212	20505	6952	11834	1685
罗阳镇	69092	27022	8965	19380	6411	8150	1430
湖镇镇	79970	35407	11936	26859	9114	8331	1408
横河镇	48286	23727	7448	16952	5345	1821	323
长宁镇	53416	23264	8339	11617	3985	2903	469
福田镇	60880	23976	8839	12494	4370	390	67
龙华镇	26417	14247	5241	7650	2608	1200	300
龙溪镇	73231	26730	8816	12214	3688	2113	320
园洲镇	74623	29751	10631	13870	4681	1615	245
石湾镇	106702	34264	11379	13372	4811		
杨侨镇	31248	14118	4653	10147	3469	7100	1077
龙门县							
麻榨镇	35840	18215	6113	14620	5011	3890	786
永汉镇	61865	35867	12419	30615	10926	8990	1595
龙华镇	53046	24858	7765	19325	6294	6767	1252
龙江镇	63591	38938	13351	34085	11913	4460	933
平陵镇	81104	49782	16297	44180	14744	5709	881
龙田镇	69731	33936	11092	31228	10399	2624	548
龙城街道办	59123	31342	10483	28305	9680	2973	718
蓝田乡	23992	14069	4550	11555	3760	3117	481
龙潭镇	50223	32000	9950	28605	9015	4353	663
地派镇	26081	16068	5141	14165	4578	1856	299
其他	589	444	119	444	119	40	4

注：粮食作物包括谷物、豆类和薯类。其中，薯类为干重。

11-25 各乡镇蔬菜、水果及生猪生产情况

（2016年）

单位：亩、头、吨

乡镇名称	蔬菜（含菜用瓜）		水果		年末生猪存栏	当年出栏肉猪头数	当年肉猪产量
	播种面积	总产量	播种面积	总产量			
惠城区							
桥东办事处	400	600					
龙丰办事处	750	675	1780	396	60	20	2
江南办事处	1995	2993	1350	64	160	1450	115
江北办事处							
河南岸办事处	1374	2171	1124	683		1040	83
小金口办事处	22247	37508	1874	1435	5508	9884	721
水口办事处	38300	59033	2346	424	21000	37000	2770
三栋镇	10751	14410	5971	1961	18053	21071	1553
汝湖镇	30200	52491	7200	5182	70050	164200	12462
马安镇	17930	29339	1292	928	40340	58605	4492
横沥镇	66400	144091	18712	16236	42256	81358	6401
芦洲镇	25255	43269	6555	6462	14771	28015	2209
仲恺区							
惠环办事处	3630	6147	2629	631			
陈江办事处	33880	67121	12125	1616	576	1078	85
沥林镇	15758	25471	6642	2394	310	1528	122
潼湖镇	18400	32885	1286	683	705	1084	81
潼侨镇	7580	12834	10780	1289	312	1076	85
惠阳区							
淡水街道办	3968	6337	4392	3433			
秋长街道办	10290	13017	6092	2230	200	800	66
三和街道办	5551	8081	459	533	21	69	6
沙田镇	14234	24204	6950	1656	101	229	18
新圩镇	16525	21759	17138	3307	336	1134	95
镇隆镇	27949	46891	37037	7312	897	2044	163
永湖镇	34393	54940	16979	5455	552	1609	109
良井镇	48169	79266	8004	4769	3921	11054	884
平潭镇	96560	173393	5800	4916	12065	33330	2474
大亚湾区							
霞涌街道办	330	385	3689	438	385	3023	177
澳头街道办	1704	1958	2833	337	335	1182	89
西区街道办	3540	4058	3896	465	3169	23278	1791
惠东县							
平山街道办	30778	51888	14321	11643	21508	27311	1947
大岭镇	64353	105534	11848	7901	32020	46514	3478
白花镇	60996	87945	9597	7373	85452	115642	8616
梁化镇	143254	230419	12386	6668	37335	54195	4308
稔山镇	26860	42214	12012	6199	16397	19203	1340
铁涌镇	34135	54526	7816	4335	11691	17496	1308
平海镇	48125	81789	3968	1655	15546	22617	1691

11-25 续表　　　　（2016 年）　　　　单位：亩、头、吨

乡镇名称	蔬菜（含菜用瓜）		水　　果		年末生猪存　　栏	当年出栏肉猪头数	当年肉猪产　　量
	播种面积	总产量	播种面积	总产量			
港口办	1679	2638	54	35	1368	2134	160
巽寮经济开发区	3358	4397	2146	1258	1095	1707	128
吉隆镇	11751	19348	6422	4526	6011	8535	638
黄埠镇	6156	8795	236	166	4201	5974	447
多祝镇	70509	107293	32044	16756	26702	37552	2808
安墩镇	17347	23745	10546	9410	14854	17496	1308
高潭镇	12871	18469	9808	5667	12719	19203	1436
宝口镇	20145	29901	6640	3888	7965	11948	893
白盆珠镇	7275	10553	11282	7377	12378	19203	1404
博罗县							
石坝镇	34258	49363	7991	8880	33262	79998	6257
麻陂镇	10813	20442	6296	6486	35242	37470	2802
观音阁镇	8060	13411	6192	3068	12158	17594	1329
公庄镇	37920	53573	16516	16271	22780	52910	3972
杨村镇	30869	46681	4652	3265	10038	27412	2192
柏塘镇	45235	74364	10957	13349	25226	31165	2312
泰美镇	19979	30714	7963	8695	38672	49747	3769
罗阳镇	32385	51808	7045	10817	22945	111498	8607
湖镇镇	35569	89414	18848	22247	46318	84250	6292
横河镇	22642	34351	24338	16263	17926	25397	1897
长宁镇	26556	39456	9730	6644	20231	40329	3051
福田镇	35683	55999	4789	5657	14974	28360	2227
龙华镇	10880	18360	4779	3703	12000	27900	2076
龙溪镇	43097	87587	9706	14507	35413	35077	2651
园洲镇	42623	59037	6249	8669	25245	84106	6321
石湾镇	72438	114126	3588	5395	54254	55161	4138
杨侨镇	5220	8156	10515	18961	15600	37505	2849
龙门县							
麻榨镇	13049	22684	45072	64106	8215	8629	637
永汉镇	16161	21526	50957	70868	7460	9845	731
龙华镇	21401	29863	89221	121876	7082	7630	587
龙江镇	19313	47151	41552	40889	6781	9795	752
平陵镇	22573	39176	16469	13730	11924	9557	735
龙田镇	32639	52086	34373	37115	6864	9161	682
龙城街道办	24550	36230	24845	33543	8750	18503	1402
蓝田乡	5772	10878	18064	14979	4782	6692	530
龙潭镇	12985	16774	25272	19620	5079	5529	417
地派镇	8106	10559	14794	12731	3776	4375	328
其他	105	94	616	370	19	20	2

11-26 各乡镇水产品产量、化学化和农村用电量情况

乡镇名称	水产品总产量（吨）	农用化肥施用量（折纯吨）	农村用电量（万千瓦）
惠城区			
桥东办事处	45	10	365
龙丰办事处	220	60	213
江南办事处	396	10	52
江北办事处			925
河南岸办事处	131	22	7405
小金口办事处	5491	182	812
水口办事处	1203	1737	4457
三栋镇	3726	479	1574
汝湖镇	3025	3490	3600
马安镇	2878	1909	1212
横沥镇	3642	3262	1366
芦洲镇	1086	1676	1617
仲恺区			
惠环办事处	469	189	850
陈江办事处	2673	530	1464
沥林镇	2457	1108	27382
潼湖镇	5157	4001	1848
潼侨镇	2043	732	19357
惠阳区			
淡水街道办		269	9732
秋长街道办	62	560	36135
三和街道办	33	9	503
沙田镇	39	646	12653
新圩镇	10	246	9633
镇隆镇	366	1571	7710
永湖镇	896	2162	7454
良井镇	1227	1591	629
平潭镇	2376	1675	4915
大亚湾区			
霞涌街道办	10817		
澳头街道办	17510		
西区街道办	276		
惠东县			
平山街道办	417	1055	14448
大岭镇	1763	1460	13305
白花镇	1306	1855	5142
梁化镇	777	2833	2367
稔山镇	7661	2471	5877
铁涌镇	8780	2263	2857
平海镇	8505	1299	7020
港口办	15653	29	2041

11-26 续表

乡镇名称	水产品总产量（吨）	农用化肥施用量（折纯吨）	农村用电量（万千瓦）
巽寮经济开发区	2936	684	3020
吉隆镇	1448	674	10938
黄埠镇	12264	1077	8979
多祝镇	1964	3270	3528
安墩镇	94	2058	1061
高潭镇	220	430	245
宝口镇	539	346	308
白盆珠镇	1841	549	490
博罗县			
石坝镇	583	2637	4326
麻陂镇	405	1473	6901
观音阁镇	1576	1820	310
公庄镇	1765	2421	1560
杨村镇	1466	1818	1148
柏塘镇	1476	3140	2515
泰美镇	1066	2246	718
罗阳镇	2132	2690	4704
湖镇镇	2518	1935	4806
横河镇	1253	1552	5853
长宁镇	1086	1046	2403
福田镇	759	1411	3034
龙华镇	1490	1888	1854
龙溪镇	2322	1088	8295
园洲镇	4654	1910	5678
石湾镇	4131	2117	10000
杨侨镇	936	1623	5913
龙门县			
麻榨镇	834	1049	3354
永汉镇	1099	1291	2160
龙华镇	739	1890	310
龙江镇	716	1153	623
平陵镇	930	1067	2714
龙田镇	1161	3351	718
龙城街道办	819	1464	638
蓝田乡	141	365	235
龙潭镇	259	1506	942
地派镇	159	743	170
其他		92	23

惠州统计年鉴－2017

HUIZHOU STATISTICAL YEARBOOK

十二、工　业

12-1 历年惠州市规模以上工业总产值

单位：万元

年　份	工业总产值	轻工业	重工业
1998	4885886	3339717	1546169
1999	5472134	3808879	1663255
2000	6578284	4266276	2312008
2001	7081192	4091342	2989850
2002	8623884	4496104	4127780
2003	10204438	5617521	4586917
2004	11197762	5799651	5398111
2005	14286640	7271690	7014950
2006	18339670	7809492	10530178
2007	22179612	9346141	12833471
2008	26002646	8606742	17395904
2009	30051367	8768955	21282412
2010	39051731	10098752	28952979
2011	47650331	11351655	36298676
2012	54772792	11467154	43305639
2013	66052943	14489985	51562958
2014	69013471	16990422	52023049
2015	70447292	19257749	51189543
2016	76173423	22131951	54041472

说明:2011 年起规模以上工业企业统计口径为年主营业务收入 2000 万元及以上工业企业。

12-2 历年惠州市规模以上工业增加值

单位：万元

年　份	工业增加值		
		轻工业	重工业
1998	905916	615638	290278
1999	1003314	728694	274620
2000	1321892	841699	480193
2001	1327701	718635	609066
2002	1909451	929650	979801
2003	2333741	1238458	1095283
2004	2554325	1265256	1289069
2005	3153193	1595132	1558061
2006	4041627	1587091	2454536
2007	5025237	1869344	3155893
2008	5455569	1655942	3799627
2009	5765886	1636427	4129459
2010	7863875	1963440	5900435
2011	10135400	2420222	7715178
2012	11739666	2614901	9124765
2013	14232012	3236406	10995606
2014	14750208	3640567	11109642
2015	16173783	4207164	11966619
2016	17636888	4756491	12880397

注:2011 年起规模以上工业企业统计口径为年主营业务收入 2000 万元及以上工业企业。2008 年起采用收入法计算工业增加值。

12-3 分县区规模以上工业企业主要经济指标

（2016 年）　　　　单位：万元

项　目	惠州市	惠城区	惠阳区	惠东县	博罗县	龙门县	大亚湾区	仲恺区
企业单位数（个）	2140	189	405	423	482	118	122	401
亏损企业（个）	280	38	55	12	56	6	31	82
工业总产值（当年价格）	76173423	4419301	8850920	8165458	14584715	2308062	13137147	24707822
工业销售产值（当年价格）	73743502	4322754	7887531	8104470	14495960	2212331	12589675	24130782
出口交货值	25783921	1545037	3489411	1450491	5111899	45138	1141896	13000049
年初存货	5600876	515784	1159972	192956	700637	90875	1083100	1857553
产成品	1769182	198820	214779	67573	241275	37918	327695	681123
资产总计	52153195	3861513	7048903	2871978	6309994	1073924	14331988	16654896
流动资产合计	29218152	2344355	3718696	998939	3436467	394533	5696339	12628823
应收账款	10524615	888124	1297938	335144	1267194	81768	1790705	4863742
存货	6566841	591490	1319345	212797	759579	113012	1279514	2291104
产成品	2066950	203679	272136	74466	256050	48382	347486	864753
固定资产合计	17168494	1061168	2585243	1602767	2111259	551738	6343894	2912426
固定资产原价	32935172	2121903	3953262	2305602	7512982	1801770	10132044	5107610
累计折旧	17337098	1063079	1449740	909003	5536784	1307436	4790990	2280067
本年折旧	2530467	130594	298306	235979	738006	165624	625531	336427
负债合计	29939611	2198767	4319636	1486078	3340467	375232	8805625	9413806
流动负债合计	25041167	1879400	3832851	804811	2616082	262217	6947980	8697826
应付账款	12326645	885518	2447782	274422	1022891	108640	2173919	5413474
非流动负债合计	4091761	209731	410039	451653	458053	55990	1821583	684713
所有者权益合计	22020846	1576524	2733060	1344258	2945130	695871	5513793	7212211
实收资本	12544871	1086982	2215982	721092	1560684	331726	3941911	2686493
国家资本	1869287	107704	96476	132365	108195	74339	1244233	105975
集体资本	100195	5613	9530	61665	2864	3189	67	17267
法人资本	3529142	172544	579306	175862	419657	194014	932167	1055591
个人资本	796484	76858	98391	203064	148395	39944	51550	178282
港澳台资本	3108408	365001	1246106	122426	608697	17592	306904	441682
外商资本	3141354	359262	186173	25709	272875	2649	1406990	887696
营业收入	75276134	4279989	7687848	8115236	14495623	2213269	13644304	24839865
主营业务收入	73981502	4239433	7653235	8111000	14424091	2212273	13134131	24207338
营业成本	65056686	3589540	6934168	6893925	12765127	1761936	11333902	21778089
主营业务成本	64021367	3563999	6919541	6885723	12741025	1760632	10881797	21268650
营业税金及附加	702795	23674	27379	25840	27913	22433	498716	76840

12-3 续表 （2016年） 单位：万元

项目	惠州市	惠城区	惠阳区	惠东县	博罗县	龙门县	大亚湾区	仲恺区
主营业务税金及附加	697444	23182	26119	25593	27606	22261	496253	76431
其他业务收入	1294633	40556	34613	4236	71532	996	510173	632527
其他业务利润	164246	8444	6182	254	17964	193	19421	111788
销售费用	1516832	150851	95593	92372	192353	43777	171974	769913
管理费用	2703954	295769	341507	151910	366851	294035	424205	829679
税金	78033	6899	9084	3293	27698	2119	11039	17901
财务费用	231865	15581	93056	58542	40747	6934	81579	-64574
利息收入	105194	5333	4539	3269	10521	332	13411	67790
利息支出	235887	20818	31655	27601	31456	3846	53923	66589
营业利润	4639119	204378	193534	890958	1106733	78351	1140007	1025159
资产减值损失	455323	9707	4414	-1	2648	6002	9489	423064
公允价值变动收益	665		220	14	191		1	239
投资收益	28943	9376	1430	-1791	6372	198	15408	-2050
营业外收入	302512	21882	18545	7762	18378	2603	164146	69196
政府补助	57365	3582	4405	1855	2719	117	30190	14497
营业外支出	104369	5984	18153	6740	13315	1664	20924	37590
利润总额	4837202	220270	193874	891978	1111796	79289	1283231	1056764
所得税费用	672747	44573	48043	25071	44921	10190	260064	239884
亏损企业亏损总额	265976	20595	56429	5784	15325	1875	50041	115929
利税总额	7192106	347025	279047	1060446	1268170	150371	2319381	1767668
应交税金及附加	3105685	178227	142300	196832	228993	83391	1307253	968689
本年应付职工薪酬	5578503	547185	1175199	394820	1000132	68945	935152	1457071
本年应交增值税	1652110	103081	57794	142628	128461	48649	537434	634063
平均用工人数（人）	867316	92711	182696	71685	159481	11891	123910	224942
期末用工人数（人）	862200	86994	183365	69919	156348	12141	125023	228410
收入法增加值	17636888	1063197	2161016	2065349	3382809	714382	3906802	4343333

12-4　分县区规模以上现代产业工业增加值及比重

（2016 年）　　　　单位：万元、%

地　区	高技术制造业		先进制造业		优势传统产业	
	增加值	占比	增加值	占比	增加值	占比
惠州市	7086787	40.2	10802546	61.2	2883565	16.3
惠城区	306147	28.8	524996	49.4	149615	14.1
惠阳区	1229295	56.9	1378147	63.8	339579	15.7
惠东县	413467	20.0	540876	26.2	441318	21.4
博罗县	794159	23.5	1515059	44.8	1138423	33.7
龙门县	69224	9.7	126994	17.8	472109	66.1
大亚湾区	825772	21.1	3464094	88.7	111448	2.9
仲恺区	3448724	79.4	3252381	74.9	231074	5.3

12-5 分县区规模以上国有及国有控股工业企业主要经济指标

（2016 年）　　　　单位：万元

项　目	惠州市	惠城区	惠阳区	惠东县	博罗县	龙门县	大亚湾区	仲恺区
企业单位数（个）	50	6	5	4	4	7	10	14
亏损企业（个）	13	1		1	1	3	2	5
工业总产值（当年价格）	11236407	452075	547866	464447	512456	173174	7097965	1988424
工业销售产值(当年价格)	10919289	450023	542403	464239	512245	172769	6839375	1938234
出口交货值	537773		886					536887
年初存货	531874	5377	36252	14587	6456	1319	314234	153650
产成品	205471	1	29057	191	3377	488	80737	91620
资产总计	12464784	581808	604340	901227	431404	115614	8308884	1521509
流动资产合计	3547983	67889	111474	156029	56047	38290	2178746	939509
应收账款	644064	7405	30572	44137	4215	5123	187967	364645
存货	736515	6250	31905	13239	11620	3366	467323	202812
产成品	217466	1	25269	171	3289	1239	81984	105513
固定资产合计	6788376	396514	366349	697564	328479	68745	4457562	473164
固定资产原价	11028001	731010	698630	1087706	671065	175111	6815175	849304
累计折旧	5200523	334495	372622	393474	344630	107067	3272172	376064
本年折旧	610921	40229	41162	57969	38870	10597	377030	45065
负债合计	7800348	360136	358455	602206	210463	25055	5130005	1114029
流动负债合计	5313017	215242	205938	246721	116052	13664	3529935	985467
应付账款	1739939	46585	79372	54623	56133	5108	1067725	430392
非流动负债合计	2476692	144894	152486	355485	85435	9759	1600070	128562
所有者权益合计	4653886	221672	245885	299021	220941	90553	3178879	396936
实收资本	3372489	109386	145542	194688	97288	75253	2531101	219231
国家资本	1798700	102886	95239	132088	93821	73714	1197597	103355
集体资本	280				100	180		
法人资本	615290	6500	45850	62600	2100	1359	407466	89415
个人资本	4417		3150		1267			
港澳台资本	15292		1303					13989
外商资本	938510						926038	12472
营业收入	10859568	454619	549820	466636	519253	171989	6752654	1944598
主营业务收入	10646232	442394	546462	463567	518421	171592	6567473	1936324
营业成本	8845177	402422	510739	374900	489789	138175	5264960	1664193
主营业务成本	8663969	397210	508910	374164	489258	137953	5096103	1660373
营业税金及附加	491182	2460	2584	4627	2417	1316	471281	6496

12-5 续表　　（2016 年）　　单位：万元

项　目	惠州市	惠城区	惠阳区	惠东县	博罗县	龙门县	大亚湾区	仲恺区
主营业务税金及附加	489145	2420	2425	4604	2378	1309	469656	6353
其他业务收入	213337	12225	3358	3069	832	397	185181	8275
其他业务利润	16999	1416	167	82	262	175	12293	2605
销售费用	124721	13251	1682	1129	982	4171	60174	43333
管理费用	212604	13215	8427	6130	3201	25063	57400	99166
税金	6122	421	128	27	1039	581	2248	1680
财务费用	113686	9214	5410	19242	3829	363	54881	20747
利息收入	9209	516	572	836	607	84	3971	2624
利息支出	83776	9454	5887	19835	4172	398	23285	20744
营业利润	1068743	14096	20595	60730	19300	2574	846359	105089
资产减值损失	11922	169	629	−0.1	−0.2	525	4037	6563
公允价值变动收益	256							256
投资收益	7332	62	71	37	80	198	6276	609
营业外收入	171318	8210	4006	1868	3431	134	144402	9269
政府补助	30438	373	508	301	476	61	25879	2841
营业外支出	6842	351	945	1197	451	47	2215	1636
利润总额	1233220	21955	23656	61401	22279	2661	988546	112722
所得税费用	249781	5660	4690	17650	5379	−15	197800	18619
亏损企业亏损总额	17233	1345		603	20	1581	2738	10946
利税总额	2277940	46120	51961	78562	47647	9029	1859327	185294
应交税金及附加	1300623	30246	33123	34838	31785	6934	1070828	92870
本年应付职工薪酬	542372	43768	50094	29059	37258	13514	184352	184327
本年应交增值税	553538	21705	25722	12534	22951	5052	399500	66075
平均用工人数（人）	44613	2843	3557	1444	2328	1324	7541	25576
期末用工人数（人）	48685	2818	3469	1446	2317	1318	7232	30085
收入法增加值	3335411	123641	140985	166801	127937	52962	2250100	472985

12-6 分县区规模以上民营工业企业主要经济指标

（2016年） 单位：万元

项　目	惠州市	惠城区	惠阳区	惠东县	博罗县	龙门县	大亚湾区	仲恺区
企业单位数（个）	1251	77	208	357	248	94	49	218
亏损企业（个）	123	10	18	4	29	2	15	45
工业总产值（当年价格）	24394278	1087181	2062849	6424857	5971094	1691533	1169827	5986937
工业销售产值（当年价格）	23950157	1056465	2008167	6415533	5909680	1639682	1147494	5773139
出口交货值	2728632	75211	234470	547568	589633	2911	56954	1221885
年初存货	1448132	155438	185664	108620	266189	71320	102010	558891
产成品	590926	68504	81470	44713	111698	29703	52881	201958
资产总计	13292528	944948	1365648	1410709	2654627	771319	1036854	5108424
流动资产合计	7656032	673314	963236	552290	1499937	296061	552318	3118876
应收账款	2904416	246952	391400	184506	439967	56692	145226	1439673
存货	1789463	196612	229757	115810	302908	85470	129378	729528
产成品	700577	67902	82312	48676	140797	40393	63263	257235
固定资产合计	4016293	139059	276095	700020	756958	369321	347902	1426937
固定资产原价	7644169	232054	363482	866876	2599117	1281338	460979	1840324
累计折旧	3991587	97096	110887	345821	1908392	946941	136274	446178
本年折旧	726728	19191	29174	144050	273407	117213	33452	110242
负债合计	7982002	612225	990093	555917	1487032	271435	706322	3358979
流动负债合计	6586593	544488	901720	320380	1159630	185179	559531	2915666
应付账款	2718524	229695	267744	102313	337113	75117	192015	1514527
非流动负债合计	913366	21764	55919	59459	187196	42934	121878	424217
所有者权益合计	5253643	329133	390719	814629	1154065	498766	329574	1736758
实收资本	2634424	174074	256495	290410	419218	176047	268541	1049640
国家资本	40203	1760	1000	277	11000	625	25542	
集体资本	42773	5260	8792	6377	2764	3009		16571
法人资本	1689142	86926	155637	91720	249981	131597	145246	828036
个人资本	721852	75678	73964	191981	139048	39944	39676	161562
港澳台资本	43772	1701	6231	55	8614	801		26370
外商资本	96682	2750	10872		7811	71	58078	17100
营业收入	23861709	1017340	1936781	6423892	5876146	1638826	1240344	5728382
主营业务收入	23746831	1008961	1926592	6423380	5861241	1638257	1212432	5675968
营业成本	20597381	849331	1732583	5472306	5072336	1305103	1098620	5067102
主营业务成本	20500302	843806	1727365	5466050	5059683	1304083	1074011	5025305
营业税金及附加	84056	4377	6036	18933	11007	20310	3907	19487

12-6 续表　　　　　　　　　　　　（2016 年）　　　　　　　　　　　　单位：万元

项　目	惠州市	惠城区	惠阳区	惠东县	博罗县	龙门县	大亚湾区	仲恺区
主营业务税金及附加	83244	4332	5894	18773	10915	20164	3907	19259
其他业务收入	114877	8379	10188	512	14905	569	27912	52414
其他业务利润	11380	1719	320	140	814	6	1942	6440
销售费用	433935	28257	41474	77590	120266	36531	25473	104344
管理费用	991812	79489	91232	103764	141059	196286	55330	324652
税金	24235	1294	1698	2321	9614	1097	1671	6539
财务费用	122800	5033	13967	33949	19924	5432	12318	32177
利息收入	8495	249	1501	1238	505	205	344	4453
利息支出	70058	3491	9218	5451	8086	2838	10206	30768
营业利润	1622196	51083	50818	717429	510331	69696	44071	178769
资产减值损失	23615	3115	1538	−77	1451	5469	3489	8631
公允价值变动收益	571			−0.1	34			537
投资收益	13546	3350	883	0.4	196		2867	6249
营业外收入	36778	5126	5488	2329	3476	444	2453	17461
政府补助	14724	1694	1567	82	1451	44	1623	8263
营业外支出	20954	713	2631	4672	5041	616	1325	5955
利润总额	1638009	55494	53667	715085	508766	69524	45199	190274
所得税费用	101518	7419	7974	3280	21852	9203	13356	38435
亏损企业亏损总额	104737	2138	5250	154	4996	186	21869	70145
利税总额	2109022	91179	95384	816215	583336	130024	70149	322736
应交税金及附加	596765	44398	51389	106731	106036	70799	39978	177436
本年应付职工薪酬	1532268	125733	162250	258283	310163	39992	80794	555053
本年应交增值税	386957	31308	35681	82198	63563	40190	21043	112975
平均用工人数（人）	270381	23277	30498	50617	54042	6980	12961	92006
期末用工人数（人）	270313	23269	30560	49249	51144	7194	12825	96072
收入法增加值	5522705	238892	451981	1562912	1374841	529985	218606	1145488

12-7 分县区规模以上“三资”工业企业主要经济指标

（2016 年）　　单位：万元

项　目	惠州市	惠城区	惠阳区	惠东县	博罗县	龙门县	大亚湾区	仲恺区
企业单位数（个）	879	108	203	63	238	17	65	185
亏损企业（个）	153	28	41	8	26	1	15	34
工业总产值（当年价格）	44334347	2815193	6532755	1276623	8688936	443355	7025197	17552288
工业销售产值（当年价格）	42642672	2767572	5620044	1225191	8653566	399880	6756827	17219592
出口交货值	22765395	1424779	3293056	902923	4689194	42226	1084942	11328274
年初存货	3892885	351343	967979	68707	446655	18237	827365	1212599
产成品	1082743	124011	123992	22669	135242	7727	247749	421354
资产总计	31483466	2242955	5302223	556733	3498192	186991	8962546	10733827
流动资产合计	19844217	1552532	2806753	289504	2077409	60182	3928868	9128968
应收账款	7393099	608462	955070	105945	844752	19954	1533319	3325597
存货	4364252	379476	1094353	82497	465347	24176	871424	1446980
产成品	1269283	131708	182220	25782	120305	6750	266611	535907
固定资产合计	8317343	484942	1992387	205518	1082818	113671	3289045	1148963
固定资产原价	18201279	1127586	2973205	351705	4465309	345321	6237878	2700276
累计折旧	10126103	633995	1002099	170058	3449440	253429	3013918	1603163
本年折旧	1409970	69486	232999	34015	449502	37814	390683	195471
负债合计	16581881	1187120	3119244	325096	1730754	78743	4689086	5451837
流动负债合计	14260950	1084765	2859331	238136	1409531	63375	3329498	5276314
应付账款	8354017	580485	2155465	117486	660255	28415	1126924	3684987
非流动负债合计	1994512	38692	214142	36708	189909	3298	1348439	163324
所有者权益合计	14769188	973203	2172094	230159	1748992	106552	4261847	5276341
实收资本	8611248	792043	1857926	234756	1042357	80427	3052010	1551728
国家资本	996748	351	3277		3374		971581	18164
集体资本	63720	353	2515	55288	1		67	5496
法人资本	1278972	76734	398596	19505	158779	61058	354594	209706
个人资本	72750	1180	21277	11883	9816		11874	16720
港澳台资本	3074738	354263	1246106	122371	602771	16791	306904	425532
外商资本	3124320	359162	186155	25709	267616	2578	1406990	876110
营业收入	44262468	2740809	5481290	1225479	8677806	402455	7818579	17916051
主营业务收入	43293528	2718397	5456175	1224823	8619865	402424	7507835	17364009
营业成本	38466784	2286733	4932841	1048051	7658931	318657	6530645	15690927
主营业务成本	37713431	2269504	4922840	1046841	7646977	318596	6261026	15247648
营业税金及附加	144056	16446	20054	2279	15803	807	34110	54557

项　目	惠州市	惠城区	惠阳区	惠东县	博罗县	龙门县	大亚湾区	仲恺区
主营业务税金及附加	141290	15998	19094	2215	15574	788	33272	54349
其他业务收入	968940	22413	25115	655	57941	31	310744	552042
其他业务利润	138367	5419	5696	33	16988	13	5510	104709
销售费用	1063692	109977	58662	13617	109648	3076	121445	647267
管理费用	1549005	194209	255001	41966	228825	72686	329642	426678
税金	50279	5155	7336	945	17355	441	8333	10715
财务费用	59684	2410	76980	4977	18106	1140	58727	-102656
利息收入	88236	4363	2644	1195	9377	43	6165	64449
利息支出	113936	8068	19154	2314	20163	610	35640	27986
营业利润	2567182	133351	135755	112699	651526	6081	748430	779342
资产减值损失	419894	3602	2835	76	1217	9	3316	408839
公允价值变动收益	-160		220	14	158		1	-552
投资收益	8003	5924	623	-1829	6090		7737	-10543
营业外收入	105937	9498	9541	3593	11667	2025	22086	47527
政府补助	13966	952	2461	1499	976	13	2748	5317
营业外支出	78887	4629	15048	874	7793	1001	17885	31656
利润总额	2594183	138217	130203	115416	655400	7104	752632	795212
所得税费用	468406	30921	37521	4142	25933	1003	180551	188335
亏损企业亏损总额	165706	17317	52536	5036	10309	108	37108	43292
利税总额	3557270	205914	153028	165591	725822	11318	978021	1317577
应交税金及附加	1481771	103772	67682	55261	113710	5658	414272	721415
本年应付职工薪酬	3641045	355385	983164	107468	674845	15439	721518	783227
本年应交增值税	819030	51251	2770	47896	54620	3407	191278	467808
平均用工人数（人）	567626	62922	151607	19659	107386	3587	104842	117623
期末用工人数（人）	559704	57646	152275	19259	106035	3629	107035	113825
收入法增加值	9959491	678019	1624611	335759	2017763	131435	2259356	2912550

12-8　分县区规模以上大中型工业企业主要经济指标

（2016 年）　　　　单位：万元

项　目	惠州市	惠城区	惠阳区	惠东县	博罗县	龙门县	大亚湾区	仲恺区
企业单位数（个）	562	78	88	55	126	8	49	158
亏损企业（个）	76	15	12	2	8		11	28
工业总产值（当年价格）	57044802	3423884	6365145	5477243	8306411	1000972	10099476	22371673
工业销售产值（当年价格）	54815268	3346099	5470616	5426331	8239891	920834	9572917	21838580
出口交货值	21661964	1288381	2960982	900270	3120712	7180	1012997	12371442
年初存货	4305157	371718	907020	102909	399947	44240	888014	1591310
产成品	1340498	158313	122431	37188	151120	14200	251183	606062
资产总计	40709476	2708901	5342575	1905717	3721917	520229	11755749	14754390
流动资产合计	22749729	1594161	2529600	525234	1962663	224920	4568556	11344595
应收账款	8403901	594662	885206	161955	837057	27467	1540628	4356927
存货	5019122	410197	1026234	112422	428174	51000	1039586	1951508
产成品	1512065	136991	173015	34093	154581	9305	245954	758126
固定资产合计	13772576	900756	2277809	1224506	1348228	243185	5284542	2493551
固定资产原价	24893354	1755468	3453637	1842335	4085077	1160778	8194928	4401133
累计折旧	12355811	847582	1230655	720749	2797924	956604	3823071	1979224
本年折旧	1874768	109669	261299	185224	388971	124137	510566	294902
负债合计	23291050	1507676	3166500	1014147	1832345	140675	7564376	8065333
流动负债合计	19746957	1314978	2844515	520314	1519988	135233	5938165	7473764
应付账款	10541478	668152	2098721	176758	700796	56490	1895709	4944853
非流动负债合计	3286001	166376	313597	365243	251497	403	1607186	581700
所有者权益合计	17383500	1200173	2175697	890570	1889572	379354	4180190	6667944
实收资本	8912332	773746	1686739	455813	966266	169668	2705255	2154845
国家资本	1564580	95887	92199	132109	97041	40743	1027996	78606
集体资本	65595	200		56363	1000	55		7976
法人资本	2229863	84611	414494	122463	208685	127085	382939	889588
个人资本	345663	38024	29698	90154	60388		37207	90192
港澳台资本	2392930	301940	1045627	40921	442624	1785	226915	333118
外商资本	2313701	253085	104721	13803	156528		1030199	755365
营业收入	56362201	3309158	5315481	5455027	8252556	918771	10513897	22597311
主营业务收入	55163889	3276517	5288565	5451453	8189702	918658	10054532	21984461
营业成本	48480201	2749145	4782820	4553151	7203237	736264	8668083	19787502
主营业务成本	47523891	2731556	4772135	4551309	7185504	736222	8258115	19289049
营业税金及附加	603651	19671	19359	14512	16981	2078	461371	69679

项　目	惠州市	惠城区	惠阳区	惠东县	博罗县	龙门县	大亚湾区	仲恺区
主营业务税金及附加	600943	19241	18241	14424	16889	2071	460724	69354
其他业务收入	1198313	32641	26916	3574	62855	113	459365	612850
其他业务利润	153553	7607	5277	96	16645	70	13488	110370
销售费用	1170958	127480	49113	58841	106364	3874	102280	723006
管理费用	1917504	221164	230542	88716	217220	138914	330564	690384
税金	57357	4698	6655	1794	20329	677	8055	15150
财务费用	125471	7845	79265	42859	19095	1335	56951	-81878
利息收入	89225	4172	3001	2208	10097	262	5928	63557
利息支出	166679	14034	24330	24260	21477	1446	35628	45504
营业利润	3635608	181878	152206	697356	694914	31440	898279	979535
资产减值损失	447933	9118	3850	76	2420	5064	5506	421899
公允价值变动收益	630		220	14	158			239
投资收益	17626	7001	1279	384	7332	198	8977	-7545
营业外收入	263205	14890	10446	3640	10190	517	161067	62455
政府补助	47935	2471	2843	398	1802	33	28534	11854
营业外支出	78423	4399	9092	2822	9765	303	18436	33607
利润总额	3820389	192370	153561	698174	695339	31654	1040910	1008381
所得税费用	563797	38573	39626	22799	33593	7585	192567	229055
亏损企业亏损总额	157325	8590	38290	812	4886		16009	88737
利税总额	5815357	290170	197310	833858	803510	52971	1951161	1686378
应交税金及附加	2616123	141071	90029	160277	162093	29578	1110874	922201
本年应付职工薪酬	4601866	456614	985400	249334	746143	37939	841042	1285395
本年应交增值税	1391317	78129	24390	121172	91190	19239	448880	608317
平均用工人数（人）	672891	75009	144823	32796	110282	5038	113318	191625
期末用工人数（人）	679239	72429	146974	32662	110381	5042	115003	196748
收入法增加值	13360846	870492	1613405	1358375	2012196	334751	3272649	3898978

12-9 分县区分行业规模以上工业企业单位数

（2016 年）　　单位：个

项　目	惠州市	惠城区	惠阳区	惠东县	博罗县	龙门县	大亚湾区	仲恺区
总计	**2140**	**189**	**405**	**423**	**482**	**118**	**122**	**401**
采矿业	**28**	**2**		**5**	**1**	**20**		
黑色金属矿采选业	2				1	1		
有色金属矿采选业	1					1		
非金属矿采选业	25	2		5		18		
制造业	**2078**	**182**	**402**	**414**	**473**	**93**	**115**	**399**
农副食品加工业	35	5	3	5	14	3	1	4
食品制造业	10	2		1	2	4		1
酒、饮料和精制茶制造业	10	3			4	2		1
纺织业	43	2	7	1	27	3	1	2
纺织服装、服饰业	72	16	9	16	22	2		7
皮革、毛皮、羽毛及其制品和制鞋业	280	10	10	231	27		1	1
木材加工和木、竹、藤、棕、草制品业	41	1	5	4	9	22		
家具制造业	102	1	62	8	19		3	9
造纸和纸制品业	36	1	13	11	6	1		4
印刷和记录媒介复制业	41	2	5	21	7		1	5
文教、工美、体育和娱乐用品制造业	79	2	35	12	18	3	5	4
石油加工、炼焦和核燃料加工业	2						2	
化学原料和化学制品制造业	126	6	31	7	34	5	23	20
医药制造业	13	3		1	5		2	2
化学纤维制造业	2				2			
橡胶和塑料制品业	195	10	48	32	47	4	9	45
非金属矿物制品业	102	2	21	19	19	25	6	10
黑色金属冶炼和压延加工业	9		2	2	3			2
有色金属冶炼和压延加工业	19	1	2		7	2	2	5
金属制品业	104	6	15	7	46	2	6	22
通用设备制造业	51	13	12	4	8	2		12
专用设备制造业	44	4	8	2	12	1	2	15
汽车制造业	33	8	3		6	4	9	3
铁路、船舶、航空航天和其他运输设备制造业	18	4	7	3	3			1
电气机械和器材制造业	163	27	22	7	29	1	3	74
计算机、通信和其他电子设备制造业	403	51	67	17	84	3	38	143
仪器仪表制造业	19	1	4	3	6	1	1	3
其他制造业	12	1	10					1
废弃资源综合利用业	14		1		7	3		3
电力、燃气及水的生产和供应业	**34**	**5**	**3**	**4**	**8**	**5**	**7**	**2**
电力、热力生产和供应业	16	1	1	2	4	4	3	1
燃气生产和供应业	2	1					1	
水的生产和供应业	16	3	2	2	4	1	3	1

12-10 分县区分经济类型规模以上工业企业单位数

（2016年）　　单位：个

项　目	惠州市	惠城区	惠阳区	惠东县	博罗县	龙门县	大亚湾区	仲恺区
总　计	**2140**	**189**	**405**	**423**	**482**	**118**	**122**	**401**
一、按登记注册类型分组								
内资企业	1261	81	202	360	244	101	57	216
国有企业	10		1		3	6		
地方企业	10		1		3	6		
集体企业	5			1	3			1
联营企业	1					1		
集体联营企业	1					1		
有限责任公司	518	39	39	92	132	82	21	113
国有独资公司	11	5					5	1
其他有限责任公司	507	34	39	92	132	82	16	112
股份有限公司	30	10	2	1	5	1		11
私营企业	691	32	160	261	100	11	36	91
私营独资企业	129		2	124	2			1
私营合伙企业	2			1				1
私营有限责任公司	548	31	154	135	96	11	34	87
私营股份有限公司	12	1	4	1	2		2	2
其他企业	6			5	1			
港、澳、台商投资企业	650	68	163	56	191	15	40	117
合资经营企业（港或澳、台资）	77	10	14	3	15	1	9	25
合作经营企业（港或澳、台资）	19	4	1	4	6	1	1	2
港澳台商独资经营企业	541	52	146	47	168	12	30	86
港澳台商投资股份有限公司	13	2	2	2	2	1		4
外商投资企业	229	40	40	7	47	2	25	68
中外合资经营企业	48	12	8		7		7	14
中外合作经营企业	5	1		2	1			1
外资企业	167	25	30	5	37	2	17	51
外商投资股份有限公司	5		2		1		1	1
其他外商投资企业	4	2			1			1

12-10 续表　　(2016 年)　　单位：个

项　目	惠州市	惠城区	惠阳区	惠东县	博罗县	龙门县	大亚湾区	仲恺区
二、按经济组织类型分组								
独资企业	852	77	179	177	213	20	47	139
国有企业	10		1		3	6		
集体企业	5			1	3			1
私营独资企业	129		2	124	2			1
港澳台商独资经营企业	541	52	146	47	168	12	30	86
外资企业	167	25	30	5	37	2	17	51
合作、合伙企业	37	7	1	12	9	2	1	5
集体联营企业	1					1		
私营合伙企业	2			1				1
合作经营企业(港或澳、台资)	19	4	1	4	6	1	1	2
中外合作经营企业	5	1		2	1			1
其他企业(内资)	6			5	1			
其他外商投资企业	4	2			1			1
股份有限公司	60	13	10	4	10	2	3	18
股份有限公司(内资)	30	10	2	1	5	1		11
私营股份有限公司	12	1	4	1	2		2	2
港澳台商投资股份有限公司	13	2	2	2	2	1		4
外商投资股份有限公司	5		2		1		1	1
有限责任公司	1191	92	215	230	250	94	71	239
国有独资公司	11	5					5	1
私营有限责任公司	548	31	154	135	96	11	34	87
合资经营企业(港或澳、台资)	77	10	14	3	15	1	9	25
中外合资经营企业	48	12	8		7		7	14
其他有限责任公司	507	34	39	92	132	82	16	112
按轻重工业分								
在总计中：轻工业	1097	82	237	338	230	43	30	137
重工业	1043	107	168	85	252	75	92	264
按企业规模分								
在总计中：大型企业	100	17	10	4	20	1	12	36
中型企业	462	61	78	51	106	7	37	122
小微型企业	1578	111	317	368	356	110	73	243

12-11 分县区分行业规模以上工业总产值

（2016年）　　单位：万元

项　目	惠州市	惠城区	惠阳区	惠东县
总计	**76173423**	**4419301**	**8850920**	**8165458**
采矿业	**399394**	**4879**		**28929**
黑色金属矿采选业	35466			
有色金属矿采选业	4545			
非金属矿采选业	359384	4879		28929
制造业	**72511018**	**3967226**	**8374461**	**7668404**
农副食品加工业	955580	93602	62982	55844
食品制造业	273553	13615		7372
酒、饮料和精制茶制造业	446175	92405		
纺织业	762408	13342	40948	18862
纺织服装、服饰业	1435000	195960	165701	162804
皮革、毛皮、羽毛及其制品和制鞋业	2622184	169973	193155	1344866
木材加工和木、竹、藤、棕、草制品业	574420	30000	48280	28841
家具制造业	2231638	23068	471121	738605
造纸和纸制品业	370749	25558	136615	48439
印刷和记录媒介复制业	519801	8210	179265	93202
文教、工美、体育和娱乐用品制造业	894657	16702	272273	98253
石油加工、炼焦和核燃料加工业	3477224			
化学原料和化学制品制造业	5563640	89632	313281	56845
医药制造业	230686	51551		26271
化学纤维制造业	33235			
橡胶和塑料制品业	3216267	227041	326955	734816
非金属矿物制品业	1958746	11529	345234	179157
黑色金属冶炼和压延加工业	1167940		64254	935538
有色金属冶炼和压延加工业	320557	28700	10084	
金属制品业	2462662	77039	283896	300597
通用设备制造业	1452150	150439	81290	634014
专用设备制造业	887054	45815	77657	373465
汽车制造业	2066888	551783	19317	
铁路、船舶、航空航天和其他运输设备制造业	159791	42835	61430	17410
电气机械和器材制造业	5463817	684206	305251	1089265
计算机、通信和其他电子设备制造业	32356996	1310519	4763206	710385
仪器仪表制造业	293524	5955	32219	13554
其他制造业	125364	7747	114361	
废弃资源综合利用业	188313		5687	
电力、燃气及水的生产和供应业	**3263011**	**447196**	**476459**	**468124**
电力、热力生产和供应业	3057761	369672	456468	458127
燃气生产和供应业	52442	33993		
水的生产和供应业	152808	43532	19991	9997

项　目	博罗县	龙门县	大亚湾区	仲恺区
总计	**14584715**	**2308062**	**13137147**	**24707822**
采矿业	**33207**	**332379**		
黑色金属矿采选业	33207	2259		
有色金属矿采选业		4545		
非金属矿采选业		325575		
制造业	**13956879**	**1861453**	**12360057**	**24322538**
农副食品加工业	585538	45429	79343	32842
食品制造业	23611	72689		156265
酒、饮料和精制茶制造业	284080	21271		48419
纺织业	613796	38025	4393	33042
纺织服装、服饰业	823277	30348		56910
皮革、毛皮、羽毛及其制品和制鞋业	907856		2257	4077
木材加工和木、竹、藤、棕、草制品业	277175	190124		
家具制造业	592596		323012	83236
造纸和纸制品业	69521	2206		88411
印刷和记录媒介复制业	184022		3185	51917
文教、工美、体育和娱乐用品制造业	377778	25275	61183	43194
石油加工、炼焦和核燃料加工业			3477224	
化学原料和化学制品制造业	682798	96531	4197060	127494
医药制造业	95278		44817	12769
化学纤维制造业	33235			
橡胶和塑料制品业	1029369	33949	136358	727779
非金属矿物制品业	386519	854749	98867	82691
黑色金属冶炼和压延加工业	147583			20565
有色金属冶炼和压延加工业	177398	40211	42987	21177
金属制品业	1453850	15840	75318	256122
通用设备制造业	255172	19470		311765
专用设备制造业	204675	2227	11614	171600
汽车制造业	74966	59992	1311553	49278
铁路、船舶、航空航天和其他运输设备制造业	34245			3872
电气机械和器材制造业	1120440	23233	40845	2200578
计算机、通信和其他电子设备制造业	3299633	235067	2404817	19633371
仪器仪表制造业	134595	5886	45223	56092
其他制造业				3256
废弃资源综合利用业	87875	48932		45819
电力、燃气及水的生产和供应业	**594629**	**114229**	**777090**	**385284**
电力、热力生产和供应业	564802	111871	728446	368375
燃气生产和供应业			18449	
水的生产和供应业	29826	2358	30194	16909

12-12　分县区分经济类型规模以上工业总产值

（2016 年）　　　　单位：万元

项　目	惠州市	惠城区	惠阳区	惠东县	博罗县	龙门县	大亚湾区	仲恺区
总　计	76173423	4419301	8850920	8165458	14584715	2308062	13137147	24707822
一、按登记注册类型分组								
内资企业	31839076	1604107	2318165	6888834	5895779	1864706	6111950	7155534
国有企业	218134		17038		36259	164837		
地方企业	218134		17038		36259	164837		
集体企业	90219			9388	77934			2897
联营企业	39550					39550		
集体联营企业	39550					39550		
有限责任公司	19145628	978461	944418	2482653	3627567	1325783	5255855	4530892
国有独资公司	6196889	410358	448087	219373	472284		4186792	459996
其他有限责任公司	12948739	568103	496331	2263280	3155283	1325783	1069063	4070896
股份有限公司	1185411	272384	28041	1756	158065	214381		510783
私营企业	11141915	353262	1328668	4382900	1989872	120155	856095	2110963
私营独资企业	1407881		11345	1326340	60684			9513
私营合伙企业	2909			2909				
私营有限责任公司	9540374	327705	1278859	3049028	1892618	120155	829750	2042260
私营股份有限公司	190750	25558	38465	4624	36571		26345	59189
其他企业	18219			12137	6083			
港、澳、台商投资企业	21601869	1381934	5727750	1197494	7063740	427792	2237831	3565329
合资经营企业（港或澳、台资）	3893265	429608	490743	21609	679146	17130	1156789	1098240
合作经营企业（港或澳、台资）	455473	18660	12380	33419	335936	9419	21372	24287
港澳台商独资经营企业	16959790	873497	5195057	1130966	5969675	399016	1059669	2331911
港澳台商投资股份有限公司	293342	60171	29571	11500	78983	2227		110891
外商投资企业	22732478	1433259	805005	79129	1625196	15563	4787366	13986959
中外合资经营企业	13989090	643879	46553		515041		4062243	8721375
中外合作经营企业	69332	3357		27808	32338			5829
外资企业	8333968	555590	743609	51322	1066089	15563	679901	5221895
外商投资股份有限公司	92505		14844		4700		45223	27738
其他外商投资企业	247583	230433			7028			10122

12-12 续表 （2016年） 单位：万元

项　　目	惠州市	惠城区	惠阳区	惠东县	博罗县	龙门县	大亚湾区	仲恺区
二、按经济组织类型分组								
独资企业	27009992	1429087	5967048	2518016	7210640	579417	1739570	7566215
国有企业	218134		17038		36259	164837		
集体企业	90219			9388	77934			2897
私营独资企业	1407881		11345	1326340	60684			9513
港澳台商独资经营企业	16959790	873497	5195057	1130966	5969675	399016	1059669	2331911
外资企业	8333968	555590	743609	51322	1066089	15563	679901	5221895
合作、合伙企业	833066	252449	12380	76273	381386	48968	21372	40239
集体联营企业	39550					39550		
私营合伙企业	2909			2909				
合作经营企业（港或澳、台资）	455473	18660	12380	33419	335936	9419	21372	24287
中外合作经营企业	69332	3357		27808	32338			5829
其他企业（内资）	18219			12137	6083			
其他外商投资企业	247583	230433			7028			10122
股份有限公司	1762008	358112	110920	17880	278319	216608	71568	708601
股份有限公司（内资）	1185411	272384	28041	1756	158065	214381		510783
私营股份有限公司	190750	25558	38465	4624	36571		26345	59189
港澳台商投资股份有限公司	293342	60171	29571	11500	78983	2227		110891
外商投资股份有限公司	92505		14844		4700		45223	27738
有限责任公司	46568357	2379653	2760572	5553290	6714370	1463068	11304637	16392768
国有独资公司	6196889	410358	448087	219373	472284		4186792	459996
私营有限责任公司	9540374	327705	1278859	3049028	1892618	120155	829750	2042260
合资经营企业（港或澳、台资）	3893265	429608	490743	21609	679146	17130	1156789	1098240
中外合资经营企业	13989090	643879	46553		515041		4062243	8721375
其他有限责任公司	12948739	568103	496331	2263280	3155283	1325783	1069063	4070896
按轻重工业分								
在总计中：轻工业	22131951	1511546	2553699	4592958	6162538	493137	750897	6067176
重工业	54041472	2907755	6297221	3572499	8422177	1814925	12386250	18640646
按企业规模分								
在总计中：大型企业	38259419	1975968	3862892	1601673	2929403	379143	9241372	18268970
中型企业	18785383	1447916	2502253	3875570	5377008	621829	858104	4102703
小微型企业	19128621	995417	2485775	2688215	6278304	1307090	3037671	2336149

12-13 分县区分行业规模以上“三资”工业企业单位数

（2016年）

单位：个

项　目	惠州市	惠城区	惠阳区	惠东县	博罗县	龙门县	大亚湾区	仲恺区
总计	**879**	**108**	**203**	**63**	**238**	**17**	**65**	**185**
采矿业	**1**			**1**				
非金属矿采选业	1			1				
制造业	**874**	**108**	**203**	**62**	**237**	**17**	**63**	**184**
农副食品加工业	6	1		2	2			1
食品制造业	2	2						
酒、饮料和精制茶制造业	5	1			2	1		1
纺织业	29	1	6	1	17	3		1
纺织服装、服饰业	41	10	7	6	15	1		2
皮革、毛皮、羽毛及其制品和制鞋业	49	9	9	9	21		1	
木材加工和木、竹、藤、棕、草制品业	4	1	3					
家具制造业	39	1	16	3	14		3	2
造纸和纸制品业	12		5	2	4			1
印刷和记录媒介复制业	9		4		5			
文教、工美、体育和娱乐用品制造业	54	2	26	5	13	2	4	2
化学原料和化学制品制造业	43	3	5	2	14	1	13	5
医药制造业	1				1			
化学纤维制造业	1				1			
橡胶和塑料制品业	99	6	24	7	28	2	6	26
非金属矿物制品业	19	1	7	3	3	2	1	2
黑色金属冶炼和压延加工业	4		2					2
有色金属冶炼和压延加工业	9	1	1		3		2	2
金属制品业	53	5	8	2	20	1	2	15
通用设备制造业	22	7	3		4			8
专用设备制造业	22	2	4	1	6	1		8
汽车制造业	20	7			2		9	2
铁路、船舶、航空航天和其他运输设备制造业	14	4	6	2	1			1
电气机械和器材制造业	77	11	13	5	10		2	36
计算机、通信和其他电子设备制造业	217	31	45	9	46	2	19	65
仪器仪表制造业	13	1	2	3	5	1	1	
其他制造业	9	1	7					1
废弃资源综合利用业	1							1
电力、燃气及水的生产和供应业	**4**				**1**		**2**	**1**
电力、热力生产和供应业	2				1			1
燃气生产和供应业	1						1	
水的生产和供应业	1						1	

12-14　分县区分行业规模以上“三资”工业企业总产值

（2016 年）　　　　　　　　　　　　　　　　单位：万元

项　目	惠州市	惠城区	惠阳区	惠东县	博罗县	龙门县	大亚湾区	仲恺区
总计	**44334347**	**2815193**	**6532755**	**1276623**	**8688936**	**443355**	**7025197**	**17552288**
采矿业	**18346**			**18346**				
非金属矿采选业	18346			18346				
制造业	**44232162**	**2815193**	**6532755**	**1258277**	**8682107**	**443355**	**6996402**	**17504072**
农副食品加工业	84269	9434		6837	63799			4200
食品制造业	13615	13615						
酒、饮料和精制茶制造业	362992	86206			217886	10481		48419
纺织业	620579	10815	36764	18862	492957	38025		23157
纺织服装、服饰业	1132824	171173	149489	62645	721394	7072		21051
皮革、毛皮、羽毛及其制品和制鞋业	1260460	139994	188941	73673	855595		2257	
木材加工和木、竹、藤、棕、草制品业	69628	30000	39628					
家具制造业	1056842	23068	158292	17176	530516		323012	4779
造纸和纸制品业	125567		48010	28056	33006			16495
印刷和记录媒介复制业	346711		169167		177545			
文教、工美、体育和娱乐用品制造业	714350	16702	210892	77758	309345	11421	54156	34077
化学原料和化学制品制造业	3411787	66831	91687	17789	309142	30480	2842267	53592
医药制造业	2348				2348			
化学纤维制造业	30167				30167			
橡胶和塑料制品业	1814167	56979	156849	135010	748391	17230	100985	598721
非金属矿物制品业	361848	3228	72797	116368	67018	74216	8567	19653
黑色金属冶炼和压延加工业	84819		64254					20565
有色金属冶炼和压延加工业	199973	28700	5602		116197		42987	6487
金属制品业	1472587	73195	209932	8626	917294	13561	51625	198354
通用设备制造业	468704	112560	18961		80516			256667
专用设备制造业	283402	15613	46108	3066	168956	2227		47433
汽车制造业	1949397	543840			47764		1311553	46240
铁路、船舶、航空航天和其他运输设备制造业	120473	42835	56351	14390	3025			3872
电气机械和器材制造业	2230120	401005	202839	541950	197184		37180	849963
计算机、通信和其他电子设备制造业	25680038	955698	4502108	122519	2461394	232756	2176591	15228971
仪器仪表制造业	206060	5955	4773	13554	130669	5886	45223	
其他制造业	110316	7747	99313					3256
废弃资源综合利用业	18120							18120
电力、燃气及水的生产和供应业	**83840**				**6828**		**28795**	**48216**
电力、热力生产和供应业	55045				6828			48216
燃气生产和供应业	18449						18449	
水的生产和供应业	10345						10345	

12-15 规模以上工业企业主要经济指标

（2016年）　　　　　　　　　　　　　　　　单位：万元

项　目	企业单位数（个）	亏损企业	工业总产值（当年价格）	工业销售产值（当年价格）	出口交货值
总　计	**2140**	**280**	**76173423**	**73743502**	**25783921**
一、按登记注册类型分组					
内资企业	1261	127	31839076	31100829	3018526
国有企业	10	3	218134	217519	
地方企业	10	3	218134	217519	
集体企业	5	1	90219	88829	2338
联营企业	1		39550	39550	
集体联营企业	1		39550	39550	
有限责任公司	518	63	19145628	18632485	1736738
国有独资公司	11	2	6196889	5935247	113670
其他有限责任公司	507	61	12948739	12697238	1623068
股份有限公司	30	1	1185411	1104136	99546
私营企业	691	58	11141915	11000093	1171748
私营独资企业	129	1	1407881	1407583	135996
私营合伙企业	2		2909	2909	
私营有限责任公司	548	55	9540374	9413172	1023115
私营股份有限公司	12	2	190750	176428	12637
其他企业	6	1	18219	18217	8156
港、澳、台商投资企业	650	104	21601869	20361150	10704375
合资经营企业（港或澳、台资）	77	15	3893265	3691155	897228
合作经营企业（港或澳、台资）	19	2	455473	452866	337219
港澳台商独资经营企业	541	86	16959790	15929419	9346137
港澳台商投资股份有限公司	13	1	293342	287710	123791
外商投资企业	229	49	22732478	22281522	12061019
中外合资经营企业	48	12	13989090	13673817	6874663
中外合作经营企业	5	2	69332	66182	52422
外资企业	167	34	8333968	8202945	5054487
外商投资股份有限公司	5		92505	91005	44360
其他外商投资企业	4	1	247583	247572	35088

12-15 续表 1　　（2016 年）　　单位：万元

项　目	企业单位数（个）	亏损企业	工业总产值（当年价格）	工业销售产值（当年价格）	出口交货值
二、按经济组织类型分组					
独资企业	852	125	27009992	25846296	14538958
国有企业	10	3	218134	217519	
集体企业	5	1	90219	88829	2338
私营独资企业	129	1	1407881	1407583	135996
港澳台商独资经营企业	541	86	16959790	15929419	9346137
外资企业	167	34	8333968	8202945	5054487
合作、合伙企业	37	6	833066	827297	432885
集体联营企业	1		39550	39550	
私营合伙企业	2		2909	2909	
合作经营企业（港或澳、台资）	19	2	455473	452866	337219
中外合作经营企业	5	2	69332	66182	52422
其他企业（内资）	6	1	18219	18217	8156
其他外商投资企业	4	1	247583	247572	35088
股份有限公司	60	4	1762008	1659279	280334
股份有限公司（内资）	30	1	1185411	1104136	99546
私营股份有限公司	12	2	190750	176428	12637
港澳台商投资股份有限公司	13	1	293342	287710	123791
外商投资股份有限公司	5		92505	91005	44360
有限责任公司	1191	145	46568357	45410630	10531744
国有独资公司	11	2	6196889	5935247	113670
私营有限责任公司	548	55	9540374	9413172	1023115
合资经营企业（港或澳、台资）	77	15	3893265	3691155	897228
中外合资经营企业	48	12	13989090	13673817	6874663
其他有限责任公司	507	61	12948739	12697238	1623068
在总计中：亏损企业	280	280	3629159	3519169	900971
在总计中：轻工业	1097	110	22131951	21750361	9085626
重工业	1043	170	54041472	51993140	16698295
在总计中：大型企业	100	5	38259419	36500029	16074378
中型企业	462	71	18785383	18315239	5587586
小微型企业	1578	204	19128621	18928233	4121957

12-15 续表 2　　（2016 年）　　单位：万元

项　目	年初存货	产成品	资产总计	流动资产合计	应收账款	存货
总　计	**5600876**	**1769182**	**52153195**	**29218152**	**10524615**	**6566841**
一、按登记注册类型分组						
内资企业	1707991	686439	20669729	9373935	3131516	2202589
国有企业	6161	3673	180430	52478	1781	13193
地方企业	6161	3673	180430	52478	1781	13193
集体企业	3035	417	39040	15204	5074	1669
联营企业	364		5800	2295	221	255
集体联营企业	364		5800	2295	221	255
有限责任公司	987740	414770	14382114	5638710	1814250	1312230
国有独资公司	159557	24992	6022879	1387159	112943	276821
其他有限责任公司	828183	389778	8359235	4251551	1701307	1035409
股份有限公司	96441	35746	1316931	740634	262856	138418
私营企业	614033	231812	4741393	2921173	1044852	736395
私营独资企业	16287	7411	178203	106669	31434	16245
私营合伙企业	420	420	1095	1093	616	134
私营有限责任公司	583484	220220	4429287	2729521	975968	694705
私营股份有限公司	13841	3761	132808	83890	36834	25312
其他企业	217	22	4021	3441	2482	429
港、澳、台商投资企业	2170003	520028	14155454	8443693	3568481	2486769
合资经营企业（港或澳、台资）	462332	132714	3010681	2002302	990452	483946
合作经营企业（港或澳、台资）	20140	4589	172205	99985	38255	32892
港澳台商独资经营企业	1651171	373727	10590747	6138607	2431548	1932973
港澳台商投资股份有限公司	36361	8999	381821	202799	108227	36959
外商投资企业	1722882	562715	17328012	11400523	3824618	1877483
中外合资经营企业	873158	184766	10967474	6674553	1403298	961106
中外合作经营企业	11743	1224	56544	35257	16395	8666
外资企业	790111	351484	5916084	4382939	2306744	874599
外商投资股份有限公司	16423	4648	80292	52889	20672	18868
其他外商投资企业	31447	20593	307618	254886	77509	14244

项　目	年初存货	产成品	资产总计	流动资产合计	应收账款	存货
二、按经济组织类型分组						
独资企业	2466765	736712	16904504	10695896	4776581	2838679
国有企业	6161	3673	180430	52478	1781	13193
集体企业	3035	417	39040	15204	5074	1669
私营独资企业	16287	7411	178203	106669	31434	16245
港澳台商独资经营企业	1651171	373727	10590747	6138607	2431548	1932973
外资企业	790111	351484	5916084	4382939	2306744	874599
合作、合伙企业	64331	26848	547283	396957	135478	56619
集体联营企业	364		5800	2295	221	255
私营合伙企业	420	420	1095	1093	616	134
合作经营企业（港或澳、台资）	20140	4589	172205	99985	38255	32892
中外合作经营企业	11743	1224	56544	35257	16395	8666
其他企业（内资）	217	22	4021	3441	2482	429
其他外商投资企业	31447	20593	307618	254886	77509	14244
股份有限公司	163066	53153	1911852	1080212	428589	219556
股份有限公司（内资）	96441	35746	1316931	740634	262856	138418
私营股份有限公司	13841	3761	132808	83890	36834	25312
港澳台商投资股份有限公司	36361	8999	381821	202799	108227	36959
外商投资股份有限公司	16423	4648	80292	52889	20672	18868
有限责任公司	2906714	952470	32789556	17045086	5183967	3451987
国有独资公司	159557	24992	6022879	1387159	112943	276821
私营有限责任公司	583484	220220	4429287	2729521	975968	694705
合资经营企业（港或澳、台资）	462332	132714	3010681	2002302	990452	483946
中外合资经营企业	873158	184766	10967474	6674553	1403298	961106
其他有限责任公司	828183	389778	8359235	4251551	1701307	1035409
在总计中：亏损企业	521979	180223	4283165	1973282	660757	599426
在总计中：轻工业	1575938	626903	12126215	7987322	3383491	1860260
重工业	4024939	1142279	40026980	21230830	7141124	4706581
在总计中：大型企业	2972875	808960	29295333	16497097	5797141	3559369
中型企业	1332282	531539	11414143	6252632	2606761	1459753
小微型企业	1295719	428684	11443719	6468423	2120714	1547719

项　目	资产总计					负债合计
	产成品	固定资产合 计	固定资产原 价	累计折旧	本年折旧	
总　计	**2066950**	**17168494**	**32935172**	**17337098**	**2530467**	**29939611**
一、按登记注册类型分组						
内资企业	797668	8851151	14733893	7210995	1120497	13357730
国有企业	4341	112899	220781	150973	13445	88704
地方企业	4341	112899	220781	150973	13445	88704
集体企业	288	18053	54375	36423	10217	20616
联营企业		3216	14355	11140	1619	1315
集体联营企业		3216	14355	11140	1619	1315
有限责任公司	472080	7043605	11416155	5450066	808864	9396610
国有独资公司	15738	4005790	5980400	2865648	354522	4445287
其他有限责任公司	456341	3037815	5435756	2584418	454341	4951324
股份有限公司	43362	343239	706045	392878	58351	663254
私营企业	277305	1329559	2321158	1169073	227947	3184185
私营独资企业	8146	58219	142246	61652	15896	75480
私营合伙企业	134		533	22	6	26
私营有限责任公司	262543	1243355	2141007	1096663	210111	3016930
私营股份有限公司	6482	27985	37373	10736	1934	91749
其他企业	293	580	1023	443	57	3046
港、澳、台商投资企业	587521	4377286	9972368	5719889	858387	8275640
合资经营企业（港或澳、台资）	128029	684421	1529375	844833	114200	1924023
合作经营企业（港或澳、台资）	6402	48837	211626	161375	16100	68060
港澳台商独资经营企业	444264	3518570	8015209	4621428	716011	6106429
港澳台商投资股份有限公司	8827	125457	216158	92253	12075	177127
外商投资企业	681761	3940058	8228911	4406214	551583	8306241
中外合资经营企业	297223	2671763	5502310	2843564	370760	4157378
中外合作经营企业	1362	12532	24679	12147	877	36386
外资企业	368713	1201876	2604670	1506173	174377	3850397
外商投资股份有限公司	6946	23650	33942	11238	1526	52890
其他外商投资企业	7518	30237	63310	33091	4044	209190

12-15 续表5 （2016年） 单位：万元

项　目	资产总计					负债合计
	产成品	固定资产合　计	固定资产原　价	累计折旧	本年折旧	
二、按经济组织类型分组						
独资企业	825751	4909617	11037281	6376649	929945	10141627
国有企业	4341	112899	220781	150973	13445	88704
集体企业	288	18053	54375	36423	10217	20616
私营独资企业	8146	58219	142246	61652	15896	75480
港澳台商独资经营企业	444264	3518570	8015209	4621428	716011	6106429
外资企业	368713	1201876	2604670	1506173	174377	3850397
合作、合伙企业	15708	95401	315526	218219	22702	318023
集体联营企业		3216	14355	11140	1619	1315
私营合伙企业	134		533	22	6	26
合作经营企业（港或澳、台资）	6402	48837	211626	161375	16100	68060
中外合作经营企业	1362	12532	24679	12147	877	36386
其他企业（内资）	293	580	1023	443	57	3046
其他外商投资企业	7518	30237	63310	33091	4044	209190
股份有限公司	65618	520330	993518	507104	73886	985020
股份有限公司（内资）	43362	343239	706045	392878	58351	663254
私营股份有限公司	6482	27985	37373	10736	1934	91749
港澳台商投资股份有限公司	8827	125457	216158	92253	12075	177127
外商投资股份有限公司	6946	23650	33942	11238	1526	52890
有限责任公司	1159874	11643145	20588847	10235126	1503935	18494941
国有独资公司	15738	4005790	5980400	2865648	354522	4445287
私营有限责任公司	262543	1243355	2141007	1096663	210111	3016930
合资经营企业（港或澳、台资）	128029	684421	1529375	844833	114200	1924023
中外合资经营企业	297223	2671763	5502310	2843564	370760	4157378
其他有限责任公司	456341	3037815	5435756	2584418	454341	4951324
在总计中：亏损企业	208361	1755121	2830663	1126399	167233	3052809
在总计中：轻工业	703431	2900299	6348692	3720379	563205	7512802
重工业	1363519	14268195	26586480	13616719	1967262	22426808
在总计中：大型企业	1003515	9769557	16932371	8131970	1212819	16882665
中型企业	508550	4003020	7960983	4223841	661949	6408386
小微型企业	554886	3395917	8041818	4981287	655700	6648560

项　目	流动负债合　计	应付账款	非流动负债合　计	所有者权益合　计	实收资本	国家资本
总　计	**25041167**	**12326645**	**4091761**	**22020846**	**12544871**	**1869287**
一、按登记注册类型分组						
内资企业	10780217	3972628	2097250	7251658	3933623	872539
国有企业	33307	2619	44788	91720	78363	75458
地方企业	33307	2619	44788	91720	78363	75458
集体企业	10240	2174	1157	18424	6725	
联营企业	1171		145	4484	1451	
集体联营企业	1171		145	4484	1451	
有限责任公司	7481058	2739256	1711720	4928249	2768456	765476
国有独资公司	3652478	1069141	792808	1577593	970529	580267
其他有限责任公司	3828580	1670115	918911	3350656	1797927	185210
股份有限公司	561341	196545	71832	653606	207811	20979
私营企业	2690389	1030492	267275	1554201	870073	10626
私营独资企业	50844	16101	13955	99149	70467	126
私营合伙企业				1070	1070	
私营有限责任公司	2571103	987824	252795	1413806	772395	10500
私营股份有限公司	68443	26567	526	40177	26141	
其他企业	2712	1542	334	975	745	
港、澳、台商投资企业	7607361	4145794	477730	5847913	4317579	8447
合资经营企业（港或澳、台资）	1851003	621289	55260	1078606	554749	7190
合作经营企业（港或澳、台资）	60047	28513	1870	102865	80855	
港澳台商独资经营企业	5552791	3432652	388767	4461748	3578210	1257
港澳台商投资股份有限公司	143520	63340	31832	204694	103765	
外商投资企业	6653589	4208223	1516782	8921276	4293669	988300
中外合资经营企业	2741484	1436357	1362973	6732796	2527700	988300
中外合作经营企业	23336	3471	13050	20006	25270	
外资企业	3632636	2627172	136996	2042644	1658895	
外商投资股份有限公司	47376	20641	3329	27402	49138	
其他外商投资企业	208757	120583	434	98428	32666	

12-15 续表7 （2016年） 单位：万元

项 目	流动负债合计	应付账款	非流动负债合计	所有者权益合计	实收资本	国家资本
二、按经济组织类型分组						
独资企业	9279819	6080718	585663	6713684	5392661	76841
国有企业	33307	2619	44788	91720	78363	75458
集体企业	10240	2174	1157	18424	6725	
私营独资企业	50844	16101	13955	99149	70467	126
港澳台商独资经营企业	5552791	3432652	388767	4461748	3578210	1257
外资企业	3632636	2627172	136996	2042644	1658895	
合作、合伙企业	296022	154108	15832	227828	142056	
集体联营企业	1171		145	4484	1451	
私营合伙企业				1070	1070	
合作经营企业（港或澳、台资）	60047	28513	1870	102865	80855	
中外合作经营企业	23336	3471	13050	20006	25270	
其他企业（内资）	2712	1542	334	975	745	
其他外商投资企业	208757	120583	434	98428	32666	
股份有限公司	820678	307093	107518	925878	386854	20979
股份有限公司（内资）	561341	196545	71832	653606	207811	20979
私营股份有限公司	68443	26567	526	40177	26141	
港澳台商投资股份有限公司	143520	63340	31832	204694	103765	
外商投资股份有限公司	47376	20641	3329	27402	49138	
有限责任公司	14644647	5784726	3382748	14153456	6623299	1771467
国有独资公司	3652478	1069141	792808	1577593	970529	580267
私营有限责任公司	2571103	987824	252795	1413806	772395	10500
合资经营企业（港或澳、台资）	1851003	621289	55260	1078606	554749	7190
中外合资经营企业	2741484	1436357	1362973	6732796	2527700	988300
其他有限责任公司	3828580	1670115	918911	3350656	1797927	185210
在总计中：亏损企业	2314119	866713	627609	1155079	1947596	90383
在总计中：轻工业	6521795	3417393	548743	4564123	2797228	39906
重工业	18519372	8909252	3543019	17456722	9747643	1829381
在总计中：大型企业	14538012	8055124	2297597	12390939	5548589	1401032
中型企业	5208944	2486354	988405	4992561	3363744	163548
小微型企业	5294210	1785167	805760	4637346	3632539	304707

12-15 续表8　　(2016年)　　单位：万元

项　目	实收资本					营业收入
	集体资本	法人资本	个人资本	港澳台资本	外商资本	
总　计	**100195**	**3529142**	**796484**	**3108408**	**3141354**	**75276134**
一、按登记注册类型分组						
内资企业	36476	2250170	723734	33669	17034	31013666
国有企业	280	1359	1267			221806
地方企业	280	1359	1267			221806
集体企业	4800		1925			89246
联营企业		1451				39550
集体联营企业		1451				39550
有限责任公司	19848	1636748	311567	18587	16230	18529012
国有独资公司		390262				5848762
其他有限责任公司	19848	1246486	311567	18587	16230	12680250
股份有限公司	4560	122824	48610	10738	100	1111704
私营企业	6988	487715	359694	4345	705	11004120
私营独资企业	1984	50580	16508	1269		1404937
私营合伙企业		1070				2909
私营有限责任公司	3777	421501	332837	3076	705	9413197
私营股份有限公司	1227	14564	10350			183077
其他企业		75	671			18229
港、澳、台商投资企业	61323	879061	48468	2970953	349327	20658607
合资经营企业(港或澳、台资)	5297	327513	2192	170903	41653	4076794
合作经营企业(港或澳、台资)		14576		63533	2747	458662
港澳台商独资经营企业	56026	524777	46011	2706104	244036	15835113
港澳台商投资股份有限公司		12195	265	30413	60892	288038
外商投资企业	2397	399911	24282	103785	2774993	23603862
中外合资经营企业	2397	236299	5052	22746	1272906	14320445
中外合作经营企业		487		9983	14800	68996
外资企业		148125	19231	65036	1426503	8873024
外商投资股份有限公司		15000		6020	28118	93237
其他外商投资企业					32666	248160

项　目	实收资本					营业收入
	集体资本	法人资本	个人资本	港澳台资本	外商资本	
二、按经济组织类型分组						
独资企业	63090	724841	84942	2772408	1670539	26424126
国有企业	280	1359	1267			221806
集体企业	4800		1925			89246
私营独资企业	1984	50580	16508	1269		1404937
港澳台商独资经营企业	56026	524777	46011	2706104	244036	15835113
外资企业		148125	19231	65036	1426503	8873024
合作、合伙企业		17658	671	73516	50212	836505
集体联营企业		1451				39550
私营合伙企业		1070				2909
合作经营企业（港或澳、台资）		14576		63533	2747	458662
中外合作经营企业		487		9983	14800	68996
其他企业（内资）		75	671			18229
其他外商投资企业					32666	248160
股份有限公司	5787	164583	59225	47171	89110	1676056
股份有限公司（内资）	4560	122824	48610	10738	100	1111704
私营股份有限公司	1227	14564	10350			183077
港澳台商投资股份有限公司		12195	265	30413	60892	288038
外商投资股份有限公司		15000		6020	28118	93237
有限责任公司	31318	2622061	651647	215313	1331493	46339447
国有独资公司		390262				5848762
私营有限责任公司	3777	421501	332837	3076	705	9413197
合资经营企业（港或澳、台资）	5297	327513	2192	170903	41653	4076794
中外合资经营企业	2397	236299	5052	22746	1272906	14320445
其他有限责任公司	19848	1246486	311567	18587	16230	12680250
在总计中：亏损企业	19086	744300	79806	406764	607259	3316736
在总计中：轻工业	69854	750428	351147	925042	660851	22458489
重工业	30341	2778715	445337	2183366	2480503	52817645
在总计中：大型企业	55411	942863	58136	1497363	1593783	38268844
中型企业	10183	1287000	287527	895567	719918	18093357
小微型企业	34601	1299279	450821	715478	827653	18913933

12-15 续表10　　(2016年)　　单位：万元

项　目	主营业务收入	营业成本	主营业务成本	营业税金及附加	主营业务税金及附加	其他业务收入
总　计	**73981502**	**65056686**	**64021367**	**702795**	**697444**	**1294632**
一、按登记注册类型分组						
内资企业	30687973	26589901	26307936	558739	556154	325693
国有企业	219297	179554	178017	1496	1367	2509
地方企业	219297	179554	178017	1496	1367	2509
集体企业	88932	75097	74995	711	711	314
联营企业	39550	31545	31545	570	570	
集体联营企业	39550	31545	31545	570	570	
有限责任公司	18270043	15741897	15524034	519279	517285	258968
国有独资公司	5687422	4984061	4835277	444652	442866	161339
其他有限责任公司	12582621	10757836	10688757	74627	74419	97629
股份有限公司	1093625	862817	850702	5499	5493	18079
私营企业	10958298	9681749	9631400	31104	30648	45822
私营独资企业	1404910	1246582	1246417	3180	3067	27
私营合伙企业	2909	2489	2489	67	67	
私营有限责任公司	9367674	8274256	8224171	27182	26839	45523
私营股份有限公司	182805	158421	158324	675	675	272
其他企业	18229	17242	17242	80	80	
港、澳、台商投资企业	20368868	18282834	18056282	64054	62517	289739
合资经营企业(港或澳、台资)	3905038	3548947	3383967	16352	16075	171755
合作经营企业(港或澳、台资)	456575	403969	403324	636	624	2087
港澳台商独资经营企业	15723044	14091713	14033345	45269	44036	112068
港澳台商投资股份有限公司	284210	238205	235646	1797	1782	3829
外商投资企业	22924661	20183951	19657149	80003	78773	679201
中外合资经营企业	14097127	11855100	11753452	52821	52168	223318
中外合作经营企业	68191	59950	59688	266	266	805
外资企业	8424059	7995226	7577027	25070	24493	448966
外商投资股份有限公司	89147	83575	79925	109	109	4090
其他外商投资企业	246137	190099	187058	1737	1737	2022

12-15 续表11 （2016年） 单位：万元

项 目	主营业务收入	营业成本	主营业务成本	营业税金及附加	主营业务税金及附加	其他业务收入
二、按经济组织类型分组						
独资企业	25860242	23588172	23109801	75725	73674	563884
国有企业	219297	179554	178017	1496	1367	2509
集体企业	88932	75097	74995	711	711	314
私营独资企业	1404910	1246582	1246417	3180	3067	27
港澳台商独资经营企业	15723044	14091713	14033345	45269	44036	112068
外资企业	8424059	7995226	7577027	25070	24493	448966
合作、合伙企业	831592	705295	701346	3356	3344	4914
集体联营企业	39550	31545	31545	570	570	
私营合伙企业	2909	2489	2489	67	67	
合作经营企业（港或澳、台资）	456575	403969	403324	636	624	2087
中外合作经营企业	68191	59950	59688	266	266	805
其他企业（内资）	18229	17242	17242	80	80	
其他外商投资企业	246137	190099	187058	1737	1737	2022
股份有限公司	1649786	1343019	1324598	8080	8059	26270
股份有限公司（内资）	1093625	862817	850702	5499	5493	18079
私营股份有限公司	182805	158421	158324	675	675	272
港澳台商投资股份有限公司	284210	238205	235646	1797	1782	3829
外商投资股份有限公司	89147	83575	79925	109	109	4090
有限责任公司	45639883	39420200	38885623	615633	612367	699564
国有独资公司	5687422	4984061	4835277	444652	442866	161339
私营有限责任公司	9367674	8274256	8224171	27182	26839	45523
合资经营企业（港或澳、台资）	3905038	3548947	3383967	16352	16075	171755
中外合资经营企业	14097127	11855100	11753452	52821	52168	223318
其他有限责任公司	12582621	10757836	10688757	74627	74419	97629
在总计中：亏损企业	3284753	3145072	3123789	9612	9100	31983
在总计中：轻工业	21966678	19658245	19220768	71222	70317	491812
重工业	52014824	45398441	44800600	631573	627127	802821
在总计中：大型企业	37202628	32918590	32043492	542069	540354	1066216
中型企业	17961261	15561611	15480399	61582	60590	132097
小微型企业	18817613	16576485	16497476	99144	96501	96320

项　目	其他业务利润	销售费用	管理费用	税金	财务费用	利息收入
总　计	**164246**	**1516832**	**2703954**	**78033**	**231865**	**105194**
一、按登记注册类型分组						
内资企业	25880	453140	1154950	27754	172181	16959
国有企业	262	5035	30759	1579	846	83
地方企业	262	5035	30759	1579	846	83
集体企业	314	492	3804	576	1610	6
联营企业		1019	5766	9	72	1
集体联营企业		1019	5766	9	72	1
有限责任公司	20551	254029	681345	14168	113910	13643
国有独资公司	10562	23015	53621	1692	36135	6233
其他有限责任公司	9989	231014	627724	12476	77775	7409
股份有限公司	2517	40939	92046	649	8902	743
私营企业	2236	151507	340705	10770	46784	2483
私营独资企业		20219	19659	316	2640	197
私营合伙企业		26	116	116	12	
私营有限责任公司	2236	127452	309351	10231	41688	2274
私营股份有限公司		3811	11580	107	2445	11
其他企业		120	525	4	57	
港、澳、台商投资企业	28948	285113	917334	30963	96058	19338
合资经营企业（港或澳、台资）	2140	101957	217644	5046	7428	6532
合作经营企业（港或澳、台资）	1409	3660	10125	265	-388	209
港澳台商独资经营企业	25269	176424	671273	25220	84959	12460
港澳台商投资股份有限公司	130	3072	18292	431	4059	137
外商投资企业	109419	778579	631670	19316	-36374	68898
中外合资经营企业	98597	438653	266111	6156	-22272	59728
中外合作经营企业	542	1777	10662	69	791	81
外资企业	10275	315090	329452	12471	-13142	6996
外商投资股份有限公司	5	764	4470	317	386	0.4
其他外商投资企业		22295	20976	303	-2137	2092

12-15 续表13 （2016年） 单位：万元

项 目	其他业务利润	销售费用	管理费用		财务费用	
				税金		利息收入
二、按经济组织类型分组						
独资企业	36120	517260	1054946	40162	76913	19743
国有企业	262	5035	30759	1579	846	83
集体企业	314	492	3804	576	1610	6
私营独资企业		20219	19659	316	2640	197
港澳台商独资经营企业	25269	176424	671273	25220	84959	12460
外资企业	10275	315090	329452	12471	-13142	6996
合作、合伙企业	1951	28897	48169	765	-1593	2383
集体联营企业		1019	5766	9	72	1
私营合伙企业		26	116	116	12	
合作经营企业（港或澳、台资）	1409	3660	10125	265	-388	209
中外合作经营企业	542	1777	10662	69	791	81
其他企业（内资）		120	525	4	57	
其他外商投资企业		22295	20976	303	-2137	2092
股份有限公司	2651	48586	126388	1504	15791	892
股份有限公司（内资）	2517	40939	92046	649	8902	743
私营股份有限公司		3811	11580	107	2445	11
港澳台商投资股份有限公司	130	3072	18292	431	4059	137
外商投资股份有限公司	5	764	4470	317	386	0.4
有限责任公司	123525	922089	1474451	35602	140753	82177
国有独资公司	10562	23015	53621	1692	36135	6233
私营有限责任公司	2236	127452	309351	10231	41688	2274
合资经营企业（港或澳、台资）	2140	101957	217644	5046	7428	6532
中外合资经营企业	98597	438653	266111	6156	-22272	59728
其他有限责任公司	9989	231014	627724	12476	77775	7409
在总计中：亏损企业	4838	59223	293139	8851	59076	6003
在总计中：轻工业	32584	601591	836693	28766	53511	8177
重工业	131662	915241	1867261	49267	178354	97017
在总计中：大型企业	136075	856596	1109336	30285	43862	77354
中型企业	17478	314362	808168	27072	81609	11871
小微型企业	10693	345874	786450	20676	106394	15969

12-15 续表 14 （2016 年） 单位：万元

项 目	利息支出	营业利润	资产减值损失	公允价值变动收益	投资收益	营业外收入
总 计	235887	4639119	455323	665	28943	302512
一、按登记注册类型分组：						
内资企业	121952	2071937	35430	824	20940	196575
国有企业	708	4313			198	913
地方企业	708	4313			198	913
集体企业	698	7533				7
联营企业	73	579				
集体联营企业	73	579				
有限责任公司	86272	1206221	24837	824	10811	176170
国有独资公司	31257	311089	1870		4802	157798
其他有限责任公司	55015	895132	22967	824	6008	18372
股份有限公司	9981	99984	7467		5951	6086
私营企业	24219	753103	3126	0	3981	13399
私营独资企业	249	112646	13	0	0	74
私营合伙企业		199				
私营有限责任公司	23471	634300	2921		3975	12906
私营股份有限公司	499	5959	192		5	418
其他企业		205				2
港、澳、台商投资企业	61422	1012489	7202	391	6096	38615
合资经营企业（港或澳、台资）	20851	190553	1654		7744	5752
合作经营企业（港或澳、台资）	545	40688	129	158		146
港澳台商独资经营企业	38249	758115	5164	233	–2422	30999
港澳台商投资股份有限公司	1777	23133	255		774	1718
外商投资企业	52514	1554693	412692	–551	1907	67322
中外合资经营企业	32550	1327852	396460	–685	–5038	35168
中外合作经营企业	430	–4567	117			3756
外资企业	19340	208588	14319	134	1449	27889
外商投资股份有限公司	144	3829	113		10	102
其他外商投资企业	50	18992	1683		5485	407

（2016年）

单位：万元

项 目	利息支出	营业利润	资产减值损失	公允价值变动收益	投资收益	营业外收入
二、按经济组织类型分组						
独资企业	59243	1091195	19496	367	-775	59881
国有企业	708	4313			198	913
集体企业	698	7533				7
私营独资企业	249	112646	13	-0.1	-0.1	74
港澳台商独资经营企业	38249	758115	5164	233	-2422	30999
外资企业	19340	208588	14319	134	1449	27889
合作、合伙企业	1098	56095	1929	158	5485	4310
集体联营企业	73	579				
私营合伙企业		199				
合作经营企业（港或澳、台资）	545	40688	129	158		146
中外合作经营企业	430	-4567	117			3756
其他企业（内资）		205				2
其他外商投资企业	50	18992	1683		5485	407
股份有限公司	12401	132904	8027		6741	8324
股份有限公司（内资）	9981	99984	7467		5951	6086
私营股份有限公司	499	5959	192		5	418
港澳台商投资股份有限公司	1777	23133	255		774	1718
外商投资股份有限公司	144	3829	113		10	102
有限责任公司	163145	3358926	425872	140	17492	229996
国有独资公司	31257	311089	1870		4802	157798
私营有限责任公司	23471	634300	2921		3975	12906
合资经营企业（港或澳、台资）	20851	190553	1654		7744	5752
中外合资经营企业	32550	1327852	396460	-685	-5038	35168
其他有限责任公司	55015	895132	22967	824	6008	18372
在总计中：亏损企业	47842	-264614	11439	-125	-3658	31158
在总计中：轻工业	50915	1250516	4823	548	17586	41371
重工业	184972	3388603	450500	117	11357	261141
在总计中：大型企业	90358	2381683	429777	584	11609	217567
中型企业	76321	1253925	18156	46	6017	45637
小微型企业	69209	1003511	7390	35	11317	39307

12-15 续表16　　　　（2016年）　　　　单位：万元

项 目	政府补助	营业外支出	利润总额	所得税费用	亏损企业亏损总额	利税总额
总　计	**57365**	**104369**	**4837202**	**672747**	**265976**	**7192106**
一、按登记注册类型分组						
内资企业	43400	25483	2243019	204341	100270	3634837
国有企业	61	126	5100	348	394	12179
地方企业	61	126	5100	348	394	12179
集体企业		0.1	7539	83	30	8289
联营企业		30	549			1679
集体联营企业		30	549			1679
有限责任公司	37180	12759	1369634	160536	81694	2495067
国有独资公司	28023	3534	465353	64771	3122	1295444
其他有限责任公司	9157	9225	904281	95765	78573	1199623
股份有限公司	2169	2066	104004	16696	847	143498
私营企业	3989	10502	755986	26679	17289	973502
私营独资企业		88	112632	670	4	119608
私营合伙企业			199			334
私营有限责任公司	3729	10318	636877	24936	15505	844881
私营股份有限公司	260	96	6278	1072	1780	8679
其他企业			207		16	622
港、澳、台商投资企业	9000	34332	1016726	91126	82166	1261085
合资经营企业（港或澳、台资）	1859	6841	189464	15120	8564	266082
合作经营企业（港或澳、台资）	30	718	40116	391	125	42565
港澳台商独资经营企业	6074	26648	762421	74018	73338	923362
港澳台商投资股份有限公司	1037	125	24726	1597	139	29075
外商投资企业	4966	44555	1577457	377280	83540	2296185
中外合资经营企业	2955	14807	1348213	331379	25036	1927811
中外合作经营企业		152	−963	3	1354	−516
外资企业	2007	29295	207180	43666	57024	335867
外商投资股份有限公司	4	88	3843	72		4060
其他外商投资企业		214	19185	2160	126	28964

项 目	政府补助	营业外支出	利润总额	所得税费用	亏损企业亏损总额	利税总额
二、按经济组织类型分组						
独资企业	8141	56157	1094872	118785	130790	1399306
国有企业	61	126	5100	348	394	12179
集体企业		0.1	7539	83	30	8289
私营独资企业		88	112632	670	4	119608
港澳台商独资经营企业	6074	26648	762421	74018	73338	923362
外资企业	2007	29295	207180	43666	57024	335867
合作、合伙企业	30	1113	59292	2554	1621	73648
集体联营企业		30	549			1679
私营合伙企业			199			334
合作经营企业（港或澳、台资）	30	718	40116	391	125	42565
中外合作经营企业		152	−963	3	1354	−516
其他企业（内资）			207		16	622
其他外商投资企业		214	19185	2160	126	28964
股份有限公司	3471	2375	138851	19437	2766	185312
股份有限公司（内资）	2169	2066	104004	16696	847	143498
私营股份有限公司	260	96	6278	1072	1780	8679
港澳台商投资股份有限公司	1037	125	24726	1597	139	29075
外商投资股份有限公司	4	88	3843	72		4060
有限责任公司	45723	44725	3544188	531971	130800	5533841
国有独资公司	28023	3534	465353	64771	3122	1295444
私营有限责任公司	3729	10318	636877	24936	15505	844881
合资经营企业（港或澳、台资）	1859	6841	189464	15120	8564	266082
中外合资经营企业	2955	14807	1348213	331379	25036	1927811
其他有限责任公司	9157	9225	904281	95765	78573	1199623
在总计中：亏损企业	3836	32475	−265976	608	265976	−266733
在总计中：轻工业	10097	22251	1269577	80169	47713	1630901
重工业	47269	82119	3567625	592578	218263	5561206
在总计中：大型企业	39746	40502	2558749	472432	12006	4273445
中型企业	8189	37922	1261640	91365	145319	1541912
小微型企业	9430	25946	1016813	108950	108652	1376750

项 目	应交税金及附加	本年应付职工薪酬	本年应交增值税	平均用工人数（人）	期末用工人数（人）	收入法增加值（万元）
总 计	**3105685**	**5578503**	**1652110**	**867316**	**862201**	**17636888**
一、按登记注册类型分组						
内资企业	1623914	1937458	833080	299690	302497	7677396
国有企业	9007	19123	5584	2164	2162	74261
地方企业	9007	19123	5584	2164	2162	74261
集体企业	1409	4958	39	905	922	20946
联营企业	1138	312	560	51	52	9291
集体联营企业	1138	312	560	51	52	9291
有限责任公司	1300137	1134487	606154	150803	150661	4788398
国有独资公司	896555	296832	385440	17427	16377	1761718
其他有限责任公司	403583	837655	220714	133376	134284	3026681
股份有限公司	56840	146183	33995	27475	30866	372952
私营企业	254964	630707	186412	117788	117332	2405910
私营独资企业	7962	51495	3796	13089	12936	307053
私营合伙企业	251	171	68	51	50	1271
私营有限责任公司	243172	568796	180823	103006	102713	2063918
私营股份有限公司	3580	10244	1726	1642	1633	33668
其他企业	419	1689	336	504	502	5638
港、澳、台商投资企业	366447	2298860	180305	374297	375612	4989395
合资经营企业（港或澳、台资）	96784	354686	60266	56533	54678	834147
合作经营企业（港或澳、台资）	3105	32835	1813	6165	6072	110106
港澳台商独资经营企业	260180	1876686	115673	306375	307213	3957169
港澳台商投资股份有限公司	6378	34653	2553	5224	7649	87973
外商投资企业	1115324	1342186	638725	193329	184092	4970096
中外合资经营企业	917132	643662	526777	82898	83261	3437983
中外合作经营企业	519	4988	181	1066	1021	14368
外资企业	184825	660615	103617	104669	95565	1450216
外商投资股份有限公司	605	8718	108	1493	1423	15768
其他外商投资企业	12243	24203	8043	3203	2822	51761

项 目	应交税金及附加	本年应付职工薪酬	本年应交增值税	平均用工人数（人）	期末用工人数（人）	收入法增加值（万元）
二、按经济组织类型分组						
独资企业	463382	2612876	228709	427202	418798	5809645
国有企业	9007	19123	5584	2164	2162	74261
集体企业	1409	4958	39	905	922	20946
私营独资企业	7962	51495	3796	13089	12936	307053
港澳台商独资经营企业	260180	1876686	115673	306375	307213	3957169
外资企业	184825	660615	103617	104669	95565	1450216
合作、合伙企业	17676	64198	11000	11040	10519	192435
集体联营企业	1138	312	560	51	52	9291
私营合伙企业	251	171	68	51	50	1271
合作经营企业（港或澳、台资）	3105	32835	1813	6165	6072	110106
中外合作经营企业	519	4988	181	1066	1021	14368
其他企业（内资）	419	1689	336	504	502	5638
其他外商投资企业	12243	24203	8043	3203	2822	51761
股份有限公司	67403	199799	38381	35834	41571	510361
股份有限公司（内资）	56840	146183	33995	27475	30866	372952
私营股份有限公司	3580	10244	1726	1642	1633	33668
港澳台商投资股份有限公司	6378	34653	2553	5224	7649	87973
外商投资股份有限公司	605	8718	108	1493	1423	15768
有限责任公司	2557225	2701631	1374019	393240	391313	11124447
国有独资公司	896555	296832	385440	17427	16377	1761718
私营有限责任公司	243172	568796	180823	103006	102713	2063918
合资经营企业（港或澳、台资）	96784	354686	60266	56533	54678	834147
中外合资经营企业	917132	643662	526777	82898	83261	3437983
其他有限责任公司	403583	837655	220714	133376	134284	3026681
在总计中：亏损企业	8702	440728	-10369	84054	79664	719265
在总计中：轻工业	470259	1770146	290102	319015	308892	4756491
重工业	2635425	3808358	1362007	548301	553309	12880397
在总计中：大型企业	2217413	2932159	1172627	396440	403717	9007511
中型企业	398710	1669707	218690	276451	275523	4353335
小微型企业	489562	976637	260793	194425	182961	4276042

12-16 规模以上分行业工业企业主要经济指标

（2016 年） 单位：万元

项 目	企业单位数（个）	亏损企业（个）	工业总产值（当年价格）	工业销售产值（当年价格）	出口交货值
总计	**2140**	**280**	**76173423**	**73743502**	**25783921**
采矿业	**28**	**1**	**399394**	**389987**	**15023**
黑色金属矿采选业	2		35466	33366	
有色金属矿采选业	1		4545	4545	
非金属矿采选业	25	1	359384	352077	15023
制造业	**2078**	**275**	**72511018**	**70094392**	**25768898**
农副食品加工业	35	3	955580	946860	46568
食品制造业	10	1	273553	272136	12292
酒、饮料和精制茶制造业	10	1	446175	436264	3034
纺织业	43	1	762408	754765	217727
纺织服装、服饰业	72	8	1435000	1397056	727737
皮革、毛皮、羽毛及其制品和制鞋业	280	9	2622184	2606248	1196310
木材加工和木、竹、藤、棕、草制品业	41	3	574420	567425	32258
家具制造业	102	9	2231638	2201962	903952
造纸和纸制品业	36	4	370749	359099	48974
印刷和记录媒介复制业	41	6	519801	514415	169907
文教、工美、体育和娱乐用品制造业	79	14	894657	879320	580677
石油加工、炼焦和核燃料加工业	2		3477224	3219018	
化学原料和化学制品制造业	126	16	5563640	5533669	285960
医药制造业	13	3	230686	219579	11149
化学纤维制造业	2		33235	33235	5083
橡胶和塑料制品业	195	23	3216267	3148104	985061
非金属矿物制品业	102	12	1958746	1904691	118309
黑色金属冶炼和压延加工业	9	1	1167940	1164676	4213
有色金属冶炼和压延加工业	19	5	320557	318769	40009
金属制品业	104	18	2462662	2382248	804828
通用设备制造业	51	8	1452150	1425406	276745
专用设备制造业	44	7	887054	872113	185111
汽车制造业	33	3	2066888	2003305	394827
铁路、船舶、航空航天和其他运输设备制造业	18	4	159791	158395	93302
电气机械和器材制造业	163	26	5463817	5353902	2131712
计算机、通信和其他电子设备制造业	403	80	32356996	30826683	16253806
仪器仪表制造业	19	5	293524	291797	145048
其他制造业	12	3	125364	124592	91904
废弃资源综合利用业	14	2	188313	178663	2399
电力、燃气及水的生产和供应业	**34**	**4**	**3263011**	**3259123**	
电力、热力生产和供应业	16	2	3057761	3056664	
燃气生产和供应业	2		52442	52442	
水的生产和供应业	16	2	152808	150017	

12-16 续表1 （2016年） 单位：万元

项　目	年初存货	产成品	资产总计	流动资产合计	应收账款	存货
总计	**5600876**	**1769182**	**52153195**	**29218152**	**10524615**	**6566841**
采矿业	**23441**	**15936**	**155890**	**65073**	**15460**	**27337**
黑色金属矿采选业	746	746	11309	6008	909	1030
有色金属矿采选业	167	141	1678	1005		161
非金属矿采选业	22528	15049	142903	58060	14552	26146
制造业	**5521748**	**1753049**	**47743266**	**28363279**	**10403980**	**6479919**
农副食品加工业	43707	21613	377330	228099	47702	63602
食品制造业	9036	1057	140378	58506	36460	9322
酒、饮料和精制茶制造业	19258	5494	402262	213596	44823	20828
纺织业	49797	16783	288071	153133	32163	54549
纺织服装、服饰业	127576	50751	604223	354867	106715	111120
皮革、毛皮、羽毛及其制品和制鞋业	178182	44862	1003470	585602	178989	210253
木材加工和木、竹、藤、棕、草制品业	30742	7565	287481	136999	47638	31309
家具制造业	116214	42305	993687	555322	235360	136551
造纸和纸制品业	26854	7918	269453	163950	56476	35063
印刷和记录媒介复制业	36526	9498	333267	225450	111697	51554
文教、工美、体育和娱乐用品制造业	81930	24385	442906	307854	104877	100914
石油加工、炼焦和核燃料加工业	121431	23146	3302479	981555	70739	242144
化学原料和化学制品制造业	345035	125605	6046321	2159482	441607	414085
医药制造业	35311	19041	185539	114310	42861	35329
化学纤维制造业	1965	1003	18175	7633	970	1973
橡胶和塑料制品业	254121	91207	1765901	979640	370735	260861
非金属矿物制品业	126307	45509	1175075	559928	129531	136536
黑色金属冶炼和压延加工业	31006	18672	132495	94719	16750	32394
有色金属冶炼和压延加工业	24992	5359	197348	107062	36294	23957
金属制品业	219028	91647	1382861	858547	337623	209370
通用设备制造业	73731	25105	718530	441119	173802	90866
专用设备制造业	65647	26916	396327	223516	60713	72751
汽车制造业	291617	91157	1873861	1140128	539510	336489
铁路、船舶、航空航天和其他运输设备制造业	23045	4333	156449	84044	26899	21121
电气机械和器材制造业	404551	168158	3177234	2130009	995545	468354
计算机、通信和其他电子设备制造业	2731575	765674	21666521	15236069	6050919	3239024
仪器仪表制造业	37586	14061	230745	165042	68210	45484
其他制造业	7084	1332	53037	37728	14881	12563
废弃资源综合利用业	7893	2893	121840	59372	23492	11554
电力、燃气及水的生产和供应业	**55688**	**197**	**4254039**	**789800**	**105175**	**59585**
电力、热力生产和供应业	44826	7	3633292	619280	88078	42159
燃气生产和供应业	1631		131026	50010	3844	7767
水的生产和供应业	9230	191	489721	120510	13253	9659

项　目	产成品	固定资产合　计	固定资产原　价	累计折旧	本年折旧	负债合计
总计	**2066950**	**17168494**	**32935172**	**17337098**	**2530467**	**29939611**
采矿业	**18940**	**44672**	**203527**	**155792**	**18154**	**75167**
黑色金属矿采选业	950	3157	9305	6148	719	3314
有色金属矿采选业	140	674	3153	2480	82	940
非金属矿采选业	17851	40842	191069	147164	17354	70914
制造业	**2041256**	**14237332**	**27362986**	**14648632**	**2206708**	**27496078**
农副食品加工业	31513	105600	208312	125723	21097	219455
食品制造业	1680	69833	127216	57413	10376	45131
酒、饮料和精制茶制造业	4876	157178	220705	64113	14110	206352
纺织业	19982	101855	299963	207218	27054	153955
纺织服装、服饰业	38762	160176	634571	485628	60503	280434
皮革、毛皮、羽毛及其制品和制鞋业	70159	308270	761617	504250	75499	493518
木材加工和木、竹、藤、棕、草制品业	7070	106621	281768	180338	27247	143353
家具制造业	48387	251928	513637	270850	47607	606218
造纸和纸制品业	7061	64565	109336	49616	8499	183172
印刷和记录媒介复制业	11439	69017	182563	115608	16000	211285
文教、工美、体育和娱乐用品制造业	23537	107439	286396	185655	22496	240480
石油加工、炼焦和核燃料加工业	14052	2047770	2064876	909184	126082	3189607
化学原料和化学制品制造业	155846	2454248	4898977	2542164	273030	2738805
医药制造业	14625	53173	147203	97564	13980	131062
化学纤维制造业	1517	6531	13345	6815	1412	8825
橡胶和塑料制品业	88105	611190	1424400	870134	123988	966315
非金属矿物制品业	41331	457251	1497024	1094596	158201	609241
黑色金属冶炼和压延加工业	18273	32937	180671	119010	22114	34727
有色金属冶炼和压延加工业	6461	64446	77996	22210	5263	124033
金属制品业	85046	373113	1070997	713155	102011	776011
通用设备制造业	28756	214363	487519	330168	50191	380554
专用设备制造业	21333	111952	228416	153612	27586	254616
汽车制造业	102103	542340	1078405	540020	73935	1044494
铁路、船舶、航空航天和其他运输设备制造业	5278	36080	54825	24631	4476	63532
电气机械和器材制造业	183486	611594	1254090	695732	110631	1849482
计算机、通信和其他电子设备制造业	981037	5032185	9076492	4182979	770462	12285752
仪器仪表制造业	20255	47657	110243	62879	9073	141806
其他制造业	3631	13624	23817	13657	1088	30426
废弃资源综合利用业	5654	24397	47606	23709	2701	83433
电力、燃气及水的生产和供应业	**6754**	**2886490**	**5368659**	**2532675**	**305605**	**2368366**
电力、热力生产和供应业	7	2585741	4933192	2347568	276531	1896438
燃气生产和供应业	5975	50448	66850	16402	2885	98217
水的生产和供应业	773	250301	368617	168705	26189	373711

12-16 续表3 （2016年） 单位：万元

项　目	流动负债合计	应付账款	非流动负债合计	所有者权益合计	实收资本	国家资本
总计	**25041167**	**12326645**	**4091761**	**22020846**	**12544871**	**1869287**
采矿业	**48808**	**10079**	**16988**	**82717**	**67238**	**1050**
黑色金属矿采选业	360	265	96	7995	5129	
有色金属矿采选业	940	515		739	530	
非金属矿采选业	47508	9299	16891	73983	61578	1050
制造业	**23693110**	**11969503**	**3024014**	**20052456**	**11217073**	**1091526**
农副食品加工业	140291	52570	27714	157434	75094	
食品制造业	42959	17600	450	95247	86053	
酒、饮料和精制茶制造业	186223	62670	19200	195910	81292	351
纺织业	122559	34310	23142	132041	97556	3040
纺织服装、服饰业	232859	70050	19147	309243	226588	
皮革、毛皮、羽毛及其制品和制鞋业	369196	155246	57541	504789	276592	2631
木材加工和木、竹、藤、棕、草制品业	87717	13973	29108	113314	46769	625
家具制造业	558566	111489	29147	378110	244614	
造纸和纸制品业	134334	41620	12961	85430	67776	
印刷和记录媒介复制业	162772	57367	11103	121778	68886	
文教、工美、体育和娱乐用品制造业	206631	86848	11408	209288	194874	
石油加工、炼焦和核燃料加工业	2866885	785546	322722	112872	80579	
化学原料和化学制品制造业	1337446	463962	1374592	3301978	2591580	1021035
医药制造业	105394	51449	17057	54476	36321	1260
化学纤维制造业	7785	1726	1040	9350	7436	
橡胶和塑料制品业	809462	331285	56025	787808	631499	1520
非金属矿物制品业	526221	155868	36062	573638	305124	6000
黑色金属冶炼和压延加工业	32094	10010		96198	69657	
有色金属冶炼和压延加工业	101557	42979	11695	73493	75792	
金属制品业	711591	252918	39814	597166	471568	
通用设备制造业	344683	161707	21787	337892	250020	
专用设备制造业	186815	58893	17058	135302	94760	
汽车制造业	1023611	310232	19072	828685	282098	36781
铁路、船舶、航空航天和其他运输设备制造业	56424	22441	4367	93482	59767	
电气机械和器材制造业	1662159	954386	85374	1314097	695813	2007
计算机、通信和其他电子设备制造业	11452174	7556045	750092	9284481	3998889	16277
仪器仪表制造业	137273	68146	3022	88739	52250	
其他制造业	29590	14315		22611	24425	
废弃资源综合利用业	57840	23852	23315	37606	23403	
电力、燃气及水的生产和供应业	**1299248**	**347063**	**1050760**	**1885673**	**1260561**	**776711**
电力、热力生产和供应业	1036805	326843	850496	1736854	1153456	730418
燃气生产和供应业	98217	3729		32809	14932	8000
水的生产和供应业	164226	16490	200264	116010	92173	38292

12-16 续表 4　　　　　　　　　　（2016 年）　　　　　　　　　　单位：万元

项　目	所有者权益合计					营业收入
	实收资本					
	集体资本	法人资本	个人资本	港澳台资本	外商资本	
总计	**100195**	**3529142**	**796484**	**3108408**	**3141354**	**75276134**
采矿业		**46344**	**9860**	**9983**		**388430**
黑色金属矿采选业		4071	1058			31467
有色金属矿采选业		530				4551
非金属矿采选业		41743	8802	9983		352412
制造业	**100195**	**3030158**	**780576**	**3084526**	**3130090**	**71606145**
农副食品加工业	3391	53290	11129	4872	2413	936217
食品制造业		74591	573		10890	273631
酒、饮料和精制茶制造业	497	17359	3000	38582	21503	476985
纺织业		21682	12359	46851	13624	756837
纺织服装、服饰业	1017	52605	16448	71820	84699	1384068
皮革、毛皮、羽毛及其制品和制鞋业	2965	50286	56903	45493	118313	2557105
木材加工和木、竹、藤、棕、草制品业	2076	24259	5132	14607	71	544016
家具制造业	10	52731	35959	132032	23883	2168824
造纸和纸制品业	132	9526	6788	44188	7143	367145
印刷和记录媒介复制业		28234	2521	7115	31017	511246
文教、工美、体育和娱乐用品制造业	622	17801	9843	112219	54389	864400
石油加工、炼焦和核燃料加工业		80579				3112868
化学原料和化学制品制造业	614	120429	82381	92750	1274371	5662433
医药制造业	1860	20650	11955	496	100	204754
化学纤维制造业		5450		1986		33785
橡胶和塑料制品业	151	117737	67686	227911	216496	3141527
非金属矿物制品业	6840	188902	43542	44796	15045	1815918
黑色金属冶炼和压延加工业		50300	3960	14851	545	1161442
有色金属冶炼和压延加工业	20	61118	605	13725	325	315573
金属制品业	115	168344	70673	120040	112395	2358729
通用设备制造业	5902	93222	63857	6295	80744	1431107
专用设备制造业		24844	28855	15175	25886	859403
汽车制造业		84581	8598	31641	120497	2383213
铁路、船舶、航空航天和其他运输设备制造业	190	12539	55	19549	27434	152176
电气机械和器材制造业	61888	220627	71885	237525	101881	5364262
计算机、通信和其他电子设备制造业	11906	1335354	156269	1711698	767386	32165594
仪器仪表制造业		29416	7415	15418		295094
其他制造业		644	160	10869	12751	123653
废弃资源综合利用业		13060	2025	2026	6292	184142
电力、燃气及水的生产和供应业		**452640**	**6048**	**13899**	**11264**	**3281559**
电力、热力生产和供应业		397463	412	13899	11264	3075863
燃气生产和供应业		6932				53113
水的生产和供应业		48245	5636			152583

12-16 续表5 （2016年） 单位：万元

项　目	主营业务收入	营业成本	主营业务成本	营业税金及附加	主营业务税金及附加	其他业务收入
总计	**73981502**	**65056686**	**64021367**	**702795**	**697444**	**1294632**
采矿业	**387815**	**286914**	**286898**	**10130**	**9988**	**616**
黑色金属矿采选业	31467	27773	27773	290	290	
有色金属矿采选业	4551	2854	2854	170	170	
非金属矿采选业	351797	256287	256271	9671	9529	616
制造业	**70335086**	**61861644**	**60835774**	**672335**	**667445**	**1271059**
农副食品加工业	934374	849187	848792	1456	1453	1843
食品制造业	272864	221511	221303	2298	2298	768
酒、饮料和精制茶制造业	469734	293951	288511	5193	5193	7252
纺织业	744192	658588	657279	959	959	12644
纺织服装、服饰业	1383597	1227400	1226129	3563	3563	471
皮革、毛皮、羽毛及其制品和制鞋业	2547542	2273992	2273062	8984	8741	9563
木材加工和木、竹、藤、棕、草制品业	543973	461537	461537	4205	4195	43
家具制造业	2164116	1923774	1921628	4164	4044	4709
造纸和纸制品业	365223	327276	327215	1259	1259	1921
印刷和记录媒介复制业	509911	458202	458173	2141	2138	1335
文教、工美、体育和娱乐用品制造业	864006	770557	770275	3562	3497	394
石油加工、炼焦和核燃料加工业	2959018	2459086	2313615	430062	428471	153849
化学原料和化学制品制造业	5594022	4512798	4463124	48269	48044	68411
医药制造业	201671	171534	169929	851	843	3083
化学纤维制造业	33785	28346	28346	10	10	
橡胶和塑料制品业	3129009	2692506	2678128	12113	12075	12518
非金属矿物制品业	1813672	1531307	1528705	6019	5914	2246
黑色金属冶炼和压延加工业	1161377	1034143	1034143	332	332	65
有色金属冶炼和压延加工业	314787	296021	295954	606	606	786
金属制品业	2340367	2032753	2016774	7669	7469	18362
通用设备制造业	1429991	1205824	1205429	3817	3782	1116
专用设备制造业	859217	704337	703917	2880	2869	185
汽车制造业	2242221	1995559	1871105	10096	9478	140992
铁路、船舶、航空航天和其他运输设备制造业	152011	131336	131135	690	690	165
电气机械和器材制造业	5341063	4656214	4646938	17645	17329	23199
计算机、通信和其他电子设备制造业	31369134	28444591	27800895	91236	89962	796460
仪器仪表制造业	290195	233633	229579	1010	1004	4899
其他制造业	123653	115761	115761	325	325	
废弃资源综合利用业	180361	149921	148393	925	905	3781
电力、燃气及水的生产和供应业	**3258602**	**2908128**	**2898695**	**20329**	**20011**	**22958**
电力、热力生产和供应业	3067953	2777477	2774718	18332	18140	7910
燃气生产和供应业	42930	29417	25394	577	577	10183
水的生产和供应业	147719	101234	98583	1421	1294	4864

（2016年）

单位：万元

项　目	其他业务利润	销售费用	管理费用		财务费用	
				税金		利息收入
总计	**164246**	**1516832**	**2703954**	**78033**	**231865**	**105194**
采矿业		**9984**	**66906**	**889**	**1789**	**67**
黑色金属矿采选业		950	1852	12	151	
有色金属矿采选业			640	324	0	
非金属矿采选业		9034	64414	553	1637	67
制造业	**161754**	**1486852**	**2579464**	**75217**	**166672**	**95594**
农副食品加工业	50	16824	14572	427	3222	90
食品制造业	560	14115	17464	980	176	30
酒、饮料和精制茶制造业	529	87063	17854	510	1676	30
纺织业	1327	5615	22403	759	2861	11
纺织服装、服饰业	53	11957	54419	3301	5034	584
皮革、毛皮、羽毛及其制品和制鞋业	-101	19288	70980	2454	8120	913
木材加工和木、竹、藤、棕、草制品业	184	13847	27611	523	2765	205
家具制造业	1566	37651	58434	5320	-1727	484
造纸和纸制品业	2	9652	16615	610	1167	10
印刷和记录媒介复制业	775	6280	22815	1373	3890	206
文教、工美、体育和娱乐用品制造业	137	8509	44477	2182	481	178
石油加工、炼焦和核燃料加工业	8378	15197	21483	1022	10018	350
化学原料和化学制品制造业	6244	140556	142057	4738	63233	1605
医药制造业	1468	6090	12774	1317	1357	176
化学纤维制造业		168	821	15	140	
橡胶和塑料制品业	1959	55047	140946	5069	12636	2924
非金属矿物制品业	356	32058	151544	2706	11255	1199
黑色金属冶炼和压延加工业	65	19926	14141	445	937	12
有色金属冶炼和压延加工业	629	2936	11818	435	102	34
金属制品业	1267	31435	105981	3566	5458	7634
通用设备制造业	221	23361	52307	1119	10567	373
专用设备制造业	53	14615	37531	607	6445	97
汽车制造业	5256	34256	161152	3740	1760	1524
铁路、船舶、航空航天和其他运输设备制造业	52	3019	10886	288	-83	281
电气机械和器材制造业	16179	88027	222188	3786	6547	9163
计算机、通信和其他电子设备制造业	114481	773129	1084792	27117	4060	67409
仪器仪表制造业	67	8531	21087	479	3066	14
其他制造业		2345	4907	180	-105	58
废弃资源综合利用业		5356	15405	152	1612	0
电力、燃气及水的生产和供应业	**2493**	**19996**	**57585**	**1927**	**63405**	**9534**
电力、热力生产和供应业	986	742	32188	977	51680	6152
燃气生产和供应业	39	9521	3857	15	-233	345
水的生产和供应业	1468	9733	21540	935	11958	3038

项　目	利息支出	营业利润	资产减值损失	公允价值变动收益	投资收益	营业外收入
总计	**235887**	**4639119**	**455323**	**665**	**28943**	**302512**
采矿业	**201**	**12708**				**71**
黑色金属矿采选业		450				
有色金属矿采选业		888				6
非金属矿采选业	201	11370				65
制造业	**173718**	**4414395**	**453170**	**665**	**27767**	**275476**
农副食品加工业	2017	51389	–408		27	2856
食品制造业	77	18064	3			1392
酒、饮料和精制茶制造业	1486	73584	106		2441	403
纺织业	1832	66449	7		44	365
纺织服装、服饰业	2937	81720	23	14	36	409
皮革、毛皮、羽毛及其制品和制鞋业	3669	175195			–547	4130
木材加工和木、竹、藤、棕、草制品业	1591	33830	372		151	1331
家具制造业	1778	147494	112	0	1081	1974
造纸和纸制品业	1296	8861	127		–2188	367
印刷和记录媒介复制业	3415	18032			115	415
文教、工美、体育和娱乐用品制造业	943	36627	215		30	853
石油加工、炼焦和核燃料加工业	5280	181446			4424	136343
化学原料和化学制品制造业	27777	758079	3367	1	5931	10321
医药制造业	1047	12147	19		17	479
化学纤维制造业		4300				2
橡胶和塑料制品业	8830	217836	10754	–125	441	15716
非金属矿物制品业	7685	77441	6327	34		3323
黑色金属冶炼和压延加工业	329	92069			103	1
有色金属冶炼和压延加工业	267	4376	–285		2	192
金属制品业	13084	182210	1301	158	7924	7199
通用设备制造业	2725	134901	351		24	2643
专用设备制造业	2038	92406	1225		36	2090
汽车制造业	6326	183589	1241		4440	3542
铁路、船舶、航空航天和其他运输设备制造业	651	6300	69		42	101
电气机械和器材制造业	12705	370314	9633	537	5776	11278
计算机、通信和其他电子设备制造业	60930	1347097	418091	46	–2634	66817
仪器仪表制造业	1827	27290	520		44	635
其他制造业	44	429			9	100
废弃资源综合利用业	1134	10922				199
电力、燃气及水的生产和供应业	**61968**	**212016**	**2154**		**1175**	**26966**
电力、热力生产和供应业	47978	195034	1866		578	18608
燃气生产和供应业	50	9799	175			53
水的生产和供应业	13940	7183	113		598	8305

项 目	政府补助	营业外支出	利润总额	所得税费用	亏损企业亏损总额	利税总额
总计	**57365**	**104369**	**4837202**	**672747**	**265976**	**7192106**
采矿业		**248**	**12531**	**936**	**1345**	**33328**
黑色金属矿采选业			450			843
有色金属矿采选业		121	772	126		1543
非金属矿采选业		127	11308	809	1345	30942
制造业	**52672**	**100556**	**4589254**	**612263**	**256193**	**6767860**
农副食品加工业	93	496	53749	1805	560	58368
食品制造业	1197	283	19173	3929	441	29201
酒、饮料和精制茶制造业	286	970	73017	13775	756	104089
纺织业	35	128	66684	942	15	73712
纺织服装、服饰业	59	597	81531	6540	4698	98962
皮革、毛皮、羽毛及其制品和制鞋业	780	4277	175047	1847	4803	201071
木材加工和木、竹、藤、棕、草制品业	3	226	34936	248	216	46715
家具制造业	1085	1161	148298	5670	367	173318
造纸和纸制品业	214	124	9101	1822	4479	14819
印刷和记录媒介复制业	27	330	18118	1641	1397	29528
文教、工美、体育和娱乐用品制造业	37	439	36996	2579	2422	50373
石油加工、炼焦和核燃料加工业	25399	975	316814	27412		1004992
化学原料和化学制品制造业	2339	4789	763610	181202	29487	970474
医药制造业	49	800	11826	587	759	19528
化学纤维制造业		1	4301	21		4487
橡胶和塑料制品业	1312	17705	215844	13038	24708	268067
非金属矿物制品业	1641	634	80131	11892	5498	119459
黑色金属冶炼和压延加工业		511	91559	203	863	94402
有色金属冶炼和压延加工业	58	1579	2989	986	4198	9294
金属制品业	416	3198	186212	9653	14064	232196
通用设备制造业	332	460	137084	4673	3552	154151
专用设备制造业	566	4100	90397	2733	7831	104750
汽车制造业	1393	3862	183269	36080	1742	248450
铁路、船舶、航空航天和其他运输设备制造业	22	−62	6464	488	674	7567
电气机械和器材制造业	3033	4381	377212	25947	20663	499658
计算机、通信和其他电子设备制造业	11814	47415	1366500	252891	119002	2101195
仪器仪表制造业	381	981	26944	2500	1347	32030
其他制造业		128	401	37	997	1129
废弃资源综合利用业	103	71	11049	1125	652	15875
电力、燃气及水的生产和供应业	**4693**	**3565**	**235417**	**59548**	**8438**	**390919**
电力、热力生产和供应业	3754	3430	210211	53921	7663	355673
燃气生产和供应业		−1	9854	2960		11420
水的生产和供应业	939	136	15352	2667	776	23826

项　目	应交税金及附加	本年应付职工薪酬	本年应交增值税	平均用工人数（人）	期末用工人数（人）	收入法增加值（万元）
总计	**3105685**	**5578503**	**1652110**	**867316**	**862201**	**17636888**
采矿业	**22622**	**8523**	**10667**	**1503**	**1492**	**162838**
黑色金属矿采选业	405	427	103	87	82	11119
有色金属矿采选业	1220	779	601	105	106	2814
非金属矿采选业	20997	7318	9963	1311	1304	148905
制造业	**2866086**	**5324245**	**1506270**	**850989**	**845927**	**16513107**
农副食品加工业	6851	24485	3163	4050	4004	142368
食品制造业	14936	13219	7730	2074	2059	64334
酒、饮料和精制茶制造业	45357	20311	25880	2903	1840	134663
纺织业	8728	44275	6069	8496	8105	184299
纺织服装、服饰业	27271	141815	13868	30179	27903	359336
皮革、毛皮、羽毛及其制品和制鞋业	30324	312502	17039	63271	63330	790888
木材加工和木、竹、藤、棕、草制品业	12552	21672	7575	4547	4197	142139
家具制造业	36011	167855	20856	30546	30961	460828
造纸和纸制品业	8151	27578	4460	5228	5006	64288
印刷和记录媒介复制业	14424	43915	9269	8552	7992	102320
文教、工美、体育和娱乐用品制造业	18138	123059	9815	26317	23121	267700
石油加工、炼焦和核燃料加工业	716612	83369	258117	3673	2770	1039778
化学原料和化学制品制造业	392804	150456	158595	14909	15447	1523976
医药制造业	9605	24351	6851	3808	3807	72888
化学纤维制造业	221	1451	176	272	276	7358
橡胶和塑料制品业	70330	283039	40111	52190	49388	782584
非金属矿物制品业	53926	90045	33309	14164	14019	545397
黑色金属冶炼和压延加工业	3491	10897	2512	1724	1474	211529
有色金属冶炼和压延加工业	7726	15574	5699	3203	2972	66553
金属制品业	59203	205933	38315	29670	28663	609275
通用设备制造业	22858	68826	13249	10675	10828	306487
专用设备制造业	17693	48503	11473	8631	8484	206146
汽车制造业	105002	233937	55086	31271	31436	615822
铁路、船舶、航空航天和其他运输设备制造业	1880	26629	414	4742	4576	45975
电气机械和器材制造业	152179	394679	104801	69139	68088	1094775
计算机、通信和其他电子设备制造业	1014703	2675906	643459	405608	414332	6526179
仪器仪表制造业	8065	36106	4076	6439	6281	81450
其他制造业	945	19980	403	2701	2547	26954
废弃资源综合利用业	6102	13878	3901	2007	2021	36818
电力、燃气及水的生产和供应业	**216977**	**245735**	**135173**	**14824**	**14782**	**960944**
电力、热力生产和供应业	200361	216163	127130	11181	11149	882525
燃气生产和供应业	4541	5111	989	559	562	17241
水的生产和供应业	12076	24461	7054	3084	3071	61178

12-17 规模以上国有及国有控股工业企业主要经济指标

（2016 年）　　单位：万元

项目	企业单位数（个）	亏损企业（个）	工业总产值（当年价格）	工业销售产值（当年价格）	出口交货值
总　计	**50**	**13**	**11236407**	**10919289**	**537773**
一、按登记注册类型分组					
内资企业	41	11	8712175	8397415	365060
国有企业	10	3	218134	217519	
地方企业	10	3	218134	217519	
有限责任公司	29	8	8363434	8051250	365060
国有独资公司	11	2	6196889	5935247	113670
其他有限责任公司	18	6	2166545	2116002	251390
股份有限公司	2		130606	128646	
港、澳、台商投资企业	5		83924	82813	33125
合资经营企业（港或澳、台资）	5		83924	82813	33125
外商投资企业	4	2	2440308	2439061	139588
中外合资经营企业	4	2	2440308	2439061	139588
二、按经济组织类型分组					
独资企业	10	3	218134	217519	
国有企业	10	3	218134	217519	
股份有限公司	2		130606	128646	
股份有限公司（内资）	2		130606	128646	
有限责任公司	38	10	10887666	10573124	537773
国有独资公司	11	2	6196889	5935247	113670
合资经营企业（港或澳、台资）	5		83924	82813	33125
中外合资经营企业	4	2	2440308	2439061	139588
其他有限责任公司	18	6	2166545	2116002	251390
在总计中：亏损企业	13	13	114795	110787	
在总计中：轻工业	11	3	156364	153422	17388
重工业	39	10	11080043	10765867	520385
在总计中：大型企业	7		8853940	8550490	365060
中型企业	13	3	906137	896310	160065
小微型企业	30	10	1476330	1472489	12648
按行业分					
采矿业	**3**	**1**	**69031**	**68692**	
非金属矿采选业	3	1	69031	68692	
制造业	**27**	**8**	**8105868**	**7792977**	**537773**
农副食品加工业	1		13426	13426	
纺织业	1		5500	5600	886
印刷和记录媒介复制业	1		3914	3914	
石油加工、炼焦和核燃料加工业	2		3477224	3219018	
化学原料和化学制品制造业	3	1	2876736	2877817	
医药制造业	1	1	4115	3904	
橡胶和塑料制品业	1		18469	17589	3975
非金属矿物制品业	3	2	46151	44879	
金属制品业	1		41000	36245	
汽车制造业	3	2	17595	16408	
电气机械和器材制造业	2		68111	67539	16502
计算机、通信和其他电子设备制造业	7	1	1526664	1479966	516410
仪器仪表制造业	1	1	6965	6673	
电力、燃气及水的生产和供应业	**20**	**4**	**3061508**	**3057620**	
电力、热力生产和供应业	11	2	2938272	2937175	
燃气生产和供应业	1		33993	33993	
水的生产和供应业	8	2	89244	86453	

项目	年初存货		资产总计			
		产成品		流动资产合计	流动资产合计	
					应收账款	存货
总计	**531874**	**205471**	**12464784**	**3547983**	**644064**	**736515**
一、按登记注册类型分组						
内资企业	354313	149885	8227571	2360208	465292	511463
国有企业	6161	3673	180430	52478	1781	13193
地方企业	6161	3673	180430	52478	1781	13193
有限责任公司	346116	146026	7847396	2250499	434628	494477
国有独资公司	159557	24992	6022879	1387159	112943	276821
其他有限责任公司	186558	121034	1824517	863340	321685	217656
股份有限公司	2036	186	199745	57231	28884	3793
港、澳、台商投资企业	8292	2874	68032	46383	19474	9967
合资经营企业（港或澳、台资）	8292	2874	68032	46383	19474	9967
外商投资企业	169269	52712	4169181	1141391	159298	215085
中外合资经营企业	169269	52712	4169181	1141391	159298	215085
二、按经济组织类型分组						
独资企业	6161	3673	180430	52478	1781	13193
国有企业	6161	3673	180430	52478	1781	13193
股份有限公司	2036	186	199745	57231	28884	3793
股份有限公司（内资）	2036	186	199745	57231	28884	3793
有限责任公司	523676	201612	12084609	3438274	613399	719529
国有独资公司	159557	24992	6022879	1387159	112943	276821
合资经营企业（港或澳、台资）	8292	2874	68032	46383	19474	9967
中外合资经营企业	169269	52712	4169181	1141391	159298	215085
其他有限责任公司	186558	121034	1824517	863340	321685	217656
在总计中：亏损企业	13669	7100	259431	83636	27848	21529
在总计中：轻工业	15106	7296	313685	87990	22692	20743
重工业	516768	198175	12151099	3459993	621372	715772
在总计中：大型企业	395280	150927	9792262	2719582	406529	565890
中型企业	75781	36883	1374017	473636	166334	92869
小微型企业	60812	17662	1298505	354764	71201	77756
按行业分						
采矿业	**488**	**488**	**25496**	**4429**	**1**	**2253**
非金属矿采选业	488	488	25496	4429	1	2253
制造业	**480999**	**204786**	**8643952**	**2979674**	**549310**	**685844**
农副食品加工业			431	99	90	
纺织业	935	216	7796	3272	1456	832
印刷和记录媒介复制业	250	190	8335	5761	208	439
石油加工、炼焦和核燃料加工业	121431	23146	3302479	981555	70739	242144
化学原料和化学制品制造业	168225	56634	4061286	1028740	94896	202145
医药制造业	3830	3120	10238	10218	690	8928
橡胶和塑料制品业	801	146	13988	11617	7341	1608
非金属矿物制品业	2140	671	25504	8895	4494	1907
金属制品业	30746	26821	73425	46826	14479	26848
汽车制造业	3206	732	32085	20885	6543	5992
电气机械和器材制造业	6929	3580	51048	36172	19342	6428
计算机、通信和其他电子设备制造业	140146	87573	1047632	819259	327320	185198
仪器仪表制造业	2360	1958	9704	6377	1712	3375
电力、燃气及水的生产和供应业	**50388**	**197**	**3795336**	**563880**	**94753**	**48418**
电力、热力生产和供应业	44056	7	3422409	505649	85499	41045
燃气生产和供应业	1631		77396	10872	2869	1792
水的生产和供应业	4700	191	295531	47359	6386	5581

项　目	产成品	固定资产合计	固定资产原价	累计折旧	本年折旧
总　计	**217466**	**6788376**	**11028001**	**5200523**	**610921**
一、按登记注册类型分组					
内资企业	158488	4999474	7545046	3506426	436050
国有企业	4341	112899	220781	150973	13445
地方企业	4341	112899	220781	150973	13445
有限责任公司	153381	4778364	7174688	3314085	412984
国有独资公司	15738	4005790	5980400	2865648	354522
其他有限责任公司	137643	772574	1194288	448438	58462
股份有限公司	767	108210	149578	41367	9622
港、澳、台商投资企业	4423	12537	30034	17543	1771
合资经营企业（港或澳、台资）	4423	12537	30034	17543	1771
外商投资企业	54555	1776366	3452922	1676554	173101
中外合资经营企业	54555	1776366	3452922	1676554	173101
二、按经济组织类型分组					
独资企业	4341	112899	220781	150973	13445
国有企业	4341	112899	220781	150973	13445
股份有限公司	767	108210	149578	41367	9622
股份有限公司（内资）	767	108210	149578	41367	9622
有限责任公司	212359	6567267	10657643	5008183	587855
国有独资公司	15738	4005790	5980400	2865648	354522
合资经营企业（港或澳、台资）	4423	12537	30034	17543	1771
中外合资经营企业	54555	1776366	3452922	1676554	173101
其他有限责任公司	137643	772574	1194288	448438	58462
在总计中：亏损企业	8560	147076	237268	93874	7341
在总计中：轻工业	6458	196821	289259	138026	14997
重工业	211008	6591555	10738743	5062497	595924
在总计中：大型企业	162625	5373244	8656324	4175026	482629
中型企业	29871	787687	1161010	417044	63558
小微型企业	24970	627445	1210668	608454	64734
按行业分					
采矿业	1221	8773	53103	44330	5741
非金属矿采选业	1221	8773	53103	44330	5741
制造业	**215466**	**4051857**	**5934732**	**2798116**	**323830**
农副食品加工业		325	397	75	35
纺织业	202	4313	12128	7815	392
印刷和记录媒介复制业	168	2525	5204	2679	329
石油加工、炼焦和核燃料加工业	14052	2047770	2064876	909184	126082
化学原料和化学制品制造业	66053	1791844	3526851	1757889	177465
医药制造业	3120	20	20	0.1	0.1
橡胶和塑料制品业	779	2258	5938	3680	538
非金属矿物制品业	382	9801	17071	7624	921
金属制品业	23594	9435	13473	4038	1029
汽车制造业	3264	8390	18028	9637	611
电气机械和器材制造业	2798	6602	11997	5441	1091
计算机、通信和其他电子设备制造业	97923	168436	258532	89977	15293
仪器仪表制造业	3132	139	217	78	46
电力、燃气及水的生产和供应业	**779**	**2727747**	**5040167**	**2358077**	**281351**
电力、热力生产和供应业	7	2496075	4712974	2217016	265932
燃气生产和供应业		41861	56519	14659	2247
水的生产和供应业	773	189811	270673	126403	13172

项 目	负债合计	流动负债合计	应付账款	非流动负债合计	所有者权益合计	实收资本
总 计	**7800348**	**5313017**	**1739939**	**2476692**	**4653886**	**3372489**
一、按登记注册类型分组						
内资企业	5792243	4549209	1371161	1232394	2424779	1462096
国有企业	88704	33307	2619	44788	91720	78363
地方企业	88704	33307	2619	44788	91720	78363
有限责任公司	5556013	4384187	1361670	1171796	2280840	1364014
国有独资公司	4445287	3652478	1069141	792808	1577593	970529
其他有限责任公司	1110726	731709	292530	378987	703247	393485
股份有限公司	147527	131716	6872	15811	52219	19719
港、澳、台商投资企业	49343	49343	22458		18689	22377
合资经营企业（港或澳、台资）	49343	49343	22458		18689	22377
外商投资企业	1958763	714465	346321	1244298	2210418	1888016
中外合资经营企业	1958763	714465	346321	1244298	2210418	1888016
二、按经济组织类型分组						
独资企业	88704	33307	2619	44788	91720	78363
国有企业	88704	33307	2619	44788	91720	78363
股份有限公司	147527	131716	6872	15811	52219	19719
股份有限公司（内资）	147527	131716	6872	15811	52219	19719
有限责任公司	7564118	5147995	1730449	2416093	4509947	3274407
国有独资公司	4445287	3652478	1069141	792808	1577593	970529
合资经营企业（港或澳、台资）	49343	49343	22458		18689	22377
中外合资经营企业	1958763	714465	346321	1244298	2210418	1888016
其他有限责任公司	1110726	731709	292530	378987	703247	393485
在总计中：亏损企业	263188	188732	21797	65037	-3757	101466
在总计中：轻工业	253792	124202	26140	121435	59887	50716
重工业	7546556	5188815	1713800	2355258	4593998	3321773
在总计中：大型企业	6314194	4364706	1472135	1949487	3467525	2360300
中型企业	999619	594062	199271	405527	374399	278985
小微型企业	486536	354249	68533	121678	811962	733203
按行业分						
采矿业	**13238**	**11978**	**368**	**1147**	**12258**	**2409**
非金属矿采选业	13238	11978	368	1147	12258	2409
制造业	**5737684**	**4160471**	**1409071**	**1568202**	**2895718**	**2192642**
农副食品加工业	85	50	30	30	340	180
纺织业	3191	3191	119		4605	4343
印刷和记录媒介复制业	925	925	162		7411	2100
石油加工、炼焦和核燃料加工业	3189607	2866885	785546	322722	112872	80579
化学原料和化学制品制造业	1646208	442296	220981	1203912	2415078	1939992
医药制造业	8120				2118	100
橡胶和塑料制品业	12103	12103	4397		1885	6450
非金属矿物制品业	18531	10159	2511	7516	6973	5792
金属制品业	49074	49074	5442		24351	20000
汽车制造业	13949	13949	4665		18137	17933
电气机械和器材制造业	36787	36757	23235		14261	14000
计算机、通信和其他电子设备制造业	753156	719135	358605	34021	283932	95673
仪器仪表制造业	5948	5948	3378		3756	5500
电力、燃气及水的生产和供应业	**2049426**	**1140568**	**330500**	**907344**	**1745910**	**1177438**
电力、热力生产和供应业	1755929	983419	324196	770996	1666480	1125646
燃气生产和供应业	59291	59291	815		18106	8000
水的生产和供应业	234206	97858	5489	136348	61325	43792

12-17 续表 4　　　　（2016 年）　　　　单位：万元

项　目	所有者权益合计					
	实收资本					
	国家资本	集体资本	法人资本	个人资本	港澳台资本	外商资本
总　计	**1798700**	**280**	**615290**	**4417**	**15292**	**938510**
一、按登记注册类型分组						
内资企业	853670	280	603729	4417		
国有企业	75458	280	1359	1267		
地方企业	75458	280	1359	1267		
有限责任公司	758494		602370	3150		
国有独资公司	580267		390262			
其他有限责任公司	178227		212108	3150		
股份有限公司	19719					
港、澳、台商投资企业	4485		11561		5292	1038
合资经营企业（港或澳、台资）	4485		11561		5292	1038
外商投资企业	940544				10000	937472
中外合资经营企业	940544				10000	937472
二、按经济组织类型分组						
独资企业	75458	280	1359	1267		
国有企业	75458	280	1359	1267		
股份有限公司	19719					
股份有限公司（内资）	19719					
有限责任公司	1703523		613931	3150	15292	938510
国有独资公司	580267		390262			
合资经营企业（港或澳、台资）	4485		11561		5292	1038
中外合资经营企业	940544				10000	937472
其他有限责任公司	178227		212108	3150		
在总计中：亏损企业	66341	100	22553			12472
在总计中：轻工业	33032	280	11550	3150	2703	
重工业	1765667		603740	1267	12589	938510
在总计中：大型企业	1378973		56327			925000
中型企业	157000		104163	3150	13464	1208
小微型企业	262726	280	454800	1267	1828	12302
按行业分						
采矿业	**1050**		**1359**			
非金属矿采选业	1050		1359			
制造业	**1030439**	**280**	**214968**	**4417**	**15292**	**927246**
农副食品加工业		180				
纺织业	3040				1303	
印刷和记录媒介复制业			2100			
石油加工、炼焦和核燃料加工业			80579			
化学原料和化学制品制造业	996994		17998			925000
医药制造业		100				
橡胶和塑料制品业			4386		2064	
非金属矿物制品业	3000		1526	1267		
金属制品业			20000			
汽车制造业	15687					2246
电气机械和器材制造业			9450	3150	1400	
计算机、通信和其他电子设备制造业	11719		73429		10525	
仪器仪表制造业			5500			
电力、燃气及水的生产和供应业	**767211**		**398963**			**11264**
电力、热力生产和供应业	722418		391963			11264
燃气生产和供应业	8000					
水的生产和供应业	36792		7000			

项 目	营业收入	主营业务收入	营业成本	主营业务成本	营业税金及附加	主营业务税金及附加
总 计	**10859568**	**10646232**	**8845177**	**8663969**	**491182**	**489145**
一、按登记注册类型分组						
内资企业	8320394	8124163	6952561	6783849	479906	477869
国有企业	221806	219297	179554	178017	1496	1367
地方企业	221806	219297	179554	178017	1496	1367
有限责任公司	7967746	7785733	6681923	6520639	477214	475306
国有独资公司	5848762	5687422	4984061	4835277	444652	442866
其他有限责任公司	2118985	2098311	1697863	1685362	32563	32441
股份有限公司	130842	119133	91084	85193	1196	1196
港、澳、台商投资企业	83107	82905	67274	67163	551	551
合资经营企业（港或澳、台资）	83107	82905	67274	67163	551	551
外商投资企业	2456068	2439164	1825342	1812957	10725	10725
中外合资经营企业	2456068	2439164	1825342	1812957	10725	10725
二、按经济组织类型分组						
独资企业	221806	219297	179554	178017	1496	1367
国有企业	221806	219297	179554	178017	1496	1367
股份有限公司	130842	119133	91084	85193	1196	1196
股份有限公司（内资）	130842	119133	91084	85193	1196	1196
有限责任公司	10506921	10307802	8574540	8400759	488490	486582
国有独资公司	5848762	5687422	4984061	4835277	444652	442866
合资经营企业（港或澳、台资）	83107	82905	67274	67163	551	551
中外合资经营企业	2456068	2439164	1825342	1812957	10725	10725
其他有限责任公司	2118985	2098311	1697863	1685362	32563	32441
在总计中：亏损企业	115420	114155	102980	102152	645	513
在总计中：轻工业	161796	156782	120596	117888	1471	1344
重工业	10697773	10489450	8724581	8546081	489710	487801
在总计中：大型企业	8473342	8298868	6882687	6721930	453741	453555
中型企业	909079	888352	758714	750556	5254	5004
小微型企业	1477147	1459012	1203776	1191483	32187	30586
按行业分						
采矿业	**68769**	**68692**	**42330**	**42330**	**429**	**419**
非金属矿采选业	68769	68692	42330	42330	429	419
制造业	**7711148**	**7520128**	**6052602**	**5880823**	**471703**	**469995**
农副食品加工业	13426	13426	12431	12431	671	671
纺织业	5816	5816	5083	5083	46	46
印刷和记录媒介复制业	3914	3914	1492	1492	54	54
石油加工、炼焦和核燃料加工业	3112868	2959018	2459086	2313615	430062	428471
化学原料和化学制品制造业	2891069	2862520	2157124	2134537	35474	35474
医药制造业	9038	9038	6943	6943	78	78
橡胶和塑料制品业	17589	17589	14591	14591	173	173
非金属矿物制品业	42268	42159	40907	40711	134	134
金属制品业	40341	39830	38443	38433	145	145
汽车制造业	17225	16744	15042	14927	179	179
电气机械和器材制造业	67731	67540	55994	55937	325	325
计算机、通信和其他电子设备制造业	1484174	1476905	1241235	1237900	4341	4224
仪器仪表制造业	5689	5629	4232	4223	22	22
电力、燃气及水的生产和供应业	**3079652**	**3057412**	**2750245**	**2740816**	**19050**	**18731**
电力、热力生产和供应业	2956374	2948470	2677114	2674359	18121	17929
燃气生产和供应业	33993	24480	19250	15227	335	335
水的生产和供应业	89285	84463	53880	51230	594	467

12-17 续表6　　（2016年）　　单位：万元

项　目	其他业务收入	其他业务利润	销售费用	管理费用		财务费用
					税金	
总　计	**213337**	**16999**	**124721**	**212604**	**6122**	**113686**
一、按登记注册类型分组						
内资企业	196230	14773	83056	179075	4676	65608
国有企业	2509	262	5035	30759	1579	846
地方企业	2509	262	5035	30759	1579	846
有限责任公司	182013	14182	70565	138296	3082	61875
国有独资公司	161339	10562	23015	53621	1692	36135
其他有限责任公司	20673	3620	47550	84675	1390	25740
股份有限公司	11709	329	7456	10020	15	2887
港、澳、台商投资企业	202	70	6451	6041	73	−929
合资经营企业（港或澳、台资）	202	70	6451	6041	73	−929
外商投资企业	16904	2157	35214	27488	1374	49007
中外合资经营企业	16904	2157	35214	27488	1374	49007
二、按经济组织类型分组						
独资企业	2509	262	5035	30759	1579	846
国有企业	2509	262	5035	30759	1579	846
股份有限公司	11709	329	7456	10020	15	2887
股份有限公司（内资）	11709	329	7456	10020	15	2887
有限责任公司	199119	16408	112229	171824	4528	109952
国有独资公司	161339	10562	23015	53621	1692	36135
合资经营企业（港或澳、台资）	202	70	6451	6041	73	−929
中外合资经营企业	16904	2157	35214	27488	1374	49007
其他有限责任公司	20673	3620	47550	84675	1390	25740
在总计中：亏损企业	1266	292	5159	14353	1492	11157
在总计中：轻工业	5014	1476	15250	18916	1398	6489
重工业	208323	15523	109471	193687	4724	107197
在总计中：大型企业	174474	9542	78102	114963	2842	73598
中型企业	20727	3500	25611	35645	756	24299
小微型企业	18136	3957	21008	61995	2525	15790
按行业分						
采矿业	**77**		**1986**	**22987**	**393**	**97**
非金属矿采选业	77		1986	22987	393	97
制造业	**191020**	**14538**	**105782**	**144401**	**4628**	**58901**
农副食品加工业			46	49		28
纺织业			84	534	28	82
印刷和记录媒介复制业				868	9	−3
石油加工、炼焦和核燃料加工业	153849	8378	15197	21483	1022	10018
化学原料和化学制品制造业	28549	3605	44513	21293	998	38835
医药制造业			678	1358	1003	1
橡胶和塑料制品业			499	1487		−258
非金属矿物制品业	109		1367	1022	32	417
金属制品业	512		182	720		78
汽车制造业	481	252	510	2476	19	131
电气机械和器材制造业	191		5329	4329	41	−694
计算机、通信和其他电子设备制造业	7270	2303	36698	87069	1477	10249
仪器仪表制造业	59		679	1714		18
电力、燃气及水的生产和供应业	**22240**	**2461**	**16953**	**45216**	**1101**	**54688**
电力、热力生产和供应业	7904	986	413	25866	655	46432
燃气生产和供应业	9513		7247	2982	15	90
水的生产和供应业	4823	1476	9294	16368	431	8166

12-17 续表7　　（2016年）　　单位：万元

项　目	利息收入	利息支出	营业利润	资产减值损失	公允价值变动收益	投资收益	营业外收入
总　计	**9209**	**83776**	**1068743**	**11922**	**256**	**7332**	**171318**
一、按登记注册类型分组							
内资企业	8731	60417	557137	10021	256	5836	162643
国有企业	83	708	4313			198	913
地方企业	83	708	4313			198	913
有限责任公司	8542	57017	535580	9066	256	5638	160930
国有独资公司	6233	31257	311089	1870		4802	157798
其他有限责任公司	2309	25760	224491	7195	256	836	3133
股份有限公司	106	2693	17244	955			801
港、澳、台商投资企业	−57	291	3604	139		25	77
合资经营企业（港或澳、台资）	−57	291	3604	139		25	77
外商投资企业	534	23068	508003	1762		1471	8598
中外合资经营企业	534	23068	508003	1762		1471	8598
二、按经济组织类型分组							
独资企业	83	708	4313			198	913
国有企业	83	708	4313			198	913
股份有限公司	106	2693	17244	955			801
股份有限公司（内资）	106	2693	17244	955			801
有限责任公司	9020	80376	1047186	10967	256	7135	169605
国有独资公司	6233	31257	311089	1870		4802	157798
合资经营企业（港或澳、台资）	−57	291	3604	139		25	77
中外合资经营企业	534	23068	508003	1762		1471	8598
其他有限责任公司	2309	25760	224491	7195	256	836	3133
在总计中：亏损企业	52	10560	−19196	326		3	2059
在总计中：轻工业	2	6988	−1699	772			5692
重工业	9207	76788	1070442	11150	256	7332	165627
在总计中：大型企业	4949	45313	869337	8849	256	6800	159748
中型企业	1119	25385	59222	531		198	7846
小微型企业	3141	13078	140184	2542		335	3724
按行业分							
采矿业	**4**	**104**	**941**				**8**
非金属矿采选业	4	104	941				8
制造业	**3018**	**29690**	**875031**	**9739**	**256**	**6755**	**146134**
农副食品加工业		14	201				
纺织业	1	103	−20	7			31
印刷和记录媒介复制业	26	23	1502				9
石油加工、炼焦和核燃料加工业	350	5280	181446			4424	136343
化学原料和化学制品制造业	420	14092	593442	2166		1777	4917
医药制造业			−20				
橡胶和塑料制品业	7		1098				25
非金属矿物制品业	1	398	−2104	525			12
金属制品业	5	83	780	−6			31
汽车制造业	16	188	−912	−201			9
电气机械和器材制造业	−49	62	1683	765			29
计算机、通信和其他电子设备制造业	2240	9431	98907	6483	256	551	4659
仪器仪表制造业	1	17	−973			3	69
电力、燃气及水的生产和供应业	**6187**	**53983**	**192772**	**2183**		**578**	**25177**
电力、热力生产和供应业	6126	46051	188018	1866		578	17937
燃气生产和供应业	32	50	3914	175			49
水的生产和供应业	30	7882	840	143			7192

12-17 续表8 （2016年） 单位：万元

项 目	政府补助	营业外支出	利润总额	所得税费用	亏损企业亏损总额	利税总额
总 计	**30438**	**6842**	**1233220**	**249781**	**17233**	**2277940**
一、按登记注册类型分组						
内资企业	28572	5976	713805	119502	8664	1677283
国有企业	61	126	5100	348	394	12179
地方企业	61	126	5100	348	394	12179
有限责任公司	28253	5291	691219	114695	8270	1640835
国有独资公司	28023	3534	465353	64771	3122	1295444
其他有限责任公司	230	1757	225866	49924	5148	345391
股份有限公司	259	558	17486	4459		24269
港、澳、台商投资企业	26	330	3351	136		5524
合资经营企业（港或澳、台资）	26	330	3351	136		5524
外商投资企业	1840	537	516064	130144	8569	595133
中外合资经营企业	1840	537	516064	130144	8569	595133
二、按经济组织类型分组						
独资企业	61	126	5100	348	394	12179
国有企业	61	126	5100	348	394	12179
股份有限公司	259	558	17486	4459		24269
股份有限公司（内资）	259	558	17486	4459		24269
有限责任公司	30118	6158	1210634	244975	16839	2241492
国有独资公司	28023	3534	465353	64771	3122	1295444
合资经营企业（港或澳、台资）	26	330	3351	136		5524
中外合资经营企业	1840	537	516064	130144	8569	595133
其他有限责任公司	230	1757	225866	49924	5148	345391
在总计中：亏损企业	1429	96	−17233	−677	17233	−22522
在总计中：轻工业	86	589	3405	620	795	9932
重工业	30352	6254	1229815	249161	16437	2268007
在总计中：大型企业	28332	4512	1024573	193797		1967297
中型企业	599	1616	65453	17254	2836	83218
小微型企业	1507	714	143194	38730	14397	227425
按行业分						
采矿业		**1**	**948**		**1345**	**3323**
非金属矿采选业		1	948		1345	3323
制造业	**26623**	**3283**	**1017882**	**193559**	**7449**	**1909148**
农副食品加工业			201			873
纺织业	25	1	10			55
印刷和记录媒介复制业		5	1506	420		2146
石油加工、炼焦和核燃料加工业	25399	975	316814	27412		1004992
化学原料和化学制品制造业	10	526	597833	151014	1776	734054
医药制造业			−20		20	58
橡胶和塑料制品业		16	1108			2200
非金属矿物制品业		15	−2107	−293	2168	−1258
金属制品业	31		811	−7		1200
汽车制造业	1	11	−914	−186	1455	19
电气机械和器材制造业		455	1258	59		3162
计算机、通信和其他电子设备制造业	1158	1279	102288	15140	1125	162365
仪器仪表制造业		1	−905		905	−718
电力、燃气及水的生产和供应业	**3815**	**3558**	**214390**	**56222**	**8438**	**365469**
电力、热力生产和供应业	3754	3425	202530	53760	7663	346237
燃气生产和供应业			3962	1078		5287
水的生产和供应业	61	133	7898	1385	776	13945

12-17 续表 9 （2016 年） 单位：万元

项 目	应交税金及附加	本年应付职工薪酬	本年应交增值税	平均用工人数（人）	期末用工人数（人）	收入法增加值
总 计	**1300623**	**542372**	**553538**	**44613**	**48686**	**3335411**
一、按登记注册类型分组						
内资企业	1087656	469714	483573	40652	43789	2438839
国有企业	9007	19123	5584	2164	2162	74261
地方企业	9007	19123	5584	2164	2162	74261
有限责任公司	1067394	401712	472402	27038	26555	2270583
国有独资公司	896555	296832	385440	17427	16377	1761718
其他有限责任公司	170839	104880	86962	9611	10178	508866
股份有限公司	11256	48880	5587	11450	15072	93995
港、澳、台商投资企业	2381	11069	1622	1618	1601	18877
合资经营企业（港或澳、台资）	2381	11069	1622	1618	1601	18877
外商投资企业	210586	61588	68343	2343	3296	877694
中外合资经营企业	210586	61588	68343	2343	3296	877694
二、按经济组织类型分组						
独资企业	9007	19123	5584	2164	2162	74261
国有企业	9007	19123	5584	2164	2162	74261
股份有限公司	11256	48880	5587	11450	15072	93995
股份有限公司（内资）	11256	48880	5587	11450	15072	93995
有限责任公司	1280360	474370	542367	30999	31452	3167155
国有独资公司	896555	296832	385440	17427	16377	1761718
合资经营企业（港或澳、台资）	2381	11069	1622	1618	1601	18877
中外合资经营企业	210586	61588	68343	2343	3296	877694
其他有限责任公司	170839	104880	86962	9611	10178	508866
在总计中：亏损企业	-4475	18208	-5934	2511	2797	42554
在总计中：轻工业	8546	27787	5056	3683	3528	49599
重工业	1292078	514585	548482	40930	45158	3285811
在总计中：大型企业	1139362	431175	488983	34341	38286	2711932
中型企业	35775	69013	12510	6455	6651	226896
小微型企业	125487	42183	52045	3817	3749	396582
按行业分						
采矿业	**2768**	**2020**	**1947**	**238**	**227**	**33105**
非金属矿采选业	2768	2020	1947	238	227	33105
制造业	**1089453**	**304947**	**419563**	**31112**	**35244**	**2409340**
农副食品加工业	671	67		14	14	1407
纺织业	74	810		95	94	1315
印刷和记录媒介复制业	1070	612	586	103	90	796
石油加工、炼焦和核燃料加工业	716612	83369	258117	3673	2770	1039778
化学原料和化学制品制造业	288233	49070	100748	1292	1930	967731
医药制造业	1081	436		174	173	1401
橡胶和塑料制品业	1092	4295	919	600	630	6921
非金属矿物制品业	587	2903	715	479	464	12653
金属制品业	382	5700	244	521	519	8895
汽车制造业	766	3544	755	518	803	5219
电气机械和器材制造业	2004	8103	1579	1283	1152	12999
计算机、通信和其他电子设备制造业	76694	144050	55735	22180	26399	348330
仪器仪表制造业	187	1989	165	180	206	1895
电力、燃气及水的生产和供应业	**208402**	**235405**	**132029**	**13263**	**13215**	**892969**
电力、热力生产和供应业	198122	211524	125586	10519	10487	840187
燃气生产和供应业	2417	4163	989	451	452	11727
水的生产和供应业	7863	19719	5453	2293	2276	41055

12-18 规模以上民营企业分行业主要经济指标

（2016 年）　　单位：万元

项　目	企业单位数（个）	亏损企业（个）	工业总产值（当年价格）	工业销售产值（当年价格）	出口交货值
总计	**1251**	**123**	**24394278**	**23950157**	**2728632**
采矿业	**24**		**312017**	**305958**	
黑色金属矿采选业	2		35466	33366	
有色金属矿采选业	1		4545	4545	
非金属矿采选业	21		272006	268048	
制造业	**1217**	**123**	**23932864**	**23494802**	**2728632**
农副食品加工业	29	2	899486	891533	15325
食品制造业	8		259938	258781	716
酒、饮料和精制茶制造业	6		280488	275151	
纺织业	14		141829	137484	6375
纺织服装、服饰业	33	5	363771	355485	72438
皮革、毛皮、羽毛及其制品和制鞋业	232	3	1363914	1356070	505649
木材加工和木、竹、藤、棕、草制品业	38	2	534792	528975	15030
家具制造业	64	3	1179496	1177617	146363
造纸和纸制品业	24	1	245182	233499	
印刷和记录媒介复制业	32	4	330068	325578	8923
文教、工美、体育和娱乐用品制造业	26	2	194457	185673	54003
化学原料和化学制品制造业	83	9	1522386	1507329	202616
医药制造业	11	2	224223	213328	11142
化学纤维制造业	1		3067	3067	
橡胶和塑料制品业	101	9	1407570	1388622	100073
非金属矿物制品业	81	5	1597349	1548947	5432
黑色金属冶炼和压延加工业	5		1083122	1083206	
有色金属冶炼和压延加工业	11	3	123168	122394	540
金属制品业	53	9	1021913	1016861	50085
通用设备制造业	31	3	1040487	1031989	83303
专用设备制造业	22	2	603652	589190	9286
汽车制造业	12		142093	130752	8546
铁路、船舶、航空航天和其他运输设备制造业	5	1	46884	46212	13902
电气机械和器材制造业	85	19	3196729	3142510	690930
计算机、通信和其他电子设备制造业	188	35	5858590	5684609	710788
仪器仪表制造业	6	2	82970	82226	5597
其他制造业	3		15048	14771	11569
废弃资源综合利用业	13	2	170193	162941	
电力、燃气及水的生产和供应业	**10**		**149398**	**149398**	
电力、热力生产和供应业	4		112661	112661	
水的生产和供应业	6		36737	36737	

项目	年初存货	产成品	资产总计	流动资产合计	应收账款	存货
总计	**1448132**	**590926**	**13292528**	**7656032**	**2904416**	**1789463**
采矿业	**22006**	**15448**	**103918**	**53501**	**13806**	**23700**
黑色金属矿采选业	746	746	11309	6008	909	1030
有色金属矿采选业	167	141	1678	1005		161
非金属矿采选业	21093	14561	90931	46488	12897	22509
制造业	**1424825**	**575479**	**12948103**	**7474080**	**2885285**	**1764265**
农副食品加工业	41535	20102	364838	218926	43469	61120
食品制造业	8059	747	119352	42166	24680	8126
酒、饮料和精制茶制造业	9862	1025	267995	163972	27591	10783
纺织业	23101	8540	83800	52634	8913	24673
纺织服装、服饰业	43642	17584	220776	131661	20998	47928
皮革、毛皮、羽毛及其制品和制鞋业	52257	21314	508449	273175	83393	59706
木材加工和木、竹、藤、棕、草制品业	26943	6464	259686	119220	39393	26646
家具制造业	44125	19138	352245	176507	36813	65735
造纸和纸制品业	14781	3503	120646	83311	31207	20434
印刷和记录媒介复制业	15224	6972	161680	116580	56732	17397
文教、工美、体育和娱乐用品制造业	16809	5261	111870	89667	14123	36909
化学原料和化学制品制造业	81515	32919	1084361	607956	201995	99559
医药制造业	31268	15921	174368	103757	41876	26401
化学纤维制造业	211	175	12423	5347	856	1256
橡胶和塑料制品业	80313	30934	610265	316944	135963	82217
非金属矿物制品业	84416	27475	887415	433091	92805	89047
黑色金属冶炼和压延加工业	19308	14057	96885	67073	6778	21769
有色金属冶炼和压延加工业	10961	1605	60877	25772	7727	5199
金属制品业	60752	29299	425149	262061	112837	69237
通用设备制造业	49272	16808	417975	223514	84907	51757
专用设备制造业	39494	19821	287643	145380	29797	58347
汽车制造业	5590	3048	99513	42457	20558	6820
铁路、船舶、航空航天和其他运输设备制造业	1267	738	12934	6094	3032	1612
电气机械和器材制造业	194737	101096	1722361	1094983	552171	273865
计算机、通信和其他电子设备制造业	438189	162128	4253617	2511169	1144270	563762
仪器仪表制造业	23425	6245	120371	103859	40078	23686
其他制造业	1417	93	6264	6049	2315	1076
废弃资源综合利用业	6355	2468	104348	50760	20008	9199
电力、燃气及水的生产和供应业	**1302**		**240508**	**128451**	**5325**	**1497**
电力、热力生产和供应业	712		164310	108767	2270	1003
水的生产和供应业	590		76198	19684	3055	494

项　目	产成品	固定资产合计	固定资产原价	累计折旧	本年折旧
总计	**700577**	**4016293**	**7644169**	**3991587**	**726728**
采矿业	**17615**	**25071**	**137528**	**109394**	**11785**
黑色金属矿采选业	950	3157	9305	6148	719
有色金属矿采选业	140	674	3153	2480	82
非金属矿采选业	16525	21241	125071	100766	10984
制造业	**682963**	**3912639**	**7278964**	**3728641**	**694168**
农副食品加工业	29910	103881	204670	123760	20670
食品制造业	913	67287	116055	48797	10168
酒、饮料和精制茶制造业	629	81014	97826	25909	5586
纺织业	8264	24560	66819	42259	6071
纺织服装、服饰业	18176	33448	132691	100090	14118
皮革、毛皮、羽毛及其制品和制鞋业	25147	182789	195390	61486	23053
木材加工和木、竹、藤、棕、草制品业	6473	99098	268009	174084	24351
家具制造业	26000	100141	125855	29263	12237
造纸和纸制品业	5235	26207	50910	27198	4446
印刷和记录媒介复制业	8888	34863	55739	21603	5113
文教、工美、体育和娱乐用品制造业	6620	15578	21113	8272	777
化学原料和化学制品制造业	51688	353025	590179	262080	45963
医药制造业	11505	52556	146586	97278	13699
化学纤维制造业	996	3153	3398	245	238
橡胶和塑料制品业	32652	220485	353410	165550	29234
非金属矿物制品业	25215	338082	1301566	1002794	138935
黑色金属冶炼和压延加工业	14114	27743	171285	114011	21583
有色金属冶炼和压延加工业	2172	23940	29248	6964	1585
金属制品业	34131	127736	330976	203361	40592
通用设备制造业	19720	166307	357407	245505	41710
专用设备制造业	15131	94746	90146	32412	14038
汽车制造业	4161	50564	57903	8726	1833
铁路、船舶、航空航天和其他运输设备制造业	928	6614	8438	6836	574
电气机械和器材制造业	128373	284592	512835	287771	62516
计算机、通信和其他电子设备制造业	191552	1363849	1936223	607936	151198
仪器仪表制造业	9067	14225	19589	5620	1083
其他制造业	73	213	358	145	97
废弃资源综合利用业	5229	15943	34342	18685	2701
电力、燃气及水的生产和供应业		**78583**	**227677**	**153553**	**20775**
电力、热力生产和供应业		49828	178162	128334	8957
水的生产和供应业		28755	49515	25218	11818

项　目	负债合计	流动负债合　计	应付账款	非流动负债合计	所有者权益合计	实收资本
总计	**7982002**	**6586593**	**2718524**	**913366**	**5253643**	**2634424**
采矿业	**42627**	**29271**	**9125**	**4098**	**63285**	**54846**
黑色金属矿采选业	3314	360	265	96	7995	5129
有色金属矿采选业	940	940	515		739	530
非金属矿采选业	38373	27971	8345	4001	54551	49186
制造业	**7768532**	**6474123**	**2700118**	**838469**	**5120693**	**2552147**
农副食品加工业	209173	130044	50302	27684	155665	70043
食品制造业	20970	18798	12094	450	98382	75163
酒、饮料和精制茶制造业	103650	100411	30485	2310	164344	20359
纺织业	54507	44755	11439	7796	29292	20572
纺织服装、服饰业	131629	97888	26079	15504	74601	45098
皮革、毛皮、羽毛及其制品和制鞋业	258401	164129	37809	39785	246721	79054
木材加工和木、竹、藤、棕、草制品业	128188	72552	9620	29108	100684	33066
家具制造业	245442	201092	27018	28283	106299	70218
造纸和纸制品业	83098	57557	19424	2944	36698	15360
印刷和记录媒介复制业	127048	117580	35356	8417	34428	16377
文教、工美、体育和娱乐用品制造业	89932	77306	25555	4337	28120	17409
化学原料和化学制品制造业	575556	440999	117310	111373	506673	242918
医药制造业	122499	104957	51449	17057	51869	35725
化学纤维制造业	7445	6405	1726	1040	4978	5450
橡胶和塑料制品业	367253	309055	100136	19055	240430	115785
非金属矿物制品业	449448	401415	120581	18555	445875	182852
黑色金属冶炼和压延加工业	18451	15818	3740		76863	50518
有色金属冶炼和压延加工业	40357	26095	6505	4695	20697	30530
金属制品业	256985	227842	93431	19538	168074	93009
通用设备制造业	214193	181337	68138	19966	203214	146008
专用设备制造业	195976	140469	43160	15578	91667	51169
汽车制造业	46347	32944	14065	13103	52588	20073
铁路、船舶、航空航天和其他运输设备制造业	8180	5532	2506	17	5319	7657
电气机械和器材制造业	1000077	917748	487661	50809	712744	265147
计算机、通信和其他电子设备制造业	2850730	2446316	1236287	355424	1397284	812145
仪器仪表制造业	78353	76027	44240	2327	42017	13072
其他制造业	5705	5705	1814		558	260
废弃资源综合利用业	78939	53346	22188	23315	24609	17111
电力、燃气及水的生产和供应业	**170843**	**83200**	**9281**	**70800**	**69665**	**27431**
电力、热力生产和供应业	110089	48966	2553	53500	54221	13912
水的生产和供应业	60754	34234	6729	17300	15444	13519

12-18 续表 4 （2016 年） 单位：万元

项 目	所有者权益合计					
	实收资本					
	国家资本	集体资本	法人资本	个人资本	港澳台资本	外商资本
总计	**40203**	**42773**	**1689142**	**721852**	**43772**	**96682**
采矿业			**44986**	**9860**		
黑色金属矿采选业			4071	1058		
有色金属矿采选业			530			
非金属矿采选业			40384	8802		
制造业	**30703**	**42773**	**1632273**	**705945**	**43772**	**96682**
农副食品加工业		3211	53290	11129		2413
食品制造业			74591	573		
酒、饮料和精制茶制造业			17359	3000		
纺织业			6663	12359	550	1000
纺织服装、服饰业		1017	25687	15696		2699
皮革、毛皮、羽毛及其制品和制鞋业	277	2965	20046	55253		512
木材加工和木、竹、藤、棕、草制品业	625	2076	24259	5132	904	71
家具制造业		10	32213	35559	2419	18
造纸和纸制品业		132	9526	5652	50	
印刷和记录媒介复制业			12614	2521	1242	
文教、工美、体育和娱乐用品制造业		55	11928	4883	543	
化学原料和化学制品制造业	24042	614	77205	77817	5162	58078
医药制造业	1260	1760	20650	11955		100
化学纤维制造业			5450			
橡胶和塑料制品业	500	150	63423	40963	10749	
非金属矿物制品业	3000	6840	130813	41929	270	
黑色金属冶炼和压延加工业			46557	3960		
有色金属冶炼和压延加工业		20	29905	605		
金属制品业		115	19001	69691	3932	270
通用设备制造业		5902	68406	63057	529	8114
专用设备制造业			24844	25825		500
汽车制造业			10781	6246	3045	
铁路、船舶、航空航天和其他运输设备制造业		190	600	55		6811
电气机械和器材制造业		6600	185769	68735		4043
计算机、通信和其他电子设备制造业	1000	11116	642366	133748	11862	12053
仪器仪表制造业			5168	7415	489	
其他制造业			100	160		
废弃资源综合利用业			13060	2025	2026	
电力、燃气及水的生产和供应业	**9500**		**11884**	**6048**		
电力、热力生产和供应业	8000		5500	412		
水的生产和供应业	1500		6384	5636		

项　目	营业收入	主营业务收入	营业成本	主营业务成本	营业税金及附加	主营业务税金及附加
总计	**23861709**	**23746831**	**20597381**	**20500302**	**84056**	**83244**
采矿业	**304324**	**303786**	**233309**	**233293**	**9446**	**9313**
黑色金属矿采选业	31467	31467	27773	27773	290	290
有色金属矿采选业	4551	4551	2854	2854	170	170
非金属矿采选业	268306	267768	202682	202666	8986	8853
制造业	**23407688**	**23293390**	**20238456**	**20141393**	**73702**	**73023**
农副食品加工业	880921	879079	800050	799654	690	687
食品制造业	259324	258557	209046	208838	2192	2192
酒、饮料和精制茶制造业	273826	269873	161084	158339	1623	1623
纺织业	146495	145380	128259	127052	314	314
纺织服装、服饰业	345278	345278	304855	304855	1231	1231
皮革、毛皮、羽毛及其制品和制鞋业	1361053	1361025	1204634	1204634	5684	5528
木材加工和木、竹、藤、棕、草制品业	508146	508146	428124	428124	4003	3993
家具制造业	1175404	1174153	1045676	1044585	1529	1409
造纸和纸制品业	241043	240430	214664	214664	769	769
印刷和记录媒介复制业	321247	320723	291238	291238	1374	1371
文教、工美、体育和娱乐用品制造业	179771	179771	162306	162306	433	430
化学原料和化学制品制造业	1578826	1551100	1356537	1338283	6960	6960
医药制造业	193368	190286	162339	160733	773	765
化学纤维制造业	3067	3067	2182	2182		
橡胶和塑料制品业	1406016	1403806	1192983	1185629	5509	5483
非金属矿物制品业	1493193	1491705	1257421	1255121	4969	4946
黑色金属冶炼和压延加工业	1082659	1082659	958184	958184	226	226
有色金属冶炼和压延加工业	122515	122515	113550	113550	282	282
金属制品业	1009032	1001795	843327	836558	2839	2654
通用设备制造业	1029636	1028642	854846	854487	2837	2837
专用设备制造业	578100	577987	457608	457437	1955	1945
汽车制造业	131268	130565	110307	109416	557	557
铁路、船舶、航空航天和其他运输设备制造业	39777	39777	36291	36181	90	90
电气机械和器材制造业	3136176	3133271	2731480	2726687	7835	7831
计算机、通信和其他电子设备制造业	5642540	5589327	4999691	4952803	17800	17690
仪器仪表制造业	88237	87488	62230	61835	393	393
其他制造业	14771	14771	13691	13691	27	27
废弃资源综合利用业	165997	162215	135855	134327	809	790
电力、燃气及水的生产和供应业	**149697**	**149655**	**125617**	**125617**	**908**	**908**
电力、热力生产和供应业	112661	112661	97145	97145	141	141
水的生产和供应业	37036	36995	28472	28472	767	767

项　目	其他业务收　入	其他业务利　润	销售费用	管理费用	税金	财务费用
总计	**114877**	**11380**	**433935**	**991812**	**24235**	**122800**
采矿业	**539**		**7393**	**41471**	**488**	**1301**
黑色金属矿采选业			950	1852	12	151
有色金属矿采选业				640	324	0
非金属矿采选业	539		6443	38979	153	1150
制造业	**114298**	**11388**	**426173**	**941880**	**23100**	**114919**
农副食品加工业	1843	50	15876	12850	422	3274
食品制造业	768	560	13433	15884	386	239
酒、饮料和精制茶制造业	3953	199	44868	8556	499	131
纺织业	1115	−90	2593	6168	167	1368
纺织服装、服饰业			6584	14103	500	2611
皮革、毛皮、羽毛及其制品和制鞋业	28	8	12118	24504	711	4869
木材加工和木、竹、藤、棕、草制品业		141	13110	26178	429	2816
家具制造业	1251	31	10387	23801	1371	279
造纸和纸制品业	613	3	5501	8789	223	1817
印刷和记录媒介复制业	525		4368	13467	210	4029
文教、工美、体育和娱乐用品制造业			1948	9140	414	1175
化学原料和化学制品制造业	27727	899	49563	65389	1299	12475
医药制造业	3083	1468	5403	11406	314	1352
化学纤维制造业			147	604		58
橡胶和塑料制品业	2210	319	26041	49071	1874	9294
非金属矿物制品业	1488	171	24399	127022	2131	8807
黑色金属冶炼和压延加工业			19055	12646	381	413
有色金属冶炼和压延加工业			1095	3227	119	444
金属制品业	7237	281	13215	33262	923	5295
通用设备制造业	994	125	18732	31534	394	9930
专用设备制造业	113	28	11156	25161	541	5508
汽车制造业	703	0	3345	8249	209	555
铁路、船舶、航空航天和其他运输设备制造业			293	1017	11	−57
电气机械和器材制造业	2905	388	38609	111424	1920	5814
计算机、通信和其他电子设备制造业	53213	6746	76181	276323	7407	30038
仪器仪表制造业	750	63	2706	6787	79	943
其他制造业			453	543	15	−71
废弃资源综合利用业	3781		4995	14776	152	1512
电力、燃气及水的生产和供应业	**41**	**−8**	**369**	**8461**	**646**	**6580**
电力、热力生产和供应业			329	5252	206	3983
水的生产和供应业	41	−8	39	3209	440	2596

12-18 续表7　　（2016年）　　单位：万元

项　目			营业利润	资产减值损失	公允价值变动收益	投资收益	营业外收入
	利息收入	利息支出					
总计	**8495**	**70058**	**1622196**	**23615**	**571**	**13546**	**36778**
采矿业	**1**	**48**	**11405**				**63**
黑色金属矿采选业			450				
有色金属矿采选业			888				6
非金属矿采选业	1	48	10067				57
制造业	**8493**	**68109**	**1602999**	**23645**	**571**	**13546**	**35749**
农副食品加工业	89	2003	48616	−408		27	2845
食品制造业	27	77	18527	3			1357
酒、饮料和精制茶制造业	25	144	59955	50		2441	293
纺织业	6	485	7793				66
纺织服装、服饰业	150	1836	15869	23			14
皮革、毛皮、羽毛及其制品和制鞋业	266	1803	110073			829	2239
木材加工和木、竹、藤、棕、草制品业	173	1574	33694	372		151	1324
家具制造业	102	833	94441	4	0	717	252
造纸和纸制品业	−7	992	9383	119			243
印刷和记录媒介复制业	179	3034	6886			115	117
文教、工美、体育和娱乐用品制造业	4	133	4768				46
化学原料和化学制品制造业	258	8611	89860	1005		2968	2764
医药制造业	176	1047	12096	19		17	479
化学纤维制造业			76				
橡胶和塑料制品业	507	3103	123229	167		280	534
非金属矿物制品业	1146	5280	64915	5693	34		1462
黑色金属冶炼和压延加工业	4	106	92138				
有色金属冶炼和压延加工业	14	257	4203	−285		2	99
金属制品业	126	1870	109936	1157		1	470
通用设备制造业	351	1845	111434	345		24	1538
专用设备制造业	62	1816	76352	372		13	1094
汽车制造业	25	485	8210	48		2	584
铁路、船舶、航空航天和其他运输设备制造业	3		2143				1
电气机械和器材制造业	2544	6486	234084	6951	537	−514	6695
计算机、通信和其他电子设备制造业	2209	21391	241455	7491		6444	10558
仪器仪表制造业	−2	1764	14689	520		30	480
其他制造业	56	1	127				
废弃资源综合利用业	0.1	1134	8050				199
电力、燃气及水的生产和供应业	**1**	**1901**	**7792**	**−30**			**965**
电力、热力生产和供应业		638	5810				11
水的生产和供应业	1	1263	1982	−30			954

12-18 续表8 （2016年） 单位：万元

项　目	政府补助	营业外支出	利润总额	所得税费用	亏损企业亏损总额	利税总额
总计	**14724**	**20954**	**1638009**	**101518**	**104737**	**2109022**
采矿业		**248**	**11221**	**936**		**29345**
黑色金属矿采选业			450			843
有色金属矿采选业		121	772	126		1543
非金属矿采选业		127	9998	809		26959
制造业	**13846**	**20702**	**1618035**	**100208**	**104737**	**2068180**
农副食品加工业	83	449	51012	1793	540	54319
食品制造业	1197	283	19601	3929		28993
酒、饮料和精制茶制造业	273	21	60227	12666		76327
纺织业	8	34	7825	309		9256
纺织服装、服饰业		94	15789	1961	559	23488
皮革、毛皮、羽毛及其制品和制鞋业	201	3459	108852	1114	81	125373
木材加工和木、竹、藤、棕、草制品业	2	225	34792	203	208	45747
家具制造业	64	161	94523	975	128	110836
造纸和纸制品业	212	45	9578	845	25	13772
印刷和记录媒介复制业	3	143	6860	819	950	16230
文教、工美、体育和娱乐用品制造业	3	31	4783	191	149	6760
化学原料和化学制品制造业	1932	1367	91257	12924	13981	126409
医药制造业	49	800	11775	585	739	19399
化学纤维制造业			76	5		76
橡胶和塑料制品业	141	552	123212	3466	2349	148292
非金属矿物制品业	643	333	66046	10246	2090	97994
黑色金属冶炼和压延加工业			92138	195		93401
有色金属冶炼和压延加工业	16	1564	2738	20	282	3315
金属制品业	68	600	109806	4596	2278	132595
通用设备制造业	276	108	112864	858	1479	126208
专用设备制造业	561	226	77220	2360	193	87376
汽车制造业	562	74	8720	626		11876
铁路、船舶、航空航天和其他运输设备制造业			2144	6	9	2234
电气机械和器材制造业	2679	1943	238836	14512	17992	300024
计算机、通信和其他电子设备制造业	4410	8069	243943	22350	59898	376190
仪器仪表制造业	365	37	15131	2238	157	18666
其他制造业		17	110	13		137
废弃资源综合利用业	103	71	8177	405	652	12887
电力、燃气及水的生产和供应业	**878**	**4**	**8754**	**374**		**11498**
电力、热力生产和供应业		3	5818	161		6874
水的生产和供应业	878	1	2935	213		4624

项 目	应交税金及附加	本年应付职工薪酬	本年应交增值税	平均用工人数（人）	期末用工人数（人）	收入法增加值（万元）
总计	**596765**	**1532268**	**386957**	**270381**	**270313**	**5522705**
采矿业	**19548**	**6155**	**8679**	**1214**	**1212**	**121721**
黑色金属矿采选业	405	427	103	87	82	11119
有色金属矿采选业	1220	779	601	105	106	2814
非金属矿采选业	17923	4950	7975	1022	1024	107788
制造业	**573453**	**1519838**	**376442**	**268038**	**267969**	**5350237**
农副食品加工业	5522	22770	2617	3639	3586	135478
食品制造业	13707	11600	7200	1669	1609	61114
酒、饮料和精制茶制造业	29265	6641	14477	1041	1068	81713
纺织业	1907	10211	1118	1973	1997	34237
纺织服装、服饰业	10160	33438	6468	8360	6960	102194
皮革、毛皮、羽毛及其制品和制鞋业	18346	145798	10837	32997	33040	459900
木材加工和木、竹、藤、棕、草制品业	11587	17380	6952	3462	3058	131466
家具制造业	18658	66908	14784	12313	12914	235523
造纸和纸制品业	5263	10122	3425	2230	2212	37907
印刷和记录媒介复制业	10399	20767	7996	4352	4411	54099
文教、工美、体育和娱乐用品制造业	2581	13343	1543	3336	2943	53763
化学原料和化学制品制造业	49375	57324	28192	7873	7764	302213
医药制造业	8523	23670	6851	3554	3554	70937
化学纤维制造业	5	612		160	161	683
橡胶和塑料制品业	30421	93679	19571	17455	17454	330894
非金属矿物制品业	44326	63118	26980	10075	9945	453656
黑色金属冶炼和压延加工业	1839	9785	1037	1512	1266	194853
有色金属冶炼和压延加工业	715	3206	294	720	719	24493
金属制品业	28307	74919	19949	12068	11805	279594
通用设备制造业	14596	38147	10507	6105	6255	227996
专用设备制造业	13057	32669	8201	5242	5302	143013
汽车制造业	3991	12796	2599	2112	2393	43598
铁路、船舶、航空航天和其他运输设备制造业	108	3867		783	753	9746
电气机械和器材制造业	77619	174016	53353	29988	31267	592275
计算机、通信和其他电子设备制造业	162004	548879	114448	91022	91643	1219327
仪器仪表制造业	5851	9907	3142	1818	1874	31193
其他制造业	55	2857		452	340	3899
废弃资源综合利用业	5266	11405	3901	1727	1676	34473
电力、燃气及水的生产和供应业	**3764**	**6275**	**1836**	**1129**	**1132**	**50746**
电力、热力生产和供应业	1424	3682	915	593	593	39054
水的生产和供应业	2341	2593	921	536	539	11692

12-19 规模以上“三资”工业企业主要经济指标

（2016年） 单位：万元

项目	企业单位数（个）	亏损企业（个）	工业总产值（当年价格）	工业销售产值（当年价格）	出口交货值
总　计	**879**	**153**	**44334347**	**42642672**	**22765395**
一、按登记注册类型分组					
港、澳、台商投资企业	650	104	21601869	20361150	10704375
合资经营企业（港或澳、台资）	77	15	3893265	3691155	897228
合作经营企业（港或澳、台资）	19	2	455473	452866	337219
港澳台商独资经营企业	541	86	16959790	15929419	9346137
港澳台商投资股份有限公司	13	1	293342	287710	123791
外商投资企业	229	49	22732478	22281522	12061019
中外合资经营企业	48	12	13989090	13673817	6874663
中外合作经营企业	5	2	69332	66182	52422
外资企业	167	34	8333968	8202945	5054487
外商投资股份有限公司	5		92505	91005	44360
其他外商投资企业	4	1	247583	247572	35088
二、按经济组织类型分组					
独资企业	708	120	25293758	24132365	14400623
港澳台商独资经营企业	541	86	16959790	15929419	9346137
外资企业	167	34	8333968	8202945	5054487
合作、合伙企业	28	5	772388	766621	424729
合作经营企业（港或澳、台资）	19	2	455473	452866	337219
中外合作经营企业	5	2	69332	66182	52422
其他外商投资企业	4	1	247583	247572	35088
股份有限公司	18	1	385847	378715	168151
港澳台商投资股份有限公司	13	1	293342	287710	123791
外商投资股份有限公司	5		92505	91005	44360
有限责任公司	125	27	17882355	17364972	7771891
合资经营企业（港或澳、台资）	77	15	3893265	3691155	897228
中外合资经营企业	48	12	13989090	13673817	6874663
在总计中：亏损企业	153	153	2333977	2306994	779362
在总计中：轻工业	429	62	12228770	11993228	7144174
重工业	450	91	32105578	30649444	15621220
在总计中：大型企业	73	4	26719724	25380624	14719875
中型企业	280	43	10490034	10230915	5149700
小微型企业	526	106	7124590	7031133	2895820

12-19 续表1 （2016年） 单位：万元

项　目	企业单位数（个）	亏损企业（个）	工业总产值（当年价格）	工业销售产值（当年价格）	出口交货值
按行业分					
采矿业	**1**		**18346**	**15338**	**15023**
非金属矿采选业	1		18346	15338	15023
制造业	**874**	**152**	**44232162**	**42544528**	**22750372**
农副食品加工业	6	1	84269	83208	31243
食品制造业	2	1	13615	13355	11576
酒、饮料和精制茶制造业	5	1	362992	353568	3034
纺织业	29	1	620579	617281	211351
纺织服装、服饰业	41	3	1132824	1101762	715490
皮革、毛皮、羽毛及其制品和制鞋业	49	6	1260460	1252925	690661
木材加工和木、竹、藤、棕、草制品业	4	1	69628	68550	17228
家具制造业	39	6	1056842	1028570	761814
造纸和纸制品业	12	3	125567	125600	48974
印刷和记录媒介复制业	9	2	346711	342308	161025
文教、工美、体育和娱乐用品制造业	54	12	714350	703524	533282
化学原料和化学制品制造业	43	7	3411787	3394483	163712
医药制造业	1		2348	2348	8
化学纤维制造业	1		30167	30167	5083
橡胶和塑料制品业	99	16	1814167	1778002	888276
非金属矿物制品业	19	5	361848	357450	112877
黑色金属冶炼和压延加工业	4	1	84819	81470	4213
有色金属冶炼和压延加工业	9	2	199973	198641	39469
金属制品业	53	9	1472587	1400222	799830
通用设备制造业	22	6	468704	450123	193657
专用设备制造业	22	5	283402	282923	175825
汽车制造业	20	2	1949397	1885539	384231
铁路、船舶、航空航天和其他运输设备制造业	14	4	120473	119484	79401
电气机械和器材制造业	77	7	2230120	2175230	1433912
计算机、通信和其他电子设备制造业	217	45	25680038	24367005	15061379
仪器仪表制造业	13	3	206060	205248	140091
其他制造业	9	3	110316	109821	80335
废弃资源综合利用业	1		18120	15721	2399
电力、燃气及水的生产和供应业	**4**	**1**	**83840**	**82807**	
电力、热力生产和供应业	2	1	55045	54012	
燃气生产和供应业	1		18449	18449	
水的生产和供应业	1		10345	10345	

12-19 续表2　（2016年）　单位：万元

项　目	年初存货	产成品	资产总计	流动资产合计	应收账款	存货
总　计	**3892885**	**1082743**	**31483466**	**19844217**	**7393099**	**4364252**
一、按登记注册类型分组						
港、澳、台商投资企业	2170003	520028	14155454	8443693	3568481	2486769
合资经营企业（港或澳、台资）	462332	132714	3010681	2002302	990452	483946
合作经营企业（港或澳、台资）	20140	4589	172205	99985	38255	32892
港澳台商独资经营企业	1651171	373727	10590747	6138607	2431548	1932973
港澳台商投资股份有限公司	36361	8999	381821	202799	108227	36959
外商投资企业	1722882	562715	17328012	11400523	3824618	1877483
中外合资经营企业	873158	184766	10967474	6674553	1403298	961106
中外合作经营企业	11743	1224	56544	35257	16395	8666
外资企业	790111	351484	5916084	4382939	2306744	874599
外商投资股份有限公司	16423	4648	80292	52889	20672	18868
其他外商投资企业	31447	20593	307618	254886	77509	14244
二、按经济组织类型分组						
独资企业	2441282	725211	16506831	10521546	4738292	2807572
港澳台商独资经营企业	1651171	373727	10590747	6138607	2431548	1932973
外资企业	790111	351484	5916084	4382939	2306744	874599
合作、合伙企业	63330	26406	536367	390128	132159	55801
合作经营企业（港或澳、台资）	20140	4589	172205	99985	38255	32892
中外合作经营企业	11743	1224	56544	35257	16395	8666
其他外商投资企业	31447	20593	307618	254886	77509	14244
股份有限公司	52784	13647	462113	255688	128899	55827
港澳台商投资股份有限公司	36361	8999	381821	202799	108227	36959
外商投资股份有限公司	16423	4648	80292	52889	20672	18868
有限责任公司	1335489	317480	13978155	8676855	2393750	1445052
合资经营企业（港或澳、台资）	462332	132714	3010681	2002302	990452	483946
中外合资经营企业	873158	184766	10967474	6674553	1403298	961106
在总计中：亏损企业	341002	109870	2374782	1214251	381500	356565
在总计中：轻工业	995321	387180	7120440	5089640	2244729	1114313
重工业	2897564	695563	24363026	14754576	5148371	3249940
在总计中：大型企业	2432119	593605	20628495	13024508	4613416	2779602
中型企业	827859	299918	6243564	4047874	1867201	865597
小微型企业	632906	189220	4611407	2771834	912483	719053

项　目	年初存货	产成品	资产总计	流动资产合计	应收账款	存货
按行业分						
采矿业	**948**		**26477**	**7144**	**1653**	**1384**
非金属矿采选业	948		26477	7144	1653	1384
制造业	**3889266**	**1082743**	**31215789**	**19753941**	**7379360**	**4353288**
农副食品加工业	6490	5829	41882	35631	8955	6847
食品制造业	977	311	21027	16340	11780	1196
酒、饮料和精制茶制造业	16604	4804	295085	191417	33513	19160
纺织业	26696	8244	204272	100499	23250	29876
纺织服装、服饰业	85378	33621	422027	232866	87364	64373
皮革、毛皮、羽毛及其制品和制鞋业	126036	23549	496855	313509	95828	150908
木材加工和木、竹、藤、棕、草制品业	7793	2257	59370	33244	9536	9405
家具制造业	72968	23167	646437	382465	198547	71850
造纸和纸制品业	12073	4415	148806	80639	25269	14629
印刷和记录媒介复制业	25481	5828	246702	168576	96240	41579
文教、工美、体育和娱乐用品制造业	66143	19231	336164	222459	90753	65017
化学原料和化学制品制造业	260106	88872	4973456	1545020	226700	303284
医药制造业	213		932	335	295	
化学纤维制造业	1754	828	5752	2286	115	717
橡胶和塑料制品业	182741	59873	1111556	645753	213209	176824
非金属矿物制品业	40029	17640	287740	132756	32271	45886
黑色金属冶炼和压延加工业	11699	4616	35611	27645	9972	10625
有色金属冶炼和压延加工业	14533	4255	137853	82446	28999	19259
金属制品业	132714	37490	914526	565923	216436	118767
通用设备制造业	37525	15373	380134	273387	115551	53650
专用设备制造业	26153	7096	108684	78136	30916	14404
汽车制造业	287912	90347	1785319	1106409	524320	333064
铁路、船舶、航空航天和其他运输设备制造业	22190	3940	146201	79229	24605	20050
电气机械和器材制造业	205816	64427	1426257	1011025	431383	191483
计算机、通信和其他电子设备制造业	2200009	549211	16815687	12328744	4800705	2557711
仪器仪表制造业	12032	5858	103192	56910	26800	18884
其他制造业	5667	1239	46773	31679	12566	11486
废弃资源综合利用业	1538	425	17492	8613	3484	2355
电力、燃气及水的生产和供应业	**2671**		**241200**	**83132**	**12086**	**9581**
电力、热力生产和供应业	2671		151990	34640	8947	3606
燃气生产和供应业			53630	39138	976	5975
水的生产和供应业			35581	9354	2164	

项　目	产成品	固定资产合计	固定资产原价	累计折旧	本年折旧
总　计	**1269283**	**8317343**	**18201279**	**10126103**	**1409970**
一、按登记注册类型分组					
港、澳、台商投资企业	587521	4377286	9972368	5719889	858387
合资经营企业（港或澳、台资）	128029	684421	1529375	844833	114200
合作经营企业（港或澳、台资）	6402	48837	211626	161375	16100
港澳台商独资经营企业	444264	3518570	8015209	4621428	716011
港澳台商投资股份有限公司	8827	125457	216158	92253	12075
外商投资企业	681761	3940058	8228911	4406214	551583
中外合资经营企业	297223	2671763	5502310	2843564	370760
中外合作经营企业	1362	12532	24679	12147	877
外资企业	368713	1201876	2604670	1506173	174377
外商投资股份有限公司	6946	23650	33942	11238	1526
其他外商投资企业	7518	30237	63310	33091	4044
二、按经济组织类型分组					
独资企业	812977	4720446	10619879	6127601	890388
港澳台商独资经营企业	444264	3518570	8015209	4621428	716011
外资企业	368713	1201876	2604670	1506173	174377
合作、合伙企业	15282	91606	299615	206613	21021
合作经营企业（港或澳、台资）	6402	48837	211626	161375	16100
中外合作经营企业	1362	12532	24679	12147	877
其他外商投资企业	7518	30237	63310	33091	4044
股份有限公司	15773	149107	250100	103491	13601
港澳台商投资股份有限公司	8827	125457	216158	92253	12075
外商投资股份有限公司	6946	23650	33942	11238	1526
有限责任公司	425251	3356185	7031685	3688398	484960
合资经营企业（港或澳、台资）	128029	684421	1529375	844833	114200
中外合资经营企业	297223	2671763	5502310	2843564	370760
在总计中：亏损企业	111781	849998	1737180	906751	116072
在总计中：轻工业	419016	1439256	3937349	2564996	327111
重工业	850267	6878088	14263930	7561107	1082859
在总计中：大型企业	763615	5365039	10128795	4808355	754607
中型企业	268794	1658861	4361512	2783299	352698
小微型企业	236873	1293443	3710973	2534449	302665

项　目	产成品	固定资产合计	固定资产原价	累计折旧	本年折旧
按行业分					
采矿业	**105**	**10828**	**12896**	**2068**	**628**
非金属矿采选业	105	10828	12896	2068	628
制造业	**1263203**	**8184590**	**18019222**	**10076409**	**1404136**
农副食品加工业	5968	3602	8684	5120	699
食品制造业	767	2546	11161	8616	208
酒、饮料和精制茶制造业	4280	94539	161062	58011	11252
纺织业	11717	77295	233144	164958	20982
纺织服装、服饰业	21194	141424	522902	391863	48273
皮革、毛皮、羽毛及其制品和制鞋业	45039	125732	566478	442929	52467
木材加工和木、竹、藤、棕、草制品业	707	18944	46777	27851	5007
家具制造业	22386	153132	389328	241787	35467
造纸和纸制品业	1827	38358	58426	22418	4053
印刷和记录媒介复制业	7507	44710	144672	101298	12312
文教、工美、体育和娱乐用品制造业	17020	92697	266814	178077	21839
化学原料和化学制品制造业	100478	2089945	4264066	2223718	232912
医药制造业		597	597	286	281
化学纤维制造业	521	3378	9948	6570	1174
橡胶和塑料制品业	56095	365798	1044876	701800	92751
非金属矿物制品业	16038	117924	237900	135136	25486
黑色金属冶炼和压延加工业	4159	5194	9386	5000	531
有色金属冶炼和压延加工业	4790	40731	49499	15771	3738
金属制品业	29990	244670	750224	520703	62435
通用设备制造业	16204	71619	185549	117542	11434
专用设备制造业	6202	17206	138270	121200	13549
汽车制造业	100894	493255	1023654	532967	72865
铁路、船舶、航空航天和其他运输设备制造业	4851	30746	46386	17795	3902
电气机械和器材制造业	53687	322239	730175	403766	47077
计算机、通信和其他电子设备制造业	718842	3532910	6990690	3554357	614491
仪器仪表制造业	8057	33533	91831	58335	7960
其他制造业	3559	13411	23459	13512	991
废弃资源综合利用业	425	8454	13264	5024	
电力、燃气及水的生产和供应业	**5975**	**121926**	**169161**	**47626**	**5206**
电力、热力生产和供应业		112452	157945	45493	4528
燃气生产和供应业	5975	8588	10331	1743	638
水的生产和供应业		886	886	390	40

12-19 续表6 （2016年） 单位：万元

项　目	负债合计	流动负债合计	应付账款	非流动负债合计	所有者权益合计	实收资本
总　计	**16581881**	**14260950**	**8354017**	**1994512**	**14769188**	**8611248**
一、按登记注册类型分组						
港、澳、台商投资企业	8275640	7607361	4145794	477730	5847913	4317579
合资经营企业（港或澳、台资）	1924023	1851003	621289	55260	1078606	554749
合作经营企业（港或澳、台资）	68060	60047	28513	1870	102865	80855
港澳台商独资经营企业	6106429	5552791	3432652	388767	4461748	3578210
港澳台商投资股份有限公司	177127	143520	63340	31832	204694	103765
外商投资企业	8306241	6653589	4208223	1516782	8921276	4293669
中外合资经营企业	4157378	2741484	1436357	1362973	6732796	2527700
中外合作经营企业	36386	23336	3471	13050	20006	25270
外资企业	3850397	3632636	2627172	136996	2042644	1658895
外商投资股份有限公司	52890	47376	20641	3329	27402	49138
其他外商投资企业	209190	208757	120583	434	98428	32666
二、按经济组织类型分组						
独资企业	9956827	9185428	6059824	525764	6504392	5237105
港澳台商独资经营企业	6106429	5552791	3432652	388767	4461748	3578210
外资企业	3850397	3632636	2627172	136996	2042644	1658895
合作、合伙企业	313636	292140	152567	15354	221299	138791
合作经营企业（港或澳、台资）	68060	60047	28513	1870	102865	80855
中外合作经营企业	36386	23336	3471	13050	20006	25270
其他外商投资企业	209190	208757	120583	434	98428	32666
股份有限公司	230017	190895	83981	35161	232095	152903
港澳台商投资股份有限公司	177127	143520	63340	31832	204694	103765
外商投资股份有限公司	52890	47376	20641	3329	27402	49138
有限责任公司	6081401	4592487	2057646	1418234	7811402	3082449
合资经营企业（港或澳、台资）	1924023	1851003	621289	55260	1078606	554749
中外合资经营企业	4157378	2741484	1436357	1362973	6732796	2527700
在总计中：亏损企业	1683422	1347504	461169	268187	610001	1391652
在总计中：轻工业	4341480	3976602	2394897	172605	2745515	1915980
重工业	12240401	10284348	5959121	1821906	12023673	6695268
在总计中：大型企业	10564269	9054580	5884652	1473527	10053044	4603339
中型企业	3213284	2966902	1650557	161007	3028086	2207709
小微型企业	2804328	2239468	818808	359978	1688058	1800200

项　目	负债合计	流动负债合计	应付账款	非流动负债合计	所有者权益合计	实收资本
按行业分						
采矿业	**19302**	**7559**	**586**	**11743**	**7174**	**9983**
非金属矿采选业	19302	7559	586	11743	7174	9983
制造业	**16302158**	**14070709**	**8344272**	**1905029**	**14781234**	**8544835**
农副食品加工业	23464	21406	12956	1776	17983	8633
食品制造业	24161	24161	5506		−3134	10890
酒、饮料和精制茶制造业	140390	123500	46121	16890	154695	60933
纺织业	99448	77804	22871	15346	102749	76983
纺织服装、服饰业	168470	139559	47566	8668	245977	184189
皮革、毛皮、羽毛及其制品和制鞋业	236688	206637	118537	17757	258332	198050
木材加工和木、竹、藤、棕、草制品业	28353	20892	6860	7461	31017	25919
家具制造业	364226	358738	84837	864	273356	176814
造纸和纸制品业	100074	76777	22197	10017	48732	52416
印刷和记录媒介复制业	144386	101746	41744	6229	102316	55416
文教、工美、体育和娱乐用品制造业	153998	131911	61835	7933	182847	178442
化学原料和化学制品制造业	2297433	953131	345126	1340990	2672617	2346434
医药制造业	443	436			489	496
化学纤维制造业	1380	1380			4372	1986
橡胶和塑料制品业	601867	510439	206200	32164	500389	498921
非金属矿物制品业	153627	127014	33582	9991	134009	117480
黑色金属冶炼和压延加工业	16276	16276	6270		19334	19139
有色金属冶炼和压延加工业	84589	76376	36476	7000	53264	45763
金属制品业	493528	456581	157889	20299	411404	364284
通用设备制造业	200708	193716	105850	5796	179912	138582
专用设备制造业	58640	46345	15733	1479	43634	43591
汽车制造业	1001638	996700	298340	3128	783577	258101
铁路、船舶、航空航天和其他运输设备制造业	55943	50892	19936	4350	90849	59112
电气机械和器材制造业	837430	732319	456632	34712	584712	415906
计算机、通信和其他电子设备制造业	8927567	8541585	6156158	351486	7807978	3140264
仪器仪表制造业	58216	56009	20889	696	44776	35635
其他制造业	24720	23885	12502		22053	24165
废弃资源综合利用业	4495	4495	1664		12997	6292
电力、燃气及水的生产和供应业	**260421**	**182681**	**9159**	**77739**	**−19221**	**56430**
电力、热力生产和供应业	198059	134059	6022	64000	−46070	39499
燃气生产和供应业	38927	38927	2914		14703	6932
水的生产和供应业	23435	9695	224	13739	12146	10000

12-19 续表 8 （2016 年） 单位：万元

项　目	所有者权益合计					
	实收资本					
	国家资本	集体资本	法人资本	个人资本	港澳台资本	外商资本
总　计	**996748**	**63720**	**1278972**	**72750**	**3074738**	**3124320**
一、按登记注册类型分组						
港、澳、台商投资企业	8447	61323	879061	48468	2970953	349327
合资经营企业（港或澳、台资）	7190	5297	327513	2192	170903	41653
合作经营企业（港或澳、台资）			14576		63533	2747
港澳台商独资经营企业	1257	56026	524777	46011	2706104	244036
港澳台商投资股份有限公司			12195	265	30413	60892
外商投资企业	988300	2397	399911	24282	103785	2774993
中外合资经营企业	988300	2397	236299	5052	22746	1272906
中外合作经营企业			487		9983	14800
外资企业			148125	19231	65036	1426503
外商投资股份有限公司			15000		6020	28118
其他外商投资企业						32666
二、按经济组织类型分组						
独资企业	1257	56026	672902	65242	2771140	1670539
港澳台商独资经营企业	1257	56026	524777	46011	2706104	244036
外资企业			148125	19231	65036	1426503
合作、合伙企业			15063		73516	50212
合作经营企业（港或澳、台资）			14576		63533	2747
中外合作经营企业			487		9983	14800
其他外商投资企业						32666
股份有限公司			27195	265	36433	89010
港澳台商投资股份有限公司			12195	265	30413	60892
外商投资股份有限公司			15000		6020	28118
有限责任公司	995490	7694	563812	7244	193650	1314559
合资经营企业（港或澳、台资）	7190	5297	327513	2192	170903	41653
中外合资经营企业	988300	2397	236299	5052	22746	1272906
在总计中：亏损企业	39586	1777	324827	17326	406764	601373
在总计中：轻工业	7752	56543	262229	23625	906167	659663
重工业	988996	7177	1016743	49125	2168571	2464657
在总计中：大型企业	947059	55411	521211	15400	1470475	1593783
中型企业	4235	4877	561185	31295	892272	713845
小微型企业	45454	3432	196576	26056	711991	816692

项　目	所有者权益合计					
	实收资本					
	国家资本	集体资本	法人资本	个人资本	港澳台资本	外商资本
按行业分						
采矿业					**9983**	
非金属矿采选业					9983	
制造业	**982412**	**63720**	**1262041**	**72750**	**3050857**	**3113056**
农副食品加工业			1348		4872	2413
食品制造业						10890
酒、饮料和精制茶制造业	351	497		0	38582	21503
纺织业	3040		15018		46301	12624
纺织服装、服饰业			26918	752	71820	84699
皮革、毛皮、羽毛及其制品和制鞋业	2354		30240	1650	45493	118313
木材加工和木、竹、藤、棕、草制品业			12216		13703	
家具制造业			20518	400	132032	23865
造纸和纸制品业				1136	44138	7143
印刷和记录媒介复制业			17285		7115	31017
文教、工美、体育和娱乐用品制造业		567	6362	4960	112164	54389
化学原料和化学制品制造业	949042		29696	4775	92750	1270171
医药制造业					496	
化学纤维制造业					1986	
橡胶和塑料制品业	1020	1	37978	27523	215904	216496
非金属矿物制品业			57294	346	44796	15045
黑色金属冶炼和压延加工业			3743		14851	545
有色金属冶炼和压延加工业			31713		13725	325
金属制品业			129343	2506	120040	112395
通用设备制造业		1587	49157	800	6295	80744
专用设备制造业				3030	15175	25386
汽车制造业	23748		82936	2352	31641	117424
铁路、船舶、航空航天和其他运输设备制造业		190	11939		19549	27434
电气机械和器材制造业	2007	55288	19205		237525	101881
计算机、通信和其他电子设备制造业	850	5590	658372	22521	1693620	759312
仪器仪表制造业			20216		15418	
其他制造业			544		10869	12751
废弃资源综合利用业						6292
电力、燃气及水的生产和供应业	**14336**		**16932**		**13899**	**11264**
电力、热力生产和供应业	14336				13899	11264
燃气生产和供应业			6932			
水的生产和供应业			10000			

项　目	营业收入	主营业务收入	营业成本	主营业务成本	营业税金及附加	主营业务税金及附加
总　计	**44262468**	**43293528**	**38466784**	**37713431**	**144056**	**141290**
一、按登记注册类型分组						
港、澳、台商投资企业	20658607	20368868	18282834	18056282	64054	62517
合资经营企业（港或澳、台资）	4076794	3905038	3548947	3383967	16352	16075
合作经营企业（港或澳、台资）	458662	456575	403969	403324	636	624
港澳台商独资经营企业	15835113	15723044	14091713	14033345	45269	44036
港澳台商投资股份有限公司	288038	284210	238205	235646	1797	1782
外商投资企业	23603862	22924661	20183951	19657149	80003	78773
中外合资经营企业	14320445	14097127	11855100	11753452	52821	52168
中外合作经营企业	68996	68191	59950	59688	266	266
外资企业	8873024	8424059	7995226	7577027	25070	24493
外商投资股份有限公司	93237	89147	83575	79925	109	109
其他外商投资企业	248160	246137	190099	187058	1737	1737
二、按经济组织类型分组						
独资企业	24708137	24147103	22086939	21610372	70339	68529
港澳台商独资经营企业	15835113	15723044	14091713	14033345	45269	44036
外资企业	8873024	8424059	7995226	7577027	25070	24493
合作、合伙企业	775817	770904	654018	650069	2639	2626
合作经营企业（港或澳、台资）	458662	456575	403969	403324	636	624
中外合作经营企业	68996	68191	59950	59688	266	266
其他外商投资企业	248160	246137	190099	187058	1737	1737
股份有限公司	381275	373357	321780	315571	1906	1891
港澳台商投资股份有限公司	288038	284210	238205	235646	1797	1782
外商投资股份有限公司	93237	89147	83575	79925	109	109
有限责任公司	18397238	18002165	15404047	15137419	69173	68243
合资经营企业（港或澳、台资）	4076794	3905038	3548947	3383967	16352	16075
中外合资经营企业	14320445	14097127	11855100	11753452	52821	52168
在总计中：亏损企业	2118521	2106338	2015915	2007506	6023	5689
在总计中：轻工业	12709483	12263467	11218164	10819044	37867	37396
重工业	31552985	31030061	27248620	26894387	106190	103894
在总计中：大型企业	27193997	26335564	23408100	22727444	88983	87453
中型企业	10049592	9970112	8800827	8751953	35209	34471
小微型企业	7018879	6987853	6257857	6234035	19864	19366

12-19 续表11　　（2016年）　　单位：万元

项　目	营业收入	主营业务收入	营业成本	主营业务成本	营业税金及附加	主营业务税金及附加
按行业分						
采矿业	**15338**	**15338**	**11276**	**11276**	**256**	**256**
非金属矿采选业	15338	15338	11276	11276	256	256
制造业	**44164110**	**43195852**	**38390335**	**37636986**	**143489**	**140722**
农副食品加工业	83177	83177	75008	75008	141	141
食品制造业	14307	14307	12465	12465	106	106
酒、饮料和精制茶制造业	392557	387113	247924	244191	4717	4717
纺织业	610342	598812	530328	530227	645	645
纺织服装、服饰业	1098982	1098511	974505	973234	2341	2341
皮革、毛皮、羽毛及其制品和制鞋业	1198241	1188706	1071262	1070333	3313	3226
木材加工和木、竹、藤、棕、草制品业	63074	63031	53957	53957	513	513
家具制造业	998120	994662	882298	881244	2636	2636
造纸和纸制品业	126102	124793	112612	112551	490	490
印刷和记录媒介复制业	338502	337692	303567	303538	1355	1355
文教、工美、体育和娱乐用品制造业	694506	694112	616658	616376	3202	3140
化学原料和化学制品制造业	3452480	3424443	2639267	2617207	16440	16215
医药制造业	2348	2348	2252	2252		
化学纤维制造业	30718	30718	26164	26164	10	10
橡胶和塑料制品业	1744611	1734262	1521966	1515076	6843	6832
非金属矿物制品业	327042	326393	276074	275968	941	859
黑色金属冶炼和压延加工业	78782	78717	75959	75959	105	105
有色金属冶炼和压延加工业	195423	194637	184744	184677	326	326
金属制品业	1380457	1369823	1212434	1203234	4855	4670
通用设备制造业	458611	458490	407049	407013	1174	1139
专用设备制造业	281302	281230	246729	246480	924	924
汽车制造业	2266026	2125291	1892067	1767651	9664	9046
铁路、船舶、航空航天和其他运输设备制造业	117279	117114	99656	99456	627	627
电气机械和器材制造业	2191805	2171622	1892796	1888313	9637	9325
计算机、通信和其他电子设备制造业	25689051	24969675	22747530	22172999	71464	70323
仪器仪表制造业	203237	199147	168927	165276	605	599
其他制造业	108882	108882	102070	102070	298	298
废弃资源综合利用业	18145	18145	14066	14066	116	116
电力、燃气及水的生产和供应业	**83021**	**82339**	**65174**	**65170**	**311**	**311**
电力、热力生产和供应业	54121	54109	49056	49052	70	70
燃气生产和供应业	19120	18449	10167	10167	242	242
水的生产和供应业	9780	9780	5952	5952		

12-19 续表12　　（2016年）　　单位：万元

项　目	其他业务收入	其他业务利润	销售费用	管理费用	税金	财务费用
总　计	**968940**	**138367**	**1063692**	**1549005**	**50279**	**59684**
一、按登记注册类型分组						
港、澳、台商投资企业	289739	28948	285113	917334	30963	96058
合资经营企业（港或澳、台资）	171755	2140	101957	217644	5046	7428
合作经营企业（港或澳、台资）	2087	1409	3660	10125	265	-388
港澳台商独资经营企业	112068	25269	176424	671273	25220	84959
港澳台商投资股份有限公司	3829	130	3072	18292	431	4059
外商投资企业	679201	109419	778579	631670	19316	-36374
中外合资经营企业	223318	98597	438653	266111	6156	-22272
中外合作经营企业	805	542	1777	10662	69	791
外资企业	448966	10275	315090	329452	12471	-13142
外商投资股份有限公司	4090	5	764	4470	317	386
其他外商投资企业	2022		22295	20976	303	-2137
二、按经济组织类型分组						
独资企业	561034	35544	491514	1000724	37691	71817
港澳台商独资经营企业	112068	25269	176424	671273	25220	84959
外资企业	448966	10275	315090	329452	12471	-13142
合作、合伙企业	4914	1951	27732	41763	638	-1734
合作经营企业（港或澳、台资）	2087	1409	3660	10125	265	-388
中外合作经营企业	805	542	1777	10662	69	791
其他外商投资企业	2022		22295	20976	303	-2137
股份有限公司	7919	134	3836	22763	748	4445
港澳台商投资股份有限公司	3829	130	3072	18292	431	4059
外商投资股份有限公司	4090	5	764	4470	317	386
有限责任公司	395073	100737	540609	483755	11202	-14844
合资经营企业（港或澳、台资）	171755	2140	101957	217644	5046	7428
中外合资经营企业	223318	98597	438653	266111	6156	-22272
在总计中：亏损企业	12183	3159	35200	176057	5341	38115
在总计中：轻工业	446016	26245	407663	458447	18856	9142
重工业	522924	112121	656029	1090557	31423	50542
在总计中：大型企业	858432	122508	762667	791267	23871	5593
中型企业	79481	11179	176112	477087	17946	7085
小微型企业	31027	4680	124912	280650	8462	47006

项　目	其他业务收入	其他业务利润	销售费用	管理费用		财务费用
					税金	
按行业分						
采矿业			**605**	**2448**	**8**	**390**
非金属矿采选业			605	2448	8	390
制造业	**968258**	**138328**	**1060812**	**1541849**	**50012**	**47791**
农副食品加工业			1514	2563	18	187
食品制造业			682	1580	594	-63
酒、饮料和精制茶制造业	5444	430	77823	12148	186	1548
纺织业	11530	1417	3023	16235	592	1493
纺织服装、服饰业	471	53	5920	41627	2801	2453
皮革、毛皮、羽毛及其制品和制鞋业	9535	-109	7182	46721	1766	3251
木材加工和木、竹、藤、棕、草制品业	43	43	2089	2572	94	386
家具制造业	3458	1535	27564	34783	3950	-1936
造纸和纸制品业	1308	-2	4151	7826	387	-651
印刷和记录媒介复制业	811	775	3966	13410	1196	2376
文教、工美、体育和娱乐用品制造业	394	137	7082	36092	1773	-648
化学原料和化学制品制造业	28037	2091	82550	74945	3775	55915
医药制造业			10	10		5
化学纤维制造业			21	217	15	81
橡胶和塑料制品业	10349	1890	30550	85769	3249	4840
非金属矿物制品业	649	185	6324	23702	561	2774
黑色金属冶炼和压延加工业	65	65	871	1494	64	524
有色金属冶炼和压延加工业	786	629	1840	8668	316	-343
金属制品业	10635	986	19032	73876	2696	837
通用设备制造业	122	96	4665	21909	738	508
专用设备制造业	72	25	3459	12370	65	937
汽车制造业	140735	5256	31946	155555	3629	851
铁路、船舶、航空航天和其他运输设备制造业	165	52	2846	10000	277	-26
电气机械和器材制造业	20184	15792	49028	109705	1866	647
计算机、通信和其他电子设备制造业	719376	106979	679203	730239	18840	-30328
仪器仪表制造业	4090	5	5219	12837	400	2108
其他制造业			1892	4364	165	-34
废弃资源综合利用业			361	630		100
电力、燃气及水的生产和供应业	**682**	**39**	**2274**	**4708**	**259**	**11503**
电力、热力生产和供应业	11			2643	259	10235
燃气生产和供应业	671	39	2274	875		-323
水的生产和供应业				1190		1591

12-19 续表14　　　　　　　　　　（2016年）　　　　　　　　　　单位：万元

项　目	利息收入	利息支出	营业利润	资产减值损失	公允价值变动收益	投资收益	营业外收入
总　计	**88236**	**113936**	**2567182**	**419894**	**-160**	**8003**	**105937**
一、按登记注册类型分组							
港、澳、台商投资企业	19338	61422	1012489	7202	391	6096	38615
合资经营企业（港或澳、台资）	6532	20851	190553	1654		7744	5752
合作经营企业（港或澳、台资）	209	545	40688	129	158		146
港澳台商独资经营企业	12460	38249	758115	5164	233	-2422	30999
港澳台商投资股份有限公司	137	1777	23133	255		774	1718
外商投资企业	68898	52514	1554693	412692	-551	1907	67322
中外合资经营企业	59728	32550	1327852	396460	-685	-5038	35168
中外合作经营企业	81	430	-4567	117			3756
外资企业	6996	19340	208588	14319	134	1449	27889
外商投资股份有限公司	0.4	144	3829	113		10	102
其他外商投资企业	2092	50	18992	1683		5485	407
二、按经济组织类型分组							
独资企业	19456	57589	966703	19484	367	-972	58888
港澳台商独资经营企业	12460	38249	758115	5164	233	-2422	30999
外资企业	6996	19340	208588	14319	134	1449	27889
合作、合伙企业	2382	1025	55112	1929	158	5485	4308
合作经营企业（港或澳、台资）	209	545	40688	129	158		146
中外合作经营企业	81	430	-4567	117			3756
其他外商投资企业	2092	50	18992	1683		5485	407
股份有限公司	138	1921	26962	367		784	1820
港澳台商投资股份有限公司	137	1777	23133	255		774	1718
外商投资股份有限公司	0.4	144	3829	113		10	102
有限责任公司	66260	53402	1518405	398114	-685	2706	40920
合资经营企业（港或澳、台资）	6532	20851	190553	1654		7744	5752
中外合资经营企业	59728	32550	1327852	396460	-685	-5038	35168
在总计中：亏损企业	5601	34297	-162520	6500	-125	-3106	25735
在总计中：轻工业	4963	19665	588849	-1513	14	9129	18934
重工业	83273	94271	1978334	421406	-173	-1126	87002
在总计中：大型企业	72040	46087	1730232	409448	-207	2502	54041
中型企业	9759	27692	546704	9168	46	2556	30651
小微型企业	6436	40157	290247	1278	1	2945	21245

项　目	利息收入	利息支出	营业利润	资产减值损失	公允价值变动收益	投资收益	营业外收入
按行业分							
采矿业	**62**	**49**	**362**				
非金属矿采选业	62	49	362				
制造业	**87807**	**102645**	**2567172**	**419894**	**−160**	**7405**	**103634**
农副食品加工业	9	211	3762				12
食品制造业	2		−463				35
酒、饮料和精制茶制造业	7	1342	48343	56			302
纺织业	5	1347	58656	7		44	299
纺织服装、服饰业	434	1130	72163	23	14	36	395
皮革、毛皮、羽毛及其制品和制鞋业	648	1867	65137			−1375	1892
木材加工和木、竹、藤、棕、草制品业	32	454	3406	151			1252
家具制造业	382	945	53032	108		364	1782
造纸和纸制品业	18	304	−523	8		−2188	124
印刷和记录媒介复制业	41	2688	13942			115	396
文教、工美、体育和娱乐用品制造业	176	811	31934	215		30	816
化学原料和化学制品制造业	1000	23488	584412	1608	1	2658	7617
医药制造业			71				
化学纤维制造业			4224				2
橡胶和塑料制品业	2274	5496	87353	7558	−125	394	14969
非金属矿物制品业	57	2734	17118	110			1849
黑色金属冶炼和压延加工业	8	223	−68			103	1
有色金属冶炼和压延加工业	20	10	187				92
金属制品业	7555	11654	77346	157	158	7923	6797
通用设备制造业	18	879	23301	5			1175
专用设备制造业	35	222	16054	853		22	997
汽车制造业	1514	5844	179135	1241		4433	3483
铁路、船舶、航空航天和其他运输设备制造业	279	651	4148	69		42	100
电气机械和器材制造业	6553	6217	134237	2040		6291	4594
计算机、通信和其他电子设备制造业	66725	34040	1073541	405685	−207	−11506	54466
仪器仪表制造业	15	46	13551	0.2		10	87
其他制造业	1	43	301			9	100
废弃资源综合利用业			2872				
电力、燃气及水的生产和供应业	**367**	**11242**	**−352**			**598**	**2303**
电力、热力生产和供应业	54	9651	−7883				2298
燃气生产和供应业	313		5886				4
水的生产和供应业		1591	1645			598	1

项　目	政府补助	营业外支出	利润总额	所得税费用	亏损企业亏损总额	利税总额
总　计	**13966**	**78887**	**2594183**	**468406**	**165706**	**3557270**
一、按登记注册类型分组						
港、澳、台商投资企业	9000	34332	1016726	91126	82166	1261085
合资经营企业（港或澳、台资）	1859	6841	189464	15120	8564	266082
合作经营企业（港或澳、台资）	30	718	40116	391	125	42565
港澳台商独资经营企业	6074	26648	762421	74018	73338	923362
港澳台商投资股份有限公司	1037	125	24726	1597	139	29075
外商投资企业	4966	44555	1577457	377280	83540	2296185
中外合资经营企业	2955	14807	1348213	331379	25036	1927811
中外合作经营企业		152	–963	3	1354	–516
外资企业	2007	29295	207180	43666	57024	335867
外商投资股份有限公司	4	88	3843	72		4060
其他外商投资企业		214	19185	2160	126	28964
二、按经济组织类型分组						
独资企业	8081	55943	969600	117684	130362	1259230
港澳台商独资经营企业	6074	26648	762421	74018	73338	923362
外资企业	2007	29295	207180	43666	57024	335867
合作、合伙企业	30	1083	58338	2554	1605	71013
合作经营企业（港或澳、台资）	30	718	40116	391	125	42565
中外合作经营企业		152	–963	3	1354	–516
其他外商投资企业		214	19185	2160	126	28964
股份有限公司	1041	213	28569	1669	139	33135
港澳台商投资股份有限公司	1037	125	24726	1597	139	29075
外商投资股份有限公司	4	88	3843	72		4060
有限责任公司	4814	21648	1537677	346498	33600	2193893
合资经营企业（港或澳、台资）	1859	6841	189464	15120	8564	266082
中外合资经营企业	2955	14807	1348213	331379	25036	1927811
在总计中：亏损企业	2012	28877	–165706	1625	165706	–169899
在总计中：轻工业	4545	14908	592827	44953	27140	782749
重工业	9421	63978	2001357	423452	138566	2774521
在总计中：大型企业	6094	34325	1749947	378183	11523	2506799
中型企业	3987	30627	546728	53766	77727	664313
小微型企业	3885	13935	297508	36457	76455	386158

项　目	政府补助	营业外支出	利润总额	所得税费用	亏损企业亏损总额	利税总额
按行业分						
采矿业			**362**			**660**
非金属矿采选业			362			660
制造业	**12606**	**78875**	**2591882**	**466172**	**158245**	**3561642**
农副食品加工业	10	48	3726	67	20	4870
食品制造业		0.2	-428		441	208
酒、饮料和精制茶制造业	198	961	47685	9832	756	74699
纺织业	27	94	58860	633	15	64456
纺织服装、服饰业	59	504	72054	4579	4139	82499
皮革、毛皮、羽毛及其制品和制鞋业	578	818	66210	733	4723	75726
木材加工和木、竹、藤、棕、草制品业	1	33	4626	46	8	7497
家具制造业	1022	1000	53814	4696	239	62522
造纸和纸制品业	2	79	-478	977	4454	1047
印刷和记录媒介复制业	24	303	14035	1054	447	21352
文教、工美、体育和娱乐用品制造业	36	413	32292	2408	2273	43766
化学原料和化学制品制造业	484	3461	588568	149434	25289	709554
医药制造业			71	1		71
化学纤维制造业		1	4225	15		4411
橡胶和塑料制品业	656	16976	85341	8726	23258	113737
非金属矿物制品业	999	287	18681	1938	1240	25430
黑色金属冶炼和压延加工业		511	-579	7	863	1001
有色金属冶炼和压延加工业	42	15	264	967	3916	6008
金属制品业	347	2672	81472	5072	11787	106119
通用设备制造业	56	356	24120	3899	2508	29620
专用设备制造业	6	3874	13177	374	7639	17374
汽车制造业	1383	3700	178919	36005	1396	241508
铁路、船舶、航空航天和其他运输设备制造业	22	-62	4310	481	674	5351
电气机械和器材制造业	417	2020	136812	10984	2671	197230
计算机、通信和其他电子设备制造业	6221	39759	1088250	222237	58184	1647495
仪器仪表制造业	16	943	12694	262	309	14114
其他制造业		111	291	25	997	991
废弃资源综合利用业			2872	721		2988
电力、燃气及水的生产和供应业	**1360**	**12**	**1939**	**2234**	**7461**	**-5033**
电力、热力生产和供应业	1360	13	-5598		7461	-12811
燃气生产和供应业		-1	5892	1882		6133
水的生产和供应业			1646	352		1646

（2016 年）

单位：万元

项　目	应交税金及附加	本年应付职工薪酬	本年应交增值税	平均用工人数（人）	期末用工人数（人）	收入法增加值
总　计	**1481771**	**3641045**	**819030**	**567626**	**559704**	**9959491**
一、按登记注册类型分组						
港、澳、台商投资企业	366447	2298860	180305	374297	375612	4989395
合资经营企业（港或澳、台资）	96784	354686	60266	56533	54678	834147
合作经营企业（港或澳、台资）	3105	32835	1813	6165	6072	110106
港澳台商独资经营企业	260180	1876686	115673	306375	307213	3957169
港澳台商投资股份有限公司	6378	34653	2553	5224	7649	87973
外商投资企业	1115324	1342186	638725	193329	184092	4970096
中外合资经营企业	917132	643662	526777	82898	83261	3437983
中外合作经营企业	519	4988	181	1066	1021	14368
外资企业	184825	660615	103617	104669	95565	1450216
外商投资股份有限公司	605	8718	108	1493	1423	15768
其他外商投资企业	12243	24203	8043	3203	2822	51761
二、按经济组织类型分组						
独资企业	445005	2537301	219290	411044	402778	5407385
港澳台商独资经营企业	260180	1876686	115673	306375	307213	3957169
外资企业	184825	660615	103617	104669	95565	1450216
合作、合伙企业	15867	62026	10037	10434	9915	176235
合作经营企业（港或澳、台资）	3105	32835	1813	6165	6072	110106
中外合作经营企业	519	4988	181	1066	1021	14368
其他外商投资企业	12243	24203	8043	3203	2822	51761
股份有限公司	6983	43371	2660	6717	9072	103741
港澳台商投资股份有限公司	6378	34653	2553	5224	7649	87973
外商投资股份有限公司	605	8718	108	1493	1423	15768
有限责任公司	1013916	998348	587043	139431	137939	4272130
合资经营企业（港或澳、台资）	96784	354686	60266	56533	54678	834147
中外合资经营企业	917132	643662	526777	82898	83261	3437983
在总计中：亏损企业	2774	283848	-10215	53836	50326	441499
在总计中：轻工业	253731	1115511	152055	196734	186399	2528575
重工业	1228040	2525535	666975	370892	373305	7430917
在总计中：大型企业	1158906	2202883	667868	311043	313566	6130280
中型企业	189297	1012765	82376	173736	171832	2358579
小微型企业	133568	425398	68785	82847	74306	1470633

12-19 续表19 （2016年） 单位：万元

项 目	应交税金及附加	本年应付职工薪酬	本年应交增值税	平均用工人数（人）	期末用工人数（人）	收入法增加值
按行业分						
采矿业	**306**	**348**	**41**	**51**	**53**	**8012**
非金属矿采选业	306	348	41	51	53	8012
制造业	**1485945**	**3634655**	**826272**	**567123**	**559197**	**9917683**
农副食品加工业	1229	2573	1004	600	611	8808
食品制造业	1229	1620	530	405	450	3220
酒、饮料和精制茶制造业	37033	17844	22298	2389	1308	106799
纺织业	6821	34065	4951	6523	6108	150062
纺织服装、服饰业	17825	115272	8104	24031	22071	274490
皮革、毛皮、羽毛及其制品和制鞋业	12014	167190	6203	30424	30440	331503
木材加工和木、竹、藤、棕、草制品业	3011	5426	2358	1260	1314	19541
家具制造业	17354	101797	6073	18483	18297	226197
造纸和纸制品业	2888	17456	1035	2998	2794	26381
印刷和记录媒介复制业	9567	27478	5962	4767	4176	69415
文教、工美、体育和娱乐用品制造业	15654	111253	8272	23326	20503	215855
化学原料和化学制品制造业	274195	98001	104546	7461	8038	1097578
医药制造业	1	245		80	80	550
化学纤维制造业	216	839	176	112	115	6676
橡胶和塑料制品业	40371	179633	21553	32551	30295	439571
非金属矿物制品业	9249	25593	5809	3799	3804	90957
黑色金属冶炼和压延加工业	1652	1112	1475	212	208	16675
有色金属冶炼和压延加工业	7027	12403	5418	2491	2261	42310
金属制品业	32416	133978	19792	18708	17978	340437
通用设备制造业	10136	36727	4326	5730	5703	90867
专用设备制造业	4636	15834	3272	3389	3182	63134
汽车制造业	102223	227470	52925	29745	29792	581837
铁路、船舶、航空航天和其他运输设备制造业	1799	23050	414	4019	3895	37754
电气机械和器材制造业	73268	216152	50781	38349	36143	492829
计算机、通信和其他电子设备制造业	800322	2017331	487781	298203	302783	5109825
仪器仪表制造业	2082	24721	815	4539	4296	49011
其他制造业	891	17123	403	2249	2207	23056
废弃资源综合利用业	836	2472		280	345	2345
电力、燃气及水的生产和供应业	**−4479**	**6043**	**−7283**	**452**	**454**	**33798**
电力、热力生产和供应业	−6955	4474	−7283	263	263	26471
燃气生产和供应业	2124	948		108	110	5515
水的生产和供应业	352	621		81	81	1812

12-20 规模以上大中型工业企业主要经济指标

（2016年） 单位：万元

项　目	企业单位数（个）	亏损企业（个）	工业总产值（当年价格）	工业销售产值（当年价格）	出口交货值
总　计	**562**	**76**	**57044802**	**54815268**	**21661964**
一、按登记注册类型分组					
内资企业	209	29	19835045	19203729	1792389
国有企业	2		93096	93031	
地方企业	2		93096	93031	
有限责任公司	108	19	13436711	12969253	1459160
国有独资公司	4		5866571	5604930	113670
其他有限责任公司	104	19	7570140	7364323	1345490
股份有限公司	12		972179	897692	85472
私营企业	87	10	5333059	5243753	247758
私营独资企业	4		686164	684849	5812
私营有限责任公司	81	10	4620687	4532150	229309
私营股份有限公司	2		26208	26754	12637
港、澳、台商投资企业	250	33	16629670	15472162	8461045
合资经营企业（港或澳、台资）	33	5	3168634	2982464	657820
合作经营企业（港或澳、台资）	8		358536	355929	280833
港澳台商独资经营企业	203	28	12872198	11908198	7411239
港澳台商投资股份有限公司	6		230302	225571	111153
外商投资企业	103	14	20580088	20139377	11408530
中外合资经营企业	27	2	13535761	13220883	6849157
中外合作经营企业	1	1	9462	9462	9462
外资企业	71	11	6728099	6603139	4492964
外商投资股份有限公司	3		85242	84369	37723
其他外商投资企业	1		221524	221524	19224
二、按经济组织类型分组					
独资企业	280	39	20379557	19289218	11910016
国有企业	2		93096	93031	
集体企业					
私营独资企业	4		686164	684849	5812
港澳台商独资经营企业	203	28	12872198	11908198	7411239
外资企业	71	11	6728099	6603139	4492964
合作、合伙企业	10	1	589522	586915	309518
合作经营企业（港或澳、台资）	8		358536	355929	280833
中外合作经营企业	1	1	9462	9462	9462
其他外商投资企业	1		221524	221524	19224
股份有限公司	23		1313931	1234386	246985
股份有限公司（内资）	12		972179	897692	85472
私营股份有限公司	2		26208	26754	12637
港澳台商投资股份有限公司	6		230302	225571	111153
外商投资股份有限公司	3		85242	84369	37723
有限责任公司	249	36	34761793	33704750	9195445
国有独资公司	4		5866571	5604930	113670
私营有限责任公司	81	10	4620687	4532150	229309

项目	企业单位数（个）	亏损企业（个）	工业总产值（当年价格）	工业销售产值（当年价格）	出口交货值
合资经营企业（港或澳、台资）	33	5	3168634	2982464	657820
中外合资经营企业	27	2	13535761	13220883	6849157
其他有限责任公司	104	19	7570140	7364323	1345490
在总计中：亏损企业	76	76	1618572	1561877	440103
在总计中：国有控股企业	20	3	9760077	9446800	525125
在总计中：轻工业	259	27	14602598	14301874	6622947
重工业	303	49	42442204	40513394	15039017
在总计中：大型企业	100	5	38259419	36500029	16074378
中型企业	462	71	18785383	18315239	5587586
按行业分					
制造业	**555**	**75**	**54399184**	**52171975**	**21661964**
农副食品加工业	1		23346	15426	
食品制造业	1		156265	156072	
酒、饮料和精制茶制造业	2		283513	275361	3034
纺织业	9		409443	406849	154874
纺织服装、服饰业	30	2	1083724	1041563	580116
皮革、毛皮、羽毛及其制品和制鞋业	39	1	1301864	1289609	547422
木材加工和木、竹、藤、棕、草制品业	1		12344	11514	11484
家具制造业	22		1494077	1472279	538888
造纸和纸制品业	5		94910	95025	37356
印刷和记录媒介复制业	8	1	380397	375997	158954
文教、工美、体育和娱乐用品制造业	25	5	471700	461911	322473
石油加工、炼焦和核燃料加工业	1		3448840	3190634	
化学原料和化学制品制造业	8		2226060	2218899	23415
医药制造业	3		123602	114402	
橡胶和塑料制品业	45	8	1546737	1503563	666282
非金属矿物制品业	11	2	944554	895752	75656
黑色金属冶炼和压延加工业	1		621325	621325	
有色金属冶炼和压延加工业	2	1	42987	42285	32531
金属制品业	26	4	1457519	1391618	421817
通用设备制造业	10	2	790429	773270	75482
专用设备制造业	10	1	616826	603765	81020
汽车制造业	13	1	1809642	1742638	357396
铁路、船舶、航空航天和其他运输设备制造业	5	2	69078	69078	61888
电气机械和器材制造业	63	11	4435400	4351556	1865405
计算机、通信和其他电子设备制造业	198	30	30167833	28669687	15469232
仪器仪表制造业	10	1	245280	245765	130750
其他制造业	3	2	52348	52160	44093
废弃资源综合利用业	3	1	89143	83972	2399
电力、燃气及水的生产和供应业	**7**	**1**	**2645618**	**2643294**	
电力、热力生产和供应业	3		2555770	2555706	
燃气生产和供应业	1		33993	33993	
水的生产和供应业	3	1	55855	53595	

12-20 续表 2　　　　（2016 年）　　　　单位：万元

项　目	年初存货	产成品	资产总计	流动资产合计	应收账款	存货
总　计	**4305157**	**1340498**	**40709476**	**22749728**	**8403901**	**5019122**
一、按登记注册类型分组						
内资企业	1045179	446975	13837417	5677346	1923285	1373923
国有企业	508		114536	31986	10	550
地方企业	508		114536	31986	10	550
有限责任公司	698885	315765	10808978	3970891	1281962	940039
国有独资公司	136191	24148	5324573	1236428	88915	256854
其他有限责任公司	562694	291617	5484405	2734463	1193047	683185
股份有限公司	72168	29910	1040925	550429	215176	106678
私营企业	273618	101300	1872979	1124040	426137	326656
私营独资企业	1942	1457	64065	39235	6313	2950
私营有限责任公司	268397	99298	1786767	1068328	411050	319634
私营股份有限公司	3279	545	22147	16476	8773	4073
港、澳、台商投资企业	1782009	409717	11426215	6684945	3018636	2028015
合资经营企业（港或澳、台资）	404041	109129	2563283	1689420	908809	417162
合作经营企业（港或澳、台资）	16188	2954	118430	63959	29407	19302
港澳台商独资经营企业	1331093	289328	8396797	4754300	1979816	1560356
港澳台商投资股份有限公司	30687	8305	347705	177266	100604	31196
外商投资企业	1477969	483806	15445845	10387437	3461981	1617184
中外合资经营企业	807760	164829	10386027	6414464	1340599	893318
中外合作经营企业	36	36	5171	5125	4446	
外资企业	628031	294831	4683445	3672843	2020879	695436
外商投资股份有限公司	14604	4491	73134	47873	20525	17021
其他外商投资企业	27539	19620	298069	247133	75532	11410
二、按经济组织类型分组						
独资企业	1961574	585616	13258842	8498364	4007018	2259291
国有企业	508		114536	31986	10	550
集体企业						
私营独资企业	1942	1457	64065	39235	6313	2950
港澳台商独资经营企业	1331093	289328	8396797	4754300	1979816	1560356
外资企业	628031	294831	4683445	3672843	2020879	695436
合作、合伙企业	43763	22610	421670	316216	109384	30711
合作经营企业（港或澳、台资）	16188	2954	118430	63959	29407	19302
中外合作经营企业	36	36	5171	5125	4446	
其他外商投资企业	27539	19620	298069	247133	75532	11410
股份有限公司	120737	43251	1483910	792044	345079	158967
股份有限公司（内资）	72168	29910	1040925	550429	215176	106678
私营股份有限公司	3279	545	22147	16476	8773	4073
港澳台商投资股份有限公司	30687	8305	347705	177266	100604	31196
外商投资股份有限公司	14604	4491	73134	47873	20525	17021
有限责任公司	2179083	689021	25545053	13143104	3942420	2570153
国有独资公司	136191	24148	5324573	1236428	88915	256854
私营有限责任公司	268397	99298	1786767	1068328	411050	319634

项　目	年初存货	产成品	资产总计	流动资产合计	应收账款	存货
合资经营企业（港或澳、台资）	404041	109129	2563283	1689420	908809	417162
中外合资经营企业	807760	164829	10386027	6414464	1340599	893318
其他有限责任公司	562694	291617	5484405	2734463	1193047	683185
在总计中：亏损企业	232381	73758	2318595	912415	352708	266935
在总计中：国有控股企业	471061	187810	11166279	3193218	572863	658759
在总计中：轻工业	1041375	465703	8239897	5594913	2562296	1203758
重工业	3263783	874795	32469579	17154815	5841605	3815364
在总计中：大型企业	2972875	808960	29295333	16497097	5797141	3559369
中型企业	1332282	531539	11414143	6252632	2606761	1459753
按行业分						
制造业	**4281180**	**1340301**	**37810884**	**22376528**	**8343878**	**4995626**
农副食品加工业	1561	30	20128	3497	1263	1610
食品制造业	5510	159	102372	35877	23108	6022
酒、饮料和精制茶制造业	12153	3805	212303	179047	30945	14321
纺织业	10955	4788	110342	40014	6551	10189
纺织服装、服饰业	89625	42857	441472	244130	72510	70340
皮革、毛皮、羽毛及其制品和制鞋业	102101	29534	594132	311410	104592	115315
木材加工和木、竹、藤、棕、草制品业	1516	670	9503	5119	2801	864
家具制造业	77210	31767	694330	366557	182242	89417
造纸和纸制品业	6344	653	76887	51524	25528	8780
印刷和记录媒介复制业	25032	5026	252893	172490	97772	41736
文教、工美、体育和娱乐用品制造业	42458	13170	234388	153732	75426	40356
石油加工、炼焦和核燃料加工业	121431	23146	3218476	969379	68725	242144
化学原料和化学制品制造业	168808	54892	4074772	1069794	120647	197085
医药制造业	12954	7417	87245	40773	8180	11482
橡胶和塑料制品业	152628	59301	971681	572907	196788	140990
非金属矿物制品业	70377	22219	584435	244142	37429	69605
黑色金属冶炼和压延加工业	1054	1054	46620	29531	661	1982
有色金属冶炼和压延加工业	2331	745	91340	46027	13929	5616
金属制品业	132395	61968	852166	536309	222714	118303
通用设备制造业	22918	6400	317917	183103	85250	24930
专用设备制造业	33074	19958	242534	111543	21295	47192
汽车制造业	271541	83208	1670779	1039430	508082	316351
铁路、船舶、航空航天和其他运输设备制造业	15422	2283	105850	55745	14386	13355
电气机械和器材制造业	316868	141320	2427038	1576414	747476	347497
计算机、通信和其他电子设备制造业	2544473	711020	20083241	14160725	5600343	3012993
仪器仪表制造业	30981	9681	198167	140463	59340	36511
其他制造业	3673	1049	23832	14007	8402	5029
废弃资源综合利用业	5788	2185	66043	22839	7493	5615
电力、燃气及水的生产和供应业	**23977**	**197**	**2898592**	**373201**	**60023**	**23496**
电力、热力生产和供应业	19405	7	2604018	331467	56527	18045
燃气生产和供应业	1631		77396	10872	2869	1792
水的生产和供应业	2941	191	217178	30862	628	3660

项　目	产成品	固定资产合计	固定资产原价	累计折旧	本年折旧
总　计	1512065	13772576	24893354	12355811	1874768
一、按登记注册类型分组					
内资企业	479655	6748676	10403048	4764157	767463
国有企业		73760	112122	78705	6618
地方企业		73760	112122	78705	6618
有限责任公司	333843	5813784	8718948	3907794	599731
国有独资公司	15731	3663139	5310510	2539437	313704
其他有限责任公司	318112	2150645	3408438	1368357	286027
股份有限公司	34686	306860	651659	374825	54801
私营企业	111126	554273	920319	402834	106313
私营独资企业	2245	24704	84008	30893	11265
私营有限责任公司	107997	526120	829239	368318	94331
私营股份有限公司	884	3449	7072	3623	717
港、澳、台商投资企业	449201	3725893	7599428	3947589	642075
合资经营企业（港或澳、台资）	103405	619265	1139365	517774	85138
合作经营企业（港或澳、台资）	3538	31805	171671	139765	14071
港澳台商独资经营企业	334292	2955633	6086589	3205889	531699
港澳台商投资股份有限公司	7966	119191	201802	84161	11169
外商投资企业	583209	3298007	6890879	3644065	465230
中外合资经营企业	266361	2454419	5154410	2704723	348279
中外合作经营企业		47	1495	1449	98
外资企业	303655	793329	1650709	902894	112253
外商投资股份有限公司	6783	21586	30871	10232	1395
其他外商投资企业	6411	28627	53395	24768	3205
二、按经济组织类型分组					
独资企业	640193	3847426	7933428	4218381	661835
国有企业		73760	112122	78705	6618
集体企业					
私营独资企业	2245	24704	84008	30893	11265
港澳台商独资经营企业	334292	2955633	6086589	3205889	531699
外资企业	303655	793329	1650709	902894	112253
合作、合伙企业	9948	60478	226561	165982	17373
合作经营企业（港或澳、台资）	3538	31805	171671	139765	14071
中外合作经营企业		47	1495	1449	98
其他外商投资企业	6411	28627	53395	24768	3205
股份有限公司	50319	451085	891404	472840	68082
股份有限公司（内资）	34686	306860	651659	374825	54801
私营股份有限公司	884	3449	7072	3623	717
港澳台商投资股份有限公司	7966	119191	201802	84161	11169
外商投资股份有限公司	6783	21586	30871	10232	1395
有限责任公司	811605	9413588	15841961	7498609	1127478
国有独资公司	15731	3663139	5310510	2539437	313704
私营有限责任公司	107997	526120	829239	368318	94331

项　目	产成品	固定资产合计	固定资产原价	累计折旧	本年折旧
合资经营企业（港或澳、台资）	103405	619265	1139365	517774	85138
中外合资经营企业	266361	2454419	5154410	2704723	348279
其他有限责任公司	318112	2150645	3408438	1368357	286027
在总计中：亏损企业	83303	1121533	1614414	533189	89498
在总计中：国有控股企业	192496	6160931	9817334	4592070	546187
在总计中：轻工业	495919	1887393	3891178	2178835	348532
重工业	1016146	11885183	21002176	10176976	1526236
在总计中：大型企业	1003515	9769557	16932371	8131970	1212819
中型企业	508550	4003020	7960983	4223841	661949
按行业分					
制造业	**1511888**	**11519652**	**20707031**	**10378748**	**1637406**
农副食品加工业	6	14165	21080	6915	1861
食品制造业	318	61617	85661	24044	6867
酒、饮料和精制茶制造业	3502	30729	66657	21763	4684
纺织业	4766	52797	177021	133322	17931
纺织服装、服饰业	27253	136891	474035	347658	44564
皮革、毛皮、羽毛及其制品和制鞋业	43914	217451	417064	231726	43323
木材加工和木、竹、藤、棕、草制品业	285	3068	4542	1474	280
家具制造业	33741	193319	321722	133801	28920
造纸和纸制品业	1659	20937	30155	9218	2204
印刷和记录媒介复制业	7396	47391	146843	100788	13950
文教、工美、体育和娱乐用品制造业	12136	65659	167605	102652	12368
石油加工、炼焦和核燃料加工业	14052	2034778	2034778	892078	124228
化学原料和化学制品制造业	58708	1739535	3395395	1655860	171879
医药制造业	6153	37789	122454	87211	12141
橡胶和塑料制品业	41831	340262	890848	558241	73896
非金属矿物制品业	13670	256558	1070909	857363	117416
黑色金属冶炼和压延加工业	1982	17088	58753	12133	8676
有色金属冶炼和压延加工业	546	35667	36616	7952	2947
金属制品业	56140	227274	514971	299669	53415
通用设备制造业	8030	108930	209691	108909	19080
专用设备制造业	12551	87025	101399	51422	15166
汽车制造业	93261	457505	929806	474869	66751
铁路、船舶、航空航天和其他运输设备制造业	2469	17962	25984	8364	1977
电气机械和器材制造业	139939	514546	979780	510537	86225
计算机、通信和其他电子设备制造业	910228	4735174	8281230	3660506	696110
仪器仪表制造业	13498	43708	102239	58825	8687
其他制造业	1762	9132	14499	8635	585
废弃资源综合利用业	2092	12695	25297	12815	1276
电力、燃气及水的生产和供应业	**177**	**2252924**	**4186323**	**1977063**	**237362**
电力、热力生产和供应业	7	2044698	3895890	1851180	222661
燃气生产和供应业		41861	56519	14659	2247
水的生产和供应业	170	166365	233913	111224	12453

项　目	负债合计	流动负债合计	应付账款	非流动负债合计	所有者权益合计	实收资本
总　计	**23291050**	**19746956**	**10541478**	**3286001**	**17383500**	**8912332**
一、按登记注册类型分组						
内资企业	9513498	7725475	3006269	1651468	4302370	2101285
国有企业	68929	28412	2201	40517	45607	44687
地方企业	68929	28412	2201	40517	45607	44687
有限责任公司	7626581	6092703	2341901	1463592	3161006	1556550
国有独资公司	4304287	3520355	1054675	783933	1020286	459480
其他有限责任公司	3322294	2572348	1287226	679660	2140720	1097070
股份有限公司	558271	472157	169573	56033	482651	156229
私营企业	1259717	1132203	492594	91325	613107	343819
私营独资企业	11385	6582	2993	4169	52681	48236
私营有限责任公司	1234735	1112529	481437	86651	551877	291406
私营股份有限公司	13598	13092	8164	506	8549	4177
港、澳、台商投资企业	6675366	6266522	3665518	335339	4737716	3300051
合资经营企业（港或澳、台资）	1691939	1670344	541455	21242	870600	433988
合作经营企业（港或澳、台资）	44468	42923	19316		73962	53921
港澳台商独资经营企业	4784959	4431197	3048762	282266	3599449	2716426
港澳台商投资股份有限公司	154000	122059	55986	31832	193705	95716
外商投资企业	7102187	5754960	3869691	1299194	8343414	3510996
中外合资经营企业	3703615	2466358	1388979	1235611	6682411	2364443
中外合作经营企业	1307			1307	3865	3807
外资企业	3143073	3038173	2343727	58514	1540127	1071495
外商投资股份有限公司	49413	46084	20275	3329	23720	44602
其他外商投资企业	204778	204345	116711	434	93290	26650
二、按经济组织类型分组						
独资企业	8008346	7504364	5397683	385466	5237864	3880843
国有企业	68929	28412	2201	40517	45607	44687
集体企业						
私营独资企业	11385	6582	2993	4169	52681	48236
港澳台商独资经营企业	4784959	4431197	3048762	282266	3599449	2716426
外资企业	3143073	3038173	2343727	58514	1540127	1071495
合作、合伙企业	250553	247267	136026	1740	171117	84377
合作经营企业（港或澳、台资）	44468	42923	19316		73962	53921
中外合作经营企业	1307			1307	3865	3807
其他外商投资企业	204778	204345	116711	434	93290	26650
股份有限公司	775282	653392	253997	91699	708625	300725
股份有限公司（内资）	558271	472157	169573	56033	482651	156229
私营股份有限公司	13598	13092	8164	506	8549	4177
港澳台商投资股份有限公司	154000	122059	55986	31832	193705	95716
外商投资股份有限公司	49413	46084	20275	3329	23720	44602
有限责任公司	14256870	11341934	4753772	2807097	11265893	4646387
国有独资公司	4304287	3520355	1054675	783933	1020286	459480
私营有限责任公司	1234735	1112529	481437	86651	551877	291406

项　目	负债合计	流动负债合计	应付账款	非流动负债合计	所有者权益合计	实收资本
合资经营企业(港或澳、台资)	1691939	1670344	541455	21242	870600	433988
中外合资经营企业	3703615	2466358	1388979	1235611	6682411	2364443
其他有限责任公司	3322294	2572348	1287226	679660	2140720	1097070
在总计中：亏损企业	1409799	1010108	516678	387681	904195	1123249
在总计中：国有控股企业	7313812	4958768	1671406	2355014	3841924	2639286
在总计中：轻工业	5057403	4577914	2701309	331013	3171141	1797165
重工业	18233647	15169043	7840170	2954988	14212359	7115167
在总计中：大型企业	16882665	14538012	8055124	2297597	12390939	5548589
中型企业	6408386	5208944	2486354	988405	4992561	3363744
按行业分						
制造业	**21637350**	**18887616**	**10248800**	**2491642**	**16138607**	**8259486**
农副食品加工业	8060	4560	1088	3500	12067	7000
食品制造业	16065	16065	11974		86307	73000
酒、饮料和精制茶制造业	79563	78219	35828	1343	132740	35089
纺织业	44582	41100	9761	3437	65760	32377
纺织服装、服饰业	177696	155119	45101	12871	257615	192404
皮革、毛皮、羽毛及其制品和制鞋业	244051	183620	112570	19750	349081	190269
木材加工和木、竹、藤、棕、草制品业	4813	4813	1362		4690	4691
家具制造业	419365	386517	42172	27428	274838	151737
造纸和纸制品业	33279	30377	17498	2903	43608	30850
印刷和记录媒介复制业	147589	101482	41111	9697	105303	50682
文教、工美、体育和娱乐用品制造业	92192	76025	37298	7141	142187	132267
石油加工、炼焦和核燃料加工业	3188000	2865278	785545	322722	30476	
化学原料和化学制品制造业	1692445	479884	225833	1212534	2382327	1910144
医药制造业	47777	31079	7813	16698	39468	9325
橡胶和塑料制品业	540510	506493	218394	26018	431174	395953
非金属矿物制品业	227340	196541	55934	8398	357095	178343
黑色金属冶炼和压延加工业	62	62			46557	46557
有色金属冶炼和压延加工业	61073	61069	28700	5	30266	28114
金属制品业	460562	441790	165721	17126	391604	281134
通用设备制造业	157629	142523	75192	7590	159738	106869
专用设备制造业	162474	115041	38802	12307	80060	60403
汽车制造业	967017	966090	278686	626	703760	206400
铁路、船舶、航空航天和其他运输设备制造业	35275	31779	12119	3385	70575	31817
电气机械和器材制造业	1442212	1334400	821568	69313	980966	481794
计算机、通信和其他电子设备制造业	11213687	10489157	7107798	682855	8846535	3553400
仪器仪表制造业	124776	120536	56217	2740	73191	34719
其他制造业	9033	9033	5418		14799	14832
废弃资源综合利用业	40222	18966	9299	21257	25821	19318
电力、燃气及水的生产和供应业	**1653700**	**859341**	**292678**	**794359**	**1244893**	**652846**
电力、热力生产和供应业	1396455	720406	289525	676049	1207564	619998
燃气生产和供应业	59291	59291	815		18106	8000
水的生产和供应业	197955	79644	2338	118310	19223	24849

12-20 续表 8　　（2016 年）　　单位：万元

项　目	所有者权益合计					
	实收资本					
	国家资本	集体资本	法人资本	个人资本	港澳台资本	外商资本
总　计	**1564580**	**65595**	**2229863**	**345663**	**2392930**	**2313701**
一、按登记注册类型分组						
内资企业	613286	5307	1147467	298968	30183	6073
国有企业	44687					
地方企业	44687					
有限责任公司	548881	3230	839581	143322	16150	5386
国有独资公司	456480		3000			
其他有限责任公司	92401	3230	836581	143322	16150	5386
股份有限公司	19719		106930	18842	10738	
私营企业		2077	200956	136805	3295	687
私营独资企业			46557	410	1269	
私营有限责任公司		1000	153098	134595	2026	687
私营股份有限公司		1077	1300	1800		
港、澳、台商投资企业	1371	60165	737303	24810	2298825	177578
合资经营企业（港或澳、台资）	351	4877	292236	1180	117839	17507
合作经营企业（港或澳、台资）			12007		41913	
港澳台商独资经营企业	1020	55288	422813	23630	2111203	102472
港澳台商投资股份有限公司			10247		27870	57600
外商投资企业	949923	123	345094	21885	63923	2130050
中外合资经营企业	949923	123	204645	3875	21373	1184504
中外合作经营企业						3807
外资企业			125449	18010	38948	889089
外商投资股份有限公司			15000		3602	26001
其他外商投资企业						26650
二、按经济组织类型分组						
独资企业	45707	55288	594819	42050	2151420	991560
国有企业	44687					
集体企业						
私营独资企业			46557	410	1269	
港澳台商独资经营企业	1020	55288	422813	23630	2111203	102472
外资企业			125449	18010	38948	889089
合作、合伙企业			12007		41913	30457
合作经营企业（港或澳、台资）			12007		41913	
中外合作经营企业						3807
其他外商投资企业						26650
股份有限公司	19719	1077	133477	20642	42209	83601
股份有限公司（内资）	19719		106930	18842	10738	
私营股份有限公司		1077	1300	1800		
港澳台商投资股份有限公司			10247		27870	57600
外商投资股份有限公司			15000		3602	26001
有限责任公司	1499154	9230	1489560	282971	157388	1208084
国有独资公司	456480		3000			
私营有限责任公司		1000	153098	134595	2026	687

项　目	所有者权益合计					
	实收资本					
	国家资本	集体资本	法人资本	个人资本	港澳台资本	外商资本
合资经营企业（港或澳、台资）	351	4877	292236	1180	117839	17507
中外合资经营企业	949923	123	204645	3875	21373	1184504
其他有限责任公司	92401	3230	836581	143322	16150	5386
在总计中：亏损企业	7888	2900	615313	42460	199225	255464
在总计中：国有控股企业	1535973		160490	3150	13464	926208
在总计中：轻工业	27228	57718	430303	174089	643363	464464
重工业	1537352	7876	1799561	171574	1749567	1849237
在总计中：大型企业	1401032	55411	942863	58136	1497363	1593783
中型企业	163548	10183	1287000	287527	895567	719918
按行业分						
制造业	**966534**	**65595**	**2175063**	**345663**	**2392930**	**2313701**
农副食品加工业			7000			
食品制造业			73000			
酒、饮料和精制茶制造业	351			0	34738	
纺织业			11415		20281	682
纺织服装、服饰业			44678	9302	56904	81521
皮革、毛皮、羽毛及其制品和制鞋业	21	1075	23515	31880	25653	108125
木材加工和木、竹、藤、棕、草制品业					4691	
家具制造业			22242	27780	94526	7190
造纸和纸制品业			7000		19851	3998
印刷和记录媒介复制业			16125	300	3240	31017
文教、工美、体育和娱乐用品制造业		55	2653	4960	86591	38008
石油加工、炼焦和核燃料加工业						
化学原料和化学制品制造业	925000		29884	7680	22580	925000
医药制造业				9325		
橡胶和塑料制品业	1520		55605	28900	148219	161709
非金属矿物制品业	3000		147975		27367	
黑色金属冶炼和压延加工业			46557			
有色金属冶炼和压延加工业			26354		1760	
金属制品业			148370	52562	63474	16728
通用设备制造业			43964	5270		57634
专用设备制造业			12620	22711	2403	22670
汽车制造业	22303		81572	2352	8276	91898
铁路、船舶、航空航天和其他运输设备制造业			11939		11008	8871
电气机械和器材制造业	2007	56588	154038	23639	170651	74871
计算机、通信和其他电子设备制造业	12332	7876	1179909	111992	1571591	669699
仪器仪表制造业			17650	7010	10058	
其他制造业					7042	7789
废弃资源综合利用业			11000		2026	6292
电力、燃气及水的生产和供应业	**598046**		**54800**			
电力、热力生产和供应业	565198		54800			
燃气生产和供应业	8000					
水的生产和供应业	24849					

项 目	营业收入	主营业务收入	营业成本	主营业务成本	营业税金及附加	主营业务税金及附加
总 计	56362201	55163889	48480201	47523891	603651	600943
一、按登记注册类型分组						
内资企业	19118612	18858213	16271274	16044495	479459	479019
国有企业	93096	91006	85518	84204	296	167
地方企业	93096	91006	85518	84204	296	167
有限责任公司	12924008	12702127	10965977	10767485	463120	462813
国有独资公司	5514997	5355552	4729352	4580584	439323	439137
其他有限责任公司	7409010	7346576	6236625	6186902	23798	23675
股份有限公司	892571	875788	684551	675604	4804	4799
私营企业	5208937	5189292	4535227	4517202	11240	11240
私营独资企业	684649	684649	570277	570277	208	208
私营有限责任公司	4495731	4476086	3943150	3925124	10843	10843
私营股份有限公司	28557	28557	21800	21800	189	189
港、澳、台商投资企业	15811079	15534256	13939977	13722416	51993	50690
合资经营企业（港或澳、台资）	3374600	3208733	2916914	2757055	14989	14712
合作经营企业（港或澳、台资）	358974	357517	310311	310311	486	486
港澳台商独资经营企业	11848824	11743126	10528248	10473105	34957	33930
港澳台商投资股份有限公司	228681	224880	184504	181945	1561	1561
外商投资企业	21432510	20771420	18268950	17756980	72199	71234
中外合资经营企业	13873608	13651366	11436903	11337299	51595	50982
中外合作经营企业	9959	9959	7469	7469		
外资企业	7239271	6806534	6579094	6173298	18883	18532
外商投资股份有限公司	86126	82036	77181	73531	94	94
其他外商投资企业	223547	221524	168304	165384	1627	1627
二、按经济组织类型分组						
独资企业	19865839	19325314	17763138	17300883	54344	52837
国有企业	93096	91006	85518	84204	296	167
集体企业						
私营独资企业	684649	684649	570277	570277	208	208
港澳台商独资经营企业	11848824	11743126	10528248	10473105	34957	33930
外资企业	7239271	6806534	6579094	6173298	18883	18532
合作、合伙企业	592480	589001	486084	483165	2113	2113
合作经营企业（港或澳、台资）	358974	357517	310311	310311	486	486
中外合作经营企业	9959	9959	7469	7469		
其他外商投资企业	223547	221524	168304	165384	1627	1627
股份有限公司	1235935	1211261	968036	952881	6648	6643
股份有限公司（内资）	892571	875788	684551	675604	4804	4799
私营股份有限公司	28557	28557	21800	21800	189	189
港澳台商投资股份有限公司	228681	224880	184504	181945	1561	1561
外商投资股份有限公司	86126	82036	77181	73531	94	94
有限责任公司	34667947	34038313	29262943	28786963	540547	539350
国有独资公司	5514997	5355552	4729352	4580584	439323	439137
私营有限责任公司	4495731	4476086	3943150	3925124	10843	10843

12-20 续表11　（2016年）　单位：万元

项　目	营业收入	主营业务收入	营业成本	主营业务成本	营业税金及附加	主营业务税金及附加
合资经营企业（港或澳、台资）	3374600	3208733	2916914	2757055	14989	14712
中外合资经营企业	13873608	13651366	11436903	11337299	51595	50982
其他有限责任公司	7409010	7346576	6236625	6186902	23798	23675
在总计中：亏损企业	1375983	1364075	1310646	1303530	4761	4591
在总计中：国有控股企业	9382421	9187220	7641401	7472486	458995	458559
在总计中：轻工业	15029230	14549404	13047197	12619954	44359	43869
重工业	41332971	40614484	35433004	34903936	559293	557074
在总计中：大型企业	38268844	37202628	32918590	32043492	542069	540354
中型企业	18093357	17961261	15561611	15480399	61582	60590
按行业分						
制造业	**53699090**	**52520699**	**46043650**	**45096464**	**588617**	**586228**
农副食品加工业	15426	15240	11116	11116	0	0
食品制造业	156840	156072	126280	126071	687	687
酒、饮料和精制茶制造业	310929	305852	178307	174632	4256	4256
纺织业	408885	397466	346336	346335	234	234
纺织服装、服饰业	1029491	1029074	907442	906171	2941	2941
皮革、毛皮、羽毛及其制品和制鞋业	1236699	1227996	1059327	1059296	4386	4386
木材加工和木、竹、藤、棕、草制品业	11520	11514	10559	10559	116	116
家具制造业	1451436	1448935	1262521	1261816	2602	2602
造纸和纸制品业	96001	94492	82714	82714	464	464
印刷和记录媒介复制业	371014	370208	332321	332292	1505	1505
文教、工美、体育和娱乐用品制造业	460037	460022	402374	402374	1940	1894
石油加工、炼焦和核燃料加工业	3084484	2930634	2436884	2291413	428471	428471
化学原料和化学制品制造业	2232311	2217896	1567516	1556237	13186	13186
医药制造业	94969	91893	73677	72072	456	451
橡胶和塑料制品业	1487151	1477034	1284004	1277228	6334	6331
非金属矿物制品业	866103	865563	712786	712699	2187	2123
黑色金属冶炼和压延加工业	621325	621325	516231	516231	72	72
有色金属冶炼和压延加工业	42921	42285	37987	37987	212	212
金属制品业	1373629	1361545	1160896	1149467	5273	5103
通用设备制造业	771024	770576	648240	648240	1669	1634
专用设备制造业	592676	592509	471399	471083	1972	1972
汽车制造业	2121980	1983521	1766150	1645142	9095	8477
铁路、船舶、航空航天和其他运输设备制造业	69104	68990	56194	56106	424	424
电气机械和器材制造业	4409605	4388200	3813025	3807351	13233	12922
计算机、通信和其他电子设备制造业	29993491	29207064	26465568	25831939	85630	84495
仪器仪表制造业	251973	247341	196709	192809	867	867
其他制造业	51671	51671	46289	46289	149	149
废弃资源综合利用业	86396	85781	70799	70795	255	255
电力、燃气及水的生产和供应业	**2663112**	**2643190**	**2436552**	**2427427**	**15035**	**14716**
电力、热力生产和供应业	2573151	2567145	2382734	2380061	14418	14226
燃气生产和供应业	33993	24480	19250	15227	335	335
水的生产和供应业	55968	51564	34567	32138	281	155

项　目	其他业务收入	其他业务利润	销售费用	管理费用	税金	财 务 费 用
总　计	**1198313**	**153553**	**1170958**	**1917504**	**57357**	**125471**
一、按登记注册类型分组						
内资企业	260399	19866	232179	649150	15540	112793
国有企业	2091	65	1038	4274		588
地方企业	2091	65	1038	4274		588
有限责任公司	221881	15798	138410	426341	9535	86949
国有独资公司	159446	10492	22913	36574	1148	32836
其他有限责任公司	62435	5306	115498	389767	8387	54113
股份有限公司	16783	2269	31512	75964	410	8010
私营企业	19645	1734	61219	142572	5595	17247
私营独资企业			16283	9581	164	54
私营有限责任公司	19645	1734	43949	130093	5420	17296
私营股份有限公司	0.2		987	2898	11	−103
港、澳、台商投资企业	276823	26748	218222	737915	25887	80759
合资经营企业（港或澳、台资）	165867	1797	93648	193538	4363	2597
合作经营企业（港或澳、台资）	1457	1457	2697	6699	173	−559
港澳台商独资经营企业	105698	23393	119486	522273	20963	74755
港澳台商投资股份有限公司	3801	102	2391	15405	387	3967
外商投资企业	661091	106938	720558	530439	15931	−68081
中外合资经营企业	222242	97951	427952	250702	5513	−38421
中外合作经营企业				2699		
外资企业	432737	8983	270367	254001	9807	−27925
外商投资股份有限公司	4090	5	394	4213	317	314
其他外商投资企业	2022		21845	18824	294	−2048
二、按经济组织类型分组						
独资企业	540525	32441	407173	790130	30935	47471
国有企业	2091	65	1038	4274		588
集体企业						
私营独资企业			16283	9581	164	54
港澳台商独资经营企业	105698	23393	119486	522273	20963	74755
外资企业	432737	8983	270367	254001	9807	−27925
合作、合伙企业	3480	1457	24542	28222	467	−2607
合作经营企业（港或澳、台资）	1457	1457	2697	6699	173	−559
中外合作经营企业				2699		
其他外商投资企业	2022		21845	18824	294	−2048
股份有限公司	24674	2375	35284	98480	1125	12187
股份有限公司（内资）	16783	2269	31512	75964	410	8010
私营股份有限公司	0.2		987	2898	11	−103
港澳台商投资股份有限公司	3801	102	2391	15405	387	3967
外商投资股份有限公司	4090	5	394	4213	317	314
有限责任公司	629634	117280	703959	1000673	24830	68420
国有独资公司	159446	10492	22913	36574	1148	32836
私营有限责任公司	19645	1734	43949	130093	5420	17296

项　目	其他业务收入	其他业务利润	销售费用	管理费用		财务费用
					税金	
合资经营企业（港或澳、台资）	165867	1797	93648	193538	4363	2597
中外合资经营企业	222242	97951	427952	250702	5513	-38421
其他有限责任公司	62435	5306	115498	389767	8387	54113
在总计中：亏损企业	11908	2736	18769	167872	4442	20348
在总计中：国有控股企业	195201	13042	103713	150608	3597	97896
在总计中：轻工业	479826	31365	468410	545720	21199	24993
重工业	718487	122188	702548	1371784	36158	100479
在总计中：大型企业	1066216	136075	856596	1109336	30285	43862
中型企业	132097	17478	314362	808168	27072	81609
按行业分						
制造业	**1178391**	**151374**	**1155525**	**1896792**	**57052**	**85315**
农副食品加工业	186		2	567	138	379
食品制造业	768	560	10241	5253	369	-20
酒、饮料和精制茶制造业	5077	100	76066	8439	175	192
纺织业	11419	1413	1665	7901	86	987
纺织服装、服饰业	417	26	8453	40815	3134	3764
皮革、毛皮、羽毛及其制品和制鞋业	8703	-17	12000	48661	1680	3509
木材加工和木、竹、藤、棕、草制品业	6	6	459	390	38	-1
家具制造业	2501	1532	26148	36862	4827	-971
造纸和纸制品业	1509	-2	3929	4809	336	-369
印刷和记录媒介复制业	807	771	4917	15151	1211	2992
文教、工美、体育和娱乐用品制造业	15	11	3958	28817	1696	-2105
石油加工、炼焦和核燃料加工业	153849	8378	15095	19408	803	10027
化学原料和化学制品制造业	14415	773	42007	39452	1539	38275
医药制造业	3077	1468	3999	6721	226	1021
橡胶和塑料制品业	10117	1754	28466	82981	3527	2129
非金属矿物制品业	540	79	7018	100924	1909	3526
黑色金属冶炼和压延加工业			15119	8316	164	5
有色金属冶炼和压延加工业	636	629	320	6737	283	-416
金属制品业	12084	252	16459	61670	2644	1844
通用设备制造业	449	46	9503	21635	649	6835
专用设备制造业	168	53	9611	23598	296	4971
汽车制造业	138459	4817	30562	148496	3375	269
铁路、船舶、航空航天和其他运输设备制造业	115	26	1851	6807	175	267
电气机械和器材制造业	21405	15610	70118	161195	3142	4155
计算机、通信和其他电子设备制造业	786427	113086	746265	986593	23945	27
仪器仪表制造业	4631	5	6853	17199	457	2890
其他制造业			1613	3095	94	-68
废弃资源综合利用业	615		2827	4304	137	1202
电力、燃气及水的生产和供应业	**19922**	**2178**	**15433**	**20712**	**305**	**40156**
电力、热力生产和供应业	6006	900	21	6804		33152
燃气生产和供应业	9513		7247	2982	15	90
水的生产和供应业	4404	1279	8166	10926	290	6914

12-20 续表 14　　　　（2016 年）　　　　单位：万元

项　目			营业利润	资产减值损失	公允价值变动收益	投资收益	营业外收入
	利息收入	利息支出					
总　计	**89225**	**166679**	**3635608**	**447933**	**630**	**17626**	**263205**
一、按登记注册类型分组							
内资企业	7426	92900	1358672	29318	791	12568	178513
国有企业	83	665	1580			198	766
地方企业	83	665	1580			198	766
有限责任公司	5724	70046	834169	21094	791	10386	169549
国有独资公司	3551	30507	259682	−1		4802	157316
其他有限责任公司	2173	39539	574487	21095	791	5584	12233
股份有限公司	663	8876	81822	6986		1077	4698
私营企业	956	13313	441101	1238		908	3500
私营独资企业	9	58	88236	9			
私营有限责任公司	949	13241	350136	1167		903	3345
私营股份有限公司	−1	14	2730	62		5	155
港、澳、台商投资企业	14145	44542	780570	7099	391	5070	26773
合资经营企业（港或澳、台资）	5675	16946	154534	1595		3216	5007
合作经营企业（港或澳、台资）	203	545	39369	129	158		116
港澳台商独资经营企业	8136	25354	565295	5121	233	1080	20329
港澳台商投资股份有限公司	131	1698	21373	255		774	1321
外商投资企业	67654	29236	1496365	411516	−552	−12	57919
中外合资经营企业	59617	17783	1342101	397013	−685	−5081	31736
中外合作经营企业	1	0.1	−209				
外资企业	5942	11263	131850	12707	133	−427	25755
外商投资股份有限公司	0.4	144	3827	113		10	42
其他外商投资企业	2095	47	18797	1683		5485	385
二、按经济组织类型分组							
独资企业	14169	37340	786961	17838	366	851	46850
国有企业	83	665	1580			198	766
集体企业							
私营独资企业	9	58	88236	9			
港澳台商独资经营企业	8136	25354	565295	5121	233	1080	20329
外资企业	5942	11263	131850	12707	133	−427	25755
合作、合伙企业	2298	592	57957	1812	158	5485	501
合作经营企业（港或澳、台资）	203	545	39369	129	158		116
中外合作经营企业	1	0	−209				
其他外商投资企业	2095	47	18797	1683		5485	385
股份有限公司	793	10732	109751	7415		1866	6217
股份有限公司（内资）	663	8876	81822	6986		1077	4698
私营股份有限公司	−1	14	2730	62		5	155
港澳台商投资股份有限公司	131	1698	21373	255		774	1321
外商投资股份有限公司	0.4	144	3827	113		10	42
有限责任公司	71965	118016	2680940	420868	106	9424	209637
国有独资公司	3551	30507	259682	−1		4802	157316
私营有限责任公司	949	13241	350136	1167		903	3345

项　目	利息收入	利息支出	营业利润	资产减值损失	公允价值变动收益	投资收益	营业外收入
合资经营企业（港或澳、台资）	5675	16946	154534	1595		3216	5007
中外合资经营企业	59617	17783	1342101	397013	−685	−5081	31736
其他有限责任公司	2173	39539	574487	21095	791	5584	12233
在总计中：亏损企业	5618	21160	−155771	8884	−125	−348	19017
在总计中：国有控股企业	6068	70698	928560	9380	256	6998	167594
在总计中：轻工业	4139	32935	913136	3920	548	17955	30241
重工业	85086	133744	2722472	444013	82	−330	232964
在总计中：大型企业	77354	90358	2381683	429777	584	11609	217567
中型企业	11871	76321	1253925	18156	46	6017	45637
按行业分							
制造业	**85770**	**123905**	**3499103**	**447759**	**630**	**17050**	**241562**
农副食品加工业	2	379	3362				31
食品制造业	20	0.3	14396	3			1228
酒、饮料和精制茶制造业	3		43669				204
纺织业	5	973	51777			15	13
纺织服装、服饰业	526	2334	66104	21	14	35	373
皮革、毛皮、羽毛及其制品和制鞋业	753	2351	109652			835	1033
木材加工和木、竹、藤、棕、草制品业	2		−3				6
家具制造业	408	971	125344	6		1076	755
造纸和纸制品业	17	517	4406	49			77
印刷和记录媒介复制业	175	3179	14243			115	377
文教、工美、体育和娱乐用品制造业	176	354	24890	163			620
石油加工、炼焦和核燃料加工业	341	5280	179022			4424	136343
化学原料和化学制品制造业	408	13605	532380	3492		3997	6713
医药制造业	25	1006	9076	19			416
橡胶和塑料制品业	2247	5396	73013	10524	−125	427	14496
非金属矿物制品业	171	3148	34091	5571			1002
黑色金属冶炼和压延加工业	0.2	1	81583				
有色金属冶炼和压延加工业	5		−1920				72
金属制品业	6647	9219	134213	1150	158	7718	1024
通用设备制造业	−34	927	83143				967
专用设备制造业	68	1160	80011	1119		5	1410
汽车制造业	1349	5614	168073	−102		564	3399
铁路、船舶、航空航天和其他运输设备制造业	156	649	3515	69		23	29
电气机械和器材制造业	5424	6531	345113	9046	537	5743	9772
计算机、通信和其他电子设备制造业	66870	57545	1285374	416110	46	−7966	60567
仪器仪表制造业	5	1665	26975	520		40	562
其他制造业	1	3	594				8
废弃资源综合利用业		1102	7008				68
电力、燃气及水的生产和供应业	**3455**	**42773**	**136505**	**174**		**576**	**21643**
电力、热力生产和供应业	3400	35943	137478	−1		576	16102
燃气生产和供应业	32	50	3914	175			49
水的生产和供应业	24	6780	−4886				5492

项 目	政府补助	营业外支出	利润总额	所得税费用	亏损企业亏损总额	利税总额
总 计	**47935**	**78423**	**3820389**	**563797**	**157325**	**5815357**
一、按登记注册类型分组						
内资企业	37854	13472	1523714	131848	68074	2644245
国有企业		116	2230	207		5852
地方企业		116	2230	207		5852
有限责任公司	34344	7043	996676	108433	60190	1949602
国有独资公司	27972	3218	413780	50258		1214674
其他有限责任公司	6372	3825	582896	58175	60190	734928
股份有限公司	1472	1801	84720	14550		119459
私营企业	2039	4513	440088	8659	7884	569332
私营独资企业			88236			89500
私营有限责任公司	1990	4420	349060	8398	7884	476731
私营股份有限公司	48	93	2792	260		3101
港、澳、台商投资企业	7262	24173	783169	78250	55429	972240
合资经营企业（港或澳、台资）	1687	6273	153268	13965	6305	223004
合作经营企业（港或澳、台资）	9	681	38804	115		40475
港澳台商独资经营企业	4529	17207	568416	62587	49124	682777
港澳台商投资股份有限公司	1037	13	22681	1583		25984
外商投资企业	2819	40778	1513506	353699	33822	2198872
中外合资经营企业	1137	14358	1359479	327307	2540	1939009
中外合作经营企业			−209		209	−209
外资企业	1678	26152	131453	24240	31073	227944
外商投资股份有限公司	4	88	3781	70		3982
其他外商投资企业		180	19002	2083		28146
二、按经济组织类型分组						
独资企业	6208	43475	790335	87034	80197	1006073
国有企业		116	2230	207		5852
集体企业						
私营独资企业			88236			89500
港澳台商独资经营企业	4529	17207	568416	62587	49124	682777
外资企业	1678	26152	131453	24240	31073	227944
合作、合伙企业	9	861	57597	2198	209	68412
合作经营企业（港或澳、台资）	9	681	38804	115		40475
中外合作经营企业			−209		209	−209
其他外商投资企业		180	19002	2083		28146
股份有限公司	2562	1995	113973	16463		152526
股份有限公司（内资）	1472	1801	84720	14550		119459
私营股份有限公司	48	93	2792	260		3101
港澳台商投资股份有限公司	1037	13	22681	1583		25984
外商投资股份有限公司	4	88	3781	70		3982
有限责任公司	39157	32093	2858483	458102	76918	4588346
国有独资公司	27972	3218	413780	50258		1214674
私营有限责任公司	1990	4420	349060	8398	7884	476731

12-20 续表17　　（2016年）　　单位：万元

项　目	政府补助	营业外支出	利润总额	所得税费用	亏损企业亏损总额	利税总额
合资经营企业（港或澳、台资）	1687	6273	153268	13965	6305	223004
中外合资经营企业	1137	14358	1359479	327307	2540	1939009
其他有限责任公司	6372	3825	582896	58175	60190	734928
在总计中：亏损企业	1533	20570	−157325	−1332	157325	−177739
在总计中：国有控股企业	28931	6128	1090026	211051	2836	2050515
在总计中：轻工业	8444	13230	930147	59891	23710	1196757
重工业	39491	65193	2890242	503906	133614	4618600
在总计中：大型企业	39746	40502	2558749	472432	12006	4273445
中型企业	8189	37922	1261640	91365	145319	1541912
按行业分						
制造业	**45592**	**75230**	**3665433**	**523895**	**156722**	**5531366**
农副食品加工业		3	3390	−19		3391
食品制造业	1197	16	15608	3895		22122
酒、饮料和精制茶制造业	184	152	43721	8724		67448
纺织业		34	51755	413		55452
纺织服装、服饰业	59	347	66130	5267	3326	80277
皮革、毛皮、羽毛及其制品和制鞋业	791	506	110178	1469	3362	127032
木材加工和木、竹、藤、棕、草制品业			3	3		604
家具制造业	591	890	125208	3720		142100
造纸和纸制品业	1	44	4440	1130		6368
印刷和记录媒介复制业	24	284	14337	1186	439	22203
文教、工美、体育和娱乐用品制造业	3	326	25184	2030	1263	35015
石油加工、炼焦和核燃料加工业	25399	975	314390	26806		997226
化学原料和化学制品制造业	550	2854	536239	132125		633572
医药制造业		717	8775	93		14000
橡胶和塑料制品业	892	15744	71765	8626	17768	97764
非金属矿物制品业	92	312	34781	7645	1808	56263
黑色金属冶炼和压延加工业			81583			82269
有色金属冶炼和压延加工业	42	14	−1863	505	3884	−1412
金属制品业	354	1868	133370	7602	3498	168700
通用设备制造业	32	197	83913	1666	1291	91443
专用设备制造业	491	3999	77422	2228	6285	87136
汽车制造业	1369	3218	168254	34579	1108	227504
铁路、船舶、航空航天和其他运输设备制造业	22	17	3527	481	567	4251
电气机械和器材制造业	2391	3535	351350	23864	14832	454432
计算机、通信和其他电子设备制造业	10729	38133	1307808	246984	96016	2016651
仪器仪表制造业	381	979	26558	2162	133	30818
其他制造业		49	553	−9	541	926
废弃资源综合利用业		20	7057	721	602	7813
电力、燃气及水的生产和供应业	**2344**	**3193**	**154955**	**39902**	**603**	**283991**
电力、热力生产和供应业	2344	3075	150505	38824		275236
燃气生产和供应业			3962	1078		5287
水的生产和供应业		118	488		603	3468

12-20 续表18 （2016年） 单位：万元

项　目	应交税金及附加	本年应付职工薪酬	本年应交增值税	平均用工人数（人）	期末用工人数（人）	收入法增加值
总　计	**2616123**	**4601866**	**1391317**	**672891**	**679240**	**13360846**
一、按登记注册类型分组						
内资企业	1267920	1386219	641072	188112	193842	4871987
国有企业	3829	12974	3326	979	974	24603
地方企业	3829	12974	3326	979	974	24603
有限责任公司	1070894	904942	489807	107946	109974	3421041
国有独资公司	852300	276856	361572	16585	15594	1617043
其他有限责任公司	218594	628086	128235	91361	94380	1803998
股份有限公司	49700	129325	29936	25122	28537	333733
私营企业	143498	338978	118004	54065	54357	1092610
私营独资企业	1428	15336	1056	2283	2324	125754
私营有限责任公司	141489	318305	116828	50946	51205	960099
私营股份有限公司	580	5337	120	836	828	6757
港、澳、台商投资企业	293207	1995707	137077	312820	318599	3965673
合资经营企业（港或澳、台资）	88063	315877	54747	48716	48321	694536
合作经营企业（港或澳、台资）	1959	26159	1184	4279	4288	88784
港澳台商独资经营企业	197911	1623917	79403	255660	259217	3106995
港澳台商投资股份有限公司	5273	29755	1742	4165	6773	75358
外商投资企业	1054996	1219941	613168	171959	166799	4523186
中外合资经营企业	912349	620374	527935	77951	80170	3354221
中外合作经营企业	0.1	2918	0.1	798	756	4111
外资企业	130538	569208	77608	89591	82706	1106569
外商投资股份有限公司	588	7610	107	1183	1114	14269
其他外商投资企业	11521	19831	7518	2436	2053	44016
二、按经济组织类型分组						
独资企业	333706	2221435	161393	348513	345221	4363921
国有企业	3829	12974	3326	979	974	24603
集体企业						
私营独资企业	1428	15336	1056	2283	2324	125754
港澳台商独资经营企业	197911	1623917	79403	255660	259217	3106995
外资企业	130538	569208	77608	89591	82706	1106569
合作、合伙企业	13480	48907	8702	7513	7097	136911
合作经营企业（港或澳、台资）	1959	26159	1184	4279	4288	88784
中外合作经营企业	0.1	2918	0.1	798	756	4111
其他外商投资企业	11521	19831	7518	2436	2053	44016
股份有限公司	56141	172026	31905	31306	37252	430116
股份有限公司（内资）	49700	129325	29936	25122	28537	333733
私营股份有限公司	580	5337	120	836	828	6757
港澳台商投资股份有限公司	5273	29755	1742	4165	6773	75358
外商投资股份有限公司	588	7610	107	1183	1114	14269
有限责任公司	2212796	2159498	1189317	285559	289670	8429898
国有独资公司	852300	276856	361572	16585	15594	1617043
私营有限责任公司	141489	318305	116828	50946	51205	960099

项　目	应交税金及附加	本年应付职工薪酬	本年应交增值税	平均用工人数（人）	期末用工人数（人）	收入法增加值
合资经营企业（港或澳、台资）	88063	315877	54747	48716	48321	694536
中外合资经营企业	912349	620374	527935	77951	80170	3354221
其他有限责任公司	218594	628086	128235	91361	94380	1803998
在总计中：亏损企业	-17304	295778	-25175	54678	53556	338844
在总计中：国有控股企业	1175137	500189	501494	40796	44937	2938828
在总计中：轻工业	347700	1305788	222251	214713	210787	3064552
重工业	2268422	3296078	1169066	458178	468453	10296294
在总计中：大型企业	2217413	2932159	1172627	396440	403717	9007511
中型企业	398710	1669707	218690	276451	275523	4353335
按行业分						
制造业	**2446881**	**4396382**	**1277316**	**661739**	**668093**	**12650459**
农副食品加工业	120	1796	1	305	310	7247
食品制造业	10778	9246	5827	1129	1067	37139
酒、饮料和精制茶制造业	32625	12724	19470	1817	745	86537
纺织业	4196	25115	3463	4176	3955	104988
纺织服装、服饰业	22548	122330	11206	23970	23175	278008
皮革、毛皮、羽毛及其制品和制鞋业	20004	210686	12468	35530	36385	401933
木材加工和木、竹、藤、棕、草制品业	641	2518	485	648	681	3538
家具制造业	25438	117494	14290	19802	20682	310320
造纸和纸制品业	3394	14686	1464	2304	2126	24651
印刷和记录媒介复制业	10263	30550	6361	5504	4903	73979
文教、工美、体育和娱乐用品制造业	13557	88532	7891	17877	16248	148262
石油加工、炼焦和核燃料加工业	710445	83281	254365	3665	2770	1030987
化学原料和化学制品制造业	230997	73966	84147	4550	5237	884670
医药制造业	5545	18317	4769	2702	2702	44015
橡胶和塑料制品业	38151	192575	19665	31823	31248	391431
非金属矿物制品业	31036	42115	19295	5968	5953	299773
黑色金属冶炼和压延加工业	851	7103	615	818	854	107339
有色金属冶炼和压延加工业	1240	8964	239	1856	1645	11567
金属制品业	45576	146419	30057	19612	18852	398978
通用设备制造业	9845	36621	5861	5676	5919	160851
专用设备制造业	12238	31383	7742	4897	4867	145325
汽车制造业	97205	217628	50156	28660	28713	546673
铁路、船舶、航空航天和其他运输设备制造业	1379	17614	300	2796	2695	25362
电气机械和器材制造业	130087	315107	89848	53954	53849	897561
计算机、通信和其他电子设备制造业	979773	2517544	623213	373710	384765	6128085
仪器仪表制造业	6879	30190	3394	5233	5005	68936
其他制造业	458	11845	224	1428	1402	15040
废弃资源综合利用业	1613	10036	501	1329	1340	17264
电力、燃气及水的生产和供应业	**169242**	**205484**	**114001**	**11152**	**11147**	**710386**
电力、热力生产和供应业	163556	185345	110313	9096	9104	669008
燃气生产和供应业	2417	4163	989	451	452	11727
水的生产和供应业	3270	15976	2698	1605	1591	29651

12-21 分县区规模以上工业企业主要工业产品产量

（2016 年）

产品名称		惠州市	惠城区	惠阳区	惠东县	博罗县	龙门县	大亚湾区	仲恺区
铁矿石原矿	吨	535027				473521	61506		
铁矿石成品矿	吨	34421					34421		
铅金属含量	吨	4675					4675		
锌金属含量	吨	9205					9205		
石灰石	吨	39052097					39052097		
建筑用天然石料	立方米	1981844					1981844		
高岭土（瓷土）	吨	11750160					11750160		
大米	吨	75049	30123	23655			21271		
饲料	吨	1368918	100239	190777		900332		177569	
成品糖	吨	6112				6112			
鲜、冷藏肉	吨	19260			18496				764
方便面	吨	16068	16068						
乳制品	吨	106893					8777		98116
罐头	吨	14571				14571			
饮料酒	千升	96451	91587				4864		
软饮料	吨	1803546	8630			1156135	74291		564491
布	万米	1010		1010					
印染布	万米	13517				6212	7305		
蚕丝被	万条	1							1
服装	万件	14482	3681	1513	2492	5514	326	68	889
手提包（袋）、背包	万个	1788	131	1632			25		
鞋	万双	19036	663	419	16502	203			1250
其中：皮革鞋靴	万双	17483	663	419	16198	203			
人造板	立方米	307959	220503			87456			
竹地板	平方米	35626					35626		
家具	件	9521469		3836140		1949676		3092418	643235
机制纸及纸板（外购原纸加工除外）	吨	18236		10080		1180	6976		
纸制品	吨	292753		220263	62559	9632		299	
单色印刷品	令	58817				58817			
多色印刷品	对开色令	527277		517687		9590			
涂料	吨	146289		52002	10258	41637	9676	27888	4828
初级形态塑料	吨	193859		27266		1495		160623	4475
合成橡胶	吨	249971						249971	
化学试剂	吨	46958				1946	21211	23801	

12-21 续表1 （2016年）

产品名称		惠州市	惠城区	惠阳区	惠 东 县	博罗县	龙门县	大亚湾区	仲恺区
合成洗涤剂	吨	39962						39962	
化学药品原药	吨	44						44	
中成药	吨	4863	215			4647			
化学纤维	吨	33172				33172			
橡胶轮胎外胎	条	783416							783416
塑料制品	吨	197705	1737	31867	1557	77822		22815	61907
硅酸盐水泥熟料	吨	10016622				651801	9364821		
水泥	吨	22347138		896064	77250	6834116	13356276		1183432
石灰	吨	811902					811902		
商品混凝土	立方米	4610179		1531099	299945	202805	1690472	719622	166236
预应力混凝土桩	米	5063725	885996		4177729				
砖	万块	54092					54092		
瓷质砖	平方米	874890		874890					
钢化玻璃	平方米	909643			909643				
石墨及炭素制品	吨	1810							1810
铸铁件	吨	2900							2900
钢材	吨	486409		21868		464541			
十种有色金属	吨	227							227
铜材	吨	5162				312		2910	1940
钢结构	吨	126713		2095		98602		26016	
金属集装箱	立方米	5078034		2939362				2138672	
不锈钢日用制品	吨	6689		2465		3194			1030
金属切削机床	台	81	33					48	
电梯、自动扶梯及升降机	台	651		651					
泵	台	6286780							6286780
气体压缩机	台	6112954							6112954
液压元件	件	3130663							3130663
气动元件	件	2791591							2791591
滚动轴承	万套	4281		4281					
包装专用设备	台	268							268
复印和胶版印制设备	台	3155		2635					520
金属紧固件	吨	580							580
弹簧	吨	909		909					
模具	套	742235		4771		735560			1904

12-21 续表 2　　　　（2016 年）

产品名称		惠州市	惠城区	惠阳区	惠 东 县	博罗县	龙门县	大亚湾区	仲恺区
工业机器人	套	130	130						
摩托车整车	辆	11274		11274					
变压器	千伏安	1201908	317905	884003					
通信及电子网络用电缆	对千米	3005688	2672618						333070
电力电缆	千米	45708		1742		38135			5831
锂离子电池	只（自然只）	277395508		38435					277357073
铅酸蓄电池	千伏安时	812189						757518	54671
原电池及原电池组（非扣式）	万只	540444							540444
家用空气湿度调节装置	台	1486571		1486571					
家用电风扇	台	4357166							4357166
家用电热烘烤器具	个	14709968			14709968				
电光源	万只	4277	898						3379
灯具及照明装置	套（台、个）	99386010	46150810		1467934	19289173			32478093
电子计算机整机	台	2949828		2059893				8389	881546
微型计算机设备	台	2941439		2059893					881546
平板电脑	台	881546							881546
卫星导航定位接收机	部	1252836							1252836
电话单机	部	23286838	12530109	10746390					10339
移动通信基站设备	信道	93041							93041
移动通信手持机（手机）	台	188369010	7249071						181119939
其中：智能手机	台	121157578							121157578
彩色电视机	台	19463985							19463985
其中：智能电视	台	7330592							7330592
组合音响	台	9007823		1963260					7044563
半导体存储器播放器（含 MP3、MP4）	个	124923							124923
数字激光音、视盘机	台	91115420							91115420
电视接收机顶盒	台	7952544							7952544
光电子器件	万只（片）	763772			12774	41		4697	746260
电子元件	万只	984273	44610	319630	208189	302844			108999
印制电路板	平方米	15640171	1495229	5976797		4869409		2493264	805473
电工仪器仪表	台	1952935							1952935
工业仪表	台（个）	787091				787091			
表	只	3537669				2233318	1304351		
眼镜成镜	副	1523268			1523268				
自来水生产量	万立方米	40066	11550	8770	4708	8279	980	5779	

12-22 规模以上工业主要产品销售、库存实物量

（2016年）

产品名称		年初库存量	累计销售量	企业累计自用及其他	期末库存量
铁矿石原矿	吨	502606	542440		495193
乳制品	吨	2455	107414	23	1911
饮料	吨	8323	1804939	40	6891
布	万米	135	1035		110
服装	万件	1490	14683	66	1294
机制纸及纸板（外购原纸加工除外）	吨	1095	17893		1438
涂料	吨	22577	142221	2547	24098
初级形态塑料	吨	20245	186920	121	27063
合成橡胶	吨	14387	253334		11024
合成洗涤剂	吨	1255	39573		1644
化学药品原药	吨	0.2	40		4
化学纤维	吨	1402	32456		2118
橡胶轮胎外胎	条	94559	868861		9114
塑料制品	吨	7754	195832	90	9537
水泥	吨	616751	22415238		548651
钢材	吨	6169	486711	1	5866
十种有色金属	吨	6	229		4
金属切削机床	台	2	83		
电子计算机整机	台	28590	2958502		19916
移动通信手持机（手机）	台	8055106	190038507	609	6385000
彩色电视机	台	627026	19411512	195	679304

12-23 先进制造业主要经济指标情况

（2016 年） 单位：万元

主要行业	收入法增加值	主营业务收入	利润总额
合计	**10802546**	**44719637**	**3096282**
一、装备制造业	**7923745**	**34636239**	**1915677**
其中：汽车制造	615822	2242221	183269
其中：船舶制造及修理			
# 金属船舶制造			
飞机制造及修理业	969	3425	72
环境保护专用设备制造	1616	5662	37
二、钢铁冶炼及加工	**210713**	**1157782**	**91545**
其中：炼铁			
炼钢			
钢压延加工	210713	1157782	91545
铁合金冶炼			
三、石油及化学	**2668089**	**8925617**	**1089060**
石油和天然气开采业			
石油加工、炼焦及核燃料加工业	1039778	2959018	316814
化学原料和化学制品制造业	1523976	5594022	763610
橡胶制品业	104335	372577	8636

12-24　高技术制造业主要经济指标情况

（2016 年）　　　　单位：万元

主要行业	收入法增加值	主营业务收入	利润总额
高技术产业合计	**7086787**	**34111617**	**1610997**
一、医药制造业 27	**72888**	**201671**	**11826**
（一）化学药品制造	14722	66188	3340
（二）中药饮片加工 2730	1771	6847	83
（三）中成药生产 2740	50806	116209	8799
（四）兽用药品制造 2750			
（五）生物药品制造 2760	4389	9183	-670
（六）卫生材料及医药用品制造 2770	1200	3245	274
二、航空、航天器及设备制造业	**969**	**3425**	**72**
（一）飞机制造 3741	969	3425	72
（二）航天器制造 3742			
（三）航空、航天相关设备制造 3743			
（四）其他航空航天器制造 3749			
（五）航空航天器修理 4343			
三、电子及通信设备制造业	**6698796**	**31842250**	**1490258**
（一）电子工业专用设备制造 3562	1034	3770	99
（二）光纤、光缆制造 3832			
（三）锂离子电池制造 3841	306016	1666189	131697
（四）通信设备制造 392	2613107	13733697	651303
通信系统设备制造 3921	21769	84937	6735
通信终端设备制造 3922	2591338	13648760	644567
（五）广播电视设备制造 393	62292	285803	8922
（六）雷达及配套设备制造 3940	172537	579583	64207
（七）视听设备制造 395	453801	4125869	49988
（八）电子器件制造 396	1316758	4019747	97331
电子真空器件制造 3961			
半导体分立器件制造 3962	32757	116086	5874
集成电路制造 3963	131024	461165	33775
光电子器件及其他电子器件制造 3969	1152977	3442496	57682
（九）电子元件制造 397	1621631	6903739	450399
（十）其他电子设备制造 3990	151620	523853	36313
四、计算机及办公设备制造业	**256695**	**1843945**	**82835**
（一）计算机整机制造 3911	72388	622339	7471
（二）计算机零部件制造 3912	19943	148597	-464
（三）计算机外围设备制造 3913	42102	425908	1030
（四）其他计算机制造 3919			
（五）办公设备制造	122262	647102	74797
五、医疗仪器设备及仪器仪表制造业	**56727**	**216469**	**25896**
（一）医疗仪器设备及器械制造 358	17530	82526	8936
（二）仪器仪表制造	39197	133943	16960
六、信息化学品制造业	**713**	**3857**	**110**
（一）信息化学品制造 2664	713	3857	110

12-25 分县区规模以上电子工业主要经济指标

（2016 年）　　单位：万元、人

项　目	惠州市	惠城区	惠阳区	惠东县	博罗县	龙门县	大亚湾区	仲恺区
企业单位数（个）	403	51	67	17	84	3	38	143
亏损企业（个）	80	13	14	2	12		12	27
工业总产值（当年价格）	32356996	1310519	4763206	710385	3299633	235067	2404817	19633371
工业销售产值（当年价格）	30826683	1266741	3974245	711073	3274801	199943	2217260	19182619
出口交货值	16253806	464984	2306792	120226	1482602		535989	11343213
年初存货	2731575	141018	732750	20410	187488	2507	322639	1324763
产成品	765674	58141	48834	7568	86071	895	84548	479618
资产总计	21666521	999741	4114944	249212	1572852	53343	2357533	12318897
流动资产合计	15236069	696745	2008267	91959	993572	15188	1441580	9988759
应收账款	6050919	343983	641436	29716	546312	9014	768866	3711592
存货	3239024	183768	870253	27507	222298	4146	291824	1639229
产成品	981037	62734	117916	9364	92811	91	77428	620693
固定资产合计	5032185	222675	1719070	137851	495718	36789	731857	1688226
固定资产原价	9076492	395864	2461023	204623	1653735	191039	1327533	2842675
累计折旧	4182979	180053	746499	85599	1186321	166240	601885	1216383
本年折旧	770462	28579	203623	37260	158717	21600	124008	196675
负债合计	12285752	555862	2543285	76217	959027	22383	1392732	6736246
流动负债合计	11452174	529645	2356931	53279	850736	19088	1351342	6291153
应付账款	7556045	321514	1862015	25621	427412	17879	564995	4336609
非流动负债合计	750092	17932	173566	2430	97480	2688	17629	438368
所有者权益合计	9284481	374178	1572065	168688	613825	30959	952661	5572105
实收资本	3998889	311077	1341311	48847	369312	5853	455188	1467300
国家资本	16277	2707	1237					12332
集体资本	11906	553	1137	179	1000	200		8836
法人资本	1335354	37646	330710	3570	51847	215	259759	651607
个人资本	156269	24384	12064	5556	18441		31847	63977
港澳台资本	1711698	205634	924532	32852	271777	5438	118094	153372
外商资本	767386	40154	71630	6691	26247		45488	577177
营业收入	32165594	1194733	3892475	712822	3289724	200015	2914051	19961775
主营业务收入	31369134	1186202	3876571	712723	3273269	200015	2759803	19360551
营业成本	28444591	1055188	3503060	608013	2946810	154863	2655958	17520701
主营业务成本	27800895	1049430	3497044	607948	2939092	154821	2524753	17027807
营业税金及附加	91236	4193	11417	2330	5645	243	11290	56118

项　目	惠州市	惠城区	惠阳区	惠东县	博罗县	龙门县	大亚湾区	仲恺区
主营业务税金及附加	89962	4100	10494	2325	5512	243	11290	55997
其他业务收入	796460	8531	15903	98	16455		154247	601224
其他业务利润	114481	664	2824	26	84		2858	108026
销售费用	773129	17023	28145	9259	29692	367	21809	666833
管理费用	1084792	75024	169090	14012	73464	44866	152865	555471
税金	27117	1761	4821	150	5676	255	3154	11300
财务费用	4060	3925	73225	3773	9354	489	6776	-93481
利息收入	67409	476	1376	60	1540	22	3237	60699
利息支出	60930	3350	13881	840	7613	31	6531	28685
营业利润	1347097	36903	105365	75747	223914	-812	61970	844010
资产减值损失	418091	2397	2742		899		3403	408650
公允价值变动收益	46		220					-173
投资收益	-2634	-79	352	312	55		22	-3297
营业外收入	66817	3224	7177	115	4093	1476	13721	37011
政府补助	11814	642	2143		463	5	1273	7289
营业外支出	47415	2130	11195	1106	6025	61	12019	14878
利润总额	1366500	37996	101347	74756	221983	603	63672	866142
所得税费用	252891	7548	31291	1186	8333	39	10007	194486
亏损企业亏损总额	119002	7293	44529	303	2522		10804	53552
利税总额	2101195	58916	95146	104024	237931	922	124097	1480161
应交税金及附加	1014703	30228	29912	30603	29957	613	73586	819804
本年应付职工薪酬	2675906	165654	761270	30672	289181	5821	453702	969607
本年应交增值税	643459	16727	-17618	26937	10303	76	49134	557900
平均用工人数	405608	28769	109492	4819	45481	1180	73022	142845
期末用工人数	414332	28872	112589	4395	46402	1242	75102	145730
收入法增加值	6526179	271437	1206687	185869	719576	69224	808375	3265009

12-26 分县区规模以上石化工业主要经济指标

（2016 年）　　　　单位：万元、人

项　目	惠州市	惠城区	惠阳区	惠东县	博罗县	龙门县	大亚湾区	仲恺区
企业单位数（个）	165	6	33	32	38	6	26	24
亏损企业（个）	21		2	3	5		7	4
工业总产值（当年价格）	9414854	89632	326529	230279	739356	106106	7688257	234695
工业销售产值（当年价格）	9126101	89619	315462	229286	732015	104710	7413109	241901
出口交货值	379766	25063	8954	43319	238361	9039	45268	9762
年初存货	506706	8724	37052	11447	29542	2618	378113	39211
产成品	163293	3438	14896	3031	7742	874	117692	15621
资产总计	9621402	91190	281112	106246	317585	77439	8442506	305325
流动资产合计	3279363	71583	207273	80068	203831	12010	2529453	175146
应收账款	570686	20847	111415	37930	64272	4520	278177	53527
存货	688343	8405	33076	12674	28346	5601	562022	38218
产成品	178903	1374	15495	5187	7966	1908	133451	13522
固定资产合计	4623522	15231	54079	17076	80276	65327	4286062	105471
固定资产原价	7273580	28294	80844	24535	393208	97770	6362957	285973
累计折旧	3641705	14827	29294	9570	318250	32443	3057319	180004
本年折旧	425297	2049	5111	1822	38916	4841	348348	24210
负债合计	6056984	23702	178684	62937	102385	24258	5524819	140199
流动负债合计	4319566	23448	161578	46186	85986	6143	3860887	135338
应付账款	1297761	9062	56111	27507	32194	3486	1129711	39690
非流动负债合计	1698190	252	7670	8997	3044	13880	1663905	443
所有者权益合计	3557746	67488	102349	42008	213710	53182	2917361	161649
实收资本	2859753	29822	61932	19389	90382	17902	2466857	173470
国家资本	1021035						1021035	
集体资本	614	500						114
法人资本	212834	16686	20303	7335	14436	5152	134876	14047
个人资本	97203	3640	24366	5259	20428	10450	12480	20580
港澳台资本	128554	8996	17262	4468	51852	2300	32154	11522
外商资本	1399512			2328	3667		1266312	127206
营业收入	9153394	89724	325982	224600	736601	104867	7412967	258653
主营业务收入	8925617	86776	324845	224574	735416	104867	7205213	243925
营业成本	7296516	62649	270677	188092	630304	82311	5844234	218249
主营业务成本	7090917	60023	270524	182369	629301	82311	5652242	214147
营业税金及附加	482151	969	2310	2564	2002	2563	470171	1572

12-26 续表　　　　（2016 年）　　　　单位：万元、人

项　目	惠州市	惠城区	惠阳区	惠东县	博罗县	龙门县	大亚湾区	仲恺区
主营业务税金及附加	480334	969	2310	2564	2002	2563	468354	1572
其他业务收入	227778	2948	1137	25	1185		207754	14728
其他业务利润	14622	154	952		50		13124	341
销售费用	161090	5225	13781	4674	24874	3683	101849	7004
管理费用	188818	8333	22410	12140	27356	8724	91741	18114
税金	6639	234	272	493	1367	40	3677	556
财务费用	75804	-293	1489	2087	1362	185	68645	2329
利息收入	3033	295	80	891	153	0.4	1527	86
利息支出	34742	499	155	669	657	190	31031	1541
营业利润	949439	12779	15087	15095	50489	7401	843604	4986
资产减值损失	9811	59	235	-51	216		2972	6380
公允价值变动收益	-124						1	-125
投资收益	10363	-3	10	0.4	2		10247	107
营业外收入	158749	1450	492	158	1498	34	143161	11956
政府补助	27875	391	142	54	453	2	26686	147
营业外支出	19127	75	2256	130	432	2	2969	13264
利润总额	1089060	14153	13323	15123	51555	7433	983796	3676
所得税费用	210347	2276	2087	920	1674	880	200586	1924
亏损企业亏损总额	39615		273	150	1210		28718	9263
利税总额	1998504	18546	24907	22967	60692	13585	1844176	13633
应交税金及附加	1126430	6902	13943	9256	12177	7071	1064643	12437
本年应付职工薪酬	273305	10642	22583	17997	27841	2227	168196	23818
本年应交增值税	427294	3423	9274	5280	7135	3589	390209	8385
平均用工人数	25802	1844	3219	4570	4408	609	8033	3119
期末用工人数	25131	1961	3214	4315	4117	693	7776	3055
收入法增加值	2668089	30973	79143	58973	163100	24275	2237922	73702

12-27　全市大中型工业企业名单

（2016年）

序号	单位详细名称	主要业务活动或产品	登记注册类型	规模
1	隆裕鞋业（惠州）有限公司	生产销售各款鞋类、半成品	外资企业	大型
2	惠州威博精密科技有限公司	金属手机外壳制品制造	其他有限责任公司	大型
3	广东中旭服饰有限公司	牛仔服装	中外合资经营	大型
4	多向玩具（惠州）有限公司	生产塑胶玩具	港澳台商独资	大型
5	惠州长城开发科技有限公司	生产智能手机	其他有限责任公司	大型
6	惠州住润电子装备有限公司	生产电线组合	中外合资经营	大型
7	奥士康精密电路（惠州）有限公司	印刷电路板制造	与港澳台商合资经营	大型
8	亚浩电子五金塑胶（惠州）有限公司	电脑散热器	外资企业	大型
9	惠州市德帮实业有限公司	SMT 线路板自动贴片加工	私营有限责任公司	大型
10	惠州华阳通用电子有限公司	生产汽车音响	与港澳台商合资经营	大型
11	惠州市蓝微电子有限公司	生产锂电池保护线路板	其他有限责任公司	大型
12	ＴＣＬ王牌电器（惠州）有限公司	生产彩色电视机	外资企业	大型
13	惠州华源轩家具有限公司	木质家私制造	私营有限责任公司	大型
14	惠州力运织造厂有限公司	各类服装的加工、制造	外资企业	大型
15	惠州建邦精密塑胶有限公司	生产模具	外资企业	大型
16	惠州比亚迪电池有限公司	汽车锂电池生产	与港澳台商合资经营	大型
17	声电电子科技（惠州）有限公司	汽车免提、喇叭	港澳台商独资	大型
18	广东九联科技股份有限公司	生产电视机顶盒	股份有限公司	大型
19	惠州市康冠科技有限公司	液晶电视机生产	私营有限责任公司	大型
20	伯恩光学（惠州）有限公司	光电子器件及其他电子器件制造	港澳台商独资	大型
21	惠州亿纬锂能股份有限公司	生产、销售锂一次电池	股份有限公司	大型
22	惠州市华阳多媒体电子有限公司	光头	与港澳台商合资经营	大型
23	隆发鞋业（惠州）有限公司	皮鞋制造	外资企业	大型
24	惠州市金山电子有限公司	生产电器件	中外合资经营	大型
25	广东罗浮山国药股份有限公司	中成药生产	其他有限责任公司	大型
26	广东伊利乳业有限责任公司	伊利优酸乳	其他有限责任公司	大型
27	格林精密部件（惠州）有限公司	生产塑胶制品	股份有限公司	大型
28	惠州住电电装有限公司	生产汽车电子装置	外资企业	大型
29	敏华家具制造（惠州）有限公司	生产沙发	港澳台商独资	大型
30	惠州汇聚电线制品有限公司	各类电线电缆制品	港澳台商独资	大型
31	惠州大亚湾永昶科技电子有限公司	生产 DVD 激光头	港澳台商独资	大型
32	惠州海格科技有限公司	加工电子产品	股份有限公司	大型
33	佳都（惠州）制衣有限公司	生产各类服装	港澳台商独资	大型
34	骏达制衣厂（惠州）有限公司	机织服装制造	港澳台商独资	大型
35	惠州住润电装有限公司	生产汽车电线组合	中外合资经营	大型

12-27 续表1　　　　　　　　　　　　（2016年）

序号	单位详细名称	主要业务活动或产品	登记注册类型	规模
36	惠阳东亚电子制品有限公司	音箱	港澳台商独资	大型
37	惠州硕贝德无线科技股份有限公司	生产手机天线	其他有限责任公司	大型
38	惠州古河汽配有限公司	生产汽车配线	外资企业	大型
39	大统营（惠州）科技有限公司	日用家庭电器制造	港澳台商独资	大型
40	索尼精密部件（惠州）有限公司	生产光电子器件	外资企业	大型
41	惠阳兆吉鞋业有限公司	生产鞋、销售鞋	外资企业	大型
42	宏凯鞋业（惠州）有限公司	生产皮鞋	港澳台商独资	大型
43	惠州海格电气有限公司	生产微型断路器、漏电断路器等	外资企业	大型
44	ＴＣＬ罗格朗国际电工（惠州）有限公司	生产开关	外资企业	大型
45	华通电脑（惠州）有限公司	印制电路板制造	港澳台商独资	大型
46	惠州住润汽车部品有限公司	生产连接器	中外合资经营	大型
47	东阳（博罗）电子有限公司	印制电路板制造	港澳台商独资	大型
48	嘉士伯啤酒（广东）有限公司	啤酒生产	与港澳台商合资经营	大型
49	威世电子（惠州）有限公司	钽电容	外资企业	大型
50	ＴＣＬ海外电子（惠州）有限公司	生产彩色电视机	港澳台商独资	大型
51	惠州市德赛西威汽车电子有限公司	生产汽车音响产品	其他有限责任公司	大型
52	信华精机有限公司	高保真音响设备（机芯）	与港澳台商合资经营	大型
53	华通精密线路板（惠州）有限公司	印制电路板制造	港澳台商独资	大型
54	惠州三星电子有限公司	生产手机	中外合资经营	大型
55	惠州超声音响有限公司	音箱	港澳台商独资	大型
56	惠州市港盈鞋业有限公司	生产鞋和鞋材	其他有限责任公司	大型
57	雅美工业（惠阳）有限公司	生产手提电动搅拌器	港澳台商独资	大型
58	惠州市德赛电池有限公司	生产销售锂离子电池	其他有限责任公司	大型
59	广东省电力集团有限公司惠州供电分公司	电力供应	国有独资公司	大型
60	东风本田汽车零部件有限公司	生产汽车零部件	中外合资经营	大型
61	科时电子（惠州）有限公司	电子元件及组件制造	港澳台商独资	大型
62	惠州光弘科技股份有限公司	生产集成电路	港澳台商独资	大型
63	志源塑胶制品（惠州）有限公司	生产塑胶零附件	与港澳台商合资经营	大型
64	大隆饰品玩具（惠州）有限公司	墙画工艺品	港澳台商独资	大型
65	立隆电子（惠州）有限公司	电子元件制造	港澳台商独资	大型
66	惠阳源高电器有限公司	生产吊扇	港澳台商独资	大型
67	惠州伟志电子有限公司	印制电路板制造	私营有限责任公司	大型
68	惠州科锐半导体照明有限公司	生产发光二极管	港澳台商独资	大型
69	基准精密工业（惠州）有限公司	工业生产配套用搪瓷制品制造	中外合资经营	大型
70	天宝电子（惠州）有限公司	生产充电器	港澳台商独资	大型

序号	单位详细名称	主要业务活动或产品	登记注册类型	规模
71	惠州南旋毛织厂有限公司	各种毛衣、毛衫片的加工制造	外资企业	大型
72	龙旗电子（惠州）有限公司	手机生产	私营有限责任公司	大型
73	惠州茂硕能源科技有限公司	生产开关电源	其他有限责任公司	大型
74	惠州比亚迪实业有限公司	生产电池材料	与港澳台商合资经营	大型
75	盛威尔（惠州）电缆科技有限公司	电子元器件	港澳台商独资	大型
76	惠州雷士光电科技有限公司	生产 LED 节能灯	其他外商投资	大型
77	启丰实业（惠州）有限公司	玩具制造	港澳台商独资	大型
78	胜宏科技（惠州）股份有限公司	高精密度线路板	港澳台商独资	大型
79	惠阳科惠工业科技有限公司	各种高级多层及单双层线路板	港澳台商独资	大型
80	中海壳牌石油化工有限公司	生产苯乙烯单体	中外合资经营	大型
81	捷普绿点科技（惠州）有限公司	移动通信终端设备零件制造	外资企业	大型
82	惠州中京电子科技有限公司	印制线路板、制造、销售、技术服务	其他有限责任公司	大型
83	惠州市锦湖实业发展有限公司	生产充电器	其他有限责任公司	大型
84	仝达实业（惠州）有限公司	生产电子开关	港澳台商独资	大型
85	惠州市光大水泥企业有限公司	生产销售水泥	其他有限责任公司	大型
86	建业科技电子（惠州）有限公司	多層印制電路板	港澳台商独资	大型
87	惠州比亚迪电子有限公司	生产新型电子原器件	中外合资经营	大型
88	惠州市和宏电线电缆有限公司	生产音频电线	其他有限责任公司	大型
89	惠州美锐电子科技有限公司	从事印刷电路板生产及销售	中外合资经营	大型
90	T C L通力电子（惠州）有限公司	生产 DVD	其他有限责任公司	大型
91	惠州 TCL 移动通信有限公司	生产移动通讯手机	外资企业	大型
92	日立乐金光科技（惠州）有限公司	光盘驱动器生产	外资企业	大型
93	慧怡织造（惠州）有限公司	针织衫	港澳台商独资	大型
94	惠州德赛信息科技有限公司	生产加工手机、手环等	国有独资公司	大型
95	中海石油炼化有限责任公司惠州炼化分公司	原油加工及石油制品制造	国有独资公司	大型
96	凯赫威（惠州）精密制造有限公司	生产镁合金铸件	外资企业	大型
97	先进科技（惠州）有限公司	生产精密部件（半导体零部件）	港澳台商独资	大型
98	喜斯达电器（惠州）有限公司	电光源制造	港澳台商独资	大型
99	惠州市诚业家具有限公司	金属家具	港澳台商独资	大型
100	惠州硕贝德精密技术工业有限公司	精密模具	外资企业	大型
101	惠州市恒升实业有限公司	生产高频电子变压器	私营有限责任公司	中型
102	美盛隆制罐（惠州）有限公司	金属制品	港澳台商独资	中型
103	恒胜制衣（惠州）有限公司	男女内衣生产	港澳台商独资	中型
104	博罗县园洲嘉和塑胶电子有限公司	塑胶零配件制造	港澳台商独资	中型
105	先驱塑胶电子（惠州）有限公司	其他橡胶制品制造	港澳台商独资	中型

12-27 续表 3　　（2016 年）

序号	单位详细名称	主要业务活动或产品	登记注册类型	规模
106	仕达利恩（惠州）电子有限公司	微动开关生产	外资企业	中型
107	惠州 TCL 照明电器有限公司	生产节能灯	与港澳台商合资经营	中型
108	隆科电子（惠阳）有限公司	压敏电阻	港澳台商独资	中型
109	伟全化纤（惠州）有限公司	特多龙胚布	港澳台商独资	中型
110	金科五金塑胶（惠州）有限公司	非金属制品	港澳台商独资	中型
111	田村电子（惠州）有限公司	电子元件及组件制造	港澳台商独资	中型
112	立嘉五金塑胶制品（惠州）有限公司	其他塑料制品制造	港澳台商独资	中型
113	钧星精密部件（惠州）有限公司	模具制造	港澳台商独资	中型
114	广东天鹅星鞋业有限公司	皮鞋制造	私营有限责任公司	中型
115	惠州圣莲毛织实业有限公司	毛衫加工	港澳台商独资	中型
116	中潜股份有限公司	运动防护用具制造	港澳台商投资股份有限公司	中型
117	胜华电子（惠阳）有限公司	生产空白印刷电路板	其他有限责任公司	中型
118	广东富绅服饰有限公司	生产服装	其他有限责任公司	中型
119	惠州艺都文化用品有限公司	生产护卡膜（过塑纸）	与港澳台商合资经营	中型
120	惠州安东五金塑胶电子有限公司	工器官及植（介）入器械制造	外资企业	中型
121	惠州朝富家具实业有限公司	金属家具制造	外资企业	中型
122	惠州侨兴电子科技有限公司	生产手机	其他有限责任公司	中型
123	惠州安特科技工业有限公司	五金冲压零配件	中外合资经营	中型
124	惠州桑尼伟太阳能科技有限公司	生产太阳能电池板	港澳台商独资	中型
125	广东科翔电子科技有限公司	pcb 板、制造新型电子元器件	港澳台商独资	中型
126	南益热转印花（惠州）有限公司	布料加工	港澳台商独资	中型
127	智恩电子（大亚湾）有限公司	生产印刷线路板	私营有限责任公司	中型
128	华润水泥（惠州）有限公司	水泥制造	港澳台商独资	中型
129	惠东县裕顺鞋业有限公司	皮鞋制造	私营有限责任公司	中型
130	惠州金山线束科技有限公司	生产汽车线束	外资企业	中型
131	普利司通（惠州）轮胎有限公司	生产轮胎	外资企业	中型
132	惠州市津惠汽车线束有限公司	PATERO 汽车线束产品制造	中外合资经营	中型
133	惠阳维信纺织工业有限公司	塑胶编织布	港澳台商独资	中型
134	惠东县华业铸造厂	废旧钢铁加工	私营独资	中型
135	惠州市三协精密有限公司	生产五金冲压件模具	其他有限责任公司	中型
136	惠州 TCL 环境科技有限公司	提炼金锭	其他有限责任公司	中型
137	惠州利基拉链钮扣有限公司	生产塑胶钮扣、拉链	港澳台商独资	中型
138	惠州市大亚湾凤翔塑胶五金制品有限公司	生产塑胶盒、纸盒、木盒、铁盒	港澳台商独资	中型
139	惠阳东美音响制品有限公司	电子音响及其零部件	港澳台商独资	中型
140	惠州新惠通针织制衣有限公司	生产针织毛衣	港澳台商独资	中型

序号	单位详细名称	主要业务活动或产品	登记注册类型	规模
141	惠州市棉王纺织有限公司	生产针织 T 恤衫	私营有限责任公司	中型
142	惠州市金顺来服饰有限公司	生产服饰（衣服）	与港澳台商合资经营	中型
143	惠阳瑞炫工业有限公司	生产装饰灯	外资企业	中型
144	惠州黄埠镇广信鞋业有限公司	制鞋	港澳台商独资	中型
145	鼎富电子（惠州）有限公司	印刷线路板制造	外资企业	中型
146	博罗县长宁强沥日常用品制造厂	生产销售吸水拖把	私营独资	中型
147	威达机铸玩具制品（惠东）有限公司	玩具制造	港澳台商独资	中型
148	惠阳万利塑胶制品有限公司	塑胶玩具	港澳台商独资	中型
149	同健（惠阳）电子有限公司	生产印刷电路板	港澳台商独资	中型
150	南泰印整（惠州）有限公司	各种布料印花加工	港澳台商投资股份有限公司	中型
151	惠州市朝鹏运动器材有限公司	运动器材	与港澳台商合资经营	中型
152	惠州力豪服装有限公司	生产毛针织服装	港澳台商独资	中型
153	惠州市大亚湾科翔科技电路板有限公司	印刷电路板制造	私营有限责任公司	中型
154	恒昌涂料（惠阳）有限公司	油漆、溶剂	港澳台商独资	中型
155	惠州住润汽车线业有限公司	生产汽车专用电线	中外合资经营	中型
156	惠州港泰塑胶电子制品有限公司	玩具产品	港澳台商独资	中型
157	高铭电子（惠州）有限公司	从事电子元件的生产	港澳台商独资	中型
158	惠东县振达鞋业有限公司	制鞋	私营有限责任公司	中型
159	惠州市远达电业五金制品有限公司	塑胶五金、电线、PVC 塑胶粒生产	港澳台商独资	中型
160	惠阳钰原工业有限公司	生产装饰吊扇	港澳台商独资	中型
161	南亚塑胶工业（惠州）有限公司	塑胶粒	港澳台商独资	中型
162	惠州威健电路板实业有限公司	电路板制造	港澳台商独资	中型
163	新天伦服装配料（惠州）有限公司	唛头生产	港澳台商独资	中型
164	惠州市彩煌科技有限公司	电子产品加工 DVD	私营有限责任公司	中型
165	奔迈颂怡塑胶钢制品（惠州）有限公司	生产销售塑胶杯壶	港澳台商独资	中型
166	鸿通电子（惠阳）企业有限公司	生产线路板组件	外资企业	中型
167	高意（惠州）家具有限公司	家具	港澳台商独资	中型
168	双叶电子器件（惠州）有限公司	无线电遥控器	外商投资股份有限公司	中型
169	惠州宝岛箱包皮革综合制品有限公司	皮手套及皮装饰制品制造	外资企业	中型
170	南亚电子材料（惠州）有限公司	印制电路板制造	港澳台商独资	中型
171	博罗石湾致丰织染有限公司	纺织服装制造	港澳台商独资	中型
172	惠州强雳日常用品制造有限公司	日用塑料制品制造	港澳台商独资	中型
173	惠州左右家私有限公司	生产销售家具、装修装饰材料	其他有限责任公司	中型
174	桦耀木业（惠阳）有限公司	各类家具的加工制品	港澳台商独资	中型
175	惠阳谊信灯饰有限公司	生产装饰灯	港澳台商独资	中型

序号	单位详细名称	主要业务活动或产品	登记注册类型	规模
176	惠州市兆光光电科技有限公司	生产 LED 大屏幕显示屏	港澳台商独资	中型
177	柏承电子（惠阳）有限公司	生产各种多层电路板	中外合资经营	中型
178	惠州乐庭电子线缆有限公司	生产电子线缆	港澳台商独资	中型
179	惠东县时艺鞋业有限公司	皮鞋制造	其他有限责任公司	中型
180	TCL 瑞智（惠州）制冷设备有限公司	生产空调压缩机	中外合资经营	中型
181	惠州三盛电子有限公司	生产电感线圈	其他有限责任公司	中型
182	兴昂制革（惠州）有限公司	皮类加工	外资企业	中型
183	惠州万盛兴五金制品有限公司	生产五金制品	与港澳台商合资经营	中型
184	惠州迪威信家庭用品有限公司	相框	港澳台商独资	中型
185	东方化成（惠州）精密制品有限公司	汽车制造	港澳台商独资	中型
186	惠州市一电电池技术有限公司	密封型免维护蓄电池制造	私营有限责任公司	中型
187	东保利电业（惠州）有限公司	生产蒸汽电熨斗	外资企业	中型
188	展祥科技（惠州）有限公司	钢压延加工	私营有限责任公司	中型
189	广东中航特种玻璃技术有限公司	生产建筑安全节能玻璃	其他有限责任公司	中型
190	惠州市亿能电子有限公司	生产锂离子电池	其他有限责任公司	中型
191	惠东县源利通鞋业有限公司	制鞋	私营有限责任公司	中型
192	广东惠州平海发电厂有限公司	火力发电	其他有限责任公司	中型
193	惠州市赛能电池有限公司	生产锂电池	其他有限责任公司	中型
194	伟全电子（惠州）有限公司	自动断路器	港澳台商独资	中型
195	嘉科运动器材（惠州）有限公司	网球拍	港澳台商独资	中型
196	亚伦工业科技（惠州）有限公司	电动搅拌器	港澳台商独资	中型
197	广东新美锐科技有限公司	电脑机箱	私营有限责任公司	中型
198	惠州市永隆电路有限公司	线路板	港澳台商独资	中型
199	奇华（惠州）塑胶五金制品有限公司	五金制品	港澳台商独资	中型
200	惠州伸勇电子材料有限公司	铁芯	外资企业	中型
201	万利玩具（惠州）有限公司	布料填充玩具	港澳台商独资	中型
202	惠州莱茵厨卫制品有限公司	生产销售不锈钢水槽	中外合资经营	中型
203	博罗县嘉盛源电子有限公司	电子元件及组件制造	其他有限责任公司	中型
204	惠州君超电子有限公司	电子元件及组件制造	港澳台商独资	中型
205	惠州市金喜源实业有限公司	皮鞋制造	其他有限责任公司	中型
206	海德运动器材（惠州）有限公司	制造网球、壁球	外资企业	中型
207	讯达康通讯（惠州）有限公司	光纤收发器	港澳台商独资	中型
208	博罗县惠湖五金制品厂	塑料零件制造	私营有限责任公司	中型
209	广东骏亚电子科技股份有限公司	数码 DVD 系列产品数字电视机顶盒其他数码整	港澳台商投资股份有限公司	中型
210	惠州市锐达电子有限公司	生产磁阀式切换器	私营有限责任公司	中型

序号	单位详细名称	主要业务活动或产品	登记注册类型	规模
211	惠州太平货柜有限公司	生产经营 20 - 40 英尺标准集装箱	与港澳台商合资经营	中型
212	大中塑胶电子礼品（惠州）有限公司	塑料零件制造	外资企业	中型
213	博罗承创精密工业有限公司	电子元件及组件制造	港澳台商独资	中型
214	惠州全丰育乐用品有限公司	生产吉他	港澳台商独资	中型
215	惠州市海韵电器有限公司	生产音圈	港澳台商独资	中型
216	惠州市金泰制衣有限公司	各类服装制造	港澳台商独资	中型
217	博罗康佳精密科技有限公司	印制电路板制造	与港澳台商合资经营	中型
218	宝凯皮件（惠州）有限公司	生产鞋、靴	港澳台商独资	中型
219	惠州市华阳精机有限公司	汽车零部件及配件制造	与港澳台商合资经营	中型
220	惠州元晖光电股份有限公司	生产发光 LED 发光灯	港澳台商投资股份有限公司	中型
221	博罗县龙华镇金峰塑胶原料加工厂	非金属废料和碎屑加工处理	私营有限责任公司	中型
222	惠州市讯硕科技有限公司	电子元件及组件制造	私营有限责任公司	中型
223	惠州市伟明鞋业有限公司	皮鞋制造	私营有限责任公司	中型
224	广东信利达鞋业有限公司	皮鞋制造	其他有限责任公司	中型
225	雅刚电子（惠州）有限公司	生产无线耳机	港澳台商独资	中型
226	惠州市忠盛鞋业有限公司	皮鞋制造	私营有限责任公司	中型
227	惠东县黄埠百冠鞋厂	鞋类生产	私营独资	中型
228	惠州荣恩电器有限公司	生产家用风扇	外资企业	中型
229	英特卡机电（惠州）有限公司	多士炉	港澳台商独资	中型
230	惠州市合升电子有限公司	生产汽车音响	中外合资经营	中型
231	广东科士达工业科技有限公司	生产 UPS 不间断电源	与港澳台商合资经营	中型
232	惠州市恒都电子有限公司	平板电脑	港澳台商独资	中型
233	惠州高德机电有限公司	陶瓷圆锯机制造	外资企业	中型
234	雅芳婷家纺（惠州）有限公司	生产床垫	与港澳台商合资经营	中型
235	惠州卡美欧通讯有限公司	生产移动手机、生产数字电视机、生产平板电	其他有限责任公司	中型
236	鼎鹏碳纤科技（惠州）有限公司	生产自行车配件	外资企业	中型
237	澳宝化妆品（惠州）有限公司	生产沐浴露	港澳台商独资	中型
238	惠州广荣实业有限公司	生产玩具	港澳台商独资	中型
239	惠州市星之光科技有限公司	生产线路板	私营有限责任公司	中型
240	扬尚电子（惠州）有限公司	电感器	港澳台商独资	中型
241	惠州市秋叶原实业有限公司	电线、电缆制造	私营有限责任公司	中型
242	惠州市德康兴家居用品有限公司	家居用品	私营有限责任公司	中型
243	惠州市欧凡实业有限公司	生产电子产品耳机	其他有限责任公司	中型
244	惠东美新塑木型材制品有限公司	塑木型材制品	港澳台商独资	中型
245	龙亿科技（惠州）有限公司	生产碳纤维网球拍	外资企业	中型

序号	单位详细名称	主要业务活动或产品	登记注册类型	规模
246	宏礼织造厂（惠州）有限公司	毛衣、针织衫	港澳台商独资	中型
247	惠州威尔高电子有限公司	线路板	其他有限责任公司	中型
248	惠州住成电装有限公司	生产汽车零配件	中外合资经营	中型
249	金丰制衣（惠州）有限公司	服装生产	港澳台商独资	中型
250	伟建家庭用品（惠州）有限公司	其他家具制造	港澳台商独资	中型
251	申泰电子（惠州）有限公司	连接器	外资企业	中型
252	高新锡业（惠州）有限公司	有色金属加工	港澳台商独资	中型
253	瑞智精密机械（惠州）有限公司	生产泵	中外合资经营	中型
254	博罗县力诚五金塑胶制品表面处理有限公司	生产五金	私营有限责任公司	中型
255	惠州市华阳数码特电子有限公司	生产软性线路板	与港澳台商合资经营	中型
256	惠州五和实业有限公司	塑胶餐具	私营有限责任公司	中型
257	惠州快捷五金制品有限公司	其他未列明金属制品制造	港澳台商独资	中型
258	惠州立兴金属制品厂有限公司	生产建筑五金件	外资企业	中型
259	胜丰织造制衣（惠州）有限公司	机织服装制造	港澳台商独资	中型
260	博罗县泰美镇淇虹和泰电子有限公司	电子元件及组件制造	私营有限责任公司	中型
261	惠州三美达光学部品有限公司	生产超精密光学镜片	私营有限责任公司	中型
262	惠州市迪诺雅家具发展有限公司	生产木质家具	私营有限责任公司	中型
263	惠州市惠阳华丽鞋业有限公司	制造加工鞋及鞋类产品	港澳台商独资	中型
264	惠州市长润发涂料有限公司	油漆	其他有限责任公司	中型
265	惠州市丰源钢结构有限公司	生产钢结构产品	其他有限责任公司	中型
266	国统电器科技（惠州）有限公司	家用厨房电器具制造	外资企业	中型
267	惠州市三力实业有限公司	生产金属制品	其他有限责任公司	中型
268	惠州市正牌科电有限公司	电子元器件生产	与港澳台商合资经营	中型
269	惠州市德立电子有限公司	电子元件及组件制造	其他有限责任公司	中型
270	金大福五金制品（惠州）有限公司	其他金属制日用品制造	港澳台商独资	中型
271	荣晖电子（惠州）有限公司	电路板	港澳台商独资	中型
272	双鸿电子（惠州）有限公司	制造柔性线路板	港澳台商独资	中型
273	力研时装（惠州）有限公司	男装	港澳台商独资	中型
274	TCL 显示科技（惠州）有限公司	液晶显示模组研发、生产、销售	中外合资经营	中型
275	惠州信兴荣电业塑胶有限公司	生产电源线连插头	外资企业	中型
276	深圳市景田食品饮料有限公司罗浮百岁山分公司	瓶（罐）装饮用水制造	中外合资经营	中型
277	博罗县杰信塑胶五金制品有限公司	金属支架制造	其他有限责任公司	中型
278	惠州益伸电子有限公司	生产精密电子元件配件	外资企业	中型
279	艾迪克复材科技（惠州）有限公司	生产自行车配件	港澳台商独资	中型
280	惠州商祺科技有限公司	生产塑胶产品	其他有限责任公司	中型

序号	单位详细名称	主要业务活动或产品	登记注册类型	规模
281	来百利（惠州）手套有限公司	丁腈手套	港澳台商独资	中型
282	惠州新联业纺织有限公司	棉、化纤纺织加工	与港澳台商合作经营	中型
283	惠东县智达鞋业有限公司	制鞋	私营有限责任公司	中型
284	嘉瑞科技（惠州）有限公司	生产和销售镁合金铸件	港澳台商独资	中型
285	中柏文具（惠州）有限公司	生产油漆笔	港澳台商独资	中型
286	惠州龙源鞋业有限公司	制鞋	港澳台商独资	中型
287	惠州市金龙羽电缆实业发展有限公司	生产电线电缆	其他有限责任公司	中型
288	惠州震浩塑胶制品有限公司	发泡胶片 、玩具、鞋类	外商投资股份有限公司	中型
289	惠东县紫微恒鞋业有限公司	皮鞋制造	其他有限责任公司	中型
290	中城电子科技（惠州）有限公司	单相电能表	私营有限责任公司	中型
291	山阳精密部件（惠州）有限公司	生产数字摄录机新型机电元件	外资企业	中型
292	博罗县添丰织染实业有限公司	加工、漂染制品、服装	其他有限责任公司	中型
293	博罗县信隆电工材料有限公司	电线电缆制造	其他有限责任公司	中型
294	惠州典展五金制品有限公司	空调压缩机配件	外资企业	中型
295	惠州市西顿工业发展有限公司	生产销售照明灯具	私营有限责任公司	中型
296	惠东县吉隆瑞星鞋业有限公司	皮鞋制造	私营有限责任公司	中型
297	惠州兆骐礼品有限公司	生产肥皂	港澳台商独资	中型
298	惠州新华昌运输设备有限公司	集装箱制造	中外合资经营	中型
299	惠州伟特电子有限公司	电子元器件及组件制造	外资企业	中型
300	喜比斯运动器材（惠州）有限公司	生产自行车安全帽	港澳台商独资	中型
301	惠州市老铭人服饰有限公司	服装制造	私营有限责任公司	中型
302	志升企业（惠东）有限公司	不锈钢制造	港澳台商投资股份有限公司	中型
303	惠州建邦电子有限公司	塑胶制品加工	外资企业	中型
304	惠东县吉邦五金制品有限公司	五金、表壳制造	与港澳台商合作经营	中型
305	国恒电子（惠州）有限公司	蓝牙无线耳机	港澳台商独资	中型
306	凤凰新能源（惠州）有限公司	电池制造	其他有限责任公司	中型
307	惠州真华美服装有限公司	服装制造	港澳台商独资	中型
308	惠州市盈佳五金制品有限公司	加工生产金属表带、金属表壳	港澳台商独资	中型
309	惠东县威达机铸制品有限公司	玩具制造	港澳台商独资	中型
310	惠东县嘉兴隆塑胶厂有限公司	塑胶制品制造	中外合作经营	中型
311	惠州华意隆电气有限公司	逆变焊割设备的生产、五金交电、普通机电设	私营有限责任公司	中型
312	冠明智能科技股份有限公司	生产电子变压器	其他有限责任公司	中型
313	惠州市金力电机有限公司	生产电机	私营有限责任公司	中型
314	惠州市讯和数码科技有限公司	电子元件生产	私营有限责任公司	中型
315	惠州佳景印刷制品有限公司	纸袋生产、纸盒生产	港澳台商独资	中型

序号	单位详细名称	主要业务活动或产品	登记注册类型	规模
316	美而光精密工业（惠州）有限公司	生产自行车鞍座及残疾人车用配件	港澳台商独资	中型
317	博罗县富士精工五金制品有限公司	精密轴生产	港澳台商独资	中型
318	惠东县港惠针织有限公司	毛衫、毛衫片来料加工	港澳台商独资	中型
319	惠州市合丰展柜制作有限公司	加工	私营有限责任公司	中型
320	新强印刷（惠州）有限公司	生产包装装潢印刷品	港澳台商独资	中型
321	惠州鼎智通讯有限公司	生产手机主板	私营有限责任公司	中型
322	惠州市快富电子有限公司	灯具制造	私营有限责任公司	中型
323	惠州市可立克科技有限公司	生产高低频变压器	其他有限责任公司	中型
324	惠州市万利高精密有限公司	生产加工金属制品手表	港澳台商独资	中型
325	惠州市特创电子科技有限公司	生产集成电路	其他有限责任公司	中型
326	美律电子（惠州）有限公司	Pad 电子元件设备制造	港澳台商独资	中型
327	惠州极帝电子有限公司	手机按健	外资企业	中型
328	惠州建华管桩有限公司	水泥制品制造	港澳台商独资	中型
329	广东京兰汽车有限公司	生产电池	私营有限责任公司	中型
330	翱泰温控器（惠州）有限公司	温控器生产、连接插座、跳制组件	港澳台商独资	中型
331	惠州市艾比森光电有限公司	LED 显示屏、LED 灯、LED 照明产品的研发和生产	其他有限责任公司	中型
332	惠州市天长实业有限公司	生产小家电、办公用品外壳等塑料制品	其他有限责任公司	中型
333	惠州市汇星印刷有限公司	包装装潢印刷品印刷	港澳台商独资	中型
334	美高精密部品（惠州）有限公司	生产塑胶产品	港澳台商独资	中型
335	博罗县长宁喜运来印刷制品有限公司	包装装潢及其他印刷	港澳台商独资	中型
336	惠州市力创五金制品有限公司	生产加工五金制品	股份有限公司	中型
337	广东恒大新材料科技有限公司	生产 AB 胶	私营有限责任公司	中型
338	惠州志顺电子实业有限公司	生产充电器	与港澳台商合资经营	中型
339	金山电化工业（惠州）有限公司	生产九伏锌锰干电池	港澳台商独资	中型
340	惠东伟盛制衣有限公司	纺织服装制造	港澳台商独资	中型
341	惠州财富之舟科技有限公司	生产手机、生产多媒体设备、生产电子产品	私营有限责任公司	中型
342	景鸿（惠州）针织有限公司	毛织制衣	与港澳台商合作经营	中型
343	惠州大亚湾汇利日用制品有限公司	生产高级塑胶日用品	与港澳台商合作经营	中型
344	惠州市惠德瑞锂电科技有限公司	生产锂一次电池	其他有限责任公司	中型
345	荣光精密部件（惠州）有限公司	生产精密轴	外资企业	中型
346	惠州侨兴电讯工业有限公司	生产电话机	与港澳台商合资经营	中型
347	博罗县永联手套有限公司	皮制劳保手套生产	港澳台商独资	中型
348	惠阳国威运动器材有限公司	生产健身单车	港澳台商独资	中型
349	利佳电讯（惠州）有限公司	生产电话机	港澳台商独资	中型
350	华锋微线电子（惠州）工业有限公司	生产多层线路板	港澳台商独资	中型

序号	单位详细名称	主要业务活动或产品	登记注册类型	规模
351	惠阳亚伦塑胶电器实业有限公司	生产家用电动器具	港澳台商独资	中型
352	康惠（惠州）半导体有限公司	生产液晶显示板	与港澳台商合资经营	中型
353	惠州市童福电子制品有限公司	玩具制造（生产路轨玩具跑车）	港澳台商独资	中型
354	惠州信邦表面处理有限公司	电镀塑胶件	私营有限责任公司	中型
355	广东龙翔电子有限公司	其他电子器件制造	私营有限责任公司	中型
356	广东雪榕生物科技有限公司	食用菌种植、加工、销售	其他有限责任公司	中型
357	惠州市华瑞光源科技有限公司	生产 LED 光源	其他有限责任公司	中型
358	惠州市舒士光电科技有限公司	LED 灯饰	私营有限责任公司	中型
359	惠州市银宝山新实业有限公司	模具生产、塑胶生产、汽车电子产品生产	其他有限责任公司	中型
360	惠州海弘科技有限公司	移动通讯及终端产品加工	其他有限责任公司	中型
361	惠州鸿通电子有限公司	LED 灯生产	私营有限责任公司	中型
362	惠州市永裕五金塑料制品有限公司	工艺品电镀	港澳台商独资	中型
363	惠州市豪鹏科技有限公司	生产锂离子电池	私营有限责任公司	中型
364	瑞士宝皮革制品（惠州）有限公司	其他皮革制品制造（加工皮表带）	港澳台商独资	中型
365	惠州祝贺礼品有限公司	纸和纸板容器制造	港澳台商独资	中型
366	惠州达成绿川薄膜开关有限公司	生产电子配件	港澳台商独资	中型
367	锐泰科（惠州）电子有限公司	加工、生产手机	私营有限责任公司	中型
368	广东索菱电子科技有限公司	机动车辆导航制造	其他有限责任公司	中型
369	安品达精密工业（惠州）有限公司	工业生产配套用搪瓷制品制造	与港澳台商合资经营	中型
370	惠州特宝斯电子有限公司	生产研发通讯电子产品	外资企业	中型
371	惠州市宝明显示技术有限公司	平板显示器研发、组装、销售	其他有限责任公司	中型
372	惠州市凡进科技有限公司	生产音箱	外资企业	中型
373	濠玮电子科技（惠州）有限公司	生产电子元件	外资企业	中型
374	惠州舒达实业有限公司	生产床垫、床褥	外资企业	中型
375	惠州市国鹏印刷股份有限公司	印刷品印刷、生产彩盒、生产贴纸	股份有限公司	中型
376	惠州三盛源电子有限公司	生产空心线圈等磁性元件	其他有限责任公司	中型
377	信利（惠州）智能显示有限公司	生产销售液晶显示器及模块	其他有限责任公司	中型
378	惠州市华阳光学技术有限公司	生产特种颜料	其他有限责任公司	中型
379	龙门立艺珠宝首饰有限公司	饰品来料加工	其他有限责任公司	中型
380	惠州市时宇虹光电科技有限公司	生产 LED 照明	私营有限责任公司	中型
381	惠州市兴飞技术有限公司	生产电子产品	私营有限责任公司	中型
382	惠州市九惠制药股份有限公司	中成药胶囊剂生产	股份有限公司	中型
383	惠州市供水有限公司	自来水生产与供应	国有独资公司	中型
384	广东新峰药业股份有限公司	消炎利胆片	股份有限公司	中型
385	惠州市惠阳区自来水发展总公司	自来水的生产和供应	国有	中型

序号	单位详细名称	主要业务活动或产品	登记注册类型	规模
386	惠州市华辉信达电子有限公司	生产手机壳	私营有限责任公司	中型
387	惠州市华阳光电技术有限公司	生产 LED 灯具、生产 LED 封装、生产通讯模块	其他有限责任公司	中型
388	惠州年发科技园发展有限公司	鞋类加工生产	其他有限责任公司	中型
389	惠州福盛创新电子技术有限公司	手机加工	私营有限责任公司	中型
390	惠州市飞泰科数字装备有限公司	数字装备制造	其他有限责任公司	中型
391	广东电网惠州龙门供电局	电力供应	国有	中型
392	惠州浩宁达科技有限公司	智能电表	外商投资股份有限公司	中型
393	惠州塔牌水泥有限公司	水泥生产	股份有限公司	中型
394	增达电子（惠州）有限公司	电子元件及组件制造	外资企业	中型
395	敏华家居产业（惠州）有限公司	生产座椅、沙发	港澳台商独资	中型
396	惠州市圣德宝家居用品有限公司	生产塑胶衣架	私营有限责任公司	中型
397	惠州市华屹电子有限公司	生产电子产品、生产移动硬盘、生产数字录放	其他有限责任公司	中型
398	惠州市赢合科技有限公司	生产涂布机、生产分条机	私营有限责任公司	中型
399	惠州市浩谷环球实业有限公司	家具制造	其他有限责任公司	中型
400	惠州市光宇实业有限公司	生产 DVD-ROM 激光头	与港澳台商合资经营	中型
401	惠州市迈锐光电有限公司	生产 LED 彩屏	其他有限责任公司	中型
402	惠州市恒泰酒店家具制造有限公司	生产销售家具	私营有限责任公司	中型
403	泰洋光电（惠州）有限公司	液晶电视背板	中外合资经营	中型
404	惠州市普安电子有限公司	生产销售连接器、电线电缆、电子产品等	私营有限责任公司	中型
405	惠州市永展家具有限公司	各类家具	港澳台商独资	中型
406	惠州市蓝微新源技术有限公司	电源管理系统	其他有限责任公司	中型
407	班信科技（惠州）有限公司	印制电路板制造	港澳台商独资	中型
408	惠州市骏亚数字技术有限公司	生产数字机顶盒	其他有限责任公司	中型
409	伯恩高新科技（惠州）有限公司	光电子器件及其他电子器件制造	港澳台商独资	中型
410	惠州同发宝微控科技有限公司	生产电子元件	与港澳台商合资经营	中型
411	惠州至精精密技术有限公司	CNC、五金冲压等精密零部件加工	其他有限责任公司	中型
412	惠州铂科磁材有限公司	电子元件及组件制造	私营有限责任公司	中型
413	惠州艺都影像科技有限公司	其他塑料制品制造	私营有限责任公司	中型
414	彰豪金属（惠州）有限公司	生产销售自行车零配件	外资企业	中型
415	惠州丰采贵金属制造有限公司	手机五金配件生产	港澳台商独资	中型
416	惠东县吉隆吉美鞋厂	制鞋	私营独资	中型
417	惠州雷曼光电科技有限公司	高品级发光二极管	私营有限责任公司	中型
418	惠州市米琦科技有限公司	生产通讯产品	其他有限责任公司	中型
419	吉盛科技（惠州）有限公司	生产电子烟	港澳台商独资	中型
420	惠州市永圣源电子科技有限公司	生产手机壳	其他有限责任公司	中型

序号	单位详细名称	主要业务活动或产品	登记注册类型	规模
421	惠州市集迅电子有限公司	生产银行 POS 机	私营有限责任公司	中型
422	惠州市富庄塑胶包装有限公司	塑胶、化妆盒	其他有限责任公司	中型
423	惠州市纬世新能源有限公司	生产及销售锂电池电芯	其他有限责任公司	中型
424	惠州东广精密五金有限公司	加工电脑线路板	港澳台商独资	中型
425	惠州埃富拓科技有限公司	手机组装及生产	其他有限责任公司	中型
426	惠州好莱客集成家居有限公司	生产家居和家居用品	私营有限责任公司	中型
427	惠州市星聚宇光学有限公司	生产光学镜头	私营有限责任公司	中型
428	惠州海拓电子科技有限公司	手机加工	其他有限责任公司	中型
429	保丽信（惠州）织造有限公司	生产飞织造鞋面	港澳台商独资	中型
430	广东利元亨智能装备有限公司	生产精密自动化设备	其他有限责任公司	中型
431	惠州凯尔光电有限公司	摄像头模组	私营有限责任公司	中型
432	量子光电（惠州）有限公司	生产手电筒、头灯	港澳台商独资	中型
433	志源表面处理（惠州）有限公司	电子塑件表面处理	港澳台商独资	中型
434	惠州市来裕鞋业有限公司	生产鞋	私营有限责任公司	中型
435	惠州市联韵电子科技有限公司	生产耳机	股份有限公司	中型
436	嘉丰工业科技（惠州）有限公司	通信类塑胶零部件制品生产	港澳台商独资	中型
437	惠州市天铭精密部件有限公司	生产精密部件	其他有限责任公司	中型
438	华励包装（惠州）有限公司	瓦楞纸板及纸箱及其他印刷	港澳台商独资	中型
439	星华科技（惠州）有限公司	生产印制线路板	港澳台商独资	中型
440	博罗县园洲罗浮山水泥有限公司	水泥制造	其他有限责任公司	中型
441	惠州金日工业科技有限公司	生产汽车线束	其他有限责任公司	中型
442	惠州市辰奕科技有限公司	生产遥控器、生产机顶盒、生产传感器	私营有限股份公司	中型
443	惠州市三强线路有限公司	生产印刷线路板	私营有限责任公司	中型
444	惠州市海龙模具塑料制品有限公司	模具制造	其他有限责任公司	中型
445	泰山石膏（广东）有限公司	石膏制造	其他有限责任公司	中型
446	创维液晶器件（深圳）有限公司惠州分公司	生产手机平板显示器	与港澳台商合资经营	中型
447	中建钢构阳光惠州有限公司	钢结构的加工制作	其他有限责任公司	中型
448	惠州市泰信精密部件有限公司	生产手机配件、精密五金	其他有限责任公司	中型
449	惠州市万里彩色印刷有限公司	包装印刷	其他有限责任公司	中型
450	ＴＣＬ光电科技（惠州）有限公司	液晶电视机	港澳台商投资股份有限公司	中型
451	惠州市创荣发实业有限公司	生产遥控器	私营有限责任公司	中型
452	苏宝电子（惠州）有限公司	加工组装手机、销售手机	港澳台商独资	中型
453	三鑫（惠州）幕墙产品有限公司	生产建筑幕墙	与港澳台商合资经营	中型
454	路霹雳电子（惠州）有限公司	塑胶电子玩具	港澳台商独资	中型
455	博罗县仁和织造制衣有限公司	机织服装制造	其他有限责任公司	中型

12-27 续表 13 （2016 年）

序号	单位详细名称	主要业务活动或产品	登记注册类型	规模
456	广东维尔科技股份有限公司	模具	私营有限股份公司	中型
457	惠州大亚湾鸿通电子有限公司	生产监护器	其他有限责任公司	中型
458	嘉宜科技（惠州）有限公司	五金压铸	港澳台商独资	中型
459	凯丰机电五金制品（惠州）有限公司	生产机电制品	港澳台商独资	中型
460	博罗达鑫电子有限公司	电子产品	其他有限责任公司	中型
461	惠州市闽环纸品有限公司	生产纸板	私营有限责任公司	中型
462	惠州市捷壳工贸有限公司	生产五金制品	私营有限责任公司	中型
463	惠州市广恒钢五金制品有限公司	生产五金制品	其他有限责任公司	中型
464	东翔制衣（惠州）有限公司	生产全棉男长裤	外资企业	中型
465	惠州市中航科技工业有限公司	生产打印机	其他有限责任公司	中型
466	协顺灯饰（惠州）有限公司	生产圣诞树连灯串和彩灯	外资企业	中型
467	惠州三华工业有限公司	生产电子元器件	其他有限责任公司	中型
468	盛龙纺织（惠州）有限公司	尼龙布	港澳台商独资	中型
469	广龙电子部件（惠州）有限公司	生产电子开关元件	外资企业	中型
470	博罗合义电化有限公司	磁铁芯	港澳台商独资	中型
471	惠阳联想电子工业有限公司	lenovo 系列台式电脑	港澳台商独资	中型
472	惠州伟康新型建材有限公司	橡塑制品	港澳台商独资	中型
473	惠州市升华工业有限公司	生产电子连接线	与港澳台商合资经营	中型
474	惠州市城市燃气发展有限公司	液化石油气销售	股份有限公司	中型
475	惠州高盛达科技有限公司	生产电子调谐器	其他有限责任公司	中型
476	惠东县黄埠镇福华鞋业有限公司	制鞋	私营有限责任公司	中型
477	多泰工业有限公司	生产及销售合成橡胶制品、新型电子元器件、	港澳台商独资	中型
478	惠阳中建电讯制品有限公司	无绳电话机	港澳台商独资	中型
479	惠州合正电子科技有限公司	生产多层压合线路板	港澳台商独资	中型
480	惠州 TCL 金能电池有限公司	生产锂离子系列电池产品	其他有限责任公司	中型
481	惠阳中建塑胶产品有限公司	塑胶配件	港澳台商独资	中型
482	惠州市恒泰科技有限公司	生产电池、锂离子电芯、电子产品	私营有限责任公司	中型
483	新星家庭用品（惠州）有限公司	挤炼枪	港澳台商独资	中型
484	有利华建材（惠州）有限公司	混凝土及石膏预制件	港澳台商独资	中型
485	惠州市维尔康精密部件有限公司	生产面壳、中框等注塑产品	其他有限责任公司	中型
486	惠州市凯越电子有限公司	车载语音导航	其他有限责任公司	中型
487	博罗县常美印刷有限公司	包装装潢及其他印刷	港澳台商独资	中型
488	惠州市明鑫家具制品有限公司	电视架生产、椅子生产、木板类生产	私营有限责任公司	中型
489	胜伟新织造制衣（惠州）有限公司	服装制造	港澳台商独资	中型
490	惠州市银宝山新科技有限公司	生产塑胶、生产电子产品	其他有限责任公司	中型

序号	单位详细名称	主要业务活动或产品	登记注册类型	规模
491	金时发工业（惠州）有限公司	塑胶玩具	港澳台商独资	中型
492	惠州大建毛织实业有限公司	毛织	外资企业	中型
493	惠州市粤泰翔科技有限公司	生产 TV 模组、生产 LED 模组、生产光学类新材	其他有限责任公司	中型
494	惠州市联达金电子有限公司	印制电路板	私营有限责任公司	中型
495	剂吉泰光电科技（惠州）有限公司	生产控制面板	外资企业	中型
496	泰和电路科技（惠州）有限公司	电路板	其他有限责任公司	中型
497	惠州艾特娜家具有限公司	其他家具制造	外资企业	中型
498	杰成工业（惠州）有限公司	生产数字放声设备塑胶制品	港澳台商独资	中型
499	广东菲安妮皮具股份有限公司	牛皮手袋生产	股份有限公司	中型
500	惠州市宏利五金塑胶制品厂有限公司	生产不锈钢餐厨具	港澳台商独资	中型
501	惠州市宝丰信息科技有限公司	智能无线通信终端设备系列	其他有限责任公司	中型
502	惠州市力信电子有限公司	变压器	外资企业	中型
503	惠阳荣双制伞工业有限公司	生产洋伞、加工伞骨及零配件	港澳台商独资	中型
504	惠州三富服装有限公司	化纤针织品及编织品制造	与港澳台商合作经营	中型
505	大进制衣厂（惠州）有限公司	生产高中档裤子	港澳台商独资	中型
506	惠州宝柏包装有限公司	生产薄膜软包装	外资企业	中型
507	博罗县利达手套有限公司	皮制劳保手套生产	港澳台商独资	中型
508	广东省博罗县园洲勤达印务有限公司	印刷	外资企业	中型
509	博罗龙华宾华皮革有限公司	牛皮	港澳台商独资	中型
510	惠州信立工业有限公司	皮鞋制造	外资企业	中型
511	惠阳晋煜工业有限公司	生产灯头	港澳台商独资	中型
512	惠州市德赛精密部件有限公司	生产注塑件	与港澳台商合资经营	中型
513	德联覆铜板（惠州）有限公司	印制电路板制造	港澳台商独资	中型
514	博罗时特首饰制品有限公司	日用塑料制品制造	港澳台商独资	中型
515	乐庭电线工业（惠州）有限公司	生产电话配线	与港澳台商合作经营	中型
516	乐金电子（惠州）有限公司	生产音响设备	中外合资经营	中型
517	至远彩色印刷工业（惠州）有限公司	彩印纸品、包装系列产品	与港澳台商合资经营	中型
518	安特（惠州）工业有限公司	生产精密金属冲压零配件	中外合资经营	中型
519	东山电池工业（中国）有限公司	生产锌锰电池	中外合资经营	中型
520	旭辉磁石制造（惠州）有限公司	磁石生产	港澳台商独资	中型
521	志麟艺品实业（惠阳）有限公司	生产树脂波丽工艺品	港澳台商独资	中型
522	明丰五金制品（惠州）有限公司	表扣	港澳台商独资	中型
523	惠阳锦诚电子有限公司	生产吊扇控制器	港澳台商独资	中型
524	惠州市旭辉电子有限公司	生产接插件	港澳台商独资	中型
525	和幸技研（惠州）有限公司	生产手提电脑外壳（联想）	港澳台商独资	中型

（2016 年）

序号	单位详细名称	主要业务活动或产品	登记注册类型	规模
526	兴茂（惠阳）电器有限公司	变压器	外资企业	中型
527	惠州速力特工业有限公司	生产 MP3 外壳	外资企业	中型
528	惠州新丰音响有限公司	生产音箱	外资企业	中型
529	惠州硕立精密科技有限公司	五金模生产	外资企业	中型
530	乐金电子部品（惠州）有限公司	生产微型马达	外资企业	中型
531	惠州富登鞋业有限公司	生产皮鞋	港澳台商独资	中型
532	美合源家具（惠州）有限公司	生产铁家具	与港澳台商合资经营	中型
533	惠州市颂誉玻璃有限公司	钢化玻璃	其他有限责任公司	中型
534	惠州市太基电子实业有限公司	电子元件及组件制造	私营有限责任公司	中型
535	惠州市金百泽电路科技有限公司	印刷电路板生产	其他有限责任公司	中型
536	广东得胜电子有限公司	麦克风	其他有限责任公司	中型
537	奔辉欧式艺品（惠州）有限公司	工艺品相框、镜框	港澳台商独资	中型
538	惠州中记家具制造有限公司	生产沙发	港澳台商独资	中型
539	斯都工艺制品（惠州）有限公司	生产工艺塑料制品	港澳台商独资	中型
540	惠州市明佳豪实业有限公司	纺织服装	私营有限责任公司	中型
541	普视达（惠州）电子科技有限公司	生产卫星电视高频头	私营有限责任公司	中型
542	惠州市健和光电有限公司	生产发光二极管（LED）显示屏及其应用	私营有限责任公司	中型
543	惠州市宏商电气有限公司	热缩管材料	私营有限责任公司	中型
544	惠州喜运来印刷制品有限公司	包装装潢及其他印刷	港澳台商独资	中型
545	惠州美明塑胶有限公司	胶布	外资企业	中型
546	惠州市宙邦化工有限公司	铝电解容器生产	其他有限责任公司	中型
547	惠东县泓源供水有限公司	自来水供应	其他有限责任公司	中型
548	惠东县黄埠镇华江鞋业有限公司	制鞋	港澳台商独资	中型
549	东弘电子（惠阳）有限公司	喇叭	港澳台商独资	中型
550	惠州三美音响技术有限公司	电子元件及组件制造	港澳台商独资	中型
551	博罗县德荣制衣有限公司	服装	与港澳台商合资经营	中型
552	博罗立峰开关实业有限公司	电子元件及组件制造	与港澳台商合作经营	中型
553	惠东县金山陶瓷有限公司	陶瓷制造	外资企业	中型
554	惠州麒华五金制品有限公司	家具用金属配件制造	与港澳台商合作经营	中型
555	博罗县鸿信金属（表业）制品厂有限公司	钢表带	港澳台商独资	中型
556	惠阳东威电子制品有限公司	生产 DVD 组合音响	港澳台商独资	中型
557	惠州市远东鞋业有限公司	制鞋	其他有限责任公司	中型
558	惠州市新发鞋业有限公司	制鞋	私营有限责任公司	中型
559	美昌（龙门）表业有限公司	生产经营表壳成品、生产经营表壳半成品	港澳台商独资	中型
560	惠阳欧力电子有限公司	装饰感应灯制造	港澳台商独资	中型
561	惠州时代电池有限公司	生产镍氢充电式电池	港澳台商独资	中型
562	千石家电（惠州）有限公司	生产家用电器	港澳台商独资	中型

12-28 全市重点工业企业名单

（2016 年）

序号	单位详细名称	序号	单位详细名称
1	惠州三星电子有限公司	45	美律电子（惠州）有限公司
2	中海石油炼化有限责任公司惠州炼化分公司	46	惠州雷士光电科技有限公司
3	伯恩光学（惠州）有限公司	47	惠州塔牌水泥有限公司
4	广东省电力集团有限公司惠州供电分公司	48	惠州市康冠科技有限公司
5	中海壳牌石油化工有限公司	49	基准精密工业（惠州）有限公司
6	惠州 TCL 移动通信有限公司	50	惠州李长荣橡胶有限公司
7	ＴＣＬ王牌电器（惠州）有限公司	51	胜宏科技（惠州）股份有限公司
8	惠州比亚迪电子有限公司	52	深圳市景田食品饮料有限公司罗浮百岁山分公司
9	中海石油开氏石化有限责任公司	53	惠州亿纬锂能股份有限公司
10	ＴＣＬ海外电子（惠州）有限公司	54	广东富康电梯有限公司
11	龙旗电子（惠州）有限公司	55	惠州市秋叶原实业有限公司
12	惠州市德赛电池有限公司	56	索尼精密部件（惠州）有限公司
13	惠州比亚迪电池有限公司	57	科时电子（惠州）有限公司
14	惠州华源轩家具有限公司	58	天宝电子（惠州）有限公司
15	惠东县华业铸造厂	59	隆发鞋业（惠州）有限公司
16	惠阳联想电子工业有限公司	60	广东惠州天然气发电有限公司
17	惠州市德赛西威汽车电子有限公司	61	至远彩色印刷工业（惠州）有限公司
18	广东京兰汽车有限公司	62	广东伊利乳业有限责任公司
19	大统营（惠州）科技有限公司	63	信华精机有限公司
20	惠州市金龙羽电缆实业发展有限公司	64	惠州宇新化工有限责任公司
21	惠州市中航科技工业有限公司	65	惠州埃富拓科技有限公司
22	惠州市飞泰科数字装备有限公司	66	惠州市贝特瑞新材料科技有限公司
23	惠州爱而泰可塑料包装有限公司	67	中海油乐金化工有限公司
24	日立乐金光科技（惠州）有限公司	68	惠州兴达石化工业有限公司
25	惠州市光大水泥企业有限公司	69	TCL 瑞智（惠州）制冷设备有限公司
26	惠州市广恒钢五金制品有限公司	70	惠州忠信化工有限公司
27	TCL 显示科技（惠州）有限公司	71	惠州住成电装有限公司
28	ＴＣＬ通力电子（惠州）有限公司	72	惠州铂科磁材有限公司
29	惠州科锐半导体照明有限公司	73	惠州德赛信息科技有限公司
30	华通精密线路板（惠州）有限公司	74	博罗康佳精密科技有限公司
31	惠州比亚迪实业有限公司	75	惠州市米琦通信设备有限公司
32	惠州住润电装有限公司	76	广东湘大骆驼饲料有限公司
33	惠东县晓亨铸造厂	77	惠州太平货柜有限公司
34	乐金电子部品（惠州）有限公司	78	惠州市港盈鞋业有限公司
35	惠州华阳通用电子有限公司	79	广东友钢钢铁有限公司博罗分公司
36	敏华家具制造（惠州）有限公司	80	喜斯达电器（惠州）有限公司
37	惠州市蓝微电子有限公司	81	惠州卡美欧通讯有限公司
38	华通电脑（惠州）有限公司	82	惠州高盛达科技有限公司
39	乐金电子（惠州）有限公司	83	惠州光弘科技股份有限公司
40	东风本田汽车零部件有限公司	84	金大福五金制品（惠州）有限公司
41	惠州市捷壳工贸有限公司	85	格林精密部件（惠州）有限公司
42	惠州侨兴电讯工业有限公司	86	广东九联科技股份有限公司
43	东阳（博罗）电子有限公司	87	中国神华能源股份有限公司国华惠州热电分公司
44	广东惠州平海发电厂有限公司	88	南亚电子材料（惠州）有限公司

注：本表为现价工业总产值 5000 万元及以上的工业企业。

序号	单位详细名称	序号	单位详细名称
89	惠州市讯和数码科技有限公司	133	惠州惠菱化成有限公司
90	惠州威博精密科技有限公司	134	广东金新农饲料有限公司
91	博罗县永联手套有限公司	135	博罗县石湾镇群力电子文具有限公司
92	惠阳兆吉鞋业有限公司	136	惠州中京电子科技有限公司
93	骏达制衣厂（惠州）有限公司	137	佳都（惠州）制衣有限公司
94	惠州三富服装有限公司	138	惠州仁信聚苯集团有限公司
95	惠州长城开发科技有限公司	139	金科五金塑胶（惠州）有限公司
96	惠州硕贝德精密技术工业有限公司	140	惠州麒华五金制品有限公司
97	启兴（博罗）金属制品厂有限公司	141	博罗县园洲罗浮山水泥有限公司
98	惠州海格科技有限公司	142	广东电网惠州龙门供电局
99	惠州君超电子有限公司	143	惠州市宝岛箱包制品有限公司
100	先进科技（惠州）有限公司	144	铠利五金机械（惠州）有限公司
101	威世电子（惠州）有限公司	145	惠州九鼎饲料科技有限公司
102	博罗县利达手套有限公司	146	惠州亚华胶粘带有限公司
103	惠州硕贝德无线科技股份有限公司	147	惠州聆韵科技有限公司
104	景鸿（惠州）针织有限公司	148	慧怡织造（惠州）有限公司
105	惠州市源森木业有限公司	149	博罗县石湾百盛利五金货架有限公司
106	ＴＣＬ罗格朗国际电工（惠州）有限公司	150	惠州市粤泰翔科技有限公司
107	博罗县常美印刷有限公司	151	惠州元晖光电股份有限公司
108	惠州建邦精密塑胶有限公司	152	华润水泥（惠州）有限公司
109	惠州市华阳多媒体电子有限公司	153	惠州美锐电子科技有限公司
110	惠州杰出皮革制品有限公司	154	智盛（惠州）石油化工有限公司
111	惠州伟志电子有限公司	155	惠州市锦湖实业发展有限公司
112	惠州富士电梯有限公司	156	德联覆铜板（惠州）有限公司
113	明丰五金制品（惠州）有限公司	157	惠州住电电装有限公司
114	惠州市博美化妆品有限公司	158	博罗县德荣制衣有限公司
115	博罗县泰美镇淇虹和泰电子有限公司	159	龙门县惠安贸易有限公司
116	惠州市赢合科技有限公司	160	惠州市诚业家具有限公司
117	博罗璟太元服饰有限公司	161	惠州汇聚电线制品有限公司
118	惠州海格电气有限公司	162	晓星金融设备（惠州）有限公司
119	惠州市和宏电线电缆有限公司	163	立森（博罗）木器有限公司
120	惠州宝柏包装有限公司	164	奥士康精密电路（惠州）有限公司
121	博罗石湾致丰织染有限公司	165	惠州市金山电子有限公司
122	嘉士伯啤酒（广东）有限公司	166	惠州安东五金塑胶电子有限公司
123	惠州极帝电子有限公司	167	盛威尔（惠州）电缆科技有限公司
124	惠州超声音响有限公司	168	惠州市富昌矿业有限公司
125	惠州市健活木器制品有限公司	169	惠阳中建电讯制品有限公司
126	广东惠电科技发展有限公司	170	惠州市老铭人服饰有限公司
127	惠州市科力磁元有限公司	171	盛龙纺织（惠州）有限公司
128	普利司通（惠州）轮胎有限公司	172	惠州住润汽车部品有限公司
129	惠州盛晨金属有限公司	173	博罗承创精密工业有限公司
130	惠州永明兴塑料有限公司	174	惠阳科惠工业科技有限公司
131	雍华国际（惠州）电子有限公司	175	惠州鸿通电子有限公司
132	博罗县石湾伟仕塑胶五金厂	176	惠州古河汽配有限公司

12-28 续表 2 （2016 年）

序号	单位详细名称	序号	单位详细名称
177	多向玩具（惠州）有限公司	221	惠州南旋毛织厂有限公司
178	龙门县密溪林场	222	台森（博罗）轻工有限公司
179	惠阳源高电器有限公司	223	惠阳东威电子制品有限公司
180	广东信利达鞋业有限公司	224	惠州市德帮实业有限公司
181	兴宇电子（惠州）有限公司	225	美合源家具（惠州）有限公司
182	广东科士达工业科技有限公司	226	惠州市华晟电子线材有限公司
183	高意（惠州）家具有限公司	227	志源塑胶制品（惠州）有限公司
184	惠州市鹏星电力器材有限公司	228	惠州住润汽车线业有限公司
185	凯赫威（惠州）精密制造有限公司	229	惠州元太实业有限公司
186	广东罗浮山国药股份有限公司	230	惠州艺都文化用品有限公司
187	大中塑胶电子礼品（惠州）有限公司	231	惠州市宙邦化工有限公司
188	惠州三华工业有限公司	232	伟全电子（惠州）有限公司
189	惠州住润电子装备有限公司	233	广东中旭服饰有限公司
190	南泰印整（惠州）有限公司	234	博罗县凯隆工艺饰品有限公司
191	惠州市领先饲料有限公司	235	惠州德晋昌光电科技有限公司
192	惠州茂硕能源科技有限公司	236	惠东美新塑木型材制品有限公司
193	龙门县塔山竹木制品有限公司	237	博罗冠业电子有限公司
194	泰山石膏（广东）有限公司	238	博罗县固力建材有限公司
195	亚浩电子五金塑胶（惠州）有限公司	239	杰希智能居家用品科技（惠州）有限公司
196	惠州市立美特环保油墨有限公司	240	惠州市恒都电子有限公司
197	惠州高德机电有限公司	241	博罗伟业皮革制品有限公司
198	捷普绿点科技（惠州）有限公司	242	广东太古可口可乐（惠州）有限公司
199	惠州市凯越电子有限公司	243	惠州年发科技园发展有限公司
200	博罗县信隆电工材料有限公司	244	惠州市超智鞋业有限公司
201	博罗县石湾聚龙化工有限公司	245	惠州深能源丰达电力有限公司
202	博罗县罗浮山林场木器工艺卡板厂	246	博罗县东阳糖业食品有限公司
203	博罗县惠湖五金制品厂	247	田村电子（惠州）有限公司
204	瑞智精密机械（惠州）有限公司	248	惠州力运织造厂有限公司
205	惠州市西顿工业发展有限公司	249	恒昌涂料（惠阳）有限公司
206	通威股份有限公司惠州分公司	250	声电电子科技（惠州）有限公司
207	惠州东和数码科技有限公司	251	惠州利宝粘剂有限公司
208	惠州市远东鞋业有限公司	252	南益热转印花（惠州）有限公司
209	伟全化纤（惠州）有限公司	253	广东恒达胶管制品有限公司
210	启丰实业（惠州）有限公司	254	博罗县长宁强沥日常用品制造厂
211	惠阳东亚电子制品有限公司	255	大隆饰品玩具（惠州）有限公司
212	广东骏亚电子科技股份有限公司	256	雅美工业（惠阳）有限公司
213	博罗县力群纺织化工有限公司	257	惠州莱茵厨卫制品有限公司
214	惠州朝富家具实业有限公司	258	广东亿纬赛恩斯新能源系统有限公司
215	普利司通（惠州）合成橡胶有限公司	259	惠州罗浮山旋窑水泥有限公司
216	惠州市海龙模具塑料制品有限公司	260	惠州合正电子科技有限公司
217	高新锡业（惠州）有限公司	261	博罗县九潭弘亿电子制造厂
218	博罗县龙华镇金峰塑胶原料加工厂	262	惠州丰采贵金属制造有限公司
219	惠州乐庭电子线缆有限公司	263	惠州强雳日常用品制造有限公司
220	惠州东洋益恩彼电子有限公司	264	惠州东方雨虹建筑材料有限责任公司

序号	单位详细名称	序号	单位详细名称
265	惠州伸勇电子材料有限公司	309	惠州精玖旺硬质合金有限公司
266	扬尚电子（惠州）有限公司	310	博罗县石湾铁场皇积精机电子厂
267	安品达精密工业（惠州）有限公司	311	宏凯鞋业（惠州）有限公司
268	立嘉五金塑胶制品（惠州）有限公司	312	惠州 TCL 照明电器有限公司
269	惠州浩宁达科技有限公司	313	康惠（惠州）半导体有限公司
270	凯丰机电五金制品（惠州）有限公司	314	惠州信兴荣电业塑胶有限公司
271	博罗合义电化有限公司	315	广东奥蜜联合开发公司
272	博罗县添丰织染实业有限公司	316	惠州市力信电子有限公司
273	惠州大亚湾永昶科技电子有限公司	317	立敦电子科技（惠州）有限公司
274	惠州国强水泥有限公司	318	惠州迪威信家庭用品有限公司
275	惠州东风易进工业有限公司	319	阪超手袋（惠州）有限公司
276	惠州市健和光电有限公司	320	澳宝化妆品（惠州）有限公司
277	隆裕鞋业（惠州）有限公司	321	惠州兴鑫涂料化工有限公司
278	惠州美明塑胶有限公司	322	宝凯皮件（惠州）有限公司
279	博罗县温氏畜牧有限公司（饲料厂）	323	惠州志顺电子实业有限公司
280	博罗时特首饰制品有限公司	324	惠州市华阳精机有限公司
281	仝达实业（惠州）有限公司	325	惠州住金锻造有限公司
282	博罗县仁和织造制衣有限公司	326	广东得胜电子有限公司
283	惠州泰富织造有限公司	327	惠州市亿能电子有限公司
284	惠州建华管桩有限公司	328	惠州市广田人造板有限公司
285	惠州港泰塑胶电子制品有限公司	329	惠州市德泓科技有限公司
286	广东新美锐科技有限公司	330	惠州市长润发涂料有限公司
287	立隆电子（惠州）有限公司	331	韩城精密（惠州）有限公司
288	美雅（惠州）化妆品有限公司	332	博罗县园洲嘉和塑胶电子有限公司
289	统森（博罗）塑胶有限公司	333	嘉丰工业科技（惠州）有限公司
290	博罗县嘉盛源电子有限公司	334	旭辉磁石制造（惠州）有限公司
291	惠州侨兴电子科技有限公司	335	惠州市泰蒙通讯技术有限公司
292	惠州市金泰阳纸业有限公司	336	广东红墙新材料股份有限公司
293	惠州市太基电子实业有限公司	337	惠东县东进保鲜肉类有限公司
294	惠州市力创五金制品有限公司	338	建业科技电子（惠州）有限公司
295	濠玮电子科技（惠州）有限公司	339	惠州市中航鞋业有限公司
296	讯达康通讯（惠州）有限公司	340	致玮精机电子（惠州）有限公司
297	惠州真华美服装有限公司	341	惠州市汇能热力有限公司
298	惠州市华阳数码特电子有限公司	342	青上化工（惠州）有限公司
299	惠州智科实业有限公司	343	记忆科技电子（惠州）有限公司
300	南亚塑胶工业（惠州）有限公司	344	钜弘不锈钢（惠州）有限公司
301	惠州市豪鹏科技有限公司	345	惠州皇冠制罐有限公司
302	长银（博罗）电子五金制品有限公司	346	胜华电子（惠阳）有限公司
303	惠州顺兴食品有限公司	347	惠州景田食品饮料有限公司
304	班信科技（惠州）有限公司	348	惠州市闽环纸品有限公司
305	惠州新华昌运输设备有限公司	349	博罗县杨村镇雅斯丽人造首饰有限公司
306	惠州市九惠制药股份有限公司	350	博罗县立泰塑胶五金制品有限公司
307	惠州市桑莱士智能科技股份有限公司	351	惠州太胜预拌混凝土有限公司
308	中建钢构阳光惠州有限公司	352	惠州市澳华饲料有限公司

12-28 续表 4 （2016年）

序号	单位详细名称	序号	单位详细名称
353	惠州凯尔光电有限公司	397	泰和电路科技（惠州）有限公司
354	惠州市盛易木业有限公司	398	东保利电业（惠州）有限公司
355	惠州市城市燃气发展有限公司	399	协顺灯饰（惠州）有限公司
356	惠州市惠龙金意油脂能源有限公司	400	鸿通电子（惠阳）企业有限公司
357	惠州市兆光光电科技有限公司	401	鑫双利（惠州）树脂有限公司
358	科莱恩化工（惠州）有限公司	402	惠州市航鑫不锈钢制品有限公司
359	惠州市汇星印刷有限公司	403	惠东县威达机铸制品有限公司
360	广东海纳农业有限公司	404	高铭电子（惠州）有限公司
361	盛宏光电（惠州）有限公司	405	广东省南方水泥厂
362	利山矿业股份有限公司	406	惠州市丰源钢结构有限公司
363	惠州市凡进科技有限公司	407	百朗楼宇电气用品（惠州）有限公司
364	TCL 新技术（惠州）有限公司	408	创维液晶器件（深圳）有限公司惠州分公司
365	惠州信立泰药业有限公司	409	千住金属（惠州）有限公司
366	惠州市永隆电路有限公司	410	惠州市伟明鞋业有限公司
367	惠州市冠峰建材有限公司	411	光宝钢铁（惠州）有限公司
368	惠州市供水有限公司	412	龙门县永合竹制品有限公司
369	博罗县惠盛纸业有限公司	413	中海油惠州石化有限公司
370	惠州市三协精密有限公司	414	博罗县鸿信金属（表业）制品厂有限公司
371	深圳宝菱同利有限公司	415	海志电池（惠州）有限公司
372	东弘电子（惠阳）有限公司	416	惠州鸿兴建筑五金制造有限公司
373	惠州艺都影像科技有限公司	417	惠州至精精密技术有限公司
374	惠州新明生皮革制品有限公司	418	惠州雷曼光电科技有限公司
375	惠东伟盛制衣有限公司	419	惠州大亚湾石化动力热力有限公司
376	惠州市国鹏印刷股份有限公司	420	凤凰新能源（惠州）有限公司
377	博罗龙华宾华皮革有限公司	421	惠州市富丽电子有限公司
378	兴昂制革（惠州）有限公司	422	双叶电子器件（惠州）有限公司
379	惠州市星之光科技有限公司	423	惠阳亚伦塑胶电器实业有限公司
380	东山电池工业（中国）有限公司	424	龙门县储备军粮供应公司龙门粮油加工厂
381	博罗县东明化工有限公司	425	惠州信邦表面处理有限公司
382	惠州欧亚家具有限公司	426	安特（惠州）工业有限公司
383	惠州市升华工业有限公司	427	惠州 TCL 金能电池有限公司
384	巴斯夫造纸化学品（惠州）有限公司	428	惠州雷电电子有限公司
385	惠州市荟宝饲料有限公司	429	龙门县金华电力有限公司
386	广东百岁山实业有限公司	430	中潜股份有限公司
387	惠州联合铜箔电子材料有限公司	431	智恩电子（大亚湾）有限公司
388	龙门协成新材料有限公司	432	惠州市德康兴家居用品有限公司
389	广东科翔电子科技有限公司	433	惠州立兴金属制品厂有限公司
390	三龙（惠州）化纤有限公司	434	亚伦工业科技（惠州）有限公司
391	惠州市长溢模具有限公司	435	阿富特电子（惠州）有限公司
392	惠州市裕元华阳精密部件有限公司	436	惠州市华宝饲料有限公司
393	丰林亚创（惠州）人造板有限公司	437	广东省艾希德药业有限公司
394	广东菲安妮皮具股份有限公司	438	惠州市永鑫有色金属有限公司
395	博罗县裕升染织有限公司	439	伊连特电子（惠州）有限公司
396	申泰电子（惠州）有限公司	440	惠州市兴邦新材料科技有限公司

序号	单位详细名称	序号	单位详细名称
441	诚信漆包线（惠州）有限公司	485	广东雪榕生物科技有限公司
442	海德运动器材（惠州）有限公司	486	惠州长亿工业有限公司
443	惠州市瑞能热力有限公司	487	广东龙翔电子有限公司
444	惠州威尔高电子有限公司	488	惠州时代电池有限公司
445	惠州安特科技工业有限公司	489	龙门县鸿业纺织制衣漂染有限公司
446	惠州锦胜包装有限公司	490	惠州市嘉泰电气有限公司
447	广东天鹅星鞋业有限公司	491	惠州市利而安化工有限公司
448	惠州三美音响技术有限公司	492	惠州市联韵电子科技有限公司
449	惠州市惠华实业有限公司	493	卡撒天娇家居（惠州）有限公司
450	广东利元亨智能装备有限公司	494	雅芳婷家纺（惠州）有限公司
451	龙门县荣生建材有限公司	495	荣晖电子（惠州）有限公司
452	惠州左右家私有限公司	496	惠州市盈晖电子有限公司
453	惠阳国威运动器材有限公司	497	惠州信立工业有限公司
454	崇基五金塑胶（惠州）有限公司	498	博罗县全成电子有限公司
455	伟建家庭用品（惠州）有限公司	499	惠州新丰音响有限公司
456	广东嘉寓门窗幕墙有限公司	500	嘉瑞科技（惠州）有限公司
457	博罗县长宁喜运来印刷制品有限公司	501	乐庭电线工业（惠州）有限公司
458	惠州天赏金属木业制品有限公司	502	博罗县富士精工五金制品有限公司
459	惠州市酬勤电子科技有限公司	503	惠州万盛兴五金制品有限公司
460	大昌树脂（惠州）有限公司	504	惠州市信牌电缆有限公司
461	博罗县园洲镇明兴五金有限公司	505	惠州市博伟皮革制品有限公司
462	博罗县国富塑胶制品有限公司	506	国统电器科技（惠州）有限公司
463	惠州市华瑞光源科技有限公司	507	惠州市道科包装材料有限公司
464	惠州伟康新型建材有限公司	508	惠州市聚真电路板有限公司
465	惠州云海镁业有限公司	509	威达尔食品（惠州）有限公司
466	惠州康晟复合材料科技有限公司	510	金利兴（惠州）制衣有限公司
467	惠州力豪服装有限公司	511	华励包装（惠州）有限公司
468	国粤惠州电力有限公司	512	惠州金山线束科技有限公司
469	惠州市特创电子科技有限公司	513	惠州市合丰展柜制作有限公司
470	宝华塑胶玩具厂（惠州）有限公司	514	惠州市盛达化工有限公司
471	锐泰科（惠州）电子有限公司	515	惠阳钰原工业有限公司
472	惠州市宝湖建材制造有限公司	516	惠东县吉隆瑞星鞋业有限公司
473	普莱克斯（惠州）工业气体有限公司	517	惠州骏通新材料有限公司
474	伯恩高新科技（惠州）有限公司	518	惠州市博美电源科技有限公司
475	惠州市艾比森光电有限公司	519	利佳电讯（惠州）有限公司
476	惠州市容大油墨有限公司	520	胜丰织造制衣（惠州）有限公司
477	博罗县韵达服饰有限公司	521	博罗县港泰印染有限公司
478	杰森石膏板（惠州）有限公司	522	柏承电子（惠阳）有限公司
479	胜伟新织造制衣（惠州）有限公司	523	贝卡尔特（惠州）钢帘线有限公司
480	龙门县至恒混凝土有限公司	524	仕达利恩（惠州）电子有限公司
481	惠州鼎智通讯有限公司	525	广东新峰药业股份有限公司
482	秦洋光电（惠州）有限公司	526	惠州市好的板科技有限公司
483	惠州市惠阳双新水泥有限公司	527	名豪木业（惠州）有限公司
484	金时发工业（惠州）有限公司	528	惠州市三力实业有限公司

12-28 续表 6 （2016 年）

序号	单位详细名称	序号	单位详细名称
529	惠州大亚湾汇利日用制品有限公司	573	惠州大亚湾市政广兴混凝土有限公司
530	久田伞业（惠阳）有限公司	574	惠州佳扬电子科技有限公司
531	惠州市大亚湾科翔科技电路板有限公司	575	惠州市纳伟仕视听科技有限公司
532	龙门县良好农特产品有限公司	576	惠州市德赛精密部件有限公司
533	金丰制衣（惠州）有限公司	577	惠州大亚湾华润燃气有限公司
534	高业制衣（惠州）有限公司	578	惠州市华保化工有限公司
535	千石家电（惠州）有限公司	579	惠州市大鼎电子有限公司
536	东方化成（惠州）精密制品有限公司	580	惠东嘉华材料有限公司
537	同健（惠阳）电子有限公司	581	惠州市众信天成电子发展有限公司
538	惠州统实企业有限公司	582	惠州市盛和化工有限公司
539	惠州市宏利五金塑胶制品厂有限公司	583	东嵘电子科技（惠州）有限公司
540	惠州市浩明科技发展有限公司	584	惠州富登鞋业有限公司
541	星华科技（惠州）有限公司	585	大金空调（上海）有限公司惠州分公司
542	嘉宜科技（惠州）有限公司	586	博罗县罗浮山林场振基木器制品有限公司
543	龙亿科技（惠州）有限公司	587	惠州市欧凡实业有限公司
544	惠州水之乐科技有限公司	588	惠州市辰奕科技有限公司
545	惠州舒达实业有限公司	589	惠州典展五金制品有限公司
546	惠州华尔锋电器有限公司	590	惠州龙源鞋业有限公司
547	龙门县展扬混凝土有限公司	591	信利（惠州）智能显示有限公司
548	威达机铸玩具制品（惠东）有限公司	592	惠州市臻宝电器制造有限公司
549	惠州商祺科技有限公司	593	惠州市麦卡电工材料有限公司
550	惠州市惠强塑料包装有限公司	594	雅刚电子（惠州）有限公司
551	惠州市华阳光电技术有限公司	595	惠州华意隆电气有限公司
552	剂吉泰光电科技（惠州）有限公司	596	惠东县翀兴鞋业有限公司
553	惠州市一电电池技术有限公司	597	美高精密部品（惠州）有限公司
554	惠州长龙化工有限公司	598	博罗县园洲自来水厂
555	惠州市惠宝佳牧饲料有限公司	599	肯发科技（惠州）有限公司
556	惠州福盛创新电子技术有限公司	600	惠州兆骐礼品有限公司
557	惠州市翔汉家具有限公司	601	惠州春昶五金塑料有限公司
558	惠州宏丰电器有限公司	602	惠州市光裕汽车空调制造有限公司
559	敏华家居产业（惠州）有限公司	603	惠州建亿织造有限公司
560	惠州市俊达美电子科技有限公司	604	惠州市荣康顺建筑材料制品有限公司
561	惠州市惠阳区美思奇实业发展有限公司	605	伟乐视讯科技股份有限公司
562	有利华建材（惠州）有限公司	606	来百利（惠州）手套有限公司
563	惠州市华辉信达电子有限公司	607	惠州祝贺礼品有限公司
564	惠州长联新材料科技有限公司	608	美盛隆制罐（惠州）有限公司
565	惠州市胜源纸品有限公司	609	惠州市普安电子有限公司
566	富电电子（惠州）有限公司	610	惠州艾特娜家具有限公司
567	惠州 TCL 环境科技有限公司	611	广东易置新材料科技有限公司
568	讯强电子惠州有限公司	612	惠州市超亿数控有限公司
569	博罗县力诚五金塑胶制品表面处理有限公司	613	龙门县裕泰漂染业有限公司
570	惠州大建毛织实业有限公司	614	惠州市惠阳华丽鞋业有限公司
571	惠州市恒泰酒店家具制造有限公司	615	广东富绅服饰有限公司
572	奔迈颂怡塑胶钢制品（惠州）有限公司	616	惠州市惠阳区自来水发展总公司

序号	单位详细名称	序号	单位详细名称
617	广东省博罗县园洲勤达印务有限公司	661	惠州泰伟电子配件有限公司
618	广东弘大管桩有限公司	662	先驱塑胶电子（惠州）有限公司
619	惠州市圣德宝家居用品有限公司	663	惠州国展电子有限公司
620	惠州市东江环保技术有限公司	664	博罗县长文文具礼品制造有限公司
621	惠州超霸电化产品有限公司	665	惠州亚珠钢铁加工有限公司
622	惠州三良木业有限公司	666	惠州市合升电子有限公司
623	中城电子科技（惠州）有限公司	667	惠州市时宇虹光电科技有限公司
624	惠州市互赢机电有限公司	668	雅拓莱焊接科技（惠州）有限公司
625	惠州市煌粮实业有限公司	669	惠州市天长实业有限公司
626	惠州市舒士光电科技有限公司	670	龙门县同昌汽车新材料有限公司
627	力研时装（惠州）有限公司	671	惠州市莱斯特鞋业有限公司
628	惠州市光宇实业有限公司	672	广东圣帕新材料股份有限公司
629	惠州市永兴达蓄电池有限公司	673	博罗县富昣塑胶五金制品有限公司
630	广东千叶松化工有限公司	674	广东天盈塑料管材有限公司
631	惠东县金山陶瓷有限公司	675	广东九九华立新材料股份有限公司
632	惠州佳景印刷制品有限公司	676	欧蒙特电子（惠州）有限公司
633	惠州大亚湾溢源净水有限公司	677	惠州市惠福鞋材有限公司
634	惠州深赛尔化工有限公司	678	惠东县天悦鞋材有限公司
635	冠明智能科技股份有限公司	679	博罗县华意织染有限公司
636	惠东县金华盛家私有限公司	680	博罗县东骏水泥有限公司
637	惠州市宝骏塑料五金制品有限公司	681	惠州市金烽鞋业有限公司
638	喜比斯运动器材（惠州）有限公司	682	广东晏龙汽车有限公司
639	惠东县铁涌镇源塑橡胶鞋底加工厂	683	量子光电（惠州）有限公司
640	惠州市创明能源科技有限公司	684	惠州黄埠镇广信鞋业有限公司
641	博罗柏塘同生实业有限公司	685	博罗立峰开关实业有限公司
642	惠州升信电子有限公司	686	联宏灯饰（惠州）有限公司
643	澳达树熊涂料（惠州）有限公司	687	桦耀木业（惠阳）有限公司
644	翱泰温控器（惠州）有限公司	688	博罗县稳乐运动器材有限公司
645	惠州市维尔康精密部件有限公司	689	惠东县振达鞋业有限公司
646	昶宏电子塑胶（惠州）有限公司	690	龙门县地派镇伟业砂厂有限公司
647	巴川影像科技（惠州）有限公司	691	惠州市朝鹏运动器材有限公司
648	龙门县绿科竹木加工有限公司	692	仝达机电工业（惠州）有限公司
649	龙门县罗洞新晶环保石灰有限公司	693	惠州市海韵电子有限公司
650	惠东县港惠针织有限公司	694	惠州市南钢金属压延有限公司
651	惠州市永展家具有限公司	695	惠州市中茂橡胶制品有限公司
652	龙门县汉兴织染有限公司	696	龙门立艺珠宝首饰有限公司
653	惠州中记家具制造有限公司	697	惠州五和实业有限公司
654	长泰化学工业（惠州）有限公司	698	惠东县信南鞋业有限公司
655	惠州市金喜源实业有限公司	699	超美精密工业（惠州）有限公司
656	惠东县黄埠镇华江鞋业有限公司	700	惠州蒙特莉皮具加工有限公司
657	惠阳维信纺织工业有限公司	701	博罗县柏塘光华食品有限公司
658	惠州市金百泽电路科技有限公司	702	惠东县东发五金鞋材制品厂
659	惠州市昌晖金属制品有限公司	703	惠州市金顺来服饰有限公司
660	华锋微线电子（惠州）工业有限公司	704	博罗养之源饲料科技有限公司

序号	单位详细名称	序号	单位详细名称
705	博罗县永耀电子五金厂	749	惠州辉煌涂料有限公司
706	惠州市三强线路有限公司	750	广东威林科技股份有限公司
707	惠州市德立电子有限公司	751	钧星精密部件(惠州)有限公司
708	龙门县海川矿业投资有限公司	752	惠州益伸电子有限公司
709	三井皮具(惠州)有限公司	753	来士达劳保(惠州)有限公司
710	国纳合成革(惠州)有限公司	754	杰成工业(惠州)有限公司
711	志源电子科技(惠州)有限公司	755	惠州普元数码电子有限公司
712	广东优达脚轮工业有限公司	756	龙门县裕华竹制品实业有限公司
713	惠州市亚巴郎新型建材有限公司	757	惠州市美林电线电缆有限公司
714	惠州市博艺黄金珠宝有限公司	758	惠阳东美音响制品有限公司
715	惠阳钰城泰化工有限公司	759	惠州市明佳豪实业有限公司
716	广东日昭电工有限公司	760	惠州奥尔提精密部品有限公司
717	惠州市华泰彩印有限公司	761	惠州新联业纺织有限公司
718	龙门县家业矿业有限公司	762	奔辉欧式艺品(惠州)有限公司
719	明华电子科技(惠州)有限公司	763	惠东县雅士达鞋业皮具有限公司
720	惠州市颂誉玻璃有限公司	764	惠州震浩塑胶制品有限公司
721	惠兰灯饰(惠东)有限公司	765	惠州市忠邦电子有限公司
722	龙门县食品公司永汉分公司	766	惠东县集丰鞋业有限公司
723	博罗力至五金加工有限公司	767	惠州市正牌科电有限公司
724	惠州市路森光电科技有限公司	768	惠州市银宝山新实业有限公司
725	惠州市潮记食品有限公司	769	惠东县三宏橡塑发泡厂
726	博罗县园洲昌兴五金有限公司	770	广东摩天零和壹涂料科技有限公司
727	瑞胜(惠州)家居用品有限公司	771	惠东县吉隆吉美鞋厂
728	鼎鹏碳纤科技(惠州)有限公司	772	惠州市广美精细化工有限公司
729	惠州华润建材有限公司	773	丽影电器(惠州)有限公司
730	惠州市宏商电气有限公司	774	惠州高比烘焙设备有限公司
731	萨瓦瑞亚(惠州)机械设备制造有限公司	775	惠州市大展家具有限公司
732	惠东和兴泰实业有限公司	776	惠州市晟荣生物科技有限公司
733	龙门县华辉瓷土购销有限公司	777	惠州市安通电子科技有限公司
734	广东瑞捷光电股份有限公司	778	惠州市元胜自行车配件有限公司
735	惠东县嘉诚鞋业有限公司	779	惠州海拓电子科技有限公司
736	惠州市赛能电池有限公司	780	惠州市普来德电子有限公司
737	精塑汽配科技(惠州)有限公司	781	惠州 TCL 通讯电子有限公司
738	彰豪金属(惠州)有限公司	782	惠州市阳鑫塑胶机械有限公司
739	惠州群富精密组件有限公司	783	龙门县创一陶瓷原料有限公司
740	惠州建富科技电子有限公司	784	博罗县杰信塑胶五金制品有限公司
741	尚好圣诞灯树(惠州)有限公司	785	大洋塑胶(惠州)有限公司
742	国恒电子(惠州)有限公司	786	广龙电子部件(惠州)有限公司
743	现代照明电气(惠州)有限公司	787	惠州市美源鞋业有限公司
744	惠州市德赛智能科技有限公司	788	广东比帆制衣有限公司
745	礼恩派工业(惠州)有限公司	789	惠州市远大电梯有限公司
746	惠州市金泰制衣有限公司	790	惠东县东华鞋业有限公司
747	惠州荣健运动器材有限公司	791	惠州新统五金机械有限公司
748	惠州市闽航机械有限公司	792	惠州市金力电机有限公司

序号	单位详细名称	序号	单位详细名称
793	惠州市永卓科技有限公司	837	惠州市金浩润电业有限公司
794	惠州赛科尼可科技有限公司	838	惠州市沃特新材料有限公司
795	惠州市宝雅家居用品有限公司	839	惠州中水水务发展有限公司
796	博罗达鑫电子有限公司	840	格瑞夫（惠州）包装有限公司
797	惠州硕立精密科技有限公司	841	金同山车业（惠州）有限公司
798	橡鸿（惠州）橡胶制品有限公司	842	鸿昇纸品（惠州）有限公司
799	吉盛科技（惠州）有限公司	843	惠州市集迅电子有限公司
800	惠州市鑫太阳实业有限公司	844	惠州威健电路板实业有限公司
801	龙门县富城预拌混凝土有限公司	845	惠州市盈力纸品有限公司
802	惠州速力特工业有限公司	846	兴茂（惠阳）电器有限公司
803	惠州市奥拓电子科技有限公司	847	惠州森江家具有限公司
804	惠州市亿鹏能源科技有限公司	848	博罗柏全五金制品有限公司
805	博罗五达纺织印染有限公司	849	惠州市粤通鞋业有限公司
806	惠州市华屹电子有限公司	850	比奥德（惠州）食品有限公司
807	普视达（惠州）电子科技有限公司	851	惠州市渤海科技有限公司
808	惠州市粤秀鞋业有限公司	852	惠东县黄埠镇强生鞋业有限公司
809	恒胜制衣（惠州）有限公司	853	惠州市万里彩色印刷有限公司
810	龙门县景龙生物能源有限公司	854	惠州市讯硕科技有限公司
811	上原汽车铭牌（惠州）有限公司	855	惠州市恒泰科技有限公司
812	新天伦服装配料（惠州）有限公司	856	惠州市良丰服饰发展有限公司
813	惠州市宝明显示技术有限公司	857	惠州市奥罗拉科技有限公司
814	龙门县南华新金属科技有限公司	858	宏发手袋（惠州）有限公司
815	鼎富电子（惠州）有限公司	859	广东日出化工有限公司
816	广东昆竹酒厂有限公司	860	惠州市普利升精密五金有限公司
817	天健精密模具注塑（惠州）有限公司	861	惠州海弘科技有限公司
818	惠东县吉隆金豪鞋厂	862	惠州市精鸿精密科技有限公司
819	惠州市攸特电子有限公司	863	惠东县华翔鞋业有限公司
820	惠州市斯瑞尔环境化工有限公司	864	金山电化工业（惠州）有限公司
821	惠州建发科技电子有限公司	865	惠州信辉电业有限公司
822	联铭橡胶（惠东）工业有限公司	866	惠东县粤嘉鞋业有限公司
823	博罗县利亨钮扣制品厂	867	龙门县繁荣陶瓷原料有限公司
824	龙门县瑞美斯环保材料科技有限公司	868	展祥科技（惠州）有限公司
825	惠州市飞鸿精密五金塑胶制品有限公司	869	广东睡冬宝生态家居股份有限公司
826	伟安家俱（惠州）有限公司	870	博罗县新宏兴纤维板有限公司
827	博罗县冲压精密工业有限公司	871	惠州市来裕鞋业有限公司
828	佳丽化工（惠州）有限公司	872	惠州市祥浩实业有限公司
829	惠州市惠阳环球数码科技设备有限公司	873	惠州市坤洋实业有限公司
830	惠州市住润汽车回路技术有限公司	874	惠州市庆腾电子科技有限公司
831	惠州市宏达五金制品有限公司	875	惠州圣源恒工艺品有限公司
832	惠州鸿晟光电有限公司	876	惠州新泰美纺织有限公司
833	惠州市新怡鞋业有限公司	877	雅梦娜家具实业（惠州）有限公司
834	达能益力（惠州）饮品有限公司	878	惠州市奥速运动器材有限公司
835	惠州市昌亿科技股份有限公司	879	惠州市禾信电子有限公司
836	惠阳万利塑胶制品有限公司	880	富国工业（惠阳）有限公司

序号	单位详细名称	序号	单位详细名称
881	惠东恒泰塑业有限公司	925	惠州市美好精机工业有限公司
882	广东南昆山乳业有限公司	926	全宇五金制品（惠州）有限公司
883	新丰家俱（惠阳）有限公司	927	博罗县达威奇制衣有限公司
884	多泰工业有限公司	928	英特卡机电（惠州）有限公司
885	惠州金源精密自动化设备有限公司	929	惠州市爱华鞋业有限公司
886	惠州市锐达电子有限公司	930	惠州特宝斯电子有限公司
887	惠州万合包装制品有限公司	931	惠州市一德塑胶科技有限公司
888	广东省惠州市中药厂	932	惠阳帝宇工业有限公司
889	惠州市宝明精工有限公司	933	惠州市明鑫家具制品有限公司
890	惠州市骏腾鞋业有限公司	934	惠州市泰信精密部件有限公司
891	惠东县嘉兴隆塑胶厂有限公司	935	深圳市三鑫精美特玻璃有限公司惠州大亚湾分公司
892	劲家庄（惠州）健康食品有限公司	936	路霹雳电子（惠州）有限公司
893	惠州市福瑞尔光电有限公司	937	博罗复扬针织漂染有限公司
894	龙门天美花艺有限公司	938	龙门县宇建木业有限公司
895	惠阳新百吉工业有限公司	939	惠州市德钢机械有限公司
896	惠州澳龙无纺布有限公司	940	惠州市美特伦科技有限公司
897	惠州市盛丰旅行用品有限公司	941	惠州市康洁洗涤用品有限公司
898	惠州市惠德瑞锂电科技有限公司	942	博罗县嘉盛帐蓬有限公司
899	ＴＣＬ光电科技（惠州）有限公司	943	惠州佑业精密机电有限公司
900	增达电子（惠州）有限公司	944	惠州市三才实业有限公司
901	惠东县肉类联合加工厂	945	罗达世五金制品（惠州）有限公司
902	隆科电子（惠阳）有限公司	946	惠州新联泰内衣配件有限公司
903	惠州市建科实业有限公司	947	新星家庭用品（惠州）有限公司
904	双鸿电子（惠州）有限公司	948	惠州市恒兴达再生资源有限公司
905	昱庆塑胶五金制品（惠州）有限公司	949	惠州永进电子有限公司
906	广东中航特种玻璃技术有限公司	950	溢丰工业（惠州）有限公司
907	广东恒大新材料科技有限公司	951	惠州市富林化工有限公司
908	惠东县华艺印刷有限公司	952	三鑫（惠州）幕墙产品有限公司
909	惠州黄埠得利高鞋业有限公司	953	新生赞记塑胶原料（惠州）有限公司
910	博罗县园洲欧艺时装厂有限公司	954	惠州周银泰克电子有限公司
911	惠东县德丰鞋业有限公司	955	惠东县吉隆华隆纸品厂
912	嘉莹纸品（惠州）有限公司	956	专顺电机（惠州）有限公司
913	广东富利时实业有限公司	957	惠州市忠盛鞋业有限公司
914	惠州金丰远东家具有限公司	958	惠州市固德尔合成材料有限公司
915	惠州恒铭达电子科技有限公司	959	志源表面处理（惠州）有限公司
916	中海油能源发展股份有限公司采油技术服务惠州分公司	960	惠州威杰塑胶制造有限公司
917	惠州市天铭精密部件有限公司	961	惠州市志联佳五金制品有限公司
918	惠州世通皮具制品有限公司	962	博罗县合兴隆洗水有限公司
919	惠东县粤龙鞋业有限公司	963	惠阳中建塑胶产品有限公司
920	惠州市骏亚数字技术有限公司	964	保丽信（惠州）织造有限公司
921	惠州市宝丰信息科技有限公司	965	惠州联顺电子有限公司
922	惠阳天丽实业有限公司	966	广东宏霖科技发展有限公司
923	艾迪克复材科技（惠州）有限公司	967	惠州市宏枫实业有限公司
924	惠州三盛源电子有限公司	968	惠州市肌缘生物科技股份有限公司

12-28 续表 11 （2016 年）

序号	单位详细名称	序号	单位详细名称
969	惠州绿色动力环保有限公司	1013	惠州市永裕五金塑料制品有限公司
970	龙门县信成管业有限公司	1014	惠州市艺锋工艺品有限公司
971	山阳精密部件（惠州）有限公司	1015	宏礼织造厂（惠州）有限公司
972	惠州市汉隆管业有限公司	1016	惠州市松洋电子有限公司
973	广东好时代专用车有限公司	1017	惠州市华大远东洗染有限公司
974	龙门县恒隆环保钙业有限公司	1018	惠东县海华包装厂
975	惠州三和鸿运构件有限公司	1019	惠州市津惠汽车线束有限公司
976	惠州市深阳科技有限公司	1020	惠州市智华合成革有限公司
977	惠州柏星龙包装有限公司	1021	惠州利基拉链钮扣有限公司
978	惠州市富庄塑胶包装有限公司	1022	惠东县瀚利鞋材加工厂
979	惠州市其正科技有限公司	1023	惠州市惠裕实业有限公司
980	成功工业（惠州）有限公司	1024	惠州市南方水务有限公司
981	广东保达动力技术有限公司	1025	惠州市登高达电业有限公司
982	惠州市创荣发实业有限公司	1026	惠州市德胜电线有限公司
983	惠州东洋电子有限公司	1027	惠州市光大园实业有限公司
984	惠东县华滨鞋业有限公司	1028	惠州市惠阳顺景混凝土有限公司
985	惠州市和信达线路板有限公司	1029	佳丰饰品（龙门）有限公司
986	惠州市协昌电子有限公司	1030	惠州市舒维家具有限公司
987	惠州景湖实业有限公司	1031	惠州市和鑫达电子科技有限公司
988	惠州市龙德科技有限公司	1032	惠州市星河洲实业发展有限公司
989	宝星磁电工业（惠州）有限公司	1033	惠州市天盛科技有限公司
990	惠州市繁中宝橡塑发泡厂有限公司	1034	华庆健身科技（惠州）有限公司
991	永盛恒基（惠州）电路板有限公司	1035	惠州市海韵电器有限公司
992	龙门县粤飞龙家庭用品有限公司	1036	惠州玛骐摩托车有限公司
993	惠州市联达金电子有限公司	1037	惠州市华丽盛混凝土有限公司
994	广东维尔科技股份有限公司	1038	广东标顶技术股份有限公司
995	惠州市广泰新型墙体材料有限公司	1039	惠州市恒升实业有限公司
996	龙门县地派镇大英矿场有限公司	1040	华业工业织造（惠州）有限公司
997	惠东县吉隆金冠鞋业有限公司	1041	惠州市妙士酪实业有限公司
998	万利玩具（惠州）有限公司	1042	惠州凯美特气体有限公司
999	锦升塑胶五金制品（惠州）有限公司	1043	博罗县正润光电有限公司
1000	惠州市梵瑞家具有限公司	1044	惠东县裕顺鞋业有限公司
1001	惠州市惠阳皇磁陶瓷有限公司	1045	渤海电子（惠州）有限公司
1002	惠州桑尼伟太阳能科技有限公司	1046	旭东环保科技（惠州）有限公司
1003	惠州金日工业科技有限公司	1047	惠州耀裕箱包有限公司
1004	惠州市创舰实业有限公司	1048	惠州喜运来印刷制品有限公司
1005	龙门县泰源石料有限公司	1049	惠州建邦电子有限公司
1006	惠州市湘联金属制品有限公司	1050	惠州天阳精密部品有限公司
1007	惠州市蓝微新源技术有限公司	1051	惠东县吉邦五金制品有限公司
1008	惠州市正兴电子科技有限公司	1052	惠州市泰兴织染制衣有限公司
1009	惠州荣恩电器有限公司	1053	惠州市博腾家具有限公司
1010	惠州市华阳光学技术有限公司	1054	惠东县紫微恒鞋业有限公司
1011	嘉睦科技电子（惠州）有限公司	1055	惠州市百世家居用品有限公司
1012	惠州景华包装制品有限公司	1056	惠东县华宝食品厂

序号	单位详细名称	序号	单位详细名称
1057	志升企业（惠东）有限公司	1101	惠州市万邦建材有限公司
1058	博罗县九潭芬迪漂染有限公司	1102	惠州市三和俊成塑料有限公司
1059	惠州市贝斯特膜业有限公司	1103	惠州市远安新材料有限公司
1060	惠州市高联制衣有限公司	1104	惠州华力包装有限公司
1061	东翔制衣（惠州）有限公司	1105	速必雅金属印务（惠阳）有限公司
1062	惠州优比贝柠联合橡塑有限公司	1106	惠州三盛电子有限公司
1063	惠州市欧森雅实业有限公司	1107	美而光精密工业（惠州）有限公司
1064	惠州市彩煌科技有限公司	1108	惠州伊特模禄精密部品有限公司
1065	博罗县园洲镇和展再生塑料有限公司	1109	博罗县伟德线路板有限公司
1066	惠州市唐群座椅科技股份有限公司	1110	惠州市志海新威科技有限公司
1067	传达科技电子（惠州）有限公司	1111	惠州市深富华家具有限公司
1068	惠州南璋塑料有限公司	1112	惠州市新发鞋业有限公司
1069	惠东县港东塑胶制品有限公司	1113	美恩特精密模具（惠州）有限公司
1070	惠州市联杨日用制品有限公司	1114	惠州市欣蒙电子有限公司
1071	惠州伟特电子有限公司	1115	惠州市汉泰科传动系统有限公司
1072	光胜光电科技（惠州）有限公司	1116	惠州市鹏翔汽车配件有限公司
1073	惠州市聚成实业有限公司	1117	光大环保能源（博罗）有限公司
1074	惠州市耐宝塑胶制品有限公司	1118	惠州市高派家居制品有限公司
1075	惠州市铁兄弟五金制品有限公司	1119	大进制衣厂（惠州）有限公司
1076	惠州纳诺泰克合金科技有限公司	1120	惠州东风汽车零部件有限公司
1077	惠州市德丰精密机床有限公司	1121	惠阳区施美克化工有限公司
1078	惠东县天和鞋业有限公司	1122	惠州建国矿业工程有限公司
1079	惠阳区嘉骏预拌混凝土有限公司	1123	惠州市肯恩化妆品实业有限公司
1080	惠州市锋华涂装有限公司	1124	惠阳锦诚电子有限公司
1081	惠州市快富电子有限公司	1125	惠州市宝兆来五金制品有限公司
1082	美锐龙柏电路（惠州）有限公司	1126	惠州市祥圣木制品有限公司
1083	惠东县天宜鞋业有限公司	1127	凌志家具（惠州）有限公司
1084	惠州市元大电子科技有限公司	1128	惠州市惠浦电子有限公司
1085	惠州市惠扬医疗科技有限公司	1129	惠州快捷五金制品有限公司
1086	联泰（龙门）针织有限公司	1130	惠州建源塑胶制品有限公司
1087	高锋科技（惠州）有限公司	1131	艾伯乐卡科技（惠州）有限公司
1088	科罗贝电子（惠州）有限公司	1132	惠州市中纺利兴织造有限公司
1089	博罗县东成塑胶有限公司	1133	惠州市晋锋建筑材料有限公司
1090	爱利生文教用品（惠州）有限公司	1134	荣光精密部件（惠州）有限公司
1091	惠州市顺天翔实业有限公司	1135	奇华（惠州）塑胶五金制品有限公司
1092	惠州市诺利星电子科技有限公司	1136	惠东县黄埠贸源鞋厂
1093	惠州市溢民塑胶有限公司	1137	惠州市银农科技有限公司
1094	广东恒裕灯饰股份有限公司	1138	惠州依仕家居有限公司
1095	斯莱达医疗用品（惠州）有限公司	1139	惠州市耀通工艺品实业有限公司
1096	惠东县富成鞋业有限公司	1140	惠州市超越铝制品有限公司
1097	惠州市德赛自动化技术有限公司	1141	惠东县建祥电子科技有限公司
1098	惠东县黄埠万达利鞋业有限公司	1142	惠东县源利通鞋业有限公司
1099	惠东县智达鞋业有限公司	1143	广东鼎新高新科技股份有限公司
1100	惠州市居峰实业有限公司	1144	惠州三美达光学部品有限公司

序号	单位详细名称	序号	单位详细名称
1145	惠东县正利丰鞋业有限公司	1189	惠州市日上光电有限公司
1146	惠州市久策工业气体有限公司	1190	惠阳富顺色料有限公司
1147	惠州市富尚品家具有限公司	1191	惠州市龙玻节能玻璃有限公司
1148	惠州市正和家具有限公司	1192	惠东县昌华鞋材有限公司
1149	可隆（惠州）电子材料化工有限公司	1193	惠东县百欢鞋业有限公司
1150	惠州奥华电子有限公司	1194	惠州市中惠新能源玻璃有限公司
1151	惠州市欧美绮实业有限公司	1195	柏林（惠州）科技化工有限公司
1152	惠州市浩嘉兴实业有限公司	1196	惠州市惠阳区志荣发家饰制品厂
1153	惠州久大塑料有限公司	1197	惠州市万利高精密有限公司
1154	三煌电器制品（惠阳）有限公司	1198	祥立精密工业（惠州）有限公司
1155	健荣针织染整（惠州）有限公司	1199	惠阳冠荣家俱有限公司
1156	惠州市永欣新材料有限公司	1200	惠州市实全电子有限公司
1157	惠州市杰优实业有限公司	1201	惠州市远达电业五金制品有限公司
1158	惠州腾辉制衣有限公司	1202	惠东县恒盛纸品厂
1159	惠州市正合电子有限公司	1203	海神工艺（惠州）有限公司
1160	惠州市志发五金制品塑料电镀有限公司	1204	锌辉扬热浸锌（惠州）有限公司
1161	惠州市华美特精密部件有限公司	1205	美昌（龙门）表业有限公司
1162	惠州市方特新材料有限公司	1206	豪雅（惠州）有机玻璃有限公司
1163	惠州爱邦沙发有限公司	1207	惠东县怡晖隆鞋业有限公司
1164	惠州天宇手袋有限公司	1208	惠州派瑞特塑业有限公司
1165	惠州市盈佳五金制品有限公司	1209	惠州市锦隆鞋业有限公司
1166	乾瑞化工（惠州）有限公司	1210	渡海电子（惠州）有限公司
1167	惠东县泓源供水有限公司	1211	惠州宝田塑胶包装有限公司
1168	广东宝丹制药有限公司	1212	惠州市合荣特种屏技术有限公司
1169	惠州龙源电力设备公司	1213	惠州市南亚树工艺品有限公司
1170	惠州德力普安全产品有限公司	1214	惠东县黄埠百冠鞋厂
1171	惠州市金信达实业有限公司	1215	惠东县黄埠美仙鞋厂
1172	惠东县天顺鞋材有限公司	1216	广东恩亿梯电源有限公司
1173	惠州市银宝山新科技有限公司	1217	达全（惠州）塑胶有限公司
1174	富力士海绵家具（惠州）有限公司	1218	惠州市顺利包装制品有限公司
1175	惠州品优家具有限公司	1219	惠州市威德盛科技有限公司
1176	惠州市欣欣家具有限公司	1220	惠州市华四纸品有限公司
1177	惠东县恒利鞋业有限公司	1221	惠州长城塑胶工模有限公司
1178	惠州市源宝精密五金压铸有限公司	1222	美兴新型建筑材料（惠州）有限公司
1179	惠州市振华工业发展有限公司	1223	长鸿电子科技（惠州）有限公司
1180	惠州市创展运动器材有限公司	1224	惠州市创富家具有限公司
1181	惠州市盛康节能玻璃有限公司	1225	惠东县黄埠信利达纸盒厂
1182	惠州市华冠科技有限公司	1226	惠州市永圣源电子科技有限公司
1183	惠州美丰塑胶制品有限公司	1227	惠州市惠阳区力行环保有限公司
1184	惠州市方舟工业气体有限公司	1228	惠州市一德管业科技有限公司
1185	博罗县龙溪礼安服装厂	1229	广东达一农林生态科技有限公司
1186	和幸技研（惠州）有限公司	1230	广东南大环保有限公司
1187	广东力王高新科技股份有限公司	1231	飞展电子（惠州）有限公司
1188	博罗县园洲港日实业发展有限公司	1232	惠州市棉王纺织有限公司

序号	单位详细名称	序号	单位详细名称
1233	惠州市创盈海棉制品有限公司	1272	惠州东广精密五金有限公司
1234	惠东县黄埠镇佳秀鞋厂	1273	博罗县弘旭电子有限公司
1235	惠东县吉泰混凝土搅拌有限公司	1274	惠州市盛微电子有限公司
1236	惠州市鑫信丰鞋业有限公司	1275	惠州永柏科技有限公司
1237	惠州市恒利富包装材料有限公司	1276	惠州俊豪塑料发展有限公司
1238	爱科卓英（惠州）焊料有限公司	1277	惠州市华聚塑化科技有限公司
1239	惠州市冠展实业有限公司	1278	惠州市国豪傢俱有限公司
1240	科施传感科技（惠州）有限公司	1279	惠东玫瑰针织厂有限公司
1241	惠州友星电子有限公司	1280	惠州大亚制药股份有限公司
1242	惠州市星聚宇光学有限公司	1281	惠州市竑泰科技有限公司
1243	惠东县华胜彩印有限公司	1282	惠州市和兴达实业有限公司
1244	惠州瑞涛环保科技有限公司	1283	惠州市泛生中药饮片有限公司
1245	永龙织造（惠州）有限公司	1284	惠州市英华电源有限公司
1246	惠州市盛兴隆实业有限公司	1285	苏美尔磁性电子（惠州）有限公司
1247	惠州市华明达电器有限公司	1286	玛泰克精密工业（惠州）有限公司
1248	惠州市嘉润五金制品有限公司	1287	惠州市新天健服装有限公司
1249	广东索菱电子科技有限公司	1288	惠州市立丰精密电子有限公司
1250	惠州市瑞丰研磨材料有限公司	1289	惠州市东方城鞋业有限公司
1251	利安五金塑胶制品（惠州）有限公司	1290	龙门县银海矿业有限公司
1252	惠阳中核辉新化纤有限公司	1291	惠州市新赛达实业有限公司
1253	旺利塑胶电子（惠州）有限公司	1292	惠州市诺昂科技有限公司
1254	惠阳荣双制伞工业有限公司	1293	惠州华艺灵奕工艺制品有限公司
1255	惠州市华雅家具制品有限公司	1294	美家化工（惠州）有限公司
1256	惠州市兴飞技术有限公司	1295	惠阳国骅五金制品有限公司
1257	惠州市安可远磁性器件有限公司	1296	博罗县园洲镇达泰制衣有限公司
1258	精科精密部件（惠州）有限公司	1297	惠东县志力日用化妆品有限公司
1259	惠州市科域新材料科技有限公司	1298	惠州市永利螺丝制品有限公司
1260	苏宝电子（惠州）有限公司	1299	惠州瑞德新材料科技股份有限公司
1261	惠州好莱客集成家居有限公司	1300	泰速力先电子（惠州）有限公司
1262	惠州阜东五金有限公司	1301	惠州市三威塑胶玩具有限公司
1263	博罗县东骏塑胶制品有限公司	1302	广东粤盛特种建材有限公司
1264	惠阳瑞炫工业有限公司	1303	惠州市博宇科技有限公司
1265	惠州市助邦木制品有限公司	1304	龙门县新达陶瓷原料有限公司
1266	惠州市福益乐永磁科技有限公司	1305	惠州飞搏运动器材有限公司
1267	龙门县益泰漂染业有限公司	1306	惠东县吉隆源发塑胶制品厂
1268	惠州市玛利朗家私厂	1307	惠东登龙针织制衣有限公司
1269	惠阳晋煜工业有限公司	1308	惠州英创力电子有限公司
1270	惠州市联顺包装制品有限公司	1309	惠州奥视通电子有限公司
1271	立盛科技贸易（惠州）有限公司		

12-29　全市主营业务收入最大的100家企业

（2016年）

序号	单位详细名称	序号	单位详细名称
1	惠州三星电子有限公司	26	广东惠州平海发电厂有限公司
2	中海石油炼化有限责任公司惠州炼化分公司	27	惠州市中航科技工业有限公司
3	广东省电力集团有限公司惠州供电分公司	28	惠州住润电装有限公司
4	伯恩光学（惠州）有限公司	29	华通精密线路板（惠州）有限公司
5	ＴＣＬ王牌电器（惠州）有限公司	30	敏华家具制造（惠州）有限公司
6	中海壳牌石油化工有限公司	31	华通电脑（惠州）有限公司
7	惠州TCL移动通信有限公司	32	大统营（惠州）科技有限公司
8	惠州比亚迪电子有限公司	33	日立乐金光科技（惠州）有限公司
9	中海石油开氏石化有限责任公司	34	乐金电子部品（惠州）有限公司
10	龙旗电子（惠州）有限公司	35	惠州华阳通用电子有限公司
11	惠州市德赛电池有限公司	36	惠州市广恒钢五金制品有限公司
12	惠阳联想电子工业有限公司	37	东风本田汽车零部件有限公司
13	惠州比亚迪电池有限公司	38	TCL显示科技（惠州）有限公司
14	惠州华源轩家具有限公司	39	基准精密工业（惠州）有限公司
15	惠州市金龙羽电缆实业发展有限公司	40	惠州雷士光电科技有限公司
16	惠东县华业铸造厂	41	美律电子（惠州）有限公司
17	ＴＣＬ海外电子（惠州）有限公司	42	惠州德赛信息科技有限公司
18	广东京兰汽车有限公司	43	惠州爱而泰可塑料包装有限公司
19	惠州科锐半导体照明有限公司	44	惠州塔牌水泥有限公司
20	惠东县晓亨铸造厂	45	惠州市飞泰科数字装备有限公司
21	惠州市德赛西威汽车电子有限公司	46	乐金电子（惠州）有限公司
22	惠州市光大水泥企业有限公司	47	惠州市康冠科技有限公司
23	ＴＣＬ通力电子（惠州）有限公司	48	惠州李长荣橡胶有限公司
24	惠州比亚迪实业有限公司	49	惠州市捷壳工贸有限公司
25	惠州市蓝微电子有限公司	50	深圳市景田食品饮料有限公司罗浮百岁山分公司

12-29 续表 （2016 年）

序号	单位详细名称	序号	单位详细名称
51	ＴＣＬ光电科技（惠州）有限公司	76	科时电子（惠州）有限公司
52	广东伊利乳业有限责任公司	77	惠州新华昌运输设备有限公司
53	惠州兴达石化工业有限公司	78	金大福五金制品（惠州）有限公司
54	广东惠州天然气发电有限公司	79	骏达制衣厂（惠州）有限公司
55	索尼精密部件（惠州）有限公司	80	惠州市港盈鞋业有限公司
56	广东友钢钢铁有限公司博罗分公司	81	博罗康佳精密科技有限公司
57	惠州市恒信亿丰金属制品有限公司	82	惠州亿纬锂能股份有限公司
58	隆发鞋业（惠州）有限公司	83	ＴＣＬ罗格朗国际电工（惠州）有限公司
59	至远彩色印刷工业（惠州）有限公司	84	惠州市华阳多媒体电子有限公司
60	喜斯达电器（惠州）有限公司	85	博罗县罗浮山林场木器工艺卡板厂
61	惠州住成电装有限公司	86	惠州光弘科技股份有限公司
62	信华精机有限公司	87	惠州太平货柜有限公司
63	嘉士伯啤酒（广东）有限公司	88	博罗县永联手套有限公司
64	普利司通（惠州）轮胎有限公司	89	惠州市好的板科技有限公司
65	天宝电子（惠州）有限公司	90	惠州海格电气有限公司
66	惠州忠信化工有限公司	91	惠州长城开发科技有限公司
67	东阳（博罗）电子有限公司	92	惠州宝柏包装有限公司
68	广东湘大骆驼饲料有限公司	93	南亚电子材料（惠州）有限公司
69	惠州侨兴电讯工业有限公司	94	惠州铂科磁材有限公司
70	惠东美新塑木型材制品有限公司	95	惠州市和宏电线电缆有限公司
71	中国神华能源股份有限公司国华惠州热电分公司	96	惠州市米琦通信设备有限公司
72	中海油乐金化工有限公司	97	博罗县石湾伟仕塑胶五金厂
73	胜宏科技（惠州）股份有限公司	98	惠州惠菱化成有限公司
74	TCL 瑞智（惠州）制冷设备有限公司	99	先进科技（惠州）有限公司
75	惠州市秋叶原实业有限公司	100	惠州仁信聚苯集团有限公司

12-30　全市工业增加值最大的 100 家企业

（2016 年）

序号	单位详细名称	序号	单位详细名称
1	惠州三星电子有限公司	26	惠州住润电装有限公司
2	中海石油炼化有限责任公司惠州炼化分公司	27	惠州长城开发科技有限公司
3	中海壳牌石油化工有限公司	28	惠州塔牌水泥有限公司
4	伯恩光学（惠州）有限公司	29	广东惠州天然气发电有限公司
5	广东省电力集团有限公司惠州供电分公司	30	惠阳联想电子工业有限公司
6	惠州比亚迪电子有限公司	31	华通电脑（惠州）有限公司
7	惠州比亚迪电池有限公司	32	龙旗电子（惠州）有限公司
8	惠州 TCL 移动通信有限公司	33	基准精密工业（惠州）有限公司
9	惠州市德赛西威汽车电子有限公司	34	惠州市德赛电池有限公司
10	ＴＣＬ王牌电器（惠州）有限公司	35	美律电子（惠州）有限公司
11	中海石油开氏石化有限责任公司	36	惠州华阳通用电子有限公司
12	惠州市光大水泥企业有限公司	37	惠州市捷壳工贸有限公司
13	广东京兰汽车有限公司	38	惠东县晓亨铸造厂
14	惠州华源轩家具有限公司	39	惠州比亚迪实业有限公司
15	东风本田汽车零部件有限公司	40	惠州科锐半导体照明有限公司
16	大统营（惠州）科技有限公司	41	中国神华能源股份有限公司国华惠州热电分公司
17	广东惠州平海发电厂有限公司	42	隆发鞋业（惠州）有限公司
18	惠东县华业铸造厂	43	惠州亿纬锂能股份有限公司
19	惠州市飞泰科数字装备有限公司	44	深圳市景田食品饮料有限公司罗浮百岁山分公司
20	惠州爱而泰可塑料包装有限公司	45	胜宏科技（惠州）股份有限公司
21	惠州市金龙羽电缆实业发展有限公司	46	索尼精密部件（惠州）有限公司
22	惠州市中航科技工业有限公司	47	敏华家具制造（惠州）有限公司
23	惠州市广恒钢五金制品有限公司	48	惠州住成电装有限公司
24	惠州光弘科技股份有限公司	49	惠州威博精密科技有限公司
25	惠州海格科技有限公司	50	惠州市港盈鞋业有限公司

12-30 续表 （2016年）

序号	单位详细名称	序号	单位详细名称
51	东阳（博罗）电子有限公司	76	惠州宇新化工有限责任公司
52	惠州李长荣橡胶有限公司	77	日立乐金光科技（惠州）有限公司
53	惠州雷士光电科技有限公司	78	惠州住润汽车部品有限公司
54	惠州市康冠科技有限公司	79	创维液晶器件（深圳）有限公司惠州分公司
55	广东富康电梯有限公司	80	ＴＣＬ海外电子（惠州）有限公司
56	惠州铂科磁材有限公司	81	惠州美锐电子科技有限公司
57	华通精密线路板（惠州）有限公司	82	骏达制衣厂（惠州）有限公司
58	惠州海格电气有限公司	83	惠州伟志电子有限公司
59	格林精密部件（惠州）有限公司	84	惠州硕贝德无线科技股份有限公司
60	科时电子（惠州）有限公司	85	惠州市讯和数码科技有限公司
61	ＴＣＬ通力电子（惠州）有限公司	86	惠州太平货柜有限公司
62	ＴＣＬ罗格朗国际电工（惠州）有限公司	87	惠州建邦精密塑胶有限公司
63	天宝电子（惠州）有限公司	88	华润水泥（惠州）有限公司
64	喜斯达电器（惠州）有限公司	89	惠州中京电子科技有限公司
65	惠州市蓝微电子有限公司	90	广东罗浮山国药股份有限公司
66	广东伊利乳业有限责任公司	91	博罗县永联手套有限公司
67	信华精机有限公司	92	惠州惠菱化成有限公司
68	惠州市贝特瑞新材料科技有限公司	93	惠州仁信聚苯集团有限公司
69	嘉士伯啤酒（广东）有限公司	94	惠州三富服装有限公司
70	惠州市富昌矿业有限公司	95	金大福五金制品（惠州）有限公司
71	TCL显示科技（惠州）有限公司	96	南亚电子材料（惠州）有限公司
72	龙门县密溪林场	97	惠州德赛信息科技有限公司
73	博罗康佳精密科技有限公司	98	惠州深能源丰达电力有限公司
74	普利司通（惠州）轮胎有限公司	99	惠州住电电装有限公司
75	惠州市秋叶原实业有限公司	100	惠州永明兴塑料有限公司

12-31　全市利税总额最大的100家企业

（2016年）

序号	单位详细名称	序号	单位详细名称
1	中海石油炼化有限责任公司惠州炼化分公司	26	龙旗电子（惠州）有限公司
2	惠州三星电子有限公司	27	惠州市德赛电池有限公司
3	中海壳牌石油化工有限公司	28	惠州住润电装有限公司
4	广东省电力集团有限公司惠州供电分公司	29	惠州李长荣橡胶有限公司
5	中海石油开氏石化有限责任公司	30	中国神华能源股份有限公司国华惠州热电分公司
6	惠州市德赛西威汽车电子有限公司	31	惠州TCL移动通信有限公司
7	惠州华源轩家具有限公司	32	惠州光弘科技股份有限公司
8	广东京兰汽车有限公司	33	基准精密工业（惠州）有限公司
9	大统营（惠州）科技有限公司	34	惠州惠菱化成有限公司
10	惠东县华业铸造厂	35	惠州亿纬锂能股份有限公司
11	惠州市金龙羽电缆实业发展有限公司	36	惠州铂科磁材有限公司
12	伯恩光学（惠州）有限公司	37	惠州市港盈鞋业有限公司
13	惠州爱而泰可塑料包装有限公司	38	惠州雷士光电科技有限公司
14	惠州市中航科技工业有限公司	39	惠州威博精密科技有限公司
15	惠州市广恒钢五金制品有限公司	40	惠州塔牌水泥有限公司
16	惠州比亚迪电子有限公司	41	广东富康电梯有限公司
17	惠州市飞泰科数字装备有限公司	42	惠州宇新化工有限责任公司
18	东风本田汽车零部件有限公司	43	胜宏科技（惠州）股份有限公司
19	广东惠州平海发电厂有限公司	44	广东伊利乳业有限责任公司
20	惠州比亚迪电池有限公司	45	嘉士伯啤酒（广东）有限公司
21	深圳市景田食品饮料有限公司罗浮百岁山分公司	46	惠州市秋叶原实业有限公司
22	惠州市捷壳工贸有限公司	47	惠州海格电气有限公司
23	惠州住成电装有限公司	48	惠州市光大水泥企业有限公司
24	惠州华阳通用电子有限公司	49	ＴＣＬ罗格朗国际电工（惠州）有限公司
25	广东惠州天然气发电有限公司	50	博罗康佳精密科技有限公司

12-31 续表 （2016年）

序号	单位详细名称	序号	单位详细名称
51	惠州海格科技有限公司	76	惠州市博美化妆品有限公司
52	ＴＣＬ王牌电器（惠州）有限公司	77	惠州市赢合科技有限公司
53	惠州市讯和数码科技有限公司	78	惠州美锐电子科技有限公司
54	科时电子（惠州）有限公司	79	惠州长城开发科技有限公司
55	金大福五金制品（惠州）有限公司	80	博罗县泰美镇淇虹和泰电子有限公司
56	喜斯达电器（惠州）有限公司	81	惠州九鼎饲料科技有限公司
57	惠州永明兴塑料有限公司	82	敏华家具制造（惠州）有限公司
58	惠州兴达石化工业有限公司	83	惠州硕贝德无线科技股份有限公司
59	惠州科锐半导体照明有限公司	84	惠阳联想电子工业有限公司
60	东阳（博罗）电子有限公司	85	惠州市锦湖实业发展有限公司
61	惠州市康冠科技有限公司	86	惠州景田食品饮料有限公司
62	广东百岁山实业有限公司	87	至远彩色印刷工业（惠州）有限公司
63	惠州三富服装有限公司	88	南亚电子材料（惠州）有限公司
64	惠州君超电子有限公司	89	广东湘大骆驼饲料有限公司
65	惠州市蓝微电子有限公司	90	博罗县德荣制衣有限公司
66	博罗县永联手套有限公司	91	奥士康精密电路（惠州）有限公司
67	澳宝化妆品（惠州）有限公司	92	惠州市源森木业有限公司
68	惠州建邦精密塑胶有限公司	93	天宝电子（惠州）有限公司
69	惠州市三协精密有限公司	94	惠州伟志电子有限公司
70	惠州住润汽车部品有限公司	95	格林精密部件（惠州）有限公司
71	博罗县利达手套有限公司	96	创维液晶器件（深圳）有限公司惠州分公司
72	信华精机有限公司	97	惠州市远东鞋业有限公司
73	华通电脑（惠州）有限公司	98	惠州杰出皮革制品有限公司
74	惠州富士电梯有限公司	99	TCL瑞智（惠州）制冷设备有限公司
75	景鸿（惠州）针织有限公司	100	惠州麒华五金制品有限公司

12-32 全市资产总额最大的100家企业

（2016年）

序号	单位详细名称	序号	单位详细名称
1	中海壳牌石油化工有限公司	26	胜宏科技（惠州）股份有限公司
2	惠州三星电子有限公司	27	ＴＣＬ通力电子(惠州)有限公司
3	中海石油炼化有限责任公司惠州炼化分公司	28	惠州市光大水泥企业有限公司
4	伯恩光学（惠州）有限公司	29	华通精密线路板（惠州）有限公司
5	广东省电力集团有限公司惠州供电分公司	30	伯恩高新科技（惠州）有限公司
6	惠州TCL移动通信有限公司	31	中海石油开氏石化有限责任公司
7	ＴＣＬ王牌电器（惠州）有限公司	32	基准精密工业（惠州）有限公司
8	惠州比亚迪电子有限公司	33	TCL显示科技（惠州）有限公司
9	惠州比亚迪电池有限公司	34	中海油乐金化工有限公司
10	广东惠州平海发电厂有限公司	35	惠州市蓝微电子有限公司
11	信利（惠州）智能显示有限公司	36	深圳市景田食品饮料有限公司罗浮百岁山分公司
12	ＴＣＬ海外电子(惠州)有限公司	37	广东九联科技股份有限公司
13	惠州市德赛西威汽车电子有限公司	38	乐金电子部品（惠州）有限公司
14	惠州市德赛电池有限公司	39	惠阳联想电子工业有限公司
15	惠州比亚迪实业有限公司	40	惠州市供水有限公司
16	中国神华能源股份有限公司国华惠州热电分公司	41	惠州住润电装有限公司
17	惠州亿纬锂能股份有限公司	42	国粤惠州电力有限公司
18	敏华家具制造(惠州)有限公司	43	格林精密部件(惠州)有限公司
19	惠州雷士光电科技有限公司	44	TCL瑞智(惠州)制冷设备有限公司
20	华通电脑(惠州)有限公司	45	惠州硕贝德无线科技股份有限公司
21	东风本田汽车零部件有限公司	46	南亚电子材料（惠州）有限公司
22	惠州科锐半导体照明有限公司	47	惠州爱而泰可塑料包装有限公司
23	广东惠州天然气发电有限公司	48	惠州长城开发科技有限公司
24	惠州华阳通用电子有限公司	49	惠州海格科技有限公司
25	龙旗电子（惠州）有限公司	50	惠州塔牌水泥有限公司

12-32 续表 （2016 年）

序号	单位详细名称	序号	单位详细名称
51	惠州元晖光电股份有限公司	76	至远彩色印刷工业（惠州）有限公司
52	索尼精密部件（惠州）有限公司	77	惠州美锐电子科技有限公司
53	普利司通（惠州）轮胎有限公司	78	盛威尔（惠州）电缆科技有限公司
54	惠州惠菱化成有限公司	79	惠州大亚湾溢源净水有限公司
55	惠州李长荣橡胶有限公司	80	惠州华源轩家具有限公司
56	惠州市金龙羽电缆实业发展有限公司	81	广东省博罗县园洲勤达印务有限公司
57	惠州住成电装有限公司	82	惠州信兴荣电业塑胶有限公司
58	惠州市飞泰科数字装备有限公司	83	惠州市华阳数码特电子有限公司
59	日立乐金光科技（惠州）有限公司	84	惠州市城市燃气发展有限公司
60	惠州深能源丰达电力有限公司	85	惠州大亚湾永昶科技电子有限公司
61	捷普绿点科技（惠州）有限公司	86	惠州市纳伟仕视听科技有限公司
62	广东伊利乳业有限责任公司	87	惠州太平货柜有限公司
63	惠州忠信化工有限公司	88	南亚塑胶工业（惠州）有限公司
64	ＴＣＬ光电科技（惠州）有限公司	89	惠州德赛信息科技有限公司
65	广东红墙新材料股份有限公司	90	惠州雷通光电器件有限公司
66	惠州中京电子科技有限公司	91	惠州市健和光电有限公司
67	惠州光弘科技股份有限公司	92	大统营（惠州）科技有限公司
68	普莱克斯（惠州）工业气体有限公司	93	ＴＣＬ罗格朗国际电工（惠州）有限公司
69	先进科技（惠州）有限公司	94	隆发鞋业（惠州）有限公司
70	乐金电子（惠州）有限公司	95	中建钢构阳光惠州有限公司
71	惠州市康冠科技有限公司	96	惠州绿色动力环保有限公司
72	惠州威博精密科技有限公司	97	惠州建邦精密塑胶有限公司
73	惠州海格电气有限公司	98	华润水泥（惠州）有限公司
74	德联覆铜板（惠州）有限公司	99	嘉瑞科技（惠州）有限公司
75	中海油惠州石化有限公司	100	惠州市赢合科技有限公司

十三、运输和邮电

13-1 运输邮电主要指标

指标名称		2005 年	2011 年	2012 年	2013 年	2014 年	2015 年	2016 年	2015 年比 2014 年增减 (%)
公路通车里程	（公里）	7538	10892	10933	11234	12594	13476	13541	0.5
港口码头泊位	（个）	27	76	71	71	71	75	75	0.0
#万吨级泊位	（个）	11	15	18	18	18	21	21	0.0
码头泊位长度	（米）		9090	10765	10765	10765	11465	11465	0.0
民用汽车辆拥有量	（万辆）	11.31	30.64	35.77	41.40	47.09	64.34	87.62	36.2
#载客汽车	（万辆）	6.86	24.72	29.43	34.88	40.86	58.47	81.15	38.8
载货汽车	（万辆）	4.11	5.61	6.01	6.18	5.92	5.57	6.18	10.9
机动船艘数	（艘）	945	760	757	768	760	770	686	-10.9
净载重量	（万吨）	18.73	63.65	36.74	43.94	46.93	52.81	53.40	1.1
本地电话用户	（万户）	160.31	135.20	130.10	131.47	120.20	108.59	101.90	-6.2
移动电话用户	（万户）	249.51	419.90	501.20	597.79	697.97	669.09	697.23	4.2
客运量	（万人）	5535	13600	16597	17301	7033	7380	7001	-5.1
旅客周转量	（万人公里）	458819	878770	1307341	1401594	669516	710137	666286	-6.2
货运量	（万吨）	5694	14477	17344	19314	21765	24839	24891	0.2
货物周转量	（万吨公里）	582021	2244349	2945509	3434875	3966072	5033993	4638246	-7.9
港口货物吞吐量	（万吨）	1515	5169	5257	8045	6485	7013	7658	9.2
邮电业务总量	（亿元）	81.01	67.01	80.05	95.60	118.40	141.83	245.42	73.0
邮政	（亿元）	1.59	4.90	6.27	9.86	14.01	20.51	32.95	60.7
通信	（亿元）	79.42	62.10	73.78	85.70	104.39	121.31	212.47	75.1

注：邮电业务总量从 2011 年起按 2010 年不变价格计算，之前年份按 2000 年不变价格计算，增长速度按可比价格计算。
从 2014 年开始城市公交和出租车的客运量不纳入公路客运量统计。

13-2 全社会客货运输（吞吐）量

（2016年）

指标名称		合计	公路运输		水上运输			
			合计	个体及联　营	合计	内河	沿海	远洋
客运量	万人	7001	6422.13					
旅客周转量	万人公里	666286	532619.50					
货运量	万吨	24890.64	10934.77	6716.00	12520	10575	546	1399
货运周转量	万吨公里	4638246	1335360.35	745801	3028946	2527368	293741	207837
旅客吞吐量	万人							
#旅客离港量	万人							
货物吞吐量	万吨	7657.50						
#集装箱	万吨	357.90						

13-2 续表

（2016年）

指标名称		港口			铁路运输			管道合计
		合计	内河港口	沿海港口	合计	国家	地方	
客运量	万人				579	579		
旅客周转量	万人公里				133666	133666		
货运量	万吨				212.82	212.82		1223.00
货运周转量	万吨公里				61080	61080		212859
旅客吞吐量	万人							
#旅客离港量	万人							
货物吞吐量	万吨	7657.50	2243.57	5413.93				
#集装箱	万吨	357.90	170.00	187.90				

13-3 民用车辆拥有量

（2016 年）

指标名称	总计			总计中		
		营运	非营运	进口	个人	新注册
合　计	1099115	38330	1058902	35241	1036928	276752
一、汽车	876193	36257	838053	35220	820089	246532
1. 载客汽车	811515	11170	798462	35094	774679	236152
其中：大型	7686	4861	1405	12	118	1165
中型	2112	43	1606	24	819	102
小型	797668	6266	791402	34684	769776	234719
微型	4049	0	4049	374	3966	166
其中：轿车	560263	5855	554408	14429	543980	150060
2. 载货汽车	61774	24538	37236	118	44343	10167
其中：重型	8290	5736	2554	88	3075	1415
中型	3551	2094	1457	0	2186	355
轻型	49533	16503	33030	30	38703	8395
微型	400	205	195	0	379	2
其中：普通载货	19229	2915	16314	28	14267	3410
3. 其他汽车	2904	549	2355	8	1067	213
其中：三轮汽车	0	0	0	0	0	0
低速货车	120	83	37	0	102	0
二、电车	0	0	0	0	0	0
1. 无轨	0	0	0	0	0	0
2. 有轨	0	0	0	0	0	0
三、摩托车	220994	273	220721	21	216500	29828
1. 普通	220910	273	220637	21	216418	29818
2. 轻便	84	0	84	0	82	10
四、拖拉机	0			0	0	0
五、挂车	1928	1800	128	0	339	392
六、其他类型车	0	0	0	0	0	0

13-3 续表

单位：辆

指标名称	报废	载客汽车客位（人）		载货汽车吨位（吨）	
			营运		营运
合 计	9041	4512718	236230	176130	118306
一、汽车	4598	4512718	236230	129326	74696
1. 载客汽车	1786	4512718	236230	0	0
其中：大型	225	260397	220623		
中型	186	20917	1031		
小型	1339	4211402	14540		
微型	36	20002	36		
其中：轿车	741				
2. 载货汽车	2671	0	0	129326	74696
其中：重型	170			71379	49057
中型	331			12805	6820
轻型	2158			44963	18723
微型	12			180	96
其中：普通载货	703				
3. 其他汽车	141				
其中：三轮汽车	0			0	0
低速货车	2			140	103
二、电车	0	0	0	0	0
1. 无轨	0				
2. 有轨	0				
三、摩托车	4431	0	0	0	0
1. 普通	4429				
2. 轻便	2				
四、拖拉机	0			0	
五、挂车	12			46804	43610
六、其他类型车	0				

注：机动车驾驶员 1562937 人，其中：汽车驾驶员 1424819 人。

13-4 民用车辆、运输船舶拥有量

指 标 名 称		2001 年	2002 年	2003 年	2004 年	2005 年	2006 年	2007 年	2008 年
民用车辆	辆	366392	447256	470756	554689	615794	623571	658524	688109
# 摩托车	辆	298143	344638	397452	438741	477330	465052	475678	482709
机动船	艘	653	649	739	776	945	1067	1090	1070
载客量	客位	848	848	240	240	240	427	331	217
净载重量	吨位	48113	47993	101942	116601	187287	585691	635713	258777
总功率	千瓦	91355	91119	139684	155507	232453	290096	300170	294115
# 客船	艘	1	1	1	1	1	2	1	13
载客量	客位	368	368	240	240	240	427	331	217
# 货船	艘	650	646	738	776	944	1065	1089	1057
净载重量	吨位	47934	47639	101942	116601	187287	585691	635713	258673

13-4 续表

指标名称		2009 年	2010 年	2011 年	2012 年	2013 年	2014 年	2015 年	2016 年
民用车辆	辆	696964	738368	778129	800162	818168	846880	990915	1099115
# 摩托车	辆	482966	478686	468365	439098	400628	374444	345829	220994
机动船	艘	795	784	760	757	768	760	770	686
载客量	客位	697	553	757	761	857	950	896	1184
净载重量	吨位	251845	295738	636518	367357	439441	469299	528095	534108
总功率	千瓦	263329	292147	314113	344578	390455	398011	417681	405288
# 客船	艘	20	19	23	17	18	17	16	15
载客量	客位	697	553	757	761	857	950	896	1184
# 货船	艘	775	765	737	740	750	743	754	670
净载重量	吨位	251407	295378	636071	366913	438920	468072	527501	533431

13-5 全市邮电业务量

指标名称		2016年	2015年	2016年比2015年增减(%)
邮电业务总量	万元	2454283	1464977	67.5
#邮政业务总量	万元	329548	207656	58.7
电信业务总量	万元	2124735	1257322	69.0
固定电话用户	万户	101.90	108.59	-6.2
移动电话年末用户	万户	697	669	4.2
互联网用户数	万户	149.32	133.36	12.0
邮政局所	处	164	164	0.0
邮路总长度	公里	4186	3960	5.7
农村投递线路总长度	公里	13966	13091	6.7
城市段道总长度	公里	7762	4987	55.6
函件	万件	557	723	-23.0
快递	万件	15587	8989	73.4
订销报刊累计数	万份	4256	4399	-3.3
集邮业务	万枚	266	328	-18.9

13-6 全市公路情况

指标名称		2007年	2008年	2009年	2010年	2011年	2012年	2013年	2014年	2015年	2016年
公路线路长度	公里	10436.1	10467.7	10682.3	10825.8	10892.4	10933.4	11234.0	12594.0	13476.3	13540.7
#等级公路	公里	8831.1	9348	9825.8	10074	10234.7	10340.8	10702.6	12375.5	13442.8	13521.6
#高速公路	公里	277.9	277.1	374.5	378.5	453.8	492.4	492.4	492.4	588.2	650.0
等外公路	公里	1327.2	1119.7	790.0	751.8	656.7	592.7	531.4	218.5	33.5	19.1
公路密度	公里/每百平方公里	93.53	94.0	95.7	95.4	96.0	96.4	99.0	111.0	118.8	119.3

13-7 分县区公路情况

（2016年）

指标 名称		合计	惠城区	惠阳区	惠东县	博罗县	龙门县	大亚湾区	仲恺区
公路线路长度	公里	13540.7	1735.2	1674.4	3258.5	3975.9	2187.6	233.5	475.6
#等级公路	公里	13521.6	1721.7	1668.8	3258.5	3975.9	2187.6	233.5	475.6
#高速公路	公里	650.0	126.8	127.1	154.9	145.2	59.9	36.1	—
等外公路	公里	19.1	13.5	5.6	0.0	0.0	0.0	0.0	0.0
公路密度	公里/每百平方公里	119.3	150.0	182.8	92.4	139.3	96.5	79.7	143.7

十四、国内贸易

14-1 国内贸易主要指标

指 标	2005年	2010年	2011年	2012年	2013年	2014年	2015年	2016年	2016年比2015年(%)
社会消费品零售总额(亿元)	252.00	582.53	684.72	754.15	857.91	968.70	1070.72	1227.88	12.3
按行业分									
批发零售业	218.19	530.02	619.42	683.32	781.88	881.65	970.77	1117.49	12.4
限额以上	51.05	178.38	207.34	246.85	298.26	366.55	410.41	470.46	12.9
限额以下	167.14	351.64	412.08	436.47	483.61	515.10	560.36	647.02	12.0
住宿餐饮业	33.81	52.51	65.30	70.83	76.03	87.05	99.95	110.39	11.1
限额以上	6.83	15.49	19.29	23.63	24.34	26.98	30.39	31.11	9.0
限额以下	26.98	37.02	46.01	47.20	51.70	60.07	69.56	79.28	12.0
按城乡分									
城镇	190.65	484.00	569.72	628.15	707.47	794.22	873.01	993.62	12.3
乡村	61.35	98.53	115.00	126.00	150.44	174.48	197.71	234.26	12.2
批发零售业商品销售总额(亿元)	393.94	961.34	1159.09	1251.78	1544.39	1649.82	1811.82	2022.24	11.6
批发额	177.09	436.02	542.92	571.44	764.29	769.82	842.61	906.50	10.7
零售额	216.85	525.32	616.17	680.34	780.10	880.00	969.21	1115.73	12.4
按行业分									
批发业销售额	186.30	388.05	483.82	517.29	776.12	784.65	859.64	944.78	9.9
批发额	157.32	348.11	413.28	433.89	679.55	684.90	730.52	791.12	9.3
零售额	28.98	39.94	70.54	83.40	96.57	99.75	129.12	153.65	13.2
零售业销售额	207.64	573.29	675.27	734.49	768.27	865.16	952.18	1077.46	13.2
批发额	19.77	87.91	129.64	137.55	84.74	84.91	112.09	115.38	21.3
零售额	187.87	485.38	545.63	596.94	683.53	780.25	840.09	962.08	12.2
按规模分									
限额以上销售额	173.00	487.36	572.48	680.05	884.22	930.75	808.77	900.22	10.0
批发额	131.88	313.76	368.39	436.18	590.07	565.84	399.92	425.01	6.2
零售额	41.13	173.60	204.09	243.87	294.15	364.91	408.85	475.21	13.6
限额以下销售额	220.94	473.98	586.61	571.73	660.17	719.07	1003.05	1122.02	12.9
批发额	45.22	122.35	174.53	135.26	174.21	203.98	442.69	519.76	13.1
零售额	175.72	351.63	412.08	436.47	485.96	515.09	560.36	602.25	12.8
限额以上住宿餐饮业营业额(亿元)	8.00	23.29	30.83	36.26	38.26	43.39	47.97	49.20	6.4
#客房收入	1.92	7.33	9.63	10.86	11.83	13.86	16.33	16.93	3.3
餐费收入	5.62	13.79	18.27	21.62	21.82	24.94	26.82	26.88	7.4
商品销售收入	0.06	0.59	0.80	0.86	1.25	1.51	1.69	2.11	23.0
亿元以上商品交易市场成交额(亿元)	37.35	154.65	169.26	136.18	146.75	159.46	228.94	221.68	-3.2
限额以上连锁总店数 (个)		7	9	13	15	15	15	14	
限额以上连锁门店数 (个)		339	425	509	424	435	450	445	-1.1
限额以上连锁店销售总额(亿元)		78	114	130	145	145	126	117	-7.2
#零售额		58	85	99	112	131	114	113	-0.9

注：表内社会消费品零售总额、销售总额及营业额为快报数据。2013年和2014年销售额使用三经普修定后的数据，有变化。

14-2 分县区社会消费品零售总额

单位：亿元

县 区	2005 年	2008 年	2009 年	2010 年	2011 年	2012 年	2013 年	2014 年	2015 年	2016 年
惠城区	116.82	199.71	203.06	237.61	273.28	311.88	360.38	402.31	446.97	516.29
惠阳区	31.59	54.70	62.94	73.63	87.18	92.27	103.71	114.47	125.68	143.77
惠东县	51.09	83.46	95.76	113.64	134.64	146.91	165.79	188.58	214.33	247.48
博罗县	37.01	62.94	72.89	90.99	106.78	112.04	124.28	136.97	149.31	168.86
龙门县	10.25	17.20	19.68	22.10	30.36	34.61	39.69	45.59	51.39	58.70
大亚湾区	5.25	8.74	8.82	13.07	14.99	16.81	18.86	31.14	30.97	33.47
仲恺区			27.95	31.49	37.50	39.63	45.20	49.63	52.48	59.32

14-3 分县区批发零售业商品销售总额

单位：亿元

县 区	2005 年	2008 年	2009 年	2010 年	2011 年	2012 年	2013 年	2014 年	2015 年	2016 年
惠城区	227.24	279.25	265.63	419.45	381.49	429.28	503.46	641.69	687.66	750.23
惠阳区	34.18	60.30	63.43	67.90	99.31	102.79	114.65	125.37	138.59	155.73
惠东县	59.68	105.46	125.73	154.46	233.23	250.59	296.64	352.90	406.23	464.10
博罗县	43.76	68.03	77.44	80.66	125.51	119.88	139.57	159.36	176.71	189.57
龙门县	14.46	22.75	27.70	35.28	53.72	49.31	60.51	71.09	78.60	88.39
大亚湾区	14.62	15.80	23.67	25.57	58.70	67.63	97.98	120.62	132.42	160.64
仲恺区			132.83	178.00	207.13	232.31	331.58	178.80	191.61	213.58

14-4　批发零售业商品销售总额

单位：万元

项　目	2005 年	2010 年	2011 年	2012 年	2013 年	2014 年	2015 年	2016 年
合　计	**3939434**	**9613373**	**11590873**	**12517826**	**15443903**	**16498192**	**18118202**	**20222377**
按行业分组								
批发业	1863050	3880550	4838188	5172920	7761173	7846546	8596378	9447772
零售业	2076385	5732823	6752685	7344906	7682730	8651646	9521824	10774605
按规模分组								
限额以上企业和个体户类值	**1730040**	**4897055**	**5757310**	**6830275**	**8809628**	**9356767**	**8130531**	**9041993**
1、粮油、食品、饮料、烟酒类	195673	591128	720857	945417	1180357	1337252	1576615	1759597
(1) 粮油、食品类		211570	278908	427022	604590	762329	942301	1084859
其中：粮油类	16932	80110	102953	144362	198344	254108	287253	310073
肉禽蛋类	12861	35634	41117	68665	115760	158244	175708	204686
水产品类		961	8857	61694	101550	113883	177541	217451
蔬菜类		39375	49761	65510	69164	104596	146899	180585
干鲜果品类		4837	12220	15493	19462	33949	39036	58160
(2) 饮料类	1480	26167	26791	60268	58231	72412	70392	73954
(3) 烟酒类	131008	353391	415158	458127	517535	502511	563922	600784
2、服装、鞋帽、针纺织品类	225605	323695	387853	602013	661475	858942	1190469	1226434
(1) 服装类	209451	234755	305621	363498	349722	507290	703232	674677
(2) 鞋帽类	15600	71299	63130	183555	241654	316632	445365	506683
(3) 针、纺织品类	554	17641	19102	54960	70099	35021	41872	45074
3、化妆品类	421	13271	13772	16547	17467	28045	30031	37381
4、金银珠宝类	119	7974	13435	19685	28397	25563	33717	37157
5、日用品类	1476	47677	48580	79490	89222	114267	157917	184679
其中：洗涤用品类	854	13376	13848	28453	29012	31737		
儿童玩具类	297	1927	2376	5297	4498	17719	7393	8732
6、五金、电料类	12582	6860	17567	13098	12417	28317	42663	34008
7、体育、娱乐用品类	77	4706	4372	3671	3798	4989	5774	8208
8、书报杂志类	1652	3211	3222	4522	5086	7392	7577	10078
9、电子出版物及音像制品类	62	776	750	844	1756	697	623	686
10、家用电器和音像器材类	473261	1632978	1705608	1963071	2442599	2585297	1015494	1067213
11、中西药品类	3265	122012	153408	177900	235071	388796	542975	607972
其中：西药类	1920	86116	119963	143214	154658	237861	351149	425849
中草药及中成药类	1346	6515	5645	5734	14300	63360	83844	66331
12、文化办公用品类	129	44403	101573	93454	405272	36525	28955	27163
13、家具类		5058	4746	21984	17549	41261	52477	37556
14、通讯器材类	12775	11033	69090	76043	230165	232436	113010	137253
15、煤炭及制品类			5	15	18	11884	25	73
16、木材及制品类		18269	1871	7577			2110	
17、石油及制品类	394271	1443320	1552118	1669082	2025591	1839686	1361748	1503651
18、化工材料及制品类	3437	13036	31637	38672	228373	298691	209687	190170
其中：化肥类	3363		13368	23221	27803	27344	39767	30107
19、金属材料类	1925	3808	100500	72843	32361	33605	29199	17489
20、建筑及装潢材料类	3469	7641	51235	98899	110670	122488	129622	117672
21、机电产品及设备类	10876	97455	44998	57492	58532	58677	51622	77262
其中：农机类	1729		1420			3757	5695	6819
22、汽车类	19736	447157	592067	656205	871268	1115905	1396271	1819999
23、种子饲料类		7083	2983	2723	5297	6335	5168	2180
24、棉麻类	18							
25、其他类	369211	44504	135062	209026	146888	179717	146785	138114
限额以下企业和个体户	**2209395**	**4716318**	**5833563**	**5687552**	**6634275**	**7141425**	**9987671**	**11180383**

14-5 批发零售业商品批发额

单位：万元

项 目	2005 年	2010 年	2011 年	2012 年	2013 年	2014 年	2015 年	2016 年
合 计	**1770930**	**4360181**	**5429170**	**5714433**	**7327542**	**7183568**	**8426070**	**9065028**
按行业分组								
批发业	1573209	3481115	4132780	4338859	6756353	6790714	7305162	7911243
零售业	197721	879066	1296389	1375574	571189	392854	1120909	1153785
按规模分组								
限额以上企业和个体户类值	**1318754**	**3137570**	**3683874**	**4361797**	**5831315**	**5685661**	**4026403**	**4337345**
1、粮油、食品、饮料、烟酒类	157066	480077	581347	720163	909215	1075075	1260486	1422002
(1) 粮油、食品类		149266	206623	310236	447487	571502	701519	824265
其中：粮油类	807	66368	83842	112365	152879	197390	224048	240066
肉禽蛋类	11846	26684	31720	53833	93854	134005	150379	172732
水产品类			7838	46549	87151	94384	145860	177546
蔬菜类		37401	47651	61155	58666	85663	118676	151423
干鲜果品类			7131	7771	10454	15919	18522	33230
(2) 饮料类		14216	13011	18430	22184	41844	38796	42930
(3) 烟酒类	129217	316595	361714	391496	439544	461729	520171	554808
2、服装、鞋帽、针纺织品类	211367	228693	256908	394037	399100	528775	745086	698392
(1) 服装类	196117	164329	205849	242321	210105	332879	475387	409221
(2) 鞋帽类	14918	54959	41913	117479	144170	174491	241007	261165
(3) 针、纺织品类	332	9406	9147	34237	44825	21406	28692	28006
3、化妆品类		79		1		2305	443	54
4、金银珠宝类		1339	1433	1514	1717	3079	3839	4401
5、日用品类		17751	19644	24705	22932	31077	52639	47117
其中：洗涤用品类			91	1		5556		
儿童玩具类						8330	80	12
6、五金、电料类	12210	3665	14584	10275	8170	21825	29866	20600
7、体育、娱乐用品类		704	904	462	309	1506	1629	3611
8、书报杂志类	995	860	810	834	551	522	987	1696
9、电子出版物及音像制品类					757		1	
10、家用电器和音像器材类	435855	1529153	1598788	1866357	2329657	2295241	689541	732733
11、中西药品类	2180	119208	149726	172193	224824	366162	459574	498660
其中：西药类	1301	84716	118284	139812	148337	222732	279823	331051
中草药及中成药类	879	5170	3726	3557	10503	57715	75772	54147
12、文化办公用品类		2041	43027	27795	361615	17412	10626	10949
13、家具类		1633	1306	10717	10152	32327	45458	30741
14、通讯器材类		2576	55518	62646	209564	207781	89070	113536
15、煤炭及制品类						11860		
16、木材及制品类		18269	1871	7577			2110	
17、石油及制品类	172704	569279	634058	666076	871665	515520	200145	339202
18、化工材料及制品类		13036	31637	38672	228373	298691	209687	190170
其中：化肥类			13368	23221	27803	27344	39767	30107
19、金属材料类		3808	100500	72843	32361	33605	29199	17489
20、建筑及装潢材料类		7641	33257	57033	67827	63563	60928	45607
21、机电产品及设备类	10574	90967	37589	50352	49615	47893	35912	57549
其中：农机类	1729		1420			3757	5695	6819
22、汽车类		9510	13884	6513	6133	5828	7835	17708
23、种子饲料类		7083	2983	2723	5297	6335	5168	2180
24、棉麻类								
25、其他类	306955	30198	104099	168311	91481	119281	86178	82950
限额以下企业和个体户	452176	1222611	1745296	1352635	1211549	1497907	4399667	4727683

14-6 批发零售业商品零售额

单位：万元

项　目	2005年	2010年	2011年	2012年	2013年	2014年	2015年	2016年
合　计	**2168504**	**5253193**	**6161704**	**6803394**	**8116361**	**9314624**	**9692132**	**11157349**
按行业分组								
批发业	289841	399435	705408	834062	1004820	1055832	1291217	1536529
零售业	1878663	4853758	5456296	5969332	7111541	8258792	8400915	9620820
按规模分组								
限额以上企业和个体户类值	**411285**	**1759486**	**2073436**	**2468477**	**2978313**	**3671106**	**4104128**	**4704648**
1、粮油、食品、饮料、烟酒类	38608	111051	139510	225255	271142	262178	316129	337595
(1) 粮油、食品类		62304	72285	116786	157103	190826	240783	260594
其中：粮油类	16125	13742	19111	31997	45465	56717	63205	70007
肉禽蛋类	1015	8950	9397	14832	21906	24238	25329	31954
水产品类		961	1019	15146	14398	19499	31681	39905
蔬菜类		1974	2110	4355	10498	18933	28223	29162
干鲜果品类		4837	5089	7723	9008	18030	20514	24930
(2) 饮料类	1480	11951	13781	41837	36047	30569	31596	31025
(3) 烟酒类	1791	36796	53444	66631	77992	40783	43751	45976
2、服装、鞋帽、针纺织品类	14238	95002	130944	207976	262375	330168	445383	528042
(1) 服装类	13335	70427	99772	121178	139617	174412	227845	265455
(2) 鞋帽类	682	16341	21217	66076	97484	142141	204358	245518
(3) 针、纺织品类	222	8235	9955	20722	25274	13615	13180	17069
3、化妆品类	421	13191	13772	16546	17467	25740	29588	37327
4、金银珠宝类	119	6635	12001	18171	26681	22484	29878	32756
5、日用品类	1476	29926	28936	54786	66290	83190	105278	137562
其中：洗涤用品类	854	13376	13756	28451	29012	26181		
儿童玩具类	297	1927	2376	5297	4498	9389	7313	8720
6、五金、电料类	372	3194	2982	2823	4248	6492	12798	13407
7、体育、娱乐用品类	77	4002	3469	3209	3489	3483	4146	4598
8、书报杂志类	656	2351	2412	3688	4536	6870	6590	8382
9、电子出版物及音像制品类	62	776	750	844	999	697	622	685
10、家用电器和音像器材类	37406	103826	106820	96714	112942	290057	325953	334481
11、中西药品类	1086	2804	3683	5707	10247	22634	83401	109312
其中：西药类	619	1400	1679	3402	6320	15128	71327	94798
中草药及中成药类	467	1345	1919	2177	3797	5645	8072	12184
12、文化办公用品类	129	42363	58546	65659	43657	19112	18329	16214
13、家具类		3426	3440	11267	7396	8933	7019	6815
14、通讯器材类	12775	8456	13573	13398	20600	24655	23940	23717
15、煤炭及制品类			5	15	18	24	25	73
16、木材及制品类								
17、石油及制品类	221567	874041	918060	1003006	1153926	1324166	1161603	1164449
18、化工材料及制品类								
其中：化肥类								
19、金属材料类								
20、建筑及装潢材料类			17978	41866	42843	58925	68695	72065
21、机电产品及设备类	302	6488	7409	7140	8917	10784	15710	19713
其中：农机类								
22、汽车类	19736	437648	578183	649692	865135	1110078	1388436	1802292
23、种子饲料类								
24、棉麻类								
25、其他类	62255	14306	30964	40715	55407	60437	60607	55164
限额以下企业和个体户	**1757219**	**3493707**	**4088268**	**4334916**	**5138049**	**5643518**	**5588004**	**6452701**

14-7 限额以上批发业商品购、销、存总额

（2016 年）　　单位：万元

项　目	企业单位数（个）	购进总额		商品销售总　额
			进　口	
批发业	294	3712142	78856	4589225
1. 按批发行业小类分				
农、林、牧产品批发	30	249596		387176
谷物、豆及薯类批发	18	213775		259991
饲料批发	1	3550		3726
林业产品批发	5	11851		17536
牲畜批发	3	2190		86081
其他农牧产品批发	3	18230		19843
食品、饮料及烟草制品批发	63	764771	68	1074245
米、面制品及食用油批发	5	33811	68	39329
糕点、糖果及糖批发	1	10232		11162
果品、蔬菜批发	22	108275		156161
肉、禽、蛋、奶及水产品批发	24	181315		269177
盐及调味品批发	1	5915		8595
酒、饮料及茶叶批发	6	15509		18685
烟草制品批发	1	385927		544304
其他食品批发	3	23787		26833
纺织、服装及家庭用品批发	61	1235070	3841	1480280
纺织品、针织品及原料批发	5	159290	414	162054
服装批发	6	182450	2482	210254
鞋帽批发	35	517641	18	695877
化妆品及卫生用品批发	2	2782		2739
厨房、卫生间用具及日用杂货批发	3	17918	927	19749
灯具、装饰物品批发	1	1387		1515
家用电器批发	9	353601		388093
文化、体育用品及器材批发	6	31638		33764
文具用品批发	4	25395		27579
其他文化用品批发	2	6243		6185
医药及医疗器材批发	37	440874	1665	501899
西药批发	14	235907	1665	273357
中药批发	18	190445		209269
医疗用品及器材批发	5	14523		19274
矿产品、建材及化工产品批发	55	644625	11616	689617
煤炭及制品批发	1	12760		14701
石油及制品批发	12	407910		419292
金属及金属矿批发	2	9714	1533	8958
建材批发	7	25864		26499
化肥批发	11	37255		44894
农药批发	4	41060		42515
其他化工产品批发	18	110062	10083	132760

14-7 续表1 （2016年） 单位：万元

项 目	企业单位数（个）	购进总额	进 口	商品销售总 额
机械设备、五金产品及电子产品批发	30	295338	61322	346095
汽车批发	4	14050		14676
汽车零配件批发	1	2165		2262
五金产品批发	8	15321		20365
电气设备批发	1	8595		10507
计算机、软件及辅助设备批发	7	164196	58509	195726
通讯及广播电视设备批发	1	10715		12694
其他机械设备及电子产品批发	8	80296	2813	89867
贸易经纪与代理	8	40923	345	65650
贸易代理	8	40923	345	65650
其他批发业	4	9307		10500
再生物资回收与批发	2	5744		6236
其他未列明批发业	2	3563		4264
2. 按登记注册类型分				
内资企业	269	3331438	19886	4056593
国有企业	3	8009		9531
集体企业	7	22690		24709
有限责任公司	149	2277960	8860	2801327
国有独资公司	1	5915		8595
其他有限责任公司	148	2272045	8860	2792733
股份有限公司	6	161108	2482	192737
私营企业	95	794121	8543	907762
私营独资企业	3	4254		7090
私营合伙企业	1			2412
私营有限责任公司	88	766019	2435	870585
私营股份有限公司	3	23848	6109	27675
其他企业	9	67551		120529
港、澳、台商投资企业	19	307664	58971	444823
与港澳台商合资经营企业	6	209048		317389
与港澳台商合作经营企业	2	16109		18899
港澳台商独资经营企业	11	82506	58971	108535
外商投资企业	6	73040		87809
中外合资经营企业	1	51219		59978
外资企业	3	16244		20584
其他外商投资企业	2	5577		7247
3. 按控股情况分				
国有控股	8	677915		855947
集体控股	12	82509		99927
私人控股	212	1858003	10226	2295291
港澳台商控股	17	231151	62991	363470
外商控股	7	83794		96594
其他	38	778770	5639	877997
4. 按经营形式分				
独立门店	155	1987651	5632	2515112
连锁总店（总部）	4	9274		11425
连锁门店	2	114152		138234
其他	133	1601066	73224	1924454

项 目	批 发	出 口	零 售	年末库存总 额
批发业	**4030549**	**365292**	**558677**	**538218**
1. 按批发行业小类分	—	—	—	—
农、林、牧产品批发	364369		22807	328998
谷物、豆及薯类批发	243769		16222	328081
饲料批发	2446		1280	113
林业产品批发	16616		920	127
牲畜批发	85516		565	106
其他农牧产品批发	16023		3820	572
食品、饮料及烟草制品批发	1046971	54493	27275	26297
米、面制品及食用油批发	38664		665	4662
糕点、糖果及糖批发	11162			699
果品、蔬菜批发	144093	51	12068	2360
肉、禽、蛋、奶及水产品批发	257154	54442	12024	2838
盐及调味品批发	8595			1052
酒、饮料及茶叶批发	17145		1540	255
烟草制品批发	544304			13116
其他食品批发	25854		979	1316
纺织、服装及家庭用品批发	1084418	214594	395861	68918
纺织品、针织品及原料批发	162047	137777	7	505
服装批发	166569	54635	43685	42091
鞋帽批发	476906	22183	218971	3667
化妆品及卫生用品批发	2703		36	907
厨房、卫生间用具及日用杂货批发	19749			1261
灯具、装饰物品批发	1515			856
家用电器批发	254930		133163	19632
文化、体育用品及器材批发	12462	2760	21301	3547
文具用品批发	6278		21301	2843
其他文化用品批发	6185	2760		705
医药及医疗器材批发	495507		6392	42661
西药批发	271747		1610	25286
中药批发	204487		4782	16001
医疗用品及器材批发	19274			1374
矿产品、建材及化工产品批发	612607	5212	77011	40920
煤炭及制品批发	14701			523
石油及制品批发	370277		49015	26877
金属及金属矿批发	2658	194	6300	897
建材批发	25676		822	2985
化肥批发	41424		3470	3027
农药批发	42515			1794
其他化工产品批发	115356	5018	17404	4818

14-7 续表 3　　（2016 年）　　单位：万元

项　目	批　发	出　口	零　售	年末库存总　额
机械设备、五金产品及电子产品批发	338490	38416	7605	23519
汽车批发	12237		2440	5347
汽车零配件批发	2262	2262		
五金产品批发	20011		354	1536
电气设备批发	8405	7358	2101	
计算机、软件及辅助设备批发	195672	17614	53	13826
通讯及广播电视设备批发	12694	7440		1632
其他机械设备及电子产品批发	87209	3742	2657	1179
贸易经纪与代理	65650	49817		3222
贸易代理	65650	49817		3222
其他批发业	10075		425	135
再生物资回收与批发	6236			56
其他未列明批发业	3839		425	79
2. 按登记注册类型分				
内资企业	3544389	350888	512204	484019
国有企业	8108		1423	2750
集体企业	22898		1811	924
有限责任公司	2359267	188642	442060	98332
国有独资公司	8595			1052
其他有限责任公司	2350673	188642	442060	97280
股份有限公司	191247	49581	1489	14311
私营企业	851057	112665	56705	367618
私营独资企业	6836		254	453
私营合伙企业	2194		218	132
私营有限责任公司	814366	112665	56219	365933
私营股份有限公司	27661		14	1099
其他企业	111812		8717	85
港、澳、台商投资企业	405299	2028	39524	42875
与港澳台商合资经营企业	278143		39246	38995
与港澳台商合作经营企业	18899			126
港澳台商独资经营企业	108256	2028	278	3755
外商投资企业	80861	12377	6949	11324
中外合资经营企业	59978			9638
外资企业	18482	12377	2101	855
其他外商投资企业	2400		4847	831
3. 按控股情况分				
国有控股	854524	75818	1423	28832
集体控股	77055	15831	22872	4114
私人控股	1955525	185736	339767	413229
港澳台商控股	323946	2028	39524	43503
外商控股	89474	12377	7120	1863
其他	730026	73503	147971	46678
4. 按经营形式分				
独立门店	2168656	163432	346456	415591
连锁总店（总部）	11026	1789	399	601
连锁门店	98594		39640	41638
其他	1752273	200072	172182	80389

14-8 限额以上零售业商品购、销、存总额

（2016年）　　单位：万元

项　目	企业单位数（个）	购进总额	进　口	商品销售总　额
零售业	**337**	**4086136**	**104579**	**4769182**
1. 按零售行业小类分				
综合零售	28	662173	149	511555
百货零售	21	603301	149	449876
超级市场零售	7	58872		61679
食品、饮料及烟草制品专门零售	39	51970		74613
粮油零售	3	8050		8761
糕点、面包零售	6	3106		3610
果品、蔬菜零售	10	5610		8219
肉、禽、蛋、奶及水产品零售	7	6665		13079
酒、饮料及茶叶零售	9	7582		19320
烟草制品零售	3	19109		19422
其他食品零售	1	1848		2204
纺织、服装及日用品专门零售	22	101876	96	136468
纺织品及针织品零售	1	1468		1668
服装零售	3	16937		25392
鞋帽零售	11	59268		65823
化妆品及卫生用品零售	1	2339		2278
箱、包零售	2	18359		37852
其他日用品零售	4	3506	96	3456
文化、体育用品及器材专门零售	8	12643		13304
文具用品零售	3	1475		1527
图书、报刊零售	3	10429		10619
珠宝首饰零售	1	301		644
乐器零售	1	438		515
医药及医疗器材专门零售	13	97823		113440
药品零售	13	97823		113440
汽车、摩托车、燃料及零配件专门零售	163	2436650	103928	3096522
汽车零售	115	1816975	103928	1983058
摩托车及零配件零售	6	7180		8934
机动车燃料零售	42	612495		1104531
家用电器及电子产品专门零售	29	124028	3	173036
家用视听设备零售	2	5961		7513
日用家电设备零售	11	83677		124795
计算机、软件及辅助设备零售	8	7661		9924
通信设备零售	4	14484		17190
其他电子产品零售	4	12245	3	13615

14-8 续表1 （2016年） 单位：万元

项 目	企业单位数（个）	购进总额	进 口	商品销售总 额
五金、家具及室内装饰材料专门零售	14	33190		39299
五金零售	3	12970		15381
家具零售	6	1745		2928
陶瓷、石材装饰材料零售	4	13496		14157
其他室内装饰材料零售	1	4980		6834
货摊、无店铺及其他零售业	21	565782	403	610944
互联网零售	3	529162		567942
生活用燃料零售	14	25890		30393
其他未列明零售业	4	10730	403	12609
2. 按登记注册类型分				
内资企业	323	3704691	69154	4364633
国有企业	3	19109		19422
集体企业	5	11964		12320
有限责任公司	168	2371086	67962	2475596
国有独资公司	3	6616		8723
其他有限责任公司	165	2364470	67962	2466873
股份有限公司	7	78908		669530
私营企业	134	1220917	1192	1179722
私营独资企业	13	15130	96	16775
私营有限责任公司	117	1146293	1096	1093753
私营股份有限公司	4	59494		69194
其他企业	6	2707		8043
港、澳、台商投资企业	7	198005	35273	162697
与港澳台商合资经营企业	3	112902		49374
与港澳台商合作经营企业	1	20023		32544
港澳台商独资经营企业	3	65080	35273	80780
外商投资企业	7	183440	151	241852
中外合资经营企业	1	112888		114731
外资企业	6	70553	151	127121
3. 按控股情况分				
国有控股	17	563499		1033609
集体控股	8	69484		90905
私人控股	265	2361763	55597	2456465
港澳台商控股	5	125488	35273	154418
外商控股	6	70553	151	127121
其他	36	895349	13556	906664
4. 按经营形式分				
独立门店	267	2678626	104480	3237520
连锁总店（总部）	16	301714		350308
连锁门店	14	479716	96	467356
其他	40	626080	3	713998

项 目	批 发	出 口	零 售	年末库存总 额
零售业	**563543**		**4205639**	**336039**
1. 按零售行业小类分				
综合零售	599		510956	69285
百货零售	599		449277	63529
超级市场零售			61679	5756
食品、饮料及烟草制品专门零售	15112		59501	4924
粮油零售			8761	332
糕点、面包零售	485		3124	548
果品、蔬菜零售	2924		5295	323
肉、禽、蛋、奶及水产品零售	348		12731	264
酒、饮料及茶叶零售	10851		8469	2354
烟草制品零售	504		18918	696
其他食品零售			2204	405
纺织、服装及日用品专门零售	13584		122884	22036
纺织品及针织品零售	1668			134
服装零售	6476		18915	1116
鞋帽零售	2797		63026	2088
化妆品及卫生用品零售			2278	453
箱、包零售			37852	16996
其他日用品零售	2643		813	1249
文化、体育用品及器材专门零售	3487		9818	5153
文具用品零售	502		1025	392
图书、报刊零售	2133		8486	2766
珠宝首饰零售	337		307	1978
乐器零售	515			17
医药及医疗器材专门零售	3599		109841	20105
药品零售	3599		109841	20105
汽车、摩托车、燃料及零配件专门零售	101048		2995474	188881
汽车零售	48963		1934095	172486
摩托车及零配件零售	1490		7443	2834
机动车燃料零售	50595		1053936	13561
家用电器及电子产品专门零售	31209		141827	13875
家用视听设备零售	2053		5460	2365
日用家电设备零售	15274		109521	6803
计算机、软件及辅助设备零售	4404		5520	2088
通信设备零售	2000		15190	1967
其他电子产品零售	7478		6137	652

（2016 年）　　单位：万元

项　目	批　发	出　口	零　售	年末库存总　额
五金、家具及室内装饰材料专门零售	18854		20446	2617
五金零售			15381	953
家具零售	496		2432	873
陶瓷、石材装饰材料零售	11523		2633	308
其他室内装饰材料零售	6834			483
货摊、无店铺及其他零售业	376051		234893	9165
互联网零售	358682		209261	7304
生活用燃料零售	11540		18853	1125
其他未列明零售业	5829		6780	735
2. 按登记注册类型分				
内资企业	549588		3815045	315212
国有企业	504		18918	696
集体企业	2132		10189	184
有限责任公司	512312		1963284	143429
国有独资公司	1652		7071	1075
其他有限责任公司	510660		1956213	142353
股份有限公司	698		668831	6016
私营企业	33943		1145780	164618
私营独资企业	1158		15618	873
私营有限责任公司	32785		1060968	159139
私营股份有限公司			69194	4607
其他企业			8043	270
港、澳、台商投资企业	6476		156221	13033
与港澳台商合资经营企业			49374	10223
与港澳台商合作经营企业			32544	765
港澳台商独资经营企业	6476		74303	2045
外商投资企业	7478		234374	7795
中外合资经营企业			114731	1843
外资企业	7478		119643	5952
3. 按控股情况分				
国有控股	38335		995274	14409
集体控股	2132		88773	1131
私人控股	81569		2374896	267653
港澳台商控股	6476		147942	6357
外商控股	7478		119643	5952
其他	427553		479111	40538
4. 按经营形式分				
独立门店	130283		3107237	240528
连锁总店（总部）	32820		317488	39355
连锁门店	18047		449309	23508
其他	382393		331605	32649

14-9 分县区限额以上批发零售业商品购、销、存总额

（2016年）

单位：万元

县区	商品购进总额	进口	商品销售总额	批发	出口	零售	年末库存总额
合计	**7798278**	**183435**	**9358407**	**4594091**	**365292**	**4764316**	**874258**
批发业	**3712142**	**78856**	**4589225**	**4030549**	**365292**	**558677**	**538218**
惠城区	1605761	67357	1912760	1665986	281385	246774	120456
惠阳区	84144	3486	89874	85061	7552	4813	5002
惠东县	1105453	18	1582758	1313753	27169	269005	345108
博罗县	153010	68	167572	132951	44329	34620	9353
龙门县	26635		29367	28560		807	1746
大亚湾区	305349		320930	320930			12580
仲恺区	431789	7928	485964	483307	4858	2657	43973
零售业	**4086136**	**104579**	**4769182**	**563543**		**4205639**	**336039**
惠城区	3464200	104037	4007965	496483		3511482	266508
惠阳区	154985		213740	369		213371	26266
惠东县	274042	96	338624	43349		295275	15587
博罗县	75445	403	86533	16400		70133	12464
龙门县	21990		27262	1641		25620	3738
大亚湾区	42172		40778			40778	5610
仲恺区	53303	43	54280	5300		48980	5868

14-10 限额以上住宿业经营情况

（2016年）

单位：万元

项 目	企业数（个）	营业额合 计	客房收入	餐费收入	商 品销售收入
住宿业	**125**	**271369**	**143385**	**87417**	**13008**
1. 按住宿行业小类分					
旅游饭店	92	246377	126294	81306	12647
一般旅馆	31	24148	16829	5722	361
其他住宿业	2	844	262	389	
2. 按登记注册类型分组					
内资企业	107	202470	112676	60123	5917
国有企业					
集体企业	1	2057	1132	586	
股份合作企业					
联营企业					
有限责任公司	45	105508	59589	26403	2176
国有独资公司	2	7422	3107	3470	
其他有限责任公司	43	98086	56482	22933	2176
股份有限公司	2	3330	1938	1049	44
私营企业	58	91525	49980	32078	3693
私营独资企业	9	8465	5472	2180	69
私营合伙企业	1	4758	2272	1467	1019
私营有限责任公司	45	75754	40632	27525	2603
私营股份有限公司	3	2548	1605	906	2
其他企业	1	50	38	7	4
港、澳、台商投资企业	16	56882	28346	19507	5880
与港澳台商合资经营企业	11	45779	21140	16042	5801
与港澳台商合作经营企业	1	5194	3120	2075	
港澳台商独资经营企业	4	5909	4087	1390	80
外商投资企业	2	12017	2363	7787	1211
中外合作经营企业	2	12017	2363	7787	1211
3. 按控股情况分组					
国有控股	2	7422	3107	3470	
集体控股	1	2057	1132	586	
私人控股	91	159737	89085	45207	8079
港澳台商控股	12	34617	14072	15174	2422
外商控股	1	814	499	3	187
其他	18	66721	35490	22978	2321
4. 按星级分组					
五星	8	36932	20756	13096	884
四星	7	12705	5754	6444	212
三星	17	14383	6663	6937	228
二星	2	9495	2011	5550	1250
一星					
其他	91	197853	108201	55390	10435

14-11 限额以上餐饮业经营情况

（2016 年）　　单位：万元

项　目	企业数（个）	营业额合　计	客房收入	餐费收入	商品销售收入
餐饮业	**97**	**110125**	**18004**	**81830**	**5015**
1. 按餐饮行业小类分组					
正餐服务	90	88538	18004	61091	4171
快餐服务	3	18894		18890	
饮料及冷饮服务					
其他餐饮业	4	2693		1849	844
2. 按登记注册类型分组					
内资企业	87	83859	17066	58179	3411
国有企业					
集体企业					
股份合作企业					
联营企业					
有限责任公司	30	28153	7122	17372	2417
国有独资公司					
其他有限责任公司	30	28153	7122	17372	2417
股份有限公司					
私营企业	57	55706	9944	40807	994
私营独资企业	25	21830	1935	18621	818
私营有限责任公司	29	32301	7538	21183	175
私营股份有限公司	3	1575	472	1003	
其他企业					
港、澳、台商投资企业	8	10694	877	9526	219
与港澳台商合资经营企业	2	945	534	383	28
与港澳台商合作经营企业	1	332	27	161	125
港澳台商独资经营企业	5	9417	316	8982	66
外商投资企业	2	15571	61	14125	1385
中外合资经营企业					
中外合作经营企业					
外资企业	2	15571	61	14125	1385
3. 按控股情况分组					
国有控股					
集体控股					
私人控股	81	74596	13930	52506	3227
港澳台商控股	7	10362	850	9365	94
外商控股	2	15571	61	14125	1385
其他	7	9595	3163	5834	309

14-12 分县区限额以上住宿餐饮业经营情况

（2016年） 单位：万元

县 区	企业数（个）	营业额	客房收入	餐费收入	商品销售收入
合 计	**222**	**381493**	**161389**	**169246**	**18023**
住宿业	**125**	**271369**	**143385**	**87417**	**13008**
惠城区	24	64410	25947	30780	2184
惠阳区	14	9590	5656	1699	163
惠东县	49	62737	40262	15818	2996
博罗县	11	14871	6788	5361	1338
龙门县	19	113337	61124	31520	6292
大亚湾区	3	3377	1611	1564	1
仲恺区	5	3046	1997	675	35
餐饮业	**97**	**110125**	**18004**	**81830**	**5015**
惠城区	22	32813	1615	30058	909
惠阳区	13	24894	5868	15784	
惠东县	37	29539	4673	20906	3419
博罗县	5	3082	1267	1398	367
龙门县	12	8317	1646	5543	140
大亚湾区	4	6730	1824	4681	
仲恺区	4	4750	1110	3460	179

14-13 限额以上连锁批发零售业、住宿餐饮业经营情况

（2016年） 单位：万元

项　目	批发业	零售业	住宿业	餐饮业
法人企业数（个）	294	336	125	97
年初存货	243297	303864	19303	2966
流动资产合计	1408576	1814890	270796	58345
#应收帐款	484244	175864	22422	4956
存货	225194	294874	28233	1725
固定资产合计	171552	196623	270972	36029
固定资产原价	254127	284900	457481	64335
累计折旧	84208	100237	191005	28724
#本年折旧	11440	17450	45273	8574
资产总计	1734203	2345926	825121	119798
流动负债合计	1158772	1391338	432237	64009
应付帐款	418317	287143	47130	11438
非流动负债合计	94212	154225	246439	33948
负债合计	1257051	1509193	686687	98315
所有者权益合计	477152	836516	138434	21483
实收资本	200491	287606	197750	44560
#国家资本	3890	16976	12000	
集体资本	7826	2822	10389	
法人资本	78559	187408	107485	24161
个人资本	72554	68038	30606	14818
港澳台资本	18058	11393	28777	2760
外商资本	19603	968	8494	2820
营业收入	4310072	4207661	272004	111906
#主营业务收入	4294631	4141634	269307	111584
营业成本	3790857	3742128	108185	54675
#主营业务成本	3777723	3721742	103286	54490
营业税金及附加	74219	11045	8737	2845
#主营业务税金及附加	74034	10704	8446	2754
其他业务利润	33836	41612	1101	7080
销售费用	145879	264459	62610	33860
管理费用	94305	93800	62215	14992
#税金	1588	5554	970	206
财务费用	10842	18133	15393	2680
#利息收入	-1159	434	112	63
利息支出	5189	9247	2119	1697
营业利润	199032	113573	17199	2785
营业外收入	3893	6423	2169	213
政府补助	1086	335	800	4
利润总额	173652	114900	9432	2022
应交所得税	18937	19659	774	980
应付职工薪酬	86744	112426	61439	23018
应交增值税	61677	43515	5153	2124

14-14 限额以上批发企业财务状况

（2016 年）　　　　单位：万元

项　目	企业数（个）	年初存货	流动资产合计	固定资产原价	累计折	
						本年折旧
批发业	**294**	**243297**	**1408576**	**254127**	**84208**	**11440**
1. 按批发行业小类分						
农、林、牧产品批发	30	21267	81182	52406	12786	2528
谷物、豆及薯类批发	18	11905	45646	17577	2843	800
饲料批发	1	91	321	1382	128	38
林业产品批发	5	453	3929	1664	896	119
牲畜批发	3	7998	27105	29495	7898	1317
其他农牧产品批发	3	821	4181	2289	1022	254
食品、饮料及烟草制品批发	63	23931	221823	101485	26851	4021
米、面制品及食用油批发	5	2714	7700	4788	1086	202
糕点、糖果及糖批发	1	620	2175	198	151	50
果品、蔬菜批发	22	5006	46437	28560	11035	1913
肉、禽、蛋、奶及水产品批发	24	2720	49101	52715	4607	1066
盐及调味品批发	1	930	6936	3883	2485	120
酒、饮料及茶叶批发	6	759	6631	676	137	35
烟草制品批发	1	9538	87275	10116	7236	577
其他食品批发	3	1644	15567	550	116	59
纺织、服装及家庭用品批发	61	97887	510638	32576	17333	1395
纺织品、针织品及原料批发	5	4	53733	3482	2413	127
服装批发	6	41823	261153	18273	13033	1060
鞋帽批发	35	25822	79347	9578	1000	82
化妆品及卫生用品批发	2	785	2413	99	70	8
厨房、卫生间用具及日用杂货批发	3	1495	7941	691	480	62
灯具、装饰物品批发	1	856	1494	35	14	7
家用电器批发	9	27102	104558	419	324	48
文化、体育用品及器材批发	6	2623	15433	956	283	134
文具用品批发	4	2305	12457	591	130	66
其他文化用品批发	2	318	2975	365	153	68
医药及医疗器材批发	37	37445	222419	8003	4120	548
西药批发	14	24044	137460	3880	2121	128
中药批发	18	11778	75720	3828	1885	390
医疗用品及器材批发	5	1622	9239	295	114	31
矿产品、建材及化工产品批发	55	22148	203088	39151	16712	2383
煤炭及制品批发	1	306	4171	416	131	101
石油及制品批发	12	10015	107304	26230	9933	1191
金属及金属矿批发	2	37	3527	140	122	6
建材批发	7	1938	22199	3207	1477	242
化肥批发	11	5438	11565	3368	1640	303
农药批发	4	1489	8084	2129	862	330
其他化工产品批发	18	2926	46239	3660	2548	211
机械设备、五金产品及电子产品批发	30	34540	139343	18651	5747	374
汽车批发	4	434	6585	4606	592	6
汽车零配件批发	1	178	485			
五金产品批发	8	909	4577	1036	389	94

14-14 续表1 （2016年） 单位：万元

项 目	企业数（个）	年初存货	流动资产合计	固定资产原价	累计折旧	本年折旧
电气设备批发	1		3704	28	3	3
计算机、软件及辅助设备批发	7	24512	82282	4956	871	36
通讯及广播电视设备批发	1	1642	20567	351	337	14
其他机械设备及电子产品批发	8	6866	21143	7674	3556	221
贸易经纪与代理	8	3201	12918	349	235	28
贸易代理	8	3201	12918	349	235	28
其他批发业	4	255	1732	551	141	30
再生物资回收与批发	2	166	1433	228	129	27
其他未列明批发业	2	89	300	323	12	3
2. 按登记注册类型分						
内资企业	269	176058	1046667	179804	50301	7207
国有企业	3	2627	6691	1303	681	47
集体企业	7	839	7029	2044	930	242
股份合作企业						
联营企业						
有限责任公司	149	112043	657851	74225	28973	4165
国有独资公司	1	930	6936	3883	2485	120
其他有限责任公司	148	111113	650915	70342	26488	4045
股份有限公司	6	24677	92674	7361	1043	131
私营企业	95	35745	276198	91724	18155	2521
私营独资企业	3	453	1155	1056	130	85
私营合伙企业	1	132	219	183	31	8
私营有限责任公司	88	33977	266149	89542	17182	2361
私营股份有限公司	3	1183	8675	943	812	68
其他企业	9	128	6224	3147	519	102
港、澳、台商投资企业	19	52530	322786	66723	30356	4013
与港澳台商合资经营企业	6	44279	254853	45548	20660	2435
与港澳台商合作经营企业	2	142	1781	93	28	5
港澳台商独资经营企业	11	8109	66152	21082	9668	1573
外商投资企业	6	14709	39123	7600	3551	220
中外合资经营企业	1	7424	17310	91	81	3
外资企业	3	906	10352	262	141	78
其他外商投资企业	2	6380	11462	7248	3330	140
3. 按控股情况分						
国有控股	8	15250	182836	24252	16228	1290
集体控股	12	4833	25017	3226	1698	303
私人控股	212	103503	549702	134136	27634	4673
港澳台商控股	17	53222	321976	66521	30342	3969
外商控股	7	7458	26257	8092	3583	268
其他	38	59031	302788.6	17900.7	4722.9	937.3
4. 按经营形式分						
独立门店	155	90750	550398	96265	38244	5509
连锁总店（总部）	4	614	12496	485	203	35
连锁门店	2	38915	226680	18462	13083	1074
其他	133	113017	619002	138915	32679	4821

项 目	资产合计	负债合计	所有者权益合计	实收资本	营业收入	主营业务收入	营业成本
批发业	**1734203**	**1257051**	**477152**	**200491**	**4310072**	**4294631**	**3790857**
1. 按批发行业小类分							
农、林、牧产品批发	150279	64717	85562	24170	388483	388238	317103
谷物、豆及薯类批发	72155	41589	30566	12028	260071	259991	211404
饲料批发	1703	424	1279	1000	3726	3726	3550
林业产品批发	4765	1677	3088	1202	19177	19013	17655
牲畜批发	63425	18374	45051	7206	85581	85581	67682
其他农牧产品批发	8231	2653	5579	2734	19928	19928	16812
食品、饮料及烟草制品批发	335267	120206	215060	34141	993100	992833	793531
米、面制品及食用油批发	14996	8099	6897	1800	38553	38553	35182
糕点、糖果及糖批发	2223	68	2155	100	9540	9540	8593
果品、蔬菜批发	71605	17758	53847	14740	156166	156166	143851
肉、禽、蛋、奶及水产品批发	106076	51492	54584	7487	269241	269241	232082
盐及调味品批发	9483	5549	3933	1500	8745	8595	3588
酒、饮料及茶叶批发	8043	6026	2017	1299	18681	18681	16388
烟草制品批发	104880	17264	87616	3200	465294	465217	328172
其他食品批发	17961	13950	4012	4016	26879	26840	25676
纺织、服装及家庭用品批发	558421	502617	55804	47185	1411676	1409031	1280097
纺织品、针织品及原料批发	57344	51628	5717	2481	161661	161086	157926
服装批发	275937	270965	4972	11838	189715	189695	172423
鞋帽批发	107329	57537	49792	19344	695530	695530	634225
化妆品及卫生用品批发	2441	1682	760	600	3740	3740	3360
厨房、卫生间用具及日用杂货批发	8541	5504	3038	923	16085	15304	14024
灯具、装饰物品批发	1516	1592		50	1515	1515	1340
家用电器批发	105312	113710		11950	343430	342161	296800
文化、体育用品及器材批发	16557	14329	2228	2297	33283	33283	30688
文具用品批发	12971	11701	1270	1370	27536	27536	25650
其他文化用品批发	3586	2628	959	927	5747	5747	5037
医药及医疗器材批发	234667	199783	34884	25313	445705	445326	410656
西药批发	144337	122234	22103	16452	238144	237991	217801
中药批发	80795	69433	11362	8518	191058	190832	178722
医疗用品及器材批发	9534	8116	1419	343	16503	16503	14133
矿产品、建材及化工产品批发	252597	217803	34794	30637	627030	622273	584582
煤炭及制品批发	4456	4544		500	14701	14701	12729
石油及制品批发	144183	126868	17316	17362	368550	365109	356954
金属及金属矿批发	3545	3344	201	150	9025	9025	8690
建材批发	25213	21233	3980	4608	24454	24454	22397
化肥批发	14048	9884	4164	1866	55225	55225	50006
农药批发	10684	8946	1738	2028	42514	42514	36342
其他化工产品批发	50469	42984	7485	4124	112561	111244	97464
机械设备、五金产品及电子产品批发	170656	122227	48430	35936	336558	329682	305135
汽车批发	12793	9150	3643	1506	12818	12818	11987
汽车零配件批发	3545	3279	267	300	2262	2262	2165
五金产品批发	5291	3717	1574	1166	20227	19235	18484

项目	资产合计	负债合计	所有者权益合计	实收资本	营业收入	主营业务收入	营业成本
电气设备批发	3730	2490	1240	320	8980	8980	7402
计算机、软件及辅助设备批发	97879	77036	20843	11380	197021	191155	177097
通讯及广播电视设备批发	20581	21092		500	11930	11930	10779
其他机械设备及电子产品批发	26837	5463	21374	20764	83321	83302	77221
贸易经纪与代理	13591	13018	573	530	63998	63726	60230
贸易代理	13591	13018	573	530	63998	63726	60230
其他批发业	2169	2351		283	10239	10239	8835
再生物资回收与批发	1554	2091		173	5975	5975	5087
其他未列明批发业	616	261	355	110	4263	4263	3748
2. 按登记注册类型分							
内资企业	1311191	939443	371748	146554	3807313	3793548	3351012
国有企业	9455	11961		422	9037	8710	7204
集体企业	8774	7496	1278	946	35849	35849	32719
股份合作企业							
联营企业							
有限责任公司	772634	508724	263910	78090	2578205	2574711	2266950
国有独资公司	9483	5549	3933	1500	8745	8595	3588
其他有限责任公司	763151	503175	259977	76590	2569460	2566116	2263361
股份有限公司	117446	101745	15702	13850	197611	191764	173990
私营企业	392976	306564	86412	51272	866083	861986	778444
私营独资企业	2472	1031	1442	951	7154	7154	6254
私营合伙企业	869	382	486	400	2412	2412	2269
私营有限责任公司	380830	296610	84219	49671	834108	830176	748585
私营股份有限公司	8806	8541	265	250	22409	22244	21337
其他企业	9906	2954	6953	1975	120529	120529	91704
港、澳、台商投资企业	378267	280954	97313	39027	413590	413287	368100
与港澳台商合资经营企业	293932	240856	53076	25434	288093	288074	253263
与港澳台商合作经营企业	1846	162	1684	395	18899	18899	18532
港澳台商独资经营企业	82490	39936	42553	13197	106597	106314	96305
外商投资企业	44745	36654	8091	14910	89170	87797	71745
中外合资经营企业	17320	20323		5000	60192	59978	49742
外资企业	10488	8546	1942	470	18785	17644	14012
其他外商投资企业	16937	7785	9153	9440	10192	10174	7990
3. 按控股情况分							
国有控股	216780	113570	103210	10722	750045	749491	599774
集体控股	28193	22365	5828	4426	93709	93699	87855
私人控股	742608	541400	201208	93348	2217914	2211628	2005594
港澳台商控股	377134	288678	88457	29095	341045	340732	296894
外商控股	32376	11211	21165	19954	88394	87234	78812
其他	337112	279827	57285	42947	818965	811847	721928
4. 按经营形式分							
独立门店	690713	438232	252481	94387	2327095	2324055	1975120
连锁总店（总部）	12783	11053	1730	1159	11031	11031	9693
连锁门店	239619	238588	1030	8025	118938	118766	103126
其他	791088	569177	221912	96921	1853008	1840779	1702918

项 目	主营业务成 本	营业税金及附加	主营业务税金及附加	其它业务利润	销售费用	管理费用
批发业	**3777723**	**74219**	**74034**	**33836**	**145879**	**94305**
1. 按批发行业小类分						
农、林、牧产品批发	317035	188	181	22339	9504	6352
谷物、豆及薯类批发	211336	3	2	22339	4973	2082
饲料批发	3550				64	14
林业产品批发	17655	137	132		94	576
牲畜批发	67682	20	20		4037	3306
其他农牧产品批发	16812	27	27		337	375
食品、饮料及烟草制品批发	793064	65186	65173	416	17197	24277
米、面制品及食用油批发	35182	43	43	116	1810	939
糕点、糖果及糖批发	8593	16	16	98	635	129
果品、蔬菜批发	143851	18	18	25	2801	2016
肉、禽、蛋、奶及水产品批发	232082	837	837		3061	2865
盐及调味品批发	3587	91	79	138	1601	2283
酒、饮料及茶叶批发	15922	37	35		541	907
烟草制品批发	328172	64142	64142		6364	14861
其他食品批发	25676	3	3	39	385	278
纺织、服装及家庭用品批发	1276574	6009	5939	276	68986	23724
纺织品、针织品及原料批发	157409	130	130	76	1294	2416
服装批发	170477	213	211		13303	8258
鞋帽批发	633955	4751	4695		9777	8824
化妆品及卫生用品批发	3360	3	3		214	158
厨房、卫生间用具及日用杂货批发	14024	53	40		591	1084
灯具、装饰物品批发	1340	5	5		124	66
家用电器批发	296009	855	855	200	43683	2917
文化、体育用品及器材批发	30688	315	314		846	986
文具用品批发	25650	311	311		280	893
其他文化用品批发	5037	4	4		566	93
医药及医疗器材批发	410651	925	925	8589	12084	13957
西药批发	217801	562	562	8368	6855	7555
中药批发	178717	307	307	221	4466	5234
医疗用品及器材批发	14133	56	56		763	1168
矿产品、建材及化工产品批发	581503	613	584	1389	22133	11891
煤炭及制品批发	12729	12	12		2041	126
石油及制品批发	353875	70	69	-8	4732	3113
金属及金属矿批发	8690	80	80		66	113
建材批发	22397	28	28		812	609
化肥批发	50006	106	106		1573	1307
农药批发	36342	49	49		5128	818
其他化工产品批发	97464	268	241	1397	7781	5806
机械设备、五金产品及电子产品批发	299144	943	896	826	12842	11339
汽车批发	11987	8	8		223	299
汽车零配件批发	2165				77	58
五金产品批发	17538	91	43		461	864

14-14 续表 5 （2016 年） 单位：万元

项　目	主营业务成　本	营业税金及附加	主营业务税金及附加	其它业务利润	销售费用	管理费用
电气设备批发	7402	6	6		288	249
计算机、软件及辅助设备批发	172057	575	575	826	10277	6817
通讯及广播电视设备批发	10779				582	313
其他机械设备及电子产品批发	77216	264	264		934	2738
贸易经纪与代理	60230	19	11		1531	1432
贸易代理	60230	19	11		1531	1432
其他批发业	8835	22	11		756	348
再生物资回收与批发	5087	6	6		613	270
其他未列明批发业	3748	16	4		144	78
2. 按登记注册类型分						
内资企业	3340083	73527	73341	32333	115547	74181
国有企业	7204	56	29	153	730	1000
集体企业	32719	167	167		352	974
股份合作企业						
联营企业						
有限责任公司	2264384	70888	70749	8891	76740	49166
国有独资公司	3587	91	79	138	1601	2283
其他有限责任公司	2260797	70797	70670	8753	75139	46883
股份有限公司	168950	463	463	807	11967	6733
私营企业	775122	1950	1930	22482	24676	15917
私营独资企业	6254				119	108
私营合伙企业	2269				66	30
私营有限责任公司	745262	1903	1884	22482	24121	15420
私营股份有限公司	21337	47	47		370	359
其他企业	91704	3	3		1082	392
港、澳、台商投资企业	365916	429	429	69	18698	15142
与港澳台商合资经营企业	251317	275	275		16025	11110
与港澳台商合作经营企业	18532				58	265
港澳台商独资经营企业	96067	155	155	69	2615	3766
外商投资企业	71724	263	263	1434	11634	4981
中外合资经营企业	49728	139	139	199	9311	1192
外资企业	14012	52	52	1235	1324	1980
其他外商投资企业	7984	72	72		998	1809
3. 按控股情况分						
国有控股	599773	64360	64322	291	9799	20180
集体控股	87855	207	207	10	1812	1569
私人控股	2000949	7434	7286	22999	55018	37150
港澳台商控股	294710	386	386	79	18709	14846
外商控股	78806	185	185	1235	2559	4564
其他	715631	1647	1647	9222	57982	15996
4. 按经营形式分						
独立门店	1973005	69975	69863	23205	85272	45910
连锁总店（总部）	9693	13	13		349	179
连锁门店	101180	192	192	153	12130	7803
其他	1693845	4040	3966	10478	48128	40413

项 目	财务费用	营业利润	利润总额	应交所得税	本年应付职工薪酬	本年应交增 值 税
批发业	**10842**	**199032**	**173652**	**18937**	**86744**	**61677**
1. 按批发行业小类分						
农、林、牧产品批发	2835	52166	30112	120	9294	365
谷物、豆及薯类批发	1778	39835	17266	111	5761	3
饲料批发		98	98		186	
林业产品批发	29	687	602		606	192
牲畜批发	976	9561	9816		2164	169
其他农牧产品批发	52	1985	2330	9	577	
食品、饮料及烟草制品批发	1230	91729	89062	13932	29229	24250
米、面制品及食用油批发	98	598	949	52	1173	293
糕点、糖果及糖批发	20	148	148	37	336	32
果品、蔬菜批发	434	7067	4585		3689	1
肉、禽、蛋、奶及水产品批发	1018	29379	28879	113	3655	113
盐及调味品批发	-51	1148	1398	374	2705	659
酒、饮料及茶叶批发	43	764	297		378	91
烟草制品批发	-845	52600	52780	13356	17085	23035
其他食品批发	512	26	24		208	26
纺织、服装及家庭用品批发	-203	37851	38665	444	22294	19731
纺织品、针织品及原料批发	-31	-75	26	127	1511	64
服装批发	-438	-3903	-3641	34	4014	1505
鞋帽批发	536	37435	37345	10	6118	11399
化妆品及卫生用品批发	1	5	5	1	215	3
厨房、卫生间用具及日用杂货批发	58	275	276	77	580	302
灯具、装饰物品批发	10	-30	-30		263	5
家用电器批发	-338	4143	4683	195	9593	6455
文化、体育用品及器材批发	38	422	338	22	755	171
文具用品批发	37	376	292	12	553	138
其他文化用品批发	1	46	46	10	202	33
医药及医疗器材批发	1879	6194	5503	1452	8770	9895
西药批发	968	4393	4136	1149	4515	6980
中药批发	821	1508	1317	243	3811	2488
医疗用品及器材批发	89	293	50	61	444	427
矿产品、建材及化工产品批发	4222	4257	4403	1487	7987	4214
煤炭及制品批发	0	-206	-198		130	64
石油及制品批发	2954	1316	1363	486	1733	471
金属及金属矿批发	57	19	19	9	133	69
建材批发	700	-91	-117	555	594	212
化肥批发	141	1941	1876	40	1417	20
农药批发	164	20	197	36	1729	32
其他化工产品批发	206	1260	1263	362	2250	3344
机械设备、五金产品及电子产品批发	375	5817	4952	1443	7314	2993
汽车批发	-2	303	11	6	229	9
汽车零配件批发	-25	-13	-13		35	346
五金产品批发	65	267	297	36	892	257

项 目	财务费用	营业利润	利润总额	应交所得税	本年应付职工薪酬	本年应交增值税
电气设备批发	−154	1188	1187	297	172	51
计算机、软件及辅助设备批发	121	2031	4135	974	3794	1170
通讯及广播电视设备批发	310	−54	−33		232	
其他机械设备及电子产品批发	60	2095	−632	130	1961	1160
贸易经纪与代理	462	325	396	32	804	6
贸易代理	462	325	396	32	804	6
其他批发业	6	272	221	5	297	52
再生物资回收与批发		−1	−51	5	183	52
其他未列明批发业	5	273	273		114	1
2. 按登记注册类型分						
内资企业	9442	185625	163201	18358	72975	58832
国有企业	138	−28	−204	59	797	246
集体企业	55	1458	1460	10	773	4
股份合作企业						
联营企业						
有限责任公司	4454	111850	110190	16754	50633	42624
国有独资公司	−51	1148	1398	374	2705	659
其他有限责任公司	4505	110702	108791	16381	47929	41966
股份有限公司	−828	5350	5487	854	6052	1041
私营企业	5545	39725	19001	681	12696	14916
私营独资企业	18	655	653		117	
私营合伙企业	7	41	41		23	
私营有限责任公司	5432	38822	18185	662	12159	14291
私营股份有限公司	89	208	123	19	397	626
其他企业	78	27270	27268		2024	
港、澳、台商投资企业	1406	9819	6856	176	7760	2534
与港澳台商合资经营企业	535	6886	6147	112	5658	1836
与港澳台商合作经营企业	5	38	−5		82	
港澳台商独资经营企业	866	2895	715	64	2021	698
外商投资企业	−6	3589	3595	404	6009	311
中外合资经营企业	1	2843	2834		4303	−322
外资企业	−103	1519	1518	403	307	51
其他外商投资企业	97	−774	−758	1	1399	582
3. 按控股情况分						
国有控股	−584	57071	57394	14513	21968	24217
集体控股	25	2091	2129	71	1851	273
私人控股	10500	102567	81395	1791	33667	24361
港澳台商控股	1515	8699	7160	161	7443	2171
外商控股	77	2198	934	516	2154	1144
其他	−691	26407	24641	1886	19662	9510
4. 按经营形式分						
独立门店	5081	150469	125305	15493	53740	51400
连锁总店（总部）	2	673	572	1	316	183
连锁门店	−167	−4145	−4070		4169	1168
其他	5926	52036	51845	3443	28519	8925

14-15 限额以上零售企业财务状况

（2016 年）　　　　单位：万元

项　目	企业数（个）	年初存货	流动资产合计	固定资产原价	累计折旧	本年折旧
零售业	**336**	**303864**	**1814890**	**284900**	**100237**	**17450**
1. 按零售行业小类分						
综合零售	27	22306	150865	29746	12647	2735
百货零售	20	16580	144001	20435	8652	2228
超级市场零售	7	5726	6864	9311	3995	508
食品、饮料及烟草制品专门零售	39	4370	37125	12604	3169	878
粮油零售	3	687	947	292	93	50
糕点、面包零售	6	146	2272	641	175	98
果品、蔬菜零售	10	235	2882	2743	408	109
肉、禽、蛋、奶及水产品零售	7	281	2526	1700	343	75
酒、饮料及茶叶零售	9	2403	9557	2750	422	108
烟草制品零售	3	618	18598	3856	1670	428
其他食品零售	1		343	623	58	10
纺织、服装及日用品专门零售	22	20313	36453	4478	1480	347
纺织品及针织品零售	1	37	214	21	3	
服装零售	3	1132	6536	1360	653	142
鞋帽零售	11	987	3835	2040	139	41
化妆品及卫生用品零售	1	280	848	114	98	6
箱、包零售	2	17273	16526	889	580	154
其他日用品零售	4	604	8494	54	8	3
文化、体育用品及器材专门零售	8	4331	11214	4906	1000	137
文具用品零售	3	47	694	20	11	6
图书、报刊零售	3	1280	5595	2477	917	97
珠宝首饰零售	1	3005	4701	2408	71	34
乐器零售	1		224	1		
医药及医疗器材专门零售	13	4762	12434	2231	318	97
药品零售	13	4762	12434	2231	318	97
汽车、摩托车、燃料及零配件专门零售	163	166178	1229424	213907	76577	12026
汽车零售	115	134239	524928	85270	27317	7645
摩托车及零配件零售	6	3135	4446	781	412	63
机动车燃料零售	42	28804	700051	127856	48848	4318
家用电器及电子产品专门零售	29	59699	203768	3764	1775	249
家用视听设备零售	2	2802	6225	455	196	79
日用家电设备零售	11	52252	169585	1461	539	93
计算机、软件及辅助设备零售	8	1719	5239	545	168	27
通信设备零售	4	1944	14600	55	39	5
其他电子产品零售	4	982	8120	1249	834	45
五金、家具及室内装饰材料专门零售	14	2780	9961	3769	1281	234
五金零售	3	627	2043	1309	445	162
家具零售	6	1128	1976	1146	478	14
陶瓷、石材装饰材料零售	4	543	2651	1300	357	58
其他室内装饰材料零售	1	483	3291	15	1	1
货摊、无店铺及其他零售业	21	19126	123645	9496	1990	747
互联网零售	3	17216	112708	2146	602	365
生活用燃料零售	14	1430	9152	6955	1242	331
其他未列明零售业	4	480	1785	395	146	51

14-15　续表1　（2016年）　单位：万元

项　目	企业数（个）	年初存货	流动资产合计	固定资产原价	累计折旧	本年折旧
2. 按登记注册类型分						
内资企业	323	286883	1723811	256793	87111	15107
国有企业	3	618	18598	3856	1670	428
集体企业	5	164	1277	1850	231	111
股份合作企业						
联营企业						
有限责任公司	168	131171	576041	109813	37561	6594
国有独资公司	3	325	4079	1668	519	82
其他有限责任公司	165	130845	571962	108145	37042	6512
股份有限公司	7	56845	729142	77233	28161	2099
私营企业	134	97999	397978	62915	19020	5732
私营独资企业	13	381	3213	2698	724	111
私营有限责任公司	117	95775	360114	59316	17852	5579
私营股份有限公司	4	1843	34652	901	444	43
其他企业	6	87	775	1126	470	143
港、澳、台商投资企业	6	9502	37554	16591	5452	1261
与港澳台商合资经营企业	2	5012	11801	4595	1524	181
与港澳台商合作经营企业	1	478	10763	1786	1271	64
港澳台商独资经营企业	3	4012	14991	10210	2658	1016
外商投资企业	7	7479	53525	11516	7673	1082
中外合资经营企业	1	1303	15291			
外资企业	6	6176	38234	11516	7673	1082
3. 按控股情况分						
国有控股	17	29571	695120	129447	46231	4411
集体控股	8	1264	14285	2264	451	111
私人控股	265	173302	743869	106608	33336	8613
港澳台商控股	5	9416	36642	16452	5452	1261
外商控股	6	6176	38234	11516	7673	1082
其他	35	84135	286740	18612	7093	1971
4. 按经营形式分						
独立门店	267	234191	1437827	226980	83114	12910
连锁总店（总部）	16	18944	63608	32176	8015	1494
连锁门店	13	9836	145282	7024	2661	933
其他	40	40893	168173	18720	6448	2113
5. 按零售业态分						
有店铺零售	318	266038	1659778	274363	97400	16548
食杂店	6	777	2581	1353	198	102
便利店	5	13980	643	14661	8505	369
超市	9	4860	24458	4394	1514	225
大型超市	11	10422	18383	20824	10123	2134
仓储会员店	1	1015	1715	646	294	33
百货店	9	8263	97636	6059	1265	557
专业店	130	87059	328262	63119	16831	3003
专卖店	140	138560	1165530	161237	57663	10049
家居建材商店	4	879	2467	1438	740	49
购物中心	1		17510	538	234	17
厂家直销中心	2	223	592	93	35	10
无店铺零售	18	37826	155112	10537	2836	902
网上商店	8	34498	126437	3729	1234	524

14-15 续表2 （2016年） 单位：万元

项　目	资产合计	负债合计	所有者权益合计	实收资本	营业收入	主营业务收入	营业成本
零售业	**2345926**	**1509193**	**836516**	**287606**	**4207661**	**4141634**	**3742128**
1. 按零售行业小类分							
综合零售	250049	215212	34837	57611	373584	354063	288515
百货零售	221575	202092	19483	55938	317349	298768	242801
超级市场零售	28474	13120	15354	1673	56234	55296	45713
食品、饮料及烟草制品专门零售	55401	17359	38043	9139	73590	73345	64461
粮油零售	1399	324	1075	229	8761	8761	8026
糕点、面包零售	2890	765	2125	1183	3668	3668	3003
果品、蔬菜零售	5842	1504	4338	2123	8219	8219	6495
肉、禽、蛋、奶及水产品零售	4270	4034	236	1241	12538	12538	9481
酒、饮料及茶叶零售	11924	7683	4241	2624	18767	18728	16373
烟草制品零售	28170	2937	25232	1340	19434	19228	19235
其他食品零售	907	112	795	400	2204	2204	1848
纺织、服装及日用品专门零售	49298	39036	10262	5595	127919	127681	87475
纺织品及针织品零售	242	232	10	10	1426	1426	1306
服装零售	9280	8503	777	1348	22759	22759	14585
鞋帽零售	8048	4362	3686	1978	65791	65791	47366
化妆品及卫生用品零售	864	644	219	100	2130	2092	1812
箱、包零售	20749	16233	4516	1000	32359	32359	20107
其他日用品零售	10116	9062	1053	1159	3456	3256	2299
文化、体育用品及器材专门零售	27734	12378	15356	8167	12683	11104	8285
文具用品零售	822	607	215	210	1527	1527	1046
图书、报刊零售	19430	7375	12055	4954	8513	8284	5376
珠宝首饰零售	7257	4193	3064	3000	2129	778	1425
乐器零售	225	203	22	3	515	515	438
医药及医疗器材专门零售	16496	11639	4857	3262	110166	110101	101323
药品零售	16496	11639	4857	3262	110166	110101	101323
汽车、摩托车、燃料及零配件专门零售	1546573	921321	625035	135431	2790392	2759792	2538590
汽车零售	625725	520390	105118	111551	1816461	1803519	1698449
摩托车及零配件零售	4823	4391	432	318	8624	8624	7615
机动车燃料零售	916026	396540	519486	23562	965306	947649	832526
家用电器及电子产品专门零售	235817	182363	53455	11724	143430	142512	123757
家用视听设备零售	6555	3372	3183	3018	6638	6638	5452
日用家电设备零售	199739	157549	42190	2196	98142	97332	83791
计算机、软件及辅助设备零售	5686	3014	2671	1781	8691	8680	7506
通信设备零售	15220	12797	2422	2200	15404	15336	13627
其他电子产品零售	8618	5630	2988	2530	14556	14526	13381
五金、家具及室内装饰材料专门零售	16477	10993	5484	2210	38565	38219	31659
五金零售	3148	2774	374	250	15381	15044	12897
家具零售	2804	1873	931	510	3219	3210	2359
陶瓷、石材装饰材料零售	7194	3795	3399	950	14124	14124	12002
其他室内装饰材料零售	3332	2551	781	500	5841	5841	4401
货摊、无店铺及其他零售业	148081	98893	49188	54465	537332	524816	498065
互联网零售	127463	84104	43359	50020	497070	485789	463409
生活用燃料零售	18128	12936	5192	4050	28559	27324	23376
其他未列明零售业	2490	1853	637	395	11703	11703	11280

项 目	资产合计	负债合计	所有者权益合计	实收资本	营业收入	主营业务收入	营业成本
2. 按登记注册类型分							
内资企业	2218105	1426444	791444	271245	3839777	3788088	3442172
国有企业	28170	2937	25232	1340	19434	19228	19235
集体企业	3235	1030	2206	1308	12331	12331	11133
股份合作企业							
联营企业							
有限责任公司	823991	627956	196035	178318	2175627	2146471	1955041
国有独资公司	9099	3105	5994	4016	8604	8496	5912
其他有限责任公司	814892	624851	190041	174302	2167022	2137975	1949129
股份有限公司	886515	390174	496341	4472	585478	571721	499925
私营企业	473026	402092	70717	85490	1039122	1030557	951549
私营独资企业	6324	2111	4213	2520	15112	14898	12412
私营有限责任公司	431527	367901	63409	80820	973140	964789	892087
私营股份有限公司	35175	32081	3094	2150	50870	50870	47050
其他企业	3169	2255	914	318	7785	7779	5289
港、澳、台商投资企业	51957	23372	28585	14793	150746	147197	119955
与港澳台商合资经营企业	15172	8108	7064	6750	51412	50024	44887
与港澳台商合作经营企业	11954	2493	9462	3110	27825	27820	19053
港澳台商独资经营企业	24830	12771	12059	4933	71509	69353	56015
外商投资企业	75864	59378	16487	1568	217138	206349	180001
中外合资经营企业	15463	14414	1049	100	100676	98060	93640
外资企业	60401	44963	15438	1468	116463	108288	86361
3. 按控股情况分							
国有控股	929263	389898	539366	19843	906767	887483	787291
集体控股	17302	14852	2450	3368	68240	68127	61531
私人控股	937987	768624	169146	176833	2159985	2139133	1950442
港澳台商控股	50630	23043	27588	14043	146782	143233	116249
外商控股	60401	44963	15438	1468	116463	108288	86361
其他	350343	267813	82530	72051	809425	795369	740254
4. 按经营形式分							
独立门店	1866170	1150195	715759	197808	2858644	2818715	2544960
连锁总店（总部）	112221	66626	45595	21016	310229	303155	265360
连锁门店	163684	149143	14540	6632	402474	396651	355280
其他	203851	143230	60621	62150	636314	623113	576528
5. 按零售业态分							
有店铺零售	2163618	1375724	787677	231353	3648877	3595360	3231514
食杂店	4030	815	3215	1633	3654	3654	2929
便利店	45216	26945	18271	1388	199039	196410	183068
超市	27813	23381	4432	3473	45611	39314	31989
大型超市	46347	55230	-8883	3706	150385	145024	122295
仓储会员店	2075	1824	252	200	3014	3014	2760
百货店	166900	131077	35824	45612	186819	178581	141998
专业店	449754	307663	141874	64191	737000	733795	645264
专卖店	1395894	811579	584315	105419	2282855	2255067	2065859
家居建材商店	6802	3816	2986	560	14390	14390	12094
购物中心	18121	12948	5173	5000	21848	21848	19488
厂家直销中心	666	447	220	170	4261	4261	3769
无店铺零售	182308	133470	48839	56253	558784	546274	510614
网上商店	145153	99962	45191	52430	521375	510095	478863

项 目	主营业务成本	营业税金及附加	主营业务税金及附加	其它业务利润	营业费用	管理费用
零售业	**3721742**	**11045**	**10704**	**41612**	**264459**	**93800**
1. 按零售行业小类分						
综合零售	286637	1917	1894	15902	73283	10149
百货零售	240924	1753	1730	15739	67598	9114
超级市场零售	45713	164	164	163	5686	1035
食品、饮料及烟草制品专门零售	64176	378	376	38	2876	5451
粮油零售	8026	230	229		175	80
糕点、面包零售	3003	44	44		198	274
果品、蔬菜零售	6495	34	34		320	223
肉、禽、蛋、奶及水产品零售	9481	21	21		1263	1022
酒、饮料及茶叶零售	16373	38	38	38	329	1509
烟草制品零售	18950	8	8		521	2274
其他食品零售	1848	3	3		70	70
纺织、服装及日用品专门零售	87423	676	591	1	20621	5736
纺织品及针织品零售	1306	2	2		66	38
服装零售	14585	95	95	1	5554	2526
鞋帽零售	47366	311	311		6528	1361
化妆品及卫生用品零售	1812	3	3		195	99
箱、包零售	20107	140	139		7964	1416
其他日用品零售	2247	126	41		314	296
文化、体育用品及器材专门零售	7288	181	62	197	1484	1461
文具用品零售	983	38	26		58	63
图书、报刊零售	5365	38	25	197	1313	1091
珠宝首饰零售	503	103	8		112	259
乐器零售	438	2	2			48
医药及医疗器材专门零售	101323	163	160	65	4606	2977
药品零售	101323	163	160	65	4606	2977
汽车、摩托车、燃料及零配件专门零售	2522377	6311	6262	13951	107949	51183
汽车零售	1696957	2637	2627	13475	55044	39193
摩托车及零配件零售	7615	20	20	56	472	492
机动车燃料零售	817806	3654	3615	419	52433	11499
家用电器及电子产品专门零售	123524	462	400	36	12305	4510
家用视听设备零售	5452	14	14		571	87
日用家电设备零售	83787	285	254	2	10048	2883
计算机、软件及辅助设备零售	7501	28	18	5	456	509
通信设备零售	13403	83	62		911	305
其他电子产品零售	13381	53	53	30	320	726
五金、家具及室内装饰材料专门零售	31659	421	421	145	3696	1243
五金零售	12897	38	38	145	2424	174
家具零售	2359	23	23		445	276
陶瓷、石材装饰材料零售	12002	318	318		124	471
其他室内装饰材料零售	4401	43	43		702	322
货摊、无店铺及其他零售业	497335	538	538	11276	37638	11090
互联网零售	463405	392	392	11276	35915	8742
生活用燃料零售	22651	121	121		1523	2209
其他未列明零售业	11280	25	25		200	139

项 目	主营业务成 本	营业税金及 附 加	主 营 业 务税金及附加	其它业务利润	营业费用	管理费用
2. 按登记注册类型分						
内资企业	3424102	9755	9431	38780	229385	87106
国有企业	18950	8	8		521	2274
集体企业	11133	271	271		269	305
股份合作企业						
联营企业						
有限责任公司	1951885	5540	5424	21056	136074	50796
国有独资公司	5912	43	30	87	859	774
其他有限责任公司	1945974	5497	5394	20969	135215	50022
股份有限公司	487441	1426	1426		35998	6873
私营企业	949403	2488	2280	17718	56292	25650
私营独资企业	12360	180	95	14	597	1263
私营有限责任公司	889993	2270	2148	17704	52820	24192
私营股份有限公司	47050	37	37		2875	194
其他企业	5289	22	22	6	231	1209
港、澳、台商投资企业	119859	579	562	2407	13131	4321
与港澳台商合资经营企业	44887	170	170	1388	2295	1172
与港澳台商合作经营企业	19053	166	166		1980	504
港澳台商独资经营企业	55920	244	227	1019	8856	2645
外商投资企业	177781	711	711	425	21943	2373
中外合资经营企业	91420	149	149	395	2672	-122
外资企业	86361	562	562	30	19271	2495
3. 按控股情况分						
国有控股	771637	2754	2709	678	51383	11411
集体控股	61527	382	382		4527	1537
私人控股	1945912	5133	4899	25738	118899	56303
港澳台商控股	116153	577	560	2407	13131	4177
外商控股	86361	562	562	30	19271	2495
其他	740152	1637	1593	12758	57247	17877
4. 按经营形式分						
独立门店	2530272	7777	7665	27117	163024	63125
连锁总店（总部）	264377	1482	1355	812	19604	8402
连锁门店	351289	889	799	449	33513	6701
其他	575805	897	886	13234	48318	15572
5. 按零售业态分						
有店铺零售	3211838	10451	10110	30305	220246	80806
食杂店	2929	38	37		211	171
便利店	180847	413	413	409	8283	338
超市	31989	261	261	196	9008	2106
大型超市	122286	412	395	1326	23154	3203
仓储会员店	2760	12	12	52	139	138
百货店	140129	1084	1079	2372	32681	4308
专业店	644480	3075	2888	866	35023	21736
专卖店	2051065	4393	4262	13038	100267	46440
家居建材商店	12094	322	322		180	494
购物中心	19488	431	431	12047	10993	1788
厂家直销中心	3769	10	10		309	86
无店铺零售	509904	594	594	11306	44213	12994
网上商店	478859	452	452	11276	41344	10919

14-15 续表 6　　　　（2016 年）　　　　单位：万元

项　目	财务费用	营业利润	利润总额	应交所得税	本年应付职工薪酬	本年应交增 值 税
零售业	**18133**	**113573**	**114900**	**19659**	**112426**	**43515**
1. 按零售行业小类分						
综合零售	3965	7930	8316	548	20846	4236
百货零售	3729	4518	4863	529	18070	3058
超级市场零售	236	3411	3454	19	2775	1177
食品、饮料及烟草制品专门零售	128	4582	3996	35	5409	426
粮油零售	3	247	249		120	
糕点、面包零售	17	132	141	1	391	98
果品、蔬菜零售	84	1030	307	33	665	4
肉、禽、蛋、奶及水产品零售	113	646	−92		1126	75
酒、饮料及茶叶零售	21	497	322	1	651	73
烟草制品零售	−110	1816	2855		2360	175
其他食品零售	1	213	213		96	1
纺织、服装及日用品专门零售	1292	12423	11338	816	9072	1391
纺织品及针织品零售		13	18	1	26	32
服装零售	52	−54	−436	369	2296	781
鞋帽零售	162	10063	9641		2990	29
化妆品及卫生用品零售		20	20	2	130	22
箱、包零售	987	1750	1760	444	3492	320
其他日用品零售	90	630	335		139	207
文化、体育用品及器材专门零售	301	995	831	39	1419	79
文具用品零售	34	288	54	12	183	
图书、报刊零售	4	716	721		1059	31
珠宝首饰零售	263	−34	30	21	142	48
乐器零售	1	26	26	6	35	
医药及医疗器材专门零售	171	891	909	231	4102	769
药品零售	171	891	909	231	4102	769
汽车、摩托车、燃料及零配件专门零售	11883	75659	77764	17208	54755	32904
汽车零售	9536	12786	15417	2935	37129	20458
摩托车及零配件零售	13	13	73	17	689	87
机动车燃料零售	2334	62860	62274	14256	16938	12360
家用电器及电子产品专门零售	525	1872	1801	105	6198	2132
家用视听设备零售	35	480	507	8	396	24
日用家电设备零售	205	930	1030	42	3210	1806
计算机、软件及辅助设备零售	39	153	104	7	790	103
通信设备零售	241	238	61	16	686	150
其他电子产品零售	6	71	100	33	1116	48
五金、家具及室内装饰材料专门零售	67	1479	2653	551	1383	1170
五金零售	22	−175	−25		695	231
家具零售	14	102	−54	16	253	53
陶瓷、石材装饰材料零售	31	1178	2732	441	287	530
其他室内装饰材料零售	−1	374		94	148	356
货摊、无店铺及其他零售业	−199	7742	7293	126	9243	410
互联网零售	−240	6487	6490		7137	40
生活用燃料零售	27	1218	719	126	1838	314
其他未列明零售业	14	37	85		267	56

项　目	财务费用	营业利润	利润总额	应交所得税	本年应付职工薪酬	本年应交增值税
2. 按登记注册类型分						
内资企业	17305	89516	90740	15982	96676	37528
国有企业	−110	1816	2855		2360	175
集体企业	80	274	273	34	425	14
股份合作企业						
联营企业						
有限责任公司	9214	38291	38522	6536	58012	15794
国有独资公司	5	1030	1035	145	738	191
其他有限责任公司	9208	37260	37488	6391	57274	15603
股份有限公司	1009	40248	39620	7616	9271	8095
私营企业	7064	7903	9311	1788	25614	13392
私营独资企业	131	825	331	49	704	343
私营有限责任公司	6388	6908	8760	1691	23902	11949
私营股份有限公司	544	170	220	48	1008	1100
其他企业	49	985	158	8	994	60
港、澳、台商投资企业	625	12135	12159	3140	6411	4383
与港澳台商合资经营企业	88	2800	2819	708	1254	1223
与港澳台商合作经营企业	−77	6199	6195	1553	884	1383
港澳台商独资经营企业	614	3136	3145	879	4274	1778
外商投资企业	203	11922	12001	538	9338	1604
中外合资经营企业	106	4231	4244	19	1935	114
外资企业	97	7691	7757	519	7403	1490
3. 按控股情况分						
国有控股	1520	56660	57106	12550	18505	10364
集体控股	74	188	199	37	1788	1295
私人控股	14164	28652	29086	3208	61207	22984
港澳台商控股	625	12024	12048	3112	6351	4358
外商控股	97	7691	7757	519	7403	1490
其他	1653	8357	8704	233	17172	3025
4. 按经营形式分						
独立门店	14345	82991	86135	14247	73494	35734
连锁总店（总部）	1274	14141	14569	3777	10327	2129
连锁门店	772	5632	5492	351	13861	3421
其他	1741	10809	8704	1285	14745	2231
5. 按零售业态分						
有店铺零售	17171	106606	108593	19101	100874	42167
食杂店	10	295	308	1	380	19
便利店	242	6695	6656	606	4696	814
超市	15	2231	2536	24	2857	288
大型超市	334	1046	1247	106	8999	2248
仓储会员店	5	−40	16	4	147	4
百货店	2997	3820	3832	262	8169	1874
专业店	2843	29325	27551	6402	23435	7621
专卖店	10058	61331	63113	11083	50300	28629
家居建材商店	31	1268	2666	438	211	502
购物中心	635	560	591	156	1513	74
厂家直销中心	1	73	78	19	168	97
无店铺零售	962	6967	6308	559	11552	1348
网上商店	762	6671	6114	392	9470	456

14-16　各县（区）限额以上批发零售企业财务状况

（2016 年）　　单位：万元

县（区）	企业数（个）	年初存货	流动资产合计	固定资产原价	累计折旧	本年折旧
批发零售业合计	630	547160	3223466	539027	184445	28890
批发业	294	243297	1408576	254127	84208	11440
惠城区	82	111385	731521	54011	32024	2997
惠阳区	15	4021	46097	2355	1579	198
惠东县	140	62087	273777	149556	31575	6034
博罗县	20	6289	51741	6707	3130	461
龙门县	7	1327	8389	3129	1366	360
大亚湾区	13	2318	93688	24703	8770	1090
仲恺区	17	55869	203363	13668	5765	301
零售业	336	303864	1814890	284900	100237	17450
惠城区	150	242619	1590525	213387	76710	11258
惠阳区	27	27472	110515	20840	7784	2898
惠东县	100	11689	36973	26690	6758	1365
博罗县	22	7295	27820	11754	3497	674
龙门县	19	4592	10953	6641	2796	875
大亚湾区	4	4372	13183	1885	1245	71
仲恺区	14	5826	24921	3704	1447	309

14-16 续表1 （2016年） 单位：万元

县（区）	资产合计	负债合计	所有者权益合计	实收资本	营业收入	主营业务收入	营业成本
批发零售业合计	**4080129**	**2766244**	**1313668**	**488097**	**8517733**	**8436264**	**7532985**
批发业	**1734203**	**1257051**	**477152**	**200491**	**4310072**	**4294631**	**3790857**
惠城区	795910	650184	145726	53492	1714467	1711038	1471097
惠阳区	47638	39811	7827	5625	82205	82205	74630
惠东县	460634	205691	254943	71200	1582794	1582544	1388815
博罗县	65712	52826	12886	7233	160991	158859	151109
龙门县	10834	7057	3777	1545	29135	28961	24137
大亚湾区	123037	113012	10024	13907	283549	280180	273571
仲恺区	230439	188470	41969	47488	456932	450843	407498
零售业	**2345926**	**1509193**	**836516**	**287606**	**4207661**	**4141634**	**3742128**
惠城区	2033739	1280929	752594	229896	3476596	3418141	3117153
惠阳区	138996	112248	26747	19416	193743	190229	160762
惠东县	65497	34740	30757	20980	339954	337981	289178
博罗县	42759	31555	11204	8459	77388	76121	70036
龙门县	20864	13597	7267	3438	29287	29160	23068
大亚湾区	16006	10956	5050	1900	35083	34888	31488
仲恺区	28066	25169	2897	3516	55611	55115	50444

14-16 续表2 （2016年） 单位：万元

县（区）	主营业务成　本	营业税金及附加	主营业务税金及附加	其它业务利润	营业费用	管理费用
批发零售业合计	**7499465**	**85265**	**84738**	**75447**	**410338**	**188105**
批发业	**3777723**	**74219**	**74034**	**33836**	**145879**	**94305**
惠城区	1467817	66072	66038	795	77910	45248
惠阳区	74630	136	136	1395	2473	2921
惠东县	1388011	6381	6304	22464	28282	22465
博罗县	150164	233	188		3829	4110
龙门县	24137	187	160		1099	1383
大亚湾区	270527	62	60	-45	4306	2598
仲恺区	402437	1148	1148	9227	27979	15581
零售业	**3721742**	**11045**	**10704**	**41612**	**264459**	**93800**
惠城区	3099124	7763	7668	38861	215972	69705
惠阳区	159823	634	504	2012	21304	4502
惠东县	288511	2139	2029	8	18059	10552
博罗县	69380	119	114	139	3655	3357
龙门县	23068	194	194		2027	1748
大亚湾区	31442	93	93	149	867	1035
仲恺区	50394	104	104	444	2575	2900

14-16 续表 3　　　　　　　　　　　　（2016 年）　　　　　　　　　　　　单位：万元

县（区）	财务费用	营业利润	利润总额	应交所得税	本年应付职工薪酬	本年应交增值税
批发零售业合计	**28974**	**312605**	**288552**	**38596**	**199170**	**105192**
批发业	**10842**	**199032**	**173652**	**18937**	**86744**	**61677**
惠城区	2676	53254	54055	14988	41773	39786
惠阳区	522	1684	1669	398	2084	2534
惠东县	5065	131470	105944	358	25134	12440
博罗县	508	1202	1625	736	2445	729
龙门县	48	2222	2226	59	1035	174
大亚湾区	2425	1175	1228	478	1594	411
仲恺区	−402	8027	6905	1919	12679	5604
零售业	**18133**	**113573**	**114900**	**19659**	**112426**	**43515**
惠城区	13328	87423	90324	17336	80753	36444
惠阳区	2659	3891	3993	934	10207	2762
惠东县	1434	18900	15291	282	13028	1621
博罗县	116	30	−6	172	3622	672
龙门县	313	2373	3783	465	1538	743
大亚湾区	160	1441	1583	391	704	685
仲恺区	123	−484	−67	80	2574	589

14-17　限额以上住宿企业财务状况

（2016 年）　　　　单位：万元

项　　目	企业数（个）	年初库存	流动资产合计	固定资产原价	累计折旧	本年折旧
一、住宿业	**125**	**19303**	**270796**	**457481**	**191005**	**45273**
1. 按住宿行业小类分组						
旅游饭店	92	18252	246493	406067	183189	41559
一般旅馆	31	1041	23519	50322	7484	3641
其他住宿业	2	10	783	1092	332	74
2. 按登记注册类型分组						
内资企业	107	16346	211152	334354	131327	40210
国有企业						
集体企业	1	341	449	113	58	58
有限责任公司	45	10257	93747	118912	51783	15428
国有独资公司	2	184	5123	12714	6934	376
其他有限责任公司	43	10073	88624	106199	44849	15051
股份有限公司	2	217	592	5	3	
私营企业	58	5532	116221	214836	79283	24580
私营独资企业	9	58	703	14005	4673	3007
私营合伙企业	1		632	19437	3967	3323
私营有限责任公司	45	4433	113019	173597	67112	17217
私营股份有限公司	3	1041	1868	7797	3532	1033
其他企业	1		142	489	200	145
港、澳、台商投资企业	16	2208	56750	96701	36716	4738
与港澳台商合资经营企业	11	915	23322	69448	27598	2891
与港澳台商合作经营企业	1		58	6716	3458	1683
港澳台商独资经营企业	4	1294	33370	20536	5660	165
外商投资企业	2	748	2894	26426	22962	325
中外合作经营企业	2	748	2894	26426	22962	325
3. 按控股情况分组						
国有控股	2	184	5123	12714	6934	376
集体控股	1	341	449	113	58	58
私人控股	91	14480	164206	307788	109727	31936
港澳台商控股	12	2070	55069	61146	31109	2063
外商控股	1	24	966	3794	2459	133
其他	18	2205	44983	71927	40718	10708
4. 按经营形式分组						
独立门店	99	15561	200825	286002	114899	26592
连锁总店（总部）	1		3	5	3	
连锁门店	2	444	625	31	7	4
其他	23	3298	69343	171443	76097	18678
5. 按星级分组						
五星	8	3298	39029	84336	30075	3911
四星	7	478	30306	17893	12452	3950
三星	17	1040	31691	31781	18225	1575
二星	2	702	2170	26186	22477	311
一星						
其他	91	13784	167601	297284	107777	35526

14-17 续表 1 （2016 年） 单位：万元

项　　目	资产合计	负债合计	所有者权益合计	实收资本	营业收入	主营业务收入	营业成本
一、住宿业	**825121**	**686687**	**138434**	**197750**	**272004**	**269307**	**108185**
1. 按住宿行业小类分组							
旅游饭店	713026	609180	103846	164277	247168	245973	96032
一般旅馆	106631	73698	32933	31225	23992	22490	11501
其他住宿业	5465	3809	1656	2249	844	844	652
2. 按登记注册类型分组							
内资企业	596799	468628	128171	132370	202592	200596	85755
国有企业							
集体企业	2700	2408	292	100	2057	2057	1355
有限责任公司	264872	225110	39762	39242	105185	103689	40626
国有独资公司	16213	16181	32	12000	7307	7307	6034
其他有限责任公司	248659	208929	39730	27243	97879	96383	34592
股份有限公司	594	4661	−4067	5005	3173	3128	456
私营企业	327914	236114	91800	87646	91797	91342	43102
私营独资企业	14820	1764	13056	3466	8480	8411	4594
私营合伙企业	31708	253	31454	28913	4758	4758	3926
私营有限责任公司	273433	232397	41036	52002	75940	75566	33155
私营股份有限公司	7954	1699	6255	3264	2619	2607	1427
其他企业	720	336	384	378	380	380	216
港、澳、台商投资企业	218462	170840	47622	49888	57395	56694	18688
与港澳台商合资经营企业	134693	92446	42247	39788	45830	45724	11433
与港澳台商合作经营企业	3515	2951	565	420	5194	5194	2118
港澳台商独资经营企业	80254	75443	4811	9679	6372	5776	5137
外商投资企业	9860	47220	−37360	15493	12017	12017	3742
中外合作经营企业	9860	47220	−37360	15493	12017	12017	3742
3. 按控股情况分组							
国有控股	16213	16181	32	12000	7307	7307	6034
集体控股	2700	2408	292	100	2057	2057	1355
私人控股	530075	389238	140837	122203	159906	158003	68761
港澳台商控股	144752	129641	15111	36429	34986	34390	11215
外商控股	2736	75	2661	1800	919	814	124
其他	128646	149145	−20499	25219	66829	66736	20696
4. 按经营形式分组							
独立门店	539126	448039	91087	91318	174972	172575	81363
连锁总店（总部）	5	0	5	5	90	45	45
连锁门店	749	4721	−3972	5100	3829	3764	811
其他	285242	233927	51315	101328	93113	92922	25966
5. 按星级分组							
五星	167427	152601	14826	16800	37186	35891	13193
四星	54950	48759	6190	11013	12655	12550	6294
三星	54134	53426	708	18489	14480	14279	5965
二星	8755	46362	−37607	12747	9495	9446	3069
一星							
其他	539856	385539	154317	138701	198188	197141	79665

14-17 续表 2 （2016 年） 单位：万元

项 目	主营业务成本	营业税金及附加	主营业务税金及附加	其它业务利润	营业费用
一、住宿业	**103286**	**8737**	**8446**	**1101**	**62610**
1. 按住宿行业小类分组					
旅游饭店	92853	8069	7838	1067	55423
一般旅馆	9781	634	574	34	7135
其他住宿业	652	34	34		53
2. 按登记注册类型分组					
内资企业	83200	7076	6994	895	43070
国有企业					
集体企业	1355	123	123		53
有限责任公司	38419	4227	4222	57	22149
国有独资公司	5534	159	159		1356
其他有限责任公司	32884	4068	4063	57	20793
股份有限公司	436	82	81		1317
私营企业	42774	2632	2555	839	19494
私营独资企业	4540	269	263		818
私营合伙企业	3926	32	32		130
私营有限责任公司	32935	2291	2221	740	18356
私营股份有限公司	1373	39	39	98	191
其他企业	216	13	13		57
港、澳、台商投资企业	16344	1425	1216	206	14526
与港澳台商合资经营企业	11418	908	908	133	13309
与港澳台商合作经营企业	2118	146	146		125
港澳台商独资经营企业	2808	371	162	73	1092
外商投资企业	3742	236	236		5014
中外合作经营企业	3742	236	236		5014
3. 按控股情况分组					
国有控股	5534	159	159		1356
集体控股	1355	123	123		53
私人控股	66877	4620	4538	837	36485
港澳台商控股	8885	1043	834	261	12504
外商控股	109	36	36		475
其他	20524	2756	2756	3	11738
4. 按经营形式分组					
独立门店	76653	5051	4762	916	43668
连锁总店（总部）	25	2	1		
连锁门店	752	110	110		1317
其他	25856	3575	3573	185	17625
5. 按星级分组					
五星	11714	843	843	3	13699
四星	5779	407	407	91	4880
三星	5903	447	447	73	4342
二星	3025	197	195		3830
一星					
其他	76865	6843	6555	935	35859

14-17 续表3 （2016年） 单位：万元

项 目	管理费用	财务费用	营业利润	利润总额	应交所得税	本年应付职工薪酬
一、住宿业	**62215**	**15393**	**17199**	**9432**	**774**	**61439**
1. 按住宿行业小类分组						
旅游饭店	54931	14115	20866	12252	726	54783
一般旅馆	6975	1278	–3462	–2620	49	6359
其他住宿业	309		–205	–201		297
2. 按登记注册类型分组						
内资企业	46906	13654	6178	–2066	479	46969
国有企业						
集体企业	1615	4	–1092	–1087		611
有限责任公司	26059	8384	3696	–4522	277	19715
国有独资公司	1685	202	–2134	–1373		2158
其他有限责任公司	24374	8182	5830	–3149	277	17558
股份有限公司	2051	1	–735	–777		1386
私营企业	17171	5262	4228	4239	169	25187
私营独资企业	470	132	2198	2289	6	767
私营合伙企业	190	206	274			219
私营有限责任公司	16190	4918	1121	1220	135	23939
私营股份有限公司	321	7	635	730	28	261
其他企业	11	3	81	81	33	70
港、澳、台商投资企业	12006	1692	11347	11869	296	11161
与港澳台商合资经营企业	10989	1014	8256	8732	66	9144
与港澳台商合作经营企业	25	5	2776	2776		45
港澳台商独资经营企业	992	673	316	361	229	1972
外商投资企业	3303	47	–326	–371		3310
中外合作经营企业	3303	47	–326	–371		3310
3. 按控股情况分组						
国有控股	1685	202	–2134	–1373		2158
集体控股	1615	4	–1092	–1087		611
私人控股	31980	8991	9131	9577	377	39001
港澳台商控股	8714	1596	2202	3676	382	8728
外商控股	361	2	–79	–84		328
其他	17860	4598	9170	–1277	15	10613
4. 按经营形式分组						
独立门店	32707	10060	4462	7452	662	45121
连锁总店（总部）	2		42			51
连锁门店	2346	1	–756	–567	13	1495
其他	27161	5331	13452	2547	100	14773
5. 按星级分组						
五星	9549	4153	–4250	–4245		11395
四星	1978	764	–1576	–812	12	3950
三星	3228	1098	–600	–597	9	3613
二星	2996	35	–631	–676		2890
一星						
其他	44465	9344	24256	15761	753	39591

14-18 限额以上餐饮企业财务状况

（2016 年）

单位：万元

项　　目	企业数（个）	年初库存	流动资产合计	固定资产原价	累计折旧	本年折旧
二、餐饮业	**97**	**2966**	**58345**	**64335**	**28724**	**8574**
1. 按餐饮行业小类分组						
正餐服务	90	2513	53415	56476	23991	8195
快餐服务	3	326	2971	7857	4731	379
其他餐饮业	4	127	1960	2	2	
2. 按登记注册类型分组						
内资企业	87	2359	49281	42617	17631	4903
有限责任公司	30	1077	20311	9087	4815	2126
其他有限责任公司	30	1077	20311	9087	4815	2126
私营企业	57	1282	28970	33530	12816	2777
私营独资企业	25	780	3065	8982	3358	558
私营有限责任公司	29	501	25745	23627	9297	2194
私营股份有限公司	3		160	921	161	25
港、澳、台商投资企业	8	320	6039	10144	4726	385
与港澳台商合资经营企业	2	64	1681	3961	675	186
与港澳台商合作经营企业	1		585	517	486	2
港澳台商独资经营企业	5	256	3773	5666	3565	197
外商投资企业	2	287	3025	11575	6368	3286
外资企业	2	287	3025	11575	6368	3286
3. 按控股情况分组						
私人控股	81	2097	45497	41090	16536	4768
港澳台商控股	7	320	5454	9627	4240	383
外商控股	2	287	3025	11575	6368	3286
其他	7	262	4369	2044	1580	137
4. 按经营形式分组						
独立门店	86	2576	51665	52279	23531	7999
连锁门店	3	221	2314	6038	3283	305
其他	8	169	4366	6018	1909	271

（2016年）

单位：万元

项目	资产合计	负债合计	所有者权益合计	实收资本	营业收入	主营业务收入	营业成本
二、餐饮业	**119798**	**98315**	**21483**	**44560**	**111906**	**111584**	**54675**
1. 按餐饮行业小类分组							
正餐服务	108843	97217	11626	40672	90073	89751	45556
快餐服务	8994	115	8879	2878	18757	18757	6890
其他餐饮业	1961	982	978	1010	3076	3076	2229
2. 按登记注册类型分组							
内资企业	93562	88431	5132	25706	86084	85819	45306
有限责任公司	31590	33520	-1930	11836	30660	30620	16362
其他有限责任公司	31590	33520	-1930	11836	30660	30620	16362
私营企业	61973	54911	7062	13870	55425	55200	28944
私营独资企业	10756	3845	6911	5330	21782	21746	14035
私营有限责任公司	50297	50967	-670	7638	32096	31907	14223
私营股份有限公司	920	99	821	902	1547	1547	686
港、澳、台商投资企业	12027	4258	7769	16034	10305	10249	4603
与港澳台商合资经营企业	5131	2371	2760	12695	1078	1078	340
与港澳台商合作经营企业	631	53	579	579	292	283	167
港澳台商独资经营企业	6264	1834	4430	2760	8935	8888	4096
外商投资企业	14209	5626	8582	2820	15517	15517	4766
外资企业	14209	5626	8582	2820	15517	15517	4766
3. 按控股情况分组							
私人控股	87055	79524	7532	23089	74238	73972	40281
港澳台商控股	11396	4206	7190	15455	10013	9966	4436
外商控股	14209	5626	8582	2820	15517	15517	4766
其他	7138	8960	-1821	3197	12139	12129	5193
4. 按经营形式分组							
独立门店	103057	94393	8664	28622	86559	86255	44533
连锁门店	7941	-5	7947	2822	15842	15842	5306
其他	8800	3927	4872	13116	9505	9487	4836

14-18 续表 2 （2016 年） 单位：万元

项 目	主营业务成本	营业税金及附加	主营业务税金及附加	其它业务利润	营业费用
二、餐饮业	**54490**	**2845**	**2754**	**7080**	**33860**
1. 按餐饮行业小类分组					
正餐服务	45371	2485	2394	7077	24440
快餐服务	6890	320	320	4	9416
其他餐饮业	2229	41	41		3
2. 按登记注册类型分组					
内资企业	45162	2319	2227	7077	21935
有限责任公司	16362	690	655	19	8574
其他有限责任公司	16362	690	655	19	8574
私营企业	28800	1628	1573	7058	13361
私营独资企业	14035	738	688		2400
私营有限责任公司	14079	829	823	6700	10490
私营股份有限公司	686	62	62	359	472
港、澳、台商投资企业	4563	225	225	4	4138
与港澳台商合资经营企业	340	37	37		596
与港澳台商合作经营企业	167	12	12		41
港澳台商独资经营企业	4056	177	177	4	3501
外商投资企业	4766	302	302		7787
外资企业	4766	302	302		7787
3. 按控股情况分组					
私人控股	40137	2032	1941	7077	18108
港澳台商控股	4396	213	213	4	4097
外商控股	4766	302	302		7787
其他	5193	299	299		3868
4. 按经营形式分组					
独立门店	44351	2361	2294	7077	23614
连锁门店	5306	255	255	4	8279
其他	4834	229	205		1967

14-18 续表 3 （2016 年） 单位：万元

项 目	管理费用	财务费用	营业利润	利润总额	应交所得税	本年应付职工薪酬
二、餐饮业	**14992**	**2680**	**2785**	**2022**	**980**	**23018**
1. 按餐饮行业小类分组						
正餐服务	13433	2759	1324	565	604	19891
快餐服务	676	−79	1540	1433	374	2673
其他餐饮业	883		−80	24	3	455
2. 按登记注册类型分组						
内资企业	12910	2748	791	29	598	19127
有限责任公司	6049	625	−1621	−1303	166	7323
其他有限责任公司	6049	625	−1621	−1303	166	7323
私营企业	6862	2123	2412	1331	432	11804
私营独资企业	1379	455	2826	2152	242	3470
私营有限责任公司	5357	1665	−642	−839	188	8001
私营股份有限公司	126	3	228	18	2	334
港、澳、台商投资企业	661	7	677	666	32	1998
与港澳台商合资经营企业	103	5	−4	−4		377
与港澳台商合作经营企业	61	2	10			94
港澳台商独资经营企业	497		671	669	31	1527
外商投资企业	1421	−74	1316	1328	351	1894
外资企业	1421	−74	1316	1328	351	1894
3. 按控股情况分组						
私人控股	9961	2689	1093	132	525	15571
港澳台商控股	600	5	667	666	32	1903
外商控股	1421	−74	1316	1328	351	1894
其他	3010	61	−292	−103	74	3651
4. 按经营形式分组						
独立门店	12341	2740	1046	239	471	18612
连锁门店	601	−80	1488	1382	372	2308
其他	2051	20	251	402	137	2098

14-19 各县（区）限额以上住宿和餐饮企业财务状况

（2016 年）　　单位：万元

县（区）	企业数（个）	年初库存	流动资产合计	固定资产原价	累计折旧	本年折旧
住宿餐饮业合计	**222**	**22268**	**329141**	**521815**	**219729**	**53847**
住宿业	**125**	**19303**	**270796**	**457481**	**191005**	**45273**
惠城区	24	3630	66845	92622	68824	5808
惠阳区	14	974	20516	25775	13618	1711
惠东县	49	3329	52292	97566	24909	5997
博罗县	11	652	27475	11346	7259	741
龙门县	19	10648	92830	206404	73331	30273
大亚湾区	3	57	3956	17953	755	608
仲恺区	5	12	6882	5815	2310	135
餐饮业	**97**	**2966**	**58345**	**64335**	**28724**	**8574**
惠城区	22	740	25136	14412	6994	1053
惠阳区	13	349	9186	18228	7081	801
惠东县	37	1483	8173	18634	7444	3729
博罗县	5	41	8066	1473	1045	87
龙门县	12	158	3461	9092	5018	2726
大亚湾区	4	171	2674	1116	722	47
仲恺区	4	25	1651	1380	420	132

（2016年）

单位：万元

县（区）	资产合计	负债合计	所有者权益合计	实收资本	营业收入	主营业务收入	营业成本
住宿餐饮业合计	**944919**	**785002**	**159916**	**242310**	**383911**	**380891**	**162860**
住宿业	**825121**	**686687**	**138434**	**197750**	**272004**	**269307**	**108185**
惠城区	119205	156841	-37636	52682	64260	64172	22683
惠阳区	49693	59256	-9563	6315	9747	9664	5074
惠东县	201257	168765	32493	28205	62443	60811	30317
博罗县	62372	63505	-1133	10756	15064	14892	7214
龙门县	360573	229379	131194	74099	114103	113482	41293
大亚湾区	21610	2032	19578	21564	3376	3330	665
仲恺区	10412	6911	3501	4130	3011	2955	939
餐饮业	**119798**	**98315**	**21483**	**44560**	**111906**	**111584**	**54675**
惠城区	39133	31322	7811	19847	32989	32901	13480
惠阳区	27097	26681	416	2887	24589	24414	10005
惠东县	26435	14972	11463	10312	29519	29473	18261
博罗县	11590	15182	-3592	4014	5597	5583	2880
龙门县	8802	5925	2877	4423	7947	7947	4820
大亚湾区	3134	2400	734	1255	6730	6730	2597
仲恺区	3607	1833	1773	1822	4536	4536	2632

14-19　续表 2　　（2016 年）　　单位：万元

县（区）	主营业务成本	营业税金及附加	主营业务税金及附加	其它业务利润	营业费用
住宿餐饮业合计	**157776**	**11583**	**11200**	**8181**	**96470**
住宿业	**103286**	**8737**	**8446**	**1101**	**62610**
惠城区	22163	1549	1548	147	24600
惠阳区	5028	510	503	39	3321
惠东县	28370	1412	1352	204	12338
博罗县	7151	549	547	564	5721
龙门县	38970	4458	4237	102	14956
大亚湾区	665	97	97	46	732
仲恺区	938	162	162		943
餐饮业	**54490**	**2845**	**2754**	**7080**	**33860**
惠城区	13343	707	707	465	15181
惠阳区	9958	622	598	6597	9107
惠东县	18261	867	809		5014
博罗县	2880	122	119		413
龙门县	4820	245	239		700
大亚湾区	2597	170	170		2642
仲恺区	2632	112	112	19	804

县（区）	管理费用	财务费用	营业利润	利润总额	应交所得税	本年应付职工薪酬
住宿餐饮业合计	**77207**	**18073**	**19984**	**11454**	**1755**	**84458**
住宿业	**62215**	**15393**	**17199**	**9432**	**774**	**61439**
惠城区	16359	1940	-2705	-559	152	17721
惠阳区	2514	415	-2086	-2078	27	3609
惠东县	16983	4594	-3244	-2412	134	23979
博罗县	2661	1209	-2290	-2285	12	3638
龙门县	20188	7179	28240	17471	448	10429
大亚湾区	2551	15	-685	-680		1043
仲恺区	959	40	-31	-25	2	1021
餐饮业	**14992**	**2680**	**2785**	**2022**	**980**	**23018**
惠城区	3573	33	51	143	398	6062
惠阳区	3132	1558	15	-118	261	5987
惠东县	3160	554	1689	1142	187	4906
博罗县	2318	432	-569	-463	76	1848
龙门县	888	46	1248	1179	46	1394
大亚湾区	1216	40	66	66	10	1811
仲恺区	704	17	285	74	3	1009

14-20 亿元以上商品交易市场成交额

单位：亿元

项 目	2008年	2009年	2010年	2011年	2012年	2013年	2014年	2015年	2016年
总　　计	**108.94**	**119.21**	**154.65**	**169.26**	**136.18**	**146.75**	**159.46**	**228.94**	**221.68**
食品、饮料、烟酒类	32.17	29.92	50.50	58.87	10.95	9.15	2.34	2.57	2.60
#粮油类	15.22	16.37	11.43	26.71	1.23	1.58		1.31	
服装鞋帽、针、纺织品类	28.60	27.95	36.25	39.97	40.22	39.74	33.04	62.72	57.41
化妆品类	1.09	2.09	1.60	1.18	1.19	1.36	1.12	4.82	4.30
金银珠宝类	0.55	0.54	0.97	2.61	2.61	2.62	2.57	2.58	2.58
日用品类	1.58	1.71	2.75	3.02	3.07	3.26	2.97	3.47	3.42
五金、电料类	0.36	0.35	0.62	1.16	1.17	1.17	1.17	1.26	1.25
体育、娱乐用品类	0.60	0.55	0.97	0.44	0.50	0.49	0.49	0.49	0.48
书报杂志类	0.02	0.01	0.01	0.01	0.01	0.01			
电子出版物及音像制品类	0.08	0.07	0.17	0.34	0.34	0.27	0.31	0.32	0.30
家用电器和音像器材类	0.44	0.47	0.70	1.63	1.61	1.27	1.58	1.57	1.56
中西药品类	0.11	0.11	0.13	0.10	0.13	0.14			
文化办公用品类	2.96	2.71	4.90	1.62	1.62	1.51	1.60	1.61	1.60
家具类									
通讯器材类	0.02	0.04	0.14	0.94	0.93	0.81	0.95	0.95	0.93
煤炭及制品类									
木材及制品类									
石油及制品类									
化工材料及制品类									
金属材料类									
建筑及装潢材料类									
机电产品及设备类									
汽车类	39.60	52.05	53.84	54.84	69.11	82.48	108.98	144.45	142.95
种子饲料类									
棉麻类	0.01	0.01							
其它类	0.76	0.62	1.10	2.53	2.75	2.46	2.14	2.14	2.10
市场数	11	11	11	10	10	10	6	6	6

十五、对外经济及旅游

15-1 历年对外贸易及旅游

年份	外贸进口总额（万美元）	外贸出口总额（万美元）	利用外资签订协议合同数（个）	外商直接投资签订协议合同数（个）	实际利用外资（万美元）	外商直接投资额	接待旅游总人数（人次）
1978		1278	3				
1979		1171	53		13		
1980		1663	173		60		
1981		1511	151		138	3	
1982		1672	173		198	80	
1983		1356	232		344	29	
1984		1759	382		1258	253	
1985		2931	425		1600	1070	
1986		5791	470		1802	1254	326440
1987		11314	744	63	1503	1084	513894
1988		19751	805	96	8178	4577	727998
1989		21971	669	78	9205	7703	706582
1990		28703	747	127	19136	15662	757916
1991		42497	841	211	20754	15207	779440
1992		55552	1077	556	35376	29831	957773
1993		78992	1271	916	61774	58576	1004310
1994		172693	1002	531	78877	72789	1903500
1995		233211	984	431	88834	79802	2121500
1996		277364	589	221	90990	83672	2398048
1997	228703	346591	613	195	96855	85273	2482315
1998	243798	335269	475	247	97026	83643	3292600
1999	327468	367612	484	182	98383	78526	4432400
2000	371384	449746	477	238	105016	83319	4460600
2001	391989	490928	446	262	118015	96015	4584200
2002	533589	588957	578	405	132648	108208	6050100
2003	598521	714614	581	388	169035	140703	5215800
2004	789613	873927	721	549	93134	63228	7500300
2005	836630	1065535	659	539	128390	104187	10002000
2006	895372	1227718	602	489	129541	104518	12170700
2007	950722	1460586	506	444	148801	122815	15669100
2008	1175594	1798881	362	293	155848	135249	18050000
2009	1209154	1714867	323	279	150528	139484	21150000
2010	1400157	2023305	368	362	145887	143761	25010300
2011	1569148	2312180	434	425	157307	156803	28209400
2012	2029557	2920456	337	327	173267	172782	31529900
2013	2407220	3332146	298	284	183895	183417	35514200
2014	2308101	3633124	314	314	196582	196582	39683000
2015	1957879	3477648	234	234	110499	110499	40768000
2016	10722565	19725247	154	154	114252	114252	47134700

注：2016 年起进出口总额单位改为万元。

15-2 分县区外商直接投资情况

单位：个、万美元

项 目	2010年	2011年	2012年	2013年	2014年	2015年	2016年
项目（企业）个数	362	425	327	284	314	234	154
惠城区	32	58	45	43	43	47	31
惠阳区	58	79	64	38	55	59	42
惠东县	29	38	22	22	21	9	14
博罗县	52	68	39	46	42	50	37
龙门县	22	16	19	13	21	9	3
大亚湾区	7	13	7	8	6	9	12
仲恺区	28	35	42	31	31	31	15
合同外资金额	148014	216751	265477	289230	305468	204518	213416
惠城区	23845	33479	44689	50409	53535	37953	40998
惠阳区	25091	44448	57246	67185	70714	72907	32475
惠东县	14653	20987	25983	27963	29691	20127	4366
博罗县	19011	29227	40879	46178	49044	27032	14891
龙门县	3860	6202	8369	8926	9822	6720	7145
大亚湾区	7630	30046	36744	39053	41100	16640	89074
仲恺区	22058	31093	38155	42932	45113	21804	24467
实际使用外资金额	143761	156803	172782	183417	196582	110499	114252
惠城区	17382	19200	22378	24317	25949	14822	16779
惠阳区	24811	28000	33000	36863	42235	43831	49427
惠东县	11683	13088	15198	16737	17721	7848	2704
博罗县	22597	25000	29200	31635	33338	12000	8127
龙门县	3400	3900	4300	4606	4916	2240	2790
大亚湾区	27400	29900	32900	34968	36800	10019	20000
仲恺区	21696	23790	26200	27800	29608	14295	14425

15-3 分地区（国别）、行业外商直接投资情况

单位：万美元

项　目	2010 年	2011 年	2012 年	2013 年	2014 年	2015 年	2016 年
实际使用外资金额	143761	156803	172782	183417	196582	110499	114252
按地区（国别）分							
香港	96178	116151	108663	97443	110738	76014	68153
日本	6498	157	706	10311	6804	15202	6664
台湾	1241	2215	787	521	1202	320	36
美国	3159	774	1423	473	701	1	150
英属维尔京群岛	16711	17285	23471	19739	18235	6260	3783
按行业分							
制造业	106271	122923	129763	143946	147525	81854	93164
交通运输、仓储和邮政业	8434	4572	2886	351	5634	6053	1554
批发和零售业	8631	7613	18460	25518	28239	4115	2440
房地产业	9121	9618	6901	3064	6578	1776	10952

15-4　外商投资情况表

（2016年）　　　　单位：个、万美元

项　　目	项目（企业）个数	合同外资金额	实际使用外资金额
合计	154	213416	114252
按地区（国别）分			
香港	112	109534	68153
台湾	16	1507	36
日本	0	2743	6664
泰国	1	1	
新加坡	1	-713	0
英属维尔京群岛	3	-2379	3783
加拿大		335	76
澳大利亚			1
按行业分			
农、林、牧、渔业	8	1634	754
制造业	76	137202	93164
电力、煤气及水的生产和供应业	2	3000	81
建筑业	4	350	90
交通运输、仓储及邮政业	2	33800	1554
批发和零售业	41	4939	2440
住宿和餐饮业	2	29	40
房地产业	3	12152	10952
租赁和商务服务	10	5896	2683
居民服务和其他服务业	1	69	514

15-5 分县区外贸进出口总值情况

单位：万美元

项 目	2010 年	2011 年	2012 年	2013 年	2014 年	2015 年	2016 年
外贸出口总额	**2023305**	**2312180**	**2920456**	**3332146**	**3633124**	**3477648**	**19725247**
惠城区	115632	132197	154218	182793	208442	218864	1869492
惠阳区	206750	248454	289431	325451	367104	439543	2629659
惠东县	79139	87955	102483	116916	131452	134081	679626
博罗县	163964	217073	270010	297308	224153	238877	1544920
龙门县	4776	5725	7103	8535	10729	12370	62773
大亚湾区	184177	202771	221027	243616	255863	258422	1078089
仲恺区	571536	631302	688210	716324	2219891	2099618	11860689
外贸进口总额	**1400157**	**1569148**	**2029557**	**2407220**	**2308101**	**1957879**	**10722565**
惠城区	83120	90323	105730	114888	120257	120858	805518
惠阳区	97657	119341	143674	187337	223507	215198	1016324
惠东县	25586	29165	33871	39969	41103	38637	223037
博罗县	110226	119598	132214	138333	89804	90702	573607
龙门县	2209	2551	2901	3077	4098	4106	19032
大亚湾区	131209	142362	156960	166350	170701	127664	631009
仲恺区	383409	432350	480017	441237	1481491	1337573	7454038

注：2016 年起进出口总额单位改为万元。

15-6　分地区（国别）、产品外贸进出口情况

单位：万美元

项　目	2010 年	2011 年	2012 年	2013 年	2014 年	2015 年	2016 年
外贸出口总额	**2023305**	**2312180**	**2920456**	**3332146**	**3633124**	**3477648**	**19725247**
按地区（国别）分							
香港	613620	695393	782863	869969	987545	1075629	6398737
日本	81216	80281	79956	84288	87576	86965	568049
美国	324159	348263	391132	391278	467911	469397	3136966
欧盟	230736	259472	245921	237678	271041	258315	1531277
台湾	32582	38742	35317	47785	41624	60772	336443
韩国	363866	423066	954082	1289745	1332976	1129092	5219433
俄罗斯	13987	19214	26452	20506	20919		
按主要产品分							
机电产品	1619941	1834052	2435511	2845793	3104764	2947399	16256020
高新技术产品	1030128	1196339	1788737	2163667	2311248	2192260	11560884
鞋类	57907	67115	75545	79628	89531	92836	621086
服装	110254	135653	128941	112219	114290	95565	608627
外贸进口总额	**1400157**	**1569148**	**2029557**	**2407220**	**2308101**	**1957879.438**	**10722565**
按地区（国别）分							
香港	12733	12193	8651	9430	8727	8806	53365
日本	236166	232830	214462	186235	204920	180473	1337639
美国	76162	95802	107601	94016	112923	79206	560637
欧盟	59706	44331	53910	53815	55219	40790	300048
韩国	249426	315423	546919	641505	473761	488541	2192659
台湾	208779	229008	243470	369402	425190	310972	1710875

注：2016 年起进出口总额单位改为万元。

15-7 外商投资企业登记主要情况（一）

（2016 年）

项　目	年末实有企业数（户）	年末实有投资总额（万美元）	年末实有注册资本（万美元）	外方
总　计	**7127**	**4594590**	**2645775**	**2272875**
按投资方式分				
中外合资	797	1714312	814834	471147
中外合作（法人）	406	239940	130624	116761
中外合作（非法人）	11	7716	4226	4184
外资企业	5032	2597936	1667008	1667008
外商投资股份	11	30445	26726	12551
其他企业	870	4242	2357	1224
按主要行业分				
农、林、牧、渔业	250	54633	35825	30602
采矿业	7	9593	5713	5008
制造业	4665	3456540	1964108	1689172
电力、热力、燃气及水生产和供应业	49	47683	23657	18164
建筑业	153	150513	72801	67731
批发和零售业	845	73694	60155	56691
交通运输、仓储和邮政业	56	116287	55172	46412
住宿和餐饮业	190	79483	50699	45297
信息传输、软件和信息技术服务业	137	9287	9155	8572
金融业	45	12	12	6
房地产业	289	367055	227232	197046
租赁和商务服务业	216	106679	72715	50194
科学研究和技术服务业	64	25626	17093	13906
水利、环境和公共设施管理业	16	16872	7448	6797
居民服务、修理和其他服务业	113	64971	36356	30843
教育	2	2667	1175	660
卫生和社会工作	2	390	234	234
文化、体育和娱乐业	16	6131	3295	2952

15-7 续表 1 （2016 年）

项　目	年末实有企业数（户）	年末实有投资总额（万美元）	年末实有注册资本（万美元）	
				外方
其他	12	6473	2928	2588
按主要国别（地区）分				
亚洲	5499	2982972	1903944	1722048
日本	61	180446	92570	86761
韩国	188	128677	65497	54840
香港	4554	2484456	1628362	1467877
澳门	16	5449	4538	3627
台湾	493	64863	51709	49369
非洲	51	52351	24298	23906
毛里求斯	21	45286	17983	17983
塞舌尔	27	7004	6254	5862
欧洲	40	861165	320766	166470
英国	9	950	899	821
德国	6	9140	3885	3341
法国	5	8350	4306	4306
拉丁美洲	284	479515	256400	234320
巴西	1	39	39	39
开曼群岛	10	30630	13710	13701
英属维尔京群岛	262	445816	240226	218154
北美洲	109	67972	41669	38124
加拿大	12	6888	4928	4750
美国	97	61085	36742	33375
大洋洲	136	91767	60920	53167
澳大利亚	13	5618	3419	3388
新西兰	1	103	103	26
萨摩亚	112	82979	55061	47735

15-8 外商投资企业登记主要情况（二）

（2016年）

项　目	年末实有企业数（户）	年末实有投资总额（万美元）	年末实有注册资本（万美元）	
				外方
总　计	287	196715	83926	79834
按投资方式分				
中外合资	15	15823	7803	3711
中外合作（法人）	1	29000	9800	9800
外资企业	166	151892	66323	66323
按主要行业分				
农、林、牧、渔业	10	3541	2039	1457
制造业	108	14240	11272	10203
电力、热力、燃气及水生产和供应业	7	8220	3000	3000
建筑业	6	100055	34255	34242
批发和零售业	69	10222	5611	4018
交通运输、仓储和邮政业	1			
住宿和餐饮业	18	104	104	104
信息传输、软件和信息技术服务业	12			
金融业	7			
房地产业	14	16089	8722	8546
租赁和商务服务业	28	14990	8869	8209
科学研究和技术服务业	3	26	26	26
居民服务、修理和其他服务业	3	29063	9863	9863
按主要（地区）国别分				
亚洲	141	189061	77771	74014
韩国	6	426	426	175
香港	115	187826	76537	73119
澳门	1	13	13	13
台湾	16	781	781	693
非洲	3	1282	1262	1262
塞舌尔	3	1282	1262	1262
欧洲	4	61	61	61
英国	1	46	46	46
北美洲	4	840	840	840
美国	4	840	840	840
大洋洲	1	2000	900	900
萨摩亚	1	2000	900	900

15-9 旅游情况

项　目	2010年	2011年	2012年	2013年	2014年	2015年	2016年
住宿游客人数　（万人）	1073.56	1188.63	1312.84	1501.63	1655.54	2076.84	2032.92
1、国内游客　（万人）	913.4	1013.95	1122.25	1294.62	1440.69	1644.19	1805.40
2、国际旅游者　（万人）	160.16	174.68	190.59	207.01	214.85	222.59	227.52
港澳台　（万人）	122.11	133.51	145.97	162.28	169.45	175.79	179.70
旅游总收入　（亿元）	140.82	161.19	184.16	212.65	273.2	330	364.13

惠州统计年鉴－2017

HUIZHOU STATISTICAL YEARBOOK

十六、教育、科技和文化

16-1　各类学校基本情况

项　目		2001 年	2002 年	2003 年	2004 年	2005 年	2006 年	2007 年	2008 年
高等学校									
学校数	(所)	1	1	1	1	1	1	1	1
毕业生数	(人)	1590	1646	1460	1460	1421	1622	2706	2244
招生数	(人)	2529	1452	2419	2924	1513	1972	2386	3467
在校学生数	(人)	5841	5449	6586	8046	8106	8423	8079	9286
教职工数	(人)	616	647	777	797	807	755	753	773
专任教师	(人)	296	364	460	496	506	511	503	522
中等职业技术学校									
学校数	(所)	11	8	9	27	34	34	40	45
毕业生数	(人)	3843	3420	4126	5829	8325	11864	13006	14380
招生数	(人)	4290	5442	7212	12463	15108	21348	23176	27818
在校学生数	(人)	11026	13622	17466	32037	35694	50665	57180	65460
教职工数	(人)	1043	856	987	2007	2046	2432	2869	3230
专任教师	(人)	582	471	560	1128	1278	1600	1944	2220
普通中学									
学校数	(所)	153	163	167	171	174	194	203	209
毕业生数	(人)	53199	59579	58996	60248	62343	68243	73144	79839
招生数	(人)	64608	65603	72202	78501	85872	97533	102373	108741
在校学生数	(人)	182123	188425	198004	212095	232301	257051	277215	295346
专任教师	(人)	8856	9633	10242	10943	11969	13315	14330	15232
小学									
学校数	(所)	1174	1167	1154	1170	1118	1031	982	945
毕业生数	(人)	54926	57208	57435	59661	64271	72225	79066	80890
招生数	(人)	60229	64396	67095	67728	66305	64111	63353	61952
在校学生数	(人)	345222	360649	391082	418989	442092	451551	445221	426443
专任教师	(人)	17319	17777	18861	18986	19217	19749	20188	20240
小学毕业生升学率	(%)	96.86	97.41	100	100	100	100	100	100
学龄儿童									
学龄儿童总数	(人)	342381	351340	383748	409497	435971	448694	442082	423240
学龄儿童入学率	(%)	99.66	99.8	100.48	99.97	99.94	99.96	100	100
幼儿园									
幼儿园数	(所)	229	221	227	243	253	273	278	300
在园幼儿数	(人)	71803	69078	69699	69867	70685	75267	79722	87378
教职工数	(人)	2410	4040	4300	4615	5284	5957	6467	7442
# 专任教师	(人)	2124	2354	2509	2697	3073	3499	3907	4453

16-1 续表

项 目		2009年	2010年	2011年	2012年	2013年	2014年	2015年	2016年
高等学校									
学校数	(所)	1	2	2	3	3	4	4	4
毕业生数	(人)	1479	4005	4358	5631	6070	5859	8128	10645
招生数	(人)	4265	6199	6353	8032	8942	10202	11683	11489
在校学生数	(人)	12038	20041	22007	24300	27012	31073	34174	37322
教职工数	(人)	881	1490	1545	1907	2095	2737	3169	3169
专任教师	(人)	629	990	1290	1329	1497	1929	1893	1926
中等职业技术学校									
学校数	(所)	40	43	39	39	33	33	35	35
毕业生数	(人)	16745	19503	22032	24441	27156	25879	24987	26322
招生数	(人)	31308	37893	37203	34167	31607	30708	29823	30137
在校学生数	(人)	76596	89908	97131	97852	95812	82943	83870	81697
教职工数	(人)	3886	4160	4295	4473	4268	4043	4261	4513
专任教师	(人)	3160	3429	3355	3366	3209	3042	3143	3342
普通中学									
学校数	(所)	210	209	211	214	221	234	241	252
毕业生数	(人)	87064	91248	95870	99934	98685	95585	91389	88864
招生数	(人)	109635	107112	102649	98045	95644	90971	91585	99679
在校学生数	(人)	305888	308667	307746	296561	287317	276309	270727	275031
专任教师	(人)	16735	17211	17759	18444	19076	19154	24616	20076
小学									
学校数	(所)	785	689	518	472	460	453	454	456
毕业生数	(人)	80973	76715	70940	64366	62148	61088	63240	70260
招生数	(人)	62344	72570	78119	87160	89068	87966	96841	100177
在校学生数	(人)	401270	397983	403950	421074	445608	472152	504066	530498
专任教师	(人)	20137	20652	20947	21243	22497	23755	24970	26253
小学毕业生升学率	(%)	100	100	100	100	100	100	100	100
学龄儿童									
学龄儿童总数	(人)	397204	392431	399720	409732	441726	469995	502921	528535
学龄儿童入学率	(%)	100	100	100	100	100	100	100	100
幼儿园									
幼儿园数	(所)	326	351	384	436	480	513	578	637
在园幼儿数	(人)	100617	114440	128324	144664	163139	175808	193674	207214
教职工数	(人)	8398	10448	12061	14593	17341	18899	21207	23242
#专任教师	(人)	5043	6044	6819	8216	9507	10153	11357	12382

17-1 体育、卫生、社会福利、环保和其他主要指标

项目		2009年	2010年	2011年	2012年	2013年	2014年	2015年	2016年
举办全民健身活动次数	（次）	100	150	167	179	238	281	144	188
卫生事业机构数	（个）	2214	2258	2366	2558	2604	2658	2654	2668
医院、卫生院	（个）	124	128	131	137	139	138	145	144
卫生事业机构床位数	（张）	11122	12206	13092	17231	19155	20135	21879	22460
医院、卫生院床位	（张）	10199	10877	11662	14485	16258	17098	18937	19383
卫生技术人员数	（人）	16728	18218	19978	23787	26991	27068	28115	30124
医生、助理医生	（人）	6246	6778	7386	9009	9735	10163	10458	11283
平均每千户籍人口医院、卫生院床位数	（张）	3.43	3.62	3.82	4.24	4:73	4.91	6.13	6.23
平均每千户籍人口有卫生技术人员数	（人）	5.16	5.40	5.82	6.96	7.86	7.72	7.87	8.35
医生	（人）	1.93	2.01	2.15	2.63	2.84	2.88	2.93	3.13
优抚收养性单位收养人数	（人次）	512	512	2063	2224	2188	2263	2296	3989
社会救济总人数	（人）	76681	79569	90248	98046	96867	92424	85399	77873
准予登记结婚对数	（对）	33932	35251	35384	31621	31236	32717	31817	30208
涉外婚姻	（对）	268	214	260	260	241	279	233	254
离婚总数	（对）	4098	4773	5568	5892	6367	6298	7333	7331
执业律师人数	（人）	404	513	562	605	635	678	740	845
公证人员数	（人）	27	28	30	26	27	27	30	29
人民调解委员会调解人员数	（人）	11716	9963	8012	9606	9927	9423	10036	9933
亿元地区生产总值生产安全事故死亡人数	（人）	0.260	0.200	0.160	0.135	0.115	0.104	0.059	0.063
交通事故发生数	（起）	739	636	569	551	168	154	494	494
交通事故损失折款	（万元）	285	341	260	285	129	122	263	281
火灾事故发生数	（起）	285	517	864	706	192	213	117	109
火灾事故损失折款	（万元）	620	1004	994	923	345	618	442	630

注：2009年起卫生数据含村级卫生数据。

17-2 分县区体育事业情况

（2016 年）

项 目		合 计	惠城区	惠阳区	惠东县	博罗县	龙门县	大亚湾区	仲恺区
体育馆数	（个）	35	3	2	2	23	2	1	2
运动员人数	（人）	2271	800	372		148	280	280	391
体委系统年末职工人数	（人）	361	121	23	45	112	31	15	14
# 专职教练员	（人）	56	39	1		7	9		
专职文化教师	（人）	36	36						
管理人员	（人）	133	21		24	70	8	10	
公务员	（人）	76	12	10	8	31	7	2	6
其他人员	（人）	43	3	12	13		7		8
举办全民健身活动情况	（次）	188	44	38	16	4	38	13	35
参加人数	（人次）	271200	182000	15500	12800	5000	35000	3400	17500
举办综合运动会	（次）	3		1	1				1
参加人数	（人次）	3280		980	300				2000
举办单项比赛	（次）	110	4	16	13	17	34	10	16
参加人数	（人次）	55450	10200	12000	1750	2000	7500	2000	20000

17-3 体育事业发展情况

单位：（奖牌）块、（记录）项

年份	获世界			获亚洲赛			获全国赛			获省赛		
	金牌	银牌	铜牌	金牌	银牌	铜牌	金牌	银牌	铜牌	金牌	银牌	铜牌
1991	7	2	2				3	2	1	21	16	16
1992	2	1	1	2	1	5				19	20	28
1993	4						4	2		6	14	20
1994	2	4					6	4	1	13	12	13
1995	1						6			12	12	13
1996	1						11	4	9	8	11	39
1997	6				1	3	5	2	5	6	17	15
1998				2	2		12	12	3	38	26	19
1999		1		1	1		11	5	3	13	29	34
2000			2				10	12	7	17	10	22
2001							9	1	4	8	8	13
2002	4	2		1	3	3	9	8	8	26	18	18
2003				1			3	1	2	19	21	26
2004	1						2	2	4	9	20	18
2005				3	2		4	4	4	7	12	26
2006	1	3		2			3	2	2	6	6	14
2007	2			2	1		2	2		50	41	43
2008	2	1		3	1		5	2		55	52	58
2009	3			1			15	8	5	49	48	64
2010	4			12	2	2	17	3	2	20	20	32
2011	1	2		9			24	10	16	8	9	12
2012	3		1				17	2	6	14	12	22
2013	1						7	2		12	15	18
2014			2				7	8	8	12	13	34
2015	3			1			11	7	5	21	18	37
2016				1		1	17	4	10	7	12	16

17-4 分县区卫生事业发展情况

（2016年）

项目		合计	惠城区	惠阳区	惠东县	博罗县	龙门县	大亚湾区	仲恺区
卫生机构数	（个）	2668	609	354	574	579	254	99	199
医院	（个）	70	24	17	13	9	3	1	3
卫生院	（个）	74	7	6	20	22	15	1	3
疾病预防控制中心	（个）	6	1	1	1	1	1	1	
妇幼保健院（所\站）	（个）	7	2	1	1	1	1		1
诊所、卫生所、医务室	（个）	762	287	122	131	44	62	24	92
卫生机构床位数	（张）	22460	9900	2542	3161	4028	1030	834	965
医院	（张）	15737	7579	2050	2079	2259	508	534	728
卫生院	（张）	3646	205	302	871	1588	433	100	147
总诊疗人次数	（万人次）	4066.06	1394.61	715.23	682.61	626.51	253.56	114.09	279.44
村卫生室诊疗人次	（万人次）	889.65	215.43	95.80	251.25	178.34	83.01	27.68	38.14
医疗卫生机构在岗职工数	（人）	36879	14367	5366	5890	5480	2147	1204	2425
卫生技术人员	（人）	30124	11823	4607	4577	4265	1719	1013	2120
执业医师、执业助理医师	（人）	11283	4208	1929	1649	1614	588	435	860
注册护士	（人）	12804	5211	1942	1914	1745	664	424	904
每千户籍人口卫生机构床位数	（张）	6.23	11.16	6.75	3.61	4.52	2.85	9.37	7.61
每千户籍人口卫生技术人员	（人）	8.35	13.33	12.23	5.23	4.78	4.76	11.38	16.72
医生	（人）	3.13	4.74	5.12	1.88	1.81	1.63	4.89	6.78
每千户籍人口注册护士数	（人）	3.55	5.87	5.16	2.19	1.96	1.84	4.76	7.13
政府办									
机构	（个）	465	196	56	49	35	36	24	69
床位	（张）	17187	7958	1495	2333	3105	998	834	464
在岗职工数	（人）	27326	11391	3086	4467	4234	1845	999	1304
社会办									
机构	（个）	1274	68	161	377	410	191	47	20
床位	（张）	2900	1400	949		519	32		
在岗职工数	（人）	4076	956	1490	457	754	240	103	76
个人办									
机构	（个）	929	345	137	148	134	27	28	110
床位	（张）	2373	542	98	828	404			501
在岗职工数	（人）	5475	2020	788	966	492	62	102	1045

注：表中人均数按当年户籍人口计算；政府办、社会办、个人办均不含卫生室数据，其它均含村卫生室数据。

17-5　卫生事业其他指标

项　目		2009 年	2010 年	2011 年	2012 年	2013 年	2014 年	2015 年	2016 年
婴儿死亡率	(‰)	2.58	2.84	2.50	2.03	1.68	2.45	2.11	2.59
5 岁以下儿童死亡率	(‰)	2.96	3.45	2.82	2.36	1.96	2.98	2.79	3.16
孕产妇死亡率	(1/10 万)	10.10	4.24	6.20	2.88	1.47	6.38	3.32	10.20
5 岁以下儿童中重度营养不良比重	(%)		0.30	0.21	0.62	0.50	1.43	1.13	1.31
儿童计划免疫接种率									
# 卡介苗接种率	(%)	99.71	99.80	99.86	99.88	99.89	99.88	99.88	99.91
脊灰疫苗接种率	(%)	99.44	99.54	99.55	99.63	99.70	99.68	99.49	99.78
百白破三联制剂接种率	(%)	99.35	99.52	99.50	99.64	99.69	99.63	99.74	99.34
麻疹疫苗接种率	(%)	98.91	99.28	99.53	99.62	99.74	99.70	99.80	99.81
乙肝疫苗接种率	(%)	99.52	99.72	99.78	99.81	99.66	99.81	99.58	99.85
住院分娩率	(%)	99.73	99.83	99.91	99.94	99.96	99.93	99.97	99.98
农村孕产妇住院分娩率	(%)	99.69	99.85	99.90	99.99	99.99	100.00	99.99	99.98
7 岁以下儿童保健管理率	(%)	85.50	97.05	95.97	97.10	96.78	97.26	97.33	94.43
婚前医学检查率	(%)	24.90	62.25	76.07	84.29	86.61	93.08	92.11	91.62
低出生体重发生率	(%)	4.79	2.79	2.77	3.14	3.75	4.27	4.42	4.94
0—6 个月婴儿母乳喂养率	(%)	90.85	64.91	81.73	68.55	76.36	75.23	73.58	74.04

注：2009 年 -2011 年为 0-4 个月婴儿母乳喂养率。

17-6 农村村级卫生组织情况

项　目		2009 年	2010 年	2011 年	2012 年	2013 年	2014 年	2015 年	2016 年
机构数	（个）	1534	1539	1557	1574	1508	1496	1455	1423
执业（助理）医师	（人）	394	555	562	604	581	557	540	587
乡村医生和卫生员	（人）	1539	1545	1629	1528	1391	1313	1088	979
乡村医生数	（人）	1417	1413	1504	1385	1287	1175	1077	968
卫生员	（人）	122	132	125	143	104	138	11	11
诊疗人次	（万人次）	493.83	506.99	547.42	767.64	958.27	958.59	946.91	889.65

17-7 分县区农村村级卫生组织情况

（2016 年）

项　目		合 计	惠城区	惠阳区	惠东县	博罗县	龙门县	大亚湾区	仲恺区
机构数	（个）	1423	164	167	375	442	154	57	64
执业（助理）医师	（人）	587	86	126	112	144	15	39	65
乡村医生和卫生员	（人）	979	86	67	301	319	151	31	24
乡村医生数	（人）	968	86	67	294	319	148	30	24
卫生员	（人）	11			7		3	1	
农村诊疗人数	（万人次）	889.65	215.43	95.80	251.25	178.34	83.01	27.68	38.14
孕产妇检查人数	（人次）	56998	19512	8962	12898	10178	2789	396	2263
儿童疫苗接种人数	（人次）	1952648	549276	291105	372000	359324	107176	86080	187687

17-8 参加社会保险基本情况

项　目		2011年	2012年	2013年	2014年	2015年	2016年
养老保险参保人数	（人）	1899796	2021518	1976065	2032576	2018933	2147049
#国有企业	（人）	250876	262827	199000	140731	134611	135279
城镇集体企业	（人）	44724	47442	50668	7915	6585	7041
其他企业	（人）	1500683	1006538	1612888	1787976	1779648	1903868
机关事业单位	（人）	103513	186512	113509	95954	98089	100861
参加社会养老保险离退休人员	（人）	77845	84417	91952	96531	102907	110122
养老金社会化发放人数	（人）	77845	54417	91952	96531	102907	110122
社会化发放率	（%）	100.0	100.0	100.0	100.0	100.0	100.0
城镇职工基本医疗保险参保人数	（人）	1348895	1394912	1593023	1666847	1618333	1562028
参加医疗费用统筹离退休人数	（人）	104128	131915	115631	109524	133072	137734
失业保险参保人数	（人）	910052	925282	1273804	1307447	1273875	1246426
年末领取失业救济金人数	（人）	3602	3409	2815	2995	5220	4321
工伤保险参保人数	（人）	1119446	1131063	1424805	1454069	1478558	1482971
#农民工	（人）	737470	763260	1019001	1057951	1113665	1095571
生育保险参保人数	（人）	1348895	1394912	1593023	1666847	1618333	1562028
社会保险基金收入	（万元）	463900	561213	731446	963577	1292041	1280278
城镇新增就业人员	（人）			65603	72883	75066	71685
城镇登记失业人数	（人）	17070	16869	17317	18772	19705	21468
下岗后再就业人员	（人）	21508	20950	21198	20514	18703	18816
年末城镇人口登记失业率	（%）	2.32	2.35	2.25	2.35	2.37	2.38
转移农村劳动力	（人）	23166	15474	10627	10486	10400	8648
就业困难人员再就业	（人）	3225	3278	3453	3579	3632	3486

17-9 历年社会保险征收情况

项　目		1998年	1999年	2000年	2001年	2002年	2003年	2004年	2005年	2006年
基本养老保险应收额	(万元)	21239	22634	32546	43845	47525	55175	69960	81832	101606
#企业	(万元)	19513	18670	26737	36537	40558	45894	61265	73085	91707
机关单位	(万元)	1726	3964	5809	7308	6967	9281	8695	8747	9899
基本养老保险实收额	(万元)	14659	19396	27135	37705	43027	48856	63088	74594	91336
#企业	(万元)	13202	15800	22057	31198	36419	39935	54969	66477	82529
机关单位	(万元)	1457	3596	5078	6507	6608	8921	8119	8117	8807
基本养老平均收缴率	(%)	69.0	86.0	83.0	86.0	91.0	89.0	90.0	91.0	89.9
#企业	(%)	65.0	85.0	82.0	85.0	90.0	85.0	89.0	91.0	88.0
机关单位	(%)	84.0	91.0	87.0	89.0	95.0	96.0	93.0	93.0	88.9
基本养老保险历年欠费总额	(万元)	11632	16896	19010	21328	23722	26109	25724	29061	34035
#企业	(万元)	11129	14542	16137	18386	20682	23088	22814	26048	30005
机关单位	(万元)	503	2354	2873	2942	3040	3021	2910	3013	4030
全年征收医疗保险基金	(万元)							474357	526702	600538
全年征收失业保险基金	(万元)							466645	513229	583449
全年征收工伤保险基金	(万元)							407201	451294	516202
全年征收生育保险基金	(万元)									
社会保险基金收入	(万元)									
养老、失业、医疗、工伤、生育保险基金当年支出额	(万元)									

17-9 续表

项　目		2007年	2008年	2009年	2010年	2011年	2012年	2013年	2014年	2015年	2016年
基本养老保险应收额	（万元）	127133	168825	178434	212877	219169	234510	410796	667545	948110	
#企业	（万元）	117574	158303	161484	193848	198913	211382	386856	653882	935309	
机关单位	（万元）	9559	10522	16950	19029	20256	23128	23940	13663	12801	
基本养老保险实收额	（万元）	118366	163425	167531	205200	219169	234510	410796	667545	948110	
#企业	（万元）	109468	153417	151056	186621	198913	211382	386856	653882	935309	
机关单位	（万元）	8898	10008	16475	18579	20256	23128	23940	13663	12801	
基本养老平均收缴率	(%)	93.1	96.8	93.9	96.4	100.0	100.0	100.0	100.0	100.0	
#企业	(%)	93.1	96.9	93.5	96.3	100.0	100.0	100.0	100.0	100.0	
机关单位	(%)	93.1	95.1	97.2	97.6	100.0	100.0	100.0	100.0	100.0	
基本养老保险历年欠费总额	（万元）	37089	38773	44280	45339	41956	41452	40934	40934	40934	40934
#企业	（万元）	32564	33751	38800	39486	36153	35689	35209	35209	35209	35209
机关单位	（万元）	4525	5022	5480	5853	5803	5763	5725	5725	5725	5725
全年征收医疗保险基金	（万元）	60688	79271	98332	112662	153390	196067	245150	293425	320812	328732
全年征收失业保险基金	（万元）	14709	20032	7704	5912	8696	10624	13682	19283	25426	27786
全年征收工伤保险基金	（万元）	6910	9155	8653	9098	10996	12888	16888	20679	29231	23968
全年征收生育保险基金	（万元）	6320	8088	3678	4014	123	57	31	30	25	27
社会保险基金收入	（万元）	214795	284997	327185	388673	502529	607140	731446	963577	1292041	1280278
养老、失业、医疗、工伤、生育保险基金当年支出额	（万元）			187350	234178	266268	347422	455159	563145	624094	695841

17-10 分县区社会福利、最低生活保障

（2016 年）

项目		全市	惠城区	惠阳区	惠东县	博罗县	龙门县	大亚湾区	仲恺区
社会福利									
收养性社会福利单位数	（个）	1628	294	170	356	444	226	57	81
收养性社会福利单位床位数	（张）	14455	5603	1370	2111	2460	1338	672	901
收养性社会福利单位收养人数	（人）	3987	2606	213	260	756	96	30	26
社会救济									
城乡居民最低生活保障标准		610	610	610	610	610	610	610	610
城镇	（元）	610	610	610	610	610	610	610	610
农村	（元）	610	610	610	610	610	610	610	610
城乡居民最低生活保障人数	（人）	70492	10838	4081	23194	13354	15394	2046	1585
城镇	（人）	9681	1593	542	2704	1080	2351	1218	193
农村	（人）	60811	9245	3539	20490	12274	13043	828	1392
城乡居民最低生活保障家庭户数	（户）	27420	4141	2079	8755	5722	5195	923	605
城镇	（户）	4327	773	319	1145	532	897	571	90
农村	（户）	23093	3368	1760	7610	5190	4298	352	515
城乡居民最低生活保障金支出	（万元）	34122	5446	1948	11038	6359	7365	1114	851
城镇	（万元）	5419	898	300	1496	615	1293	706	110
农村	（万元）	28704	4550	1648	9541	5744	6071	408	741
城乡基层社会保障									
城镇社区服务设施数	（个）	6614	1077	718	1643	1725	807	288	356
社区服务中心数	（个）	1122	383	123	355	134	32	59	36

17-11 环境保护基本情况

项 目	2009 年	2010 年	2011 年	2012 年	2013 年	2014 年	2015 年	2016 年
废 水								
废水排放总量（万吨）	28188	31126	30400	33789	39562	41891	43180	44348
生活污水（万吨）	22406	25097	22937	25489	31242	33394	34558	38179
工业废水（万吨）	5782	6029	7462	8300	8320	8465	8595	6137
工业废水中 COD 排放量（万吨）	0.49	0.61	0.85	0.90	0.88	0.90	0.91	0.49
废 气								
废气排放总量（亿标立米）	1319	1163	1907	1488	1510	1606	1611	
工业废气量（亿标立米）	1319.13	1163.31	1907.11	1487.80	1509.51	1606.39	1611.47	1792.71
二氧化硫排放总量（万吨）	3.57	3.31	3.90	3.61	3.03	2.92	2.90	1.77
工业二氧化硫（万吨）	3.56	3.31	3.89	3.55	3.00	2.89	2.87	1.73
工业烟尘排放量（万吨）	0.32	0.32	2.19	2.13	2.30	2.45	1.57	1.46
建成烟尘控制区（个）				8	8	8	8	8
烟尘控制区总面积（平方公里）				148	148	148	148	148
高污染燃料禁烧区总面积（平方公里）				337	337	337	936	936
可吸入颗料物年平均值（mg/m^3）				0.050	0.060	0.057	0.050	0.045
二氧化硫年平均值（mg/m^3）				0.014	0.017	0.014	0.010	0.008
二氧化氮年平均值（mg/m^3）				0.026	0.029	0.029	0.021	0.024
工业固体废物								
一般工业固体废物产生量（万吨）				123.23	119.62	94.13	74.21	94.192
危险废物产生量（万吨）		10.66	11.88	11.77	12.98	14.48	16.61	18.31
一般工业固体废物综合利用量（万吨）				177.60	118.73	90.99	70.87	90.19
危险废物综合利用量（万吨）		8.23	8.16	9.21	10.45	9.37	6.77	9.23
一般工业固体废物处置量（万吨）				0.78	0.89	3.01	3.21	4.04
危险废物处置量（万吨）		2.41	3.73	2.57	2.55	5.10	9.83	9.06
工业三废治理设施								
当年完成环保验收项目数（个）				653	470	370	463	469
当年完成环保验收项目总投资（万元）				754285	2044714	1797228	2481202	3623325
当年完成环保验收项目环保投资（万元）				173149	162503	98697	163938	606652
工业废水治理设施运行费用（万元）	27714	38736	41155	41488	36952	27657	27371	25675
工业废气治理设施运行费用（万元）	14561	13774	43531	42961	46887	22525	33660	40177

17-12　惠州市律师、公证、基层司法基本情况

项　目		2008 年	2009 年	2010 年	2011 年	2012 年	2013 年	2014 年	2015 年	2016 年
律师工作										
律师事务所	（个）	41	52	54	62	55	57	51	73	83
执业律师	（人）	390	404	513	562	605	635	678	740	845
担任常年法律顾问	（家）	1020	1058	1266	1372	1473	1589	1898	1949	2100
民事代理	（件）	3397	3629	4244	4152	6143	6835	7108	8785	10055
非诉讼事件	（件）	4925	6352	8247	5649	4293	6994	5819	9683	21683
刑事辩护	（件）	1311	985	1180	1134	1714	1926	2177	1004	1872
解答法律询问	（件）	11716	7592	15771	15083	17808	14506	12709	13184	13007
公证工作										
公证处	（个）	7	7	7	7	7	7	7	7	7
公证人员	（人）	30	27	28	30	26	27	27	30	29
办结公证总数	（件）	12544	12232	18105	21571	30296	45333	41928	63020	67449
国内民事公证	（件）	6486	10384	13385	16706	23807	37529	36318	56416	61130
国内经济公证	（件）	1431	1848	1258	1629	1252	2858	2864	3264	
涉外民事经济公证	（件）	3489	3437	3462	3236	2867	4946	4403	5396	5217
基层司法工作										
法律服务所	（个）	81	84	83	83	81	79	79	75	78
法律服务所人员	（人）	219	207	221	206	201	195	251	174	183
担任法律顾问	（家）	829	1281	732	799	790	790	783	632	60
民事诉讼代理	（件）	231	339	531	242	208	211	215	639	593
非诉讼代理	（件）	389	252	192	225	67	70	79	191	338
帮助挽回经济损失	（万元）	3692	3591	2957	2646	1080	872	1773	11331	8946
人民调解委员会	（个）	1477	1468	1494	1493	1567	1585	1600	1635	1573
调解人员	（人）	10775	11716	9963	8012	9606	10272	9423	10036	9933
调解纠纷总数	（件）	5408	5671	6016	5932	6186	6703	7823	7724	7658

17-13 交通、火灾事故发生及案件情况

（2016 年）

项　　目		合　计	惠城区	惠阳区	惠东县	博罗县	龙门县	大亚湾区	仲恺区
交通事故									
发生件数	（件）	494	119	51	57	128	36	50	53
受伤人数	（人）	464	118	35	48	100	52	61	50
死亡人数	（人）	289	88	50	36	77	12	12	14
损失金额	（万元）	280.91	179.50	53.28	2.78	21.81	0.65	16.24	6.65
火灾事故									
发生件数	（件）	109	14	22	23	20	14	4	12
受伤人数	（人）								
死亡人数	（人）	3	1		2				
损失金额	（万元）	630.08	134.00	44.00	108.68	121.90	37.90	22.10	161.50
刑事案件立案数年	（起）	38106	8152	8674	4904	8191	846	3709	3630
捉获刑事案件犯罪人数	（人）	10093	2213	1986	2522	1586	322	456	1008
25 周岁以下	（人）	3766	681	1132	783	488	76	186	420
治安案件查处数	（起）	36159	7227	6398	13378	6221	341	1480	1114

17-14 城市公用事业情况

项 目		2009 年	2010 年	2011 年	2012 年	2013 年	2014 年	2015 年	2016 年
一、城市（市区）供水									
供水管道总长度	（千米）	1842.18	1982.50	2190.63	2262.32	2781.42	2914.70	2878.35	2826.04
自来水综合生产能力	（万立方米/日）	133.50	134.00	136.53	138.00	146.00	166.00	164.00	164.00
城市供水总量	（万立方米）	25308.89	28889.33	28976.82	30521.96	32530.57	31231.35	34693.00	36321.53
居民家庭用水量	（万立方米）	9521.50	9222.77	10536.22	11508.59	12486.20	13279.66	13309.67	13868.07
生活用水人口	（万人）	136.43	145.45	143.45	151.63	132.33	150.68	152.27	158.65
二、城市供气									
液化气供气量	（吨）	117430	90496	103506	99148	104647	81752	93419	89820
家庭用量	（吨）	51222	74362	77595	73572	80471	71487	77533	78029
天然气供气总量	（万立方米）							11659	15999
家庭用量	（万立方米）							4995	6167
三、城市公共设施									
铺装道路总长度	（公里）	1648.80	1823.30	1843.41	1876.24	1886.55	1885.32	2003.57	1797.33
年末实有城市道路面积	（万平方米）	1891.00	2319.60	2407.65	2509.69	2623.25	3340.70	3538.25	3335.84
排水道总长度	（公里）	1567	1816	2332	2527	2663	2928	2886	2826
路灯	（盏）	57849	121558	104412	106482	115840	149650	168351	189311
四、城市园林									
建成区面积	（平方公里）	210.77	266.34	280.39	292.21	302.84	309.56	279.12	342.74
城市园林绿地面积	（公顷）	6961	7411	8313	9076	9685	10091	10326	12300
公园面积	（公顷）	1061	1260	1459	1958	2271	2464	2773	4115
建成区绿化覆盖面积	（公顷）	7586.00	8049.00	8908.00	9748.00	10566.00	10897.22	11285.28	13386.56
建成区绿化覆盖率	(%)	35.99	30.22	31.77	33.36	34.38	35.20	40.43	40.55
五、城市环境卫生									
城市维护建设资金支出	（万元）	188545	250586	368439	607377	618136	661931	588272	1306989
实际清扫保洁面积	（平方公里）	24.23	29.94	35.22	37.61	47.37	90.40	95.30	164.26
环卫职工人数	（人）	3866	5257	5744	5857	6321	6382	7347	7206
生活垃圾	（万吨）	67.96	71.37	132.42	143.60	88.83	99.32	134.15	158.00
清洁卫生机械拥有量	（辆）	234	269	294	298	281	362	394	408
公共厕所	（座）	147	158	164	171	194	178	194	229

17-15 分县区城市市政公用事业情况

（2016年）

项目		合计	惠城区	惠阳区	惠东县	博罗县	龙门县	大亚湾区	仲恺区
一、城市（市区）供水									
供水管道总长度	（千米）	3334.54	1311.00	691.46	390.00	509.80	87.73	344.55	
自来水综合生产能力	（万立方米/日）	164	90	26	10	9	8	21	
城市供水总量	（万立方米）	36322	16848	8722	2809	1725	438	5779	
居民家庭用水量	（万立方米）	13868	7239	2534	1509	908	237	1441	
二、城市供气									
液化气供气量	（万吨）	89820	26775	19336	15697	12860	1300	8600	5252
家庭用量	（万吨）	78029	21302	17490	15697	8488	1300	8500	5252
天然气供气总量	（万立方米）	15999	7789	950		2036		4335	890
家庭用量	（万立方米）	6167	2808	950		1600		661	148
三、城市公共设施									
铺装道路总长度	（公里）	1797.33	256.11	426.32	449.54	75.40	45.50	347.37	197.37
年末实有城市道路面积	（万平方米）	3335.84	804.10	632.18	326.44	180.42	97.19	783.20	512.31
排水道总长度	（公里）	2826.04	1117.00	437.52	221.53	189.83	20.80	718.32	121.04
路灯	（盏）	189311	91780	24841	17128	17258	4705	24676	8923
四、城市园林									
建成区面积	（平方公里）	342.74	118.00	52.11	37.12	33.88	9.07	51.06	41.50
城市园林绿地面积	（公顷）	12299.60	4663.39	1950.14	914.00	804.00	358.87	1994.85	1614.35
公园面积	（公顷）	4115.45	1996.54	690.30	366.00	189.00	100.23	439.12	334.26
建成区绿化覆盖面积	（公顷）	13386.56	5326.07	2075.15	877.93	846.00	368.25	2111.57	1781.59
建成区绿化覆盖率	(%)	40.55	45.14	39.82	23.65	39.72	40.60	41.35	42.93
五、城市环境卫生									
城市维护建设资金支出	（万元）	1306989	237374	67718	22191	769918	6259	163398	40131
实际清扫保洁面积	（平方公里）	164.26	127.58	9.86	6.50	4.10	0.95	8.80	6.47
环卫职工人数	（人）	7206	4240	1229	745	281	289	322	100
生活垃圾	（万吨）	158.00	61.97	23.88	31.57	6.08	7.24	11.21	16.05
清洁卫生机械拥有量	（辆）	408	101	64	46	34	18	77	68
公共厕所	（座）	229	96	66	28	5	7	15	12

17-16 个体、私营工商登记情况

项 目		2009 年	2010 年	2011 年	2012 年	2013 年	2014 年	2015 年	2016 年
个体工商									
期末实有户数	（户）	157757	162534	174424	191908	213296	238510	267868	292477
期末注册资本	（万元）	513062	495923	552602	641754	766882	918204	1078547	1270909
本期新增户数	（户）	29242	32383	29371	31616	33320	36227	43269	45226
本期新增注册资本	（万元）	98065	109557	115979	136882	174959	209198	264124	298279
私营企业									
期末实有户数	（户）	30590	36683	40512	46635	55332	68473	82899	102593
期末注册资本	（万元）	5660030	7056445	8797786	10090534	12474730	17266129	22416143	31878322
本期新增户数	（户）	4818	6585	7220	6896	9756	14504	16582	22555
本期新增注册资本	（万元）	521303	1109796	1254706	931221	1626711	3972756	4333148	7864600

17-17 个体工商基本情况统计表

（2016 年） 单位：户、万元

项 目	期末实有		本期开业	
	户数	注册资金	户数	注册资金
合计	292477	1270909	45226	298279
农业	3195	96521	724	25809
工业	40633	280389	4666	34783
建筑业	1183	8793	304	2913
第三产业	247911	890740	39620	235854
农、林、牧、渔服务业	338	4764	52	767
开采辅助活动	1	100		
金属制品、机械和设备修理业	106	671	36	312
批发和零售业	180926	566646	23268	130525
交通运输、仓储和邮政业	904	5274	420	2419
住宿和餐饮业	32504	177727	9602	61197
信息传输、软件和信息技术服务业	1016	1742	104	434
金融业	11	29	5	7
房地产业	579	2354	158	1018
租赁和商务服务业	1667	8116	455	3442
科学研究和技术服务业	1214	2502	23	196
水利、环境和公共设施管理业	52	328	5	31
居民服务、修理和其他服务业	26968	101700	5132	31069
教育	349	2041	109	911
卫生和社会工作	306	4098	60	891
文化、体育和娱乐业	942	12588	191	2637
其他	28	60.26		

17-18 私营企业情况统计表

（2016 年）　　单位：户、万元

项　目	期末实有		本期开业	
	户数	注册资金	户数	注册资金
合计	102593	31878322	22555	7864600
农业	1971	839286	483	265635
工业	16221	4380247	3212	820045
建筑业	11445	4030706	2537	1382239
第三产业	73213	22795900	16386	5485521
农、林、牧、渔服务业	216	158012	56	88385
金属制品、机械和设备修理业	41	9805	7	455
批发和零售业	35087	6451633	7379	1587700
交通运输、仓储和邮政业	1920	413987	377	75911
住宿和餐饮业	1833	413172	497	128231
信息传输、软件和信息技术服务业	4032	740376	1006	226090
金融业	616	865743	116	136678
房地产业	10269	6429328	2242	1302576
租赁和商务服务业	12566	5567302	3092	1563021
科学研究和技术服务业	1648	613034	468	145257
水利、环境和公共设施管理业	873	361626	117	56811
居民服务、修理和其他服务业	2824	494086	559	86573
教育	332	68000	144	30372
卫生和社会工作	120	32967	39	5011
文化、体育和娱乐业	806	170944	287	52449
其他	30	5886.38		

附 录

F-1　全国国民经济主要指标

指　标		2015 年	2016 年	2016 年比 2015 年增长（%）
年末总人口	（万人）	137462	138271	0.6
年末从业人员	（万人）	76289	77603	1.7
国内生产总值	（亿元）	676708	744127	6.7
第一产业	（亿元）	60863	63671	3.3
第二产业	（亿元）	274278	296236	6.1
第三产业	（亿元）	341567	384221	7.8
全社会固定资产投资额	（亿元）	562000	606466	7.9
社会消费品零售总额	（亿元）	300931	332316	10.4
货物周转量	（亿吨公里）	177401	185295	4
旅客周转量	（亿人公里）	30047	31306	4.1
规模以上港口完成货物吞吐量	（亿吨）	114.3	118.3	3.2
实际使用外商直接投资	（亿元）	7813.5	8132	4.1
海关进口总额	（亿元）	104485	104932	0.6
海关出口总额	（亿元）	141255	138455	-1.9
财政收入	（亿元）	152217	159552	4.5
财政支出	（亿元）	175768	187841	6.4
税收收入	（亿元）	110571	115878	4.8
年末国家外汇储备	（亿美元）	33304	30105	-9.6
城镇居民人均可支配收入	（元）	31195	33616	7.8
农村居民人均可支配收入	（元）	11422	12363	8.2
居民消费价格总指数	(%)	101.4	102.0	2.0
普通高校在校生	（万人）	2816.4	2893.9	2.8
普通中学在校生	（万人）	6686.4	6696	0.1
普通小学在校生	（万人）	9692.2	9913	2.3
医院、卫生院病床数	（万张）	655	698	6.6
卫生技术人员	（万人）	803	844	5.1
# 医生	（万人）	300	317	5.7

注：1、税收收入为全国税务部门组织税收收入；2、F 部分为初步统计数。

F-2　广东省国民经济主要指标

指　标		2011 年	2012 年	2013 年	2014 年	2015 年	2016 年	2016 年比 2015 年增长（%）
年末常住人口	（万人）	10505	10594	10644	10724	10849	10999	1.4
年末从业人员	（万人）	5961	5966	6118	6183	6219	6279	1.0
本省生产总值	（亿元）	53246	57148	62475	67810	72813	79512	7.5
第一产业	（亿元）	2665	2847	2977	3167	3346	3694	3.1
第二产业	（亿元）	26116	27239	28994	31420	32614	34372	6.2
第三产业	（亿元）	24465	27061	30503	33223	36853	41446	9.1
人均生产总值	（元）	50842	54171	58833	63469	67503	72787	6.2
固定资产投资额	（亿元）	16844	19308	22828.65	25928	30031	33009	10.0
社会消费品零售总额	（亿元）	20298	22677	25454	28471	31518	34739	10.2
货物周转量	（亿吨公里）	7113	9781	12496	15021	15131	22040	50.3
旅客周转量	（亿人公里）	3852	4372	4852	3967	4336	3816	6.0
港口货物吞吐量	（万吨）	133704	140776	156373	165455	171109	179924	5.2
邮电业务总量	（亿元）	1918	2175	2508	3394	4397	6886	56.6
地方财政收入	（亿元）	5514	6229	7081	8065	9367	10390	14.9
地方财政支出	（亿元）	6712	7388	8411	9153	12828	13447	16.3
海关进口总额	（亿美元）	3815	4099	4554.58	4305	3793	3567	–6.0
海关出口总额	（亿美元）	5319	5741	6364	6461	6435	5976	–7.1
在岗职工年平均工资	（元）	45152	50577	53611	59827	66296	72848	9.9
城镇常住居民人均可支配收入	（元）			29537	32148	34757	37684	8.4
农民常住居民人均可支配收入	（元）			11068	12246	13360	14512	8.6
居民消费价格总指数	(%)	105.3	102.8	102.5	102.3	101.5	102.3	2.3
城市居民消费价格总指数	(%)	105.3	102.8	102.5	102.3	101.6	102.4	2.4
普通高校在校生	（万人）	153	162	171	179	195	189	2.0
普通中学在校生	（万人）	699	668	625	591	561	545	–2.8
普通小学在校生	（万人）	822	808	808	832	869	905	4.2
医院及卫生院病床数	（万张）	30	33	35	37	40	43	6.9
卫生机构工作人员	（万人）	63	66	71	73	77	82	6.6
# 医生	（万人）	18	19.2	21.11	21.7	23.2	24.4	6.4

F-3　广东省及各市主要经济指标

（2016 年）

市　别	常住人口（万人）		人口密度（人 / 平方公里）		人均 GDP		
	实绩数	排位	实绩数	排位	元	排位	美元
全 省	**10999.00**	**—**	**612**	**—**	**72787**	**—**	**10958**
广州市	1404.35	1	1937	5	142394	2	21437
深圳市	1190.84	2	5964	1	167411	1	25204
珠海市	167.53	21	972	8	134548	3	20256
汕头市	557.92	8	2552	3	37382	13	5628
佛山市	746.27	4	1965	4	115891	4	17447
韶关市	295.61	17	161	21	41388	12	6231
河源市	308.10	15	197	20	29205	19	4397
梅州市	436.08	11	275	17	24031	21	3618
惠州市	**477.50**	**9**	**421**	**14**	**71605**	**7**	**10780**
汕尾市	303.66	16	624	10	27351	20	4118
东莞市	826.14	3	3358	2	82682	6	12448
中山市	323.00	14	1811	6	99471	5	14975
江门市	454.40	10	478	13	53374	8	8035
阳江市	252.84	19	318	16	52358	9	7882
湛江市	727.30	5	548	11	35617	16	5362
茂名市	612.32	6	536	12	43211	11	6505
肇庆市	408.46	12	274	18	51178	10	7705
清远市	384.60	13	202	19	36146	15	5442
潮州市	264.60	18	841	9	36956	14	5564
揭阳市	609.40	7	1157	7	33451	17	5036
云浮市	248.08	20	319	15	31501	18	4742

F-4 广东省及各市主要经济指标

（2016 年）

市 别	GDP（亿元）			第一产业（亿元）	
	实绩数	排位	增长（%）	实绩数	增长（%）
全 省	**79512.05**	**—**	**7.5**	**3693.58**	**3.1**
广州市	19610.94	1	8.2	240.04	-0.2
深圳市	19492.60	2	9.0	6.29	-3.7
珠海市	2226.37	10	8.5	48.21	1.4
汕头市	2080.54	12	8.7	107.57	3.4
佛山市	8630.00	3	8.3	144.60	3.0
韶关市	1218.39	16	6.3	167.57	4.1
河源市	898.72	19	8.6	105.05	4.2
梅州市	1045.56	17	7.5	211.89	4.3
惠州市	**3412.17**	**5**	**8.2**	**172.92**	**4.2**
汕尾市	828.49	20	7.0	131.32	3.6
东莞市	6827.67	4	8.1	22.80	-0.3
中山市	3202.78	6	7.8	70.12	-0.4
江门市	2418.78	9	7.4	189.13	3.0
阳江市	1319.33	15	6.7	226.27	3.4
湛江市	2584.78	8	7.9	507.28	4.0
茂名市	2636.74	7	7.1	433.49	4.2
肇庆市	2084.02	11	5.0	321.89	4.0
清远市	1388.10	14	7.9	216.47	4.2
潮州市	976.83	18	7.1	71.05	4.2
揭阳市	2032.61	13	6.3	189.82	4.2
云浮市	778.28	21	7.9	163.23	3.8

F-5 广东省及各市主要经济指标

（2016年）

市别	第二产业（亿元）		第三产业（亿元）		三次产业结构（%）
	实绩数	增长（%）	实绩数	增长（%）	
全省	**34372.46**	**6.2**	**41446.01**	**9.1**	**4.7:43.2:52.1**
广州市	5925.87	6.0	13445.03	9.4	1.2:30.2:68.6
深圳市	7700.43	7.0	11785.88	10.4	0.0:39.5:60.5
珠海市	1059.77	5.8	1118.39	11.7	2.2:47.6:50.2
汕头市	1051.59	9.0	921.38	9.0	5.2:50.5:44.3
佛山市	5110.09	7.5	3375.32	9.7	1.7:59.2:39.1
韶关市	442.12	3.5	608.70	9.0	13.8:36.3:50.0
河源市	407.83	9.9	385.84	8.4	11.7:45.4:42.9
梅州市	371.27	6.3	462.39	9.9	20.3:35.5:44.2
惠州市	**1836.45**	**8.1**	**1402.80**	**8.8**	**5.1:53.8:41.1**
汕尾市	367.12	6.1	330.05	9.4	15.9:44.3:39.8
东莞市	3172.50	7.2	3632.37	8.9	0.3:46.5:53.2
中山市	1675.39	6.4	1457.26	9.8	2.2:52.3:45.5
江门市	1147.45	6.8	1082.20	8.8	7.8:47.4:44.7
阳江市	546.50	4.7	546.55	10.4	17.2:41.4:41.4
湛江市	984.74	10.6	1092.77	7.3	19.6:68.1:42.3
茂名市	1060.16	7.6	1143.09	7.7	16.4:40.2:43.4
肇庆市	1002.03	3.7	760.10	7.4	15.4:48.1:36.5
清远市	507.33	8.2	664.30	8.8	15.6:36.5:47.9
潮州市	510.77	6.1	395.00	9.0	7.3:52.3:40.4
揭阳市	1192.50	5.5	650.30	8.4	9.3:58.7:32.0
云浮市	325.62	8.5	289.43	9.4	21.0:41.8:37.2

F-6 广东省及各市主要经济指标

（2016年）

市 别	规模以上工业增加值（亿元）			固定资产投资（亿元）		
	实绩数	排位	增长（%）	实绩数	排位	增长（%）
全 省	31917.39	—	6.7	33008.86	—	10.0
广州市	4877.85	2	6.5	5703.59	1	8.0
深圳市	7199.47	1	7	4078.16	2	23.6
珠海市	1043.23	8	5.9	1389.75	10	6.5
汕头市	778.67	11	9.6	1579.53	5	24.0
佛山市	4718.72	3	7.7	3512.04	3	15.7
韶关市	331.74	18	5	702.09	14	0.1
河源市	377.17	17	10.1	652.29	16	15.6
梅州市	224.21	21	4.6	650.36	17	14.5
惠州市	1762.18	5	8.7	2039.71	4	9.4
汕尾市	272.72	20	6.8	652.45	15	11.5
东莞市	2878.23	4	7	1557.46	6	7.7
中山市	1385.88	6	6.7	1149.01	13	8.9
江门市	1041.82	9	7	1517.77	8	16.0
阳江市	477.40	14	5.2	503.92	20	-27.1
湛江市	766.52	12	11.5	1531.60	7	16.6
茂名市	765.51	13	7.4	1262.76	12	13.2
肇庆市	952.73	10	3.7	1373.74	11	3.3
清远市	444.35	15	10	620.95	18	0.1
潮州市	379.34	16	6.6	454.62	21	16.0
揭阳市	1132.66	7	5.8	1485.54	9	9.1
云浮市	280.77	19	8.6	591.51	19	0.2

F-7　广东省及各市主要经济指标

（2016年）

市　别	工业固定资产投资（亿元）			房地产开发投资（亿元）		
	实绩数	排位	增长（%）	实绩数	排位	增长（%）
全　省	**11051.68**	**—**	**8.9**	**10307.80**	**—**	**20.7**
广州市	713.92	1	−5.4	2540.85	3	18.9
深圳市	691.57	2	17.1	1756.52	1	32.0
珠海市	287.47	11	11.1	641.03	6	22.3
汕头市	847.45	5	28.4	306.38	9	24.8
佛山市	1463.59	3	20.1	1229.97	4	30.1
韶关市	250.28	14	4.7	146.84	17	11.3
河源市	252.67	18	16.4	175.72	14	36.7
梅州市	207.55	17	−0.6	172.53	18	2.5
惠州市	**813.55**	**8**	**13.5**	**747.63**	**5**	**22.5**
汕尾市	203.43	19	40.6	56.77	15	117.5
东莞市	565.44	4	12.4	642.76	2	11.7
中山市	329.50	9	1.4	543.59	7	13.0
江门市	694.25	10	18.1	353.62	8	13.7
阳江市	283.98	15	−20.8	101.38	19	−3.3
湛江市	566.46	6	−0.8	223.21	12	24.7
茂名市	724.34	7	11	109.84	21	7.0
肇庆市	717.22	13	2.5	145.20	11	−9.1
清远市	163.90	16	0.7	227.52	13	6.5
潮州市	184.39	20	14.2	61.75	16	21.5
揭阳市	783.19	12	13	53.51	10	9.9
云浮市	307.53	21	−28.2	71.18	20	13.4

F-8 广东省及各市主要经济指标

（2016年）

市 别	社会消费品零售总额（亿元）			外贸进出口总额（亿元）		
	实绩数	排位	增长（%）	实绩数	排位	增长（%）
全 省	**34739.00**	**—**	**10.2**	**63029.5**	**—**	**-0.8**
广州市	8706.49	1	9.0	8566.9	3	3.1
深圳市	5512.76	2	8.1	26296.6	1	-4.4
珠海市	1016.13	11	11.0	2634.3	6	-11.0
汕头市	1515.19	5	12.3	562.4	9	-2.4
佛山市	3017.76	3	11.6	4130.8	4	1.1
韶关市	638.21	14	9.9	156.3	17	4.9
河源市	537.44	18	11.0	261.0	14	4.0
梅州市	619.77	17	10.8	155.1	18	1.7
惠州市	**1227.88**	**8**	**12.3**	**3044.8**	**5**	**-9.8**
汕尾市	533.11	19	8.9	213.2	15	7.4
东莞市	2470.78	4	13.1	11416.0	2	9.8
中山市	1205.84	9	11.0	2237.7	7	1.2
江门市	1159.06	10	12.1	1261.7	8	4.1
阳江市	634.83	15	8.6	138.3	19	-22.5
湛江市	1432.96	6	9.5	304.4	12	-4.6
茂名市	1339.88	7	10.3	104.1	21	2.1
肇庆市	731.98	13	12.9	461.2	11	-9.8
清远市	626.80	16	9.7	291.5	13	4.2
潮州市	495.61	20	11.6	199.9	16	2.5
揭阳市	978.42	12	12.2	465.5	10	6.4
云浮市	345.22	21	13.3	127.7	20	7.3

F-9 广东省及各市主要经济指标

（2016年）

市 别	外贸进口总额（亿元）			外贸出口总额（亿元）		
	实绩数	排位	增长（%）	实绩数	排位	增长（%）
全 省	23574.4	—	0.0	39455.1	—	-1.3
广州市	3379.9	3	3.3	5187.0	3	3.0
深圳市	10626.4	1	-4.2	15670.2	1	-4.5
珠海市	950.5	6	-18.6	1683.8	7	-6.1
汕头市	138.8	10	-11.5	423.6	10	1.0
佛山市	1025.5	5	-5.8	3105.3	4	3.6
韶关市	66.5	15	10.8	89.9	20	1.0
河源市	72.2	14	-3.4	188.7	13	7.1
梅州市	14.7	21	29.9	140.4	16	-0.5
惠州市	1072.3	4	-11.8	1972.5	5	-8.7
汕尾市	121.3	11	20.4	92.0	19	-6.1
东莞市	4859.1	2	22.4	6556.8	2	2.0
中山市	474.3	7	0.6	1763.4	6	1.4
江门市	268.2	8	-3.1	993.6	8	6.2
阳江市	23.3	19	-16.8	115.0	17	-23.6
湛江市	109.7	13	-24.2	194.8	12	11.8
茂名市	29.3	17	-12.2	74.8	21	9.0
肇庆市	149.2	9	-30.5	312.0	11	5.2
清远市	117.6	12	6.1	173.8	14	3.0
潮州市	26.4	18	12.6	173.5	15	1.2
揭阳市	19.3	20	-8.4	446.2	9	7.1
云浮市	29.9	16	-12.2	97.8	18	15.2

F-10　广东省及各市主要经济指标

（2016 年）

市　别	实际吸收外商直接投资（亿美元）			地方公共财政预算收入（亿元）		
	实绩数	排位	增长（%）	实绩数	排位	增长（%）
全　省	233.49	—	−13.1	10390.33	—	10.3
广州市	57.01	2	5.3	1393.64	2	5.2
深圳市	67.32	1	3.6	3136.42	1	16.8
珠海市	22.95	4	5.4	292.37	7	12.4
汕头市	0.91	12	−58.3	137.09	9	6.0
佛山市	14.72	5	−38.1	604.50	3	12.3
韶关市	0.51	17	5.3	85.05	15	2.3
河源市	0.95	11	−34.1	68.89	17	6.1
梅州市	0.57	16	−19.9	105.46	12	4.3
惠州市	**11.43**	**6**	**3.4**	**361.29**	**5**	**10.0**
汕尾市	0.44	18	−55.4	30.78	21	13.8
东莞市	39.26	3	−26.2	544.75	4	8.1
中山市	4.74	8	3.9	295.04	6	6.1
江门市	4.76	7	−45.8	204.17	8	5.4
阳江市	0.70	14	−17.7	57.99	18	−11.4
湛江市	0.61	15	−61.0	112.99	11	−4.9
茂名市	0.75	13	−56.1	121.43	10	6.3
肇庆市	3.70	9	−73.4	91.70	14	−34.6
清远市	1.07	10	−24.5	95.64	13	−7.8
潮州市	0.34	20	67.8	44.40	20	−3.8
揭阳市	0.31	21	−21.8	73.64	16	−3.2
云浮市	0.43	19	−21.8	57.42	19	0.3

F-11 广东省及各市主要经济指标

（2016年）

市 别	国税收入（亿元）			国税收入中的国内税收（亿元）		
	实绩数	排位	增长（%）	实绩数	排位	增长（%）
全 省	**12855.58**	**—**	**10.9**	**9856.44**	**—**	**10.8**
广州市	3152.24	2	7.8	2372.44	2	12.5
深圳市	4420.68	1	6.6	3168.23	1	3.0
珠海市	453.84	6	24.4	370.90	6	27.9
汕头市	149.15	11	11.3	131.22	11	16.4
佛山市	815.02	4	14.0	709.45	4	16.1
韶关市	104.41	13	12.6	97.19	14	12.9
河源市	56.35	18	11.8	54.24	17	18.1
梅州市	105.66	12	12.7	105.04	12	12.8
惠州市	**609.28**	**5**	**17.8**	**466.10**	**5**	**19.0**
汕尾市	42.47	21	33.8	31.08	21	36.2
东莞市	1229.66	3	28.7	864.61	3	16.8
中山市	393.44	7	10.0	368.50	7	11.0
江门市	269.81	10	10.3	244.23	9	10.0
阳江市	61.82	17	17.0	51.79	18	24.1
湛江市	295.97	8	8.5	190.01	10	12.2
茂名市	291.51	9	4.3	252.22	8	12.2
肇庆市	102.95	14	15.8	92.25	16	22.5
清远市	102.38	15	22.8	96.66	15	24.6
潮州市	55.65	19	0.2	51.78	19	0.1
揭阳市	100.31	16	10.6	98.99	13	10.9
云浮市	43.00	20	20.9	39.50	20	23.5

F-12　广东省及各市主要经济指标

（2016年）

市　别	地税收入（亿元）			商品房销售面积（万平方米）		
	实绩数	排位	增长（%）	实绩数	排位	增长（%）
全　省	**6574.80**	**—**	**20.3**	**14611.60**	**—**	**25.1**
广州市	1381.38	2	12.4	1949.10	2	17.9
深圳市	2473.92	1	30.0	736.19	7	-11.5
珠海市	337.17	5	20.0	653.15	9	56.4
汕头市	107.37	9	14.3	353.45	14	58.1
佛山市	500.51	3	17.9	2221.51	1	56.3
韶关市	54.42	15	8.5	368.70	13	17.1
河源市	52.42	16	15.6	342.94	15	41.7
梅州市	89.74	11	8.7	386.63	12	27.8
惠州市	**224.89**	**6**	**25.5**	**1771.91**	**3**	**36.3**
汕尾市	24.98	21	30.8	194.73	19	102.9
东莞市	475.31	4	25.9	1024.25	5	-1.6
中山市	214.07	7	18.4	1158.23	4	11.1
江门市	147.25	8	9.4	679.78	8	34.7
阳江市	42.57	19	6.2	311.21	17	9.4
湛江市	77.66	12	11.4	405.23	11	24.6
茂名市	94.65	10	8.8	321.26	16	18.8
肇庆市	75.60	13	-3.0	499.96	10	1.0
清远市	71.70	14	-1.6	770.26	6	43.3
潮州市	34.74	20	10.4	100.91	21	23.2
揭阳市	48.59	17	-1.6	133.45	20	16.4
云浮市	45.84	18	22.3	228.79	18	26.5

注：本表“地税收入”比自然月提前2天结算。

F-13 广东省及各市主要经济指标

（2016年）

市别	金融机构本外币存款余额（亿元）			金融机构本外币贷款余额（亿元）		
	实绩数	排位	增长（%）	实绩数	排位	增长（%）
全省	**179829.19**	**—**	**12.1**	**110928.41**	**—**	**16.0**
广州市	43577.39	2	11.5	25313.28	2	9.0
深圳市	64407.81	1	11.5	40526.90	1	24.9
珠海市	6124.26	5	13.8	4098.08	5	38.0
汕头市	3125.20	9	9.4	1303.90	10	8.7
佛山市	13281.61	3	11.9	8717.81	3	9.7
韶关市	1669.70	16	8.9	772.51	18	5.6
河源市	1139.26	18	15.2	888.08	15	10.9
梅州市	1819.19	15	16.2	830.18	16	12.7
惠州市	**4974.48**	**7**	**29.7**	**3460.97**	**6**	**28.1**
汕尾市	744.28	21	17.9	352.70	21	15.2
东莞市	11545.10	4	15.8	6545.66	4	9.4
中山市	5031.00	6	14.9	3367.09	7	16.3
江门市	4030.37	8	7.0	2469.83	8	11.4
阳江市	1127.45	19	11.1	827.44	17	9.2
湛江市	2847.29	10	6.1	1633.77	9	4.1
茂名市	2216.93	11	12.3	1005.87	13	17.2
肇庆市	2041.58	12	14.4	1293.43	11	0.9
清远市	1926.13	14	13.3	1152.08	12	8.6
潮州市	1203.57	17	11.8	368.55	20	-0.1
揭阳市	2017.26	13	9.8	992.39	14	6.5
云浮市	1026.53	20	12.1	651.33	19	8.9

F-14 广东省及各市主要经济指标

（2016年）

市 别	住户存款余额（人民币，亿元）			在岗职工平均工资（元）		
	实绩数	排位	增长（%）	实绩数	排位	增长（%）
全 省	**58618.89**	**—**	**8.1**	**72848**	**—**	**9.9**
广州市	13826.05	1	5.4	89096	2	9.8
深圳市	10391.14	2	9.7	89757	1	10.8
珠海市	1424.21	11	9.4	74931	3	10.3
汕头市	2068.70	7	8.8	55867	15	5.4
佛山市	6658.46	3	7.8	67187	4	8.7
韶关市	1004.39	16	9.0	61465	8	11.9
河源市	659.53	20	11.8	56513	14	9.8
梅州市	1142.63	14	8.0	60191	10	11.4
惠州市	**1945.23**	**8**	**13.3**	**64766**	**7**	**10.5**
汕尾市	428.36	21	11.1	54425	18	13.4
东莞市	4882.91	4	6.3	57649	12	8.3
中山市	2279.34	6	9.4	64790	6	10.2
江门市	2401.42	5	7.7	61366	9	13.4
阳江市	737.60	18	11.2	54245	19	8.1
湛江市	1808.47	9	7.9	55565	16	10.7
茂名市	1528.92	10	8.4	57059	13	7.6
肇庆市	1263.79	13	9.7	59591	11	9.4
清远市	1123.09	15	11.1	66648	5	11.5
潮州市	809.35	17	8.7	53940	20	11.3
揭阳市	1387.47	12	11.2	48156	21	7.3
云浮市	678.10	19	11.6	54780	17	9.7

F-15 广东省及各市主要经济指标

（2016年）

市别	城镇常住居民可支配收入（元）			农村常住居民人均可支配收入（元）		
	实绩数	排位	增长（%）	实绩数	排位	增长（%）
全省	37684	—	8.4	14512	—	8.6
广州市	50941	1	9.0	21449	5	11.0
深圳市	48695	2	9.1		-	
珠海市	42537	5	11.0	22889	4	11.6
汕头市	25121	13	8.0	13663	11	9.7
佛山市	43120	3	8.5	24159	3	9.5
韶关市	25855	10	10.0	12790	16	10.2
河源市	21817	20	9.0	12046	20	11.5
梅州市	23642	15	8.4	12991	14	10.1
惠州市	33213	7	10.5	17603	6	11.2
汕尾市	22389	18	8.6	12442	18	10.2
东莞市	43096	4	8.3	26526	2	9.5
中山市	41613	6	11.7	27529	1	12.8
江门市	29557	8	9.0	15226	7	10.2
阳江市	25281	11	9.5	13961	10	11.3
湛江市	24887	14	7.6	13336	12	7.5
茂名市	23323	16	9.0	14520	9	9.8
肇庆市	25907	9	9.1	15115	8	8.1
清远市	25267	12	10.3	12873	15	10.2
潮州市	21787	21	6.5	12559	17	9.6
揭阳市	22944	17	7.5	12251	19	8.1
云浮市	21888	19	8.6	13016	13	8.4

H-1 2016年全市规模以上电子制造业100强企业

（按工业总产值排序）

序号	企业名称	县（区）	序号	企业名称	县（区）
1	惠州三星电子有限公司	仲恺区	51	博罗县泰美镇淇虹和泰电子有限公司	博罗县
2	伯恩光学（惠州）有限公司	惠阳区	52	惠州海格电气有限公司	仲恺区
3	惠州 TCL 移动通信有限公司	仲恺区	53	惠州极帝电子有限公司	惠阳区
4	ＴＣＬ王牌电器（惠州）有限公司	仲恺区	54	惠州超声音响有限公司	惠阳区
5	惠州比亚迪电子有限公司	大亚湾区	55	惠州市科力磁元有限公司	博罗县
6	ＴＣＬ海外电子（惠州）有限公司	仲恺区	56	惠州中京电子科技有限公司	仲恺区
7	龙旗电子（惠州）有限公司	仲恺区	57	惠州聆韵科技有限公司	仲恺区
8	惠阳联想电子工业有限公司	惠阳区	58	惠州市粤泰翔科技有限公司	仲恺区
9	惠州市德赛西威汽车电子有限公司	仲恺区	59	惠州美锐电子科技有限公司	仲恺区
10	惠州市飞泰科数字装备有限公司	惠东县	60	惠州市锦湖实业发展有限公司	惠城区
11	日立乐金光科技（惠州）有限公司	仲恺区	61	德联覆铜板（惠州）有限公司	博罗县
12	TCL 显示科技（惠州）有限公司	仲恺区	62	奥士康精密电路（惠州）有限公司	惠阳区
13	ＴＣＬ通力电子（惠州）有限公司	仲恺区	63	惠州市金山电子有限公司	仲恺区
14	惠州科锐半导体照明有限公司	仲恺区	64	盛威尔（惠州）电缆科技有限公司	博罗县
15	华通精密线路板（惠州）有限公司	博罗县	65	惠阳中建电讯制品有限公司	惠阳区
16	惠州比亚迪实业有限公司	大亚湾区	66	博罗承创精密工业有限公司	博罗县
17	乐金电子部品（惠州）有限公司	仲恺区	67	惠阳科惠工业科技有限公司	惠阳区
18	惠州华阳通用电子有限公司	仲恺区	68	惠州鸿通电子有限公司	惠阳区
19	惠州市蓝微电子有限公司	仲恺区	69	兴宇电子（惠州）有限公司	博罗县
20	华通电脑（惠州）有限公司	博罗县	70	凯赫威（惠州）精密制造有限公司	惠城区
21	乐金电子（惠州）有限公司	仲恺区	71	惠州三华工业有限公司	仲恺区
22	惠州侨兴电讯工业有限公司	惠城区	72	惠州茂硕能源科技有限公司	博罗县
23	东阳（博罗）电子有限公司	博罗县	73	亚浩电子五金塑胶（惠州）有限公司	仲恺区
24	美律电子（惠州）有限公司	龙门县	74	捷普绿点科技（惠州）有限公司	惠阳区
25	惠州市康冠科技有限公司	仲恺区	75	惠州市凯越电子有限公司	惠城区
26	胜宏科技（惠州）股份有限公司	惠阳区	76	惠州东和数码科技有限公司	博罗县
27	索尼精密部件（惠州）有限公司	仲恺区	77	惠阳东亚电子制品有限公司	惠阳区
28	科时电子（惠州）有限公司	博罗县	78	广东骏亚电子科技股份有限公司	惠城区
29	天宝电子（惠州）有限公司	惠城区	79	惠州东洋益恩彼电子有限公司	仲恺区
30	信华精机有限公司	仲恺区	80	惠阳东威电子制品有限公司	惠阳区
31	惠州埃富拓科技有限公司	仲恺区	81	惠州市德帮实业有限公司	仲恺区
32	惠州铂科磁材有限公司	惠东县	82	伟全电子（惠州）有限公司	博罗县
33	惠州德赛信息科技有限公司	仲恺区	83	惠州市恒都电子有限公司	仲恺区
34	博罗康佳精密科技有限公司	博罗县	84	田村电子（惠州）有限公司	博罗县
35	惠州市米琦通信设备有限公司	仲恺区	85	声电电子科技（惠州）有限公司	大亚湾区
36	惠州卡美欧通讯有限公司	仲恺区	86	惠州合正电子科技有限公司	大亚湾区
37	惠州高盛达科技有限公司	仲恺区	87	博罗县九潭弘亿电子制造厂	博罗县
38	惠州光弘科技股份有限公司	大亚湾区	88	惠州丰采贵金属制造有限公司	博罗县
39	广东九联科技股份有限公司	仲恺区	89	惠州伸勇电子材料有限公司	博罗县
40	南亚电子材料（惠州）有限公司	博罗县	90	扬尚电子（惠州）有限公司	博罗县
41	惠州市讯和数码科技有限公司	博罗县	91	博罗合义电化有限公司	博罗县
42	惠州长城开发科技有限公司	仲恺区	92	惠州大亚湾永昶科技电子有限公司	大亚湾区
43	惠州海格科技有限公司	仲恺区	93	惠州市健和光电有限公司	大亚湾区
44	惠州君超电子有限公司	博罗县	94	仝达实业（惠州）有限公司	惠城区
45	先进科技（惠州）有限公司	惠城区	95	广东新美锐科技有限公司	惠阳区
46	威世电子（惠州）有限公司	惠阳区	96	立隆电子（惠州）有限公司	惠东县
47	惠州硕贝德无线科技股份有限公司	仲恺区	97	博罗县嘉盛源电子有限公司	博罗县
48	ＴＣＬ罗格朗国际电工（惠州）有限公司	仲恺区	98	惠州侨兴电子科技有限公司	惠城区
49	惠州市华阳多媒体电子有限公司	仲恺区	99	惠州市太基电子实业有限公司	博罗县
50	惠州伟志电子有限公司	博罗县	100	濠玮电子科技（惠州）有限公司	惠阳区

H-2　2016年全市规模以上石油化工制造业100强企业

（按工业总产值排序）

序号	企业名称	县（区）	序号	企业名称	县（区）
1	中海石油炼化有限责任公司惠州炼化分公司	大亚湾区	51	澳达树熊涂料（惠州）有限公司	惠东县
2	中海壳牌石油化工有限公司	大亚湾区	52	长泰化学工业（惠州）有限公司	博罗县
3	中海石油开氏石化有限责任公司	大亚湾区	53	先驱塑胶电子（惠州）有限公司	博罗县
4	惠州李长荣橡胶有限公司	大亚湾区	54	广东圣帕新材料股份有限公司	仲恺区
5	惠州宇新化工有限责任公司	大亚湾区	55	惠州市惠福鞋材有限公司	惠东县
6	中海油乐金化工有限公司	大亚湾区	56	惠东县天悦鞋材有限公司	惠东县
7	惠州兴达石化工业有限公司	大亚湾区	57	惠州市中茂橡胶制品有限公司	大亚湾区
8	惠州忠信化工有限公司	大亚湾区	58	惠阳钰城泰化工有限公司	惠阳区
9	惠州市博美化妆品有限公司	博罗县	59	惠州辉煌涂料有限公司	惠阳区
10	普利司通（惠州）轮胎有限公司	仲恺区	60	来士达劳保（惠州）有限公司	博罗县
11	惠州惠菱化成有限公司	大亚湾区	61	惠东县三宏橡塑发泡厂	惠东县
12	惠州仁信聚苯集团有限公司	大亚湾区	62	广东摩天零和壹涂料科技有限公司	龙门县
13	惠州亚华胶粘带有限公司	博罗县	63	惠州市广美精细化工有限公司	博罗县
14	智盛（惠州）石油化工有限公司	大亚湾区	64	橡鸿（惠州）橡胶制品有限公司	博罗县
15	惠州市立美特环保油墨有限公司	博罗县	65	惠州市斯瑞尔环境化工有限公司	惠阳区
16	博罗县石湾聚龙化工有限公司	博罗县	66	龙门县瑞美斯环保材料科技有限公司	龙门县
17	博罗县力群纺织化工有限公司	博罗县	67	佳丽化工（惠州）有限公司	惠阳区
18	普利司通（惠州）合成橡胶有限公司	大亚湾区	68	惠州市沃特新材料有限公司	惠城区
19	惠州市宙邦化工有限公司	大亚湾区	69	广东日出化工有限公司	惠阳区
20	恒昌涂料（惠阳）有限公司	惠阳区	70	惠州市坤洋实业有限公司	惠阳区
21	惠州利宝粘剂有限公司	博罗县	71	惠东恒泰塑业有限公司	惠东县
22	美雅（惠州）化妆品有限公司	博罗县	72	多泰工业有限公司	龙门县
23	澳宝化妆品（惠州）有限公司	惠城区	73	惠州市建科实业有限公司	惠阳区
24	惠州兴鑫涂料化工有限公司	博罗县	74	广东恒大新材料科技有限公司	惠城区
25	惠州市长润发涂料有限公司	大亚湾区	75	中海油能源发展股份有限公司采油技术服务惠州分公司	大亚湾区
26	广东红墙新材料股份有限公司	博罗县	76	惠州市康洁洗涤用品有限公司	惠阳区
27	青上化工（惠州）有限公司	仲恺区	77	惠州市富林化工有限公司	博罗县
28	科莱恩化工（惠州）有限公司	大亚湾区	78	惠州市固德尔合成材料有限公司	惠阳区
29	博罗县东明化工有限公司	博罗县	79	惠州市肌缘生物科技股份有限公司	惠阳区
30	巴斯夫造纸化学品（惠州）有限公司	大亚湾区	80	惠州市繁中宝橡塑发泡厂有限公司	惠阳区
31	龙门协成新材料有限公司	龙门县	81	惠州市华阳光学技术有限公司	仲恺区
32	鑫双利（惠州）树脂有限公司	大亚湾区	82	惠州市智华合成革有限公司	惠东县
33	中海油惠州石化有限公司	大亚湾区	83	惠东县瀚利鞋材加工厂	惠东县
34	惠州市兴邦新材料科技有限公司	龙门县	84	惠州凯美特气体有限公司	大亚湾区
35	大昌树脂（惠州）有限公司	惠阳区	85	惠东县港东塑胶制品有限公司	惠东县
36	惠州伟康新型建材有限公司	惠东县	86	惠州市耐宝塑胶制品有限公司	惠东县
37	普莱克斯（惠州）工业气体有限公司	大亚湾区	87	惠州市远安新材料有限公司	惠城区
38	惠州市容大油墨有限公司	惠东县	88	惠州市志海新威科技有限公司	惠阳区
39	惠州市利而安化工有限公司	惠阳区	89	惠阳区施美克化工有限公司	惠阳区
40	惠州市盛达化工有限公司	博罗县	90	惠州市肯恩化妆品实业有限公司	博罗县
41	惠州长龙化工有限公司	博罗县	91	惠州市银农科技有限公司	惠城区
42	惠州长联新材料科技有限公司	惠阳区	92	惠州市久策工业气体有限公司	仲恺区
43	惠州市华保化工有限公司	仲恺区	93	可隆（惠州）电子材料化工有限公司	大亚湾区
44	惠州市盛和化工有限公司	大亚湾区	94	乾瑞化工（惠州）有限公司	仲恺区
45	惠州兆骐礼品有限公司	惠城区	95	惠东县天顺鞋材有限公司	惠东县
46	来百利（惠州）手套有限公司	博罗县	96	惠州市方舟工业气体有限公司	惠阳区
47	广东易置新材料科技有限公司	龙门县	97	博罗县园洲港日实业发展有限公司	博罗县
48	广东千叶松化工有限公司	惠阳区	98	惠阳富顺色料有限公司	惠阳区
49	惠州深赛尔化工有限公司	惠阳区	99	惠东县昌华鞋材有限公司	惠东县
50	惠东县铁涌镇源塑橡胶鞋底加工厂	惠东县	100	柏林（惠州）科技化工有限公司	博罗县

H-3　2016年全市规模以上纺织服装业100强企业

（按工业总产值排序）

序号	企业名称	县（区）	序号	企业名称	县（区）
1	骏达制衣厂（惠州）有限公司	博罗县	51	广东睡冬宝生态家居股份有限公司	仲恺区
2	惠州三富服装有限公司	博罗县	52	惠州新泰美纺织有限公司	博罗县
3	景鸿（惠州）针织有限公司	博罗县	53	惠州澳龙无纺布有限公司	博罗县
4	博罗璟太元服饰有限公司	博罗县	54	博罗县园洲欧艺时装厂有限公司	博罗县
5	博罗石湾致丰织染有限公司	博罗县	55	博罗县达威奇制衣有限公司	博罗县
6	佳都（惠州）制衣有限公司	博罗县	56	博罗复扬针织漂染有限公司	博罗县
7	慧怡织造（惠州）有限公司	惠阳区	57	博罗县嘉盛帐蓬有限公司	博罗县
8	博罗县德荣制衣有限公司	博罗县	58	惠州新联泰内衣配件有限公司	博罗县
9	惠州市老铭人服饰有限公司	惠东县	59	博罗县合兴隆洗水有限公司	博罗县
10	盛龙纺织（惠州）有限公司	博罗县	60	宏礼织造厂（惠州）有限公司	惠阳区
11	南泰印整（惠州）有限公司	博罗县	61	惠州市华大远东洗染有限公司	博罗县
12	伟全化纤（惠州）有限公司	博罗县	62	华业工业织造（惠州）有限公司	博罗县
13	惠州南旋毛织厂有限公司	惠城区	63	惠州市泰兴织染制衣有限公司	惠阳区
14	广东中旭服饰有限公司	博罗县	64	博罗县九潭芬迪漂染有限公司	博罗县
15	惠州力运织造厂有限公司	惠城区	65	惠州市高联制衣有限公司	惠城区
16	南益热转印花（惠州）有限公司	博罗县	66	东翔制衣（惠州）有限公司	仲恺区
17	博罗县添丰织染实业有限公司	博罗县	67	惠州市欧森雅实业有限公司	博罗县
18	博罗县仁和织造制衣有限公司	博罗县	68	联泰（龙门）针织有限公司	龙门县
19	惠州泰富织造有限公司	博罗县	69	大进制衣厂（惠州）有限公司	惠城区
20	惠州真华美服装有限公司	惠阳区	70	惠州市中纺利兴织造有限公司	博罗县
21	惠东伟盛制衣有限公司	惠东县	71	健荣针织染整（惠州）有限公司	博罗县
22	三龙（惠州）化纤有限公司	博罗县	72	惠州市振华工业发展有限公司	仲恺区
23	博罗县裕升染织有限公司	博罗县	73	惠州市创展运动器材有限公司	博罗县
24	惠州力豪服装有限公司	惠城区	74	博罗县龙溪礼安服装厂	博罗县
25	博罗县韵达服饰有限公司	博罗县	75	惠州市棉王纺织有限公司	惠城区
26	胜伟新织造制衣（惠州）有限公司	博罗县	76	惠州市盛兴隆实业有限公司	博罗县
27	龙门县鸿业纺织制衣漂染有限公司	龙门县	77	惠阳中核辉新化纤有限公司	惠阳区
28	卡撒天娇家居（惠州）有限公司	仲恺区	78	龙门县益泰漂染业有限公司	龙门县
29	金利兴（惠州）制衣有限公司	博罗县	79	惠东玫瑰针织厂有限公司	惠东县
30	胜丰织造制衣（惠州）有限公司	博罗县	80	惠州市新天健服装有限公司	仲恺区
31	博罗县港泰印染有限公司	博罗县	81	博罗县园洲镇达泰制衣有限公司	博罗县
32	金丰制衣（惠州）有限公司	博罗县	82	惠东登龙针织制衣有限公司	惠东县
33	高业制衣（惠州）有限公司	博罗县	83	惠州华盛家庭用品有限公司	惠阳区
34	惠州大建毛织实业有限公司	惠东县	84	惠州市凯雅服饰有限公司	惠城区
35	惠州建亿织造有限公司	博罗县	85	惠州市奥美针织有限公司	惠城区
36	龙门县裕泰漂染业有限公司	龙门县	86	惠州大亚湾健兴粘扣带有限公司	大亚湾区
37	广东富绅服饰有限公司	仲恺区	87	惠州市金豪成无纺布有限公司	惠阳区
38	力研时装（惠州）有限公司	惠阳区	88	鸿骅制衣（惠州）有限公司	惠城区
39	惠东县港惠针织有限公司	惠东县	89	惠阳欣峰制衣有限公司	惠阳区
40	龙门县汉兴织染有限公司	龙门县	90	惠州市新联大科技有限公司	仲恺区
41	博罗县华意织染有限公司	博罗县	91	博罗新弘织造有限公司	博罗县
42	惠州市金顺来服饰有限公司	仲恺区	92	惠州市亿顺丰实业有限公司	惠阳区
43	惠州市金泰制衣有限公司	惠城区	93	惠州市奥斯迪服饰有限公司	惠城区
44	惠州市明佳豪实业有限公司	惠阳区	94	广东阿达彪服装有限公司	惠东县
45	惠州新联业纺织有限公司	惠阳区	95	惠州永茂昌旅游用品有限公司	惠阳区
46	广东比帆制衣有限公司	博罗县	96	惠州市银河纺织科技有限公司	惠城区
47	博罗五达纺织印染有限公司	博罗县	97	惠东县大岭镇新超制衣厂	惠东县
48	恒胜制衣（惠州）有限公司	惠城区	98	惠州市大盈织造有限公司	惠阳区
49	新天伦服装配料（惠州）有限公司	惠城区	99	惠州市力富服装有限公司	仲恺区
50	惠州市良丰服饰发展有限公司	惠东县	100	广东维耶斯服饰有限公司	博罗县

H-4 2016年全市规模以上制鞋业50强企业

（按工业总产值排序）

序 号	企业名称	县（区）
1	隆发鞋业（惠州）有限公司	博罗县
2	惠州市港盈鞋业有限公司	惠东县
3	惠阳兆吉鞋业有限公司	惠阳区
4	广东信利达鞋业有限公司	惠东县
5	惠州市远东鞋业有限公司	惠东县
6	惠州年发科技园发展有限公司	惠东县
7	惠州市超智鞋业有限公司	博罗县
8	隆裕鞋业（惠州）有限公司	博罗县
9	宏凯鞋业（惠州）有限公司	惠城区
10	宝凯皮件（惠州）有限公司	惠城区
11	惠州市中航鞋业有限公司	惠东县
12	惠州市伟明鞋业有限公司	惠东县
13	广东天鹅星鞋业有限公司	惠东县
14	惠州信立工业有限公司	博罗县
15	惠东县吉隆瑞星鞋业有限公司	惠东县
16	惠州富登鞋业有限公司	博罗县
17	惠州龙源鞋业有限公司	惠东县
18	惠东县翀兴鞋业有限公司	惠东县
19	惠州市惠阳华丽鞋业有限公司	惠阳区
20	惠州市金喜源实业有限公司	惠东县
21	惠东县黄埠镇华江鞋业有限公司	惠东县
22	惠州市莱斯特鞋业有限公司	惠东县
23	惠州市金烽鞋业有限公司	惠东县
24	惠州黄埠镇广信鞋业有限公司	惠东县
25	惠东县振达鞋业有限公司	惠东县
26	惠东县信南鞋业有限公司	惠东县
27	惠东县嘉诚鞋业有限公司	惠东县
28	惠东县雅士达鞋业皮具有限公司	惠东县
29	惠东县集丰鞋业有限公司	惠东县
30	惠东县吉隆吉美鞋厂	惠东县
31	惠州市美源鞋业有限公司	惠东县
32	惠东县东华鞋业有限公司	惠东县
33	惠州市粤秀鞋业有限公司	惠东县
34	惠东县吉隆金豪鞋厂	惠东县
35	惠州市新怡鞋业有限公司	惠东县
36	惠州市粤通鞋业有限公司	惠东县
37	惠东县黄埠镇强生鞋业有限公司	惠东县
38	惠东县华翔鞋业有限公司	惠东县
39	惠东县粤嘉鞋业有限公司	惠东县
40	惠州市来裕鞋业有限公司	惠东县
41	惠州市骏腾鞋业有限公司	惠东县
42	惠州黄埠得利高鞋业有限公司	惠东县
43	惠东县德丰鞋业有限公司	惠东县
44	惠东县粤龙鞋业有限公司	惠东县
45	惠州市爱华鞋业有限公司	惠东县
46	惠州市忠盛鞋业有限公司	惠东县
47	保丽信（惠州）织造有限公司	惠城区
48	惠东县华滨鞋业有限公司	惠东县
49	惠东县吉隆金冠鞋业有限公司	惠东县
50	惠东县裕顺鞋业有限公司	惠东县

H-5　2016 年全市规模以上建筑材料制造业 50 强企业

（按工业总产值排序）

序　号	企业名称	县（区）
1	惠州市光大水泥企业有限公司	龙门县
2	惠州塔牌水泥有限公司	龙门县
3	惠州市贝特瑞新材料科技有限公司	惠阳区
4	惠州盛晨金属有限公司	博罗县
5	惠州麒华五金制品有限公司	博罗县
6	博罗县园洲罗浮山水泥有限公司	博罗县
7	华润水泥（惠州）有限公司	龙门县
8	龙门县惠安贸易有限公司	龙门县
9	惠州市富昌矿业有限公司	龙门县
10	龙门县密溪林场	龙门县
11	泰山石膏（广东）有限公司	博罗县
12	惠东美新塑木型材制品有限公司	惠东县
13	博罗县固力建材有限公司	博罗县
14	惠州罗浮山旋窑水泥有限公司	博罗县
15	惠州东方雨虹建筑材料有限责任公司	大亚湾区
16	惠州国强水泥有限公司	博罗县
17	惠州建华管桩有限公司	惠东县
18	惠州太胜预拌混凝土有限公司	惠阳区
19	惠州市冠峰建材有限公司	龙门县
20	广东省南方水泥厂	博罗县
21	惠州立兴金属制品厂有限公司	博罗县
22	龙门县荣生建材有限公司	龙门县
23	惠州市宝湖建材制造有限公司	仲恺区
24	杰森石膏板（惠州）有限公司	惠东县
25	龙门县至恒混凝土有限公司	龙门县
26	惠州市惠阳双新水泥有限公司	惠阳区
27	龙门县展扬混凝土有限公司	龙门县
28	有利华建材（惠州）有限公司	惠阳区
29	惠州大亚湾市政广兴混凝土有限公司	大亚湾区
30	惠东嘉华材料有限公司	惠东县
31	惠州市麦卡电工材料有限公司	惠阳区
32	惠州市荣康顺建筑材料制品有限公司	博罗县
33	广东弘大管桩有限公司	博罗县
34	巴川影像科技（惠州）有限公司	仲恺区
35	龙门县罗洞新晶环保石灰有限公司	龙门县
36	博罗县东骏水泥有限公司	博罗县
37	龙门县地派镇伟业砂厂有限公司	龙门县
38	龙门县海川矿业投资有限公司	龙门县
39	广东优达脚轮工业有限公司	龙门县
40	惠州市亚巴郎新型建材有限公司	仲恺区
41	龙门县家业矿业有限公司	龙门县
42	惠州市颂誉玻璃有限公司	惠阳区
43	惠州华润建材有限公司	惠阳区
44	惠东和兴泰实业有限公司	惠东县
45	龙门县华辉瓷土购销有限公司	龙门县
46	龙门县创一陶瓷原料有限公司	龙门县
47	龙门县富城预拌混凝土有限公司	龙门县
48	龙门县繁荣陶瓷原料有限公司	龙门县
49	广东中航特种玻璃技术有限公司	大亚湾区
50	深圳市三鑫精美特玻璃有限公司惠州大亚湾分公司	大亚湾区

H-6　2016年全市规模以上汽车制造业企业

（按工业总产值排序）

序　号	企业名称	县（区）
1	惠州比亚迪电池有限公司	大亚湾区
2	惠州住润电装有限公司	惠城区
3	东风本田汽车零部件有限公司	大亚湾区
4	惠州住成电装有限公司	大亚湾区
5	惠州住电电装有限公司	大亚湾区
6	惠州住润汽车部品有限公司	惠城区
7	惠州古河汽配有限公司	惠城区
8	惠州住润汽车线业有限公司	惠城区
9	惠州东风易进工业有限公司	大亚湾区
10	惠州市华阳精机有限公司	仲恺区
11	惠州住金锻造有限公司	大亚湾区
12	惠州雷电电子有限公司	博罗县
13	惠州金山线束科技有限公司	惠城区
14	东方化成（惠州）精密制品有限公司	博罗县
15	惠州市光裕汽车空调制造有限公司	龙门县
16	龙门县同昌汽车新材料有限公司	龙门县
17	广东晏龙汽车有限公司	龙门县
18	精塑汽配科技（惠州）有限公司	惠城区
19	惠州市闽航机械有限公司	龙门县
20	上原汽车铭牌（惠州）有限公司	博罗县
21	惠州市住润汽车回路技术有限公司	惠城区
22	惠州市志联佳五金制品有限公司	惠阳区
23	广东好时代专用车有限公司	博罗县
24	惠州金日工业科技有限公司	惠城区
25	惠州市湘联金属制品有限公司	惠阳区
26	惠州市津惠汽车线束有限公司	仲恺区
27	惠州东风汽车零部件有限公司	大亚湾区
28	惠州永柏科技有限公司	博罗县
29	惠州麦丰密封科技有限公司	大亚湾区
30	长丰汽车（惠州）有限公司	仲恺区
31	惠州市康兴汽车配件有限公司	惠阳区
32	信昌盛（惠州）精密五金制造有限公司	大亚湾区
33	惠州市车之骄汽车用品有限公司	博罗县

H-7 2016年全市限额以上商贸超市企业

（按销售额排序）

序 号	企业名称	县（区）
1	惠州市润鑫商城发展有限公司	惠城区
2	惠州市天虹商场有限公司	惠城区
3	惠州市港惠新天地商业经营管理有限公司	惠城区
4	惠州市万佳百货有限公司	惠城区
5	惠州市丽日购物广场有限公司	惠城区
6	永旺华南商业有限公司永旺惠州东平店	惠城区
7	沃尔玛深国投百货有限公司惠州演达路分店	惠城区
8	惠州市人人乐商业有限公司	惠城区
9	沃尔玛深国投百货有限公司惠州崇雅店	惠阳区
10	惠州市润福商业有限公司	惠阳区
11	昆山润华商业有限公司惠东分公司	惠东县
12	沃尔玛（广东）商业零售有限公司惠东飞鹅岭分店	惠东县
13	惠州市汇佳购物广场有限公司	仲恺区
14	沃尔玛（广东）商业零售有限公司惠州文明一路分店	惠城区
15	深圳家乐福商业有限公司惠阳万联店	惠阳区
16	龙门县供销社农贸实业有限公司	龙门县
17	沃尔玛（广东）商业零售有限公司惠州鹅岭西路分店	惠城区
18	惠州市美多实业有限公司	惠东县
19	惠州市天天润实业有限公司	惠城区
20	龙门县万家福购物广场有限公司	龙门县
21	惠州市益广兴实业有限公司	仲恺区
22	深圳华润万佳超级市场有限公司惠州分公司	惠城区
23	惠州市惠阳区裕华企业有限公司	惠阳区
24	惠州市源东商业投资有限公司	惠城区
25	惠州市金宝购物连锁有限公司	惠城区
26	广州沃尔玛百货有限公司惠州澳头分店	大亚湾区
27	龙门县邱氏兄弟商贸有限公司	龙门县
28	惠州市兴勤实业有限公司	仲恺区
29	惠州市万信佳商贸有限公司	仲恺区
30	博罗县万信佳商贸有限公司	博罗县
31	惠州市大荣商贸有限公司	仲恺区
32	龙门县美家乐百货有限公司	龙门县
33	广州屈臣氏个人用品商店有限公司惠州演达大道分店	惠城区
34	惠州市海滨城贸易有限公司	惠东县
35	惠州新银河贸易有限公司	惠东县
36	惠州市家多乐贸易有限公司	惠东县
37	惠州市爱尚百货有限公司	惠东县
38	惠州市爱婴岛儿童百货有限公司	惠城区

H-8　2016年全市星级酒店业50强企业

（按营业额排序）

序　号	企业名称	县（区）
1	龙门县地派温泉度假村有限公司	龙门县
2	龙门县南昆山温泉旅游大观园有限公司	龙门县
3	惠州市康帝国际酒店有限公司	惠城区
4	龙门尚天然温泉度假有限公司	龙门县
5	惠州国际金融大厦天悦酒店	惠城区
6	龙门县南昆三寨谷度假村有限公司	龙门县
7	惠州市南昆山云顶温泉渡假村有限公司	龙门县
8	惠州金华悦国际酒店有限公司	惠城区
9	惠东县碧桂园凤凰酒店管理有限公司	惠东县
10	惠州港升置业有限公司皇冠假日酒店	惠城区
11	龙门明信温泉发展有限公司	龙门县
12	惠州市金海湾嘉华度假酒店有限公司	惠东县
13	龙门县南昆山柏祥森林渡假酒店	龙门县
14	金融街惠州置业有限公司金海湾喜来登度假酒店	惠东县
15	惠州市平海海滨温泉旅游度假区有限公司	惠东县
16	博罗县龙花洞文化度假村有限公司	博罗县
17	龙门县南昆山棉花庐度假村有限公司	龙门县
18	龙门县南昆山云天海原始森林度假村有限公司	龙门县
19	龙门县永汉镇马星林丰温泉度假山庄	龙门县
20	惠州涛景高尔夫度假村有限公司	惠城区
21	惠州君豪大酒店	惠城区
22	惠州宾馆	惠城区
23	惠州市国惠大酒店有限公司	惠东县
24	龙门县南昆山中恒生态旅游公司	龙门县
25	惠州市西湖宾馆	惠城区
26	中信惠州汤泉旅游度假村有限公司	惠城区
27	惠州市金鹅温泉实业有限公司洲际度假酒店	惠城区
28	惠州市琼苑酒店有限公司	惠阳区
29	惠州市海王子首创学习型酒店有限公司	惠东县
30	惠州市罗浮山嘉宝田乡村俱乐部有限公司	博罗县
31	龙门县桂峰山生态旅游度假村有限公司	龙门县
32	惠州市家路酒店投资有限公司家路国际大酒店	惠阳区
33	惠东县弘诚酒店管理有限公司	惠东县
34	惠东县金滩酒店公寓管理有限公司	惠东县
35	广东劳模疗休养基地	惠东县
36	惠州市凯泉高尔夫渡假酒店有限公司	博罗县
37	惠州市万科双月湾酒店管理有限公司	惠东县
38	惠州市海公园爱度度假酒店管理有限公司	惠东县
39	惠州市金叶大酒店有限公司	惠城区
40	惠州大亚湾龙光城戴斯酒店有限公司	大亚湾区
41	惠州市三阳酒店有限公司	仲恺区
42	博罗县园洲镇晶港酒店有限公司	博罗县
43	惠州市阳光海岸酒店有限公司	大亚湾区
44	惠州市华斯顿酒店有限公司	惠城区
45	龙门县活通度假村有限公司	龙门县
46	惠州德泽园假日大酒店有限公司	惠东县
47	惠州海百纳东方丽景酒店管理有限公司	惠东县
48	惠州市金銮酒店有限公司	惠城区
49	惠州市候鸟实业有限公司	惠东县
50	惠东县虹海湾海景度假酒店管理有限公司	惠东县

H-9　2016年全市房地产业50强企业

（按销售面积排序）

序　号	企业名称	县（区）
1	惠东碧桂园房地产开发有限公司	惠东县
2	惠州大亚湾东圳房地产有限公司	大亚湾区
3	惠州市宏业投资开发有限公司	大亚湾区
4	惠州方联房地产有限公司	惠城区
5	惠州市惠阳雅居乐房地产开发有限公司	惠阳区
6	惠州阳光新都房地产开发有限公司	惠阳区
7	惠州市岗宏房地产开发有限公司	大亚湾区
8	惠州大亚湾东港实业有限公司	大亚湾区
9	惠州市康顺投资发展有限公司	博罗县
10	惠州丰通房地产有限公司	惠城区
11	惠州市国力房地产开发有限公司	大亚湾区
12	惠州市汇景丰房地产开发有限公司	惠阳区
13	惠州富茂房地产开发有限公司	惠东县
14	惠州市太东地产有限公司	大亚湾区
15	惠州市亚新房地产有限公司	惠城区
16	博罗县佳兆业房地产开发有限公司	博罗县
17	惠州市昊恒房地产开发有限公司	惠城区
18	惠州市利万房地产开发有限公司	惠东县
19	惠州大亚湾锦地房地产开发有限公司	大亚湾区
20	惠州市和盛房地产开发有限公司	惠城区
21	惠州中天海惠实业有限公司	大亚湾区
22	惠州市新荃湾实业有限公司	大亚湾区
23	金融街惠州置业有限公司	惠东县
24	惠州市振兴投资实业有限公司	大亚湾区
25	惠州市合生协元房地产有限公司	大亚湾区
26	惠州 TCL 房地产开发有限公司	惠城区
27	惠州市泰宇实业发展有限公司	惠城区
28	惠州市卓越东部房地产开发有限公司	大亚湾区
29	惠州大亚湾恒丰润房地产开发有限公司	大亚湾区
30	惠州保利龙胜房地产开发有限公司	博罗县
31	惠州市鼎峰房地产开发有限公司	惠城区
32	惠州市皓翔鑫源房地产开发有限公司	仲恺区
33	博罗县王府置业有限公司	博罗县
34	惠州市中元和泰投资发展有限公司	大亚湾区
35	惠州市德威集团有限公司	惠城区
36	惠州市恒裕科技有限公司	仲恺区
37	惠州市嘉隆泰房地产投资有限公司	惠城区
38	龙门富力房地产开发有限公司	龙门县
39	博罗县金丰昌发展有限公司	博罗县
40	惠东县康伦房地产开发有限公司	惠东县
41	博罗县信鸿房地产有限公司	博罗县
42	惠州市浩华房地产开发有限公司	惠城区
43	惠州市华贸兴业房地产开发有限公司	惠城区
44	博罗县新创展置业有限公司	博罗县
45	惠州市俊峰鹏峰房地产开发有限公司	惠阳区
46	惠州市中技投资有限公司	惠阳区
47	惠州白鹭湖旅游实业开发有限公司	惠城区
48	惠州市金大洲房地产开发有限公司	仲恺区
49	惠州天地源房地产开发有限公司	惠城区
50	惠州市达利建业有限公司	惠城区

（按销售额排序）

序 号	企业名称	县（区）
1	惠东碧桂园房地产开发有限公司	惠东县
2	惠州大亚湾东圳房地产有限公司	大亚湾区
3	惠州阳光新都房地产开发有限公司	惠阳区
4	惠州市宏业投资开发有限公司	大亚湾区
5	惠州市汇景丰房地产开发有限公司	惠阳区
6	惠州市新荃湾实业有限公司	大亚湾区
7	惠州市太东地产有限公司	大亚湾区
8	惠州方联房地产有限公司	惠城区
9	惠州富茂房地产开发有限公司	惠东县
10	惠州市昊恒房地产开发有限公司	惠城区
11	惠州市岗宏房地产开发有限公司	大亚湾区
12	惠州市利万房地产开发有限公司	惠东县
13	惠州市惠阳雅居乐房地产开发有限公司	惠阳区
14	惠州市华贸兴业房地产开发有限公司	惠城区
15	惠州丰通房地产有限公司	惠城区
16	金融街惠州置业有限公司	惠东县
17	惠州市和盛房地产开发有限公司	惠城区
18	惠州 TCL 房地产开发有限公司	惠城区
19	惠州市卓越东部房地产开发有限公司	大亚湾区
20	惠州市振兴投资实业有限公司	大亚湾区
21	惠州市恒裕科技有限公司	仲恺区
22	惠州大亚湾东港实业有限公司	大亚湾区
23	惠州市浩华房地产开发有限公司	惠城区
24	惠州市鼎峰房地产开发有限公司	惠城区
25	惠州市合生协元房地产有限公司	大亚湾区
26	惠州市亚新房地产有限公司	惠城区
27	惠州市皓翔鑫源房地产开发有限公司	仲恺区
28	惠州市保利天同房地产开发有限公司	惠阳区
29	惠州市康顺投资发展有限公司	博罗县
30	惠州市达利建业有限公司	惠城区
31	惠州市德威集团有限公司	惠城区
32	惠州方好实业有限公司	惠城区
33	惠州大亚湾恒丰润房地产开发有限公司	大亚湾区
34	惠州市粤阳房地产开发有限公司	惠阳区
35	惠州市国力房地产开发有限公司	大亚湾区
36	惠州大亚湾锦地房地产开发有限公司	大亚湾区
37	龙门富力房地产开发有限公司	龙门县
38	惠州市俊峰鹏峰房地产开发有限公司	惠阳区
39	惠东县康宏发展有限公司	惠东县
40	保利达（惠州）投资发展有限公司	惠城区
41	惠州市京粤实业有限公司	大亚湾区
42	惠州大亚湾中联置业有限公司	大亚湾区
43	惠州市中技投资有限公司	惠阳区
44	华润沿海（惠州）发展有限公司	大亚湾区
45	惠州市嘉隆泰房地产投资有限公司	惠城区
46	惠州市宏欣房地产开发有限公司	惠城区
47	惠州市泰宇实业发展有限公司	惠城区
48	惠州大亚湾戴屋开发有限公司	大亚湾区
49	惠州白鹭湖旅游实业开发有限公司	惠城区
50	惠州大亚湾中联房地产开发有限公司	大亚湾区

H-10　惠州市星级酒店（宾馆）一览表

(2016 年)

序　号	饭店名称	星　级	地　　址
1	康帝国际酒店	五	惠州市环城西一路渡口所
2	罗浮山宝田国际度假会议酒店	五	罗浮山风景区
3	家路国际酒店	五	惠阳区淡水中山四路
4	惠州金海湾喜来登度假酒店	五	惠东县巽寮金海湾金海路 1 号
5	国惠大酒店	五	惠东县黄埠镇吉黄大道 48 号
6	丽景花园酒店	四	惠阳区淡水南门西街
7	惠州宾馆	四	惠州市环城西二路 17 号
8	凯旋假日酒店	四	麦兴路 11 号
9	金华悦国际酒店	四	惠州市下埔大道 28 号
10	万事达华侨酒店	四	惠东县平山镇广汕路 60 号
11	新都会大酒店	四	惠阳区白云路 50 号
12	新丽晶大酒店	四	惠州市惠阳区淡水开城大道
13	世纪华园大饭店	四	惠阳区淡水镇东华大道一号
14	金鑫商务酒店	三	惠州市麦地路 16 号
15	西湖宾馆	三	惠州西湖芳华洲
16	金叶大厦	三	惠州市鹅岭南路 3 号
17	君豪大酒店	三	惠州市下角南路 3 号
18	惠阳百老汇酒店	三	惠州市惠阳区淡水镇开城大道 88 号
19	京联宾馆	三	博罗县城博义路 3 号
20	惠阳中惠大酒店	三	惠阳区淡水镇土湖工业区 1 号
21	星旗宾馆	三	淡水镇中山 2 路 39 号
22	天外天大酒店	三	鹅岭南路 12 号
23	德泽园（嘉柏）假日大酒店	三	惠东县巽寮松园湾
24	麦雅商务酒店	三	麦地路 30 号
25	加运酒店	三	惠东县平山镇新华路
26	金鑫酒店	三	惠城区麦地南东二路
27	大富贵酒店	三	惠州市大湖溪广汕路
28	明月湖大酒店	三	市区黄塘路 118 号
29	一二三酒店	三	惠州市江北 5 号小区期湖塘路 3 号
30	望海楼	三	大亚湾澳头镇龙海街 47 号
31	恒远假日酒店	三	惠城区下角丰山路 3-3 号
32	金凯酒店	三	仲恺大道新海关对面
33	金鑫国际酒店	三	仲恺区陈江镇陈江大道零星小区
34	鑫元大酒店	三	大亚湾区澳头镇新澳大道四街 6 号
35	金殿大酒店	三	惠州市鹅岭南路仲恺大道 8 号
36	南洋大酒店	三	惠阳淡水白云三路 88 号
37	汇德园酒店	三	博罗县柏塘镇

主要统计指标解释

国民经济核算

总产出 指一定时期内一个国家（或地区）常住单位生产的所有货物和服务的价值，既包括新增价值，也包括转移价值。它反映常住单位生产活动的总规模。总产出按生产者价格计算。

中间投入 指常住单位生产或提供货物与服务过程中，消耗和使用的所有非固定资产货物和服务的价值，中间投入也称为中间消耗。一般按购买者价格计算。

国内（地区）生产总值 指一个国家（或地区）所有常住单位在一定时期内生产活动的最终成果，它有三种表现形态，即价值形态、收入形态和产品形态。从价值形态看，它是所有常住单位在一定时期内生产的全部货物和服务价值超过同期投入的全部非固定资产货物和服务价值的差额，即所有常住单位的增加值之和；从收入形态看，它是所有常住单位在一定时期内创造并分配给常住单位和非常住单位的初次分配收入之和；从产品形态看，它是最终使用的货物和服务减去进口货物和服务。在实际核算中，国内生产总值的三种表现形态表现为三种计算方法，即生产法、收入法和支出法。

劳动者报酬 指劳动者因从事生产活动所获得的全部报酬。它包括劳动者获得的各种形式工资、资金和津贴，既包括货币形式的，也包括实物形式的，它还包括劳动者所享受的公费医疗和医药卫生费、上下班交通补贴和单位支付的社会保险费等。单位支付的社会保险费，就是单位直接支付给负责社会保险的政府单位（一般指劳动部门）的社会保险金或为单位职工离退休、发生死亡、伤残、医疗保险等而支付的保险费。对于个体经济来说，其所有者所获得的劳动报酬和经营利润不易区分，这两部分统一作为劳动者报酬处理。

生产税净额 指生产税减生产补贴后的差额。生产税指政府对生产单位生产、销售和从事经营活动以及因从事生产活动使用某些生产要素，如固定资产、土地、劳动力所征收的各种税、附加费和规费。具体包括销售税金及附加、增值税、管理费中开支的各种税、应交纳的养路费、排污费和水电费附加、烟酒专卖上缴政府的专项收入等。生产补贴与生产税相反，是政府对生产单位的单方面收入转移，因此视为负生产税处理，包括政策亏损补贴、粮食系统价格补贴、外贸企业出口退税收入等。

固定资产折旧 指一定时期内为弥补固定资产损耗按照核定的固定资产折旧率提取的固定资产折旧，或按国民经济核算统一规定的折旧率虚拟计算的固定资产折旧。它反映了固定资产在当期生产中的转移价值。各种类型企业和企业化管理的事业单位的固定资产折旧指实际计提并计入成本费用中的折旧费；不计提折旧的单位，如政府机关、非企业化管理的事业单位和居民住房的固定资产折旧则是按照统一规定的折旧率和固定资产原值计算的虚拟折旧。原则上，固定资产折旧应按固定资产的重置价值来计算，但是我国目前尚不具备对全社会固定资产进行重估价的基础，所以暂时只能采用上述方法来计算。

营业盈余 指常住单位创造的增加值中扣除劳动者报酬、生产税净额和固定资产折旧后的余额。它相当于企业的营业利润加上生产补贴，但要扣除从利润中开支的工资和福利等。

最终消费 指常住单位在一定时期内对于货物和服务的全部最终消费支出，也就是常住单位为满足物质、文化和精神生活的需要，从本国经济领土和国外购买的货物和服务的支出。它不包括非常住单位在本国经济领土内的消费支出。最终消费分为居民消费和政府消费。

(1) 居民消费 指常住住户在一定时期内对于货物和服务的全部最终消费。居民关于货物的最终消费支出在货物的所有权发生变化时记录，关于服务的最终消费支出在服务提供的时候记录。居民消费按市场价格计算，即按居民支付的购买者价格计算，货物的购买者价格是购买者取得交货所支付的价格，它包括购买者支付的运输和商业费用。居民消费除了包括直接以货币形式购买的货物和服务的消费支出外，还包括以其他方式获得的货物和服务的消费支出，即所谓的虚拟消费支出。居民虚拟消费支出包括如下几种类型：单位以实物报酬及实物转移的形式提供给劳动者的货物和服务；住户生产并由本住户消费了的货物和服务，其中的服务仅指住户的自有住房服务；金融机构提供的金融媒介服务；保险公司提供的保险服务。

(2) 政府消费 指政府部门为全社会提供的公共服务的消费支出和免费或以较低的价格向居民住户提供的货物和服务的净支出，前者等于政府服务的产出价值减去政府单位所获得的经营收入的价值，政府服务的产出价值等于它的经常性业务支出加上固定资产折旧；后者等于政府部门免费或比较低价格向居民住户提供的货物和服务的市场价值减去向住户收取的价值。

资本形成总额 指常住单位在一定时期内购置、转入和自产自用的固定资产，扣除固定资产的销售和转出后的价值。可分为有形固定资产形成总额和无形固定资产形成总额。

有形固定资产总额包括一定时期内完成的建筑工程、安装工程和设备工器具购置（减处置）价值，以及土地改良、新增役、种、奶、毛、娱乐用牧畜和新增经济林木价值。

无形固定资产形成总额包括矿藏的勘探、计算机软件、娱乐和文学艺术品原件等获得减处置。

存货增加 指常住单位在一定时期内存货实物量变动的市场价值，即期末价值减期初价值的差额。存货增加可以是正值，也可以是负值；正值表示存货上升，负值表示存货下降。它包括生产单位购进的原材料、燃料和储备物资等存货，以及生产单位生产的产成品、在制品等存货等。

货物和服务净出口 指货物和服务出口减货物和服务进口的差额。出口包括常住单位从非常住单位出售或无偿转让的各种货物和服务的价值；进口包括常住单位从非常住单位购买或无偿得到的各种货物和服务的价值。由于服务活动的提供与使用同时发生，因此服务的进出口业务并不发生出入境现象，一般把常住单位从国外得到的服务作为进口，非常住单位从本国得到的服务作为出口。货物的出口和进口都按离岸价格计算。

人　口

人口数 指一定时点、一定地区范围内的有生命的个人的总和。

年度统计的年末人口数是指每年 12 月 31 日 24 时的人口数。

常住人口、现有人口和户籍人口 常住人口，指在调查区域内经常居住的人口，具体包括三款人：1.户口登记地在调查区域并且在该区域内常住的人口（不包括户口登记地在调查区域内但长期外出的人口）；2.户口登记地不在调查区域但在该区域内常住的人口；3.在任何地方都没有登记户口，在该区域内居住的人口。现有人口（又称在场人口或现场人口），指在某一调查时点时，调查区域内的全部人口。现有人口的统计不考虑调查对象户口登记地的情况和居住时间的长短，只要调查时点时在场的人口都包括在内。现有人口不包括户口登记地在调查区域内但在调查时点暂时外出的人口。户籍人口，指在调查区域内有户口登记的人口。户籍人口的统计和常住人口以及现有人口不同，如果未办理户口迁入手续，不论在调查区域内居住时间有多长，都不能统计为户籍人口。由于常住人口资料的使用价值较高，便于进行行政管理、制订社会经济发展计划，现在我国的人口普查和每年进行的人口抽样调查均以常住地进行登记，一个人只能在一个地方登记。

市镇人口和乡村人口 按常住人口的居住地情况划分。

市镇人口 指地级市市辖区内的常住人口、县级市街道行政区域内的常住人口以及县级市和县下辖镇居委会行政区域内的常住人口。

乡村人口 指县级市和县下辖镇村委会行政区域内的常住人口以及县级市和县下辖乡行政域内的常住人口。

农业人口 指户籍人口统计中户口性质为农业人口的人口。

年平均人数 是年初、年底人口数的平均数，也可用年中人口数代替。

性别比 反映两性人口之间比例的指标。指在总人口中或在各年龄人口中，男性人数与女性人数之比。通常用每 100 个女性人口相应有多少男性人口表示。

出生率（又称粗出生率） 指在一定时期内（通常为一年）平均每千人所出生的人数的比率，一般用千分率表示。

出生人数是指活产婴儿，即胎儿脱离母体时（不管怀孕月数），有过呼吸或其他生命现象。

死亡率（又称粗死亡率） 指在一定时期内（通常为一年）一定地区的死亡人数与同期平均人数（或期中人数）之比，一般用千分率表示。

在业人口（又称就业人口） 指在十五周岁及十五周岁以上人口中从事一定的社会劳动并取得劳动报酬或经营收入的人口。

不在业人口 指十五周岁以上人口中未从事社会劳动的人口。包括: 在校学生、料理家务、待升学、市镇待业、离退休、退职、丧失劳动能力等非在业人口。

社会负担系数 指社会劳动人口与被抚养人口的比例。

人口密度 指平均单位土地面积上居住的人口数。一般以每平方公里上居住的人口数来表示。即某地区（某国家）的人口数除以该地区（该国家）的土地面积。

从业人员和职工工资

劳动力资源总数 指在劳动年龄内，具有劳动能力，在正常情况下，可能或实际参加社会劳动的人口数。劳动力资源的范围为：劳动年龄内 (16 周岁以上)，有劳动能力，实际参加社会劳动和未参加社会劳动的人员。劳动力资源也可划分为：经济活动人口和非经济活动人口。劳动力资源不包括下列人员：

(1) 在押犯人；

(2) 劳动年龄内丧失劳动能力的人员；

(3)16 岁以下实际参加社会劳动的人员。

从业人员　指从事一定社会劳动并取得劳动报酬或经营收入的人员。包括：

(1) 全部职工

(2) 再就业的离退休人员

(3) 私营业主

(4) 个体户主

(5) 私营和个体从业人员

(6) 乡镇企业从业人员

(7) 农村从业人员

(8) 其他从业人员 （包括民办教师、宗教职业者等）。这一指标反映了一定时期内全部劳动力资源的实际利用情况，是研究我国基本国情国力的重要指标。

各单位的从业人员是指在各级国家机关、政党机关、社会团体及企业、事业单位中工作，并取得劳动报酬的全部人员。包括职工、再就业的离退休人员、民办教师以及在各单位中工作的外方人员和港、澳、台方人员。

各单位的从业人员反映了各单位实际参加生产或工作的全部劳动力。

在岗职工 指在本单位工作并由单位支付工资的人员，以及有工作岗位，但由于学习、病伤产假等原因暂未工作，仍由单位支付工资的人员。

在岗职工工资总额 指各单位在一定时期内直接支付给本单位全部在岗职工的劳动报酬总额，包括计时工资、计件工资、奖金、津贴、补贴、加班加点工资和其他工资（如附加工资、保留工资以及调整工资补发的上年工资等）。

计件工资 指对已做工作按计件单价支付的劳动报酬。包括：(1) 实行超额

累进计件、直接无限计件、限额计件、超定额计件等工资制，按照定额和计件单价支付给个人的工资；(2) 按工作任务包干方法支付给个人的工资；(3) 按营业额提成或利润提成办法支付给个人的工资。

计件超额工资 是计件工资的一部分，指计件工人超额完成定额任务后得到的工资。即计件工人实得的全部计件工资减去应得的计件标准工资后的数额。

奖金 指支付给职工的超额劳动报酬和增收节支的劳动报酬。

津贴和补贴 指为了补偿职工特殊或额外的劳动消耗和因其他特殊原因支付给职工的津贴。

职工平均工资 指企业、事业、机关单位的职工在一定时期内平均每人所得到货币工资额。它表明一定时期职工工资收入的高低程度，是反映职工工资水平的主要指标。

职工平均实际工资 指扣除物价变动因素后的职工平均工资。

固定资产投资

固定资产投资额 是以货币形式表现的在一定时期内建造和购置固定资产的工作量以及与此有关的费用的总称。它是反映固定资产投资规模、结构和发展速度的综合性指标，又是观察工程进度和考核投资效果的重要依据。全社会固定资产投资包括国有经济单位投资、城乡集体及其他各种登记注册类型的单位投资和城乡个人投资。按照国家统计制度规定，固定资产投资统计范围包括：基本建设投资、更新改造投资、房地产开发投资和其他固定资产投资。

基本建设投资 指企业、事业、行政单位以扩大生产能力或工程效益为主要目的的新建、扩建工程及有关工作的投资。包括：(1) 列入中央和各级地方本年基本建设计划的建设项目，以及虽未列入本年基本建设计划，但使用以前年度基建计划内结转投资（包括利用基建库存设备材料）在本年继续施工的建设项目；(2) 本年基本建设计划内投资与更新改造计划内投资结合安排的新建项目和新增生产能力（或工程效益）达到大中型项目标准的扩建项目，以及为改变生产力布局而进行的全厂性迁建项目；(3) 国有单位既未列入基建计划，也未列入更新改造计划的总投资在 50 万元以上的新建、扩建、恢复项目和为改变生产力布局而进行的全厂性迁建项目，以及行政、事业单位增建业务用房和行政单位增建生活福利设施的项目。

更新改造投资 是指企业、事业单位对原有设施进行固定资产更新和技术改造，以及相应配套的工程和有关工作（不包括大修理和维护工程）的投资。包括：(1) 列入中央和各级地方本年更新改造计划的投资单位（或项目）以及虽未列入本年更新改造计划，但使用上年更新改造计划内结转的投资在本年继续施工的单位（或项目）；(2) 本年更新改造计划内投资与基本建设计划内投资结合安排的对企、事业单位原有设施进行技术改造或更新的项目、和增建主要生产车间、分厂等其新增生产能力（或工程效益）未达到大中型项目标准的项目，以及由于城市环境保护和安全生产的需要而进行的迁建工程；(3) 国有企、事业单位既未列入基建计划也未列入更新改造计划，总投资在 50 万元以上的属于改建或更新

改造性质的项目，以及由于城市环境保护和安全生产的需要而进行的迁建工程。

房地产开发投资 各种登记注册类型的房地产开发公司、商品房建设公司及其他房地产开发单位统一开发的包括统代建、拆迁还建的住宅、厂房、仓库、饭店、宾馆、度假村、写字楼、办公楼等房屋建筑物和配套的服务设施、土地开发工程，如道路、给水、排水、供电、供热、通讯、平整场地等基础设施工程。包括实际从事房地产开发或经营活动的附营房地产开发单位。不包括单纯的土地交易活动。

其他固定资产投资 全社会固定资产投资中未列入基本建设、更新改造和房地产开发投资的建造和购置固定资产的投资。具体包括：

(1) 国有单位按规定不纳入基本建设计划和更新改造计划管理，计划总投资（或实际需要总投资）在 50 万元以上的项目和工程投资，包括用油田维护费和石油开发基金进行的油田维护和开发工程完成的投资；煤炭、铁矿、森工等采掘采伐业用维简费进行的开拓延伸工程完成的投资；交通部门用公路养路费对原有公路、桥梁进行改建的工程完成的投资；商业部门用简易建筑费建造的仓库工程完成的投资。

(2) 城镇集体经济单位固定资产投资：指所有隶属省辖市、县级市和县城（乡镇企业局管理的除外）建造和购置固定资产计划总投资（或实际需要总投资）在 50 万元以上未列入基本

建设计划和更新改造计划的单位（项目）的投资。

⑶ 除国有、城镇集体以外的其他各种登记注册类型的企业、事业单位（包括城镇私营企、事业单位和个体经营户）建造和购置固定资产计划总投资（或实际需要总投资）在 50 万元以上的、未列入基本建设计划和更新改造计划的单位（项目）。

⑷ 城镇和工矿区私人建房投资包括市、县城、镇、工矿区所辖范围内的全部私人建房，不论其房主是否系本地的常住户口均应包括。

⑸ 农村固定资产投资包括农村区域范围内进行固定资产投资活动的企业、事业、行政单位及农村个人。

固定资产投资的资金来源 根据固定资产投资的资金来源不同，分为国家预算内资金、国内贷款、债券、利用外资、自筹资金和其他资金来源。

⑴ 国家预算内资金 分为财政拨款和财政安排的贷款两部分。包括中央财政的基本建设基金、专项支出、收回再贷、贴息资金、财政安排的挖潜改造和新产品试制支出、城建支出、

商业部门简易建筑支出、不发达地区发展基金等资金中用于固定资产投资的资金；地方财政中由国家统筹安排的固定资产投资资金等。

⑵ 国内贷款 指报告期固定资产投资单位向银行及非银行金融机构借入的用于固定资产投资的各种国内借款，包括银行利用自有资金及吸收的存款发放的贷款、上级主管部门拨入的国内贷款、国家专项贷款（包括煤代油贷款、劳改煤矿专项贷款等），地方财政专项资金安排的贷款、国内储备贷款、周转贷款等。

⑶ 债券 是企业（公司）或金融机构通过发行各种债券，筹集用于固定资产投资的资金，包括由银行代理国家专业投资公司发行的重点企业债券和基本建设债券。

⑷ 利用外资 指报告期内收到的用于固定资产建造和购置投资的境外资金（包括设备、材料、技术）。包括外商直接投资、对外借款及外商其他投资。不包括我国自有外汇资金。国家统借统还的外资：是指由我国政府出面同外国政府、团体或金融组织签订贷款协议，并负责偿还本息的国外贷款。

⑸ 自筹资金 指固定资产投资单位报告期内收到的，由各地区、各部门及企事业单位筹集用于固定资产投资的预算外资金，包括中央各部门、各级地方和企事业单位的自有资金。

⑹ 其他资金来源 指报告期收到的除以上各种资金之外其他用于固定资产投资的资金。包括社会集资、个人资金、无偿捐赠的资金及其他单位拨入的资金。

施工项目 指报告期内进行过建筑或安装施工活动的项目。凡是报告期内施过工的建设项目，不论施工时间长短，均作为施工项目统计。

全部建成投入生产（或交付使用）项目 工业项目是指设计文件规定形成生产能力的主体工程及其相应配套的辅助设施全部建成，经负荷试运转，证明具备生产设计规定合格产品的条件，并经过验收鉴定合格或达到竣工验收标准，与生产性工程配套的生产福利设施可以满足近期正常生产的需要，正式移交生产的建设项目。非工业项目是指设计文件规定的主体工程和相应配套工程全部建成，能够发挥设计规定的工程效益，经验收鉴定合格或达到竣工验收标准，正式移交使用的建设项目。

新增生产能力（或工程效益） 指通过固定资产投资活动而增加的设计能力（或工程效益），是以实物形态表示的固定资产投资成果的指标，也是考核投资经济效果的重要依据之一。

房屋建筑面积 是房屋建筑物勒脚以上外墙外围的水平截面面积，包括房屋建筑物的有效面积和结构面积。房屋建筑面积统计指标是从实物形态上反映建设规模和建设成果的重要指标之一，也是检查工程形象进度、计算工程造价、分析投资效果、研究施工任务和建筑材料之间平衡情况的重要依据。

住宅 指供人们居住的房屋，包括职工家属宿舍、集体宿舍（包括职工单身宿舍和学生宿舍）及供居住的各种公寓等。住宅建筑面积中不包括作为人防用、不住人的地下室面积和供办公用的公寓。

房屋施工面积 指在报告期内施工的全部房屋建筑面积。包括本期新开工的面积和上期开工跨入本期继续施工的房屋面积，以及上期已停建在本期恢复施工的房屋面积。本期竣工和本期施工后又停缓建的房屋，其建筑面积仍计入本期房屋施工面积中。

房屋竣工面积 指在报告期内房屋建筑按照设计要求已经全部完工，达到住人和使用条件，经验收鉴定合格（或达到竣工验收标准），正式移交使用单位的各栋房屋建筑面积的总和。

新增固定资产 指已经完成建造和购置过程，并已交付生产或使用单位的固定资产的价值。它是表示固定资产投资成果的价值指标，也是反映建设进度，计算固定资产投资效果的重要数据。

能源生产和消费

能源生产总量 指一定时期内全国（地区）一次能源生产量的总和，是观察全国（地区）能源生产水平、规模、构成和发展速度的总量指标。一次能源生产量包括原煤、原油、天然气、水电、核能及其他动力能（如风能、地热能等）发电量。不包括低热值燃料生产量、生物质能、太阳能等的利用和由一次能源加工转换而成的二次能源产量。

能源消费总量 指一定时期内全国（地区）物质生产部门、非物质生产部门和生活消费的各种能源的总和，是观察能源消费水平、构成和增长速度的总量指标。能源消费总量包括原煤和原油及其制品、天然气、电力，不包括低热值燃

料、生物质能和太阳能等的利用。能源消费总量分为三部分，即终端能源消费量、能源加工转换损失量和损失量。

(1) 终端能源消费量　指一定时期内全国（地区）物质生产部门、非物质生产部门和生活消

费的各种能源在扣除了用于加工转换二次能源消费量和损失量以后的数量。

(2) 能源加工转换损失量　指一定时期内全国　（地区）投入加工转换的各种能源数量之和

与产出各种能源产品之和的差额。它是观察能源在加工转换过程中损失量变化的指标。

(3) 能源损失量　指一定时期内能源在输送、分配、储存过程中发生的损失和由客观原因造

成的各种损失量。不包括各种气体能源放空、放散量。

财　　政

财政收入　指国家财政参与社会产品分配所取得的收入，是实现国家职能的财力保证。财政收入所包括的内容几经变化，目前主要包括：

(1) 各项税收　包括增值税、营业税、消费税、土地增值税、城市维护建设税、资源税、城市土地使用税、印花税、个人所得税、企业所得税、关税、农牧业税和耕地占用税等。

(2) 专项收入　包括征收排污费收入、征收城市水资源费收入，教育费附加收入等。

(3) 其他收入　包括基本建设贷款归还收入、基本建设收入、捐赠收入等。

(4) 国有企业计划亏损补贴　这项为负收入，冲减财政收入。主要包括对工业企业商业企业、粮食企业的补贴。

财政支出　指国家财政将筹集起来的资金进行分配使用，以满足经济建设和各项事业的需要，主要包括：基本建设支出、企业挖潜改造资金、地质勘探费用、科技三项费用、支援农村生产支出、农村水利气象等部门的事业费用、工业交通商业等部门的事业费、文教科学卫生事业费、抚恤和社会福利救济费、国防支出、行政管理费、政策性补贴支出等项目。

中央财政收入和地方财政收入　指按现行分税制财政体制划分的中央本级收入和地方本级收入。1994 年实行分锐制财政体制以后，属于中央财政的收入包括关税、海关代征消费税和增值税，消费税，中央企业所得税，地方银行和外资银行及非银行金融企业所得税，铁道部门、各银行总行、各保险总公司等集中缴纳的营业税、利润和城市维护建设税，车辆购置税，船舶吨税，增值税的 75% 部分，证券交易税（印花税)94% 部分，个人所得税中的利息所得税，利息所得税之外的个人所得税中央分享的部分，海洋石油资源税。属于地方财政的收入包括营业税，地方企业所得税，利息所得税之外的个人所得税地方分享的部分，城镇土地使用税，固定资产投资方向调节税，城镇维护建设税，房产税，车船使用税，印花税，屠宰税，农牧业税，农业特产税，耕地占用税，契税，土地增值税、国有土地有偿使用收入，增值税 25% 部分，证券交易税（印花税)6% 部分和除海洋石油资源税以外的其他资源税。

中央财政支出和地方财政支出　指根据政府在经济和社会活动中的不同职责，划分中央和地方政府的责权，按照政府的责权划分确定的支出。中央财政支出包括国防支出，武装警察部队支出，中央级行政管理费和各项事业费，重点建设支出以及中央政府调整国民经济结构、协调地区发展，实施宏观调控的支出。地方财政支出主要包括地方行政管理和各项事业费，地方统筹的基本建设、技术改造支出，支援农村生产支出，城市维护和建设经费，价格补贴支出等。

预算外资金收支　预算外资金指国家机关、事业单位和社会团体为履行或代行政府职能，依据国家法律、法规和具有法律效力的规章而收取、提取和安排使用的未纳入国家预算管理的各种财政性资金。其范围主要包括法律、法规规定的行政事业性收费、政府性基金和附加收入等；国务院或省级人民政府及其财政、计划（物价）部门审批的行政事业性收费；国务院及财政部审批建立的政府性基金、附加收入等；主管部门所属单位集中上缴资金；用于乡镇政府开支的乡自筹和乡统筹资金；其他未纳入预算管理的财政性资金。社会保障基金在国家财政尚未建立社会保障预算制度以前，先按预算外资金管理制度进行管理，专款专用。财政部门在银行开设统一的专户，用于预算外资金收入和支出管理。部门和单位的预算外收入必须上缴同级财政专户，支出由同级财政按预算外资金收支计划和单位财务收支计划统筹安排，从财政专户中拨付，实行收支两条线管理。

财政一般预算收入　通过一定的形式和程序有计划组织由国家支配纳入预算管理的资金。

财政一般预算支出　国家对集中的预算收入，有计划的分配和使用而安排的支出。

财政总收入　指一般预算收入、基金收入、上划中央两税收入、上划中央所得税和上划省市共享税收入的总和。

物价指数

物价指数　是用来反映报告期所销售（或购进）的全部商品价格总水平比基期水平升降变动程度的相对数。通常以百分数表示，是一种经济指数。

物价指数按其包括范围的不同，分为单项商品价格指数（或称个体物价指数）、商品类别价格指数（或称物价类指数）和物价总指数。反映某种商品的平均价格水平变动程度的指数叫做单项商品价格指数；反映某一类或全部商品价格总水平变动程度的指数，叫物价类指数或物价总指数。物价指数按其所采用基期的不同，分为环比物价指数（以上一期为基期）、年距环比物价指数（以上年同期为基期）和定期物价

指数（以某一固定时期为基期）。目前国家统计部门编制的物价指数主要有：居民消费价格指数，商品零售价格指数，农副产品收购价格指数等。

商品零售价格指数 是反映城乡商品零售价格变动趋势的一种经济指数。商品零售物价的调整变动直接影响到城乡居民的生活支出和国家的财政收入，影响居民购买力和市场供需平衡，影响消费与积累的比例。因此，计算商品零售价格指数，可以从一个侧面对上述经济活动进行观察和分析。

居民消费价格指数 是反映一定时期内城乡居民所购买的生活消费品价格和服务项目价格变动趋势和程度的相对数。是综合了城市居民消费价格指数和农民消费价格指数计算取得。利用居民消费价格指数，可以观察和分析消费品的零售价格和服务价格变动对城乡居民实际生活费支出的影响程度。

城市居民消费价格指数 是反映城市职工及其家庭所购买的生活消费品和服务项目价格变动趋势和程度的相对数。编制城市居民消费价格指数，可以观察和分析消费品的零售价格和服务项目价格变动对职工货币工资的影响，作为研究职工生活和确定工资政策的依据。

人民生活

居民消费水平 居民消费水平是指按人口平均计算的居民消费额。居民消费水平表明国家对人民的物质文化生活需要的满足程度，它是反映一个国家（或地区）的经济发展水平和人民物质文化生活水平的综合指标。

居民消费水平，可以按国内生产总值口径，即包括劳务以内的总消费进行计算。根据计算居民消费的不同价格，可以计算出按当年价格计算的居民消费水平和按可比价格计算的居民消费水平，后者便于观察居民实际消费水平的增长变化。为了观察居民消费的实物构成，还可以进一步计算各种消费品的平均消费的数量和金额，以反映居民在取得基本生存资料的基础上逐步向需要享受资料和发展资料的方向发展的趋势。

城镇居民家庭可支配收入 指被调查的城镇居民家庭总收入在支付交纳所得税、个人交纳的社会保障支出以及扣除调查户的记帐补贴后的收入。

城镇居民家庭消费性支出 指被调查的城镇居民家庭用于本家庭日常生活的全部支出，包括食品、衣着、家庭设备用品及服务、医疗保健、交通和通讯、娱乐教育文化服务、居住、杂项商品和服务八大类支出。

农村居民全年总收入 是指农村居民家庭年内从各种来源得到的全部实际收入（包括现金收入和实物收入）。由工资性收入、家庭经营收入、转移性收入和财产性收入四部分组成。

农村居民家庭纯收入 指农村居民家庭当年从各种来源渠道得到的总收入，相应地扣除获得收入所发生的费用后的收入总和，纯收入可直接用于进行生产性、非生产性建设投资、生活消费和积蓄。农村居民家庭纯收入包括从事生产性和非生产性的经营收入，取自在外人口寄回带回和国家财政救济、各种补贴等非经营性收入；既包括货币收入，也包括自产自用的实物收入。但不包括向银行、信用社和向亲友借款等属于非收入所得的收入。

农村居民家庭生活消费支出 指农村居民家庭用于日常生活的全部开支，是反映和研究农村居民家庭实际生活消费水平高低的重要指标。

城乡居民储蓄存款余额 指某一时点城乡居民存入银行及农村信用社的储蓄金额，包括城镇居民储蓄存款和农村居民个人储蓄存款，不包括居民的手存现金和工矿企业、部队、机关、团体等单位存款。

农　　业

农林牧渔业总产值 农林牧渔业总产值是以货币表现的农林牧渔业的全部产品总量和对农林牧渔业生产活动进行的各种支持性服务活动的价值。它反映一定时期内农林牧渔业生产总规模和总成果，是观察农林牧渔业生产水平和发展速度，研究农林牧渔业内部比例关系、农林牧渔业与工业、农林牧渔业与国家建设、人民生活比例关系的重要指标，同时也是计算农林牧渔业劳动生产率和农林牧渔业增加值的基础资料。

常用耕地 指耕地总资源中专门种植农作物并经常进行耕种、能够正常收获的土地。包括当年实际耕种的熟地；弃耕、休闲不满三年，随时可以复耕的地；开荒利用三年以上的地；小于1米宽的沟、渠、路、田埂。不包括临时种植农作物的坡度在25度以上的陡坡地；在河套、湖畔、库区临时开发的成片或零星土地；也不包括已列为国家和省退耕计划但仍临时耕种的土地。常用耕地分为基本农田和零星可用耕地。

农作物播种面积 是指一定生产季节结束时实际播种或移植有农作物的面积。播种面积的大小，反映农作物的生产规模和耕地的利用程度。所以，正确地核算播种面积，对于组织农业生产活动，计算农作物产量，研究农作物的种植结构和分布情况以及制定各项增产技术措施，都是非常必要的。

播种面积的统计年度，凡是能在本日历年度内（自1月1日至12月31日）收获的农作物（包括上年秋冬播和本年春播、夏播以及南方地区的晚秋播而在本年收获的全部作物）播种面积，都包括在内。

农作物总产量 是指在一定时期内（通常是一年）生产的各种农作物产品总产量。它是衡量农业生产成果，统筹安排城乡人民生活，研究生产、积累和消费比例关系及编制国民经济计划的基本数据。不论是种植在耕地上或非耕地上的农作物产量，都包括在内。有的农作物收割期较长，虽在当年冬季就开始收割，但需跨年延到来年春季才能收完的，仍计算为本年农作物总产量。

农作物总产量是指全社会的产量，包括国有农场等国有经济单位的产量、集体统一经营的和农户承包地的产量，还包括农民自留地、工矿企业职工家属办的农场和其他单位生产的农作物产量。

农作物总产量是统计晒干入库的产量。有些地区，粮食脱粒、晒干、入库比较迟，是按照折干比例折成晒干的粮食产量进行统计的。

农业机械总动力 是指主要用于农、林、牧、渔业的各种动力机械的动力总和。包括耕作机械、排灌机械、收获机械、农产品加工机械、运输机械、植保机械、牧业机械、林业机械、渔业机械和其他农业机械。内燃机按引擎马力计算，电动机功率折成马力计入。

乡镇企业 是指农村乡（包区、镇）、村、组各级集体办、联户办和个体办的，从事工业、建筑业、交通运输业、商业饮食业、服务业和其他生产经营活动的经济组织，以及农村乡（包括区、镇）、村集体举办的农业企业。

乡镇企业必须同时具备以下四个条件：

(1) 有固定的（或相对固定的）生产经营组织、场所、设备和从事生产经营的人员。

(2) 常年从事生产经营活动，或从事季节性生产经营，全年开工时间在三个月以上。

(3) 具备独立核算的条件，或虽非独立核算单位但有单独的帐目。

(4) 有当地工商行政或有关部门颁发的营业（经营）执照。此条件农业企业除外。

乡镇企业总产值 是以货币表现的乡镇农业、工业、建筑业、交通运输业、商业饮食业五大物质生产部门的全部产品的总量，即乡镇农业产值、工业产值、建筑业产值、交通运输业产值、商业饮食业产值之和。

乡镇企业总收入 指乡镇企业的全部收入。包括农业、工业、建筑业、交通运输业、商业饮食业、服务业和其它企业的经营收入、产品销售收入、劳务收入和其它收入。

(1) 农业企业以实际收入计算；

(2) 工业企业以产品销售收入和其它收入计算；

(3) 建筑业收入总包单位以全价计算总收入，非总包单位以实际收入计算；

(4) 交通运输业以实际收入计算；

(5) 商业的零售商店按零售额计算总收入，批发部门、代购代销、物资供销、仓储等均以手续费计算总收入。饮食业按营业额计算总收入；

(6) 服务业以实际收入计算；

(7) 其它企业以实际收入计算；

工　业

工业增加值 指工业企业在报告期内以货币形式表现的工业生产活动的最终成果，是企业全部生产活动的总成果扣除了在生产过程中消耗或转移的物质产品和劳务价值后的余额，是企业生产过程中新增加的价值。

计算工业增加值通常采用两种方法。一是"生产法"，即从工业生产过程中产品和劳务价值形成的角度入手，剔除生产环节中间投入的价值，从而得到新增价值的方法。公式为：

工业增加值 = 工业总产值 - 工业中间投入 + 本期应交增值税

二是"收入法"，即从工业生产过程中创造的原始收入初次分配的角度，对工业生产活动最终成果进行核算的一种方法，其计算公式为：

工业增加值 = 固定资产折旧 + 劳动者报酬 + 生产税净额 + 营业盈余

工业总产值 是以货币形式表现的，工业企业在一定时期内生产的工业最终产品或提供工业性劳务活动的总价值量。

计算工业总产值应遵循三条基本原则。

①工业生产的原则：即凡是企业在报告期生产的经检验合格的产品，不管是否在报告期销售，均应包括在内。反之亦然，凡不是本企业生产的产品，均不计入本企业的工业总产值中。

②最终产品的原则：即凡是计入工业总产值的产品必须是本企业生产经检验合格，不需再进行任何加工的最终产品。如果企业有中间产品（半成品）对外销售，那么对外销售的中间产品也应视为企业的最终产品。

③工厂法原则：即工业总产值是以工业企业作为基本计算（核算）单位，即按企业的最终产品计算工业总产值。按这种方法计算的工业总产值，不允许同一产品价值在企业内部重复计算，但允许企业间的重复计算。

工业总产值包括本期生产成品价值、对外加工费收入，在制品半成品期末期初差额价值三部分。

①本期生产成品价值：是指企业本期生产，并在报告期内不再进行加工，经检验、包装入库的全部工业成品（半成品）价值合计，包括企业生产的自制设备及提供给本企业在建工程、其他非工业部门和生活福利部门等单位使用的成品价值。本期生产成品价值按自备原材料生产的产品的数量乘以本期不含增值税（销项税额）的产品实际销售平均单价计算；会计核算中按成本价格转帐的自制设备和自产自用的成品，按成本价格计算生产成品价值。生产成品价值中不包括用定货者来料加工的成品（半成品）价值。

②对外加工费收入：是指企业在报告期内完成的对外承接的工业品加工（包括用定货者来料加工产品）的加工费收入和对外工业修理作业所取得的加工费收入。对外加工费收入按不含增值税（销项税额）的价格计算，可根据会计"产品销售收入"科目的有关资料取得。

对于本企业对内非工业部门提供的加工修理、设备安装的劳务收入，如果企业会计核算基础比较好，能取得这部分资料，而且这部分价值所占比重较大，应包括在对外加工费收入中。

③自制半成品在制品期末期初差额价值：是指企业报告期自制半成品、在制品期末减期初的差额价值，本指标一般可从会计核算资料中取得。如果会计产品成本核算中不计算半成品、在制品的成本，则总产值也不包括这部分价值，反之则包括。

工业销售产值 是以货币形式表现的，工业企业在一定时期内销售的本企业生产的工业产品或提供工业性劳务活动的价值总量。

工业销售产值包括以下内容：

①销售成品价值：指企业在报告期内实际销售（包括本企业本期生产和非本期生产）的全部成品、半成品的总金额，即按报告期产品实际销售量乘以不含增值税（销项税额）的产品实际销售平均单价计算。销售成品价值包括为本企业在建工程，生活福利部门等提供的成品和自制设备价值。不包括用定货者来料加工的成品和半成品价值。

②对外加工费收入：是指企业在报告期内完成的对外承接的工业品加工（包括用定货者来料加工产品）的加工费收入；对外工业品修理作业可收取的加工费收入和对内非工业部门提供的加工修理、设备安装等收入。对外加工费收入按不含增值税（销项税额）的价格计算。

工业总产值与销售产值的区别在于：

①工业销售产值计算的基础是工业产品销售总量，不管是否本期生产，只要是在本期销售的都应计算工业销售产值，因此工业销售产值是以产品所有权的转移为计算原则；工业总产值的计算基础是工业产品生产总量，只要是本期生产的不论是已销售的还是尚未销售的都要计算工业总产值，所以工业部产值是以产品的生产为计算原则。

②销售产值不含半成品在制品期末期初差额价值，而工业总产值包括。

实收资本 指企业实际收到的投资人投入的资本。按投资主体可分为国家资本、集体资本、法人资本、个人资本、港澳台资本和外商资本等。

资产 指企业拥有或控制的能以货币计量的经济资源，包括各种财产、债权和其他权利。资产按其流动性（即资产的变现能力和支付能力）划分为：流动资产、长期投资、固定资产、无形资产、递延资产和其他资产。该指标根据会计"资产负债表"中"资产总计"项的期末数填列。

①流动资产 是指可以在一年内或者超过一年的一个生产周期变现或者耗用的资产。流动资产可以按变现能力（程度）划分，包括现金及各种存款、短期投资、应收及预付款项、存货。

②长期投资 是指不可能或者不准备在一年内变现的投资。

③固定资产 是指使用年限在一年以上，单位价值在规定标准以上，并在使用过程中保持原有物质形态的资产，包括房屋及建筑物、机器设备、运输设备、工具器具等。

④无形资产 是指企业长期使用而没有实物形态的资产，包括专利权、非专利技术、商标权、著作权、土地使用权、商誉等。

⑤递延资产 是指不能全部计入当年损益，应当在以后年度内分期摊销的各项费用，包括开办费、租入固定资产的改良及大修理支出等。

⑥其他资产 是指除以上各项之外的资产，如特种储备资产、银行冻结存款、冻结物资、涉及诉讼中的财产等。

所有者权益 是企业投资人对企业净资产的所有权，企业净资产等于企业全部资产减去全部负债后的余额，其中包括企业投资人对企业的最初投入以及资本公积金、盈余公积金和未分配利润，对股份制企业所有者权益即为股东权益。

营业收入 是按企业在销售产品（商品）或提供劳务等经营业务中实现的收入。一般可分为主营业务收入（或基本业务收入）和其他业务收入（或附营业务收入）两部分。

营业成本 是指产品的生产成本，即企业为生产产品所发生的制造成本。

由于各行业企业生产经营的范围和性质不同，企业的营业成本的范围和内容也不完全相同。一般来说，工业企业营业成本就是产品销售成本；贸易企业是指为之出售的商品在流通过程中所发生的各种直接费用和间接费用。服务性企业是指为提供服务而支出的各种服务费用以及各种材料和工资。

营业利润 是指企业从事生产经营活动所产生的利润，分为主营业务利润和其他业务利润。

产品销售收入 指企业销售产品的销售收入和提供劳务等主要经营业务取得的业务总额。

产品销售成本 指企业销售产品和提供劳务等主要经营业务的实际成本。

产品销售税金及附加 指企业销售产品和提供工业性劳务等主要经营业务应负担的城市维护建设税、消费税、资源税和教育费附加。

产品销售利润 指企业销售产品和提供工业性劳务等主要经营业务收入扣除其成本、费用、税金后的利润。

利润总额 是企业在一定时期内实现的盈亏总额。

应交增值税 指企业在报告期内应交纳的增值税额。

固定资产原价 指企业在建造、购置、安装、改建、扩建、技术改造某项固定资产时所支出的全部货币总额。它一般包括买价、包装费、运杂费和安装费等。一般用以反映企业的生产规模，以及企业拥有的物质技术基础。

固定资产净值 是指固定资产原价减去历年已提折旧额后的净额。一般用以说明企业固定资产的现有实际价值。

流动资产 是指可以在一年或者超过一年的一个营业周期内变现或者耗用的资产，包括现金及各种存款、短期投资、应收及预付货款、存货等。

利税总额 指企业产品销售税金及附加和利润总额之和

批发零售及餐饮业

社会消费品零售总额 指各种经济类型的批发零售贸易业、餐饮业和其他行业对城乡居民和社会集团的消费品零售额的总和。这个指标反映通过各种商品流通渠道向居民和社会集团供应的生活消费品满足他们生活需要的情况，是研究人民生活、社会消费品购买力、货币流通等方面的重要指标。

批发零售贸易业商品销售总额 指对本企业（单位）以外的单位和个人出售（包括对境外直接出口）的商品金额。这个指标反映批发零售贸易业在国内市场上销售商品以及出口商品的总量。

建筑业

建筑业总产值 指以货币表现的建筑业企业在一定时期内生产的建筑业产品和服务的总和。建筑业总产值包括三部分内容：

（1）建筑工程产值：指列入建筑工程预算内的各种工程价值。

（2）安装工程产值：指设备安装工程价值。

（3）其他产值：建筑业总产值中除建筑工程、安装工程以外的产值。包括房屋构筑物修理产值、非标准设备制造产值、总包企业向分包企业收取的管理费以及不能明确划分的施工活动所完成的产值。

①房屋构筑物修理产值：指房屋和构筑物的修理所完成的价值，但不包括被修理房屋构筑物的本身价值和生产设备的修理价值。

②非标准设备制造产值：指加工制造没有定型的非标准生产设备的加工费和原材料价值以及附属加工厂为本企业承建工程制作的非标准设备的价值。

建筑业增加值 是指建筑业企业在报告期内以货币表现的建筑业生产经营活动的最终成果。建筑业增加值有两种计算方法：一是生产法，即建筑业总产出减去建筑业中间消耗后的余额。二是分配法（收入法），即从收入的角度出发，根据生产要素在生产过程中应得到的收入份额计算，具体构成项目有固定资产折旧、劳动者报酬、生产税净额、营业盈余。目前，建筑业统计报表制度中采用分配法（收入法）计算建筑业增加值。

竣工产值 一般是以单位工程为对象，当该工程按照设计所规定的工程内容全部完成，达到了设计规定的交工条件，经有关部门检查验收鉴定合格的单位工程价值，即为竣工产值。

房屋施工面积 指在报告期内施过工的全部房屋建筑面积，它包括本期新开工的房屋面积、上期跨入本期继续施工的房屋面积、上期停缓建在本期恢复施工的房屋面积、本期竣工的房屋面积以及本期施工后又停缓建的房屋面积。

房屋竣工面积 指在报告期内房屋建筑按照设计要求已全部完工，达到了使用条件，经检查验收鉴定合格的房屋建筑面积。

工程结算收入 指本企业承包工程实现的工程价款结算收入以及向发包单位收取的除工程价款以外按规定列作营业收入的各种款项，如临时设施费、劳动保险费、施工机构调迁费等以及向发包单位收取的各种索赔款。

工程结算利润 指已结算工程实现的利润。其计算公式为：

$$\text{工程结算利润} = \text{工程结算收入} - \text{工程结算成本} - \text{工程结算税金及附加}$$

企业总收入 指与企业生产经营直接有关的各项收入，包括工程结算收入和其他业务收入，即：

$$\text{企业总收入} = \text{工程结算收入} + \text{其他业务收入}$$

运输邮电业

公路里程 指在一定时点上实际达到交通部规定的公路技术等级标准，并经公路主管部门正式验收交付使用的公路里程数。其计算单位为：km。它包括大中城市的郊区公路以及公路通过城镇（县城、集镇）街道的里程数，也包括桥梁、隧道长度和渡口宽度，但不包括大中城市的街道、厂矿、林区内部生产用道和农业生产用道的里程。两条或多条公路共同经由同一路段，只计算一次，不得重复计算里程长度。

货（客）运量 指在一定时期内运输业实际运送的货物（旅客）数量。货运按吨计算，客运按人计算。货物不论运输距离长短，货物类别，均按实际重量统计；旅客不论行程远近或票价多少，均按一人一次作为客运量统计。半价票、小孩票也按一人统计。

货（客）运密度 指在一定时期内某种运输方式运输线路的某一区段平均每公里线路通过的货物（旅客）运输周转量。计量单位是吨（人）公里/公里。计算公式为：

$$\text{货（客）运密度} = \frac{\text{货物（旅客）周转量}}{\text{线路营业里程}}$$

货物（旅客）周转量 指在一定时期内运输业实际运送的货物（旅客）数量与其相应运输距离的乘积之和。计量单位是吨（人）公里。

沿海主要港口货物吞吐量 指经由水运进出沿海主要港区范围，并经过装卸的货物数量，包括邮件及办理托运手续的行李、包裹以及补给运输船舶的燃、物料和淡水。其计量单位为吨。吞吐量可以分为进口、出口，又可以分为国内贸易和对外贸易。

邮电业务总量 指以货币表现的邮电部门为用户传递信息和提供其他邮电服务的总数量。它用各种邮电分类业务量，如函件件数、电报份数、长话次数、城市电话和乡村电话的年均户数、订销报刊累计份数等，分别乘以相应的平均单价（不变价），加总后再加上出租电路和设备的收入、代用户维护电话交换机和线路等设备的收入、其他业务收入求得。

城市电话用户 指按行政区划属于中央直辖市、省辖市、地级市、县级市的市区、市郊区及县城区范围内的电话用户数。包括分布在农村地区但以县团级以上建制的独立工矿区、林区、驻军的电话用户。N-ISDN用户、无线接入（PHS）电话用户、智能网专用接入终端用户、集中用户交换机（Centrex）用户均按城市电话用户统计。计量单位为户。

乡村电话用户 指按行政区划属于城市范围以外的乡（镇）、村电话用户。计量单位为户。

移动电话用户 指在邮电部门登记，通过移动电话交换机进入移动电话网、占有移动电话号码的电话用户。用户数量以实际办理登记手续进入邮电部门移动电话网的户数进行计算，一部或一台移动电话统计为一户。

对外经济贸易和旅游

进出口总额 海关进出口总额指实际进出我国国境的货物总金额。包括对外贸易实际进出口货物，来料加工装配进出口货物，国家间、联合国及国际组织无偿援助物资和赠送品，华侨、港澳台同胞和外籍华人捐赠品，租赁期满归承租人所有的租赁货物，进料加工进出口货物，边境地方贸易及边境地区小额贸易进出口货物（边民互市贸易除外），中外合资经营企业、中外合作经营企业、外商独资经营企业进出口货物和公用物品，到、离岸价格在规定限额以上的进出口货样和广告品（无商业价值、无使用价值和免费提供出口的除外），从保税仓库提取在中国境内销售的进口货物，以及其他进出口货物。进出口总额用以观察一个国家在对外贸易方面的总规模。我国规定出口货物按离岸价格统计，进口货物按到岸价格统计。

利用外资 指我国各级政府、部门、企业和其他经济组织通过对外借款、吸收外商直接投资以及用其他方式筹措的境外现汇、设备、技术等。但不包括下列资金：(1)我国自有的外汇资金，如国家外汇、地方外汇、留成外汇、调剂外汇和中国银行等金融机构用自有资金发放的外汇贷款等；(2)各地方、各部门接受华侨、港澳同胞的捐赠资金，以及联合国和其他国际组织无偿赠送的资金和援建的项目；(3)租赁公司进出口设备转租赁的项目；(4)我国企业或其他组织在境外投资利润（股息）的收支；(5)国家进口计划中用国家外汇支付的外贸进口延期付款。利用外资的方式有：对外借款，外国（或港澳地区）企业和经济组织或个人在我国境内开办独资企业，与我国境内的企业或组织共同开办合资企业合作经营（企业）项目或合作开发资源，以及补偿贸易、国际租赁等。

实际利用外资额 是指根据投资协议（合同）实际执行的投资额。即贷款按实际提取数或拨交的使用数填列；客商直接投资项目（合同）的实际投资额，按客商实际投入的现金、实物、工业产权及专有技术的计价投资额数；商品信贷按到货数计算。凡是本年内的实际投资，不论是执行本年签订的协议或是执行过去几年签订的协议均计算在内。

对外借款 指我国政府、部门、企业和中国银行等单位向国际金融组织、外国政府、企业等借用的长期、短期资本，到期需还本付息。借款按不同渠道分：(1)外国政府贷款；(2)国际金融组织贷款；(3)外国银行贷款；(4)出口信贷；(5)发行债券、股票。按借还方式分：(1)统借统还；(2)统借自还；(3)自借自还。

外商直接投资 指外国企业和经济组织或个人（包括华侨、港澳同胞以及我在境外注册的企业）按我国有关政策、法规，在我国境内开办外商独资企业，与我国境内的企业或经济组织共同举办中外合资企业、合作经营企业或合作开发资源的投资以及外商从企业得到收益的再投资。

从2001年开始，外商直接投资统计口径作了调整。"外商直接投资"中"企业投资总额内的境外借款"只包括"企业投资总额内直接投资者对企业的贷款，即外方股东贷款"。

"直接投资者提供担保的第三方对企业的贷款即外方股东担保贷款"和"其他方式的企业境外借款即其他境外借款"不计入直接投资统计。

国际租赁 指出租者用自用资金，或向银行借款购买资本设备租给承租者在约定的期限内使用，承租者依约按期付给出租者一定租金，在租赁期内设备的使用属于承租者，设备的所有权属于出租者，租期满后，出租者对设备具有支配权：收回、作价出卖或赠送企业。

旅游人数 指来我国参观、访问、旅行、探亲、访友、休养、考察、参加会议和从事经济、科技、文化、教育、体育、宗教等活动的外国人、华侨、港澳和台湾同胞的人数。不包括外国在我国的常住机构，如使领馆、通讯社、企业办事处的工作人员；来我国常驻的外国专家、留学生以及在岸逗留不过夜人员。

国际旅游（外汇）收入 指入境旅游的外国人、华侨、港澳台同胞在中国大陆旅游过程中发生的一切旅游支出，对于国家来说就是国际旅游（外汇）收入。

金融和保险

信贷资金 指金融机构以信用方式积聚和分配的货币资金，金融机构信贷资金的来源有各项存款、对国际金融机构负债、流通中货币、银行自有资金及当年结益等。信贷资金的运用有各项贷款、黄金占款、外汇占款、财政借款及在国际金融机构中的资产等。

存款 企业、机关、团体或居民把货币资金存入银行或其他信用机构保管并取得一定利息的一种信用活动形式。根据存款对象的不同可划分为企业存款、财政存款、机关团体存款、基本建设存款、城镇储蓄存款、农村存款等科目。它是银行信贷资金的主要来源。贷款 指银行或其他信用机构根据必须归还的原则，按一定利率，为企业、个人等提供资金的一种信用活动形式。我国银行贷款，分流动资金贷款、固定资产贷款、城乡个体工商户贷款以及农业贷款等科目。

国家储备 是一定时点上国家拥有的可直接对外支付的各种金融资产。包括黄金储备、外汇储备、特别提款权、在基金组织的储备头寸及对基金信贷的使用等。它是观察和衡量一个国家对外支付能力的主要指标。

货币供应量 指某一时点一国流通中的货币量。货币供应量可分为三个层次：

M_0：流通中的现钞。

M_1：M_0 + 企事业单位活期存款 + 机关部队团体存款 + 农村存款 + 个人持有的信用卡类存款。

M_2：M_1 + 企业单位定期存款 + 储蓄存款 + 外币存款 + 信托类存款。

货币流通、货币流通量 货币在流通领域中不断地离开出发点，在不同所有者之间转手，完成商品交换的行为，叫货币流通。货币流通量指货币离开金库在市场上流通的货币数量。投放货币就增加了货币流通量，反之，回笼货币就减少了货币流通量。增加或减少货币流通量主要是适应经济和社会发展需要。货币流通量过少，不能满足商品交换的需要，就会影响经济发展；货币流通量过多，超出了商品交换的需要，就会出现通货膨胀，同样会影响经济的增长。

信用膨胀 是价值运动的特殊形式。信用的形式有商业信用、银行信用、国家信用和消费信用。商业信用指以延期付款方式出售商品，主要利用商业票据或采取赊帐的方式。消费信用指对个人消费者提供的信用。如农村信用社向农民提供生活贷款等。财政信用是国家以债务人身份向国内人民取得信用。如通过发行公债、集中闲散资金用于重点建设方面。银行信用指银行对企业提供的信用。在我国，国家运用银行信用，有计划地动员和分配国民经济中的闲置资金，以满足企业的资金需要。各种信用形式都是建立在相互依赖和客观需要的基础上，如果信用超出实际可能，就会出现信用膨胀。如银行事先对企业的经营状况不了解，发放的贷款因企业亏损难以收回，这样势必加大贷款规模，出现信用膨胀。

通货膨胀 是指一国经济中的纸币发行量超过商品流通所需而引起的货币贬值，物价普遍上涨的现象。通货膨胀按形成的原因一般可分为需求拉动型通货膨胀、成本推进型通货膨胀和结构性通货膨胀。需求拉动型通货膨胀是指由于总需求的增长而引起的商品平均价格的普遍上涨的现象。成本推进型通货膨胀是指因商品和劳务的生产者主动提高价格而引起的商品平均价格的普遍上涨的现象。结构性通货膨胀是指物价上涨是在总需求并不过多的情况下，而对某些部门的产品需求过多，造成部分产品的价格上涨的现象。在通货膨胀期间，需求、成本以及结构这三种因素同时起作用。

可保财产额 是指社会总财产额（包括固定资产和流动资金），剔除按保险公司财产保险条款规定不在保险范围内的财产额（如土地、货币等）和有自保能力不向保险公司投保单位的财产额后所余的财产额。可保财产额是财产保险业务的全部工作对象的价值指标。

承保额 又叫保险金额。它是保险人对被保险人负担损失补偿或约定给付的金额。它是保险合同上的最高责任额，也是计算保费的依据。

保费 又叫保险费。是保险人根据保险合同的有关规定，为被保险人取得因约定危险事故发生所造成的经济损失补偿（或给付）权利，付给保险人的代价。包括财产险和人身险储金收入。

赔款 保险事故发生后，经查证确属保险责任范围以内的保险标的损失，保险人根据保险合同的规定履行赔偿义务，给予被保险人的款项叫做赔款。赔款可分为已决赔款和未决赔款两种。

教育、科技和文化

普通高等学校 指按照国家规定的设置标准和审批程序批准举办，通过国家统一招生考试，招收高中毕业生为主要培养对象，实施高等教育的全日制大学、独立设置的学院和高等专科学校、短期职业大学。

成人高等学校 指按照国家有关规定审批，招收通过全国成人高教统一招生考试的具有高中毕业或同等学历的在职从业人员利用脱产、半脱产、业余或函授等多种形式对其实施高等学历教育，培养高等教育专科或本科毕业水平的专门人才，修业年限、课程设置和总学时数均按高等学历教育要求付诸实施的学校。包括广播电视大学、职工高等学校、农民高等学校、管理干部学院、教育学院、独立设置的函授学院等。

独立研究与开发机构 指有明确的任务和研究方向，有一定学术水平的业务骨干和一定数量的研究人员，具有研究、开发、开展学术工作的基本条件，主要进行科学研究与技术开发活动，并且在行政上有独立的组织形式，财务上独立核算盈亏，有权与其他单位签订合同，在银行有单独户头的单位。包括国务院各部门、中国科学院、中国社会科学院和各省、自治区、直辖市以及地（市）以上〔含地（市）〕各部门所属的国有独立的科学研究与技术开发机构。

独立研究与开发机构职工 指在科学研究与技术开发机构工作，并由其支付工资的各种人员。包括长期职工和临时职工，不包括编制以外的离休、退休人员和停薪留职人员，但包括招聘人员。

研究与发展经费支出 指报告期内用于研究与试验发展课题活动（基础研究、应用研究、试验发展）的全部实际支出。包括用于研究与发展课题活动的直接支出，还包括间接用于研究与发展活动的一切支出（院、所管理费、维持院、所正常运转的必需费用和与研究发展有关的基本建设支出）。

科学家和工程师 指具有大学本科及以上学历和不具备上述学历但有高、中级职称的人员。

其他科技人员 指大专、中专毕业和具有初级职称的从事科技活动人员。

专业技术人员 指已取得科学技术职称，或大学、中专的理、工、农、医科系毕业，以及国民经济各部门从工作实践中提拔，从事理、工、农、医等自然科学技术的研究、教学、生产的专业人员和在机关、企业、事业中从事科学技术业务管理工作的专业人员。

工程技术人员 指在国民经济各行业从事工程技术工作的自然科学技术专业人员，包括：高级工程师、工程师、助理工程师、技术员和未评定职称的技术人员。

农业技术人员 指在国民经济各行业从事农业技术工作的自然科学技术专业人员，包括：高级农艺师、农艺师、助理农艺师、技术员和未评定职称的技术人员。

卫生技术人员 指在国民经济各行业从事卫生医务工作的自然科学技术专业人员，包括：正副主任医师、主治医师、医师、医（护）士和未评定职称的技术人员。

科学研究人员 指在国民经济各行业从事科学技术活动的科学技术专业人员，包括：正副研究员、助理研究员、研究实习员、技术员和未评定职称的技术人员。

教学人员 指在国民经济各行业从事科学技术方面教学活动的专业人员，包括：正副教授、讲师、助教、教师和在中学从事科学技术方面教学活动的人员。

发明 专利法及其实施细则所称的发明是指对有关产品、方法或其改进所提出的新的技术方案。

实用新型 专利法及其实施细则所称的实用新型是指对产品的形状、构造或者其结合所提出的适于实用的新的技术方案。

外观设计 专利法及其实施细则所称的外观设计是指对产品的形状、图案、色彩或者其结合所作出的富有美感并适于工业上应用的新设计。

文化事业机构 指从事专业文化工作和为专业文化工作服务的独立建制的单独核算的单位。不包括这些单位另外举办独立核算的其他机构和各部门的业余文化组织。

艺术表演团体 指从事戏曲、音乐、舞蹈、杂技等专业艺术表演，有独立帐户，实行单独核算的团体。不包括半工半艺、半农半艺和民间职业剧团。

电影放映单位 指具有放映机器设备、固定或不固定的放映场所与专职或兼职的放映技术人员，经有关部门登记批准，经常为一定的观众对象放映电影的机构。包括经批准对外开放进行营业，并与电影发行放映管理机构分帐的专用放映单位和军委系统租片单位。

艺术表演观众人数（人次） 指售票、包场演出或民族地区免费演出的艺术表演观众人次数。不包括彩排审查和内部观摩演出的观看人次数。

体育、卫生、社会福利和其他

等级运动员人数 指经考核正式批准授予等级运动员称号的人数。运动员等级分为国际级运动健将、运动健将、一级运动员、二级运动员、三级运动员、少年级运动员。

等级裁判员人数 指经考核正式批准授予等级裁判员称号的人数。裁判员等级分为国际裁判、国家级裁判、一级裁判、二级裁判、三级裁判。

体育场 指有400米跑道（中心含足球场），有固定道牙，跑道6条以上，并有固定看台的室外田径场地。以看台容纳观众人数分：甲级25000人以上，乙级15000－25000人，丙级5000－15000人，丁级5000人以下。

体育馆 指有固定看台，可供篮球、排球、羽毛球、乒乓球、体操等项目训练比赛活动用的室内运动场地。以看台容纳观众人数分：甲级6000人以上，乙级4000－6000人，丙级2000－4000人，丁级2000人以下。

医院 指设有固定床位能收容病人住院并能为病人提供医疗、护理服务的医疗机构。包括县及县以上医院、农村乡卫生院、其他医院三部分。按所属性质分为卫生部门、工业及其他部门，集体经济单位三类。其中县及县以上医院按业务性质分为综合医院和专科医院。

卫生技术人员 指卫生事业机构支付工资的全部固定职工和合同制职工中现任职务为卫生技术工作的专业人员。包括中医师、西医师、中西医结合高级医师、护师、中药师、西药师、检验师、其他技师、中医士、西医士、护士、助产士、中药剂士、西药剂士、检验士、其他技士、其他中医、护理员、中药剂员、西药剂员、检验员，其他初级卫生技术人员。

医生 指经卫生部门审查合格，从事医疗工作的专业人员。分为中医医生和西医医生。包括卫生技术人员中的中医师、西医师、中西结合高级医师、中医士、西医士和其他中医。

社会福利事业单位 指集中收养社会孤老、残、幼的机构。包括由民政部门管理的社会福利院、儿童福利院、精神病人福利院和城镇集体办的福利院，以及农村集体举办的敬老院。

社会福利事业单位收养人数 包括民政部门管理的和城镇及农村集体举办的社会福利事业单位中收养的老人、少年儿童、缺乏生活自理能力的残疾人员和精神病人。

社会福利企业单位 指以安置城镇有一定劳动能力的盲、聋、哑和肢体残疾人员就业为目的，享受国家减免税待遇的国有或集体经济性质的企业。包括福利工厂、福利商业服务业、假肢厂和安置农场等单位。

离休、退休、退职人员 指正式办理了离休、退休、退职手续，并享受相应的离休、退休、退职待遇的人员。

保险福利费用 指企业、事业、机关单位在工资以外实际支付给职工和离休、退休、退职人员个人以及用于集体的劳动保险和福利费用。